陆文夫先生的
烟火人生

高建国

——

著

九州出版社

JIUZHOUPRESS

图书在版编目（CIP）数据

陆文夫先生的烟火人生／高建国著．--北京：九
州出版社，2023.10
ISBN 978-7-5225-2212-8

Ⅰ.①陆… Ⅱ.①高… Ⅲ.①陆文夫（1928-2005）
—人物研究 Ⅳ.①K825.6

中国国家版本馆 CIP 数据核字（2023）第 183709 号

陆文夫先生的烟火人生

作　　者　高建国　著

责任编辑　刘　嘉

出版发行　九州出版社

地　　址　北京市西城区阜外大街甲 35 号（100037）

发行电话　（010）68992190/3/5/6

网　　址　www.jiuzhoupress.com

印　　刷　唐山才智印刷有限公司

开　　本　710 毫米×1000 毫米　16 开

印　　张　34

字　　数　610 千字

版　　次　2024 年 3 月第 1 版

印　　次　2024 年 3 月第 1 次印刷

书　　号　ISBN 978-7-5225-2212-8

定　　价　158.00 元

序

二十世纪八九十年代，是中国当代文学的创作高峰期，精品不断，洛阳纸贵。我有幸在那时爱上了文学，受其影响，也学着写小说。当时报刊发表的小说，实在太多，为了方便读者，人民文学出版社每年都要精选佳作，推出一本年度小说选。在《1993 短篇小说选》中，就有宗璞、汪曾祺、铁凝、史铁生、毕飞宇、阿成等人的作品，我的小说《明天割麦》也忝列其中。这是我发表的第一篇小说，《小说月报》也转载了它，《1994 中国文学年鉴》对它作了介绍。

提起这段往事，是想表明我写过小说，对文学十分热爱，它影响了我的学术文本的写作。这本《陆文夫先生的烟火人生》的叙述语言，就很像小说，明显受到文学创作的影响。如果大家产生了阅读兴趣，"文学"二字功莫大焉。

本书主人公陆文夫是一位传奇人物，在海内外影响很大。

他是一个文学家，当代"小巷文学"鼻祖，曾任中国作家协会副主席、江苏省作家协会主席。因坚持书写苏州城市生活，关注地方文化建设，被誉为"陆苏州"。一生曲折坎坷，二十多年"三起两落"，即使被文坛除名，仍坚持创作，佳作迭出，受到茅盾先生高度评价。新时期重返文坛，五次荣获全国优秀中（短）篇小说奖。从二十世纪八十年代至今，他的小说一直是世界各国的常销书，尤其在德法等欧洲国家。他还三次应邀访法，参加文化活动和国际美食节，法文版《美食家》被列入"联合国教科文组织各国代表作品丛书"。陆文夫也是闻名于世的美食家，因小说《美食家》影响巨大，"美食家"一词至今广泛流传。晚年创办的《苏州杂志》和老苏州茶酒楼，因其文化特色而远近闻名，成为苏州的文化地标。

民俗风情，市井烟火，一直是媒体和出版界追捧的热门话题。"文人的烟火"又是怎样一番景象？本书以作家、美食家陆文夫为例，试图描绘这样一幅风俗画卷。陆文夫是个大写的人，写他并不容易。纪录片《舌尖上的中国》总导演陈晓卿说："我心目中的美食家，不仅要见识多，味觉敏锐，有好奇心；更要有丰富的知识储备，流畅的表达能力和深厚的人文情怀。自梁实秋、陆文夫和汪曾祺死后，国内这种人就没有了。"

我一直认为，历史留给我们的真相，其实就是一堆碎片。将其还原成历史本来的样子，需要黏合剂。所谓黏合剂，于学术就是学理分析，于文学就是细节想象。即使是非虚构文学，也需要通过想象，将历史碎片连成一个个故事或场景。它的真实性有多大，这取决于碎片的多与少。

本书写作前，我一直在搜集这种碎片。当然这是一个柳暗花明的过程。陆文夫很少写自己，依赖"自叙"肯定不行。只能通过学术媒体、文学媒体和新闻媒体上的研究文章、人物访谈、新闻通讯、回忆录、叙事散文，来查找和搜集与陆文夫相关的描述和线索。还真找到不少，这就为本书奠定了雄厚基础。我将这些碎片编成目录附在书后，名曰"参考文献"。因为手中的材料多，写起来得心应手，笔下的故事、场景和对话也就多起来。当然，我想把它写得像小说一样好看。

按常规说法，非虚构作品要"大事不虚，小事不拘"。事实上我把小事也当大事来写，细节与对话都力求真实（那些"参考文献"功不可没）。即使为叙事需要而"虚构"的少量对话，也都属于对话者的"原创话语"，或来自他们的文章、访谈，或来自学者的研究成果。语境虽不同，话语主体终归是同一人，这就规避了完全虚构，使对话体现出本质上的真实性。这也是名人传记很常用的一种写作手法。

写人物，通常有两种写法：一是写成就、写荣誉，渲染人物的高光时刻；二是写命运、写性情，展现人物的精神品格。后一种写法，西方比较流行。

本书没有忽略陆文夫先生的成就和荣誉。但更多笔墨，用来书写陆文夫的命运、情感、品格与信念。我发现人们在回忆陆先生的时候，最津津乐道的不是他的文学成就和文化贡献，而是他的品德与个性、爱好与追求。在朋友们的笔下，陆文夫既是一位文化名人，有雄心壮志，不断进取；也是一个常人，有悲欢离合，喜怒哀乐。我想我要写的，正是这种有趣的灵魂，能让读者感受到温度。

落笔的时候，想到了顾闳中的《韩熙载夜宴图》。这幅画，主角是韩熙载，其他人物画得也精彩。组合在一起，构成了特定的社会背景与生活场景，也成就了《韩熙载夜宴图》的文化价值和艺术价值。本书写作也想遵循这种思路，既突出主人公陆文夫，也描写与陆文夫有交往的文人群体，以此凸显文化氛围与市井气息。

基于这种动机，也就特别重视生活细节的呈现。喜欢把陆文夫放到场景中来写，有人物，有对话，有情节故事，有矛盾冲突。让陆文夫在这些场景中大放异彩；也让他结交的每一个人，即使匆匆过场，也有交流与碰撞，也有思想与个性。某些时候，陆文夫可能不是最耀眼的那个人，但这就是真实人生。让人钦佩的是，不管成功或失败，抑或命运对其不公，陆文夫总能隐忍并始终充满理想，体现其文化修养与人格魅力。他的可爱与可敬，以及去世后人们对他的怀念与赞美，既是基于他取得的成就与影响，也是因为他的这种儒雅端正的气质与品行。

本书分上下两卷。上卷以陆文夫的成长经历为线索，记录他数十年的曲折人生与文学成就；下卷以陆文夫的社会活动为坐标，描写他的文化追求与精神品格。

限于资料及作者水平，难免存在遗漏或不足，欢迎读者批评指正；也希望大家提供陆文夫资料（E-mail：skdgjg@126.com），以便再版时能够补充与修订。感谢。

目 录
CONTENTS

| 上　卷 |

第一章　故乡童年

1. 一棵树，一个梦

陆文夫童年是跟祖父母住在一起的。

祖父与父亲相处得不好。祖父要儿子务农持家，坚守祖业，父亲要闯荡天下，经商赚钱，最后二人闹翻，父亲一走了之。

陆文夫和祖母最要好，家里唯一能听他诉说的人就是祖母。陆文夫从小稍识几个字，祖母就到庙会买一些红红绿绿的"唱本"，和他一起读。这些唱本用有光纸作封面，多为"劝世文"。读着读着，两个人都落下了眼泪。五六岁的陆文夫，从书里体会到了人生的艰辛。二十世纪五十年代，陆文夫的写作还有学生腔，但从《葛师傅》开始就注意吸收生活营养了，作品逐渐体现群众性，有时还会用一些韵律。1979 年创作小说《献身》，就引入了唱本内容，"夫妻本是同林鸟，大难来时各分飞"。儿时同祖母一起读的"唱本"，显然融入了他的文化血液。

陆文夫对家乡生活，印象最深的就是鲜花。

他住在四圩村，这个村庄并不富有，房子是麦秸盖顶，墙壁是芦笆糊泥。可家家户户，房前屋后，庭院窗下，都会种一些花。暮春三月，从远处遥望村庄，杏花、桃花、李花、梨花、油菜花、紫云英花，组成了一片花的海洋。卖唱的盲人从村里走过，会唱一首小调，"桃花红，杏花落，朵朵落在我窗前，奴家妹子苦黄连……"唱的时候，正是花开花落之际，情景交融，美不胜收。

村里也有不少树。陆文夫问祖母："村里怎么会有这么多树呀？"

祖母说："每家每户呀，都会种树。你想想看，村里哪能没有树？没有树，露出房子来，别人就会说，瞧瞧，这地方多穷啊！这样的村子，叫花子都不愿意进去。"

说话的时候，陆文夫会从窗口向外张望，远处能看到许多大树，粗粗细细，高高低低。树长多了，掩隐了村庄，远处就看不到村里的房子了。绿色的田野上，还有黑压压的一条条林带，组成一个个天然屏障。那些树总是整齐而纵横交错地排列着。

祖母经常讲"一棵树的故事"。

祖母说，她家屋后，过去有一棵大叶杨，树干很粗，两个孩子都抱不过来。那树只有小孩胳膊粗的时候，村里闹春荒，缺草缺粮，她想把它砍了。拿着斧头砍两下，又没舍得，便到芦苇滩割草去了，后来这棵树长成了大树。

祖母说："这些树啊，都是钱。穷人家的房前屋后，是没有树的，因为他们的树，没长大就砍掉了。穷啊，没钱买柴，伐了树当柴烧。所以闺女大了，要出嫁了，要看看男方家里有没有竹园，有没有大树。"

这个故事，祖母讲了很多遍，讲到后来就不新鲜了。

但故事的主角，那棵又高又粗的大杨树，一直陪伴着陆文夫成长。它像一架天梯，任陆文夫爬上爬下，粘知了，掏鸟窝，捡蝉壳，蝉壳卖给中药铺，可换些零钱花，后来识字了，陆文夫喜欢爬到树上去读书。

四圩村有很多类似的大树。门前的河岸上，柳树、桃树最多。长大后，它们就斜盖在河面上，两岸的树梢可以手牵手，形成一顶绿色天棚。那天篷会越长越茂盛，沿着村庄一路逶迤远去，看上去十分壮观。

祖母讲的故事并不精彩，却对陆文夫产生了很大的影响。原来树木的多与少，与人们的饥饿温饱有很大关系。这也是陆文夫最早接受的生态教育，从此，他对大地上的一草一木，便产生了深厚的感情。没事的时候，陆文夫就会躺在铺满青草的田埂上，任麦苗在蓝天下闪光，在微风中舞动；听云雀在云端对话，叽叽喳喳唱着歌……

陆文夫后来成为作家，也没忘记祖母的那棵树。那棵树有时候会走进他的梦里，变成一望无际的森林，变成一片片绿色麦田。陆文夫散文《绿色的梦》，说的就是这件事。

陆文夫说——

近些年来，梦特别多。过去的生活，好像是一部漫长的纪录片，纪录片的开头，就是清晰而遥远的记忆：天空是蓝的，大地是绿的，一片柔和的绿蓝，使生命得以舒展，那大地的油绿，是青青的麦苗，是柳树的绿叶，是还青的春草，是抽芽的芦苇……梦里出现最多的，是田里的绿色麦浪，它使人平和、安静。麦浪不是海浪，没有拍岸的惊涛，没有隆隆的响声，也没有海水的咸腥，只有一种细微的沙沙声，那是麦叶和麦叶在相互碰撞。田野里，飘着阵阵野花的香味，却看不见花在什么地方；听得见云雀的叫声，却看不见云雀的身影。云雀有时像射出的箭，从麦垄间直插穹苍，飞鸣欢唱后，又像箭一样射入麦浪之间……。

此时的陆文夫，就在大地上平躺着，双眼迷蒙。他说，这是绿色的巨床，和煦的阳光像一条温暖的、无形的被覆盖在身上。他已经分不清自己是醒着，还是睡着，是梦境，还是记忆……

2. 祖母的菜园

个性鲜明的祖父是一个很有主见的人。

祖父最大的遗憾，就是造房子的时候，没有种下一片竹园。他当时只想有一个大晒场，为庄稼丰收做准备。之后的生活证明，一片翠绿的竹园对农家来说，也十分重要。

后来陆文夫在一个竹林成海的村庄读书。那里的家家户户，都有自己的竹园，一家一家连成片，可以绵延二三里。读书的私塾旁，也有大片竹园，这是学童们玩耍的乐园。竹园就像绿色海洋，不管春夏秋冬都是绿色的。严冬积雪，那绿色的枝条也会弹起来，映衬着皑皑白雪，看上去心旷神怡。

陆文夫一家人并不是四圩村的原住民。祖父生在江南，太平天国年间，才从长江南岸的常州武进迁徙至江北的泰兴。四圩村就在长江边，祖父在那里租田买地，很快成了中农，而父亲陆宝芝识几个字，就不想种地当农民了，于是在离家不到二百米的长江边，开了一个轮船码头，和上海的船家往来运货，做起了生意。

他们三代人很有意思。祖父相信土地，拼命买田；父亲相信资本，热衷于买卖；到了陆文夫这一代，就相信主义了。

四圩村的不少人家，都是从各地搬来的，所以，村里的房子看上去都像搭建不久的样子。全村只有三间瓦房，其余都是草房，草房造起来容易，屋顶铺草，芦笆筑墙，然后在外面糊上一层泥。陆文夫家是中上等水平，有六间草房，但远处看不到这些房子，只能看见一片黑森森的树木或竹林。

陆文夫回忆说，童年的四圩村充满诗意，清晨和傍晚尤其生动，可以看见炊烟从林间升起。早晨的炊烟，会消失在朝阳中；傍晚的炊烟，会融入夜雾里。白天，村庄静得没有声息，只有几条狗躺在门口，偶尔吠两声，人们都在田里。如果村头走过一个生客，狗吠声就会此起彼伏，顷刻连成一片，显得热闹非凡。

村里挖过两条小河，河土在岸上堆起来，村民就在上面造起了房子，家家户户的宅基地总是高于平地。房前屋后有河，前面的河大些，后面的河小些。前后两条小河，把家家户户连在了一起。排列整齐的房子，四周环境也相似，门前是晒场，屋后有竹园，两边是菜地。菜地围着竹篱笆，主要是为了防鸡，这里是小鸡的美味天堂。童年的陆文夫常被祖母叫去，祖母让他手拿一根竹竿，坐在门口看鸡，防止它们偷吃园子里的菜。

陆文夫做这种事，当然极不情愿。

树木成荫的小河边，才是陆文夫的乐园。村里的男孩子都会游泳爬树，只要好玩，下河上树无所畏惧。那时，农村没有幼儿园，大孩子带着小孩子转悠，摸虾捉鱼，采摘果实，爬树掏鸟窝，荒地放野火，因为他们听说烧过的野草，明年会长得更好更绿。总之，能想到的事儿，他们都会去做，这些事情一玩起来就没完没了，小孩子跟着大孩子，整天在外面撒野。傍晚时分，炊烟四起，村里就会响起母亲的呼喊，"小登林，小根林，家来啦——"声音拖得很长，能传到一里路之外。孩子听到妈妈的呼喊声，就会从树丛中钻出来。个个都像泥猴子，若衣裳和裤子撕破了，小屁股还得挨两下。

看菜园当然不如撒野好玩，责任重大。

小小陆文夫，哪懂得祖母的心思。小河、竹园、菜地、鸡窝，都是农家副食品基地。小河里有鱼虾、茭白、菱藕；竹园里有竹笋、蘑菇；菜园里种的菜，四季不断，是全家人一日三餐的菜肴来源。

当时菜园种了几种菜，晚年的陆文夫已经不记得了，但最鲜美的味道，一定来自韭菜，因为他在文章里多次提到。

小时候，家里来了客人，祖父总要祖母去割一把韭菜，回来炒鸡蛋。鸡蛋就在鸡窝里，立等可取；韭菜就在自家的菜园子，现吃现割。只有这时，陆文夫才明白祖母让他看护菜园的意义。韭菜的鲜美，很能撩拨人的味蕾，另外再烧个豆腐、百页、鱼虾等，这顿农家饭就更是无可挑剔了。这是在有限的条件下，农民招待客人的顶级盛宴了。村庄离城镇远，平时很少吃肉，所以家乡流行一句话："比吃肉还要快活！"陆文夫后来写童年生活，就没有吃肉的内容，只有祖母菜园里一茬又一茬割不完的韭菜。陆文夫说，炒头刀韭菜、炒青蚕豆、荠菜肉丝豆腐羹、麻酱油香干拌马兰头，这些家常菜，很少有人不喜欢吃。写这几句话的时候，他已经大名鼎鼎。可见祖母菜园的韭菜，已经在他心中扎下了根。

陆文夫写《吃喝之外》时，虚拟过一个吃韭菜的场景——

他说，一个并不富裕的人家，如果家里突然来了客人，会手足无措。荒郊茅屋，家徒四壁，再加上晚来雨大风急，怎么能筹办一桌菜肴？要是他的田里有韭菜，鸡窝里有鸡蛋，洋铁罐里有花生米，信封里有一把虾皮，那就不用发愁了。花生米炒上，文火焖蛋炖上，用虾皮炒个韭菜，这三样都是下酒物。再加上朋友带去的两瓶洋河普曲，那就一切 OK。这样的酒菜，一下肚就能把人间万种事，全抛在脑后。半生的经历，满腔的热血，都会伴着苦酒和泪水一起咽下……多年以后，许多事可能都会淡忘，唯独这晚的情景会清晰地记着。现割现炒的韭菜，肥、滑、香、嫩、鲜，一生都难以忘怀！杜甫当年到"昔别君未婚"的卫八处士家，吃的也是韭菜，所以他笔下的"夜雨剪春韭，新炊间黄粱"诗句，是何等的脍炙人口！

陆文夫嘴上说杜甫，其实暗指自己。品味韭菜，哪是在说菜，分明是赞美他美好的童年时代。那个时代的梦里，一直飘溢着韭菜的清香。

3. 祖父的茶生活

祖父祖母的老家，在常州武进，太平天国时期迁到泰兴。

武进与泰兴其实很近，只有一江之隔，口音却有很大差别。人在泰兴，祖父却坚持说武进方言。他不是学不会泰兴话，而是不愿意学。讲泰兴话，就意味他成了"江北人"，祖父不认同这个身份。

陆文夫六岁前，一直跟着祖父母，耳濡目染也能听懂祖父说的武进话。这项语言技能后来拉近了他与高晓声的关系。他三十岁在南京首遇高晓声，两人一见如故，成了铁哥们儿。高晓声是土生土长的武进人，只会说武进话，别人听不懂，只能和陆文夫交流，二人便有"他乡遇故知"的亲切感。

祖父嗜好烟茶。原先抽旱烟，后来抽水烟。他有两个白铜的水烟袋，一个自用，一个招待客人。童年时期，陆文夫清晨在梦中，总能听到祖父咕噜咕噜抽水烟的声音，有时半夜醒来也能听到。祖父要是夜里抽水烟，一定是家里出事了，让他发愁了。

祖父的饮茶习惯，是从常州带来的。大灶上的坑洞一直放着茶叶。最上层的坑洞，是安放"灶老爷"的，全家人要靠他"上天言好事，下界保平安。"最下层的坑洞，分放着油盐酱醋。中层有一个洞，专放茶叶罐，茶叶罐是一种镔铁罐，上面印有"六安瓜片"几个字。

祖母告诉陆文夫："茶叶啊，就要放在坑洞里。灶坑里干燥，可以防霉。"

那些六安瓜片，祖父并不喝，只用来招待客人。祖父喝的茶叶不在铁罐里，而在纸包里，它们很便宜，都是从南货店论斤称来的。

陆文夫小小年纪，也知道一些处人之道：享用食物，内外有别，不同的茶叶，有不同的作用，待客比自己喝更重要。后来长大独立生活，陆文夫也一直是这么做的。陆文夫特别爱喝苏州名茶碧螺春，但家里的碧螺春要用来招待客人，他自己只能常年喝炒青。这里有经济因素，也有祖父的影响。

祖父传授给陆文夫的知识，当然远不止这些。

祖父性格外向，喜欢发表议论，与人争辩，说话语调铿锵，极富表现力。每当此时，陆文夫屏息静气，大气不出专心听祖父说话。祖父的话听多了，他也学会了语言表达。

偶尔，陆文夫也会跟祖父逛街。祖父外表严肃，其实疼爱孙子。爷孙俩在街上逛着逛着，就来到了南货店。南货店的商品，多来自江南。祖父在此买家乡的东西来寄托乡思。陆文夫站在柜台外，踮脚看到货架上有几个巨大的锡罐，它们都是装茶叶的，上面写着"雨前""明前""毛尖""瓜片"。

还不识字的陆文夫，就问祖父："那里面装的什么呀？"

祖父说："都是茶叶。"

陆文夫问："怎么有这么多罐子？"

祖父说："茶叶分很多种，需要装在不同的罐子里。"

然后告诉孙子，这个罐子里装的是"雨前"茶，那个罐子里装的是"明前"茶，这里面是"毛尖"，那里面是"瓜片"……

在爷孙俩的一问一答中，陆文夫逐渐认识了茶，也懂得开门要办七件事，柴米油盐酱醋茶，饮茶是很重要的一件事。

祖父过去在武进，习惯泡茶馆。泰兴没有茶馆，只有路边的茶棚，那是为了方便路人解渴而设立的。不像苏南，农村小镇都有茶馆，天蒙蒙亮就会有许多人坐进来，有事没事往肚里灌茶水。

在泰兴泡不成茶馆，祖父就自己独饮。自制一个小泥炉，每天劈许多柴火，用一把锡壶烧水。大概业务生疏了，或者年纪大，忘性也大了，有一次壶中没有放水，灶火就把壶底烧穿了。烟火从壶嘴里"呼呼呼"蹿出来，陆文夫看到这情景很奇怪，便一直呆呆地看下去，忘记把这事及时告诉祖父。

事后，祖父训斥他，"看看看，只晓得看！为什么不早说啊！"

从此，祖父改用铁壶烧水。马口铁做的壶，耐热，不会干烧即熔，其实更耐烧的是陶壶，祖父用不惯，嫌陶壶传热慢，费柴。

祖父喝茶，也有意思。茶叶放进白瓷壶，用滚开的水冲下去。不多时，就直接对着壶嘴，呼哧呼哧喝起来。

陆文夫问祖父："你怎么不用碗啊？"

农家喝水，一般都用碗。

祖父就说："用碗，摔破阿要买？"

在祖父看来，拿碗喝茶，纯属多余，可以省掉这个环节。祖父这样喝茶，碗倒是省下来了，茶壶却时常遭殃，他的茶壶经常被锄头镰刀碰到，敲掉壶嘴。茶壶没有壶嘴，就失去了作用，祖母废物利用，用它来存放酱油和醋。长年累月，炉灶的坑洞里摆满了没有嘴巴的茶壶。

祖父的饮茶习惯，对陆文夫也有影响。

二十世纪六十年代，已成为作家的陆文夫，用八毛钱买到一把清代龙壶，他并不知道这壶名贵，每天用它喝茶，泡好了茶，他也直接对着壶嘴喝，和祖父一个做派。这把壶陪伴陆文夫，也算是命运多舛，上山下乡，劳动改造，颠沛流离，然而，并没有像祖父的茶壶，早早碰断了壶嘴。后来陆文夫从农村回到了城里，红木盆架都散架了，龙壶却完好无损。听专家说，这壶很名贵，他才珍视起来，不再用它喝茶，从此束之高阁。

4. 束脩与饥饿

陆文夫六岁读书，被送往父母家。这个地方叫夹港，是靖江的一个码头小镇。父亲陆宝芝是个乡绅，乐于为百姓做好事，远近闻名，母亲是大美人，陆文夫长得很像她。

父亲重视实业，在靖江做生意，他也希望两个儿子走这条路，就把大儿子，即陆文夫的大哥，送到上海四马路去做学徒，后来事业发展了，交游广阔了，他改变了主意，更希望小儿子陆文夫"学而优则仕"，就把陆文夫接到身边来读书。

陆文夫读小学，是从五年级开始的。五年级以前读私塾。

私塾也叫家塾、学馆，老师教书，叫"坐馆"，一个老师教的孩子，一般不超过二十人，学生的年龄，从六七岁孩童到二十多岁已婚青年都有。这种私塾只有两门课，一门是语文，一门是写字。语文课本就是《三字经》《百家姓》《千家诗》《论语》《孟子》《大学》《中庸》《古文观止》，等等。孩子们小小年纪，当然不理解内容，只要求背得滚瓜烂熟。写字，就是用毛笔写字，既写大字，也写小字。有的先生还会教珠算，但时间不长，只是学一学加减乘除。

离陆文夫家二三里的地方，有一所私塾，这是个读书的好地方。十多棵银杏树，组成一个遮天蔽日的树林，树木粗壮高大，可以双人合抱，树下有个小土庙，庙旁边就是私塾。

私塾只有三间草房，一间是先生的卧室，其余两间是教室。朝北的篱笆墙，上面裁掉一半，改成纸糊的竹窗，可开可闭，所以教室很亮堂。课桌和凳子要学生自带，八仙桌、四仙桌、梳桌、案板，五花八门什么都有。

办学的东家，是一位富有的农民。他提供场所，请一位先生来教书。事先和先生谈好束脩与饭食，然后再与家长商量学费与供饭天数。不做强行规定，家庭富裕就多出，困难就少出，实在贫困而又公认某个孩子有出息，也可以免费。办学的人既不渔利，也不拿好处费，赚这种钱要缺德。办学人唯一得到的好处，就是学校粪坑归他所有，里面的肥料可以用来种田。那个年代，不时兴用化肥。

陆文夫拜师，送了束脩。

束脩就是咸肉，也叫腊肉、干肉，这是拜师的礼物，等于学费。弟子上学，要提"十条腊肉"拜师，这是孔子立的规矩。孔子说："只要有人提十条腊肉送给我，我没有不教他的。"（"自行束脩以上，吾未尝无诲焉！"）十条腊肉收一个学生，是吃亏的买卖，宋人朱熹就说，"十条腊肉是很小的见面礼！"（"束脩其至薄者。"）但它让许多穷孩子能上学，成了孔子的学生。颜回、子路、卜商、冉求、仲弓、原宪、伯牛等，都是孔子的好学生，都出身贫寒。

陆文夫入学第一件事，就是拜孔子。南墙根的八仙桌上，供着"大成至圣先师孔子之位"木牌，桌旁的太师椅坐着先生。跪拜时，需要点一炷香，燃一对烛，献上供品三味：公鸡、鲤鱼、猪头。猪头的嘴里，要衔着猪尾巴，寓意有头有尾，象征一头整猪。也可以献整羊和全牛，但家长们买不起。

看到桌上的公鸡、鲤鱼、猪头，平日里陆文夫定会咽口水。但今天拜师，他很紧张，口水被忘到爪哇国去了。

拜完孔子，再拜先生。拜完后，陆文夫抬头怯生生看着先生。

先生问："你叫什么名字啊？"

陆文夫说："陆纪贵。"

六岁以前，陆文夫一直用这个名字。

先生"噢"了一声，皱皱眉，然后端详着他，不再说话。

先生只有四十来岁，陆文夫觉得他像老头。戴一副近视眼镜，镜片厚得像瓶底。嘴撅着，两颗门牙凸在外面。上身黑棉袍，蓝布长衫，那蓝色已经洗得泛白。下身扎管棉裤，脚上套一双"毛窝子"，就是用芦花编的鞋。可见先生的经济条件也不好。

先生让陆文夫站在一边，想听他父亲说说话。按规矩，家长送孩子入学，要作些口头保证，大意是孩子入学之后，一切听先生支配，任打任骂家长绝无意见。那时的教学理论，就是"玉不琢，不成器"。所谓琢者，就是敲打。

进私塾的第一天，先生送陆文夫两件东西，一件是文房四宝，另一件是一本《百家姓》。小孩入学，把文具当成了玩具，陆文夫对那块小小的墨，产生了很大兴趣，墨上三个金字"金不换"。陆文夫后来才知道，这"金不换"就是墨的名称，意思是这墨很好，拿金子也不换。先生给大同学发的墨，要比陆文夫的大，上面有四个金色的字"黄山松烟"。大同学告诉陆文夫，你的"金不换"不行，"黄山松烟"才是最好的墨，这是用黄山松烧出的烟灰，再把烟灰掺在糯米里捏成的。还让陆文夫闻闻香不香! 说这墨还可以吃。从那以后，陆文夫记住了"黄山"两个字。

上第一堂课，先生照例要介绍自己，他在黑板写下自己的名字"秦奉泰"，然后指着第一个字说："同学们，为师——鄙姓秦，名字叫作……"

陆文夫一看，这三个字形状一样啊，先生话未落音，他就大声读起来："秦、秦、秦!"

课堂里顿时笑成一片，先生也禁不住笑了，他认真纠正了陆文夫的读字错误，也从此记住了这个学生，之后很长一段时间，同学们一拿陆文夫开心，就会大声说"秦、秦、秦!"这件让人害羞的事，陆文夫铭记了一辈子。

秦先生和蔼，有时也打人。一杆朱笔，一把戒尺，是他的教具。朱笔用来点句圈四声；戒尺既作惊堂木，也打学生的手心。学生交头接耳或走来走去，老师便把戒尺一拍，叭地一响，课堂里就出现了琅琅读书声。

秦先生懂得因材施教。学生们同时入学，学着同样的课本，教学进度却迥异。一开始教《百家姓》《三字经》，每个同学教一段，然后要他们回到课桌前大声朗读，读熟了再到老师面前背，背对了，再教新的，三天之后要"总书"，就是把先生所教的书，从头背到尾，背不出来的同学，戒尺就不客气了。陆文夫记忆好，书背得快，从没挨过打，几个月就读到《千家诗》《论语》了。秦先生很欢喜他，觉得他是好学生，可造之才，他对陆文夫说："陆纪贵啊，你将来会成为文化人，可你的名字不像文化人。'富'啊，'贵'啊，俗人之欲嘛。"又说，"我给你起个新的名字吧，就叫——陆文夫! 饱学之士，一介文夫，你看好不好? 将来你会有大出息。"

从此，"陆纪贵"变成了"陆文夫"。

对陆文夫，秦先生有时也会失望，因为陆文夫写字不规范。私塾规定，每天饭后要写大字小字。陆文夫的毛笔字，却总也写不好。

秦先生说，大家练字要惜笔，用完洗净，或挂起来，或插入笔套。陆文夫很听先生的话，每天两三次到河边洗笔洗墨盘。但其实真正的目的，是到码头去玩。毛笔当刷子，洗净墨盘就去捞小鱼小虾，捞到鱼虾再折几根水草，一齐放入墨盘，偷偷带回屋里，供在案头看鱼虾嬉戏。对笔缺少敬畏感，自然写不出好字。

私下里，秦先生开导陆文夫："字是人的脸，写得难看，是见不得人的。"话说得很重，但没用，没用，就打手心。这一打，更糟糕，心里产生了恐惧，陆文夫从此视写字为畏途，一拿毛笔手就抖。后来成为作家，也没练出一手规范潇洒的字来，所以他很少为别人题字。有时向别人赠书，也让夫人管毓柔代笔签名。

秦先生是个杂家，陆文夫很佩服他，觉得他什么都会。既能写一手好字，经常替人家写春联、写喜幛、写庚帖、写契约，又会合八字、看风水、念咒画符、选黄道吉日，还会开药方。秦先生的桌上，总有一堆书，并不是课本，多为医卜星相之类的书，还有一只罗盘，压在书堆上面。秦先生很忙，每天帮人写字、看病，或是夹起罗盘去看风水。经常有人请他吃饭，附近人家有红白喜事，都把老师请去坐首席。

陆文夫对先生的一专多能很仰慕，后来成为作家后，他也试着往博学杂家的方向发展。小说《美食家》就体现了美食品鉴的杂学功底。陆文夫也主张让学生读一点杂书："我不主张搞什么'中学生必读'""先读一点你觉得有兴趣的书，就像吃饱一样，先拣你认为最好吃的吃，吃出一点味道来，读出一点兴趣来，下面的事情就好办了"。

1937年，抗日战争爆发，办学的农民怕出事，就把私塾停了。秦先生只好到另外一个地方教书，那里离陆文夫家有十多里，属于穷乡僻壤，交通不便，但能躲避日寇。秦先生舍不得好学生，要带陆文夫一起走，跟他去当寄宿生，继续读书。除了陆文夫，他还带了另一名品学兼优的学生。

秦先生与新东家谈判，他要带两个得意门生，饭食须供给，作为束脩的一部分。那年，陆文夫才九岁，从此离家开始了外出求学的生活。他的独立生活能力就是在这个时候养成的。

新学馆所在地，实在是穷乡僻壤。偌大一个村庄，上百户人家，学生只有十多个，大家上不起学。教室是两间土房，两张床就搁在教室里，秦先生睡一张木床，两位寄宿生合睡另一张竹床，课桌和办公桌就放在床前。房屋四面漏风，冬天冻得人簌簌发抖，陆文夫的手背和脚后跟，生满了冻疮。冻疮破了，流血流脓，他只能把鞋子拖在脚上。

最苦的要算饭食。寄宿生跟随先生吃饭，饭食由各家轮流供给，称作"供饭"。抗战以前，供饭比较考究，经常买鱼买肉。人们见了会问："怎么啦，今朝供先生啊？"吃饭的方式也像上供，通常用一只长方形二层的饭篮，送到学校里来，中午有鱼有肉，早晚或面或粥，或是糯米团子、面饼等。

原先在家读书，同学们偷看过先生的饭篮，看了让人嘴馋。等陆文夫跟先生吃供饭时，情况就糟透了。也许是那个地方太穷，也许是国难当头吧，他们师生三人经常吃不饱，即使吃不饱，也不能吃得碗空空，怕被人笑话。

有一次，轮到一户穷人家供饭。他自家也断了顿，就到亲朋家去借，借到下午才回来，把师生三人饿得昏昏然。陆文夫第一次体验了饥饿的滋味，饿极了，人会浑身发麻、头昏、出冷汗。

这种感觉，后来被陆文夫写进《美食家》：三年困难时期，朱自冶没饭吃，就是这种状态。饥饿难耐，朱自冶来到高小庭家，想要一些南瓜充饥。样子拘谨，也很可怜，叫他坐，不坐，痴痴呆呆地站在门口的角落里。高妈妈问他："朱先生，有什么话你就说吧，是不是又和孔碧霞吵架啦？"朱自冶叹气，"哪有力气吵啊，你们看，瘦的！"拍拍他那曾经两度凸出来的肚子。现在，朱自冶的肚子又瘪了，红油油的大脸盘也收缩了。胖子变瘦，会特别显眼，就像没有装满货物的口袋，松松拉拉全是皮。

陆文夫和先生过得虽苦，却没像朱自冶那样，瘦得"瘪下去"。

陆文夫读私塾也很寂寞。整天坐在长凳上摇头晃脑，念书写字，动弹不得，没有课间休息，也没有体育游戏，对于一个八九岁的顽童来说是很难以忍受的。为了解乏，陆文夫借口上茅厕，其实是跑到竹园玩一会儿，每次两三个同学，大家轮流去，这样就不会被老师发现。

其实，秦先生早知道孩子们的鬼把戏，只是睁一只眼闭一只眼。

在陆文夫眼里，竹园就是他心中的迪士尼乐园。竹园的地下，有蟋蟀，有刺猬，有冬眠的青蛇，即将出土的蝉蛹，一场春雨过后，还会长出蘑菇，如果春笋出土了，走路要当心，不然会绊倒，竹园的上空，有蜻蜓在枝叶间穿梭飞舞，还有拖着长尾巴的大粉蝶，它通身墨黑，闪耀着金色的花纹。竹园里的游戏有声有色，孩子们可以打仗、制造武器，用细竹和野藤制成弓箭，把栖歇在高枝上的老鹰射得羽毛乱飞，竹制的"机关枪"摇起来，也会咯咯作响，他们还会造小手枪，用豌豆作子弹，能射出三四丈，竹园里还能爬高荡秋千，玩单杠：砍下几根竹子，用野藤横缚在两根粗壮的竹头上，就是一个很好的单杠。

夏天来了，教室闷热，老师热得受不了，让学生把课桌搬到竹园里。十几个蒙童散坐在幽篁里，有的玩耍，有的和老师一起打瞌睡，有的用野藤做吊床。

躺在那种悠悠荡荡的吊床上，很快便能熟睡，直到大风吹动竹叶，发出松涛海涛般的响声把你惊醒——"暴风雨来啦！"

想想，这情景多有趣！

不久。秦先生开始教陆文夫吟诗作对，让他看些闲书。

陆文夫对吟诗很有兴趣，特别是描绘自然景色的田园诗，读起来就像身临其境。有一首白话诗，陆文夫从小便熟读，"晚霞飞，西窗外，窗外家家种青菜；天上红，地下绿，夕阳透过黄茅屋……"这首诗写秋天傍晚，农家都在种菜。他们种的都是青菜，既不是大白菜，也不是花椰菜。陆文夫一读到这里，就会想起祖母的菜园，园子里种得最多的，就是青菜。

还有一首诗，陆文夫也过目不忘。"春眠不觉晓，处处闻啼鸟。夜来风雨声，花落知多少。"陆文夫读私塾的时候，上学要穿过一片开满紫云英的田间小道，后来上小学，也会路过一条三里长的桃花大堤。读诗的时候，窗外有桃花，小风一吹，那些花瓣在他的窗前纷纷落下。

陆文夫对作对，也有很大兴趣。"平对仄，仄对平，反正对分明，来鸿对去雁……"先背口诀，再读秦先生手抄的妙对范本。那些绝妙的对联，"屋北鹿独宿，溪西鸡齐啼""和尚撑船篙打江心罗汉，佳人汲水绳牵井底观音"，陆文夫几十年都没忘。

最有兴趣的事情，还是看闲书。闲书就是小说。秦先生的书除了医卜星相，剩下的都是小说。以前，陆文夫不敢去翻先生的书，经过一段时间朝夕相处，师生也就比较随意了。傍晚散学，百无聊赖，他就去翻阅先生的书。秦先生不拦阻，让他看《精忠岳传》，接下来看《施公案》《彭公案》《七侠五义》《三国演义》，陆文夫读得津津有味，甚至废寝忘食。许多字不认识，陆文夫半看半猜，只懂个大概意思。

秦先生的书并不多，因为没钱买。好在当时有一种小贩，名叫"笔先生"，背个大竹箱，提着一个包裹，专在乡间各个私塾里走动，出售纸、墨、笔、砚和各种教科书，大多是些《论语》《孟子》《百家姓》《千家诗》。除去这些课本，箱子底下还有些通俗小说。这些小说不卖给学生，只卖给老师。乡间塾师很寂寞，不看点闲书难受。塾师们很穷，买得少，看得多，"笔先生"便开展租书业务，每隔十天半月来一次，向学生推销纸、墨、笔、砚，给塾师们调换新书，酌收一点租费，如果老师叫学生多买东西，连租费都不收。这样一来，塾师和同学们就可以经常看到新书。陆文夫很盼望"笔先生"到来，就像盼望轮到富人家供饭一样。

秦先生让陆文夫读小说，不仅仅是读，还和他一起讨论，不是讨论写小说的技巧，而是讨论里面的人谁本领大，哪条计策好。比如，岳飞是不是应当"将在外君命有所不受"，是不是应当被十二道金牌召回临安，如果岳飞他日直捣黄龙，再死也不迟啊诸如此类。

有一次，陆文夫读到一篇沈阳沦陷的小说，潸然泪下。许多年后，他走上与命运抗争的爱国道路，就是这篇小说起到的作用。

跟随秦先生，陆文夫学到两样东西。一是饥饿难耐也必须读书；二是读书要有自己的见解。秦先生未必想培养作家，但他让陆文夫增强了学习毅力，体会了文学魅力。陆文夫日后能成为作家，秦先生的教诲和影响功不可没。

可惜，后来陆文夫家搬迁，离开了秦老师，之后他在三星镇小学、张家桥小学、延令初级中学、杨陋学塾（初中）读书，又到苏州读高中，师生从此难再见面。父亲告诉陆文夫，秦先生两次登门打听他的消息，一次是解放初期，一次是三年困难初期。陆文夫把这段感情写进了散文《乡曲儒生》。

5. 大水的馈赠

陆文夫童年最爱玩水，不是为了游泳，而是为了捉鱼捞虾。

陆文夫的家经常搬来搬去，然而都在江边，离水很近，祖母住在四圩村，外婆住在八十三圩。所谓圩，就是水边围垦出来的圩田，开垦时没有地名，就用数字代替了，比如头圩、二圩、三圩。

搬到靖江的夹港，又住在长江边。陆文夫在家门口朝南一望，就知道江水有没有涨起来。涨水时，大轮船好像浮在江边的屋顶上，它的大烟囱会在江边的树林中移动。

江边的孩子都会游泳，游泳和走路同时学会。不会游泳怎么捕捞鱼虾？城里人爱钓鱼，但江边的孩子觉得那是小玩意，天冷的时候，人下不了水，才用钓鱼"消遣"，钓鱼多寂寞多被动啊，用叉、用网、用罩，或者直接用手摸鱼捞虾，都比钓鱼痛快，也见效快。

江边人家来了客人，大人会把虾篓交给孩子，"去，摸点虾回来。"或者把鱼叉拿出来，"去看看，那条黑鱼是不是还在沟东头。"捞鱼摸虾的人总能记着何处有鱼虾。

陆文夫在家时，经常被母亲遣去捉鱼。有时候也捉一些鱼虾卖，为了补贴生活开销。这个时候，陆文夫就会背着竹篓，来到江边的芦滩。

在芦滩捕鱼，陆文夫很有经验。江边的芦滩有很多凹塘，涨潮时，凹塘被淹没，鱼虾会乘着潮水来到滩上觅食，退潮时，它们往水多的地方游，游着游着就聚到了凹塘。趁着退潮的短暂时机，捕鱼人迅速戽尽凹塘里的水，弄不好会捞起几十斤鱼虾。

陆文夫的捕鱼经验，就是会选塘。先确定哪一个凹塘可能有鱼，凹塘位置确定后，要赶在涨潮前，拼命把里面的水戽干，水落下去，鱼虾尽现，赶紧把它们捉进竹篓撤走，撤得一定要快，潮水上涨速度快，一会儿工夫就能漫过膝盖。陆文夫上过当，有一次他在芦滩迷路，被水困住了，硬是背着虾篓，拉着芦苇，从港河里游回来。

陆文夫写《秋钓江南》后，读者很惊讶，一介文夫怎知钓鱼经验？要是知道他在水边长大，也就不惊奇了。

水边生活也不总是浪漫。长江会带来灾难，会咆哮，发大水，冲毁江堤，淹没房屋和农田，每年阴历六、七月更是危险期，初一和月半，如果刮东南风，下大雨，潮水呼呼地涨，来不及退就有麻烦，每逢这种天气，大人们愁上眉梢，夜里，各家轮流上堤值班守夜，一旦出险，鸣锣为号，听到狂风大雨中那令人心惊肉跳的锣声，各家的青壮年就会全部出动，直奔险地抢险。如果锣声不停地响，险情更严重，妇女老人都要上堤，只有孩子不许上堤，大浪扑堤会有几丈高，弄不好会卷走孩子。

当然，抢险也不是万能的。水情无法收拾了，大家就会撤退回家，把粮食和细软都移至高处，以防家里进水。陆文夫的家里就进过一次水，大水漫过半截门，全家人划着木盆进进出出。

发大水的时候，大人们愁眉苦脸，孩子们却欢天喜地，那是因为，大水淹掉了村里的西瓜地。这是多么好的一个机会。你想想，成熟的西瓜，有的浮在水面，有的沉在水底，种瓜老人只能把浮在水面的西瓜收起来，而沉在水底的瓜就捞不上来了，这个时候，就轮到孩子们大显身手了。他们会潜入水底摸瓜，谁摸到瓜就归谁，他们早就垂涎这些西瓜了，只因看瓜老爷爷高度警惕才难以得手。到水底摸瓜，可以把摘瓜和游泳的本事合二为一，你想想这是何等的有趣！

此时的陆文夫，一直跟着大孩子们，白天潜水摸瓜，晚上沟塘捞虾。发大水的时候，小虾小鱼特别多，一群群在水面浮游，尤其是小虾，在夜晚特别趋光，只要水边点起一盏灯，灯光照着藏在水中的一只筛子，这些小虾便成群结队地游过来，聚集在灯光下，只要迅速把筛子提起来，成群结伙的小虾就成了囊中之物，弄不好一晚上可以捕获几十斤。这种小虾可鲜美了，晒干后收藏起来，冬天可用它来烧咸菜豆瓣汤。

因此，每年大水，陆文夫都看成是一个节日。

6. 鲥鱼与螃蟹

陆文夫一直不稀罕鲥鱼和螃蟹，虽然它们是水中贵族，时令美味。因为他在靖江夹港待久了，所以有了这种感觉。

父亲在夹港，管着一个轮船公司。公司有十二间大瓦房，六间住家，六间办公，门前有一座高大的门楼，门楼上方有两头狮子，它们前爪搭在一只"地球"上，十分威风，狮子下面是六个大字"大通轮船公司"。严格地说，这是大通轮船公司设在夹港的一个轮船码头，由陆文夫姑父承包，父亲担任经理。

父亲还单独承包一家小轮船公司，轮船往返于江阴与镇江之间，属于短途。但停靠的码头多，客流量大，还卖联票，可以从江阴乘汽车到无锡。

在陆文夫眼里，这儿比四圩村热闹。清晨醒来，傍晚入睡，都能听见涛声阵阵，如遇狂风，还会惊涛拍岸，声如雷鸣，所以陆文夫睡觉时，一直把头缩在被窝里。

公司门口有一根很高的旗杆。白天升一面旗，是向轮船说明此处是夹港码头，升两面旗，说明港口有乘客和货物，请轮船停靠；晚上挂红灯，轮船停靠，挂绿灯，轮船则不停。父亲经常带着陆文夫，叫他帮着升旗、挂灯。能为父亲做这种事情，陆文夫很自豪。

公司还有两架望远镜，一架单筒，一架双筒。从上海来的大轮船，只要从江阴开出，水手们就能用望远镜看到，船快到了，便拉开嗓门喊："上水来啦——"所谓上水，就是溯江而上，往汉口方向行驶的轮船。顺江而下，就是驶往上海方向的轮船，叫下水。

喊叫的人很有功夫，能拖很长很长的声音。一口气喊下来，码头上的乘客都能听见。听到叫喊，大家就会走上一条大木船。这船叫划子，就是用人摇橹、划桨的大驳船。大驳船载着人与货驶到江心，等待大轮船的到来。大轮船就像一座山，会缓缓驶到驳船边上。但它不停，只是速度放慢，从高处甩下一根碗口粗的缆绳，让下面驳船上的水手接住。缆绳要迅速挽在驳船的千斤柱上，让驳船与轮船不分离，然后在两艘船上搭块跳板，开始上下客货。驳船与轮船连起来了，父亲便从轮船外面的舷梯上，爬上三层楼高的账房去交报单，办手续。

这时候，轮船还在不停地开。不是开慢，而是加快了速度，把驳船拖着走。等到客货都上下结束了，水手才解开缆绳。此时，驳船已被拖了三五里路，只得慢慢摇回来。回来的路上，水手们喊着号子，为自己加油鼓劲。长江上风雨交加的时候，可能就会险象环生。水手们吃的就是英雄饭。

陆文夫最感兴趣的，是轮船上的食物。那时候，长江航运繁忙，靖江和泰兴，甚至里下河地区的客货，都通过水陆两路汇集到夹港；再由此转到上海、南京、汉口等地。船上大宗的货物，是生猪和酒，还有一些水产品，特别是鲥鱼和螃蟹。

当时，鲥鱼和螃蟹都不是稀罕物。

鲥鱼是海生鱼，每年春末夏初到长江产卵，远不过南京。鲥鱼产卵有季节性，故而得其名。特别味美，用旺火水蒸，肥嫩清鲜，故为宫中所好，成为贡品。王安石说："鲥鱼出网蔽洲渚，荻笋肥甘胜牛乳。"但鲥鱼捕捞后，难以存活，不容易保鲜，运到宫内更不易。明朝的时候，从南京运到北京，三千里路限三日抵达。何景明说："白日风尘驰驿骑，炎天冰雪护江船。银鳞细骨堪怜汝，玉箸金盘敢望传。"到了清朝，鲥贡变本加厉，官民苦不堪言。吴嘉纪讽刺说："打鲥鱼，供上用。船头密网犹未下，官长已鞴驿马送。樱桃入市笋味好，今岁鲥鱼偏不早。观者倏忽颜色欢，玉鳞跃出江中澜。天边举匕久相迟，冰填箬护付飞骑。君不见金台铁瓮路三千，却限时辰二十二。"现代社会，鲥贡已经取消，但鲥鱼还是难上百姓的餐桌，因为价格太贵。

古代的事儿，陆文夫不懂。长大后见了世面，就把问题看透了。他说："鲥鱼为何价高？不能怪捉鱼的和卖鱼的，怪只怪鲥鱼太少了，太名贵。吃鱼的人不买鱼，买鱼的人不吃鱼，都是厂里拎着走后门的。两百多块钱一斤也要买。"看来美食一旦与权贵挂起钩来，就会变得"名贵"。

但当年在夹港，鲥鱼又算什么！鲥鱼运往上海，要装冰箱。不是现在的冰箱，而是在大木箱里垫上草，放一层天然冰，再放一层鲥鱼。陆文夫家附近就有一个冰窖。冬天把天然冰藏在里面，运鲥鱼的时候，再取出来用。现在，人们一听鲥鱼，觉得了不起，可当时并不把鲥鱼当回事，八斤重以下的鲥鱼，根本不装箱。

陆文夫对螃蟹，更不待见。

小时候抓螃蟹太容易了。专业一点用蟹簖，业余的将马灯放在水闸口，螃蟹就会爬过来。陆文夫在夹港看过，装螃蟹的竹篓像小山一样堆在河岸上。农民根本不吃蟹，嫌它麻烦，也没油水。城里人不是喜欢吗？大家抓到螃蟹，就到镇上换肉吃。

家乡人对螃蟹的态度，影响了陆文夫一生。晚年主编《苏州杂志》的时候，陆文夫带同事去相城吃螃蟹，在莲花岛吃的螃蟹，都是正宗的阳澄湖大闸蟹，陆文夫就是不吃，他也不吃螺蛳，觉得这类东西都是"荒饭摊"，登不了大雅之堂。所谓荒饭摊，就是小摊子上的低级食品。凡是吃相不雅的食品，他宁可看看，任凭别人狼吞虎咽，自己从来不动心。

7. 一筐鸡蛋

陆文夫十岁时，发现食物有另一种作用。

抗战时期，靖江夹港的平静和繁荣一下子就被日本军队的炮火摧毁了。长江航运被迫停止，从上海来了两拨人。

一拨是抗战宣传队。他们在夹港演《放下你的鞭子》，陆文夫挤在人群中看过。学校也来了几位新老师，都是从上海逃出来的大学生。这些老师会教孩子们唱抗日歌曲，陆文夫学会了好几首。"我的家在东北松花江上""工农兵学商，一齐来救亡，拿起我们的武器刀枪""百万财富，一霎化为灰烬，无限欢笑，转眼变成凄凉"，他全会唱。歌曲唱的内容，正是眼前的情景。当时，这帮青年人和夹港的百姓，抗日情绪十分高涨。这些歌曲成了动员令。唱歌的时候，日本飞机在头顶飞，大家遥望江南，能看到飞机俯冲下来，接着便是雷鸣似的爆炸声。

另一拨是东北军，从上海撤下来，到夹港驻防。为了防止日本的飞机轰炸，他们把两艘鱼雷快艇，疏散到夹港。陆文夫家门口的杨柳树下，有一个很大的芦席棚，棚顶用树枝伪装起来，两艘鱼雷艇就藏在里面。它们白天隐匿，晚上驶出来活动。鱼雷艇上的官兵都是从军官学校出来的，讲礼貌，人和气，与陆文夫父亲相处得很好。他们经常在一起大骂老蒋，对时局摇头叹气。

日本舰队开进来的时候，陆文夫在江岸看得清清楚楚。舰队很长，第一艘旗舰很大，上面有军乐队在奏乐，军号吹得哇哇响，庆贺他们开进长江。

有一个东北军士兵在岸上看热闹，听到船上的乐曲声就气得不行，于是端起步枪叭叭两下。这两枪一打，旗舰上的军乐停下了，大炮开始向岸上轰起来，炮弹落到几十里以外的地方，一头老牛和几棵大树被炸。

日本人占领了江阴要塞，经常出来骚扰，乘坐着木制的运兵船，人们称作"嘣嘣船"。有时从夹港进来，有时从其他港口登陆，农村的百姓天天"逃反"，惶惶不可终日。

1938 年，麦子快成熟的时候，两艘嘣嘣船从夹港进来，到太和镇扫荡。游击队员恨透了日本人，十几个人带着步枪和手榴弹，居高临下埋伏在港岸，准备袭击这些强盗。傍晚日军果然来了,岸上的游击队一齐投弹射击。结果第二天一早,日军就来报复,他们不从夹港登陆,而是从另一个港口登陆,分几路向夹港包抄,一路见人就杀,见房子就烧。这拨日本兵有十多人,他们从田埂上走来的时候还举着太阳旗。陆文夫和小伙伴们就站在港岸上看热闹,日军来了拔脚就跑,钻进江岸外的芦苇滩。那芦苇长得一丈多高,滩里都是淤泥,不熟悉会陷进去。

当时,陆文夫只有十岁,长得高,跑得快,胆子也大。半大的孩子和青壮年混在一起,见到日军就开溜。可日军来得也快。陆文夫还没来得及下芦苇滩,鬼子已经追到身后,离他们不到五百米。他们在田埂上奔跑,大半身隐藏在麦子里,但田埂笔直,人走直线容易被发现。日本兵跪在田埂上,用三八枪把陆文夫前面的两个人打死了。所幸陆文夫蹲在田埂拔鞋,这才没被打中。有个蹲在粪坑里大便的老头,也被日本兵打死了。

夹港上的房子基本都被烧毁。但奇怪的是,陆文夫家的房子没被烧。原来,全家人逃跑之前,父亲装了筐鸡蛋放在门口。他希望日本人看到这筐鸡蛋,不要烧他的房子。在缺乏人性的战争中,父亲仍笃信"伸手不打笑脸人",这多少有点愚昧。没想到奇迹还是发生了,日本兵拿了鸡蛋,当真没烧他的房子。

事后父亲分析,这不是日本人"通情达理",而是门楼上"大通轮船公司"几个字发挥了作用。这家公司是中国的还是英国的,日本人并不清楚。此时,太平洋战争尚未爆发,英国的轮船公司在沿江也设了码头,日本军队不敢冒犯。

抗战开始后,夹港从此衰落。长江再也看不见轮船,港口也没了生意,大通轮船公司关门,夹港这个家当然也住不下去了。陆文夫全家又从靖江夹港搬回泰兴,他们把夹港的大部分房子拆掉,砖瓦木料运到泰兴,又重新造了一所房子。

陆文夫也回到泰兴读书了。但他一生都忘不了夹港。后来陆文夫一见到长江,就会想起夹港,因为夹港是他成长的地方,那里使他开阔了眼界,早早就懂得了什么是国,什么是家,国与家不可分离,日本人用枪炮告诉他,弱国之民被人宰割。这些知识从书本上可学不到。

陆文夫忘不掉的,还有父亲的那筐鸡蛋。他从此知道,食物的作用远不止充饥止渴,它影响了陆文夫对食物的态度,后来成为作家,陆文夫仍关注美食文化,研究美食的社会功能,以美食为媒介,来沟通思想交流感情。

8. 磨豆腐与水煮蛋

如果没有战争，陆文夫一家人的田园生活，会过得非常惬意。

父亲经商，家中还算富裕。平常想吃肉，到几里外的小街就能买到，要吃豆腐、百页，想买也不远，有人会走村串乡，到村里做豆腐生意，只要在门口喊一声"买豆腐"，卖豆腐的货担便会上门，可以用钱买，也可以用黄豆换。

磨豆腐又累又苦，农村愿意做这行的人不多。祖母说："三世不孝母，罚你磨豆腐。"儿歌里也唱："咕噜噜，咕噜噜，半夜起来磨豆腐。"当年在农村，有三种特别辛苦的活儿——打铁、撑船、磨豆腐。

祖母告诉陆文夫，种田其实也辛苦，只有手艺人挣钱容易一点。祖母说的手艺人，不是做豆腐的人，而是木匠、皮匠（绱鞋）、裁缝、笆匠。笆匠是苏北的特有职业，专做芦笆墙，铺草屋顶。

在手艺人中，裁缝最被看好，坐在家里干活，飞针走线，衣冠整洁，晒不着太阳。裁缝也受姑娘嫂子们欢迎，干活的时候，可以带点零头布回家，送给姑娘嫂子们做鞋面。有本事的裁缝，远走上海和香港，回家过年的时候，人们会上门讨要鞋面布。在上海、香港做衣服，好料子比较多，全毛华达呢、藏青毛毕叽、呢绒、法兰绒都有。当年在村里，要是用全毛华达呢做一双鞋子，比现在的进口皮鞋还要高贵。

村里还有许多有趣的事。

有一天，家里来了亲戚。母亲对陆文夫说："去，到隔壁的二婶家借几只鸡蛋来！"

这是一种风俗。家里来了亲戚或客人，不会问他们"您吃过了吗？"而是立刻下厨生火，给每位客人煮一碗白水鸡蛋，一般是三个鸡蛋，客人只能吃一个或两个，至少留下一个，这叫"有余"，接过那碗鸡蛋，客人不用客气，可以直接吃掉，这种礼节叫"烧茶"。"烧茶"也称水铺蛋或水浦蛋，正确的写法，应为"水潽蛋"，"潽"是液体沸腾溢出的意思。"水潽蛋"烧成七分熟，一口咬下，蛋液流出，口感爽滑，老少咸宜。为客人敬上一碗甜甜的"水潽蛋"，是江南及长江流域的传统民俗，其他地方也有类似习俗，只是用料有区别。"水潽蛋"味美汤甜，代表对来宾的尊敬，也寓意主人的生活幸福甜美。

除了烧茶，家乡与食物有关的礼节还有许多。比如，见面就问："您吃过了吗？"对方回答："吃过了。"文雅一点就说："您用饭了吗？"对方答："用过了。"

春节到来的时候，是家家户户最忙的时候。平时再舍不得吃喝，年夜饭都要弄个满桌菜。还要喝不少酒，常常不醉不休。陆文夫的家境还算富足，足以应付春节的铺张。可村里多数农户，平时省吃俭用才能把日子过下去，虽然如此，在春节那几天，他们也是鸡鸭鱼肉，开开心心地吃呀喝呀。

泰兴的年俗很热闹。年三十下午，要贴对联，准备丰盛的年夜饭。米饭的分量要足，因为初一、初二不许烧火煮饭。贴过对联后，要抓紧扫地，因为初一不兴扫地，传说扫地会把财气扫走。吃完年夜饭，女人们收拾好碗筷，开始整理新衣新鞋，而男人们包好守岁钱，就忙着打屯去了。打屯，就是用布袋灌点石灰粉，在房屋四周的空地上，画出各种图案，以祈求来年风调雨顺，丰衣足食。年夜饭前，还要接灶神，放鞭炮。接灶神，也称请灶神，即贴上新灶神像，换上新灶灯，供上三牲祭品，点上香。年三十夜里还要煮陈饭，就是用六升六合（竹筒升子倒过来，凹下去的部分为"合"）上等米，煮好一盆饭，以红枣为装饰，上插柏枝、陈饭旗，供于家神柜上，到正月初六蒸食，以示"吃陈粮，烧陈草"。过了12点，要开门放鞭炮，放完后赶紧上床小睡一会儿，因为天快亮了的时候，上门拜年的人群就会到来。

每逢过年，陆文夫就很开心，于是跟母亲说："我们天天过年就好了。"

母亲说："天天过年，要花很多钱的。谁家有这么多钱啊。平常能过得顺顺当当，就不错啦。"

陆文夫一想，母亲说得对呀，他们的亲戚，日子都很紧巴。就说："没有钱，干吗要过年啊？不过年，能省很多钱。"

母亲说："不过年，也不行。年关冷冰冰，一年都不旺。过年，就是图个热闹！年关热闹了，一年的日子才能红红火火。"

许多年后，陆文夫才明白，由于常年饥馑，人们已经把吃喝之事当成了礼节和庆典。烧茶也罢，问候也罢，春节的铺张也罢，既是享受，也是娱乐，既是社交方式，也是必要的礼仪，它体现了食物的社会性。

陆文夫后来认识到，对食物体会最深的，依然是农民。中国虽然是农业大国，但旧时吃不饱的人，多为农民。所以古诗说，"四海无闲田，农夫犹饿死。"农民会把吃，当作礼节，当作庆典，当作财富的表现。缸坛稍满，就会吃喝成风。大吃大喝的根源在哪里？就在于过去没吃没喝，穷日子过怕了。

多年后，外宾问陆文夫："你们中国人说起来不富，怎么吃起来是如此的丰盛？"

陆文夫说："这是一种礼节，是对你们的尊敬。"

1984 年，陆文夫到扬州开会，途经泰兴，专程来到靖江夹港怀旧。但夹港已经找不到他的家，于是就在茶摊坐下来，买一碗茶，静静观察故乡的变化。

一位老人告诉他："你的家？就在上面。可是夹港已经改道了，改到了现在的地方。这里原来是九圩港。"

一听说九圩港，陆文夫弄清了方位。九圩港离他家很近。小时候不止一次来九圩港捞鱼摸虾。这下子，童年的一切，如爬树下水，捕鱼捉蟹，韭菜鸡蛋，豆腐茶烧，春节旧俗，统统在脑海中重现，喝一口手中的茶，感觉就像母亲做出来的那碗烧茶。

食物和故乡的联系，原来如此亲密！

多年以后，陆文夫写道："有许多背井离乡的人，回到家乡之后，到处寻找小馄饨、血粉汤、豆腐花、臭豆腐干、糖粥等这些儿时或青少年时代常吃的食物。为什么要找啊？因为那是家乡的味道。小时候吃糖粥，你可能依偎在慈母的身边，妈妈用绣花挣来的钱替你买一碗糖粥，看着你站在粥摊旁，吃得又香又甜，脸上会露出笑容；看着你又饿又馋，她的眼眶也会含着热泪。你吃的不仅是糖粥，还有慈母的爱怜，童年的温馨。"

在陆文夫眼里，食物有温度，故乡的食物尤其暖心。

9. 赛　酒

陆文夫十二三岁就对酒产生了兴趣。

民国年间的泰兴，是个酒乡。那里种旱谷，村村都有酒坊，一年酿一次酒。农民酿酒，不是为了喝酒，而是为了养猪，酒糟是发酵饲料，猪很爱吃，养了猪，就有肥料，就可以多打粮食，这是一个良性的生态循环。

产酒的地方，就有饮酒之人。冬天是酿酒季节，平日冷落破败的酒坊，此时最热闹，火光熊熊，热气腾腾，烟雾缭绕。酒坊是大人聚会的地方，也成了孩子们的乐园。大人们大模大样地品酒，孩子没有资格，只能捧着小手，到淌酒口偷饮几许。这种酒，称为"原泡"，微温，醇和，孩子喝了，会醉倒在酒缸边。陆文夫也醉过，只是从没倒下。

苏北酿酒，很闻名，过去全国的八大名酒，有三个在苏北。这里的"三沟一河"（双沟、高沟、汤沟、洋河）很受欢迎，饮酒风气也强悍。泰兴虽不是"三沟一河"产地，但也有饮酒习俗。婚丧喜庆，大家都要开怀畅饮，文雅一点用酒杯，粗俗一点用饭碗。

陆文夫十三岁那年，姨表姐结婚。三朝回门，娘家按习俗要置酒会亲，这就要喝酒。这种宴席，必会闹酒。娘家和婆家各派几个酒鬼，要在宴席上把亲家派的人灌醉，那阵势很像民间的比武。

此时的陆文夫，就是一个旁观者。

娘家人本来要看亲家的笑话，结果没喝几个来回，就败下阵来。醉酒人昏昏欲睡，旁观者垂头丧气。大家就说："怎么回事啊？娘家人这么怂！"但没办法，亲家派来的人都是高手，饮酒如饮茶。大家只能面面相觑，一筹莫展。

就在此时，少年陆文夫站了出来，要与对方连饮三杯。

众人一看，纷纷说："这不行！你一个毛孩子家，能挡得住他们吗？"

陆文夫大声说："倒酒！"

一杯酒倒满。陆文夫说："要干，就干三杯！"

围观者大惊失色。他只是一个孩子！

结果，三杯倒满，陆文夫咕咚咕咚一饮而尽。亲家的酒鬼们个个看傻了眼。他们已经喝得差不多了，却半途杀出个程咬金，况且又是半大的孩子。原准备凯旋，这会儿又要再干三大杯，心里就有滴血的感觉。

喝吧，谁让这是比赛呢。

结果，还是让村里人失望了。三杯下肚，亲家的酒鬼仍然神清气定，并没有铩羽而归。而陆文夫虽面不改色熬到终席，最终还是摇摇晃晃，醉倒在酒场。

有人伸出大拇指，"文夫好样的！"接着响起一片掌声，为陆文夫连连叫好。两个壮汉把他送回家，一连酣睡三天。

乡亲们为他叫好，那是因为他是"文醉"，这不算败，也不丢人。所谓文醉，就是喝醉后睡觉，不管你睡在草堆旁，河坎边，还是睡在灰堆上，闹个大花脸，大家都不会笑话。陆文夫能和酒鬼较量，而且是文醉，这事很光彩。"陆家有个会喝酒的儿子！"这名声从此也就传开了。

文醉也罢，武醉也罢，终归是醉酒了。

陆文夫在家躺了三天，急坏了父母。母亲一会儿到床边看看，一会儿用毛巾为他擦拭额头。不醒来，就不能吃饭喝水，这在母亲看来，是最要命的事！

父亲是干大事的人，着急的事从不放脸上。他偶尔瞄一眼躺在床上的儿子，耐心等他醒来。

三天后，陆文夫终于醒了，全家人松了一口气。母亲又是水又是饭，忙不迭地伺候儿子。父亲只是看看陆文夫，盼他快速恢复体力。

又过三天，父亲感觉儿子恢复得差不多了，和他单独交谈了一次。陆文夫觉得，父亲从来没有这么严肃过。

父亲说："喝醉酒，难受吗？"

陆文夫说："难受。"

父亲说："喝多了酒，还会误事。再喝多，会送命的！"

陆文夫感觉事态很严重。

父亲说："你已经长大，今后还会遇到喝酒的事。酒很馋人，都喝吗？见酒就上，那是酒鬼！要想做大事，酒这东西一辈子都不能沾身。有瘾了，戒都戒不掉。养成好习惯，一生都平安。"

父亲又说："一个人要想在社会上做点事情，要有四戒，你记住啦！戒烟（鸦片烟），戒赌，戒嫖，戒酒。四者涵其一，定无出息！"

陆文夫一声不吭。

父亲问："记住了？"

陆文夫说："记住了。"

10. 朱砚馨同学

1942 年，陆文夫进入初中学习。

那时的农村，没有中学，他得到城里读。先读的延令中学。

延中是公立学校，但它是敌伪所办，搞奴化教育，有名望的老师都拒绝去这种学校教书。泰兴城有几位爱国士绅和知名人士，包括抗战前就在上海、扬州教书的老师们，干脆自办学校，由戴为敷、杨元毅两位先生牵头，成立了"扬陋学塾"，这是一所私立初级中学，由戴为敷当塾长（校长）。

1943 年秋，陆文夫就从延令中学，转到了扬陋学塾。

扬陋学塾初办一年，就名声大振。因其教育质量高，有民族气节，也不教日语。塾长戴为敷是个胖子，夏天穿一件白布长衫，戴一顶铜盆帽，拿着手杖，在泰兴城很受尊敬。陆文夫的班级有五十多人，都在包家巷的戴家上课。教室是一个大厅，没有屏门，靠天井的一边是敞开的，雨天会进雨，冬天会飘雪。上课的时候，女生坐前面，男生坐后面。陆文夫个子高，坐在最后面。

国文课（语文课）是重中之重，它是灌输爱国主义思想、抗拒奴化教育的阵地。教材由校方或任课老师自选，绝大部分是古代散文，多为历史名人作品。老师将孔子、杜甫、陆游、苏轼、范仲淹、辛弃疾、岳飞、夏完淳、文天祥、司马迁等人的文章与诗词，印成讲义发给学生。作文要求以古体文为主，朱砚馨、杨永健、冯泰成几位同学，作文成绩总是优秀。陆文夫擅长白话文，作文也经常被老师表扬。

有一次，大家读完夏完淳的《狱中上母书》和都德的《最后一课》，作文就写读后感。结果，陆文夫的白话文胜过了古体文，获得全班第一的好成绩。从此他的作文成绩，一直处在前三名位置。

陆文夫这个班与其他班不在一起上课。所以全班同学都很亲密，下课一起在天井里嬉戏，就像一个大家庭。班长冯泰成是热心人，为班级服务很周到，出黑板报、收发作业本、抹桌扫地，样样带头干。为了放松大家学习的紧张情绪，还利用星期日，组织同学们出城旅游。所谓旅游，最远的地方就是西门外的宝塔湾，因为这里空旷，既可以闲聊、讲故事、唱歌，也可以在塔内掏麻雀蛋。他们唱歌都唱流行歌曲，有《秋水伊人》《花好月圆》，也有抗战名歌《义勇军进行曲》《大刀进行曲》《救国军歌》等。陆文夫会吹口琴，常常担任伴奏。

参加这样的活动时，陆文夫最大的遗憾，就是看不到朱砚馨。

在班上女同学中，朱砚馨很突出，陆文夫经常关注她。她不但漂亮，读书用功，与人交往也大方。课间休息，她常常有说有笑，伶牙俐齿。只是在星期天或节假日的时候，很难见到她。泰兴城很小，人也不多，同学们在假日里会相互串门，朱砚馨却从不串门。

朱砚馨的学习成绩，总是全班第一，数理化更是无人能敌。班长冯泰成不服气，就暗暗和她较劲，结果考试成绩一公布，总是败下阵来。陆文夫的成绩在前十名之内，总成绩也比不过朱砚馨。但陆文夫的作文好，从小学到高中都很出色。

朱砚馨个性很强，不许一项落在别人后面。有一次对陆文夫说："陆文夫，把你的作文簿借给我看看。"

陆文夫说："你要我的作文簿干吗？"

朱砚馨说："不可以吗？"

"可以，可以！"陆文夫随即递上了作文簿。

朱砚馨就想看看，陆文夫的作文到底好在哪里。有的放矢，才能赶上他。瞧着朱砚馨认真的样子，陆文夫想和她多聊几句。那时，大家都很尊敬学霸，朱砚馨就是一个学霸，况且又是女生，陆文夫更觉得了不起。

初中很快结束了。毕业的时候，大家互赠评语，作为告别纪念。这些评语都写在卡片上。其中两位同学，为陆文夫留下了这样的评语——

宏生："我很敬这位同学，很爱这位同学——假如拿他的仪容比青山，那是最确切不过的了，修长的个子，圆润的眼珠，到处表示他个性的特征。性和顺，长日溶浸在笑容里，长日是溶浸在磊落的言笑里。他爱好研究新文学，擅长口琴，篮球又为他的特长。我和君相识二年，知其生平较深，当此毕业之际，为之小传，以留他日之鸿爪。"

志庆："君性刚强，有毅力，天资聪颖，读书尤知勤勉，故成绩甚优。各科中尤长数理，课外阅科学书籍。君与余同窗数载，友谊良深，兹届临别之期，为之作传，以资纪念云。"

对朱砚馨的评语是——

杨永健："君为一朝气勃勃有为之青年，性刚直，态度温柔，处世接物，举止大方，勤勉治学，故成绩冠侪辈。君体健且美，求知欲极浓厚，吾辈同学皆心慕之，口才伶俐如悬河，且素怀大志，尝曰，'救国之责，青年学子宜任之，有才能，方足以救国，努力读书所以奠定救国之基础；苟吾辈学子，有读书之名，而无读书之实，偷安贪逸，将陷入深渊，走入歧途，吾国之复兴，永无日矣'。观此数语，可知朱君雄伟之志矣。"

上述评语比较后，就能看出，陆文夫与朱砚馨，一个是文艺青年，一个有宏图大志。但朱砚馨的宏图大志到底是什么？直至初中毕业，陆文夫都茫然。二人有缘同班，却无缘直面交流思想，这让他一生都觉得遗憾。

泰兴的初中生，毕业后要到南京、镇江、扬州、苏州等地考高中。最终，朱砚馨考入扬州中学，陆文夫和几个同学考入了苏州中学，从此天各一方，再无音讯。朱砚馨到扬州上学，也带走了陆文夫的牵挂。

有一年暑假，十几位扬陋初中的老同学，到金瑾同的家里聚会。参加者有，刘世禄、吴昌年、张我军、刘济群、陆文夫、陆菊生、冯泰成、杨燕喃、葛慕生等约十五人。上午，大家谈笑风生，畅谈毕业后的动态、思想与情感，午饭后，每人表演一个娱乐性小节目，陆文夫表演吹口琴，曲目是《魂断蓝桥》，也叫《翠堤春晓》，博得了大家的热烈掌声。临别前，老同学们在一起照了相，相互留言。陆文夫给金瑾同的留言是："怀瑾握瑜，善与人同。"后来金瑾同的微信号，一直用"善与人同"这四个字。

但这次聚会，没能看到朱砚馨，陆文夫再次留下遗憾。

二十世纪六十年代，陆文夫遇到一位老同学，向他打听朱砚馨的下落。听说朱砚馨现在在浙江大学当助教，就追问："她有没有当右派？"

陆文夫了解朱砚馨，直觉告诉他，她可能会被打成右派。他总结过，右派一般有三个特点：一是有本事，二是讲真话，三是知无不言。如果出身不好，更容易跌入政治深渊。这些特点，朱砚馨全都具备。没想到朱砚馨却躲过了"反右"，这让陆文夫很振奋。

到了二十世纪八十年代，陆文夫再度打听朱砚馨，却听说她在"文化大革命"中自杀了。陆文夫听后一怔，连连叹道：真是可惜，太可惜了！朱砚馨啊，你有才华，就是太刚太直，自尊心又是那么强，怎么能逃脱那场浩劫呢！

　　到了晚年，陆文夫写了一篇回忆录《忆朱砚馨同学》。这是他唯一怀念故乡同学的文字，里面表达的，是他早年的一个梦。

第二章 爱上苏州

1. 小巷深处

陆文夫在扬陋学塾读书的时候，休学过一段时间，这里补叙一下。

当时他生病了，得了伤寒。医生说，这病需要静养。父亲就把他送到了苏州姨妈家，姨妈住在苏州山塘街的猪行河头，姨父出去做事，姨妈就在家里料理家务，既然陆文夫到苏州去养病，抗战胜利后，他父亲索性也来到苏州，和姨父一起做贩猪生意。

陆文夫一直向往苏州。长辈跟他说，上有天堂，下有苏杭。他学过张继的诗，"月落乌啼霜满天，江枫渔火对愁眠。姑苏城外寒山寺，夜半钟声到客船。"寒山寺如此神奇，他早就想来看一看。

1944年春夏之交，陆文夫来到了苏州，是乘着木船，穿着长衫来的。他把这次旅程，形容为"一个梦游天地的青年终于在大地上找到了落脚点"。

然而到苏州第一天，他就失踪了。

陆文夫初到姨妈家，只坐了片刻，就一个人溜出门，沿着山塘河，一路向虎丘奔去。从七里山塘，到虎丘景区，这是当年苏州风景中最有代表性的地方。陆文夫被这天堂之美惊呆了：塔影、波光、石桥、古庙、老屋……它的美妙，超过了陆文夫以往的想象。

逛过虎丘，陆文夫又乘马车，来到寒山寺。看完寒山寺，意犹未尽，又赶到枫桥对面的小吴山逛了一圈。

姨妈在家急得团团转，不知这个乡下来的孩子，到底出了什么事。作孽啊，他是不是迷了路呀？

陆文夫回到家的时候，已是万家灯火。姨妈急切地问："啊呀呀，你跑哪儿去了？全家人急死了，真是急死了！"

陆文夫说："姨妈，你们不用担心我。我到虎丘去了，又爬了小吴山！"

说话的时候，这个十六岁少年的脸上红扑扑的，闪烁着兴奋。

姨妈很心疼，他还生病呢。就说："小祖宗，你的身体怎么吃得消呀！你要多休息，才能养好身体的。知不知道？"

姨妈的话，陆文夫最终还是听进去了。来日方长，他的心开始沉静下来，顶多沿着小巷小步慢行，走一走，看一看。苏州的路街巷陌，都伴着小桥流水，虽不是名胜风景，但陆文夫感到迷人。"故宫闲地少，水港小桥多。"这在泰兴人陆文夫看来，真是饶有风味。

小巷虽小，有的却也叫街。街很窄，有的地方两辆黄包车交会都很困难。大部分巷口有公用的水井。小巷两边多为低矮的平房，晾衣裳的竹竿，会从这边的屋檐上，搭到对面的屋檐上。屋檐上方，砌着方形带洞的砖墩，看上去就像古城上的箭垛。铺着长石板的小街上多是低矮平房。小巷上空，晾着五颜六色的衣裳，陆文夫走在下面很狼狈，湿衣上的水滴，经常落到他的礼帽上，那可是新买的帽子，就感觉这街巷，有点杂乱无章，有点不尊重路上行走的客人。

巷子里也有店铺，分为两层，楼上是居宅，楼下是店堂。最多的，是烟纸店、酱菜店和那连带卖开水的茶馆，还有一些零星的石柱牌坊。入夜后，巷子里一片灯光。黄包车辚辚而过，卖馄饨的敲着竹梆子，卖五香茶叶蛋的提着小炉子和大篮子，叫喊声怆然悲凉。茶馆夜间，成了书场，琵琶叮咚，吴语软侬，苏州评弹尖脆悠扬。

这些小巷，多与水相连。路上铺着长长的石板，能听到石板下流水淙淙。有些小巷，两边是临街小楼，这些小楼一般由两座楼组成，分成前楼和后楼，两侧用厢房连接，形成一个口字。天井很小，像一口深井，只能放两只接天水的坛子。陆文夫曾爬上一座小楼，伏在前楼的窗口往下看，只见人来人往，市井繁忙；伏在后楼的窗口往下看，却有河水从窗下流过，橹声咿呀，天光水波，风日悠悠。

沿河两岸，都是人家，家家有长窗与石码头。码头造得十分奇妙，简单又灵巧，用许多长长的条石排列。这些条石，一头腾空，一头嵌在石驳岸上，一级一级往下排，一直插入河床，就像石制的云梯。洗菜淘米的女人们，便在云梯上凌空上下，在波光与云影中时隐时现。做买卖的单桨小船，会慢悠悠放舟中流，船上有鱼虾、蔬菜和瓜果，只要临河的窗口有人叫买，小船便箭也似的射到窗下，交易谈成，楼上会放下一只篮筐，菜贩看到篮筐中的钱，便进行钱货交易，让顾客再把装好菜的篮筐吊上去，买家拿到菜篮，就把窗户关上了，小船又慢慢随波漂去。

姨妈家的后楼外面，也是一条河，河上有一座石拱桥，很高。桥栏是弧形的石壁，人从桥上走过，只露一个头。桥洞宽大，从洞内能看到对岸的古庙，黄墙上有"南无……"字样。月明之夜，桥洞内流水湍急，银片闪烁。月影揉碎在水中，伴着古庙里的钟声，随波光向外流溢。月色下的石码头上，偶尔传来妇女的洗衣声，所谓"长安一片月，万户捣衣声"，就类似这种场景。这里不是长安，却有同样诗意。

陆文夫在苏州不到半年，就深深爱上了这座城市。

还是那些小巷，他渐渐看出了它的素雅幽深，曲折多变。巷中用弹石铺路，春天没有灰沙，夏日不怕雨打。阵雨刚过，便能穿着布鞋行走。有些巷子，两边是高高的院墙，院墙下会爬满常春藤和紫藤，间或有缀满花朵的树枝从墙上探头，令人想起"一枝红杏出墙来"。庭院深处，会传出织机的响声。沙沙沙沙的声音，是在织绸缎；吱呀喊嚓的声音，是在织弹绒。多年以后，陆文夫见到苏州的绸缎和弹绒，感觉像蓝天的彩云，也像朝阳、晚霞和薄暮中升起的轻烟。陆文夫怎么都不会想到，这些举世闻名的丝织品，竟诞生在苏州的小巷里。

有一次，他经过一扇敞开的大门，见里面有一对母女，正伏在一张绷架上，安安静静地绣花。后来陆文夫才知道，苏州的绣娘能把一根极细的丝线，劈成八根甚至更多，能用几百种针法，绣出花鸟虫鱼、人物山水，齐白石的活虾，徐悲鸿的奔马，画上常见的泼墨、水印、神态，女人们都能绣出来。入夜了，沉寂的小巷里依然有微弱灯光，她们会从深夜，一直绣到天明，如此辛劳，只是为了早晨赶到绣庄去换钱，然后再到米店买一点平价米。

有一种巷子，与这里完全不同。两边的楼房，全是黑瓦、朱栏、白墙，围墙很高，高得要仰面张望，任何红杏都无法出墙，只有常春藤可以探出头，像流苏似的挂在墙头。这些人家，沉重的大门终日紧闭，透不出一点消息，大门口有两块下马石，像怪兽伏在门边，对路人虎视眈眈，阴森威严。大门对面有一道影壁，用砖雕镶边，当中却一片空白。这种巷子，行人稀少，偶尔有卖花人拖长了声音叫喊："阿要——白兰花？"其余的响声，便是麻雀在门楼上吱吱唧唧，喜鹊在风火墙跳上跳下。巷口有一个木板走廊，很长，廊檐镶着花板，雕刻的内容不一样，有松鼠葡萄，也有八仙过海，大多是些"富贵不断头"的图案。也许是红颜易老吧，那些朱栏和花板，都已经变黑，发黄。

陆文夫曾在一个石库门前，窥探里面的风景。

这两扇大门上钉着竹片，终日不闭。有一个老裁缝，兼作守门人，在大门堂里营业。有的大户人家，守门人不是裁缝，而是一个老眼昏花的妇人，戴着眼镜，伏在绷架上，绣她喜爱的龙凤彩蝶。这是失去了青春的绣女，一生都在为他人作嫁衣裳。这种大门堂里,通常有六扇屏门,有的是乳白色的,有的在深蓝色上飞金片,金片都已发黑,成了不规则的斑点。六扇屏门只有靠边的一扇开着,让你无法看到里面的情景。

陆文夫好奇,侧身走入大门一探究竟。里面并不豁然开朗,而是一个黑黢黢的天地。狭长的备弄,深不见底。备弄两边虽有洞门和小门,却都紧闭。微弱的光线,从间隔得很远的漏窗中透出来。陆文夫踮起脚,从漏窗往里窥探,左面是一道道的厅堂,显得阴森;右面是一个个院落,湖石修竹,朱栏小楼,绿荫遍地。他明白了,这就是所谓的钟鸣鼎食之家。这样的人家,妻妾儿女各有天地,还有一个自成体系的花园。

同为小巷,两种风景,给陆文夫留下了深刻印象。

2. 耦园《病中吟》

山塘街太闹,不适合陆文夫养病。姨父通过亲戚关系,为他借到一处僻静的场所,让他在那里静养,争取早点痊愈。这个地方就是耦园,地处苏州古城的东北角。姨妈问陆文夫:"你一个人住在那里,怕不怕?"

陆文夫说:"不怕。"

读私塾的时候,陆文夫跟着秦先生做过"走读生"。小小年纪就体验过独立生活的滋味,现在住进城里的园林,怕什么呢?

耦园是私家花园,在娄门小新桥巷,约两三亩大。东园部分,建于清初,原为顺治年间的保宁知府陆锦的别业,取陶渊明《归去来辞》"园日涉以成趣"之意,题额"涉园",又名小郁林。后来更迭园主,1860年毁于兵燹。同治十三年(1874),湖州人沈秉成(苏松太道道台)在涉园旧址上,又筑一座宅园,与夫人严永华退隐于此。新建的耦园,中间为住宅,东西各一园。园宅构筑,多为对偶呼应的形式。沈氏夫妇定名耦园,取《论语·微子》"长沮、桀溺耦而耕"句意,寓伉俪情深,退隐于此。园中的品题"枕波双隐""吾爱亭""双照楼""耦园住佳偶"等,均显示耦园的主题是爱情。

耦园虽美,却是一个闲置园林,无人经营,里面住着房客。陆文夫住进去的时候,已有三四个租客。它其实不适合居住,荒草丛生,地上堆满鸟粪,先住进去的人说,山洞里还出现过狐狸的身影。

陆文夫倒是不怕。晚上,他经常坐在池塘边的小亭里,欣赏萤火飞舞,倾听园内外的蛙声。这蛙声时起时寂,响起时有如雷鸣,沉寂时没有一点声息,静得连池塘里的鲤鱼在荷叶下唼喋都能听到。萤火虫很有意思，飞回池塘的时候，它们会排成一条直线。

白天的耦园，陆文夫觉得更有生气。鸟鸣声声，此起彼伏。池塘里更是生机勃勃。水草长得茂盛，把睡莲都挤到驳岸边。初夏时，岸边清水中能看到游动的小蝌蚪。刚长出的尖尖荷叶，好像犀利无比，可以从厚实的水草中戳出来，一夜间就能钻出水面。鲤鱼很欢喜在新嫩的荷叶间嬉戏，有时候呼喇喇一声巨响，一条大鱼跃出水面，那响声可以惊醒树上的宿鸟，使之吱吱不安，直到蛙声再起时，它们才会平息。

除了水边，陆文夫也喜欢登高。湖石堆成的假山，自成风景。山上有小路，用鹅卵石铺成，盘旋曲折，忽高忽低，一会儿钻进洞中，一会儿柳暗花明，给攀登者带来惊喜。有的山洞口，搭一座小桥，桥小得像个模型。过桥便见一条小路，连通上下，曲曲折折，居然也要走久。如果行不由径，自选捷道，三五步便能爬上山顶。山顶不是一览众山小，而是笼罩在参天古木中。阳光洒下了金线，处处摇曳着黑白相间的斑点。站在山巅俯身，能看到荷花池就在脚边，一座石板小桥横过水面。那是一座曲桥，通向游廊，游廊又通向水榭、亭台，然后回转进入居住的小楼。

陆文夫住进耦园，很喜欢雨天漫步。沿着回廊徜徉，能看到雨珠在层层的枝叶上跌得粉碎。雨色空蒙中，楼台常常会被烟雾吞没。走一会儿累了，他就坐在亭子里。小憩的同时，能看到池塘的水在慢慢涨高，这些水很快就能把石板曲桥淹没。

住在深院高墙，寂寞是难免的。好在陆文夫带了书，可以坐在假山上看书。不过要小心，有时候看书入了神，不知时光飞逝，身上会爬来许多蚂蚁。这种蚂蚁捏不得，身上有怪味，是一种很冲鼻的松节油气味。陆文夫觉得，它们就是吃白皮松的树脂长大的。

有一天，他听到有人在拉二胡，旋律低沉，听上去有些凄然，很符合养病的心情。情不自禁看看天花板。他知道是楼上的那位先生在拉琴。他也是耦园的病人，拉的曲子叫《病中吟》。陆文夫过去没听过，有一天跟病友交流，才知道这个曲子。病友告诉他，除了《病中吟》，二胡曲还有《二泉映月》，更妙不可言，堪称神曲，它能让你痴迷。或许正是这个原因，新中国成立后陆文夫当记者，便直奔无锡，采访了《二泉映月》的作者阿炳。

艺术与文学是相通的。生活在《病中吟》的氛围中，读着哀婉动人的文学作品，又身居苏州园林，这种精神洗礼是全方位的。养病的日子里，陆文夫几乎日夜在阅读小说，他迷恋小说里的主人公和他们的人生故事，沉醉在梦幻般的艺术世界里。文学的基因，就这样慢慢融入了他的血液。

居住耦园的时候，陆文夫也经常外出闲逛。耦园在城东，他会溜到城西的留园。但他看到的留园，与想象中差别太大。二十世纪三四十年代的战乱，使留园伤痕累累，园内树木乱伐，楼阁倒塌，到处是残垣断壁，碎石破砖。东园大宅，已成为散乱的民居；五峰仙馆，饲养军马的粪屎堆积如山；脚下的磨砖，被马蹄蹬得稀烂；那些丹漆柱子，也被军马啃成蜂巢一般。环顾园内，戏楼被毁，花木枯萎，门窗挂落，家具搬空，留园基本荒废了。

即使如此，陆文夫还是发现了留园的本色之美。经过一条朴实的走廊，他看到了园中的池台亭榭；穿过涵碧山房，站在近水的凉台上，又见到一派假山迎面而起，那些山石犬牙交错，美不胜收；可亭的六角，高耸在山石上面；高高低低的三道小桥，横卧在山涧上。观赏这些景致，陆文夫仿佛置身画中。

通过爬山的游廊，他还进入了闻木樨香轩，这里能看到留园中部的景物。东西两面，楼阁参差，古木奇石掩映着亭台水榭，南面是廊台花墙，小巧的明瑟楼凌驾于其他建筑之上。楼前，满池清水，波光粼粼，倒映着岸上的景色。池塘里有一个小岛，叫小蓬莱，它的桥和亭与水面持平。陆文夫登上小蓬莱，像是站在湖心水底，四面皆山。过了小蓬莱，他又来到曲溪楼的底层，透过砖框漏窗观景，如同移步换景。抬头西望，能看到茂盛的红枫像晚霞一样，漫铺在高低起伏的云墙上。许多年后，陆文夫这样写道："在所有的园林当中，我最爱留园。它像所有的艺术杰作一样，带着深深的含蓄。"并把留园写进了小说《小巷深处》。

陆文夫养病时还发现，耦园与市民住宅最大的不同，就是院墙高度。姨妈与耦园主人，显然不是一个阶层。尽管耦园已经荒废，但陆文夫经常想象它曾经的辉煌。他仿佛看到，"王孙公子骑着高头大马走进了小巷，吊着铜环的黑漆大门咯咯作响，四个当差的从大门堂内的长凳上慌忙站起来，扶着主子踏着门边的下马石翻身落马，那马便由人牵着，系到影壁的旁边的拴马环上。"又仿佛听到，"喇叭声响，爆竹连天，大门上张灯结彩，一顶花轿抬进巷来。若干年后，在那花轿走过的地方却树起了一座贞节坊或节孝坊。在发了黄的志书里，也许还能查出那些烈女、节妇的姓氏，可那牌坊已经倾圮，只剩下两根方形的大石柱立在那里。"

这两段文字，都出自他的散文《梦中的天地》。可见陆文夫在耦园养病时，已经开始思考社会的不公。这为他日后赴苏北参加革命队伍，奠定了思想基础。

3. 苏州青

陆文夫痊愈后，姨妈把他从耦园接回家了。

姨妈家的饮食，很对陆文夫的胃口。他发现，餐桌上经常有一盘青菜，就觉得很奇怪。农村不兴用青菜招待亲戚。在泰兴，妈妈和姐姐总是把肉留给陆文夫吃，自己却用青菜下饭。相对吃肉来说，陆文夫对青菜实在是没有兴趣。

可是很奇怪，姨妈家的青菜很好吃，很糯，很甜，他每次都能吃很多。即使用菜汤泡饭，他也能吃满满两大碗。姨妈笑说："青菜好吃吧？"

陆文夫含着满嘴的饭菜，"嗯"了一声。

姨妈说："这种菜，叫苏州青。只有苏州才有，在泰兴是吃不到的。"

陆文夫就想到起小时候，私塾先生教过他的一首诗，"晚霞飞，西窗外，窗外家家种青菜；天上红，地下绿，夕阳透过黄茅屋……"这首诗描写了秋天傍晚，农家种菜的情景。但他们种的不是大白菜，也不是花椰菜，而是青菜。

泰兴老家的农民也种青菜，可吃上去口味与苏州青不同，这是为什么？姨妈告诉陆文夫，苏州青是一个特殊品种，一年四季都可以种，老百姓天天可以吃到。当然，冬天霜打过的青菜更甜，也更糯。

住在姨妈家，买菜很方便。一大早，小巷人家就能听到叫喊声，声音由远而近，"阿要——买青菜！"那是卖菜的农妇来赶早市了。叫卖的声音尖脆而悠扬，不像是叫卖，倒像是陆文夫听过的苏州话，很糯，听上去像唱歌。如果清晨有细雨，在朦胧中听到"阿要——买青菜！"感觉会更美，印象也更深刻。陆文夫后来说，那些叫卖声，其实是有色彩的，青翠嫩绿。

陆文夫在小巷行走的时候，不止一次看到居民们买青菜的情景。买卖会发生争执，买菜的老太太要从菜贩的筐里，再拿一两棵才算完事。菜贩不允，老太太就义正词严说："你的菜里阿有水？有水么，我阿要多拿两棵？"挑担卖菜哪能不洒水啊？不然菜会干死的。这还不是为了城里人能够吃上水灵灵的蔬菜吗？但城里的女人，总是那么伶牙俐齿，菜农们为了生意，只能忍气吞声。苏州青好吃，可卖不到好价钱。有时候最不值钱的，往往是卖菜人。你有什么法子！

陆文夫问姨妈，"她们挑一担菜到城里卖，要走多远路？"

姨妈说："不远的。城里就有菜园子，在南园。"

城里还有种菜的园子？陆文夫就去看了一下。沧浪亭的南面，果然有一大片种菜园地。后来他发现，城北也有一片菜园。南园和北园，一年四季轮流种着各种换季的蔬菜，青菜尤其多，收获一茬，再种一茬，所以，在苏州城居住，永远不会缺菜吃。这种菜总是很新鲜，一般是黎明起菜，天不亮就挑到小菜场，或巷子口，在那里叫卖，菜叶上还沾着夜里的露水。人们看到的青菜，总是一副雄赳赳气昂昂的模样。这样的菜下锅烹炒，能保持新鲜本色的口感。

陆文夫在姨妈家，吃了很多蔬菜，怎么吃也吃不够，这在老家泰兴是不可想象的。姨妈家的蔬菜，总是四季不同，后来他才知道，苏州人吃菜都是嗜新如命，追着季节吃。不同季节，苏州人要吃不同的菜，头刀韭菜，青蚕豆，鲜笋，菜花甲鱼，太湖莼菜……四时八节轮换着吃。常规蔬菜吃完了，就吃野菜：苜蓿，马兰头，蒲公英，红薯叶，荠菜，野葱，香椿头，枸杞头，四叶菜（荦菜），马齿苋，鹅肠草，车前草，野菊脑（苗），浆麦草（雀麦草），豌豆头，小蒜头……有些野菜的名字，就连出身农村的陆文夫也没听说过。如果哪种时令菜没有吃上，苏州的老太太或老先生还会叹息，好像日子过得很不舒畅，缺少点什么。

陆文夫发现，苏州人吃鱼虾，也讲究生鲜。苏州是水城，鱼米之乡，许多人家临水而居，在自家的水码头就可以捞鱼摸虾。不新鲜的鱼虾，根本无人问津。苏州人还能将一道普普通通的菜肴，做得精致可口。不像四圩村的人，菜从田里拔出来，在水里荡洗一番，用刀剁剁就能下锅。姨妈告诉陆文夫，苏州人做菜，用的都是绣花功夫。据说苏州有一道菜，食材就是简简单单的绿豆芽，却要将鸡丝一根根嵌在豆芽秆里。陆文夫听到这个故事，两眼几乎发直。

4. 琵琶叮咚

姨妈白天做事，晚上会到书场听书——欣赏苏州评弹。

陆文夫在散文中说："我的上一代的人，特别是姨妈、姑姑和婶婶她们，听书是主要的消遣。当我读书到深夜时，总是听见她们刚从书场里回来，谈论着演员的得失，吃着小馄饨。"

苏州评弹也叫弹词，通称说书，是用苏州方言表演的说唱。流行于江苏、浙江一带吴语地区，不管在城市或农村，几乎家喻户晓。早年间，苏州城里和农村小镇，都会有很多书场，那些书场往往就在茶馆里。

姨妈到书场听评弹，时常带着陆文夫。刚开始，陆文夫听不懂，听着听着就有点懂了。苏州人爱好评弹，就是从小跟着父母或爷爷进书场看热闹、吃零食开始的，一旦入门，终生难忘。

在姨妈住的街上，陆文夫看到一个评弹女演员，每天进出街巷，乘坐一辆油光锃亮的黄包车。车上有黑色的皮篷，还有两盏白铜做的车灯，像手电筒一样，夜间可以照射路面。车夫手边有一个橡皮球的喇叭，用手一捏哇啦哇啦响。乘客的脚下，有一个脚踏的大铜铃，外形像铜壶。那时候，苏州城里很少有小汽车，乘坐这种黄包车便特别显眼，会招来众人关注的目光。一条小街或小巷，如果能有一个走红的评弹演员，左邻右舍都感到光荣，邻居小姑娘更是羡慕不已。

陆文夫关注她，是因为她确实漂亮。女演员外出赶场子，浓妆艳抹，怀抱琵琶，坐着黄包车，从热闹的街道风驰而过，喇叭声声，铜铃叮当，那种艳丽与风采，会引得路人侧目而视，指指点点，也撩拨了陆文夫的心弦。女演员深夜归来时，小巷空寂，人已入睡，黄包车的喇叭声和铃声，能把睡梦中的邻居们惊醒。有时候陆文夫也会被惊醒，再入睡的时候，也梦到自己坐上那辆光亮的香车。

姨妈告诉陆文夫："别看说书的姑娘现在风风光光的，她们学书的时候，苦得啦！经常眼泪索索。"

陆文夫问："师傅会打她吗？"

陆文夫读私塾的时候，就挨过先生的板子。

姨妈说："当然要打啦。唱不来曲子怎么办？就是要打。真是作孽。"

陆文夫穿街走巷闲逛的时候，也能见到学评弹的小姑娘。深邃小巷，秋天能嗅到桂花香。随着香气飘来的，还有叮叮咚咚的琵琶声。循声寻觅，能看到某个庭院的门堂里，会有一个美丽的姑娘或少妇，一边弹琵琶，一边在唱苏州评弹。这不是卖唱，这是在练曲子。此时的陆文夫，还没学过古诗"转轴拨弦三两声，未成曲调先有情"，否则他会诗兴大发。

有一天，陆文夫看到一位少妇牵着女儿。女孩不过七八岁，却抱着一个和她差不多高的琵琶，到老师家学评弹。女孩高高兴兴，母亲脸上洋溢着幸福。陆文夫由此想到那位坐黄包车的女演员。晚上，他把看到的情景告诉姨妈。姨妈便和他讲了不少与评弹有关的故事。这些故事，都是她从听评弹的小姐妹那儿听来的。

姨妈说，学说书，不容易，首先那琵琶，学起来就很难。弹琵琶的小姑娘，要是荒腔走调，会被师傅责骂，说不定还要挨几记巴掌。传艺没有说服教育，奉行的是严厉。如果是母女相传，打起来会用鸡毛掸子。

徒弟学到一定水平，要跟师傅"跑码头"，到苏州农村的各个小镇去演出。

师徒二人，背着琵琶和三弦，风尘仆仆，四处奔波，在这儿演三天，在那儿演五日。一般都住在小客栈。有时候夜场演出结束，就在书场的角落打个地铺睡。学书的姑娘或小伙子，在小码头磨炼以后，有点名气了，就能苦尽甘来，进入大码头，在苏州、上海等地的大书场演出。这样的环境，如果还能打响，那便是一代风流，一生风光。特别是男演员，越老越炉火纯青。苏州人称评弹演员为"说书先生"，女的也叫"女先生"。说书先生走红后，不仅知名度高，还能赚很多钱。即使不能走红，混口饭吃也没问题。市民在书场里，泡一杯香茶，能听到名家的演唱，简直就是一种莫大的享受。正是这种原因，苏州的市民阶层，特别是小康人家，如果女孩生得漂亮，聪明伶俐，就会有人说："呀，搁小囡真漂亮，让她说书去！"

姨妈的讲述，加深了陆文夫对评弹的兴趣。听着听着，就受到它的影响，后来这影响还渗透到陆文夫的创作中。陆文夫不止一次想，苏州评弹如此受欢迎，传播得如此广泛，根源在哪里？后来知道了：一是语言生动，二是唱腔优美，三是细腻的叙事手段。评弹说唱的故事，都与苏州有关，反映市民生活和市民心理。演员又表达得淋漓尽致，幽默风趣，这样的艺术形式怎能不吸引受众？如果文学创作借鉴评弹手法，何愁没有读者？

三十年以后，陆文夫创作小说《美食家》，就借用了评弹的叙事语言和结构手法。这部小说后来畅销全世界。

5. 茶馆风景

姨妈不在家的时候，陆文夫很寂寞。好在对门有个茶馆，他在二楼窗前读书累了，就可以看一看茶馆。

姨妈家与茶馆，只隔一条路，门对门，窗对窗，相距两三米。由于靠得太近，这茶馆就像开在姨妈家。茶馆里发生任何事情，他在姨妈家都能看到。

早上，曙色朦胧，鸡叫头遍，对门茶馆就会传出人声。老茶客茶瘾很深，此时已睡不着，爬起来洗把脸，就迷迷糊糊跑进茶馆，喝下一杯浓茶后，才算真正醒来。第一壶茶是清胃的，据说能洗净隔夜的沉积，引起饥饿感，产生食欲后，吃早点胃口就会大开，吃完早点，有些人起身走了，大概上班去了，多数人仍不动，还要继续喝茶，一直喝到胃里的早点消化掉，肠胃畅通为止。这种状态，很像老母鸡孵蛋，坐在那里一动不动，所以，苏州人把上茶馆叫作"孵茶馆"。

陆文夫发现，茶馆里的风景是流动的。各种小贩轮番上场招徕生意，卖香烟、瓜子、花生，卖大饼、油条、麻团，茶馆就像他们的早餐供应点。各种小吃担也会来凑热闹，他们不进屋，把货担停在门口，以引起茶客注意。小吃担的食物很有特色，油炸臭豆腐干、鸡鸭血粉汤、糖粥、小馄饨都有。

茶馆也会走进卖唱的。通常是一个姑娘搀着一个戴墨镜的盲人，走到茶馆中央后，盲人坐下拉二胡，姑娘就站在那里唱。

看到卖唱的，陆文夫就会从姨妈家的楼上，噔噔噔跑下楼，窜到茶馆里来，听一听姑娘唱的小曲。走近了，陆文夫又很失望。唱曲的姑娘嗓子很尖，有些刺耳，二胡伴奏的质量也不高，像是拉一把破琴。卖唱的姑娘并不漂亮，有的还面黄肌瘦，像是发育不全，这种体格唱起歌来，中气不足，怎么会悦耳呢？茶客们并不挑剔，就图个热闹。看到唱曲的姑娘很卖力，会丢几个铜板给他们。

姨妈做了一天事，晚上回到家，陆文夫会问她一些问题。

陆文夫问："姨妈，茶馆里喝茶的人，他们不做事吗？不做生意吗？"

姨妈说："泡茶馆的人，不需要做生意。"

陆文夫说："为什么啊？"

姨妈说："他们家里不缺钱。"

从姨妈嘴里以及邻居的闲谈中，陆文夫陆续知道了一些事情。原来，这些泡茶馆的人都有固定收入，或薄田几亩，可以收租；或闲屋数栋，可以租赁；或开着一二间门面的店铺，有人料理。他们既有收入，也有闲暇，干吗不泡茶馆？

茶馆最吸引陆文夫关注的，还是茶客们交流的信息。茶馆里的茶客，并不都是来喝茶的，多数为解闷，谈谈天下大事，聊聊个人隐私，时间也就分分钟过去了。茶馆传播的，多数是小道消息，但大家都听得津津有味。也有干正事的茶客，比如约人谈生意。如果双方有意，就可以坐到茶馆，商谈一下具体的交易数额或合作细节。茶馆里的气氛，比外面温和，生意也容易谈成。

茶馆最热闹的事情，是"吃讲茶"。讲茶，就是讲理的茶事。所谓吃讲茶，就是把某些民事纠纷，拿到茶馆里来评理。当事双方摆开阵势，各自陈述理由，让茶客们评论，最后让一位有权势有威望的人进行裁判。裁判的结果，大家都要遵守。失败者要是再去上诉法庭，即使转败为胜，茶客们也不会承认，说他买通了法官，不遵守公德。

有时候陆文夫在吃饭，但只要发现对门的茶馆里，有人要"吃讲茶"，他就会匆匆扒完饭，丢下碗冲向茶馆。对这样的民间大戏，他总是饶有兴趣，从不缺席。姨妈就说："你再吃一碗，再去也不迟啊！"

陆文夫边走边说："姨妈，不吃啦！我去听听，回来再吃吧！"

大幕拉开，大戏开场。此时，茶馆早已座无虚席，平时喝茶或不喝茶的人，都会坐进来，要一壶茶，他们只是为了看吃讲茶。每到这一时间，茶馆里的摆设，也有点法庭的味道，一位有头有脸的人物，坐在正中的茶桌上座，像个法官。当事人脸对脸，坐在两边的下座，各桌孵茶馆的老茶客们，应该就是陪审团了。讲茶开始，当事双方分别陈述理由，然后回答头面人物提出的问题，争执是难免的，唇枪舌剑也很司空见惯，面红耳赤更是家常便饭，茶馆毕竟不是真正的法庭，缺少法律约束，有时候讲不出理了，恼羞成怒，就会大打出手，茶壶茶杯乱飞，甚至能砸断桌子板凳的腿。

每逢此时，陆文夫就想看看，茶馆老板如何处理此事，很奇怪，老板面无表情，纹丝不动，任你打，任你砸。后来陆文夫知道了，一切损失都有人买单，败诉的人会承担费用，就连旁观者的茶钱也由他付。

晚上回去，陆文夫做了一个梦，在梦里他成了吃讲茶的那个法官。

6. 考入苏州中学

陆文夫在苏州养病一结束，就回到了扬陌学塾继续念初中。初中毕业后，陆文夫又折回苏州，考入了苏州中学（江苏省苏州高级中学），时值 1945 年秋。

陆文夫考苏州中学，其实很冒险。

苏州中学是名校，在全省乃至全国，也有很高知名度，报考的人又多，各地都有，平均四五十人录取一个。陆文夫的初中成绩并不理想，加上生病休学缺课，又落下一大截，尤其数学很差，成绩经常在四十分上下浮动，但没办法，陆文夫就是想来苏州。父亲说，上有天堂，下有苏杭，陆文夫也认同这句话，他已被虎丘、灵岩、耦园、留园，弄得神魂颠倒，即使临时抱佛脚，也要硬着头皮争取成功，到苏州中学来碰碰运气。

那时候的苏州中学，刚从宜兴迁回苏州。三元坊的原校址，已被国民党伤兵占据，初中部和高中部，都挤在公园路的草桥头。

陆文夫中考的地方，是草桥第三场考场。考试结束一走出来，心就凉了半截。和别人核对题目，听起来别人都是对的，自己都是错的，他也就不抱什么希望了。发榜之日，只是跟随其他考生，到学校里去"张望"了一下。

谁知道这一张望，让他喜出望外，他的大名赫然在目！不是备取，不是"扛榜"，是在三十名以内。陆文夫百思不得其解，自己怎么考取的？想来想去，可能就是作文帮了忙。

根据学校要求，考取苏州中学以后，每个考生还要有个"保证人"，类似贷款担保人。入学需要担保，这是当时苏州中学的"招生特色"，既能了解学生的"背景"，又可防止学生"逃费"。陆文夫过去在苏州养病，一直借居在山塘街亲戚家。这"保证人"就填写了亲戚"鞠锦南"的名字，注明双方关系是"亲戚"。

入学后，陆文夫编在丙班，称作"高中部普通科三十七级丙组"。入学时十七岁，学号是"679"。在班级的花名册上，他的名字排在十七位。学生证上的照片，英俊而秀气，国字脸，短发，大眼睛，紧抿双唇，穿着立领式中山装。

当年录取的新生，一共组成了甲乙丙丁戊五个班级。戊班是女生。甲乙班虽然不叫尖子班，但同学们的数理化普遍都好。比起其他班级，他们课程也多，学习进度也快。

丙班同学多为苏南人。陆文夫是苏北口音，与本地同学交流不方便。有一位许心基同学，经常和他聊天。许心基原籍镇江，口音接近陆文夫，两人交谈更亲切。宿舍里住着七八位同学，宜兴人占了六个。虽然大家口音不同，但相处得很和睦，像一家人。星期天，陆文夫去中正路（护龙街）的旧书店看书，有的同学就帮他洗衣服。周盘明同学家境不好，陆文夫就和他说："我们都是平等的，都是吃阳春面的。"周盘明听了，心里很温暖。三年处下来，陆文夫竟会讲一口带有苏北口音的宜兴话。

正式上课后，陆文夫才体会到，什么叫"书到用时方根少"。

苏州中学的老师很有声望，上课也与众不同，不按课本教，都有自编的讲义。他们的讲义，也是校内外许多人搜集的宝物，好像有了这种讲义，便掌握了考学的秘密武器。老师们希望学生"死读书"，学校也有尊重知识的风气。如果有一位同学打扮得漂漂亮亮，家中富有，又有势力，成绩却不好，没有多少人瞧得起。相反，穿着蓝布衫，头发留得很长，专心学习而不拘小节，考起试来却总是名列前茅的同学，更受尊敬和羡慕，也容易被推举为级长。

陆文夫在苏州中学学习时，始终处于紧张状态。因动乱和健康原因，小学和初中读得很马虎。进入苏州中学以后，就感觉各门课都跟不上。

先是因为听不懂苏州话。第一堂课下来，几乎不知道老师在说什么。英文老师不讲中国话，陆文夫反而能听懂一些。

他还有做事拖沓的毛病。早晨上课，起身钟不敲第二遍，陆文夫不会起床。时间来不及怎么办？他就把穿衣、叠被、洗脸、奔赴饭堂这一连串动作，都作了精确计算，尽可能高速运行。在苏州中学，天不亮就有人起床，打过起身钟，宿舍里就没几个人了。同学们都到操场和学校的各个角落去了,在那里背课文,背英文单词,就连吃早饭之前,都要背它几十个,晚上夜自修结束,路灯下还有人徘徊背书。那时候,百分之八十都是寄宿生,走读的不多,平时出校门需请假,只有周六晚上和周日白天,才会给学生一些自由。每个宿舍都有室长,还有一个专职的舍监老师,专管点名、卫生、纠纷等事务。苏州中学的校规很严,犯了小错,记小过一次;犯了大错,记大过一次;三次小过,算一次大过;犯两次大过,就直接开除。但学校被记过的人很少,开除的事也没听说过。在如此严格的环境下学习,陆文夫只能逐渐适应它。

最要命的是考试。期中考试叫小考,学期结束叫大考。大考简直就是一场大难。每逢大考,厨工都要少淘点米,因为学生吃不下饭,操场上也没有声音,每个人都想找僻静的角落,去背笔记。学校的道山亭,是一个很理想的复习场所,山上有树木荒草,山下有一个水塘,水边长满了红蓼与芦苇。同学们喜欢在芦苇丛做个窝,躺在那里复习。一场大考下来,人像脱一层皮。陆文夫人到中年还会做考试的噩梦,他梦见自己进入考场之后,面对满纸的数学题,一道题也做不出来,常常被惊醒。

一年以后,学校从草桥头搬回三元坊。

这是学校同国民党当局多次交涉的结果。一开始,国民党伤兵赖着不走,他们已经习惯看戏不买票,乘车不给钱,开口便是老子抗战八年,动不动就大打出手,一副没人敢惹的嘴脸,但没想到,却栽在一帮书生手中。

突然有一天,草桥头的苏州中学正方形的操场上,高中部学生紧急集合,校长宣布,要到三元坊去驱逐伤兵,"收复失地,"除女生和身体弱小者外,高中部的学生全部出动。实际上就是到三元坊,去和伤兵们干仗。学生们个个兴高采烈、摩拳擦掌,有人带了棍棒,有人拾了几块砖头,几百人排队涌出校门,跑步直奔三元坊而去!

占据三元坊校舍的伤兵,其实没有多少。可能事先听到了风声,又见来了这么多的"丘九"——那时,人称国民党兵为"丘八",学生比兵更难对付,故称"丘九"——眼看形势不妙,便翻越围墙,落荒而逃。校方立即把高中部全部搬到三元坊,并派学生轮流在高处瞭望,防止伤兵重新入侵。

苏州中学本部真是一个好地方,它的路东,就是苏州名园沧浪亭。

学校搬去后,学生宿舍安排在路东;教学区安排在路西,就是后来的主楼。主楼之外,校内还有两座建筑,一座叫"立达楼",一座叫"审美楼"。"审美楼"是陈列美术作品和手工劳作的地方。陆文夫和同学们进校时,这两座砖木结构的楼已摇摇欲坠,后来修葺过,做过教室(现已拆除)。孔庙的一座大殿,也改作了大礼堂和饭堂。

宿舍区安排在路东，同学们进出校门就自由多了。大家可以借口回宿舍取物，顺便到三元坊路口买包花生米，或者是到沧浪亭去兜一圈。沧浪亭曾是北宋诗人苏子美的住宅，后为抗金名将韩世忠所有，《浮生六记》作者沈三白和他妻子，也在此暂住过。

沧浪亭周边的环境，有深厚的文化内涵。逛过沧浪亭，就会想起苏子美，进入文庙内，就会缅怀范仲淹，或想起点评《水浒传》的金圣叹，想起著名的哭庙案。张士诚的宫殿，也在这个片区。《水浒传》作者施耐庵，《三国演义》作者罗贯中，当年都投奔过张士诚。不远处还有个织造府，与曹雪芹家族有关。中国的四大文学名著，有三部与沧浪亭周边区域有历史渊源。三言二拍作者冯梦龙，也在比邻沧浪亭的南园住过。民国时代，望星桥堍住着侦探小说家程小青，王长河头住着鸳鸯蝴蝶派作家周瘦鹃，他们的住所离此都不远。小小的区域范围，竟聚积如此众多的文化资源，全国少有。

陆文夫在这种文化氛围中学习和生活，是幸运的，给他带来的不仅是文化知识，也有思想熏陶。

7. 作文传奇

陆文夫在苏州中学念书，作文帮了他的大忙。

陆文夫当初考进苏州中学，也是作文在起作用。那天考试的作文题，叫《故乡的交通》。这样的内容陆文夫写起来，实在是容易。小时候，他就住在长江边的水陆码头，熟悉江面穿梭来往的轮船、帆船和摆渡船。印象深刻，下笔就顺。写的时候，脑海中回放着过去的画面：浩瀚的长江、来往的客商、流动的船只……有了生活见闻与实际感受，再联想《滕王阁序》的名句，"落霞与孤鹜齐飞，秋水共长天一色。渔舟唱晚，响穷彭蠡之滨；雁阵惊寒，声断衡阳之浦……"一篇生活气息浓郁、文化内涵深厚的作文，便一气呵成了。陆文夫写得带劲，阅卷老师读得激动，最终作文批了满分。陆文夫中考的数学成绩并不及格，但这篇作文显现的才华，最终还是让老师折服了，这也是苏州中学录取他的理由。

陆文夫在作文上有天赋，是从小阅读大量书籍的结果。读私塾时，背诵过《三字经》《百家姓》《千家诗》《论语》《孟子》《大学》《中庸》《古文观止》，也读过大量闲书。所谓闲书，就是民间故事、历史神话、通俗小说一类的东西。

刚开始认字不多，只看七字段的唱本，什么《孟姜女万里寻夫》《烟花女子告阴状》。后来便读《封神榜》《西游记》《三国演义》《水浒传》《岳传》《七侠五义》。那时，还不会查字典，老师桌上有本《康熙字典》，即使查了也不懂。于是便囫囵吞枣，不求甚解。后来陆文夫成了作家，也经常写错别字。

陆文夫特别喜爱唐宋文章，在苏州中学读书时，会经常背诵几段。他对名著片段的背诵功夫，称得上一绝。后来写作文，就能熟中生巧，省去了东抄抄、西抄抄的额外劳动。中国古典散文讲究对仗、音韵、意境、气势，结构讲究起承转合，它们对陆文夫的写作，产生了潜移默化影响。在苏州中学读书时，他对许多优秀的白话散文更喜爱。朱自清的《荷塘月色》《背影》片段，他常常脱口而出。他的作文也受到老师青睐。当时国文课的老师是沈荣龄先生，一位饱学之士，讲课特别生动，陆文夫的作文常被沈老师当作优秀作文，推荐到全班传阅。沈老师也常在他的作文本上，用红笔打双圈，写上一段很好的评语。作文簿发下来，得到的分数不是"甲"，就是"甲上"。偶尔得"乙"或"乙下"，是错别字惹的祸。

有一次，沈老师拿着作文簿，在班上表扬了陆文夫。沈老师说："陆文夫，你的作文，这两段写得特别好，文字汪洋恣肆，韵味颇显古意。"

陆文夫回答："报告老师，我受到了王勃的《滕王阁序》启发，才想到这样写的。"

沈老师点头称好："哦哦，是这样啊。好，好，行文生动，意境博大，说明你领悟了古典名篇的精华。希望大家学习古文，都能像陆文夫同学一样，古为今用，学用结合。"

从那以后，沈老师表扬陆文夫的作文，成了国文课上的常态。陆文夫很受用这一时刻。然而飘飘然之后，就容易迷失方向。

有一次，老师出了一个作文题，让学生发挥想象力，远离自己的理解能力和生活经历。遇到这种题目，陆文夫总是想方设法让作文与自己的思想感受和生活现实挂钩，然后来点文采四溢的发挥，心想就能蒙混过关。谁知"瞎扯胡拉"根本文不对题，老师看了不知所云，只判了"乙下"。这种分数，也是给足了陆文夫面子。

还有一次，老师出的作文题叫《中秋佳节》。应该很好写。可以写看月亮，可以写吃月饼，可以写一家人团聚，也可以写独处异乡带来的孤寂。陆文夫正处于"独在异乡为异客，每逢佳节倍思亲"状态，发挥起来应该很煽情。他却突发奇想，去写唐明皇游月宫，说中秋节晚上，某个皇帝被毒死了。既不像虚构的神话，也不似人间传奇。作文交上去，老师读了直摇头，结果可想而知。

8. 鞋的故事

陆文夫读高中的时候，一直穿一双黑布鞋。可他总想买一双皮鞋，因为不少同学都穿着亮铮铮的皮鞋。

其实，皮鞋哪有布鞋舒服？陆文夫的家乡人都穿布鞋，养脚，轻便，节俭，好处很多。这些布鞋都是亲人做的，一针一线总关情。陆文夫小时候，从梦中醒来的时候，经常看见母亲在昏暗的灯光下，为家人纳鞋底，细长微弱的拉线声，充满了温馨，也很催眠，听着听着，他就睡着了，那时候，穿上一双新鞋，就等于过节了，走路都是轻飘飘的，一双新布鞋对陆文夫来说，那就是宝贝。

有一年夏天，陆文夫穿着新布鞋，到镇上的姑妈家去。乡村里的路，都是芳草小径，早晨的小草挂满了露水，陆文夫担心新鞋会湿，就将鞋子脱下来，拎在手里，农村的道路上，到处都是泥块、碎石和草根，会把脚戳得很痛，一不小心还会划破皮，可他宁愿赤着脚，一直走到镇上，直到踏上街头的石板路，确信新鞋不再被湿，才会到石码头的水里洗洗脚，重新穿上那双鞋。

脚划破无所谓，明天还会长好。母亲做一双新鞋，要花几十个夜晚。他心疼。

读到小学五年级的时候，母亲眼花了，就由姐姐和表姐为他做鞋。学校离家很远，每学期只能回去一两次，开学前，陆文夫总要带五六双鞋到学校，姐姐知道他脚长得快，怕他穿小鞋挤脚，鞋做的尺寸一双比一双大。陆文夫喜欢踢足球，还做"打监"游戏，在操场不停地奔跑，操场尽是砂砾，废鞋底，踢足球的时候，鞋口就会"嘣"的一声裂开，布鞋开了口，他就找老皮匠修一修，在鞋口补一块皮，在鞋底上打一个掌，然后继续穿。他无法按姐姐的设想，由小到大去穿鞋。有时不得不穿大鞋，但穿大鞋不舒服，也不跟脚，他便用麻绳绑在脚上穿。这样一来，"打监"和踢足球更麻烦，鞋与足球往往一起飞出去。

进了苏州中学，就不是鞋旧鞋新的问题了。同学们脚蹬皮鞋，陆文夫却穿着布鞋，涉及人的面子。在苏州中学读书，人人争先恐后，个个都要面皮。陆文夫怎么可以输在鞋子上！

有时候，人的心理障碍，就是通过攀比造成的。

当时，陆文夫和同学都穿长衫，整体形象看不出差别。苏州中学最受尊重的同学，并非西装革履、油头粉面的阔少爷，而是衣着普通、学习努力、成绩突出的同学。陆文夫就属于这一类。问题是，陆文夫自己却特别关注长衫下面的内容。别人是笔挺的西裤，锃亮的皮鞋，自己却是皱巴巴的棉布裤，一双土里土气的黑布鞋，自卑就油然而生。西裤和皮鞋，意味着富有与时尚，陆文夫怎么可以败下阵来！三十年以后，陆文夫坦诚："我禁不住那种物质的诱惑，总觉得穿布鞋的人要比穿皮鞋的人矮一截，便日思夜想地要买皮鞋。"

当时的陆文夫，并不富裕。父母给他的钱，仅供学费和基本生活开支，这和城里的阔学生是不能相比的，但陆文夫还是带着身上所有的钱，跑到街上去买皮鞋，妈妈和姐姐以自己仅有的能力，给了他最大支持，然而，逛了许多皮鞋店，他发现手里的钱仍买不起任何一双皮鞋，最后在一家"关门拍卖、削价处理"的小店里，才买到一双淡黄色的方头皮鞋。这是陆文夫平生穿的第一双皮鞋。

穷孩子惜物。陆文夫穿上皮鞋，时不时会低头看看。鞋上落一点灰尘，就在裤腿上蹭一蹭，总是让它锃明瓦亮。有一次，陆文夫正用裤腿蹭皮鞋，一位同学看到了，就嘲笑起来："你们看，陆文夫多么爱惜他的皮鞋呀！一天到晚在裤脚管上蹭来蹭去，难怪他的皮鞋会这么亮！"

在场的同学就哄堂大笑起来。

陆文夫之后才注意到，别的同学皮鞋脏了，并不用裤腿擦，而是用专门的鞋油，专门的刷子或布巾，来打理他们的皮鞋。反观自己的生活习惯，陆文夫感到无地自容。

周末踢球，陆文夫还穿着那双黄皮鞋。运球的时候，不小心碰到同学的腿，同学疼得直咧嘴，勃然大怒："你想干什么！踢球不会穿回力鞋吗？一天到晚只知道穿皮鞋，天天穿天天穿，难道是捡来的鞋啊！"

回力鞋是运动鞋，当时有钱人参加运动，都要穿回力鞋。可一双崭新的回力鞋，要比这双旧皮鞋贵多了，陆文夫哪儿买得起！他这才发现，参加踢球的同学，但凡家庭条件好一点的，都有一双回力鞋。而陆文夫却没有，这就显得很另类。再看看脚上的这双黄皮鞋，就觉得很刺眼。面对同学的呵斥，他只能连连道歉，但心里的委屈越积越深。三十年后，陆文夫坦言："这是我平生第一次穿皮鞋，但那滋味并不好受，留下了一种受侮辱、受损害的记忆。"

这些点点滴滴的生活小事，让陆文夫看到了贫富对立和社会不公。

9. 小吃与馄饨

陆文夫在苏州中学念书时，父亲已经去世，姨父也不在苏州做生意了，他只能借住在一个远房亲戚家。陆文夫考上苏州中学，母亲来苏州陪读，就一起住进这位远房亲戚家。

母亲对陆文夫说："这是你的表舅，他人好，不收我们的房租。我们对他要有礼貌。"

陆文夫发现，表舅确实是好人，就是贪吃，每天最重要的事，就是下馆子。他早晨起得很早，就是为了到朱鸿兴吃一碗头汤面，不吃，便一天过不去，一副失魂落魄的样子，也像没头的苍蝇直打转。头汤面其实跟二汤面、三汤面，没有太大区别，陆文夫吃面的时候，没感觉有什么两样。苏州的面条，关键不在煮面，而在于用什么汤，用什么浇头，煮好的面，总要从水里捞出来，沥干，再放入汤碗，配上不同的浇头，这样才算完成制作。汤和浇头的好坏，决定面条的口感，这才是关键。

表舅吃完头汤面，到了中午和晚上，还要去吃馆子。母亲很担心，他这样吃下去会败家的。就对表舅说："你不存点钱吗？"

表舅笑笑："我的钱呀，永远花不完。"

他哪儿来的钱呢？后来陆文夫写《美食家》，就把表舅写进去了，改名朱自冶。朱自冶，就是"猪子也"的谐音，可见陆文夫对他很反感。

小说这样介绍表舅："他的父亲曾经是一个很精明的房地产商人，抗日战争之前在上海开房地产交易所，家住在上海，却在苏州买下了偌大的家私。抗日战争之初，一个炸弹落在他家的屋顶上，全家有一幸免，那就是朱自冶——到苏州的外舅家来吃喜酒的。朱自冶因好吃而幸存一命，所以不好吃便难以生存。"又说，"朱自冶是个资本家，地地道道的资本家……我们这条巷子里的房屋差不多全是他的。他剥削别人没有任何技术，只消说三个字：'收房钱！'甚至连这三个字也用不着说，因为那收房钱的事儿自有经纪人代理。"

陆文夫后来对记者说："他的身世和生活方式，大体上和《美食家》写的差不多。"

有一天，表舅问陆文夫："你知道吃鲃肺汤要到哪里去吃吗？"

陆文夫摇摇头。

表舅就很得意："要到木渎的石家饭店！"

表舅又问："苏州的面条有许多种类，你知道我最爱吃哪一种？"

陆文夫又摇摇头。

表舅用手指点点他的脑门："记住啦，枫镇大面！"

枫桥集镇的枫镇大面，号称是苏州最难做、最精细、最鲜美的面条。其实与苏州的其他面条，并无太大区别，都是采用优质五花肉，经过拔毛、清洗等步骤，加上作料放到锅中焖四个半钟头。面汤都是用肉骨、鳝骨、虾脑、螺蛳肉等鲜物吊成。味道鲜美，焖肉细嫩，入口即化。与众不同的是，它的汤不放酱油，所以汤汁澄清，被称为白汤大面。

表舅又问陆文夫："听说过叫花子鸡吗？"

陆文夫还是摇摇头。

表舅一撇嘴："嘿，你什么都不知道啊！"

正宗的叫花子鸡，是常熟特产，一个外乡少年怎么会知道？

叫花子鸡名称很土，却有来历。传说很早以前，有一个叫花子沿途讨饭，流落到常熟县某村。偶尔得到一只鸡，想宰杀煮食，但无炊具，又没调料。便来到虞山脚下，将鸡杀死后去掉内脏，带毛涂上黄泥、柴草，放入火中煨烤。待泥干鸡熟，剥去泥壳鸡毛，露出的鸡肉喷香扑鼻。后来常熟的一些菜馆，根据这个传说，效法创制出一道名菜"常熟叫花鸡"。

后来，陆文夫对这些传说和知识，了解得越来越多。一半是从表舅那儿听来的，一半是从书上读到的。

陆文夫讨厌表舅嘴馋，好逸恶劳。但表舅腿脚勤快，熟知各种美食，又让陆文夫很钦佩。苏州小吃太多了，令人眼花缭乱，表舅知道什么东西在什么地方能买到，这几乎就是一个神话。那些小吃的销售地点，分布得太散，大街小巷，桥堍路口，可能都有，有的在店里，有的在小摊上，有的甚至肩挑手提，沿街流动叫卖，想一下子买全它们，根本做不到，但表舅知道哪里有卖。他一次又一次塞钱给陆文夫，要他到陆稿荐买酱肉，到马咏斋买野味，到采芝斋买虾子鲞鱼，到某某老头家买糟鹅，到玄妙观里买油氽臭豆腐干……一来二去，陆文夫读高中的几年时间里，对苏州的美食分布，已经了然于胸，如数家珍。陆文夫不是吃货，但架不住一个资深吃货长年累月潜移默化的影响。这些经历，后来被他写进了小说《美食家》。晚年陆文夫，很自豪地对记者说："我十七岁的时候到苏州读书，学生时代无钱，进不了高级餐馆，领略不了苏州美食的风味，可是穷学生都知道小吃，鸡鸭血汤、豆腐花、油氽臭豆腐、桂花酒酿圆子、小馄饨……这些东西价廉物美，也是苏州美食中的一个系列。我首先熟悉了这个系列，留下了十分美好的记忆，曾多次出现在我的小说里。"

读中学的几年时间，陆文夫尝遍了苏州的各种小吃，其中就有表舅的功劳。

在这些小吃中，陆文夫最爱吃的，还是馄饨。在苏州中学读书，也数馄饨吃得最多，几乎天天吃，晚上"夜自修"下课，许多馄饨担子会停在学校门口，学生到路东的宿舍睡觉，都会先吃一碗馄饨。有一家馄饨陆文夫吃了三十年，新中国成立后住进铁瓶巷，他还吃过这家的馄饨，后来成为作家，陆文夫就把这个馄饨担的故事，写进了小说《小贩世家》。这个作品获得了当年全国优秀短篇小说奖，也就是今天的鲁迅文学奖。

10. 米啊，米

陆文夫原先住在姨妈家，就对苏州的叫卖声很痴迷。

在山塘街姨妈家，他睡在临街的小木楼上。清晨睡梦中，总会听到两种叫卖声，一种是"阿要——白兰花啊！"一种是"阿要——大白米唉！"这两种叫卖声，音调都一样。但陆文夫能够听出差别，前一种很浪漫，后一种很现实。

"阿要——白兰花啊！"是苏州姑娘的叫卖声，那声音，甜美、悠扬、清脆，带着清晨的露水和白兰花的香气。听到这种声音，陆文夫会想起陆游的诗句，"小楼一夜听春雨，深巷明朝卖杏花。"

"阿要——大白米唉！"就是现实主义了。陆文夫一听到这种声音，就感觉肚子有点饿，想赶快起床，去吃苏州的白米饭。

那时候，陆文夫刚到苏州，觉得苏州的大米又糯又软又香，吃起来根本不用菜，浇点青菜汤就可以吃两大碗，吃饱后拍拍肚皮，会打一个嗝，油然感叹苏州真是天堂，连米都这么好吃！

抗战胜利后，情况发生了变化，人们不能无忧无虑享受大米饭了。米价像八月十五涨大潮，百姓再也买不起又糯又软又香的白米。普通家庭只能吃中白米，次白米，还有掺石子发霉的"配给米"。这时候，陆文夫正在读苏州中学，经常看到市民排队买"配给米"的情景。

深夜的街道，灯光昏暗，粮店门口站满市民。他们排着长队，一个挨一个，贴墙站在屋檐下，长长地越过十多家店面。如果粮店在左边，右臂上便用粉笔写上号码。把号码写在胳膊上，是为了防止有人插队。陆文夫看到那些号码，就像看到一种羞辱的标记，感觉买粮的人就像囚徒。他们通宵不眠排队，仅仅为了买到霉变并掺进石子的劣质大米。

苏州中学也不是世外桃源。陆文夫读寄宿，每个月的伙食费是五斗米钱。物价飞涨的时候，伙食自然好不到哪里去，他们吃的米，常常发黄、发霉。食堂还会烧烂饭，千方百计省点米下来。学校伙食由校外商人承包。一个包饭商，就像一个饮食公司，能包几个学校，几千人的伙食。商人一想赚钱，学生便会吃亏，早晨只喝稀饭，到了第三节课，大家饿得饥肠辘辘。中午饭听上去不错，是四菜一汤，实际上一扫便光。每桌有个桌长，桌长在菜碗边敲一下，大家便一拥而上，动作慢一点的，吃到第二碗饭就没有菜了。女生好一点，她们吃饭不抢。

饭堂就是礼堂，方桌子分行排开，没有凳子，学生都站着吃，这么多人进餐，实在不好对付。那时候，许多学校流行一首打油诗："饭来菜不至，菜来饭已空。可怜饭与菜，何日得相逢！"

物价飞涨的时候，老板为了赚钱，会在米里掺沙子，也会用发霉变质的大米，伙食质量每况愈下。学生为了伙食，每学期都要闹点小风潮，有时候小闹，针对校方和承包商；有时候大闹，针对国民党（反饥饿运动）。苏州中学的学生没有大闹过，小闹却年年有。

中闹也有一次，发生在夏天。大家相约多吃一碗饭，结果饭不够了，闹着要厨房里再烧，烧好了便一哄而散，饭只好馊掉。承包商很熟悉这种把戏，第二天便加个菜，或者"逢犒"时肉片加厚点。所谓"逢犒"，就是每星期吃两次肉，每次一片很薄的肉。学生也组织伙食委员会，选举最能办事的人监督，每天派人去监厨，但不起作用，承包商总和校方有关系，学生中总是流传着某人受贿赂，某人拿回扣一类的消息。

有一次，学生发怒了，吃晚饭的时候把电闸拉掉，饭堂里一片漆黑。突然"哗啷"一声，有人摔碗，这菜碗都是承包商供给的。大家一听便明白，一起把碗举起来摔了，有的连桌带碗全掀掉。饭堂里哗啷啷响成一片。一阵碗声，一阵欢呼，胆小的都吓得躲到桌子底下。

后厨主管连忙出来，大声喊："同学们呀同学们。行行好，求求你们，大家不要再砸啦！我的天呀，这得糟蹋多少钱啊！"

"砸！"有人在黑暗中喊道。

接着，又是一阵乒乒乓乓的摔碗声。

主管忙说："好啦好啦，我答应大家的要求，改善伙食，明天一定改善伙食！好不好？"

那些刺耳的砸碗声，这才渐渐止住。

训育主任闻讯赶来，见四周漆黑一片，根本无从下手解决问题。又怕飞起来的碗会伤到自己，只好作罢。

这一次"中闹"，为同学们争得一点权利：寄宿生可以在学校吃饭，也可以到外面包饭，学校不再限制，悉听自便。那时候，沧浪亭一带有许多包饭作坊，夫妻二人包十来个学生的伙食，价钱和学校相同，却比学校吃饭实惠，但也有人倒了霉，交了一个月的饭费，开头吃得非常满意，不到一个星期，包饭的夫妻二人抢购不及时，半个月物价涨了一倍，一个月的伙食钱吃不到二十天，于是，丈夫叹气，妻子哭诉，学生只好加钱。遇到这种情况，有些争得权利出去吃包饭的同学，又会回到学校包餐。

在这种背景下读书，陆文夫读高一高二时还比较安心，到了高三便和大家一样惶惶不可终日，他和同学们要考虑出路，今后一生该怎样度过。当时的中学生，除了考大学，另有三条道可走：一是回家结婚，当小老板、少奶奶、大少爷，这是极少数；二是去当职员、练习生，这要有关系；三是到农村当小学教员，走这条路的人很多。在苏州这样比较富饶的农村当小学教员，每月也能拿到三石米，所以，即使死读书的学生，到了高三也会对政治和经济产生兴趣。

11. 红色书籍

陆文夫在苏州中学读书时，经常去逛旧书店。

苏州是文化古城，景德路的旧书铺尤其多。陆文夫每星期都去逛逛，早晨带几个白馒头，一去就是一整天，直到天黑才回来。

陆文夫逛书店，不是为了买书，而是去借书看，有的书不外借，他就站在旧书铺看半天。老板娘有时会不高兴，陆文夫知道，然而只要不去注意老板娘的脸色，她也不会硬赶你走，有时陆文夫也觉得尴尬，但一想到有书读，还管她什么脸色！老板娘的脸，哪有书中的文字优美！

不过，看书看久了，也会为书店帮一点小忙。有时候，书店来了顾客，指名要买某某书。老板娘一时想不起有无此书，就问陆文夫："小同学，你见过这书吗？"陆文夫二话没说，很快就把书找了出来。

读高中的三年，陆文夫通过这些旧书铺，接触到了十八至十九世纪的欧洲文学，苏俄文艺，以及少量秘密流传的解放区文艺作品。读了书便会思考，书中讲了什么，他就在现实中寻找答案，尤其到了寒暑假，一边阅读大量小说，一边在苏州四处游荡，观察和思考眼前这个社会。

苏州中学地处三元坊，隔壁是孔庙，对面是可园与沧浪亭。对苏子美和沈三白的居住游乐之地，陆文夫慢慢失去了兴趣。通过生活与书本，他对苏州、对社会，已有进一步的理解，对社会的认识，也开始由表及里，而不仅仅流于表面。陆文夫开始觉得，苏州也不是样样都好，老百姓并非生活在天堂，物价飞涨，导致民不聊生，玄妙观的屋檐下，冬天常有冻死的饥民，可权势豪门内、酒店青楼中，仍然花天酒地、嫖娼宿妓，瘦骨嶙峋的黄包车夫，却拉着大腹便便的奸商，一路疾走、气喘如牛。这是什么社会啊！陆文夫已经没有闲情逸致，去欣赏苏州的美景了，他心里只有愤世嫉俗，忧国忧民。

陆文夫高中毕业时，也想读大学。只是学费太贵，没办法读。苏州有个东吴大学，是教会学校，伙食费每月就要一石米，远远不是他的家庭能负担的。而陆文夫在苏州中学念书，只需交三斗米。

由于前途渺茫，陆文夫读到高三，便不大认真读书了。他和几个同学忙于看小说，读各种杂志，想改革黑暗的旧社会，可怎么改革，大家茫然无知。后来听说哲学这门学问是专管人生和社会的，便到图书馆借了几本哲学书，都是皮面烫金、无人问津的大书。陆文夫和几个同学躺在草地上，拼命地读这些书，怎么读也读不懂。这些唯心主义的哲学，实在是太玄。

有一天，一个同学神秘兮兮地来找陆文夫："你猜，我搞到什么书了？"

陆文夫很奇怪："什么书？"

同学打开他的书包，掏出了几本墨迹陈旧的读物。

陆文夫很好奇："《大众哲学》？《新青年的新人生观》？《新经济学》？"

同学说："还有呢。"又掏出一本香港出版的文艺刊物。

陆文夫浏览一下目录："赵树理的小说？"

这是陆文夫第一次阅读赵树理作品。

又过几天，同学搞来一本《新民主主义论》。真是奇怪呀，同样是讲政治哲学的，这些书陆文夫一读就懂。读着读着，开始羡慕书里描述的理想世界，它像一根魔棒，很快勾走了陆文夫的思想魂魄。他和同学们似乎听到一个强大的声音：知识分子到民间去，到解放区去，去拯救劳苦大众于水深火热之中！

几个同学不再徘徊，决定毕业后参加革命。一拿到毕业证，陆文夫便卖掉了他的书籍和用不着的衣物，买了一支大号的金星钢笔，又买了一双回力球鞋。他听说，参加革命要跑路，要打游击。

终于有一天，几个年轻人相约一道，直奔苏北解放区。

离开苏州前，陆文夫又去了一趟虎丘山。站在山顶遥望苏州城，心里很不平静。这个既爱又恨的天堂，如今真要与她永别，真有些不舍。毕竟，这里曾经寄托着他的少年梦想。

又一想，这有什么呀！既然看到了黑暗，就需要有人高擎火把照亮它！而我陆文夫参加革命，正是去完成这个神圣的使命。于是，心中的那些纠结逐渐化解了，转成了信念与决心：苏州，永别了。大风萧萧兮易水寒，壮士一去兮不复还！

临行前，在同学的纪念簿上，陆文夫写下这样的话："学问不一定是在学校中，也不是说就在社会上，而是在留心的观察、清楚的分析与勤恳的实践中。"

第三章　文学探求

1. 被子、鞋子和榆叶

陆文夫参加革命之前，把自己的去向告诉了母亲。母亲不放心，她了解儿子的身体，一受凉便感冒、咳嗽，甚至哮喘。过去住在家里，一到冬天，祖母或母亲会把最暖和的被子盖在他身上，还要在他的被窝脚头，放一个保温的铜脚炉。

陆文夫参加革命，目的地是苏北盐城老区。这是 1948 年的冬天，淮海战场硝烟弥漫，捷报频传。但淮北平原上的寒风，也刮得正紧。每天清晨，陆文夫都会站在门口远眺北方，地上总是白霜一片。

看着遍地的霜冻，母亲一想到儿子即将远去，就忧心忡忡。她总觉得，瘦弱、怕冷、容易伤风咳嗽的儿子，会病倒在遍地霜冻的田野里。夜里睡觉怎么办？有没有风寒？平时在家里，她总给儿子盖着一床八斤重的被子。但这么重的被子背在身上，怎么行军打仗啊？身上重负，既走不动，也跑不快，会不会被敌人抓住？会不会累倒在冰天雪地？

母亲想了又想，决心把家里唯一的丝绵被拿出来，让儿子带走。这条丝绵被，是当年姨妈送给母亲的，丝绵被又轻又暖，很适合上了年纪的人用，但母亲平时舍不得用。儿子要出门了，母亲让他背在身上。那天告别母亲，陆文夫想到了孟郊的《游子吟》——

> 慈母手中线，游子身上衣。
> 临行密密缝，意恐迟迟归。
> 谁言寸草心，报得三春晖。

从苏州去苏北，其实不容易。陆文夫是搭着一条小船去的苏北。船至江阴港，国民党封锁很严，他们见到读书人，会抓起来。船主很机灵，也是个明白人，看到陆文夫这般模样，就知道他去干什么。便说："这位先生，国军看到你这样的人，是会抓的。"

陆文夫一听这话，有些不知所措。

船主说："没事的。你是去干正事，我帮你。但你要脱掉长衫，辛苦一点，他们才不会抓你。"

快到关卡的时候，陆文夫与船主商量了一下。他脱掉长衫，提前上岸，肩扛渔具，扮作一个捕鱼人。沿江步行一段路程后，等小船过了关卡，才跳上船。这才顺利到达苏北。

加入革命队伍后，陆文夫感到前所未有的温暖。部队给他发一套棉制服，一条不足两公斤的棉被。陆文夫自带了丝绵被，请求不领公家的棉被，被首长批准了。平日行军操练，寒夜入睡的时候，母亲给他的这床丝绵被，就有了优越性，背在身上很轻，盖在身上很暖，即使在四面通风的破庙里打地铺，晚上还能把脚伸直，不像其他士兵，冻得只能蜷缩着睡觉。

解放区民众对军队的热情，让陆文夫感到温暖。妇女支援前线，会做许多军鞋，以表达她们对战士的关怀、祝福与敬意。妻子送郎上战场，小妹送哥去参军，没有不送鞋的。战士们路过村庄，妇女们就站在大路边，看见哪个战士的背包上没有鞋，便立即把一双新鞋塞到战士手里，如果你不肯接受，她就会跟着你走一两里。长长的行军队列里，每个战士的背包带里，几乎都塞进了一两双布鞋。有的鞋简直就是艺术品，鞋底绣着许多花纹图案，寄寓着百姓的深情与祝福。那是用许多不眠之夜，用千针万线缝进去的对亲人的祝福，他们盼望亲人能平安归来。

看到这些感人场景，陆文夫会感动得流泪，也更加坚定为劳苦大众浴血奋斗的决心。这些军鞋的故事，陆文夫一生难以忘怀，晚年想起来，泪水还会湿润眼睛。

不久，上级通知部队准备渡江，进行急行军训练。渡江前要检查行装，以适应急行军需要。大队部命令：每个人的背包，总量不超过两点五公斤。

陆文夫的背包超重了，主要是因为他的丝绵被。丝绵被虽轻，却比部队发的棉被重。部队纪律严明，行装绝对不能超重，陆文夫只得找一家裁缝店，把被子的丝绵剥掉一半，多出来的丝绵，陆文夫留给了那位裁缝，裁缝是个规矩人，不肯白收这份厚礼，那些丝绵很值钱，就买了几斤肉，请陆文夫和几个小战友，美美地吃了一顿。

部队所在地是苏北盐城。这里的人民很热情，生活却很清贫。陆文夫在那里生活、学习和训练，目睹了庄稼人的贫困。有一次在行军途中，他们借一户贫农的锅灶烧饭，揭锅一看，农民的吃食竟是一锅榆树叶，陆文夫和战友惊呆了，彼此相对无言，不知是谁建议，"咱们把榆叶吃了，把米饭留给乡亲！"得到大家一致响应，抢着把一锅树叶吃个精光，然后烧一锅米饭，留在那户贫农家里。

榆叶有一种奇怪的味道，陆文夫还是第一次吃。吃的时候，他全然不知其味，心里只有激动，涌动着神圣的使命感，那就是：瞧着吧，等到革命胜利了，我们一定让农民的锅里有大米饭，有白面馒头！

农民的贫困，形成了动力，激励着队伍的热血青年。陆文夫和战友们已经做好准备，将用自己的生命，去拯救水深火热的劳苦大众。

2. 学新闻

陆文夫来到部队，是准备豁出命打游击的。游击未打成，他被分配到华中大学干部训练班学习。华中大学的全称，叫"盐城华中大学"，前身是成立于1948 年 9 月的华中公学。当时，辽沈战役、淮海战役相继开始，胜利在望，新建立的解放区迅速扩大，急需一大批革命志向坚定、具有一定文化水平的知识青年，来充实人才队伍，为接管城市作好干部储备。于是，中共华中工委从"国统区"和新解放区，物色吸收了一大批青年学生，包括一部分社会青年，到"盐城华中大学"集中培训。

这是一所"抗大"式新型学校，全校共分四部，另有一个中教研究班。陆文夫所在的"一部"，有学员一千余名，设十四个大队。这批二十岁左右的年轻人，胸怀理想投奔这里，脱掉了西装、长衫和旗袍，换上了土布军装，吃粗粮，睡地铺，分散住在老百姓家里，大家感觉一切都那么新鲜，没有课堂，就在一座破庙里上大课，坐在小板凳上听报告，以膝盖当课桌做笔记。虽然艰苦，但大家精神饱满，学习精力旺盛，认真攻读《新民主主义论》《大众哲学》《革命新人生观》等政治理论书籍，认真理解和掌握党中央的各种政策方针。

二十一岁的陆文夫，是学员中的活跃分子。他思维敏锐，善于思考，学习发言慢条斯理，风趣幽默，娓娓动听。对各种问题，颇有自己的独到见解。在华大，他参加了学生会及俱乐部工作，负责办墙报，组织学员开展文娱活动。大队集合时，又时常充任"啦啦队"的领队指挥，组织各队相互拉歌……

许多年后，仍有校友回忆说："彼时情景，恍若眼前。"

1949 年初，解放战争节节胜利，百万雄师饮马长江，"打到江南去，解放全中国"。当年 3 月 10 日，华大提前结束整体学习，全员编入"两淮大队""南下大队"（即新区接管大队），迅速向江边进发。行军至南通白蒲后，又集中学习了一个阶段，主要学习《目前的形势和我们的任务》，以及"进城政策"。四月二十一日，渡江战役打响，三天里，学员们随三野十兵团，横渡长江，陆续到达江南，分别被派往镇江、常州、苏州、松江等地，当时派往苏州的学员，约四百余人。陆文夫派到苏州后，走上新闻工作岗位，成为新华社苏州支社的新闻采访员，也就是现在的记者。

让陆文夫回苏州的原因之一，是因为他会说苏州话，认识苏州的路。这个条件很重要，那时准备进入苏州的人，基本都是苏北和山东的干部，他们听苏州话就像听外国话，一句也听不懂。

三十年后，陆文夫在小说《美食家》中，写高小庭从苏北部队分配到苏州搞餐饮工作，就是根据个人爱好。部队的组织部长说："现在要给大家分配工作了，组织上尽量照顾各人的特长和志愿，希望你们在回答问题之前好好地考虑，分定之后就不许犯自由主义。"部长问高小庭："你的特长是什么？"高小庭回答："部长，我会替人家买小吃，熟悉苏州的饮食店。"部长说："挺好，干商业工作去，苏州的食品是很有名的。"就这样，高小庭到苏州当上了餐馆经理。高小庭说的"个人特长"，也是陆文夫的"个人特长"。

当然，陆文夫和部长介绍自己的"特长"时，讲了不止一个，但部长只认"爱好文学，会讲苏州话"，就把他分配到苏州媒体当了记者。部长要是真让他当餐馆经理，他也会干得有声有色。

当记者就当记者，陆文夫很满意。但怎样干好这份工作，一开始也是两眼一抹黑。陆文夫进入的苏州媒体，是新华社苏州支社，新中国成立后更名《苏州电讯》。名为"电讯"，却是苏州解放后党领导的第一份报纸。在《电讯》的基础上，后来又衍生出《新苏州报》（之后更名为《苏州工农报》《苏州报》《苏州日报》）。名字改来改去，都是同一张报纸。之所以叫《新苏州报》，因为之前苏州已有一商办的《苏州日报》，为了和这张报纸有区别。《新苏州报》的社长，是当时的市委宣传部部长徐步，总编辑是陈羽章。徐步在"文化大革命"中于西安逝世。后来陆文夫写《美食家》，把徐步的形象也写了进去。

陆文夫没想到，他在新闻媒体一干就是八年。这是后话。

1949 年 4 月 21 日晚，大军渡江。陆文夫等新华社苏州支社的人，先在无锡住了下来，等待苏州解放。4 月 27 日苏州解放，他们当晚就乘小轮船，来到阊门外的万人码头。快速赶到苏州的目的，是为了尽早出报纸。那时候，解放军每到一处，有三种"文化兵"要一马当先，一个是报纸，一个是书店，一个是文工团。这是组织群众、宣传群众的三大法宝。

在万人码头上岸后，领导叫陆文夫带路，找个地方住一晚。陆文夫把大家带到石路的一个小旅社。入城守则规定，解放军不能进入民宅，只能睡在马路或屋檐下。但那几天下雨，马路上不能睡。入城守则虽说不能进入民宅，但旅社不算民宅，所以，他们走进一家旅社避雨。旅社老板听到解放军说苏州话，有的说上海话，有的说无锡话，便觉得很亲切，请大家进屋，睡客房，还说，绝对不收解放军的钱。当时大家也没有钱，使用的都是华中币，上级规定，币值确定之前，一律不许用钱。老板虽盛情相邀，但陆文夫他们坚持不进房间，争来争去，最后女同志进了房间，男同志仍打地铺。

第二天，新华社苏州支社的人，进驻了玄妙观祖师殿，办公室设在中山堂二楼。二十多人挤在一起工作，还有一部手摇发电机，一直摇得轰轰响，为支社的电台提供能源，收发电讯稿的时候，滴滴答答的声音响成一片。

陆文夫刚开始当记者，只让他去收集一些材料，供综合使用。第一篇独立见报的新闻，是采写苏州新华书店开张。那天，他从早晨开门，一直采访到晚上关门，详细报道卖了什么书，一天卖掉了多少，哪些人买的，读者有什么反应。陆文夫盯着买书的人，想请他们谈谈感想，结果许多人哼了一声，扭头便走。陆文夫身穿黄军装，腰里束着皮带，胳膊上还戴着军管会的红袖章。当众询问别人的姓名和职业，还拿本子记下来，确实有点吓人。

最终，他写成了一千多字的报道。没想到稿子交上去，一千多字被组长删成三百字。最后组长还教导陆文夫一番，说这种事写三百字足够，用不着啰唆。

不久，《新苏州报》创刊，新华社苏州支社撤销，陆文夫又成为《新苏州报》记者。深入社会采访中，陆文夫目睹新社会，处处朝气蓬勃，群众豪情满怀，他的心也被融化了，干工作总像怀揣十二倍的激情。有一次，被派往昆山和太仓采访。到昆山可以乘火车，但太仓水陆不通，只得靠两条腿。二十岁出头的陆文夫，根本无视这种困难，说走就走，斗志昂扬，背起背包，一走就是几十里路，一路上还不停地哼唱着当时的流行歌曲。

八年记者生涯中，陆文夫还当过近一年的兼职摄影记者。

陆文夫原本有一架破旧的蔡斯相机，可拍十六张照片。有一次正在拍着玩，被社长徐步看见，感觉陆文夫会拍照，就叫他当摄影记者。

在摄影方面，徐社长是行家里手。跟陆文夫说："小陆同志，你这样拍可不行啊。你记住了，摄影记者拍的是新闻，新闻画面是动态的，所以，一定要学会抓拍和抢拍。角度也很重要啊。你趴在地上拍，人和物体都能拍得很高大，从高处往下拍，就能摄取大范围的地上画面。怎么拍，都要根据需要。谁拿着相机都能拍，但不一定能拍出好镜头。"

陆文夫一听此话，感到耳目一新。立刻表示："徐社长，我一定好好练习，争取多拍好画面，拍出好新闻！"

看到陆文夫听得认真，态度积极，徐步社长满意地点点头。

陆文夫脑子活络，见社长情绪不错，便拍了拍自己的皮老虎照相机，呵呵一笑："徐部长，用我这个照相机，总不能搞新闻摄影吧。"

社长说："那当然不行，到上海去买。买最好的！"

就这样，报社经理部的陈友高，约陆文夫一道，两人带着钱，到上海去买照相设备。1950年的夏天，上海南京路上的照相器材店有很多，而且颇具规模。他们买了一批最好的摄影器材，包括徕卡三型照相机、徕卡自动放大机、闪光灯，还有全部的暗房设备。按照现在的话说，可以开一个摄影部了。

接下来，陆文夫就开始"双肩挑"了，一个人既写新闻，又拍照片，背着相机到处跑，市里开大会，都让他去拍。那时候大会多，大游行也多，常常要出画刊。有时为了拍到俯瞰镜头，还得爬上树，骑在树杈上拍摄。当时印刷条件差，照片照得虽不错，可印到报纸上，大多不清楚。

陆文夫在《新苏州报》，虽然只当了一年摄影记者，但他挎着相机的匆匆身影，经常出现在大街小巷、工厂农村、车站码头，也常到太仓、昆山、常熟等地农村，报道农民抢修江堤、海塘，记录翻身农民水稻、棉花增产的欢乐。他本可以留在城市拍新闻，报道一些会议，也有现成的简报和材料可用。但陆文夫不想走捷径，一有机会就钻进不为人知的生活角落，寻觅报道对象，深挖底层信息，探求生活真谛。

后来转当编辑，工作热情依然不减，要是在来稿中发现人才，陆文夫就会想方设法和他们取得联系，建立友谊。有一次，收到上海武陵书店投来的几幅画稿，作者叫梅云，是书店职员，业余创作连环画。陆文夫看画稿质量很高，便觉得他的水平，完全可以胜任美术编辑，经过他的牵线搭桥，后来梅云果然入职《新苏州报》，担任了报社的美术编辑，报社的环境，为梅云插上了事业腾飞的翅膀，编辑之余创作了更多作品，投到各个出版社，上海新美术出版社首先向他抛出了橄榄枝，寄来脚本《亲爱的妈妈》。1953年，梅云的第一本连环画正式出版。接着，《会见》《喜相逢》《风雪的夜晚》……一本又一本陆续出版，真正成了一名专业的连环画画家。

五十年代初，陆文夫在《新苏州报》很忙碌，经济上却很宽裕，除了工资，还有稿费。他是随军解放苏州的军转干部，工资级别高，供给制一结束，就定了九十二元一个月。有钱了，会被觊觎，有一次，陆文夫打篮球的时候，脱下大衣放在旁边的石凳上，运动结束，披上大衣就走，但口袋里的三十元钱已经没了，他一点都不知道，后来搞运动，一位同事交代说，他偷过陆文夫大衣里的钱，陆文夫这才知道自己被偷过。可见陆文夫当时的生活，过得很富足。

3. 费新我的竹笔

陆文夫入职报社，在文教组编过副刊，在工业组当过组长，任过报社编委。

老报人王公企说，当年的陆文夫，是个内秀的人，说话慢条斯理，得了个绰号叫"拖拉机"。其实，他是一边说话，一边思考，是个有思想的人。在《新苏州报》记者队伍中，高中毕业的他，算得上是有文化的人。他很爱帮助别人，同事王公企只有小学三年级文化，采访上有苦恼，就向陆文夫请教。陆文夫告诉他，采访时，你不要急着提问，也不必忙着记录，先用心倾听采访对象讲的话。等对方讲得差不多了，你再根据自己感兴趣的东西提问。王公企就问："那记不住怎么办？"陆文夫说："那些记不住的，都是'丢脱货'（吴语方言，意思是可以扔掉的货色），精彩的地方，你肯定记得！"

陆文夫在文教组的时候，开了个《闲话苏州》专栏，专写苏州风俗民情，地方掌故，内容颇似后来的《苏州杂志》。专栏开头的两篇文章，是陆文夫自己写的，权作抛砖引玉，其中一篇写"石湖串月"。谁知道这个专栏一问世，很受欢迎，也有人提意见，说"闲"字不好，会被认为"闲得无聊""帮闲"等等。他就把"闲"改成了"漫"，栏目改成了《漫话苏州》。

栏目不错，印刷质量却很差，照片登报后，常常模糊不清，为了活跃版面，只能多用插图。好在苏州有许多著名画家，可以请他们画插图，费新我就是其中的一个画家。

刚开始的时候，费新我是一名作者。稿子寄到报社，陆文夫一看是费新我先生，就很欣喜，因为费新我是陆文夫崇拜的前辈，说是"偶像"也不过分。费新我比陆文夫年长二十五岁。陆文夫在苏州中学读书时，费新我已是名画家。抗战胜利时，费新我是《苏州明报》的美术编辑，专画新闻速写。据说当年他画的汪精卫老婆陈璧君，不但很像，还别有味道，后来转为专业画家。陆文夫爱逛书店，在书店读过费新我编写的绘画和劳美教材。在学生心里，编写教科书的人就是老师，对他们都很崇拜。

陆文夫决定让费新我画插图。这样做，当然也有个人动机，就是能近距离接触费新我，向他请教一些美术问题。费新我接到报社任务，也很高兴。

陆文夫就把需要插画的稿件，先送给费新我，请他按照稿子内容来画。怎样画，什么风格，都由费新我根据稿件内容来定。交稿的日期是规定好的，忙的时候，几乎隔天要交稿。费新我做事认真，到了交稿日期，总是准时出现在报社会客室，会客室就成了陆文夫和费新我经常见面交谈的地方。

费新我出现的时候，常穿一件长衫，有时也穿中山装，说话温文尔雅，和气谦逊。陆文夫初见费新我，就很兴奋："费先生，您好您好！插图的事，劳您费心了。"

费新我笑答："不碍事的。这也是我的专业。"

陆文夫谈工作，不会客套，二人很快进入正题。一来二去，彼此就熟悉了。除了插图，也聊其他话题。陆文夫对这位名画家很好奇，借采访的机会，有时候还会到费先生的画室，对他进行拜访，聊的次数多了，对费新又有了新认识。陆文夫说："先生的画，我很喜欢。"

费新我微微一笑："你这个记者，也喜欢我的画？"

陆文夫说："费先生，是的。"

费新我听了，心里很高兴。他喜欢这个年轻人，做事认真负责，对人坦率热情。他也愿意把个人信息，说给陆文夫听。彼此的好感，在交谈中逐渐加深。

陆文夫渐渐知道，费新我从小也是苦孩子，只读过私塾和小学四年级，之后就到上海学做生意，不久当了账房，很受老板赏识，但他对经商不感兴趣，一下班就苦练书法，学习绘画，最后，竟辞去薪金丰厚的职务，改名"新我"，发誓要当画家。

费新我本名叫费斯恩。父亲费善绩也是账房先生，写得一手流利的赵体书法。费新我 1911 年进入私塾后，拜乡贤吴鞠如学习书法。吴先生督教严厉，三年的国文和书法，使费新我写出一手清秀漂亮的好字。十六岁到上海，在商行一边当账房，一边跟上海名家赵稚生学习绘画，也向商行同事陈鹤年学习书法，打算今后投身美术事业。

1934 年，费新我考入上海白鹅业余画校，跟陈秋草、潘思同学习绘画。他出师很快，1938 年就出版了《铅笔画册》，这是一本工具书，很有特色，也很实用，之后又出版了《万叶水彩画》《万叶蜡笔画》《钢笔画册》等，这些书很适合美术教育和美术普及。费新我也画过不少连环画，比如巴金的《家》，以及《百丑咏图》《八年痛心素描》等，内容都与时事和现实有关。

彼此熟悉后，费新我对陆文夫的好感，也开始加深。

有一天，费新我来找陆文夫。不是送插图，而是拿来了一包东西，陆文夫打开一看，是一捆用毛竹制成的竹笔，形状类似流行的蘸水笔，又比蘸水笔的功能多，硬中带软，能随意调整粗细，既可写字，又能用来绘图。陆文夫试了一下，竹笔写出来的字，要比钢笔写的字漂亮，就好像现在的硬笔书法。

费新我说："这些笔，都是我做的，写字画图都用得着。不知你喜不喜欢？"

陆文夫说："喜欢喜欢！费先生，谢谢你啊。"

费新我说："你既然喜欢，何不在报上，向广大群众推广一下？"

陆文夫这才明白费新我的用意，当即表示赞同。费新我又把竹笔的制作方法和使用方法，以及写出来的字样，都作了图解和说明。费新我说："在报纸上介绍和推广它，不是为了书法，而是为了自力更生，节约开支。"

陆文夫听到这话，心里感到一阵暖意。

新中国成立初期，国家物资匮乏，文化单位的办公用品，像铅笔、墨水、蘸水钢笔的笔尖，都是定量供应，多用就是浪费，节约就是光荣。铅笔短到只剩一两寸长，还要插到笔套上接着再用，就连信封，都要反复使用。费先生发明竹笔，价廉物美，制作简单，人人都能上手做，简直功德无量。

后来，陆文夫调到省文联工作，听到一个坏消息：1959年前后，费先生的右手患关节结核，医治无效，不能写字，也不能作画了。这对一个书画家来说，简直就是毁灭性打击。但费先生没有倒下，他接受了挑战。既然右手不能用，就用左手握笔，最后居然创造了一种独特的"费体"书法！从此，"新我左笔"书法声名大振！

那时候，苏州大公园的西北角，有一座小屋。费新我晨练结束，便展纸用左手作书，写完后征求大家意见。二十世纪六十年代，陆文夫下放苏州工厂劳动，偶尔从大公园经过，费新我看到陆文夫，就拿上写好的字，迎上来征求陆文夫意见。他知道陆文夫"犯了错误"，但彼此的交往，还是一如从前。

费新我逝世前，写一幅字送给陆文夫，"风恬草色鲜，寒窗梦不成"。两人是忘年交，陆文夫从未向他要过一个字，只是偶尔帮别人讨过的字。现在费新我突然送字给他，就是想还一个人情。看到那幅字，陆文夫预感先生要走了。在报社工作八年，陆文夫能够认识这位艺术家，觉得很庆幸。

4. 鳜鱼与黄酒

在文教组编了一段时间副刊，陆文夫又转至工业组任组长。

工业报道，比文教更重要。国家建设，重在工业，记者要有灵敏的嗅觉，也要勤跑工厂捕捉新闻。苏州解放初期，苏纶厂是苏州有名的大企业，生产和利润在全市占很大份额，是媒体报道的重点。陆文夫骑着一辆旧自行车，三天两头往苏纶厂跑。那时候，记者采访要求"深入"，要到基层的车间、小组，参加工人的小组讨论。公私合营时，陆文夫还随当时的公方厂长陈晖，去厂里蹲了一段时间，了解工人生活。

陆文夫在媒体工作八年，印象最深的，就是1949年秋天到太仓去采访。尤其是采访路上吃的那顿饭。

由于不通车船，那次赶路十分辛苦。先是到昆山，采访昆山振苏窑厂的复工，再从昆山赶到太仓。陆文夫不识路，只认定一个方向，顺着公路、大河向前走。有的公路桥梁被国民党军队炸断，他只能卷起裤管，从河水的浅处蹚过去。

当时的干部，都穿黄军装，佩戴军管会的臂章，腰里还有一支枪。陆文夫也是这身装束，只是没挂枪。他背的皮老虎蔡斯照相机，常被人认作是什么新式武器。当时宾馆旅店少，也没有公用车，干部出门，衣食住行集于一身——全套卧具用具都背在身上，还有一个背包，装着棉毯和蚊帐。那方方正正的蚊帐，被大家称为"小棺材"。背包背惯了，路上并不觉得重，只是太热，背上不透气，汗水湿透了黄军装。军装又掉色，把背包也染黄了。

早晨从昆山出发，凉风习习。不久，炎日高照，走得汗流浃背，时过中午，饥肠辘辘，可一路上的饭馆，午后都打烊了，连小摊上的大饼油条也是凉的，这对陆文夫来说，不是好消息。多年的生活跌打，他的胃经不住折磨，嘴巴也吃刁了，那个远房表舅，无意中培养了一个美食爱好者。陆文夫对食物的贵贱倒是不挑，对食物的口味却很敏感。

终于，前方出现一家小饭馆。陆文夫刚到门口，就听屋内老板说："打烊啦！"

陆文夫问："饭菜都卖光了？"

老板说："饭已没有，菜也卖光了。只有一条鳜鱼，养在河里，你要不要？你要是不嫌，我帮你做个鱼汤，也能充饥。"

"好呀好呀！"陆文夫大喜，迅速钻进小饭馆。

饭馆是临河而建的二层小楼，正门朝街，后窗向水。房屋架空在水面，水上可以系船，作船坞。这是水乡小镇常见的那种河房。

店主带领陆文夫，从店堂内的一个窟窿，往下步入石码头，从河里拎起一个扁圆形的篾篓。篓内果然有一条活鳜鱼，约二斤左右。按理说，鳜鱼超过一斤，便不是上品，肉不嫩。此时的陆文夫，却希望它越大越好，实在是饿了。

如果这条鱼只有四两重，根本填不饱肚皮。

买过鱼，店主领他顺着吱嘎作响的木扶梯，走上了楼。登上二楼，环顾四周，陆文夫暗自惊叹它的幽静与清凉。往窗外一看，便惊呆了——真是美啊！远处湖光山色，窗下水清见底，河中水草摇曳。风帆过处，群群野鸭惊飞，极目远眺，青山若隐若现。"青山隐隐水迢迢，秋尽江南草未凋。"鱼还没吃到口，那情调和味道已悄然涌上心头。

面对此景，陆文夫想喝酒了。怎能不喝酒啊！他问老板："有酒吗？"

老板说："有仿绍。"

陆文夫大声说："来二斤！"

二斤黄酒，一条鳜鱼，很快端上来。陆文夫坐在二楼窗口，面对窗外的碧水波光，嘴里哼哼唧唧，快乐无比。就这样，他开始了这次特别的午餐。吃着吃着，诗兴大发，一边饮酒，一边吟诗："秋水共长天一色，落霞与孤鹜齐飞"。儿时背诵过的唐诗宋词，此时全都涌到嘴边。他低吟浅酌，兀自陶醉，双眼迷蒙，神思飞扬。这是一顿什么饭啊？实际上，既没有饭，也没有汤，只有一条鱼和二斤酒，但陆文夫足足吃了两个钟头！

在吃的方面，陆文夫是个见过世面的人。他曾说自己，"在吃的方面有一些见闻和经历，小说（《美食家》）里所写到的人物和细节，大都有些来历。"在媒体当记者，使他有机会参加许多宴会和朋友们的聚餐。他说自己是一个"闯进苏州美食的天堂"的人。有一次，他参加了一个盛大宴会，几乎吃遍了苏州的名菜、名点，一顿饭足足吃了四个钟头，就像对苏州名菜进行一次大检阅。有了足够的经历与体验，他才能写出轰动一时的小说《美食家》。

然而，以往吃过的众多美食，又怎能和这次相比！

陆文夫说："此事已经过去了三十多年，三十多年间我重复啖过无数次的鳜鱼，其中有苏州的名菜松鼠鳜鱼、清蒸鳜鱼、鳜鱼雪菜汤、鳜鱼圆等等。这些名菜都是制作精良，用料考究，如果是清蒸或熬汤的话，都必须有香菇、火腿、冬笋作辅料，那火腿必须是南腿，冬笋不能用罐头里装的。可我总觉得这些制作精良的鳜鱼，都不及三十多年前在小酒楼上所吃到的那么鲜美。"

通过这次经历，陆文夫晚年时，对美食文化进行了深入思考。美食之美，固然来自佳肴，但环境因素同样不可或缺。多年以后，他将思考结果写进了散文《吃喝之外》中。

5. 采访"徐文霞"

在《新苏州报》当记者的时候，陆文夫不过二十出头，边做新闻记者，边动手写起了小说。

他觉得生活中的许多故事，要比小说精彩。1953 年，他采写了苏州母亲王翠玉，养育维吾尔族女儿帕哈古力的事迹。平凡的故事，饱含许多生动感人的细节。这篇新闻在《新苏州报》发表后，引起很大反响。帕哈古力后来回到新疆，也一直和苏州的王妈妈保持联系。

陆文夫没想到，五十年后，这个故事还会往下延续。江苏卫视某个情感栏目，促成了帕哈古力与苏州王妈妈的再次团聚。摄影师祁金平见证了新疆与苏州半个世纪的维汉亲情，抓拍到维汉母女热情拥抱的照片，发表在《姑苏晚报》和《新疆都市报》上。

陆文夫读到报纸，非常高兴。当摄影师祁金平提出要为他拍照时，也欣然答应了。性格内向的陆文夫，过去从没如此爽快。2004 年 9 月 23 日，陆文夫逝世的前一年，祁金平来到陆文夫住宅，用一架玛米亚 RB67 相机，为他拍摄了许多照片。拍照过程中，陆文夫很兴奋，和祁金平聊了许多老话题，从第一篇小说发表，到散文和杂文写作；从自己留下的一部小说手稿，到最早用电脑写作，以及"文化大革命"中许多坎坷的经历。他还特别讲到导演看中他，要他做演员的趣事。陆文夫说："如果我听了导演的话，做了演员，那你们就读不到我这么多文字了。"又说，年轻时候，他也爱拍照，可惜现在只剩下五张了。那一次，祁金平给陆文夫拍了一百多张照片，成为世界上持有陆文夫照片最多的人。当然这是后话。

1953 年采访王翠玉之后，陆文夫又采访了"徐文霞"，这次采访更精彩。

"徐文霞"做过风尘女，真名不宜曝光，陆文夫后来写小说《小巷深处》，给她另起一个名字——"徐文霞"。写小说之前，陆文夫打算报道一下。可"徐文霞"一听说记者要采访她，吓得要死。

新中国成立初期，苏州扫黄很厉害，几乎一个晚上，便把全市的妓女都抓起来，关进昌善局的"妇女生产教养院"。抓她们，是为了救她们，让她们集中学习，医治性病，控诉旧社会，到工厂去做工，当一个自食其力的人。陆文夫报道"妇女生产教养院"的时候，发现了"徐文霞"。他为"妇女生产教养院"作了连续报道，拍了许多照片。这些照片中，就有"徐文霞"打腰鼓的瞬间，她是一个模样俊俏的姑娘。

时间很快到了 1955 年。国庆节前夕，按惯例媒体要报道各方面的成就。陆文夫突发奇想，那些在新社会变成新人的妓女，她们现在怎样了？她们有一个幸福的家庭吗？是不是过上了幸福生活？这种事例，就能反映新社会成就。要是选一个典型来报道，那就更理想了。

陆文夫很快找到"徐文霞"，这个当年"妇女生产教养院"的学习组长，现在已是一名工人，先进生产者，结了婚，有了孩子，住进了新工房。找到"徐文霞"，陆文夫别提多高兴，她实在是一个理想的采访对象！

陆文夫骑着自行车，上"徐文霞"家采访的时候，"徐文霞"依然认识陆文夫，她知道这是过去采访过她的报社记者。可面对陆文夫，她又很尴尬，说话也不自在。陆文夫以为她谦虚，难为情，便说："没关系的。你工作出色，报纸就要大张旗鼓宣传。我们就是要让读者知道，你即使有过那样的经历，在新社会照样为国家作贡献！"

一听说报道她的事迹，"徐文霞"吓得面无人色。连忙把陆文夫拉到门外，四顾无人，恳求陆文夫："记者同志，您千万千万不要报道我的'先进事迹'。因为，我婆婆，还有左邻右舍，都不晓得我过去……万一上了报纸，我怎么办呀！要羞煞人哉！"

陆文夫吃了一惊。这一点，他倒是忽略了。"徐文霞"能有今天，原来一直在隐瞒自己的过去。看来自己想简单了。不堪回首的她们，能拥有今天的幸福生活，多不容易。真该死！他这个记者，差点把一个善良妇女又推进火坑。既然这样，那就算了。陆文夫决定放弃这条新闻。

回到报社，陆文夫心里放不下"徐文霞"。夸张一点说，满脑子都是"徐文霞"的影子。许多年后，陆文夫承认，"报道没有写成，这件事却使我久久不能平静，原来由鬼变成的人，却也不能完全摆脱那跟在身后的鬼影"。

他随之冒出一个念头，"徐文霞"的故事既然不能报道，那就写成小说。写小说是陆文夫幼年的梦想，教私塾的秦先生，当年让孩子们讨论小说人物的善恶，虚构小说的结局，就是一种启蒙式的文学创作。也可能从那时起，陆文夫便滋生了独自创作的朦胧念头，现在到了圆梦的时候。

当然，他也有现实的动机。陆文夫后来说："我写小说，除掉有名利的追求之外，更有对真善美的向往，也像当年要去拯救劳苦大众一样，要用艺术为善良的人去谋求一个公正的社会和幸福的人生。"

他把这个想法，和同事滕凤章说了。滕凤章说："好啊，我也想写小说呢！"

滕凤章既是陆文夫的老同事，也是老朋友。两人 1949 年一同进报社，滕凤章是副刊编辑，陆文夫是报社摄影记者，后来，滕凤章任报社编委兼副刊主编，陆文夫是工业组组长。他们都爱好文学，热衷小说创作。

从此，他俩经常一起讨论小说，这兴趣，远远超过新闻采访。谈得最多的，是如何写工业题材、小说怎样构思、小说细节的作用以及怎样写苏州的风土人情，等等。

某天，"小巷深处"四个字，不知怎么就从陆文夫脑海中蹦了出来。

对陆文夫来说，这是改变他人生轨迹的一个重要时刻。"小巷深处"几个字落到稿纸上时，陆文夫已在报社当了六年记者。他后来诙谐地说，写《小巷深处》的动机，就是"为那位曾经卖身为娼的女工去追求幸福的人生"。

6. 小试牛刀

对陆文夫来说，写小说其实并不容易。

二十多平方米的两间小房子，住着陆文夫夫妇、母亲和女儿。四口之家有这样的住房，已经很不错了。城市住房本来就紧张，能够拥有一套自己的住房，一直都令陆文夫自豪。空间虽小，克服一下过得去。但对写作来说，局限就出来了。作家创作，需要安静。在静谧的空间，思想才能翩翩起舞，思维才会自由奔放。这二十多平方米的小窝，难以承担理想的实现。这个家确实温馨，却又很嘈杂，会经常打断陆文夫的创作思路。

房间大小，陆文夫还能凑合，最难对付的是冷暖。

他们的房子，在一栋老式旧楼的二层。西北墙有两扇窗户，东南墙被堵得严严实实，冬日不见阳光，屋内存不住暖气，寒风从窗缝钻进来，"呼呼呼"尖叫不止，让人心里发抖。晚上伏案写作，没有火炉，没有暖气，双脚和左手都生了冻疮，只有右手是健康的，因为右手要写字，在不停地运动。

陆文夫也做过防寒措施。生过炭火盆，差一点把地板烧个洞，后来想出一个办法，危险系数很小，就是在草焐窝上放一只汤婆子，上盖棉花，把脚放在棉花上，再用旧棉衣把四面塞严。寒从脚上起，只要脚不冷，心就不颤抖，写出来的小说也会有一点温度。这倒是有点效果。

夏天更难过。西晒的太阳，酷热难耐，整个房间像刚出砖的土窑，一进门便热浪扑面。夜晚有凉风，但吹不进来，到清晨刚有点凉意，一轮火红的太阳又从东方升起。门口放着煤球炉，这等于二十四小时不停地加热，烤得屋里的孩子都睡在汗水里。陆文夫根本无法写作，太热了！心烦意乱，手腕上的汗水，常常把稿纸湿透。在这种状态下，你怎么去从容地讲述一个措辞精彩、结构严谨的生动故事？陆文夫这才体会到，房子对作家来说，比他想象得更重要。

有志者，事竟成。

陆文夫还真写出了他的第一篇小说《赌鬼》，时间是1953年夏天。情节带有传奇色彩：家乡小镇上，有个卖猪肉的屠户，名叫张大林。张大林在小镇桥头上的小河边，开一个肉店，就是一个破摊子，两间茅屋，芦笆墙，左店右房，除掉一个肉案和一张床，可谓家徒四壁。张大林人缘很好，从不短斤少两，高兴起来还加称。他妻子早亡，有一个儿子和陆文夫差不多年纪，平时帮父亲杀猪刮毛，看守店铺，两个人也能温饱，可他们常年衣食不周。原来张大林嗜赌如命，搓麻将，推牌九，押宝，挖纸牌……样样都会。久赌必输啊，输得张大林夏天打赤膊，冬天只剩一件棉袍，油腻得像雨衣。那一年，乡里禁赌，乡长和张大林之间发生了一场猫捉老鼠的游戏……

陆文夫觉得，这个题材好，写成小说肯定有趣，也有政治意义。做记者的，政治敏感度高，他知道，禁赌和移风易俗，都不容易做到，这样的故事有现实意义，于是就动笔开始写了。

陆文夫当时的身份，仍是报社记者，写作属于业余爱好。午休和深夜，是他的创作时间。家里没地方怎么办？他发现报社走廊的尽头，有一个两三平米的小房间，是用来堆放旧报的。陆文夫就钻进去，把报纸归整好，上面铺块板子，就趴在上面写起来。盛夏酷暑，你能想象到这个小房间的热度，大门紧闭，密不透风，挥汗如雨，赤膊上阵，创作激情加上满身汗水，写写停停，停停写写，经过一个多月，终于写成了《赌鬼》，后来更名《移风》。

小说描述的张大林和乡长的暗斗故事，让陆文夫十分得意。

那就投稿吧。《人民文学》高不可攀，不能自讨没趣。上海有个《文艺月报》，陆文夫觉着挺合适，就投给了它们。稿件寄出后，天天等消息，只要《文艺月报》最新一期出来，陆文夫就抢先看目录，没有自己的大作，那就再等，就像所有第一次投稿的人一样，他也经历着痛苦的一次又一次的等待。

终于，有讯息了，稿件被退回，像是泼了一盆冷水。退稿信倒是很热情。用毛笔写的，有两三页信纸，详细写明了退稿意见，大意是，现在已经是新社会了，农村里是一片新气象，赌钱的人已经不多了，再写一个赌鬼，就没有多大意义，所以，"大作不予刊登"。最关键的，是下面一些话："但是从你的来稿中可以看出，你是很能写小说的，懂得使用文学语言，希望你继续来稿。"

我的天！这几句话就是肯定。

亲爱的编辑老师，您可真是行家，居然看出陆文夫能写小说，而且"懂得使用文学语言"！陆文夫坚信，编辑绝不是客套和安慰，因为退稿信中，还有一份登记表，要发展他为《文艺月报》通讯员，并赠送刊物一份，之后，编辑不定期给他发来写作提示，就像新闻媒体的"选题策划"，告诉他《文艺月报》目前需要哪些内容的作品。陆文夫自信，编辑部已把他当作重点培养对象，因为陆文夫所在的报社，也会发展通讯员，还举办学习班，这些通讯员的来稿，采用率总是很高的。

写，接着写！

当然，这篇《移风》经过修改后，最终还是发表了，成为陆文夫的小说处女作，收入1955年江苏人民出版社出版的小说集《解约》中。这个集子很薄，只有两篇小说，一篇是高晓声的《解约》，一篇是陆文夫的《移风》。"移风"有"移风易俗"寓意，字里行间意气风发，但人物塑造和叙述语言，明显带有新闻通讯的痕迹。

1955年4月，陆文夫出版了第一本书《冲山二十日》。这是一本故事集，也是由江苏人民出版社推出的。全书连同五张插图，只有三十八页，收入五篇作品：《送柴的人》《冲山二十日》《打野兽》《洗衣服的女人》《赵阿五》。顾乃琛插图，梅汝恺编辑。梅汝恺说，当时身为出版社编辑，他每天都会收到一大堆稿件。"有一次，我打开一封信，一看那上面的字就很有意思——全是歪的，斜的，就好像部队里的列队一样，插在那，再看里面的故事，写的是太湖游击队的事，十多个故事在一起，文字很干净，描写很传神，故事很精彩。我一下就看中了它，再一看署名陆文夫，不认识。"最终，他从这十个故事中选出五个，编成一本故事集出版了，成为陆文夫创作生涯的第一本书。梅汝恺与陆文夫因此结下友情，之后往来频繁，经常因稿聚在一起。陆文夫后来的成名作《荣誉》，就是梅汝恺到苏州看望陆文夫，两人聊天聊出来的，当时，陆文夫的大女儿陆绮才两岁。

7. 出手不凡

陆文夫写故事，也进行小说创作。《文艺月报》的退稿、编辑的点拨，一下子启迪了他的创作灵感，让陆文夫明白了许多道理。现在写小说，要和旧小说有区别，就像新闻报道，要有正确导向，要写就写工农兵，不能写赌鬼，可读性是次要的，关键是政治意义。

明白了这个道理，陆文夫窃喜。这也太容易了！陆文夫身为记者，负责采访工厂，先进材料一大堆，把它们改成小说，小菜一碟啊。几番折腾，他写出了一篇又一篇小说，其中有一篇《荣誉》，投稿后果然发表了，在1955年第2期《文艺月报》上。位置显著，还配发了评论，之后又有很大的社会反响。

1956年3月26日《新华日报》说："《荣誉》是反映工业题材方面的较好的短篇小说之一。""作者不是从政策条文的概念出发，而是从生活出发的。在研究生活、提出新问题这点上，有宝贵的地方。"这篇评论问世后，同年第7期《文艺月报》转载了它。

1956年5月3日《新民晚报》刊登了陈安的《向方巧珍同志学习》，这也是一篇评价《荣誉》的文章。

1956年第6期《文艺月报》报道说，在中国作协华东分会第二次代表大会上，巴金认为，陆文夫的《荣誉》"反映了现实生活的深刻而生动的面貌"。

江苏省首届文学创作奖评选，《荣誉》一举获奖，又译成外文发表在英文版《中国文学》杂志上，之后收入全国性的短篇小说选。中国作协每年都要编一本小说选。陆文夫说，当时谁的作品收入这本小说选，相当于得了国家文学奖，稿费通常都在三五百元。那时候买一瓶茅台酒，只需四块五。

1955年6月，江苏人民出版社为这篇小说出版了一个单行本。

1956年3月，新文艺出版社推出了陆文夫第一部短篇小说集，书名也叫《荣誉》。一下子收入了他的八篇小说：《荣誉》《节日的夜晚》《"风波"》《火》《公民》《最后的课题》《抢修》《月底》。

一个初入文坛的年轻人，一下子得到这么多"荣誉"，陆文夫更加自信了，对创作更欲罢不能。不久又写出另一篇小说，这就是更加轰动的《小巷深处》。

小说主人公，就是陆文夫采访过的"徐文霞"。

情节是这样的：纱厂青年女工徐文霞美丽善良，与大学生张俊产生了爱情。张俊追求徐文霞，她却不敢正面回应。因为在旧社会，她当过妓女，不敢有此奢求。新中国成立后，徐文霞重获新生，成为自食其力的劳动者。但面对张俊求爱，徐文霞依然很痛苦，不堪回首的往事总在折磨她。以前的无赖老嫖客，此时也对她纠缠不止，甚至威胁要把她的"丑事"说出去。经过一番思想斗争，徐文霞毅然告诉张俊，自己做过风尘女，之后决定离开小巷，离开苏州。面对徐文霞的人生遭遇，张俊经过激烈的思想交锋，最终鼓起勇气，敲响了徐文霞家门……

与现实妓女不同，陆文夫对徐文霞，不是写她思想改造，而是凸显她的情感重生。由于取材独特，视角新颖，《小巷深处》写成后，很快在1956年第10期《萌芽》杂志上发表。同年第12期《萌芽》发表了许杰的文章《关于〈小巷深处〉》，对它进行热情评价。

与《荣誉》相比，评论《小巷深处》的文章并不多。文坛突然冒出一篇以妓女为主角的小说，评论家心里没底，这种内容怎么评价？

那么，陆文夫为何热衷这个题材？因为文人心中，尤其是江南文人的情感中，"妓女"是有温度的一种人。这种认识，与今天有很大不同。旧时代的中国文人，和妓女往往有千丝万缕的纠葛。苏州古代文人就很爱"冶游"，一种"挟妓携娼"的出游方式。娼妓们都有艺伎，苏妓尤有盛名。王稼句《花船遗韵》说，苏州妓女"大都工于一艺，或琵琶，或鼓板，或昆曲，或小调，莫不自幼习之，间也有能诗善画者，抚琴弈棋者。历史上，苏州名妓层出不穷，故凡作妓女营生者，不论籍里，都说自己是苏州人，这种标榜在近代上海尤甚"。这些掌握艺术技能的女子，看上去文质彬彬，其实骨子里很傲慢。而苏州妓女的个性，尤其出名。朱文炳《海上竹枝词》说，"苏州女子美风骚，举止清扬意气高。惯喜笑人鸭屎臭，怒来大骂杀千刀。"文人们反倒喜欢这种棱角分明的张扬的个性。

以白居易为例，当年守郡苏州时，他主持修建了从阊门至虎丘的山塘街，使之成为河街并行的闹市，此地也是娼妓云集的场所。他的诗《武丘寺路》形容山塘街："自开山寺路，水陆往来频。银勒牵骄马，花船载丽人。芰荷生欲遍，桃李种仍新。好住湖堤上，长留一道春。"白居易身为干部，毕竟也是一个文人，有"冶游"的雅兴。龚明之《中吴纪闻》（卷一）说："白乐天为郡时，尝携容、满、蝉、态等十妓，夜游西武丘寺，尝赋纪游诗，其末云：'领郡时将久，游山数几何。一年十二度，非少亦非多。'"

白居易的"冶游"情致，在江南文人中有共性，并已形成传统，所以不少中国文学名著中，经常出现生动可爱的妓女形象，传统的中国文人，一般不会对妓女说三道四。但新中国成立后，妓女行业被禁止，妓女形象一落千丈。陆文夫小说《小巷深处》居然写妓女，评论者应有一些顾忌。

当然，《小巷深处》产生的影响，远非评论文章的多少所能决定。

这篇小说问世后，激活了"小巷文学"这一理论概念。小巷文学明清便有，但"小巷文学"概念却不存在。《小巷深处》出现后，以及新时期陆文夫小说集《小巷人物志》（之一、之二）的陆续出版，才激活了大家对这一文学流派概念的想象、定义与阐述，陆文夫也顺理成章成了小巷文学的"鼻祖"。当然严格说来，陆文夫只能算当代"小巷文学"的代表作家。

由于《小巷深处》的影响越来越大，它的问世过程，也被演绎成传奇故事。传说《萌芽》当初编发《小巷深处》时，想对小说改动一个字，傲慢的陆文夫认为此事坚决不妥，毅然决然乘火车从苏州赶到上海，怒气冲冲闯进《萌芽》编辑部，质问编辑："为什么要修改这个字？"这个段子，当然不能当真。但陆文夫当年的狂傲自负，倒是能反映出来。

许多年后，仍有人询问这篇小说是怎样创作的？问得多了，陆文夫回答此类问题的次数也多，他的许多演讲和文章，都会提到《小巷深处》。

对《小巷深处》的轰动，陆文夫解释说："那时的小说，都写打仗和生产，写战斗英雄和劳动模范，写英雄主义。《小巷深处》写一个妓女的新生和爱情，写人道主义，文笔有点优美，小资产阶级情调很浓。所以大家爱读。"

陆文夫又说："其实，这篇小说不完美，有失真之嫌。之所以引起共鸣，主要因为读者善良，富有同情心，对真善美有渴望，有追求。《小巷深处》虽不真，却很善，很美。徐文霞这个人物，没是胡编乱造的。她用小知识分子的方式，表达她的善良，表达她对爱情与幸福的追求。人们对她很同情。"

有文章说，《小巷深处》比作者之后创作的小说写得更美，连题目也很美。陆文夫说："就算比现在写得美，也应归功于苏州。苏州姑娘长得美，园林美，就连小巷，也有一种深邃而宁静的美。陆游说，'小楼一夜听春雨，深巷明朝卖杏花。'苏州的小巷里，确实卖过白兰花，那叫卖声美得让人心醉。《小巷深处》的美感，是环境描写帮了大忙。"

《小巷深处》的标题富有诗意，作者是怎么想到的？陆文夫回答："这个标题，是从陆游诗句衍生出来的。我在苏州，走过许多大街小巷，铺着碎石的小巷，铺着石板的小巷，石板下的流水还在淙淙作响。我还走过长满青苔、用侧砖铺成的小巷，两边是高高的围墙，有红杏伸出墙外，一夜风雨过后，小巷落红满地。苏州人不卖杏花，可卖白兰花的叫卖声，却十分动听。陆游的诗篇，苏州的景物，帮我找到了'小巷深处'这四个字。"

又说："我熟悉小巷深处的各种人物，也知道这些人，在解放前后的变迁。当记者的时候，我认识了已经成为女工的妓女，也记得她们在解放前，站在昏暗路灯下的情景。住过耦园，知道苏州的各个园林，留园的假山，西园的茶社，这些都会自然而然地走进我的笔下。"

陆文夫没想到，这篇"不够完美"的小说，影响一直在延续。

《小巷深处》问世后，《萌芽》杂志一度想把他调去当编辑，陆文夫婉拒了这份美意。他觉得上海太吵，没有苏州安静，特别是晚上和清晨，有轨电车当当当当响个不停，吵得人不得安宁。

他的母校苏州中学举办文学讲座，专门邀请陆文夫，给"文艺爱好者协会"同学讲授《小巷深处》的创作经验。陆文夫侃侃而谈的时候，有一个名叫石湾的同学，把他当成了偶像。陆文夫的小说，点燃了他的文学理想之火，大学毕业后，石湾先后成为作家、记者和编辑。石湾在学生时代经常给陆文夫写信，向他请教创作问题。陆文夫逝世以后，他仍保留着两封三十一年前陆文夫写给他的回信。

文学刊物的约稿，也开始多起来。

《小巷深处》发表十多天，江苏文联的艾煊和章品镇，突然来到苏州，打电话到报社，要找陆文夫。在苏州见面后，二位客人说，省文联要办一个文学期刊，名叫《雨花》。又觉得这两个字听起来像天女散花，不大"革命"。好在南京有个雨花台，可以沾一沾烈士的光。章品镇跟陆文夫说，他是作为《雨花》主编来约稿的。陆文夫说："我恰好有一个构思。"就如此这般介绍起来。艾煊说："可以啊。"章品镇也说："颇有意味，赶快写出来，发在《雨花》第一期上。"这就是后来成为"大毒草"的《平原的颂歌》。

十年过去，《小巷深处》的影响仍在发酵。"文化大革命"开始，陆文夫在街头居然看到批判《小巷深处》的大字报，在某个"徐文霞"的大门上，看到有人用歪歪斜斜的字，揭露"徐文霞"的"丑史"，他还看到另一个"徐文霞"，被人剃光头发，在小巷游行。

到了新时期，老导演谢添向《钟山》编辑傅晓红打听，如何能找到陆文夫。他对陆文夫的早期小说《小巷深处》心仪已久，一直想搬上银幕。谢添说，此计划已列入他的工作安排。

一篇小说能产生如此长久的影响，大大出乎陆文夫的预料。

8. 程小青的心愿

陆文夫可谓得意扬扬。短短一两年，连续发表《荣誉》《小巷深处》《平原的颂歌》《老师傅和他的女徒弟》《健谈客》等多篇作品，而这些小说又能结集出版。

看到陆文夫在创作上取得成绩，苏州的文学前辈为他高兴。程小青专门写了一首贺诗，爬到陆文夫居住的小楼，将诗稿送给他。一走进陆文夫住所，他就感到闷热难耐。这房子只有西北墙开窗，热气排不出，汗水常把陆文夫的稿纸湿透。程小青说："陆先生，你这样不行的。要热坏人的。"

陆文夫无奈摇摇头："这种房子，没有办法。"

程小青说："办法？有咯有咯！"随之告诉陆文夫一种防暑降温的方法。

程小青告诉他，每天清晨，要用被了把窗子遮起来。再吊几桶井水放在屋里。要是屋里的光线暗，可以开灯写作。这样便会清凉很多。

程小青又说："你想想，我们苏州人的屋里厢，怎么会清凉啊？"

陆文夫想了一想，摇摇头。

程小青说："就是家家户户的天井里，都有水啊。有了水，便会清凉的。"

第二天，陆文夫把程小青教的降温办法试了一下，果然奏效。家里有了阴凉，他笔下问世的作品也越来越多。

有一天，陆文夫在街上碰到一个熟人，他在园林处工作，是个管理人员。两人聊着聊着，就说到了写作。那人说："陆先生，您是作家，还住在小房子里啊？"

陆文夫说："是啊。又闷又热，写起东西来，好像钻进了蒸笼。"

那人说："你想不想到园林里来写？"

陆文夫正在犹豫，那人是个急性子，"算了，你就来网师园吧。住进来写，怎么样？网师园正好有个小姐楼，空在那儿，有桌子有床。"

当时的苏州园林，游人很少，陆文夫便住进了网师园，一住就是两个月。晚上的网师园，只有陆文夫一人，夜幕降临后，他喜欢坐在池塘边的石头上观景。此时的小姐楼，灯是开着的，池塘里倒映着灯光，连同整个房子，这景致在陆文夫心里，留下了难忘印象。由此就想，苏州这座城市真是奇怪，就像它的园林，总是关着大门，在外面看破破烂烂，可推门一看又很漂亮，里面是个大花园。

陆文夫成名的二十世纪五十年代，中国写小说的人很少，发表一篇小说，就算作家了。陆文夫数篇作品获得好评，其影响可想而知，不久，他加入了中国作家协会华东分会，又受邀出席在北京召开的"全国青年创作者第一次代表大会"，时间是 1956 年春天。

"全国青创会"由中国作家协会、团中央、全国总工会联合召开。周恩来、胡耀邦等中央领导和在京老作家也参加了，还在会上讲了话，可见此会很重要。有些老作家，自始至终参加分组讨论，对青年作家影响很大。陆文夫当时担任青创会华东小说组副组长，组长是山东的王安友，就是小说《李二嫂改嫁》的作者。看到人来人往，陆文夫很感慨，没想到中国一夜之间冒出那么多青年作家，仅北京就有刘绍棠、王蒙、从维熙、邓友梅、邵燕祥……可惜几个月后，不少参会者都成了右派。十多年后，他们又拿起笔，成为中国文坛的中坚力量。

后来陆文夫整理旧稿，发现自己还保留着当时会议的分组名单。数了一下，共有 566 人参加会议，其中还不包括因事、因病或因名额所限，未能参会的人。

陆文夫估计，五十年代走向文坛的新作家不下千人。当时，国民文化水平普遍不高，能涌现这么多文学新人，足见那个时代人才辈出，可谓"不拘一格降人才"。

在这次青创会上，陆文夫给别人留下了非常好的印象。章品镇说，他和陆文夫首次相处，就是1956年参加第一次全国青创会的时候。刚接触陆文夫，感觉他不像苏州人，因为苏州人脸白，有油光，他更像是无锡人。十多天在一起，二人聊天，逛街，章品镇从许多细微处，感受到陆文夫的机敏。比如，听完夏衍的报告《知识就是力量》，陆文夫谈的感受，脱俗而清新，能让人看出他的读书素养，会情不自禁"洗耳恭听"。

章品镇说："当时的陆文夫，皮肤的调子是浅灰的，文雅，潇洒，瘦而有神。大有扬州清寒的读书人家子弟风度，一问，原是泰兴人。本来，这一带包括我们南通，受扬州的熏陶已有一千余年之久了，我们祖父辈的价值标准还是扬州的，不是上海的。我的推测大体上不错，他在少年时，是个颇受搬迁之苦的学生。作为编辑，我对他的最突出的认识是不因有点生活就自以为文学尽于此矣。写东西，也不只管炸碉堡，用句旧词汇，是个将才的料子。"

对陆文夫印象深刻的，还有从维熙。青创会相识后，他们互赠处女作。陆文夫送他小说集《荣誉》，从维熙回赠小说集《七月雨》。会后，善饮的刘绍棠与从维熙，拉上陆文夫，到正义路附近的一个餐馆喝酒。从维熙是个北方汉子，看陆文夫形象儒雅，个性沉静，就觉得他气质不凡，于是给他起了个"江南秀士"的绰号。

青创会的召开，在全国产生了影响，为各地作家送去一股暖流，也推动了各地文联工作的开展。几乎与青创会同步，江苏省文联成立了专业创作组，打算把创作上有成就的人，都搜罗进去。陆文夫已经产生影响，更受省里重视，很快从苏州调到南京，进入《雨花》编辑部，任小说组专业作家。他在那里，第一件事就想把《小巷深处》改成电影剧本。

陆文夫到南京后，人们对他很好奇：他有什么能耐，能一两年内在文坛刮起一阵"陆旋风"？叶至诚说："初次见到陆文夫的时候，他的短篇小说《荣誉》已经获得了江苏省第一届文学创作奖。《小巷深处》刚发表不久，被认为是陆文夫显露风格的作品，赢得一片好评。乍一见面，看他风度翩翩，神采飞扬，实在是钦慕。"

1956年，冯亦代陪英国作家索默菲尔德（Sommerfield），来苏州游览，年轻的陆文夫代表华东作协接待了他们。初出茅庐的陆文夫，出场如此光彩，没有人不羡慕。

1957 年 6 月，省文联正式下文，批准十一位作者为"专业作家"，包括方之、艾煊、叶至诚、宋词、陆文夫、高晓声、梅汝恺、黄清江、曾华、杨丹萍、顾尔镡。他们成为新中国成立以来江苏省首批"专业作家"。这拨人的创作热情十分旺盛。陆文夫忙于改编小说《小巷深处》，叶至诚、高晓声等人在写电影剧本，艾煊埋头创作长篇小说……

为了扩大作家生活视野，江苏文联又组织本省二十多位作家，到徐州、连云港等地开展采风活动。1957 年 5 月，春暖花开的季节，第一次参加省文联社会活动的陆文夫，心情十分激动。人在山水间，思路更开阔，心情更开朗，信心更加足。连云港之行，陆文夫这样描述心情——

> 展开的天幕，代替了人与人之间的帷幕，相互之间变得靠近了，亲近了。沉默的变得话多，刻板的变得活泼，世故的变得天真。一群旅游者之间很少有什么利害冲突，更多的是相互关怀，相互提携，相互敞开胸怀，无所顾忌。这种情况使我感到吃惊，觉得这样美好的活动不能完全送给资产阶级，也要为我们自己留一点。于是便雄心勃勃地计划着上黄山，上峨眉……

这次连云港活动，苏州有四位作家参与：周瘦鹃、程小青、滕凤章和陆文夫。从年龄上看，二少二老。四人行宿一处，形影不离，登云台，下矿井，采民俗，随渔民出海打鱼，观大海日出日落。他们少老帮扶，无话不谈，融洽快乐。苏州作家的团结友谊，受到了其他作家的赞美和羡慕。

当时，程小青六十三岁，陆文夫二十九岁，彼此就像父子，上车下车，登山观水，陆文夫一路照顾程小青。程小青年龄虽大，游兴却比陆文夫还高，爬险坡，下矿井，无处不去。陆文夫爬高时，只爬一半就坐在大青石上休息，还劝程小青："程先生，您也不要爬了，太累啦。"

程小青气喘吁吁从陆文夫身旁走过："你不上去，下次还可再来；我不去，以后就没有机会了。"

听到程小青的话，陆文夫一跃而起，紧随程小青爬上了山巅。山头上，风光辽阔，远处的村庄与树木，云彩与海滩，伴随海风，尽入眼帘。作家们陶醉了，眼界与心胸顿觉开阔。在山巅瞭望大海时，程小青："陆先生，我有一个愿望，想对你说一说。这是我多年的愿望啊。"

陆文夫说："程先生，您只管说。我就想听听呢。"

程小青说："我年过花甲了，时间已经不多了，再也不能写更多的东西。唯一的希望，就是能把以前的作品整理一下，重印一次。"

陆文夫知道，程小青说的"以前的作品"，是指他创作的《霍桑探案》系列小说。陆文夫小时候读过一些，觉得这些小说，可以培养读者的正义感和逻辑感，也能启迪智慧。要是能够出版，真是一件大好事。

陆文夫自告奋勇说："程先生，有机会的话，我会为您争取一个再版的机会。您的愿望会实现的。"

程小青没想到，眼前的这位小同乡（都是来自苏州），如此支持自己完成夙愿。他有点激动了，眼眶开始湿润。控制情绪后，才对陆文夫说："陆先生，谢谢你啊！"又说："有机会，就出版。没机会，也不要紧的。"

这一时期，陆文夫正处在上升阶段，他觉得自己总有机会为老作家做点事，出版界或可答应他的建议。更何况出版程小青的侦探小说，对出版社也是一件好事，说不定可以打响名气，名利双收。

从连云港回到南京，正巧有一家出版社邀请作家开座谈会，征求他们对出版工作的意见。受邀参会的陆文夫，在会上疾呼，希望为程小青先生出版一套选集。他的发言很长，从出版这套书的意义，到封面设计，甚至如何发新书预告，都做了详细阐述。大家听后很感兴趣，觉得程小青的探案小说曾经轰动一时，青年读者几乎无人不晓。现在再版他的书，销售一二十万册应该没问题。

趁热打铁的事，就怕遇到瓢泼大雨。反右斗争不经意迎面扑来，结局也可想而知。程小青的书没出成，陆文夫反倒进入另册。为程小青争取出书的事，也成了他的一大罪状。这是后话。

9. 《探求者》事件

陆文夫在连云港采风的时候，南京出了一件事。

几位青年作家要办一个刊物，取名《探求者》。他们请示江苏省委宣传部，得到文艺处长艾煊的支持。艾煊说："这些青年，挺有积极性的嘛！"文艺处指导员周正良还被派来做"联络员"，直接参与《探求者》活动。省文联党组书记钱静人多次要叶至诚汇报《探求者》活动情况。

一天上午，省文联专门开会，和作家们一起商讨出版物的事，参加者有：钱静人、叶至诚、高晓声、方之、陈椿年。钱静人说："《雨花》创刊不久，你们何必再出一本刊物呢？这样好不好，你们照样办同人刊物，但不要另出单行本，我去跟俞铭璜部长说：让《江苏文化报》按期辟出一版《探求者》园地，两版也行！"又说，"如果给你们两个版，一个月也有八万字的篇幅了，可以了!"

《江苏文化报》是省文化局出版的一份四开周报。钱静人这么说，不是反对他们出刊物，而是出于节省经费和办公地点的考虑。

但方之和高晓声坚决反对。

下午三时许，叶至诚、高晓声、方之、陈椿年四人来到省委，要求解决《探求者》的出版经费。分管文教的书记很客气，答复说："同人刊物是可以搞的，但怎么搞还要再商量。"

回来的路上，大家公推陈椿年执笔写一篇《意见与希望》，以表达他们想办同人刊物的强烈愿望。这篇文章四人署名，发表在当年7月号《雨花》上。文章重点讲了领导的问题：一、"长期以来，领导上片面地强调了文艺为政治服务，为运动宣传，而忽视了文学创作的特殊性。"二、"领导上虽然强调文艺要为政治服务，其实对文艺很不重视。"三、"省委把文艺工作主要地当作了统一战线工作。"——锋芒直指中共江苏省委和宣传部。

文章提出四点希望：一、请有关部门的领导，给予作者、编辑相应的"政治待遇"，改变一些行政管理方式，扩大民主，信任知识分子；二、"请领导上对江苏的文学创作，进行具体有效的安排"；三、"请领导上重视剧本创作"；四、"建议文艺界领导上提倡和支持作者们自由结合组织文学社团"。

对《探求者》一事，章品镇不以为然。他是《雨花》主编，觉得再弄个文学刊物，纯属多余，也会耗去作家的精力，影响创作作品。好在陆文夫没参加，否则就可惜了。但章品镇没想到，陆文夫从连云港一回到南京，前脚踏进旅馆，陈椿年后脚就跟来了。章品镇对陈椿年说："你不要拉他参加！"

陆文夫说："我不会参加他们的。"

第二天，章品镇再去找陆文夫，就发现他"失踪"了。两天后在剧场遇到，陆文夫笑了："我被拉到叶至诚家里去了。"

章品镇一听，果然如此，"哦"了一声。

陆文夫见章品镇不高兴，就说："老章，我看他们说得有些道理。"

章品镇很失望，心想，"你们不吃点批评，是不肯住手的。你们就搞吧！"便不再说话。

作家们筹办《探求者》和文学社团，正合陆文夫心意。他创作《小巷深处》的时候，就想探讨社会，研究人生。他觉得过去写小说，是为了拯救劳苦大众；现在搞文学，应当拯救痛苦的灵魂。

陆文夫"被拉到叶至诚家里"那天，是1957年的6月6日。

这一天，陆文夫、方之、叶至诚、高晓声四位青年作家聚在一起，一见如故。他们谈到王蒙小说《组织部新来的年轻人》受到了毛主席重视。叶至诚说："是毛主席把王蒙同志从围攻中解救出来，这可是一个积极信号。"这个信息，增添了探求者们的信心和勇气。他们觉得，当时的文艺刊物，都是千人一面，发表的作品大同小异。他们发誓要改变这种状况，决定创办同人刊物《探求者》，要在中国文坛创造一个流派。他们觉得，文学不应该只是唱赞歌，而要干预生活。创作方法应该多种多样，不能只有一种社会主义现实主义。要写人，要探索人生的道路，不应只写政策，只写政治运动。要知道，过多的政治运动和阶级斗争，已经破坏了人与人之间的正常关系。

他们讨论决定，由高晓声起草一个"启事"，阐明《探求者》的政治见解和艺术主张，由陆文夫起草"章程"，说明《探求者》的组织结构与工作程序，还让陆文夫发展同人，陆文夫就给下乡的梅汝恺打电话，让他早一点回南京。

这一天，也是陆文夫结识高晓声的日子。二人一见如故，从此成为一生的挚友。四十年后高晓声去世，他的文集就是陆文夫张罗出版的，文集的序言也是陆文夫请人写的。

又过两天，叶至诚通知大家到他那里聚会。那天上午，来了七个人：叶至诚、方之、陆文夫、高晓声、梅汝恺、陈椿年、曾华。叶至诚跟大家说："我们办的同人刊物取名《探求者》，是正儿八经的文学月刊。"

陈椿年说："钱从何来？又怎样维持下去？"

叶至诚说："这些都有办法！"

陈椿年说："主编请谁？干脆，老叶你来担任吧！"

叶至诚婉拒了，他觉得自己的声望、资历、影响，都还不够。

大家不约而同想到艾煊。艾煊这人，大家了解，性格温和安静，一心为文，热心助人，与大家心有灵犀。为郑重起见，先由梅汝恺写信告知艾煊，再让陆文夫回苏州面谈。当时，艾煊正在苏州体验生活。陆文夫一回苏州，便与艾煊详谈了此事，艾煊没有同意，也没有拒绝，却说了一通如何在灵岩山和一位高僧论佛。

创办《探求者》是个创举。6月13日，江苏省文联刊物《文化新闻》报道说："本省文艺作者方之、艾煊、陆文夫、叶至诚、曾华、高晓声、梅汝恺、陈椿年八人，最近组成了文学团体，共同讨论文艺问题。他们准备一个阶段以后，在条件成熟时，出版同人刊物，争取逐步形成流派，繁荣文学事业。"

不久，陆文夫的《〈探求者〉文学月刊社章程》，高晓声的《〈探求者〉文学月刊社启事》，也写了出来，剩下的问题，就是经费了。

办同人刊物，方之最热心，也最活跃。省里弄不到经费，方之说："我和陆文夫都是华东作协的会员，可以到华东作协去想想办法。"办杂志人力不足，方之说："陆文夫认识不少上海的青年作者，肯定有人愿意参加进来的。"他自告奋勇，要和陆文夫一起去上海。

许多年后，叶至诚说："方之身上，总有一股十足的劲头、近乎天真的信心和打先锋的青年团气质。"

1957 年 7 月，陆文夫、方之二人带着《探求者》的启事和章程，从南京赶赴上海，寻求华东作协支持。他们希望，在上海能发展一批同人，为办刊筹集部分经费。他们先后拜访了巴金、阿章、叶以群、唐克新、姚文元等人。阿章和唐克新态度模糊；姚文元表示乐意"帮忙"；巴金则婉言谢绝了邀请，让他们不要办同人刊物。

事后巴金说："我同情他们，也替他们担心，觉得他们太单纯。因为我已经感觉到气候在变化，所以劝他们不要搞《探求者》，不要办'同人杂志'，放弃他们'探求'的打算。但他们没有听懂我的话，也没有照我的意思办。"

遭到巴金拒绝，血气方刚的方之很失望，说："巴金又不是党员，我们别去听他的。"

陆文夫也沮丧。从上海回来，一路上没说话。经过苏州，顺便回了趟家，也沉淀一下情绪。他敬重的巴金先生，一直支持他的文学创作，这次果断拒绝他们的请求，其中定有无法明说的道理。经过一番思想斗争，他终于想通了，决定尊重巴金的意见，向省文联写了一封信，表明自己对《探求者》的态度。陆文夫写道："办同人杂志，总觉得有小集团的嫌疑，与提倡的集体主义思想有抵触，我想来想去，还是退出，不参加的好。"

但最终，他还是受到了处分。

第四章　姑苏冷暖

1. 车工"陆师傅"

陆文夫在南京，只当了半年的专业作家，就铩羽而归，回到苏州进行"思想改造"。既然回来了，就想去工厂，他喜欢各种机械，想学一点技术，也想积累一线生活，为今后的创作做准备。

陆文夫的运气不错，老友凡一时任市委宣传部部长。陆文夫当年从媒体跳槽文坛，凡一就劝过他，别到南京去，千万别去！陆文夫不听啊，被文学迷住了心窍。看到老友垂头丧气从南京归来，凡一笑了，"文夫啊，当初如果听我一句劝，也许就不会出这种事啦。"

陆文夫说："那也不一定。我在苏州，也是在劫难逃，你想保也保不了。"

凡一想了一想，点点头："好吧。你想当工人，就安排你到工厂里去。先劳动几年再说。"

到重工局报到的时候，陆文夫再次表示，他想学技术。局长建议他，找一个小厂蹲下去，这样才能学到技术。就这样，陆文夫成了苏州机械厂的一名工人。

当时的苏州机械厂，位于阊门外广济桥堍，后更名为"苏州第三机床厂""苏州机床厂"。这个厂，政治定位特殊，从1958年起，厂里一直收容"改造对象"，既有刑事犯，也有"政治犯"。1959年，国家号召报社下厂办报，此厂还收容了报社这样重要的宣传机构。陆文夫正式进厂，是在1958年1月，职业是金工车间车工，身份是"不戴帽子的右派分子"。

进车间以后，陆文夫先当学徒，工作平台就是一台老式车床。跟着师傅夏福根干了三个月，他就能独立操作了，过了一年半，他已掌握所有的基本技术，能开一丈二的大车床，厂里还让他带两个徒弟。在厂里两年半时间，四次被评为优秀学员、先进生产者和技术革新能手，奖励过一套卫生衫和一个大脸盆。

陆文夫进厂当车工，政治待遇有些特殊。这与他的奇特标签"不戴帽子的右派分子"，有直接关系。厂领导是个"老运动"，知道陆文夫不是坏人，所以，对陆文夫既严厉"改造"，又"有控制地利用"。每逢"改造对象"开会，陆文夫必到，但也允许他参加工人的政治活动，一样参加评选先进。区别在于：如果他被评上先进，必须降一个等级；小组若是上报一等奖，那么宣布时就改为二等奖。需要他的时候，这支"黑笔杆"也用得上，只是稍有迟误，就会遭到厂领导的斥责。这种处境很尴尬，陆文夫必须小心翼翼，夹着尾巴做人。

陆文夫的小家庭位于市中心，从厂里骑车回家，仅需十多分钟。但他吃住在厂里，很少回家。老友宋词到苏州来看望他，他也不请假。厂里的集体宿舍，在一条小巷里，房屋破旧拥挤，四人一间，薄板相隔，鼾息相闻。陆文夫先睡一张竹榻，后来才换成双人木床。

进入工厂后，陆文夫不再写作，只想着专心工作，认真改造。唯一保持的文人习惯，就是烟酒茶。1958年的食堂，夜班工人每天有一块猪肉供应。但第二年就取消了。到了困难时期，连酱油也缺。那些年，右派、反党分子的日子不好过，见到熟人不敢点头。工人们不管这些。他们看到陆文夫干活卖力，性格温顺，陡增好感，会主动接近他。陆文夫路过身边，师傅们总会热情打招呼："陆师傅，辛苦啦！"也会夸他："陆师傅，你真了不起！"然后就悄悄问："陆师傅啊，你这么好的人，怎么会到我们这里受洋罪啊？"

听到工人的称赞和鸣不平，陆文夫心里得到了少许安慰。他想："这是我不幸中的大幸啊。"

陆文夫下放工厂以后，文坛仍很关心他，朋友们的联系也没有中断，经常写信交流心得。他给章品镇写信，常说些厂里的趣事。章品镇知道，陆文夫说的话，都是真情流露，丝毫不做作。章品镇是省文联秘书长，阅读着陆文夫的信件，对这个质朴的年轻作家，越来越喜爱。陆文夫在厂里劳动很投入，是真心实意向工人学习。现在，文坛特别需要肯干务实的新生力量。章品镇就向主管领导进言，希望组织上尽快将陆文夫调回南京，让他多写作品。

陆文夫在机床厂，经常被评为先进，这让梅汝恺羡慕不已。梅汝恺当过记者，深知一个文人，想得到工人农民的认可，很不容易。1951年，梅汝恺在《苏南日报》当记者时，就想和工人打成一片，曾住进无锡庆丰纱厂进行采访。这个厂有五万名员工，梅汝恺和工人同吃同住，一心想和保全师傅交朋友，但即使他再热情，也难消除彼此的隔膜。向人敬一支烟，皮相地聊聊家常，可以；要体验他们劳作的酸甜苦辣，跟他们结伴交心，用北方话形容，没门儿。为何？

工人忙啊，都是"三班倒"，你去车间，满耳都是"机器轰隆隆地响"，若和他们交谈，基本上就是"聋子和聋子"对话。何况人家正在"劳动竞赛"，忙得一头汗，一个外行人怎能去"插扛子"啰里啰唆？等到吃饭时刻，大餐厅有上百个桌面，全无固定座位，"流水"开饭，狼吞虎咽，肚子饱了就走人，想在饭后跟谁敬支烟，聊一聊，真的没门儿，他们都有事呢。晚上更不行，工人师傅头一落枕，便酣然入梦。记者有采访权，可以选择时间、地点，和需要采访的对象交谈。但这种交谈，仅是皮相触碰，涉及不到内心世界。三个月下来，梅汝恺和工人师傅的交往，多为点头之交；灵性相通的交流，则从未有之。

听说陆文夫在苏州干得不错，梅汝恺就想来亲眼看一看。

1958年初春的某天，梅汝恺从邗江来到苏州机械厂。在厂门口，他向门卫表达了拜访陆文夫的意愿，请他通报一下。不一会儿，陆文夫从厂里出来，穿一身油斑锃亮的厚厚的工作服，双手也戴着厚厚的车工手套。梅汝恺一看便知，陆文夫正在车间干活。因为，当车工不戴厚厚的手套，绝对不行，坚硬至极的合金粗坯，需要飞轮极快的旋转，带动更为坚硬的切刀，才能使之成型，高速切削过程中，会溅散出许多火花，都是高温铁屑，一旦落到肉体上，会烫伤皮肤，每每焦肉奇臭，青烟腾袅。其凄惨景象，至今印在梅汝恺脑海里，无锡庆丰纱厂给他留下极为深刻的记忆。

陆文夫到厂门口一看，来客是梅汝恺，脸上绽放出笑容。他的笑，清澈见底，会露出一口白亮的牙齿。陆文夫刚脱下厚厚的手套，梅汝恺就一把拉住他的手，认真地瞅起来，这原本是捉笔写字的手，会不会被高温铁屑烫伤？一瞅，上面果然有斑斑点点的瘀痕，梅汝恺感到一阵心酸。

陆文夫见状，抽回手，笑嘻嘻地说："没什么，反正现在不是绣花，也不是写文章。怎么样？我跟他们请个假，陪你。"

梅汝恺说："莫忙，我要看看你的车间，还要看看你的车床。原先，你总爱带个榔头螺丝刀什么，在文联的各个房间敲敲打打，修弹簧锁，修窗户插销。我们这伙人，没哪个有你这等智商和手巧。如今落户这样的车间，说实话，是不是放虎归山了？"

陆文夫又笑起来，还是那种露出白亮牙齿的轻盈的笑。

跟随陆文夫，梅汝恺来到车间。机器轰隆隆地响，能将人的耳朵震蒙。梅汝恺终于看到陆文夫使用的车床。他怎么也想不出，陆文夫会怎样使用这一丈二的大家伙？又想，这亮堂堂的车床，不正是陆文夫另一个倾心作文的案头吗？而作品正是那些光洁锃亮的铁家伙。

梅汝恺凝神打量车床和车间的时候，陆文夫跟一位老师傅打过招呼，便走过来说："我们走吧。"二人便来到松鹤楼，在那里痛饮高粱酒。

在苏州看到了陆文夫，看到了他的车间和车床，梅汝恺得到极大满足。他没料到，两三年后，《人民文学》发表了陆文夫的《葛师傅》。梅汝恺品味这篇小说，感触比谁都深。他这样评价——

> 《葛师傅》是一篇奇文，它朴实无华，光洁度极高，人物刻画精确。作家知道，写工人农民，不可坠入生产过程，写管理人员，不可纠缠于繁琐事务。而《葛师傅》之得，老陆偏偏反其道而行，他就是正面写生产，写过程，写人物葛师傅如何"巧车大活塞"。然情节丝丝入扣，图貌妆容，把一位老车工，写得吁气成雷，精忠盖世，活灵活现了这位寂寞于平凡劳作，却伟岸高大成为文学画廊里的时代的真英雄。全文可谓没有故事，没有"煽情"，但劳作场景细节丰富，中国文学传统"白描"手法，竟被他运用得出神入化。我当时想，老陆如不当车工，如不在劳作中和"葛师傅"们形成心神密合，深切体验车工作活三味，那人间就绝不会有《葛师傅》其文。

在梅汝恺看来，陆文夫因祸得福。

《葛师傅》发表后，再一次为陆文夫赢得声誉。后来，有单位请他去文学讲座，他都会介绍《葛师傅》。

二十世纪六十年代初，江苏师范学院（今苏州大学）中文系邀请陆文夫讲课，讲的也是《葛师傅》。当时的陆文夫，身穿藏青色中山装，精瘦，黝黑，一脸严肃。坐在讲堂上，很像一座雕塑。讲起课来，基本上是照本宣科，一字一句介绍《葛师傅》的创作经过，不发挥，不幽默，不调侃，他告诉大家，《葛师傅》的人物原型，是他下放工厂的一个车工，还用很多时间，描述他的车刀有多神奇。一节课下来，显得异常沉闷，让同学们很失望。台下有个学生叫范培松，也有这种感觉。二十年后他成为学者，发表多篇研究陆文夫的文章，二人也成了好朋友。

新时期开始后，人们看到了《葛师傅》的时代局限。有一次，《文艺报》组织写一篇陆文夫的研究文章。陆文夫推荐范培松写，但范培松在文章中，对《葛师傅》发表了批评意见，认为葛师傅身上有极"左"印痕。陆文夫看完稿子，对范培松说："你对《葛师傅》的批评，我不赞同。但你不必改，就这样发表。"《文艺报》发表时，果然一字未改。

2. 贪杯的日日夜夜

陆文夫下放工厂期间，很劳累，也很艰辛，但他轻易不示众，读者在他的小说中，看不到这方面的内容，晚年写散文，他才偶尔说到厂里的劳动情景。

陆文夫进厂的时候，正赶上"大跃进"。常日班工人，"六进六出"，三班制工人，班前班后要进行两小时政治学习，加起来就是12个小时。陆文夫是三班倒工人，突击队员，常常连续顶班。有几次"突击"，陆文夫一连干了四十八小时。"大跃进"需要政治鼓动，陆文夫这个笔杆子就被利用上了。厂领导的政治动员、工作报告，厂里宣传先进人物的文艺节目、黑板报稿件，种种额外任务，时常没头没脑压下来，陆文夫下班后，还要挤出休息时间写稿，比工人们更辛苦。

车间里加工生铁，会产生许多屑末，工人下班时，手上、脸上和衣服上，都被抹得黑黢黢的，工作也重，半吨把一个，仅有的起重设备，是一架手拉的"葫芦吊"，一半还得肩扛手拉，"疲劳战"极易摧残体力。厂里的劳动保护措施比较松弛，工伤时有发生，陆文夫是车工，滚烫的铁屑经常爆伤眼睛，伤得严重了，就去附近医院清洗包扎，贴块橡皮膏回厂再干，有几次，铁屑掉进眼睛，一只眼完全看不见东西，还要继续工作。由于常去求医，附近医院的几位医生，都成了陆文夫的朋友，他的眼皮内侧，一直留有几处伤疤。

和劳累相比，疲乏更难忍受。有时候，接连几个月上夜班，动辄三天两夜不睡觉，铁打的身体也吃不消。这个时候，陆文夫最大的愿望就是睡觉，尤其在冬天，曙色萌动之际，浑身几乎虚脱，就像浸泡在凉水里，有时候，车床自行工作，无需人来操作，一个多钟头的站立，简直就是折磨，困啊，从未有过的困乏！眼皮就像坠了石头，沉重无比，脚下的土地，仿佛也在下沉，迷迷糊糊的时候，偶尔惊醒过来，发现世界太平，一瞬间又沉入迷幻世界，陆文夫这才知道，什么叫瞌睡如山倒。这种时候，即使有人高喊"八级地震来啦！"他可能都会说："烦死了，别叫啦！让我再睡一会……"

太困了，怎么办啊？陆文夫想出的办法，就是喝酒。每天，悄悄买一小瓶白酒，藏在口袋里，这种二两五一瓶的白酒，苏州人叫它"小炮仗"，有酒瘾的人，随时可以从衣袋取出来"轰"一下，但，这种事不能被人发现，他这种身份，虽然不是敌我矛盾，但仍要看生活表现，故此，午夜吃夜餐的时候，陆文夫就会故意躲到食堂的角落，只有这样，喝酒才不会被人发现。

夜餐，常常是一碗面条，没有菜。陆文夫喝酒，基本不就菜，吃一口面条，喝一口酒，其美味要赶得上吃宴席，但这样吃的速度，会很慢，影响上班，干脆把剩下的半瓶酒，全倒在面条里，简单搅拌一下，呼呼啦啦一起吃下去。

酒足饭饱后，再进车间，感觉真来精神了，身体也暖和了。酒后之人，肯定会晕晕乎乎，但这比瞌睡要好许多。耳朵似乎更灵敏了，居然能听得出车床的响声，知道走刀行到哪里！

伴随着朦胧的酒意，陆文夫的漫漫长夜，就这样一次又一次熬过去了。

当然，天天喝酒的结果是，陆文夫的酒瘾也在一天天增加，后半生的酒仙生涯，从此拉开序幕。

这天，老友宋词从无锡赶来看他，要跟他喝酒。宋词是南京文联编创室的创作员，代表作是戏曲《穆桂英挂帅》，他俩同为1957年江苏文联第一批专业作家，从那时结下友谊，宋词不是《探求者》成员，但他与右派团体"江南草"有牵连，也被定为"中右"，受到记过处分，下放无锡南泉乡农村。

前一时期，在南京等待处理时，宋词经常请陆文夫喝酒，会拉着陆文夫到家里小酌，彼此的友情越发深厚，宋词喜欢陆文夫的温和儒雅，平易可亲，才高而不傲物，他说这是"谦谦君子"之风。刘勰《文心雕龙》云，"音实难知，知实难逢"，宋词相信，能和陆文夫结成朋友，就是"千载其一"的幸运。

陆文夫下放苏州机床厂，宋词经常思念这位挚友。

无锡离苏州很近。宋词常在星期六晚上，乘火车到苏州去看陆文夫。通常带一瓶洋河大曲、一盒无锡排骨，坐着一路汽车，在怡园站下车，快速来到铁瓶巷口，巷子里有陆文夫的家。每逢此时，宋词的心情会很激动。

陆文夫住的报社宿舍，在最后一进的西楼上，里外两室，还有一亭子间。宋词进门前，通常会喊一声："文夫！我来啦。"

开门人，往往是管毓柔——陆文夫的妻子。"宋词来啦！快进快进。"

此时，陆文夫尚未下班，但家里的餐桌上，已经摆好了菜，管毓柔很贤惠，她总是在陆文夫快下班的时候烧好饭菜，家里来了客人，她会尽力招待，热情不比陆文夫少。

不多时，陆文夫下班回到家，推门而入的瞬间，宋词一声"文夫！"让他一天的劳累顿时消失。在餐桌前坐下，彼此举杯对饮的时候，宋词注意到，陆文夫的手已经变得粗糙，带有浓浓的汽油味，宋词就很难过："文夫，你比我苦啊！"

陆文夫淡淡一笑："不苦。工作的时候，也会有乐趣。"

接着，就向宋词讲起了他在车间学习车工手艺的事。这种避重就轻的话，也是说给妻子管毓柔听的,他不想让她担心。陆文夫说:"说说你吧。你怎么样?"

宋词便一五一十说起来,渐渐把陆文夫带入太湖之滨的村庄和田间,其实也是避重就轻。宋词说:"农村啊,没有想象的那样艰苦,很像作家深入生活。你看我,身上哪有憔悴和沧桑感?"

两人喝酒很慢,边喝边谈,互述衷肠,同为落难人,相处更真诚,一边饮酒,一边交流感情,一边互相慰藉,在温暖的对话和饮酒中,所受的屈辱,遭遇的白眼,内心的痛苦,似乎都融化在杯酒中了。

管毓柔探头看看,说:"时间不早啦!"

两人抬头看钟,发现已至深夜,然后又喝,又听到管毓柔的提醒。此时的他们,已酒酣耳热,半醉半醒,夜深了,他们就睡在亭子间的大床上,依然抵足而谈,一直谈到昏昏入睡。

第二天是星期天,陆文夫不用上班,二人中午再到松鹤楼小酌。一盘酱方是必需的,只有大快朵颐,才能补充油水。大块酱方肉端上餐桌,肥瘦相间,红润可人,看着欲罢不能,夹一块放进嘴里,入口即化,肥而不腻,浓郁的肉香和酱香味,早已驱散了冬日的严寒,宋词吃得津津有味。

看着眼前的情景,陆文夫想到在南京时,梅汝恺向他介绍过桂花鸭。就对宋词说:"你对酱方肉,有何评价?"

宋词说:"好吃!进嘴即化,满口溢香!"

来苏州的数次多了,宋词早已爱上酱方肉。

陆文夫说:"你知道吗,苏州一年四季,四种肉是轮换吃的。"

河南出生的宋词,听了就很惊讶:"我不信,吃肉还能吃出花样来?"

陆文夫不紧不慢说:"你看啊,春天呢,我们这里要吃酱汁肉;夏天呢,吃荷叶粉蒸肉;秋天,要吃梅菜扣肉;只有在冬天,大家才吃这种酱方。这四种肉,烹饪酱方最考究。"

宋词更好奇:"怎么个考究,说来我听听。"

陆文夫不会烧饭,没有烹饪经验。但他读过不少烹饪书籍,结交不少厨师朋友,苏帮菜的烹饪方法,早已烂熟于心,也算是半个专家,于是一五一十介绍起酱方肉的烹饪方法。

宋词听着听着就听呆了:"我的天,要下这等功夫!难怪美味无比!"

陆文夫一声叹息:"美则美矣。过去苏州人,年关才能吃到它。为何?穷啊。以前生活不富裕,逢年过节才有机会大块吃肉。冬至或春节的晚宴,一大块酱方端上桌,厚笃笃,福得得,特别是酱方上面那层皮,尤其好吃!饭桌上全家人一起动筷子，分享这一美食。你能想象这其乐融融的天伦之乐，该有多美！"

酒足饭饱，宋词依依不舍返回无锡。

不久，随着"大跃进"进入高潮，二人相聚的机会越来越少。陆文夫日夜加班，吃住在工厂；宋词在田里，也是"大干、苦干、拼命干"。尽管这样，宋词还是寻找机会，冒着挨批评、受处分的风险，到苏州找陆文夫。

有一次，宋词问："文夫，你又写小说啦？"

陆文夫说："是的。发表在《雨花》上，题目叫《碰不得》。"

宋词说："这种时候，你还敢写小说！胆子真够大的。"

陆文夫嘿嘿一笑。

3. 文学小组的神仙会

1960年年底，陆文夫从苏州机床厂调回省文联。

此时，三年严重困难进入恢复期，政治、经济、文化各方面，都相对宽松起来，"双百方针"又被提起，文艺界渐渐活跃，省文联创作组应势重建，调入一批文学创作的新生力量，又把《探求者》成员陆文夫、艾煊等，从工厂和农村召回，大家见面后笑称，这是"二进宫"啊，回归文坛的陆文夫，充满了朝气。

陆文夫的组织关系，也回到省里了，但南京不分配宿舍，作家们仍要待在各自的生活基地。陆文夫的生活基地是苏州，南京基本上就不去了，但每年两次创作组会议，他仍要赴南京参加，开一次会，大约十天半个月，开会的目的，就是听取作家们汇报，让大家说说如何深入生活，有什么创作计划。

到南京开会，不许住招待所。国家号召厉行节约，机关就安排他们到单身宿舍挤一挤。陆文夫住的地方，是范伯群十八平方米的单身宿舍。要睡觉了，临时搭个铺，摆两个条凳，上面放一张棕棚。陆文夫白天出去开会，晚上回来就和范伯群神聊。后来范伯群研究陆文夫，他们聊的话题，都成了参考资料，许多内容写入范伯群的论文里。

陆文夫到南京开会，宋词常会约他喝酒。宋词是1959年年末调回南京的，他在南京有宿舍，会拉着陆文夫到他那里，炒两个小菜，就风风火火喝起来。那个年代，缺烟少酒，宋词一弄到酒，就来找陆文夫分享。离开文坛两年多，他们就成了文联"老人"，看到许多新面孔，大家对他们很陌生。有一次，文艺界在人民剧场聚会，他们走进场内，有人就窃窃私语："这两人是谁呀？"宋词很感慨，就写了一首诗："红杏枝头两度开，小楼一夜听春雷。湖山寂寞留鸟住，都市繁华人欲回。绿柳依依情拂帽，黄莺呖呖饯残杯。诸君不识梁园客，枚马风流又重来。"

陆文夫觉得，待在苏州更自在。陆文夫在苏州体验生活，根据地是苏纶纱厂，他和厂里的工人，相处得非常融洽，如同兄弟姐妹，就想以苏纶纱厂为背景，写一部长篇小说，为了深度体验生活，他索性搬到苏纶纱厂住下来，白天和工人一起劳动，晚上同住在"三十间"（工人集体宿舍）的楼上，前后住了三个多月，后来"运动"来了，他被召回南京接受批判，才离开厂里。

在苏纶纱厂深入生活，陆文夫有时也去参加苏州文学界的活动。苏州有八个省作协会员，分别是：周瘦鹃、范烟桥、程小青、刘开荣（女）、仲国鎏、杨柳、滕凤章、陆文夫。1960年年底，这八个人组成一个文学小组，每月都开展活动，第一次活动，周瘦鹃一看是七男一女，就乐了："呵呵，是八仙过海呀！"

在这"八仙"中，唯一的女性是刘开荣，她自然就是"何仙姑"。

大家就问："周先生，您是八仙中的谁呀？"

周瘦鹃笑说："吕洞宾啊！风度飘逸，多情多才，舍我其谁？"

大家哈哈笑起来："像，像极了！那么，范先生又是什么？"

周瘦鹃瞄了范烟桥一眼："你们看，他像不像那个大腹便便、摇着蒲扇的汉钟离？"

经他这么一说，大家感到，憨厚随和、身高体胖的范烟桥，果真有汉钟离的神韵，又问周瘦鹃，"您看程先生像谁？"

程小青是个谨慎的人，听到大家说自己，连连摆手："勿要说我，勿要说我，我什么也不像。我和周先生、范先生，是不能相比的……"

程小青的一番话，又让作家们又笑起来。看到大家如此随和，谈笑风生，陆文夫心里感到一阵温暖，就像回到一个大家庭。

苏州文学小组成立后，范烟桥任组长，滕凤章是副组长。但范烟桥是"甩手掌柜"，文学小组的活动，都由滕凤章安排，地点选在名胜古迹，或是网师园、沧浪亭、狮子林等几个苏州园林，说是活动，不如说是聚会，每月一到两次，大家小坐亭榭水阁，啜饮清泉香茗，神思天上地下，纵情谈古说今，无论是论诗评文，还是吟唱酬和，均放开思想，敞开胸怀，无拘无束，尽情尽兴，颇有点神仙聚会的样子。陆文夫发现，只有在此时，作家们才会口吐莲花，呈现色彩纷呈的个性，有时候，大家也会聊一聊家常，谈一些逸事趣闻，都是些生活底层的新鲜事儿，过些日子，读者就能从他们的作品中，找到聊天的踪影。

活动的重头戏，是中午的会餐。此事由陆文夫负责。周瘦鹃会提前联系餐馆，敲定当日的厨师，其余就交给陆文夫了。吃饭的地方，都是苏州有名的餐馆，比如松鹤楼、义昌福，或是北寺塔附近的苏州烹饪学校实习餐馆，至于吃什么，陆文夫会按周瘦鹃的指示办，一般由厨师来确定，让他们烹制自己擅长的菜肴。在吃的方面，组长副组长都撒手不管。

中午时分，活动进行到饥肠辘辘的时候，"八仙"便安步当车，神态潇洒地径直来到陆文夫安排好的地方，饱餐一顿。

轮流点菜的人，永远是周、范、程三老，他们深谙姑苏菜肴的奥秘，有时会点"三虾豆腐"，吃得大家满口生香；有时会点"响油鳝糊"，那诱人的香味，令人馋涎欲滴；他们还点过看似普通的"蔬菜茭白"，经油焖烹烩，却化腐朽为神奇，成为不可多得的可口佳肴。每次就餐，大家总会被这些饱含姑苏韵味的菜肴所倾倒，餐毕结账，也很有趣，既非罗汉请观音，也非观音请罗汉，作家们实行 AA 制，八人平摊，各掏腰包，当场付讫，饭店的菜价也不贵，八人用餐，人均 4 元左右，有时会更少，每月聚餐一到两次，不会增加大家的负担。当时的稿费高，文人工资也不低。

陆文夫收钱的时候，范烟桥时常忘记带钱。每逢此时，周瘦鹃就来打圆场，对陆文夫说："陆先生啊，范先生的铜钿，你先垫上。他的记性勿灵格，下次会带来。"

陆文夫说："好的。"又说："范先生，您不用急的。"

为了活跃气氛，周瘦鹃还会说些趣闻。他说："范先生的记性，总是勿灵格。比如，范先生爱花草，希望宅院满园春色，又经常忘记浇水。所以啊，在范先生的院子里，能够成活的花木，需要足够顽强！"

听了周瘦鹃这番话，大家乐起来。范烟桥依旧正襟危坐，并不反驳，顶多咧咧嘴，表示他已笑过。

文学小组开会讨论问题，范烟桥的话也不多，敏感话题更是回避。有一次，大家说到香港电影《三笑》，范烟桥突然冒了一句："唐伯虎的形象，被那个电影扭曲了。"过一段时间，他出了一本书《唐伯虎故事》，为这位大画家翻案。

大家都知道，范烟桥话虽不多，却是文化界的名流。有一次，文学小组在一起吃饭，有人爆料："范先生还和毛主席合过影！"

大家很惊讶："范先生还有这等荣誉！没听您说过呀。范先生，您怎么和毛主席合的影？"

陆文夫说："对对对，请范先生说说！"

范烟桥笑了："那是 1960 年，到北京参加民进中央扩大会议，毛主席接见了我们，和我们在怀仁堂合了影。"

言者轻描淡写，听者振奋不已。陆文夫过去只知道，周瘦鹃先生受到毛主席的接见，没想到范先生也和毛主席合过影，这真是苏州文坛的莫大荣幸！从此，他对苏州三老更加敬重。

和苏州三老在一起，大家公认周瘦鹃是美食家。可周瘦鹃说："真正的美食家，是范先生！"为了证实他说的话，就向大家讲了一些往事。

周瘦鹃说，范烟桥和郑逸梅既是同学，也是好友。有一天，他们在王恒豫酒家喝酒，有一篇梅酱，范先生吃得津津有味，赞不绝口，郑逸梅回家和夫人周寿梅讲了此事，夫人便去购些梅来，去掉内核，捣成糊状，伴以冰糖，加工煮透，给范烟桥送了一瓷盏，范烟桥是性情中人，随即写了一首诗："王家酒店成梅酱，一种酸甜醒酒汤。多谢梅妻贻妙制，更添齿颊十分香。"

周瘦鹃说："你们阿知道，范先生端午节吃糯米粽子，要蘸着玫瑰酱吃的。尝一小口，便可吟出一行诗，一抹朝晖掩雪峰……"大家听了，更是惊讶，没想到范先生如此风雅，由此也觉得，范烟桥的确是个美食家。

有一次在松鹤楼吃饭，一盘菜上来，大厨前来征求吃客意见："各位先生，口味还合适吗？"

周瘦鹃舍不得说一个好字，只道："唔，可以吃。"

程小青信奉耶稣，便宽恕一切，不停地称赞："好，好。"

只有范烟桥，一直埋头闷吃，吃得最多的，是腐乳酱方和冰糖蹄髈。

此时的范烟桥，根本顾不得风雅，不过大家也知道，范烟桥对食材要求很高，一点不逊周瘦鹃。

比如一盘虾上桌，大家还没说什么，范烟桥会问厨师："这是哪儿来的虾？"

厨师说："刚从吴门桥捞上来的。"

范烟桥这才放心食用。

苏州人吃虾很讲究，原料首选吴门桥下的活虾，这里的活虾，弹性丰富，口感清爽，吴门桥附近的老人讲，旧时苏州，吴门桥下的水流最急，河边芦苇丛中能生存的活虾，活力更足，肉质鲜美，可惜如今的吴门桥下，早就无虾可捉。

文学小组聚餐，范烟桥也是点菜高手。

有一次，他点了一份鲃肺汤，让大家大开眼界。陆文夫听表舅说过，但从未品尝过。没想到一勺进口，鲜美无比。但"鲃鱼"是什么鱼啊？大家都没见过。

见范烟桥默不作声，周瘦鹃笑说："范先生点的鲃肺汤，用的不是鲃鱼，而是斑鱼，我们太湖木渎一带，才会有这种鱼，由于鱼肉细腻，鱼肺肥嫩，再加上火腿、香菇、笋片，用鸡汤烧制而成，就有了这种特殊风味。民国年间，于右任先生偕夫人，到太湖游玩赏桂，归途路过木渎，到石家饭店品尝斑肝汤，便赞不绝口，他还写过一首诗，'老桂开花天下香，看花走遍太湖旁，归舟木渎犹堪记，多谢石家鲃肝汤'。"

陆文夫就问："于先生怎么将'斑鱼'写成了'鲃鱼'？"

周瘦鹃说："于先生听不懂吴地方言，这是误写。"

陆文夫说："那么，'鱼肺'怎么写成了'鱼肝'？"

周瘦鹃说："鱼肝在民间，俗称'鱼肺'，所以，有人就在报上讽刺于先生，说他不辨'斑'和'鲃'，不明'肝'和'肺'，报上的笔墨官司，把'斑肝汤'的名声越炒越大，之后就成了人们争相而食的佳肴。"

周先生这么一说，大家豁然开朗。

苏州文学小组的活动，开展了近两年时间。1962 年 10 月，《人民日报》发表《千万不要忘记阶级斗争》后，活动便停止了。多年以后，滕凤章说："这是反右到'文化大革命'之间，苏州文学界最好的一段时期了。"

4. 温暖的程小青

在文学小组成员中，周瘦鹃、范烟桥、程小青三位前辈，被尊称为文学界的"苏州三老"，他们是苏州文坛的核心人物，对陆文夫的影响也很大。

在感情上，陆文夫与程小青贴得最近。

《探求者》事件发生后，陆文夫被赶出省文联，下放到苏州机床厂，他觉得自己犯了错误，无颜见江东父老，见到熟人就躲，一些知情者看见陆文夫，也会主动回避，以免彼此尴尬。

程小青则相反。有一次在大街上，他骑着自行车看到陆文夫，老远就从自行车跳下来，站在马路边上，众目睽睽之下，和陆文夫说了半天话，他详细询问了陆文夫的劳动、生活状况，得知陆文夫降了两级工资，一再追问："陆先生，你缺不缺钱？到底缺不缺钱？"

事后，程小青还是不放心，又来找陆文夫，爬上陆家的两层小楼，十分认真地问陆文夫："你到底要不要钱？"

看到这位文学前辈对他如此关心，陆文夫诚惶诚恐："程先生，我不缺钱，真的不缺钱。非常感谢您！"

程小青说："我有钱的，你随时随地都可以来拿，还不还都可以的。"

以陆文夫对他的了解，知道程小青说的绝非客套话，完全发自内心。

后来陆文夫回归省文联，又加入了苏州文学小组，程小青更喜欢这个青年作家，没事就和他说说话，有一次闲聊，陆文夫无意中说，他在厂里上班，最怕迟到。夜班和中班都会提心吊胆，就怕睡过头。

程小青感到奇怪："陆先生，你为什么不买一只闹钟呢？"

陆文夫回答："……没钱。"

程小青随即掏出钱来，"拿去，买一只带回去。"

过了几个月，陆文夫向程小青还钱。程小青说："什么钱？你肯定记错了。根本没有这回事！"

陆文夫说："我买钟，向您借的钱。"

程小青连连摆手："瞎说八道，你从来没有向我借过钱。"

周瘦鹃在一旁听不下去了："程先生啊，你是借钱给他的。我可以作证。"

看到周瘦鹃出面，程小青知道撑不下去了，这才勉强把钱收下。嘴里还嘀嘀咕咕，"我真的借钱了吗？我怎么不记得了……"以此消除现场的尴尬。

用程小青的钱，陆文夫买了一只双铃马蹄钟。这只钟一直用了许多年，甚至陪伴陆文夫，度过许多艰难岁月，看到这只钟，陆文夫就感到程小青就在身边。

处境最艰难的时候，程小青还会爬到陆文夫的小楼上，和他聊天，来缓解他的痛苦与郁闷，有一天，程小青说："陆先生，您要是有空，就到我家来说说话。"

陆文夫很意外，非常时期，旁人避之不及，程小青却邀请他到自己的家里，这多少有些不合常理："程先生，这……不方便吧？"

他也怕给程小青带去不必要的麻烦。

程小青说："不要紧的，不要紧的。你知道吗，我住的地方比你家大多了，有院子，院子里有花草，小孩子都喜欢在那里玩的。"

又说："我种了许多花的。你去看看就知道了。"

又说："我还有书房。我们可以在书房吃吃茶，聊聊天。世上的许多事，不用去想它。鲁迅说过，躲进小楼成一统，管它冬夏与春秋！你说阿对？"

盛情难却，天气晴朗的一天，陆文夫带着女儿来到了程宅。

从陆文夫家到程小青家，路程并不长，苏州老城本来就小，可摸到程小青家的大门，却不容易。

程小青住在十梓街望星桥北堍的一条小巷内，那条小巷，很有特色，狭长，碎石铺砌，地上满是青苔，有些地方还开着星星点点的苔花，小巷也很窄，只能容纳两人面对面走过，进深二三十米，左右都是很高的斑驳粉墙，破败不堪，似乎大风刮过，瓦片就会跌落下来，抬头看它，能产生恐惧感，有些压抑，就觉得这小巷神秘而深邃，果然像一个侦探的居所，走到巷底就走不通了，原来这是一条断头巷，巷底的右首，是一扇小门，这便是程小青的家，红漆木门，特别厚重，据说不少人把手都敲痛了，才会听到里面的应声。

陆文夫那天到来，程小青和夫人黄含章已等候多时，看到陆文夫女儿，二位老人的脸上，顿时挂满笑容："陆先生，这是你的小囡。啊，漂漂亮亮，多体面啊！快进快进。"

踏进大门，是一个幽静的小院，就像程小青说过的，花木葱茏，色彩缤纷，花园的空隙部分，还种了几畦蔬菜，对着院门的西南角，有两间平房，是程宅的厨房，左拐有一座两层砖砌小楼，带有西洋风格，是程宅的正房，踏上小楼台阶，有一排落地玻璃长门，这里是洒满阳光的客厅，大厅墙上挂着一个题匾，上书"茧庐"二字。

程小青见陆文夫一进门就欣赏题匾，便笑说："茧庐，是'作茧自缚'的比喻。自娱自乐用的！"

黄含章很喜欢孩子。刚一坐定，就把许多糖果塞进孩子的衣袋："宝贝啊，多吃糖。这个小囡真乖！"

程小青的书房，是另一个世界，书柜光洁如镜，里面整齐摆放着程小青的许多作品，也有一些写作参考书。陆文夫嗜书如命，看到书柜的藏书如此丰富，便情不自禁凑了上去，程小青见状，就和陆文夫聊起了和书有关的一些往事。有些事情，陆文夫从未听说过。

程小青说，早年翻译《福尔摩斯探案》，是和周瘦鹃等一帮文友合作的，只不过用的是文言文，后来应读者要求，他又用白话文，把《福尔摩斯探案》重新翻译了一遍。

陆文夫说："程先生，您是一个文人，怎么会对侦探感兴趣？"

程小青说："十岁辰光，我父亲病故，母亲给人家做针线活，再苦也要我去读私塾。这一点和周（瘦鹃）先生很像。一次偶然的机会，在《时务报》上读到柯南道尔的'福尔摩斯'小说，就喜欢它了。我平日遇到事情，喜欢刨根问底，活像个'福尔摩斯'，后来就想写一写侦探小说。"

他告诉陆文夫，二十六岁那年，上海的《新闻报》副刊举办小说征文赛，他模仿《福尔摩斯探案》的写法，写了一篇《灯光人影》，被选中发表，里面的人物，就是霍桑，原名叫"霍森"，大概稿子上的字没写清楚，或者排版工人不小心，"霍森"就变成了"霍桑"，想想也无所谓，后来"霍桑"这个名字，一直沿用下来。偶然一次，他的一篇小说《江南燕》，被上海友联公司拍成电影，"霍桑探案"也就越写越多了。到1946年，《霍桑探案全集袖珍丛刊》陆续由世界书局出版，数一数有74篇，280万字。新中国成立后，根据报刊的凶案素材，他还写过《大树村血案》《生死关头》《不断的警报》等小说，又把它们改编成电影《徐秋影案件》，弄得家喻户晓。

陆文夫笑说："社会上有一个传闻，说您就是霍桑，经常帮巡捕房破获疑难案件。"

程小青连连摆手："陆先生，没有这种事体的！"

程小青虽矢口否认，但陆文夫知道，"霍桑探案"在苏州城，也还是小有名气的，程小青本人确实做过"民间侦探"。比如，他曾帮助苏纶纱厂大老板严庆祺，找到"百万金元股票"（国民党时期发行的金圆券）；他还为隔壁宁波阿奶，寻得丢失了"半年多的雨伞"。

问及这两个案子，程小青："嘻！拆穿了，一点不稀奇。'股票案'其实就是严家小舅子把股票押到赌场里去了。宁波阿奶的'雨伞案'，就是自家小孙囡把伞忘记在学校里了。"

陆文夫很好奇："程先生，您又不是警察，怎么晓得侦探技术？"

程小青说："不稀奇，不稀奇。民国年间，我做过美国某大学的函授生，专门学过刑侦学、犯罪学的知识。"

陆文夫还是好奇："侦探小说的情节很曲折，您是怎样构思出来的？"

程小青说："喏，我写小说之前，要画图，由甲到乙，由乙到丙，怎样曲折，终点何在，总要再三研究，思考成熟后，才会动笔的。"

陆文夫恍然大悟，连称这种方法科学。

他们又聊了社会和家庭。陆文夫看到程夫人慈眉善目，待人和蔼，随口就说："先生出名早，事业生活一帆风顺，真让我们羡慕……"

程小青摆摆手："陆先生啊，不是不是，你不要灰心啊！你那点事，小小风浪，不碍事的，我的事业生活，也不是一帆风顺的，喏，就说我的生活吧，青年时期我也失恋过的，我写小说，就是因为情场失意，才去写的，周（瘦鹃）先生写过一篇小说，叫《情弹》，那种哀艳动人的失恋痛苦，写的就是我呀。"

看到陆文夫的惊讶表情，程小青又说："陆先生啊，凡事要想开点。你读过我的小说，晓得霍桑在做什么。就是通过破案，告诉大家，人间善恶，都有因果，也有报应，只是曲曲折折，不是一下子能够看透。你说阿对？"

程小青一番话，让陆文夫的心豁然开朗。

在书房里，他们就像一对父子一样，促膝而谈，时间不知不觉流逝。程小青还为陆文夫念了一首词《一剪梅》——

> 桥畔幽居浮水西，曲岸风微，小巷人稀。
>
> 向阳庭院有花蹊，春日芳菲，秋日纷披，高阁窗前绿树低。
>
> 晓接朝曦，暮送斜晖，闲来读画更吟诗。
>
> 家也怡怡，国也熙熙。

这是程小青专为"茧庐"填写的词。陆文夫从词中，听出了程小青的人生姿态，低调而清高，淡定而乐观。这首词对他也是一种鼓励。

许多年后，陆文夫依然记着这个场景。他说："我欢喜坐在程先生的书斋里，听他谈侦探小说的理论，以及他生活与创作的经历。我觉得他是个人道主义者，总是用一种善良的目光打量着这个世界，对人诚恳而宽厚，富于同情心理。我尊重他的为人，尊重他的作品。"

告别程家的时候，黄含章从花园采了几枝大理菊，让他女儿捧着带回去。数十年过去了，这些大理菊一直盛开在陆文夫心中。

5. 浪漫的周瘦鹃

在"苏州三老"中，陆文夫与周瘦鹃的交往最深。

周瘦鹃在文坛，有多种身份：作家，编辑，翻译家，园艺家，江苏省人大代表，全国政协委员。周瘦鹃的宅院"紫兰小筑"，是典型的江南微型园林，周恩来、朱德、叶剑英、陈毅、李先念等党和国家领导人，都来参观过。这儿也是陆文夫常来的地方。

周瘦鹃是一个热心人，文学小组到饭馆吃饭，都是他联系的饭馆和厨师。他的名气在餐馆界如雷贯耳，苏州的名厨高手都认识他，也很敬佩他，周瘦鹃只要一进饭馆，上至经理，下到跑堂，都会前来恭迎和寒暄，被他点将的厨师，往往受宠若惊，每盘菜端上来，厨师都会来征求意见，他的评价，往往能影响厨师的声誉，所以，菜品的好与坏，他一般很少定论，实在抹不开面子，就模棱两可说"嗯，可以吃"，或者干脆不说。数十年后，陆文夫成了美食家，厨师前来征求意见，他也不肯轻易下结论，顶多写几个字——"料真味正"，有时干脆沉默寡言，由此能看到周瘦鹃对他的影响。

作家们聚餐的时候，周瘦鹃也与众不同。范烟桥酷爱某种菜，比如酱方肉和冰糖蹄髈，他就会聚精会神多吃一些。周瘦鹃不会。陆文夫曾想，周先生会不会胃口不好啊？其实不然。周瘦鹃说，到饭店吃饭，不是为了吃饱，而是为了"尝尝味道"，为什么呢？每个饭店的厨师，手艺不同，菜的味道也各异，食客能吃出不同的味道，便不虚此行，只想吃饱肚子，不如到面馆吃碗面，何必到松鹤楼吃酒席啊。所以，文学小组聚餐，周瘦鹃总会提醒大家，每盘菜端上来，吃个一两筷就够了，后面还有新菜呢。周瘦鹃说："来饭馆，吃菜不叫吃，叫尝。"

周瘦鹃告诉陆文夫，不懂吃的人，吃饭店；懂得吃的人，吃厨师。他说，传统的苏帮菜中，有一道菜叫"细露蹄筋"，虽不名贵，技术含量很高，能考验厨师的功夫。二十世纪六十年代的苏州，这种菜烧得最好的师傅，是松鹤楼头牌厨师朱培兴，朱师傅身材矮小，个子仅高出灶台一个头，但他烹饪严谨，制菜一件一品，口味无可挑剔，店里的生意好，客人来催他，他也不着急，火候不到绝不出锅，他烹制的菜肴，总有地道的苏州味，美食家就好这一口，经常点名要尝他的菜。

初秋的一个傍晚，陆文夫和周瘦鹃、范烟桥等作家，相约去松鹤楼聚餐。周瘦鹃开的菜单里，就有细露蹄筋、蟹黄扒翅等，都是清一色的苏州时令佳肴。来到松鹤楼，周瘦鹃问服务员："你们的头煤炉在不在呀？"

服务员恭敬回答："周先生，实在对不起。朱师傅下午开会去了，还没有回店呢！"

周瘦鹃笑说："不急。麻烦你转告一声，等朱师傅到了再下锅。我们等他。"

谁知，竟等了近一个小时，朱培兴回店后，看到周瘦鹃他们在等他，立即到灶台忙活起来，那一晚，陆文夫看到周先生吃得很开心，大家也心满意足，纷纷称赞朱师傅的手艺，尤其对细露蹄筋赞不绝口。

平日无事，陆文夫也很乐意与周瘦鹃待在一起，他觉得，周先生是一位开明而热心的前辈，浑身散发着朝气，有一件旧事，陆文夫听了很受触动。

1956年，省文联筹办《雨花》杂志，主编章品镇到苏州约稿。周瘦鹃一见面就说："要办新刊物了吧？估计你要来了，已经替你作了设计：开个茶话会，一切由我跑腿，人由我约，茶点由我去买。晚上七点半，假座我的'爱莲堂'。明天我交发票，你付账。"茶话会刚结束，周瘦鹃又和章品镇一起，讨论杂志的封面装帧。他对当时的刊物封面大为不满，感觉很沉闷。就从书房捧出一叠民国时期的《礼拜六》，抽出一本给章品镇："你看，我们从前的做法。"

封面上，画了一个运动员，抬脚踢出一只足球，球的一半，却踢到了封面之外。周瘦鹃说："读者看了会问，这个球将踢到哪里去啊？"

又抽出下一期《礼拜六》，给章品镇看，原来，这球踢到了下一期的封面上，而且把一位路过的老人，撞了个手脚朝天。

章品镇一看，就笑起来。周瘦鹃说："答案就在这里。这种封面设计，有'且听下回分解'的效果，你看怎么样？"

《礼拜六》的装帧风格，突出旧式文人情趣，《雨花》当然不能用，但周瘦鹃的热心，让章品镇很感慨，回到旅馆久久不能入睡。他想，南京、扬州、镇江、常州、无锡，一路约稿走来，热心人见到不少，都会保持分寸，如此热心者，唯周瘦鹃一人。这次相见，周瘦鹃给章品镇留下了极深印象：周瘦鹃说话，干脆利落，绝无苏州话那种糯得粘牙的感觉。年已耳顺的他，即使穿上卡其布人民装，也那么挺括。稍感瘦长，但还灵活的身材，犹见年轻时的楚楚，活脱脱一个充满青春活力的美男子。

这个故事，让陆文夫对周瘦鹃陡增几分敬意。

除了文学小组活动，周瘦鹃常把陆文夫叫到家里，一是为了联系文学小组的活动，二是帮他陪陪客人。没事的时候，陆文夫自己也会到"紫兰小筑"小坐片刻，欣赏周先生的盆景，同他聊聊文艺创作的话题。周先生是个乐观的长辈，从他那里，总能听到肯定和鼓励。

周瘦鹃住在凤凰街路东的一条短巷，名为王长河头，西与民治路相对，东通苏大附一院西门，沿巷而建的王长河头3号宅院，就是周瘦鹃家，门楣刻有"紫兰小筑"四字，平时大门紧闭，但有凌霄花、白皮松枝等，会探墙而出，令人产生遐想。

在"紫兰小筑"，周瘦鹃跟陆文夫交流过《探求者》话题。周瘦鹃说："陆先生啊，人走点弯路，不要灰心，我少年时期，就是个苦孩子，写文章有了奔头，但还是有不顺心的事，怎么办？我不是照样写文章。"

又说："陆先生，你的小说写得蛮好！就这样写下去，一直写下去！你很聪明，你能写出更好的小说，不像我们这些老家伙，走下坡路啦。"

听到这些话，陆文夫心里很暖。

周瘦鹃也会带着陆文夫，在他的"紫兰小筑"转一转，欣赏他的盆景和花卉。"紫兰小筑"呈长方形，占地约四面，原名"墨园"，旧主是清代湖南道州大书法家何绍基的裔孙何维构。1931年，周瘦鹃从上海迁回苏州，倾注所有稿费积蓄，买下这座园子，经过维修拓建，叠山浚池，广栽花卉树藤，更名"紫兰小筑"，人称"周家花园"。

从大门一进"紫兰小筑"，就是一片绿意盎然、姹紫嫣红的花园，碎石小路两边，种满了丝带草，各处散种着三角枫、五针松、四季玉兰、黄天竺、琼花、昙花、芭蕉、牡丹等，约有百余种花草树木，其间还有假山石峰、石台石墩。那些重瓣紫藤、白皮松、孩儿莲、红豆树、桂花、古柏等一些名贵古木，都是周瘦鹃亲自购入栽种的。

园子的北部，是一排坐北朝南的平房，共有六间，青砖外墙，砖瓦屋脊，雕花长窗，房子正中的客厅"爱莲堂"，挑高近四米，落地门窗上，雕刻着《西厢记》全套故事图案，墙上挂的四张画，出自老友张大千、吴湖帆、张善孖、冯超然之手。客厅东侧的两间房，是周瘦鹃夫妇和几个子女的卧室，东侧厢房的二楼还有一间房，是周瘦鹃的书房"延年阁"，客厅西侧的三间房，是清水地板房，铺着地毯，摆放书籍、古玩、字画。周瘦鹃在这里，招待过不少文朋好友，客人们来了，他会请松鹤楼的厨师，烧几道大菜，挑了提盘篮送过来。程小青、范烟桥、蒋吟秋、谢孝思等人，都在这里作过客。

在陆文夫眼里，周家花园美不胜收，但也有不协调的地方。"紫兰小筑"是中式院落，却竖着一座西洋女性雕塑，让陆文夫感到奇怪。周瘦鹃戴一顶黑线帽（他是秃顶，没有一根头发），一副黑墨镜，完全是老派绅士，怎么会在自己的园子里弄一个西洋雕塑呢？陆文夫不好意思多问。他想，精通英文的周先生，大概对西洋文化情有独钟吧。

引领陆文夫参观的时候，周瘦鹃很得意。说："陆先生，你知道吗，这是我二十余年卖文的余蓄所购置的宅院。开始没有这么大，后来又买了南邻的五分地，叠石为山，掘地为池，在山上造梅屋，在池前搭荷轩。你看这山上山下，都是我种的梅树；池里缸里，也是我栽的荷花。那些松柏、竹子、鸟不宿等常绿树，都是为了陪衬用的。如此，一年四季才能花开不断，有果可吃。"

看盆景的时候，周瘦鹃说："陆先生，你拿一个盆景，回家养养眼。写作的时候，调剂调剂心情。"

陆文夫连连摆手："周先生，我不要的。我不会摆弄这种东西，太高雅，弄不好会死的！"

周瘦鹃笑说："没关系的！死了就死了。花死了，你记得把紫砂盆还给我就行了。"说着，拿来一只盆景小品，执意让陆文夫带回家。盆景很小，布局单薄，仿佛斜插了一根树枝，但韵味十足，一看就是周氏特点。周瘦鹃说："陆先生，盆景不看大小，要看意韵。"

周瘦鹃告诉陆文夫，苏州盆景，过去都是虬枝枯干，一味追求苍古，叫人看出了匠气。老早苏州虎丘一带，就有不少花农，世代莳花弄草。他们制作的花卉盆景，就是那种传统风格，样式都是固定的。

陆文夫就问："周先生，您的盆景是什么风格？"

周瘦鹃想了一下，说："稚拙。"

又说："你看我的盆景，布局都很简单，仿佛还未做成功。我追求的，就是这种风格，稚嫩质朴，拙中见巧，就像'一枝红杏出墙来'。一枝细竹，一弯嫩枝，我都要让它成为妙品。"

陆文夫频频点头："周先生，你这么一说，我就明白了。"

周瘦鹃招招手："陆先生，你来，我让你看看我的一只盆景，一只百年梅桩。"他将陆文夫引到一只梅桩盆景前，"我给它取名'鹤舞'。你看，像不像一只鹤展翅飞翔？"

陆文夫弯下腰，左右观赏："啊，果然像飞翔的仙鹤！"

周瘦鹃告诉陆文夫，他酷爱梅花，"梅屋""梅丘""寒香阁"等，都是用梅花命名的。他有上百盆梅桩盆景，这盆"鹤舞"是其中的魁首，树龄已逾百年。经过多年的精心培养，老而弥健，著花如故，因枝干形如鹤舞，起名"鹤舞"。为了得到这盆老梅，他花了整整十年工夫。接着，周瘦鹃讲起了这盆老梅的来历——

民国年间，有一天在护龙街（今苏州人民路），周瘦鹃在"自在庐古董铺"看到几盆老梅，其中一株白梅，铁干虬枝，更见苍古，似是百年以外珍物，正开着一朵朵单瓣的白花，饶有画意。周瘦鹃一见倾心，一问价，竟在百金以上，财力有限，只能望梅止渴，但周瘦鹃和它的主人赵培德，从此结识成为朋友，二人相见恨晚，常在一起观赏文物，说古论今。有一次，又谈及那株老梅，赵培德说，那是从山塘五人墓畔弄来的，已培养几年，颇似义士英魂附体，老而弥健，见周瘦鹃对老梅关爱有加，赵培德愿意割爱相赠。但君子爱财，取之有道，周瘦鹃婉言辞谢了。两年后，赵培德去世，老梅换由一位名叫周耕的花丁培养，每逢梅花时节，周瘦鹃仍去观赏。八一三日寇入侵，这盆老梅辗转落入上海花贩陈某之手，放在南京路的慈淑大楼出售，周瘦鹃去问价，竟索要一百二十金，这时，周瘦鹃恰好给人做了一篇寿序，得到百金润笔，再加上二十金，就把它买了回来。历时十年的心仪之物终归己有，周瘦鹃视若金屋藏娇，欢喜无比。

周瘦鹃告诉陆文夫，盆景讲究三样东西：栽花的盆，盆中的景，托盆的架，三者缺一不可。他的园子里，就有不少古董级的名贵紫砂盆，有人来欣赏盆景，他都会穿上中式服装，将自己打扮一下。陆文夫就说："周先生，您看上去也成了一景！"把周瘦鹃说得笑起来。

看到周瘦鹃讲盆景，总是兴致勃勃，陆文夫便问："周先生，欣赏盆景阿有诀窍？"

周瘦鹃说："当然有诀窍！盆景艺术，就是把大自然移到盆里来，是紧缩的大自然。既然是紧缩，就不能过分弄它，把植物扭来扭去。"说完，指着门口一盆红杜鹃："好看吧？原本是明朝贾似道家里的。每年开的花，就像假的一样。什么是妙品啊？真花像假的，假花像真的，是谓妙品！"

又说："盆景盆景，一要看盆，二要看景，有年份的古盆，比盆里的花木更重要。一只盆景，景坏了，花木死了，可以再做，再种，若是紫砂盆坏了，是无法修复的，有年代的紫砂盆，可遇而不可求。"

周瘦鹃告诉陆文夫，清代的紫砂工艺高超，曾诞生过一大批紫砂名家，玩赏盆栽，盛极一时。清代中期，紫砂花盆传到日本，很受日本人欢迎，被称为"古渡盆"。到了民国时期，老的紫砂盆更抢手，日本人也在中国各地搜买古盆。

周瘦鹃说："陆先生你阿知道，我当时很心痛，发誓要与日本人竞争，用了半生积蓄，将日本人喜爱的古盆，暗中买下不少，一连几年从日本人手里，夺回了上百件明清古盆。我同家人说过的，我死后，你们就把我的骨灰葬在一只杨彭年制作的竹根形紫砂花盆里，在上面插几枝灵芝，摆一块灵璧石。再把盆景放在人马图案的大汉砖上就行了。鲜花作供，好鸟做伴，这样我就不会寂寞了！"

说着说着，周瘦鹃便将陆文夫引入屏门后面的夹弄里，让他看看自己收藏的紫砂精品。这是周瘦鹃的紫砂盆仓库，其中许多作品，就是当年与日本人争购获得的。面对这些文物精品，陆文夫从周先生身上，看到了中国文人的风骨与浪漫。

陆文夫知道，周瘦鹃的爱国情怀岂止在花木园林？他在文坛，也是一名爱国勇士。1900年，周瘦鹃父亲病故，当时八国联军攻占北京，清皇室狼狈出逃。父亲临终时，忧愤交加，口喊"杀敌"离开了人世。周瘦鹃深受国耻刺激，遂在1915年，创作了中篇小说《亡国奴之日记》。1919年，他为了支持五四学生运动，从6月至9月在《申报·自由谈》开辟《见闻琐言》专栏，以"五九生"笔名，发表了十四篇时事评论，赞扬学生的爱国热情，谴责当局的卖国行径，声援北京和各地的罢课罢市。同年6月，周瘦鹃又出版中篇小说《卖国奴之日记》，讲述5月4日学生"火烧赵家楼"与痛殴章宗祥事件。因内容激烈，被出版商拒之门外，周瘦鹃索性以"紫兰编译社"名义自费出版。当时，周瘦鹃只有二十四岁。

面对这位传奇前辈，陆文夫对周先生的过去产生了极大兴趣。便问："周先生，您过去在上海，一直都这么忧国忧民吗？"

周瘦鹃"哈哈"一笑："哪里哪里！若不是国难当头，我过的日子，可是快活如神仙。"

他告诉陆文夫，当年他在上海，可是一个大忙人。1916年至1949年间，当过中华书局、《申报》《新闻报》的编辑和撰稿人，其间主编《申报》副刊，长达十余年，还主编过《礼拜六》周刊、《紫罗兰》《半月》《乐观月刊》等。办刊需要稿件，他就在上海或苏州举行宴会，和作家、报人一边吃喝，一边向他们约稿。他自己也是作家，也会被别人拉去赴宴约稿。你请我，我请你，一来二去就成了一个"吃客"。饭吃多了，见多识广，又经常对美食评头论足，便逐渐产生影响，周瘦鹃也就成了大家心中的"美食家"。

陆文夫问："周先生，您过去上饭馆，也是'吃厨师'吗？"

周瘦鹃说："是啊。那时候我对周边的餐馆，里面有什么大厨，我都熟悉的。上海嘛，餐馆林立，难判优劣，这就取决于你有没有私家名厨。我吃过的乐园酒家、马兰记、马永记、宋贵记，他们的厨师都挺棒的，烧出来的菜肴，远近闻名的！"

后来，从上海迁居苏州，周瘦鹃的兴趣已不在美食，而是盆景花卉。最近又想购置花盆，就跟陆文夫说："陆先生啊，你有没有兴趣，陪我去一趟宜兴？"

陆文夫说："好的呀。周先生怎么想去宜兴了？"

周瘦鹃说："最好的紫砂作品，都在宜兴。中国紫砂看宜兴，宜兴紫砂看丁蜀。我们就去丁蜀，采购几只花盆回来。"

上路以后，陆文夫经周先生介绍，才知道丁蜀是一个怎样的地方。

丁蜀是一个镇，东濒太湖，西部为天目山余脉。丁蜀是宜兴的两个主城区之一，中国陶文化发源地，也是阳羡风景区的组成部分。丁蜀的紫玉金砂，世界闻名。有了丁蜀，宜兴才被誉为中国陶都。

周瘦鹃告诉陆文夫，宜兴有五朵金花：均陶、彩陶、精陶、紫砂陶和青瓷，其中的紫砂陶，在宜兴陶瓷中最有代表性。宜兴的紫砂壶，多次在国际博览会获奖，用它来沏茶，香味浓郁，色泽清新。它还有一个很特别的地方，暑天用它泡茶，隔夜不馊，此地产的紫砂花盆更特殊，栽花不烂根，特别有益花卉的生长。

到了宜兴，周瘦鹃带着陆文夫，参观了古龙窑。它有六百年历史，坐落在太湖之滨的前墅村，颇似沿着山坡静卧的一条龙，龙头在山脚，龙尾在山上。听烧窑师傅说，这四十三点三米长的龙身，从山坡底一直延伸到山坡顶，龙身两旁布置着四十二对烧火口，烧窑的时候要对称着从底部一直烧到顶。平时不烧窑，龙头会浸在水中，烧窑时再把水抽干。等窑烧完后，龙头前又蓄满了水。几百年来，窑体因为自然的干湿调节，才得以完好保存。

周瘦鹃此行，是为了找几个古盆，再订购一些新盆。但此时的宜兴紫砂工艺，已经凋敝，古盆更难寻觅。他们在陶瓷市场逛了几圈，只买下几只砂锅，其他一无所获。

回来的路上，周瘦鹃连连摇头，感叹今不如昔，再也不谈陶瓷盆了。陆文夫便用其他话题，转移他的注意力。陆文夫说："周先生，您写文章，首先注意的是什么？"

周瘦鹃想都没想，便说："有趣。"

他反问陆文夫："你呢？"

陆文夫也毫不犹豫说："有用。"

陆文夫知道，他和周先生的文学观念很难重合。创作方法，不只是单纯的技术问题，也是创作思想、生活经历、人生理想、文学修养、文化积累的体现。但周瘦鹃的"有趣"理念，也给他不少启发，让他知道文学创作也要讲究生动性和可读性。

陆文夫读过不少周瘦鹃的"有趣"散文。那些涉及美食的文字，让人垂涎三尺。陆文夫就问："周先生，您的那些有趣文章，现在怎么不写了？比如，文人的聚会啊，美食的体验啊，包括我们文学小组的活动，你都可以写一写的。"

周瘦鹃笑笑："现在这种情况，我阿能写？"

联想自己近年来的遭遇，陆文夫也笑了。

6. 二次创作

参加苏州文学小组后，陆文夫心里很不平静。想想"苏州三老"著作等身，还在报刊发表作品，就有了继续创作的冲动，但真动笔，他还是很谨慎，《探求者》的阴影尚在，难免杯弓蛇影。

有一天，在街上碰到老友凡一，陆文夫告诉他，自己开始写小说了。凡一说："好哇！能写就多写一些。现在的形势，正在松绑，你就趁热打铁，写几篇像样的作品，证明自己的实力，尽早改善一下处境。"

从此，陆文夫的小说，又陆续在刊物面世，但他下笔小心翼翼，尽量避开政治，做人也低调，唯恐得意忘形，再次被人检举。1962年夏天，刘振华、董尧、童笑瓴等几个老朋友，从徐州来探望陆文夫。老友相见甚欢，却不敢谈论文学，说话的时候，大家环顾左右很谨慎，他们从留园、拙政园，一直玩到城外的虎丘茶林，彼此小声说话，像是地下工作者。在虎丘旁的小餐馆吃饭，下起了霏霏细雨，瞬间天地昏然，游人渐少，他们才斗胆说了一些真话，朋友们告诉陆文夫，他们读到了他的新小说很振奋，希望他再接再厉，出更多佳作。交流虽然短暂，但给了陆文夫莫大鼓励。

在当时的政治背景下，小说很难写，陆文夫只能独辟蹊径。他说："当时的小说，人物拔高了五六米，胳膊和大腿都比普通人大几倍。我不愿意凑这种热闹，那种巨人我没见过，我连飞机也没坐过！"怎么办？干脆逆水行舟，你写阶级斗争，我就写劳动生活，自己本来就是劳动者，就写车间里的工人，在工厂生活了两年多，他已积累不少素材，这都是激发灵感的源泉。就这样，一篇又一篇小说，从陆文夫笔下问世，走向了报纸杂志，走到了读者手中……

从1960年到1964年7月，四年半的时间，陆文夫发表了十多篇小说。在《人民文学》上，他发表了《葛师傅》《介绍》《二遇周泰》；在《上海文学》上，他发表了《没有想到》；在《雨花》上，他发表了《准备》《龙》《队长的经验》《棋高一着》《对头星》；在《光明日报》《新华日报》《文汇报》《少年文艺》《苏州工农报》等报刊上，他发表了《修车记》《向师傅告别的那天晚上》《招呼》《牌坊的故事》《双手致意》；上海文艺出版社还出版了他的短篇小说集《二遇周泰》。

与那些表现政治斗争的作品比，陆文夫的小说清新脱俗，颇有"横空出世"的气势，震惊了文坛朝野。中国小说史上，工业题材本来就少，偶有问世，也是拿工厂作背景，很少涉及具体的工作和劳动。陆文夫正好相反，他就写生龙活虎的车间生活，而且写得很细、很具体。陆文夫说："我从文联来到机床厂工作，人生观到艺术趣味，都发生了很大变化。最主要的变化是，认识劳动，热爱劳动和劳动者。我想歌颂他们，保护他们的利益。我把自己也当成了一个劳动者。"

这说明，他写工人，实际上也是写自己。

创作的时候，陆文夫脑子里装的，都是工厂里的劳动情景。那时在车间里，陆文夫也是一个工人，和大家一样，吃苦耐劳，乐于参加技术革新活动，他在自己的车床上不停地改革，还把脑子动到了别的机床、别的班组，他自告奋勇为兄弟班组的一台小龙门刨床，做了一个自动牵引装置。厂里贴出"招贤榜"，要求工人在改革挖潜、改变生产程序上，提出大胆设想，陆文夫是揭榜者之一。在机床厂的两年半时间，陆文夫没有出过报废工件，不然，怎么会评上"优秀学员""单项操作能手""技术革新能手"和"先进生产者"？当年的车间同事，对陆文夫勤学好问、埋头钻研技术的那股劲头，至今印象深刻。

陆文夫记得刚进厂时，师傅对他说："小陆同志，你相信吗，只要有工具，这世上什么东西，我们都能造出来。"

陆文夫心想：师傅真会说大话，这些工作，不过是些机械的重复劳动，能造出什么来？

后来才明白，大家做的工作，并不是简单的重复。天气的变化、材料的更换、经验的积累、工具的更新，许多因素都会使"重复劳动"变为新起点，带来新变化。他发现，工人们每次开动车床，都要考虑"多、快、好、省"，做不到，就要改进，这些小改进，都是创造性劳动，小创造变成了大创造，就会促使生产关系调整，引发工业技术革命。陆文夫于是就有了感悟："这个世界，就是这样一步步发展过来的。劳动能创造真谛。"

从此，陆文夫写小说，特别关注新技术和新思维。在《葛师傅》《棋高一着》中，他写到了"分厘卡"，这是当时很少见的新量具，因为许多工厂还在使用老式的"内卡""外卡"；在《介绍》中，陆文夫写到了"电火花钻孔机"；在《准备》中，他写到了"铣床"。这都是当时的先进设备。他的小说，还涉及先进的管理方法，《棋高一着》里的科长，善于开展深入细致的思想工作，这是企业管理的新方法、新思维，它为陆文夫小说烙上了时代印记。

在陆文夫小说中，还能看到工人的责任感，劳动者的英雄壮举。

"大跃进"时期，陆文夫所在的苏州机床厂，好大喜功，不顾技术、设备、人力、材料等条件限制，发动全厂搞"九龙升天""龙凤呈祥"生产运动，原来的生产秩序被打乱了，车间与车间、机床与机床，被连成一条流水线。尽管陆文夫等技术工人，在局部技术革新中，取得了一点成绩，但由于设想和指挥的荒谬，不出半年，"龙"瘫"凤"散，造成人力物力重大损失。厂领导欺上瞒下，报喜不报忧，继续唱高调，引起工人不满。在荒唐的"生产革命"中，陆文夫发现，工人身上有强烈的责任感，他想把它写进小说。

在陆文夫笔下，小说《龙》里的车间副主任丁朋，就有这种责任感。丁朋发现自己的方案很冒进，便忧心忡忡，不思茶饭，坚决要求撤回，主动承担责任。他说，既然出了问题，现在要负起责任，"就是如何使我们从错误的道路上回过头来！"丁朋说话时，"声音很高，嘴唇抖动"。这种责任心，是当时绝大多数工人的内心写照。在极端冒进的年代，他们是陆文夫心中的英雄。

陆文夫没想到，他的工业小说一面世，再次博得广泛好评。

《文艺报》发表了欧阳文彬的《葛师傅》、茅盾的《读陆文夫的作品》；《雨花》发表了施冠千的《陆文夫小说人物创造漫谈》、范伯群的《年轮——陆文夫今年发表的五个短篇》、陈辽的《看了陆文夫的近作想到的》、包文忠的《革命文艺是促进革命化的武器——读〈棋高一着〉和〈责任〉》；《新华日报》发表了陈辽的《生动鲜明的工人阶级风貌——评陆文夫同志的几篇小说》、曾文渊的《永远保持工人阶级的本色——读〈二遇周泰〉》。《天津日报》《大公报》《南宁晚报》等媒体也发表了叶子金、成志伟、尤橄的评论文章。

在众多评论者中，范伯群对陆文夫小说，感慨最深。

之前在南京，范伯群经常在他的单人宿舍，和陆文夫促膝相谈，彼此非常了解。范伯群当时就觉得，陆文夫今后再创作，会有很大变化。果不其然，《葛师傅》一问世，众口交赞。杜鹏程来到南京，对《葛师傅》夸个不停："写得真好，真聪明，两次车活塞一对比，将一个老工人的国家主人翁精神就突了出来，真聪明。"杜鹏程说这话时，范伯群就在现场。《葛师傅》发表后，叶圣陶也在《人民文学》发表读后感，表达对这篇小说的喜爱。

范伯群知道，陆文夫的每一篇小说，都是精心构思，都会体现创新。工业题材难写，这谁都知道。陆文夫写《介绍》，就用了侧面表现的方法，把主人公从工厂拉到城市来写，这就有了"沧浪亭约会"的情节：老阿姨为小青工介绍女孩子，没想到二人初次见面，小青工大谈"黑古隆东"的机器，不仅谈得充满感情，甚至将机器都谈"活"了，女友听得入迷。这恋爱就有了新意。《人民文学》觉得这篇稿件很新鲜，很快发表了。范伯群说："老陆是一个善于动脑筋的人。他能写出《介绍》这样的作品，说明他在思考一个问题：生活在狭小框子里的作家，怎样才能拓宽创作思路？"

范伯群写过一篇评论《年轮——陆文夫今年发表的五个短篇》，肯定了陆文夫小说的创新精神。范伯群说："陆文夫的作品，使我们嗅到了一股比较浓郁的时代气息。尤其是，作者善于从小处着笔，凸显日常劳动中的新芽，描述平凡而又壮美的生活。"但范伯群也发现了小说的问题：五篇小说放在一起，情节中都有一个老工人在教育小青工，这些老工人都有点像葛师傅，仿佛葛师傅在五个不同场合重复出现。后来茅盾在评论时，也发现这个小缺憾。

读到范伯群的评论，陆文夫没有表态。新时期开始，他对范伯群感叹，"老范，难啊！我进创作组，既要写出东西来，又要考虑保险系数，不知不觉就写成了这个样子。这些小说，单独看还可以，集中起来读，就有雷同感了。那时候，每跨出一步，都要经过再三思量的。有时候跨了出去，回头看看还有些后怕。"这是后话。

赞扬也罢，批评也罢，作品有了反响，陆文夫还是很欣慰的。家人平时跟着担惊受怕，此时脸上也露出了笑容。

1963 年春节，是陆文夫最开心的日子。妻子管毓柔平时很节俭，但这一次为了犒赏陆文夫，破例花四块多钱，为他买一瓶茅台酒。年初二，陆文夫得意扬扬正喝着茅台，老友凡一来拜年，推开门就闻到酒香："噢，你在喝茅台!"凡一也是酒仙，两位酒仙正好凑成一对，将那瓶茅台喝了底朝天。

酒后，陆文夫晕晕乎乎说："好日子……终于又来啦。痛快!"

7. 短篇小说座谈会

还有一件事，更让陆文夫开心，他参加了全国短篇小说创作座谈会。

经过三年调整，国民经济有所好转，但意识形态领域，仍弥漫着硝烟，许多人热衷搞阶级斗争，文艺界很紧张，搞创作有顾虑，中国作协领导很着急。1963 年 8 月 30 日下午，在北京东总布胡同的作协招待所，召开一个小型座谈会，专门讨论短篇小说的创作问题，主办方是《人民文学》杂志，主持人是李季，茅盾和一些老作家、评论家在场，七位青年作家应邀参加会议，他们是：陆文夫、赵燕翼、方之、牟崇光、段荃法、韩统良、吴连增。《人民文学》1963年第 10 期，刊有这次会议的信息——

> 今年八月间，本刊编辑部组织了一个小型的青年作者学习会，座谈当前短篇小说创作问题。我们邀请了老作家茅盾、叶圣陶、张天翼、周立波、吴组缃和评论家侯金镜等同志，就青年作者提出的创作问题，谈了自己的经验和体会。座谈期间，周扬、林默涵、邵荃麟同志会见了与会的青年作者，并同他们进行了亲切的交谈，鼓励大家努力学习马克思列宁主义，积极参加国内外阶级斗争，提高思想，发挥创作才能，写出思想性战斗性强烈的好作品来。……

茅盾在 8 月 30 日的日记中写道："下午三时赴作协与来北京学习之青年作家七人座谈。六时半返家。"

为了参加这个座谈会，茅盾用三天时间，将参会的青年作家的小说，有选择地看了几篇。27 日下午，茅盾看了陆文夫的三篇小说。由于参会的人数少，又是谈小说创作，加上茅盾作过充分准备，座谈会开得很热闹，大家畅所欲言，气氛十分热烈。陆文夫就是在这样的场合，结识了茅盾先生。

在会上，茅盾点评了几位青年作家的小说，一人一篇。

他说段荃法的《雪英学炊》："可以从雪英丈夫身上看到一个有普遍性的问题：有些人嘴里说得好，好像很有原则性（例如对于服务行业表示尊重），但事情轮到自己头上就有思想抵触或甚至反对了。不过作者写的时候没有更多地接触到这一方面，没有更多地在她丈夫身上作文章。其实，这个人物也还是可以多写几笔的。"

他说韩统良的《嫂子》："主题很有社会意义。写法上，大部分通过嫂子的回叙来表现妹妹，比较单调和平板，看来有点拖泥带水，不如他的《龙套》《家》。"

他说赵燕翼的《老官布小传》："情节可能有人会说太巧合了，但我认为在小说里这还是可以容许的。"

谈到陆文夫的小说，茅盾评价了两篇。他说：陆文夫的《葛师傅》"写得好，两次做同样的事，但写来不重复，而且最后说的两句话，把人物的精神面貌点出来了"。说陆文夫的《龙》："在形式上有新的探索。三个人物中，知识分子的特点也抓住了。但没有写透，有点公式化。"从茅盾点评小说的数量看，陆文夫相对于其他青年作家，也算是创纪录了。

在座谈会上，茅盾与陆文夫进行了交流。多年后陆文夫回忆："茅盾对我的写法很有兴趣，认为这也是无路之中的一条路，于是便在《文艺报》上发表评论文章，评价我的小说。"一位青年作家的小说，能激发茅盾撰写评论的欲望，可见陆文夫的创作经验，引起了他的高度重视。

座谈会结束以后，《文艺报》向茅盾约稿，请他写一篇陆文夫作品的评论。茅盾答应了《文艺报》的约稿，开始关注和阅读陆文夫的小说。由于公务繁忙，这种阅读持续了很长时间。茅盾1964年的日记，对此有所记载：

1月2日，"上午阅陆文夫小说，处理杂公务。"

1月4日，"下午阅陆文夫小说，并作札记。晚六时赴北京饭店出席缅大使之缅国招待会。"

1月5日，"上午阅陆文夫小说，兼作札记。"

1月7日，"上午处理杂公务事，阅报、《参资》，阅陆文夫小说。"

1月8日，"下午阅陆文夫小说，处理杂公务事。"

1月9日，"下午处理杂公务事，阅陆文夫小说。"

1月10日，"下午阅陆文夫小说，处理杂公务事。"

1月11日，"下午处理杂公务事，阅陆文夫小说。"

1月22日，"下午阅陆文夫小说。至此共阅陆作品（小说）二十篇（最近之作为发表于《雨花》之《棋高一着》，去年四月号），作札记数万字，凡此皆为应《文艺报》之请，写一论文也。但近来精神不佳，不知何时可动手写此一论文也。尚有评论陆文夫文章数篇，也须一读。"

至此，茅盾基本读完了陆文夫已发表的小说。

1964 年早春，茅盾开始动手写《读陆文夫的作品》。工作繁忙，并没有整块时间，只能今天写一点，明天写一点。从 3 月 20 日起，用了近二十天的时间，才写好一万四千字的《读陆文夫的作品》。这篇文章的写作过程，在茅盾的日记里也能查到：

3 月 20 日，"上午写《读陆文夫的作品》约五百字。"

3 月 25 日上午，"写论文（续前已写关于陆文夫作品者）两小时。中午小睡一小时。下午继续写论文两小时。今日共写二千字许。"

3 月 26 日，"上午写论文（续昨），处理杂公务事。……下午续写论文。今日共写二千余字，觉得很疲劳。"

3 月 27 日，"午后甚倦，不能续写论文。"

3 月 30 日，"上午续写论文，约五六百字。"（这天，茅盾感到"甚倦"）

4 月 2 日，"上午处理杂公务事，续写论文约千字。"

4 月 3 日上午，"续写论文五百字。"

4 月 6 日，茅盾本想写论文，但"精神甚为倦怠，不能续写论文"。

4 月 9 日，"上午续写论文（约千字）完。此文断断续续写了二十多天，今始完成，共万余言。"

4 月 10 日，"上午通读已写之论文一遍，核正笔误，即连同《文艺报》前送来之资料送交《文艺报》编辑部。十个月之公案至此结束，顿有无债一身轻之感。然而尚欠《萌芽》及《鸭绿江》各一篇，只好过了五月再说了。"

4 月 10 日，茅盾将《读陆文夫的作品》一文，交给《文艺报》编辑部，《文艺报》立即发排，发表在 1964 年 6 月号的《文艺报》上。

1963 年是一个特殊时期，社会形势极其复杂。茅盾突然重视陆文夫这个典型，意在引导青年作家，坚持正确的创作方向。当然，茅盾对陆文夫的重视，也有《文艺报》的一份功劳。

短篇小说座谈会召开之前，江苏文联曾给苏州机床厂打来电话，了解陆文夫在工厂的表现。厂部和车间领导认真讨论后，又征求了群众意见，上报说，陆文夫现已"改造成为新人"，相当于三级车工。陆文夫也将自己进厂以后，在思想感情上的收获变化，写成一封公开信，在《文艺报》发表，这等于向全社会公布了自己的思想表现。陆文夫说：自己在工厂的变化，"是一个从人生观到艺术兴趣的大变化"。

陆文夫的劳动表现和创作成果，引起了中国作协负责人茅盾的关注，这才决定召开短篇小说座谈会。《文艺报》约请茅盾写评论，恰好与茅盾的想法不谋而合，于是，一篇里程碑式的陆文夫作品论就这样问世了。其用意是树一个典型，让更多有才华而又失意的青年作家，看到希望，尽快重返文坛。

8. 茅盾的评论

茅盾的《读陆文夫的作品》，主要由两个内容组成：一是作品评价；二是总体评价。先来看看茅盾对陆文夫的"作品评价"。

茅盾说：《风波》这篇小说，"写一个青年妇女的转变，构思既新鲜也深刻。"陆文夫第一部短篇小说集《荣誉》里的八篇作品，"或多或少程度上都是'从时代、从阶级斗争的形势、从社会主义建设事业的发展出发，从广阔的时代背景中给个人找到准确的位置'。"其中《荣誉》这篇小说，"笔墨做到淋漓尽致，读者也如餍甘腴，十分满足。就其艺术性而言，《荣誉》不失为一篇精心结构之作。《荣誉》的酣畅的心理描写，确使读者如饱餍甘腴。"另一篇小说《葛师傅》，"在陆文夫的创作道路中，是一次跃进，也是一个里程碑。"葛师傅和方巧珍"同是先进人物，然而其思想品质的深度不同。葛师傅比方巧珍更高一步。在写作艺术方面，《葛师傅》也在陆文夫的作品中表现为突出的新的成就。"《修车记》和《向师傅告别的那天晚上》，虽每篇只有千余字，但"作者下笔之前，很用过功夫，以求不落窠臼，以求每篇各有风格"。《没有想到》也只有三千来字，却写得"波澜壮阔，人物鲜明，结构严密，笔墨轻灵而闪闪放光，在短篇小说中，此为难得的精品"。此外，《介绍》的笔调"轻灵而风趣"；《二遇周泰》"在题材和艺术构思方面别具一格"；《棋高一着》"显示了陆文夫在艺术创造中自强不息的精神。这里的主题是比较少有人写的，这里的老工人朱庭南不但在陆文夫自己的笔下是一个新的，即在当前其他作家的作品中也很少见"。

再来看看，茅盾对陆文夫创作的"总体评价"。

他认为，陆文夫已形成个人风格。"在知识分子参加劳动而取得工人称号的作家中，陆文夫同志的作品有其个人的特点。陆文夫同志的生活经历以及他的创作道路上的成功与失败的经验，对于我们的青年作家，都是值得深思和学习的。"他认为，陆文夫在艺术上有追求，总是"努力要从生活的各个角度去挖掘具有典型意义的新人新事，而且努力要用生动多彩的笔墨来歌颂这些新人新事。他在故事结构、人物塑造、文学语言这三方面，都煞费苦心"。

茅盾觉得，陆文夫能够将社会实践与艺术独创结合起来。"十年之间，发表了二十多个短篇，对一个业余作家，不算少了，特别是每篇的题材和主题，都有一番新的境界。"更重要的是，"陆文夫1961年以后的作品，更加努力追求独创性。他力求每一短篇，不踩着人家的脚印走，也不踩着自己上一篇的脚印走。他努力要求在主题上，在表现方式上，出奇制胜。他还有意识地探索短篇小说民族形式的前进一步的道路，如《队长的经验》《修车记》《金钥匙》所表现。作者颇善于用小动作刻画人物的性格，也善于用前后呼应等方法，构成层次井然、步步入胜的布局。"由此茅盾认为，陆文夫有很好的艺术修养。"作者似乎一方面努力不踩自己脚步的印子，一方面又力求不写没有把握的人物。读了他的几乎全部作品以后，我以为作者现正处于向更成熟的艺术境界发展的阶段。他的文学修养有相当好的基础，他懂得如何剪裁素材如何概括生活经验而做艺术的加工；他善于布局、渲染气氛；他知道怎样刻画人物。"

从这些评论，能看出茅盾对陆文夫的激赏。

但茅盾在评论陆文夫小说时，并不只是锦上添花。相反，他没忽视陆文夫作品暴露的缺陷，也不回避自己的看法。对陆文夫小说存在的弊病，在评论中也作了直接而善意的批评。

对陆文夫的短篇小说集《荣誉》，茅盾先是肯定，然后坦率指出：这八篇作品"在人物塑造、文学语言等方面，各篇之间颇有差距。《荣誉》写于《火》之前，但从思想性、艺术性看来，《火》比《荣誉》差得多。除了《荣誉》和《风波》，其他六篇大都有人物概念化的缺点"。《荣誉》中的方巧珍"尽管是个先进工人，然而她的精神世界多少却是一个知识分子所想象出来的。至于文学语言，《荣誉》等八篇同《葛师傅》等篇比较起来，也有显著的不同。前者还有知识分子的腔调——也就是说，或多或少是从书本上学来的，而不是直接从生活中提炼出来的"。

茅盾觉得，小说《风波》"在结构上，虽然干净利落，但在翠凤这个人物塑造过程中却显见避重就轻，从而也使得'集体劳动如何改造思想'这一个主题变得架空了"。"《龙》之所以不及《葛师傅》，原因在于两篇的主题完全不同而主要人物则大致相同，不能以特定性格的人物（这一个人）表现特定的主题（这一个主题），故而对生活和艺术的相互关系的解决，就不那么完美了。""作者在表现方法上很用过功夫，可惜，过分注意形式上的新奇，却不能补救人物描写的概念化。"另外一篇小说《碰不得》，也是一篇失败之作。"当感性知识还只是停留在片面的、表面的阶段，作家不可能根据它们写出思想性深刻的作品。《碰不得》之所以失败，就因为作者仅仅从一个车间、一个工人的事情的原型做艺术创造，而没有站得高、看得远、概括许多工人的先进事迹来进行艺术创造。"

茅盾总结说：陆文夫小说里的人物类型，仍相对单一。这是因为，"他夹袋中的人物还不太多，他写的老工人还不能一人一个性格，而周泰与葛师傅相似之点尤多；他很少写青年工人，作品中有几个青年工人，是以陪衬人物的身份出现的。为什么作者夹袋中的人物还不多呢？我想，这和他只有三四年的工厂实际生活经验有关系。同时，也和他的创作态度之严肃有关系。他已经会了这些写作的基本功，所欠缺者是更广泛更深入的生活经验——阶级斗争和生产斗争的经验。"

茅盾还特别批评了小说《小巷深处》。受到广泛赞誉的《小巷深处》，虽写于《荣誉》之后，"可是它比《荣誉》倒退了好多步。无论从题材、文学语言看来，《小巷深处》的格调都不高，特别是主角（也是个女工）的思想意识有着相当浓厚的小资产阶级的色彩。就这一点而言，它比《荣誉》集八篇的任何一篇都后退了一步"。

那几年，茅盾点评的青年作家有很多，反响最大的，就是对陆文夫和茹志鹃的评论。不过，茅盾对《百合花》赞美有加，对陆文夫作品却有褒有贬，甚至全盘否定了他的《小巷深处》。

这是因为，两位青年作家的政治命运不同。

茅盾评论《百合花》的时候，茹志鹃不是右派；而评论陆文夫作品时，陆文夫的政治身份是"中右"，即不戴帽的右派分子。茅盾虽是文化部部长，当时也处在风口浪尖，需要表明政治立场，否则也会受牵连，甚至连累到他评论的作家，所以，对陆文夫小说中的缺点提出批评，无非就是表明自己的政治态度，更何况小说中确实存在不足。

对《小巷深处》否定，也是一种政治策略。《小巷深处》是陆文夫的上乘之作，与《百合花》有异曲同工之妙，但在反右时期，已被定为"大毒草"。茅盾推翻不了这个定论，却只说它"格调不高"，有"浓厚的资产阶级的色彩"，这就巧妙地淡化了"大毒草"定性，为《小巷深处》解了围，体现出文学前辈对晚辈的变相呵护。在那个年代，敢于评价一个政治上有"前科"的青年作家的作品，这本身就需要政治勇气。

当然，茅盾对青年作家的扶持，也是当时形势趋暖的一种体现。全国短篇小说座谈会召开于1963年，同年12月12日，毛泽东为中共上海市委第一书记柯庆施的报告，写了这样一个批示："许多共产党人热心提倡封建主义和资本主义的艺术，却不热心提倡社会主义的艺术，岂非咄咄怪事。"中国作家协会召开短篇小说座谈会，与毛泽东"重要批示"精神不谋而合。这也为茅盾次年撰写陆文夫作品评论，增添了信心。

历史地看，茅盾的《读陆文夫的作品》，提升了陆文夫的文坛地位，但它非但没有让陆文夫感到自豪，反而给他带来了一场灾难，甚至在陆文夫心里留下了抹不去的阴影。

举两个例子。

1981年3月27日，茅盾先生逝世。1980年全国优秀短篇小说奖颁奖活动，此时也在北京召开。陆文夫的《小贩世家》获了奖。《新观察》记者石湾约请陆文夫写一篇悼念茅盾的文章。陆文夫一听茅公二字，炯炯有神的目光，瞬间黯淡起来，连说："我写我写，我是要写的!"说话的声音甚至带着哭腔。可见他对茅盾先生十分敬重，内心充满了哀痛。

陆文夫回到苏州，石湾写信向他催稿。4月12日，陆文夫回信说："来信收到，谢谢。悼念茅公的文章我正在写，争取五六天内完成。回南京时忙得没有一点时间，无法动笔。小说我一定写。杨筣（《人民文学》编辑）也来信，叫我写。我12日去杭州，参加《江南》召开的一个会议，约十天左右回苏州。回来后哪里也不去了，埋头写东西。"

陆文夫的回信，让石湾吃了"定心丸"。他当即向主编作了汇报，请他留下版面，刊登陆文夫的悼念文章。到了交稿日期，石湾却收到陆文夫一封短信："昨日方由浙江回到苏州。答允写篇悼茅公的文章，本来想在旅途中写的。结果杂事太多，未能写成。回来翻翻报纸，看到悼茅公的文章已经写得很多。我再写也不过如此。所以不想写了。让我认真考虑一下，给你们写个短篇小说吧。"

陆文夫突然变卦，让石湾很意外。他分析："陆文夫之所以突然改了主意，是因为当时文艺界受《苦恋》遭批判的影响，'文化大革命'中饱受摧残的作家们仍心有余悸，即使是悼念茅公的文章，也不敢触及历次运动中文学界深层次的问题，而在陆文夫看来，若只是写礼仪性或表态性的悼文，'不过如此'，还不如不写。因为在当时的情况下，即使他把茅公赞赏他之后的那段悲惨往事写下来，《新观察》一旦发表，也许就会因不合时宜而招致不必要的麻烦。"

1986年10月，嘉兴文联邀请陆文夫去讲座，介绍小说创作体会。桐乡县委宣传部的钟桂松也来陪同他，他们是忘年交。讲座结束后，陆文夫和女儿来到桐乡乌镇，参观茅盾故居，陆文夫话不多，仔细浏览了故居的楼上楼下，后面的三间平屋，又在平屋前拍了照，之后，在二楼办公室和大家聊天。

大家就问："陆先生，茅盾当年为什么要评论您的作品?""评论发表后，陆先生的状况如何?""您有没有见过茅盾?"……

陆文夫默不作声，只回答了第三个问题："茅公，我是见过的。"

钟桂松说："当年茅盾评论过的青年作家，好像都受到了重视?"

陆文夫淡淡地说："过去，五六十年代，凡是被茅盾评论过的作家，生活、创作境况大有好转，有的甚至是翻天覆地的变化。比如茹志鹃，就是茅盾评论以后，才振作起来的。"

茹志鹃的小说《百合花》，发表于反右运动前夕。当时，她丈夫王啸平被补划为右派，茹志鹃所在单位对《百合花》大张挞伐，说它"缺乏阳刚之气""风格过于纤细"，作者已经"走到反党危险边缘"。就在此时，茅盾在《人民文学》（1958 年第 6 期）上，发表了一篇上万字的评论《谈最近的短篇小说》，其中用两千多字，肯定《百合花》的价值。《人民文学》发表茅盾评论的同时，还转载了茹志鹃的短篇小说《百合花》。文坛泰斗和国家级刊物的肯定，一下子拯救了悬崖上的茹志鹃。

钟桂松问："陆先生，茅盾当时知道您被批判的情况吗？"

陆文夫轻轻地说："估计他不知道。"又说："当时他的日子，也不好过。"

告别这里的时候，陆文夫在来宾题词本上写道："昔日有语道不得，今日道得又无言。"这是后话。

9. 再受冲击

形势的发展，出乎茅盾预料，他对陆文夫的评论，非但没有帮到这个青年作家，反而让他一再受到冲击，此事说来，真是诡异。追溯源头，大约有两个。

一是全国上下正在批判修正主义。1964 年 6 月 27 日，《中央宣传部关于全国文联和所属各协会整风情况报告》发布，中央高层批示说：文联各协会"最近几年，竟然跌到了修正主义的边缘。如不认真改造，势必在将来的某一天，要变成像匈牙利裴多菲俱乐部那样的团体"。接下来，江青扬言要管文艺，康生组织围攻电影《北国江南》。全国的"文艺整风"开始了。这是大背景。

二是茅盾的评论文章，影响实在太大。有人查了查，茅盾称赞的陆文夫，竟然是反党集团《探求者》成员！这不是为坏人翻案吗？此人重返文坛，本身就是阶级斗争的表现。当时，康生正准备发动对茅盾的批判，重点批判茅盾"与党争夺文学青年"，他认为这是与党争夺领导权。正好从陆文夫打开缺口，以此搞乱茅盾的部署。

他们先跟江苏文艺界领导通了气，省文联二话没说，开始对陆文夫下手。紧接着，报刊上的批判文章，铺天盖地向陆文夫袭来。

茅盾的《读陆文夫的作品》在 6 月号《文艺报》发表，江苏《雨花》9 月号就刊发了萧风《陆文夫的翻案与自我吹嘘——读陆文夫"给〈文艺报〉编辑部的一封信"》一文。写得气势汹汹,说陆文夫的信是作者的"翻案和自我吹嘘","决不允许为这棵毒草《平原的颂歌》翻案!"江苏《新华日报》用两个整版,刊登批判陆文夫的文章。被茅盾肯定的《葛师傅》《二遇周泰》等小说,一夜之间又成了"大毒草"。就连陆文夫在劳动中学习技术、获得奖励,也被说成是造假,是阶级敌人翻案的"新花招",他们要和陆文夫老账新账一起算!

陆文夫的小说也成了批判对象。申铁豹《〈平原的颂歌〉唱的是什么歌》说:《平原的颂歌》"歌颂的不是具有光荣革命传统、具有火车头性格的铁路工人,而是一些满身资产阶级、小资产阶级臭气的旧职员、小市民"。小说"弹奏的是无数冷落、惨淡、愚昧、落后的颓废败调"。关山苍《这是什么样的对头星——评陆文夫短篇小说〈对头星〉》说:陆文夫的《对头星》是"丑化正面人物和工人群众的精神面貌",作者"灵魂深处仍然是资产阶级王国"。林尽弘《一个被严重歪曲了的工人形象——评陆文夫的短篇小说〈荣誉〉》说:陆文夫将主人公方巧珍,"歪曲丑化成为一个患得患失的资产阶级个人主义者",是"企图把自己的阴暗心理塞进我们先进人物身上,借此顽强地表现自己的资产阶级的思想感情"。江文军《错误的创作倾向和错误的道路——评陆文夫的几篇短篇小说》说:"陆文夫的创作道路是一条坚持资产阶级立场与世界观,坚持为个人名利服务的道路。陆文夫是一个没有真正得到改造的资产阶级知识分子。"

嗅到报刊舆论的火药味,出版社也慌了,原准备推出的陆文夫中篇小说《有人敲门》,付排之前也被束之高阁。

面对排山倒海的政治攻势,陆文夫如同惊弓之鸟,事后感叹:"这次可批得我够呛的了,比1957年要厉害几倍,前后长达半年。许多报刊都发表了批判我的文章,江苏省的报纸用两个整版的大文章,把我批深批透。那时候,我的大女儿正在读小学,看到那她也看不懂的大文章,竟会血压升高,昏昏迷迷。我也昏迷了,怎么昨天还说我写得如何好,今天却突然成了反党反社会主义,有些批判和赞扬我的文章,前后竟然出自一人之手,这文艺界究竟还讲不讲理?"

紧接着,陆文夫被召回南京,接受审查和批判。

他依然住在范伯群的单身宿舍。此时,范伯群已到江阴参加社教运动,他知道省文联创作组又要集中"学习",临走前,托人将房门的钥匙,转交给陆文夫,还在玻璃台板下压一张"欢迎词",范伯群告诉陆文夫,房里什么都不缺,就是脸盆被他带下乡了,得重新买个脸盆。陆文夫原想在"欢迎词"旁边加上一张"致答词",但当时情绪太坏,一个字也写不出来,他也没买脸盆,看看屋内有一个崭新的"广漆脚盆",就洗洗干净,当作脸盆用了。这个新脚盆,是范伯群为自己置办的结婚用品。事后范伯群才知道,陆文夫这次回来,成了重点批判对象，在他房里住了将近半年，日子很难过。

范伯群再回机关的时候，陆文夫已被送到南京郊区的李家生产队劳动改造，后来，范伯群出差徐州，陆文夫又回机关一次，听了组织"结论"，便回苏州去了。"结论"的内容是：此人不宜从事文艺工作，调离原单位，另行分配工作。这等于被永远逐出文坛。

许多年后，陆文夫对范伯群说，经过1957年《探求者》的批判后，每次到省文联创作组开会，一上去南京的火车，就有一种奇怪的想法：此次一去，不知又会闹出什么"玩意儿"，是凶，还是吉？他对1964年整风的架势与规模，实在是没有心理准备。范伯群寻思，老陆心理上有阴影了，形成了"精神障碍"。但谁来赔偿他的"心理损失费"啊！

看到陆文夫的遭遇，老友叶至诚说："我做过一些访问，并且有切身体会：即使第二次打击的分量，比第一次打击要轻得多，然而就当事人的感受来说，却要比第一次打击沉重得多，因为那打击，无一不落在'跌倒了爬起来'的信念上，落在对前途寄托的希望上。何况老陆受到的第二次打击，就像晴天霹雳那样突兀，又像从山巅翻下谷底那样猛烈——不久前正在布置发展老陆入党的支部书记，一下子向群众宣布，他就是妄想反攻倒算的右派；不久前还在报刊上赞扬老陆近作的评论家，一下子写出了批判老陆的文章；不久前还跟老陆热情招呼，笑脸相向的人们，一下子不是怒目而视，就是侧目而视，或者远而避之；短短的时间里，他看尽了种种赤裸裸的炎凉世态，而且还不像1957年那样，有一伙难兄难弟作为精神上的倚傍。不止一次，老陆到中山门外，在灵谷塔前徘徊，真想一口气登上最高一层，然后往下一跃。一晚，他独自在西花园里，就是当时设在前国民党总统府内的省文联，对着石舫前满湖的水光月色发愣，可巧被机关里硕果仅存的一位朋友瞧见，两人喝了一夜老酒，才算打消了他轻生的念头。"

叶至诚说到的"老友"，是剧作家宋词。那一天，他和陆文夫密约到东郊灵谷寺。他们听说几天前，曾国藩四世孙女、南京博物院院长曾昭燏，从灵谷寺塔跳下惨死。面对高塔，陆文夫说，他也想从塔上跳下，想到家庭、妻女，才断了此念。中午，二人到餐厅点了酒菜，发现一位好朋友携夫人，也在餐厅用餐。看见他们后，这位朋友连忙转过身，和夫人匆匆离去，唯恐受到牵连。看到此景，二人黯然，深感人情薄如纸！

当时的宋词，不比陆文夫过得好。他已被迫离婚，还要流逐苏北，行期已定。临走的前一天，去新街口剃头，在丰富路巷口遇到陆文夫。陆文夫说，他的"结论"下来了，属于"翻案"，仍下放回苏州，进工厂当工人，明天就离开南京。宋词听了很难过，这情景与1957年真相似，不同的地方在于，当时他们年轻，现已是中年，而且再次经受忧患，再沐狂风暴雨，深感前途茫然。今后，老友相会无期，四只手握在一起，久久不愿放开，强忍眼泪，二人就在巷口告别了。宋词到农场以后，对老友思念不已，回首往事，恍若红尘一梦，就吟了一首诗——

> 深巷灯昏两黯然，不教双泪落君前。
>
> 文章招祸焚新稿，花色迷人断旧弦。
>
> 寂寞吴门春夜雨，凄凉淮海九秋天。
>
> 麻鞋竹笠归农后，一觉红尘已十年。

陆文夫当时的遭遇，也给章品镇留下了深刻印象。他说："到1964年，他取得了同辈作家中极高的荣誉。当时，我在农村搞'社教'，但回到机关，彼此已不便多说话了。晴雨表的脸色，使人目瞪口呆。'花非花、雾非雾，去似朝云无觅处。'转瞬间朝云化为阴雨，他被批判了。他在后一间屋子里接受批判，我在前一间屋子里。那屋子，是曾国荃攻进天京烧掉天王府后重盖的两江总督衙门中书办们坐班的偏院，天井小，青桐满院。这时更感到它阴冷、微贱。从门前经过的人们，总以为这高大门楼的后面一律是豪华的宫殿，其实不然。"

1965年10月，陆文夫被正式赶出文艺界。上级的"处理意见"是，"此人不宜从事文艺工作，调离原单位，另行分配工作"。原单位，就是江苏省文联；另行分配工作的单位，是苏州的苏纶纱厂。

进苏纶纱厂以后，陆文夫当了一名修理工。这次回苏州，他不看书了，也不写小说了。星期天会喝一点黄酒，然后低声唱《贝加尔湖之歌》。这是当年一支中国红军，被逼进苏联境内后创作的一首歌曲。"在贝加尔全境都是白雪纷飞，狂风将白雪吹起撒满了大地……"陆文夫唱歌的时候，声音嘶哑，泪流满面，两个女儿一听到爸爸的歌声，就从房间里逃了出去。

当然，此次遭受劫难，陆文夫不再慌张。他收获了两点体会。

一是学会了辩证看待生活。他不再遇事冲动，不再用一成不变的眼光，去看待这个世界与各种人，所以，在接踵而来的十年动乱中，尽管同样受到冲击，也受到某些野心家的拉拢，却不再轻生，不再盲动，只是冷静地观察分析形势。这种冷静，使他的许多预见，后来都被证实是正确的。

二是尽量远离评论家。他对身边的年轻人说，纸面上的文坛，常常充满谩骂与火药味，令人难耐；又常常弥漫着太多的温良恭俭让，同样让人感到无聊。评论家说好话，自然叫人高兴，但搔不到痒处，作家还是寂寞。优秀的评论家，要有自己的思考，不能人云亦云。茅盾的评论最使他动容，因为茅盾一眼就看出了他小说的优点和缺点。

10. 田间炼狱

陆文夫进苏纶纱厂前，还在南京郊外的江宁县江宁公社李家生产队，待了一段时间。把这一段补述一下。

陆文夫是 1964 年 11 月到的李家生产队。单位把他弄到这里，让他一边劳动，一边等候处理。之前，有人想"以思想划阶级"，把陆文夫划成"阶级异己分子"，送去劳改。公安局认为"未够条件"，这才作罢。

送到李家生产队的这批人，除了带队是原机关通讯员，其余全是清理出来的"有问题的人"。劳动的时候，"改造对象"单独编队，干的都是最重最脏的活儿，这等于变相"劳改"。这一段时间，苏沪报刊仍在发表批判陆文夫的文章。

李家生产队的劳动，对陆文夫这帮文人来说，就是一种惩罚，前后持续了近一年，陆文夫的精神和体力，都受到了严峻考验。最重的活儿，是挑河泥，七八十斤担子压在肩上，还要上下爬河坎，行走坑坑洼洼的田埂。陆文夫过去在家里、在故乡的农村，从没干过农活，现在担子挑在肩上，总是歪歪斜斜，摇摇欲坠，往前迈步的时候，他一直觉得再也跑不到头了，一定会倒下去，结果，又死背活缠地回到了泥塘边。

有时候，他还酸溜溜地想背几句诗词，用以代替单调的劳动号子，为自己增加点精神刺激。可惜诗人们没有劳动体验，从没在诗中写过。倒是有一个词牌《如梦令》，与陆文夫的状态比较接近。此时，陆文夫就像患了梦游症，感觉自己已经神体分离了。

晚饭后，本该早点睡觉，可是不行，白天挑担负重，筋骨接受考验以后，脑袋如同糨糊，躺在床上身上酸痛，头脑却清醒得很，甚至有些亢奋，他辗转反侧，百感丛生，根本睡不着觉！

一个人越寂寞，思想就越跑马，精神越充沛。

躺在床上，陆文夫无法入睡，但酸痛的筋骨需要休息，昏昏沉沉的脑子需要沉静，要是一直这样清醒，一直熬到天明，再去投入繁重的体力劳动，非把自己累趴不可，怎么办？

聪明的陆文夫，还是想出了一个办法：喝酒。用酒精麻醉自己。可这黑黢黢的夜晚，哪儿有酒可喝？再说了，管教干部根本不让喝酒。

不管他了！这天，干完活儿，乘天色昏暗，陆文夫躲开管教干部，悄悄溜到小镇上。此时，小镇店铺基本上都关门了。

陆文夫找到一家卤食店，"咚咚咚"敲响了门。吱呀一声，店门开了一条缝，店老板探出头来："有事儿？"

陆文夫说："老板，还有卤肉吗？我想买一点。"

老板说："这都什么时候了，还来买卤菜？"

陆文夫央求他："我是从村里赶来的，给您添麻烦了。我买过肉，还要赶回去，家里急用！"

老板说："可惜，太晚了。只有一点点兔肉了。"

陆文夫说："好呀好呀。我就要兔肉！"

有生意总是好事。店老板一边嘀咕着，一边为陆文夫称了称柜台里仅剩的少许兔肉："喏，只有四两。"

陆文夫说："四两也行！"

接过四两卤兔肉，陆文夫又买了半斤白酒。看看手里的成果，陆文夫心里还是咯噔一下，现在正当"四清"时期，实行"三同"，是不许吃肉的！又一想，随他去吧，暂且向鲁智深学习一下，花和尚也是革命的嘛。

回村的路不远，不到二里地。陆文夫必须在路上，将酒肉装进肚里。他手握酒瓶，口袋装着兔肉，一路上，边饮酒，边吃肉。此时，天色完全黑了下来。路上已无行人，只从远近的村庄里，偶尔传来三两声狗吠。

多么清静的夜晚啊！多么自由的人啊！陆文夫打开酒瓶，仰头，引颈，竖瓶，一切随心而动。将进酒的时光，他看见了满天星斗。有时候抬头饮酒，还能看到飞逝的流星。这感觉简直美妙极了！

再低下头去，吃肉，看路。闻着肉香的气息，又能听到唧唧作响的虫鸣。路边的池塘或水沟，间或还有蛙声，甚至还有鱼跃水面啪啪作响的声音。

感谢浓密的繁星，将月亮藏了起来。陆文夫吃肉喝酒，也就有了掩护。虽无明月可邀，却有天地作陪，真是万幸！陆文夫算得十分精确，到了村口的小河边，正好酒空肉尽。他饮尽最后一滴酒，吃完最后一口肉，随手将包肉的纸扔掉，又把空酒瓶灌满水，沉入河底。他不想留下任何蛛丝马迹……

好了，终于出神入化了，飘飘欲仙了。陆文夫回到宿舍，倒头便睡。梦里不知身是客，一夜沉睡到天明。

难熬的日子，就这样一天天过去。

再回南京宣布"发配回籍"的那天，陆文夫显得特别平静。下去搞社教的章品镇，此时已回到南京，他去看望陆文夫，发现他一个人正平静地在摆弄着他的工具包，锤子、钳子、螺丝刀等工具，一样不缺。章品镇看得出，这次回苏州，他已经做了两手打算，人虽落魄了，日子还要往下过。

第二天，陆文夫要走了，章品镇去送他。陆文夫面带微笑说："老章，从此别矣！"又说："以后，你不要再去多事。"

章品镇知道，这是朋友之间的贴心话，分量很重。

对陆文夫来说，这次能够回到苏州，已是万幸，他知道章品镇等人为他说了不少好话。几十年后，他说："上天有好生之德，每当我在危难之时，总是有好心人在暗中助我一臂之力，让我回到苏州。只下放到工厂里劳动锻炼，改造思想，而没有把我送进劳改农场。"后来两个女儿长大，他坚决反对她们读大学报考中文系，也不准以文学为生。他只跟孩子们说，文学创作很辛苦，他不希望她们吃苦。从此，他们家人三代以内旁系亲属，都不再从事文学写作。

许多年后，陆文夫大女儿陆绮说，她很想到南京郊外的"李家生产队"看一看，因为爸爸在那里，受到了肉体上的洗礼。

11. 苏纶纱厂

从 1965 年 10 月开始，苏纶纱厂成为陆文夫的精神大本营。

这是一个大厂，也是一个老厂，建于清光绪年间的 1895 年。当时，两江总督兼南洋通商大臣张之洞，移用清政府向苏州等五府商民借的银子五十四万七千六百万两（原拟用中日甲午战争军费），成立苏州商务局办苏州苏纶股份有限公司，由丁忧在籍的国子监祭酒陆润庠，作为公司总董进行筹建。厂房建在盘门外官属荒地，于 1897 年 7 月投产，当时有工人二千二百名，年产粗纱约一万四千件。

陆文夫进厂时，厂里有四千多名职工。陆文夫对这里很熟悉。新中国成立初期，他是驻厂的工作队队员；五十年代前期，他作为记者常来厂里采访；六十年代初，又以作家身份来此体验生活，到一纺车间任景海平车队，当过四个月的钳工，和职工们混得很熟。这次进厂，他的身份是"劳动改造"对象，再次回到任景海平车队。但工资不变，只是不再享受干部待遇。

看到陆文夫回来了，职工们像见到老朋友，不但热情欢迎他，而且在短短半年时间内，还把他从"三手"，提拔到"二手"（副队长）。在平车队，"二手"这个角色一直都是由四级以上的保全钳工来担任。

进厂以后，陆文夫钻研技术，进步很快。凭着在苏州机床厂学到的车工底子，他自学了修车技术，而且技术精湛，能听出机器的故障。苏纶纱厂的女工，都喜欢陆文夫做保全工。因为这位陆师傅，为人平和，随叫随到，从不端架子，始终与大家和睦相处。

关键是，他还有一个绝活——磨剪刀，很受女工们欢迎。据说有一天，落纱机上有一把剪刀钝了，正需要用它，磨剪刀的老师傅不在，大家只能大眼瞪小眼待在那里。一边的陆文夫走过来，拿起剪刀，侧着头，眯起眼睛，翻来覆去端详，最后慢吞吞说：“我来试试。”于是爆出个大冷门。陆文夫磨的剪刀，右手用，着力；左手用，效果不差毫厘。有人拿团乱棉絮，把剪刀拉足了，一剪子下去，根根切断，一斩齐。就像从前一位苏州人说的，如“春风过耳”般爽快。张小泉做剪刀，陆文夫磨剪刀，从此在苏纶纱厂一样出名。

多事有事，能人多劳。从此，公家的剪刀要他磨，同事们家里的剪刀，也都归他管了。以至于每天下班时，陆文夫都要带一口袋旧剪刀回家，第二天上班，再带回一口袋磨好的剪刀。职工们逢人便说：“你晓得哇，陆师傅磨的剪刀可好哩！”

二十世纪八十年代的一个春节，陆文夫在老友陆乃斌家喝酒，被苏纶纱厂一位女工看到，惊喜地叫道：“那不是陆师傅吗？他磨的剪刀可好了！”陆文夫逝世后，夫人管毓柔回忆：“老爷子很随和的，一辈子不论走到哪，都有好人缘。比如在苏纶厂劳动时，厂里的女工都喜欢他，因为他能磨落纱机上的剪刀。”

管毓柔至今也不明白，老头子怎么会磨剪刀。他从没说过技巧在哪里。后来听朋友说，陆文夫只有喝酒了，喝高了，趁着酒兴才会透露一二。比如，磨刀的时候，刀要放平，用力要匀，刃面要贴紧磨刀石，等等。甚至他还会教你，剪刀的剪口要是松了，敲敲支点便可；剪刀若是紧涩，可在硬物上敲敲把手。如是平日，问他有什么诀窍，他却沉默寡言，偶尔蹦出一两句：“蘸点水，把剪刀贴在砖面上磨就是了！”陆文夫从不承认自己研究过剪刀，但却说过，最好的剪刀是眼科手术刀，简直就是精密的器械；他也说过，布厂女工挂在胸前的弹簧剪刀，也是一件好货。深谈下去，若跟他谈论刀刃、贴钢、淬火、退火等话题，他会更加兴奋，仿佛专业对口了，以致他能兴奋不已，一点不亚于他对酒的兴趣。

陆文夫受到职工的喜爱和敬佩，当然不只是因为磨剪刀，还因为他是纺织机械保养的技术骨干。之前做过钳工，修过四个月的细纱机，所以这次再进厂，很快就胜任了细纱机的拆装维修。

陆文夫钻研技术，也特别用心。进厂很短时间，就成为一纺车间技术革新组的主要成员。1966初，他们试制成功了苏纶纱厂第一台半自动落纱机。纱厂的落纱机，都是女工手工操作，劳动强度很大，当时全国的棉纺行业，都在推广半自动落纱机。改进机械设备，本来是机修车间的事，但在苏纶纱厂这样一个大厂，转一个车间要过许多手续，求人不如求己，一纺车间决定自己试试。陆文夫随技术革新组的几个工人，到上海去参观了几趟，不久就拿出了草图。机械加工，陆文夫本来就是行家里手，车钳刨焊，他都能自己动手，所以，这台半自动落纱机很快就试制成功了，投入使用后，不但大大减轻了劳动强度，也提高了工效。

最关键一点，陆文夫和工人群众，已建立了血肉联系，从苏州机床厂到苏纶纱厂，他始终和工人同甘共苦。在苏州机床厂时，他是落难作家；在苏纶纱厂，他完全成了工人中的一员。五十年代，他发表的两篇比较成功的小说《荣誉》和《小巷深处》，主要人物都是纱厂布厂的挡车工。在厂里，上上下下的干部、工人，大多是他的熟人、朋友，人们不但同情平车队这位"二手"师傅的遭遇，对他精湛的技术，同样刮目相看，更敬重他的为人。陆文夫聪明机智，干活卖力，不声不响，淡泊随和，职工们偷空还会求他讲个故事，不论长短，都叫人觉得生动有趣，耐人咀嚼。

你到厂里问一问陆文夫的表现，车间的女工会说："陆师傅是个好人！从不因为自己身上有罪名，而故作正经。"有的女工说："他也从来不会有意讨好我们这些工人。他从不做作。"

女工们还会夸一夸他的为人："陆文夫师傅很诚恳的，请他代为写一封家信、写个申请报告，都是立等可取。不但事情说得清清楚楚，口气逼真，代谁写的，读出来就像谁在说话。而且，不大好对别人说的事，对他说绝对没问题的！"

12. 周日垂钓

陆文夫那几年最好的消遣方式，就是周日垂钓。厂里有几位老师傅，也是垂钓爱好者。他们都是陆文夫的铁杆钓友，经常一起搭档到郊外，享受垂钓的快乐。

秋高气爽的季节，是垂钓的最佳时机。在陆文夫他们看来，出去钓鱼是一件大事，和现在出国差不多，要提前几天作准备。鱼饵、渔具、吃食、饮料

（主要是水）、草帽、雨衣，还有折叠小凳，一样不能缺。一切筹备完毕，还得将它们紧紧地绑在一辆打足气的自行车上。

三点钟出门，街巷昏暗，阒无一人。钓友们行车如飞，在城门口碰头，之后便向城外的黑暗中驶去。途中，大家都不讲话，省下力气蹬自行车，争取天亮前到达地方。钓鱼的选址，经常是苏州城外的河网地区，离城至少三四十里。由于路途较远，很少有人去那里钓鱼，河里的鱼也就不会太精明。

他们到达位置的时候，正逢日出，河面和湖面都会飘浮阵阵水汽，颇似国画里的意境，其情趣犹如到海边看到了日出。

钓友们来得早，当然不是为了看景，而是想争取时间做必要的准备。有些鱼很勤奋，特别是大家欢喜的鲫鱼，进食时间都在早晨六点到十一点，以及下午两点钟之后。特别是下午四五点钟以后，有个进食的高潮，鱼儿们要把肚子填饱过夜，这时候钓鱼，就容易上钩，但陆文夫一帮人并不恋战，下午四五点钟就会收竿，他们要早一点赶回城里。

根据陆文夫的经验，野外垂钓和鱼塘钓鱼，是大不相同的。

野外垂钓，是靠经验。首先要看准，什么地方，什么时候，什么季节，什么天气，才有鱼可钓。水清则无鱼，一眼看到底的河，非常美丽，想钓鱼白费力气。河底水草多了也不行，鱼钩会落在水草上，沉不到底，而大多数的鱼，都是在水底觅食的。面对一条陌生的河流，你想垂钓，还得相天时、度地利。天气较凉，要在向阳面下钩，那里暖和，鱼多。天气较热，要在背阴处下钩，那里凉快，能遇到纳凉的鱼儿。光秃秃的河边或湖边，都不利垂钓，那里的鱼都是过客，不容易停留。最好是大河的拐弯处，草丛边。如果大湖边有一条弯进来的小河浜，是一个断头沟，垂钓更理想。你想啊，鱼在大湖中颠簸动荡之后，特别喜欢到小河浜来休息、觅食，进来之后，还不想出去，于是就有很多鱼在这里聚会。

资深钓友出行，还会注意天气变化。天气闷热的时候，鱼在水面唼喋，看上去鱼很多，却不能马上下钩，因为这是气压低的表现，鱼在水中呼吸不畅，是到水面上来透气的，这时候，鱼就像高山缺氧，胸闷难受，什么东西也不想吃，再好的鱼饵也不感兴趣，碰到这种天气，只能收竿回家，或耐心等待雷雨消失，如果下了一场雨，那倒是好事，雨后初晴，也是一个垂钓的好机会……

陆文夫知道这么多钓鱼知识，一半凭经验，一半是从一本《钓鲫术》上学来的。这本书，是一位钓友送给他的。他问钓友："这书哪儿来的？"

钓友说："邻居家有一个红卫兵，儿子的同学。这本书就是他抄家抄来的。知道我会钓鱼，就送给我了。我哪儿读得懂啊？"

陆文夫粗略翻了翻，才明白此书是苏州美专的一位老师写的。在三四十年代，这位教授经常在沧浪亭的水边钓鱼。《浮生六记》作者沈三白，也曾在沧浪亭泛舟，但他没想到沧浪亭的池塘中，会有很多鲫鱼，而钓鱼也是一种乐趣。苏州美专就盖在沧浪亭旁边，那位教授天天钓鱼，钓着钓着就积累出了经验，随手写下这些经验，积少成多就成了这本《钓鲫术》。教授去世后，此书流落在外。"文化大革命"中，红卫兵抄家发现了它。陆文夫得到这本书，对他的钓鱼生涯，起到了很大的帮助作用。

陆文夫钓鱼，不仅收获鱼，也能收获思想。钓鱼过程中，他会思考许多问题，而这些问题与钓鱼之间，也存在着某种关联。比如，钓鱼和捕鱼，有什么不同？

陆文夫的结论是，捕鱼是强取，钓鱼是诱惑。钓鱼最讲究愿者上钩。鱼在河里觅食嬉戏，本来漫无目标，你用诱饵引诱它，它就向鱼钩靠拢过来。这个过程，俗称"打塘子"，但诱饵做得怎样，也很关键。通常用菜籽饼，或是把大米、小麦、大豆，炒焦碾碎，搅拌在一起，要是再加点炒熟碾碎的芝麻，香味就更浓了。有了诱饵，再将其送入水底，在这塘子里下钩，定能钓到鱼，鱼是有嗅觉的，它老远闻到香味，就会馋涎欲滴，纷纷靠拢过来，吞食钩上的鱼饵。鱼钩上的鱼饵，比诱饵更有诱惑性，诱饵用五谷杂粮做成，属于素食，而鱼饵是红色的小蚯蚓，属于荤食，鱼吃东西，也欢喜荤素搭配，何况那红色的小蚯蚓，既有色又有味。不过也有不一样的鱼，只吃素不吃荤，就好像是佛教徒遇到了斋日，这时候就得另换鱼饵了，更换的鱼饵，通常是白色的面粉团，把它装在钩尖，沉入水底，也会有鱼喜欢它。

陆文夫觉得，在社会上诱惑人，也要"打塘子"，但用的不是鱼饵，而是权位、金钱和美女。鱼到塘里来吞食诱饵，和人接受贿赂，是一个道理，他们都以为交易是在水下进行的，别人看不见，其实错了，任何事情都会露出蛛丝马迹。水下的鱼有动作，水面上总会有反应，鱼在水中，会架空着游泳，看见河底有食物便下沉，鱼下沉时要排气，就会有气泡冒出水面，看到气泡，钓者就知道鱼来了！而且知道，塘子里有几条鱼，有几条什么样的鱼。鱼在吞食诱饵时，还会排出空气，这也会暴露行踪。不同的鱼，排出来的气泡也不同，鲫鱼的气泡是成双的，而且要在水面停留一会儿，如果气泡一出水就炸裂了，水下肯定不是鱼，而是沼气，有沼气的地方，鱼就不会来。

这些现象说明，再聪明的鱼，也斗不过有经验的垂钓者。

陆文夫从钓鱼中，还想到了团结与友情的可贵。他觉得垂钓，不应该是个人行为，出去钓鱼，最好有几个互助伙伴，最理想的钓鱼活动，是二三人同行，有人陪伴，不会寂寞，遇到事情也有个照应。有一位钓友，曾钓到一条十八斤重的大青鱼，他挺着钓竿和鱼搏斗了一个多小时，终于鱼没了力气，肚皮朝天，人也没了力气，躺在河岸下面，最后还是两位钓友跳下河去，把鱼捧了上来。陆文夫由此想到自己在工厂的遭遇，他两次从文坛的象牙之塔摔下来，之所以精神不倒，还不是因为众多工友的善待与呵护，给了他生存的信心和勇气？

从垂钓中，陆文夫还悟出了两种心态：一种是想获得，钓鱼就是为了吃鱼；另一种是为了垂钓，所谓"吃鱼没有取鱼乐"。

垂钓何以比吃鱼更快乐啊？因为吃鱼的时候，缺少钓鱼那份悠闲、自在、忘我、专注、兴奋，和突如其来的强烈刺激！一条大鱼脱钩了，钓者还会极其的痛苦、懊恼和后悔。从行当上说，钓鱼属于体育运动，但又不是通常的体力运动，而是一种神经运动。它锻炼的不只是体魄，而是经得起大起大落、大喜大悲的毅力和坚强。你想想，一会儿是突如其来的兴奋、颤抖、狂乱、大喜，一会儿又是无穷无尽的等待，还不能把目光从浮标上移开，只能在浮标近处看看水中的蓝天。久经此事的人，自然可以应付世界上的各种巨变，可以做到宠辱不惊，于无声处听惊雷，把希望寄予无望之中，在无望中又渴望见到春的消息……

在现实中，很多人是经不住这种考验的。《儒林外史》里的范进，当属此列，他肯定不会钓鱼，所以他中举后发疯了。姜子牙不同，姜子牙笃定是个钓鱼专家，可以在渭水之滨，钓鱼钓到八十岁，耐心等待圣明天子前来访贤，最后终于被文王发现，他也没高兴得发疯。

垂钓中悟出的种种道理，使得陆文夫在劫难中更加淡定。他觉得，我们应该衷心地感谢鱼，它不仅养活了我们的祖先，还锻炼了我们的毅力，让我们懂得如何去应对得与失、喜与悲、升与降、贵与贱。想想当今世界，社会飞速发展，到处是大起大落，大喜大悲，这时候钓一钓鱼，磨砺一下心智，真是一件好事！许多年后，陆文夫就把钓鱼的事，写成了一篇散文《秋钓江南》，又写成一篇小说《天时地利》。

太阳落幕的时候，垂钓告一段落。姑苏城刚刚隐入夜幕，陆文夫骑着自行车，也正好走进家门。妻子管毓柔眼尖，看一眼陆文夫身后，就猜个八九不离十："呵呵，今天你没有让我们失望！"

在屋内写作业的女儿，也跑出来凑热闹："爸爸钓的鱼呢？多不多？我来看看，我来看看！"说着，一头钻进灶间，去欣赏水桶里的鱼："哇，这么多鱼！哈哈哈，爸爸真厉害！"

妻子满足的表情，女儿欣喜的大笑，给陆文夫带来了欣慰的回报。这笑声也是多年来一直支撑他活下去的精神支柱。

13. 告别苏州

陆文夫没想到，他最终还是下放苏北。

1969 年，江苏开展下放运动，要求几十万干部、工人和学生，从大城市迁移到农村。一方面是"备战、备荒"，一方面是让他们"接受贫下中农再教育"。此时的陆文夫，被赋予一个新身份——下放干部。这样可以带薪下放。

"下放干部"的身份，也是陆文夫自己争取的。陆文夫当初来到苏纶纱厂，劳动方式、福利待遇，等同工人。临近下放农村，他也不知道自己究竟是工人还是干部。朋友提醒他问一问，厂方这才复查到，当年从省文联下放到厂里，他的档案中并无"开除出干部队伍"结论。于是，苏纶纱厂"上山下乡办公室"，便写下这样一个批语："有一般政历问题，带薪下放农村。"这是一个迟到的"干部身份"，若能早早明确，陆文夫这么多年的"早晚请罪"，和那些惩罚性劳动，或许可以免去不少。

听到下放的消息，陆文夫的胃痉挛便经常发作，发作时，胃很痛，脸色刷白，冷汗淋漓，连站立都困难。胃痉挛与心理因素有关，可见他此时，内心是焦虑和痛苦的。

1969 年 12 月 9 日，是陆文夫全家下放的日子。他们去的地方很陌生：苏北射阳县陈洋公社南份大队。

知道"陆师傅"要走了，苏纶厂的细纱女工，自发地以小组为单位募捐，为陆文夫买脸盆、毛巾、热水瓶等日用品，还派代表送到陆家，特意说明"礼轻情义重"。技术革新小组抽出四个人，义务去陆家帮助打包，以致他家最后几天，已开不出伙仓，打包的人只能吃饭自理。

厂里有个爱好文学的知识分子，因家庭有"严重政历"问题，长期在厂里受监督，从来不敢与陆文夫搭话。陆文夫下放的前一天深夜，他冒险前来送别，自我介绍一番后，就与陆文夫一家人，分坐在捆好的行李上，默然无言，垂泪相对。这番深情，陆文夫终生难忘。

当了五年工人的陆文夫，终于要离开苏纶厂了，这让他依依不舍。在欢送大会上，一千多人的会场里，有好几百人从座位上站起来，对他挥手作别。这一幕，让陆文夫落泪了，他永生难忘！

九年后，陆文夫从下放地回到苏州，苏纶厂平车队的老师傅们，轮番去他家祝贺，拉他出去喝酒，喝了酒又拉他回厂。陆文夫来到车间，细纱女工都围上来问长问短。

离别苏州的场景，有些悲壮。

那些天，陆文夫总觉得，这可能就是永别了。他希望多看到几个朋友。就托人捎一张纸条，给高中同学周盘明："盘明，我明天全家下放去苏北，大驳船停在平门轮船码头，是七号船，上午九点开船。有空便来送送我。"他怕连累老同学，纸条上没有署名。

周盘明接到纸条，心知肚明。第二天一早，便顶着晨雾，从渭泾塘乘长途汽车，赶到了平门轮船码头。遗憾的是，他来晚了，载着下放人员的船队，正徐徐离岸。陆文夫乘坐的七号船，此时已开到河中央。周盘明就在河边高喊："老陆，老陆，我来送你了——"

但嘈杂的河岸，淹没了他的声音。多年以后，陆文夫回忆，当时好像听见有人喊的声音。

临走的时候，他和好友陆咸见了一面。下放的队伍中，还有夏锡生，也是陆文夫的好友。陆文夫介绍他们相互认识，然后握紧陆咸的手，眼泪流了下来。轮船缓缓驰离码头，陆文夫在船上，一遍又一遍向陆咸招手告别。看到这一幕，陆咸心头一阵酸楚。

陆文夫乘坐的大铁船上，一共有七户下放人家。大家相聚在一起，各自介绍家庭情况，陆文夫说："我叫陆文夫，全家四个人。"

大家很惊讶，原来眼前这位四十岁左右的瘦高个子，是作家陆文夫！同船的沈文进说："那你是……作家？"在沈文进脑海里，闪出《小巷深处》四个字来。又想，不会那么巧吧？有点不信地问："是写《小巷深处》的作家吗？"

坐在对面的陆乃斌说："对，就是他。"

沈文进是陆文夫的读者，没想到在患难中，会遇见他仰慕的作家，心里真是有说不出的高兴。相逢何必曾相识，同是天涯沦落人，作家也罢，干部也罢，百姓也罢，在这条船上，大家的归属一样，因为这条船驶向同一个目的地——荒凉的苏北农村，大家将在那里度过余生。

此时的陆文夫，完全像一个工人，没有一点文人的架子，和大家吃在一只舱，睡在一个"房"。他们乘坐的这只船，拖了十多条铁壳运输船，一路逶迤前行，走得还算平静。就是过长江的时候，风大浪急，大家才觉得船有些晃动。

此时，没有人了解陆文夫的内心世界。

告别苏州那天，陆文夫的心情是孤寂的，是悲凉的。过去，他是一人下放，现在成了举家迁徙。从通知之日起，上面限他们五天之内离开苏州，陆文夫就隐隐感到，苏北此行，可能要永久告别苏州了。

许多年后，他写道："这一次临离开苏州之前，我没有到虎丘山去向苏州城告别，也没有了那风萧萧兮易水寒，壮士一去兮不复还的豪情了，只觉得是前途渺茫，此一去将老死他乡，对于曾经苦苦追求过的文学不再存有什么希望，而且还有一种反感，觉得文学只不过是一种工具，作家们被逼得用作品在那里进行政治投机，投中了声名显赫，投错了就由人变成了鬼。老死荒村去吧。"

此时的陆文夫，对文学爱恨交加。

第五章　闲云野鹤

1. 南份的新家

1969 年 12 月 9 日，七号驳船从苏州平门码头驶出后，经过三天三夜航行，到达苏北的射阳县陈洋公社。

陆文夫一家落户的地方，是陈洋公社南份大队，南份就在公社的河对面，过河要乘小木船，用绳子拉着前行。那一年冬天，特别寒冷，运家具的农船是破冰而行的，船队赶到陈洋时，天色已晚，下船后，陆文夫看到南份的现状，有些吃惊。这里靠近黄海，非常贫困，直到七十年代，农民一个劳动日，只能挣三四角钱。生产队长的家里，也是常年举家食粥。

他们来到这里时，住房还没有盖好，一家人只能先到社员家里凑合一下。几天以后，建好了三间砖根草盖房屋，外带一间土坯草顶的锅屋，这是普通下放干部的标配住房，房屋附近，有一两个农户相邻，倒是很清静，一条狭窄小道，弯弯地通向外面的道路，路的两边长满青草。

陆文夫搬进新家后，队里给他划了一片菜地，这是一片盐碱荒滩，需要自己开垦，才能种粮种菜。从 1969 年到 1978 年，陆文夫在这片土地上，整整生活了九年。

射阳天气寒冷，陆文夫并无思想准备。他们下放带的东西，除了必要的衣物行李，还有一盆花，是一棵十姐妹花——蔷薇的一种——种在破漏的脸盆里，在苏州，这盆花没人伺候，吃剩的茶叶倒在里面，就能长势良好，到了花季，十姐妹会开成红艳艳一片。接到下放通知，全家一致决定，要把这盆花带走，没想到在苏州开得十分艳丽的花，在射阳竟难生存。一是耐不住苏北海滨的严寒，二是受不了盐碱地的贫瘠，第一年没开花，第二年就枯萎了。

花木受不了，人也冻得瑟瑟发抖。两个娇嫩的女儿，根本经受不起这样的寒冷。一床十斤重的大被胎，此时派上了用场，这是当年母亲送给陆文夫的，一直没舍得扔掉。五十年代，陆文夫随军南下来到苏州，母亲看他棉被太薄，回泰兴老家，为他制作了一床大棉胎，棉布和棉胎都是计划供应，商店里买不到，母亲只能在自留地上种棉花，但上级规定，自留地不许种棉花，母亲就在祖母的坟茔后面，偷偷种了几十棵棉花，这是远离大路的小河边，干部没有发现，母亲告诉陆文夫，奶奶在地下保佑，几十棵棉花才长势良好，足足半人高，网纱用的棉纱，也是母亲用纺锤一根一根捻成的，花了四五年工夫，才做成这床十斤重的棉胎。母亲扛着棉胎来到苏州，爬上陆文夫住的楼，把它送进儿子家，心里有说不出的高兴，像是完成了一项伟大事业。她相信，宝贝儿子从此不会再受冻了。

可母亲并不知道，儿子对棉胎毫无兴趣。老母亲的心意领了，却又觉得老太太过虑了。城里再冷，也冷不到哪里啊，被窝里可以放一个汤婆子，根本不需要这么重的棉被。

到射阳之后，陆文夫这才明白母亲的心意。干冷的射阳，不同于湿润的苏州，凛冽的寒风能刺进骨髓。天气正常的时候，从早晨开始刮风，刮得脸和耳朵都会失去知觉，即使身着棉衣，也好像没穿衣服。夜晚风停了，空气随之冻结。旷野寂静无声，偶尔听到噼噼啪啪的声音，那是河里的冰，被冻得炸裂了。

这种时候，那床大棉被，就真的发挥作用了。把它铺在床上，变成厚厚的垫被，睡在上面十分暖和。有经验的人都晓得，寒气是从下面上来的，盖得多，不如铺得厚。这十斤重的棉被，从此伴随陆文夫夫妇，在射阳度过一个个寒冬。

生活中出现的难题，比寒冷更难应付。

有一年夏天，射阳来了一场暴风雨，摧毁不少农民住房。陆文夫房屋上的麦秸，也被卷走大半，根本抵挡不住风雨的侵蚀。陆文夫找到大队，请他们修缮一下，大队让他找公社，公社说，要报县里批准，统一划拨修缮资金，一来二去，拖了近两个月，陆文夫数次往返公社，都是失望而归。

再下雨的时候，陆文夫只能用脸盆脚盆，来接屋里的漏水。入夜，一家人只能蜷缩在墙角，避开雨水的侵蚀。就这样，他们度过一个又一个落魄而难眠的风雨之夜。陆文夫自嘲："我这样子，差不多能比当年'茅屋为秋风所破'的杜甫老夫子了。"

天无意，人有情。好在射阳的百姓，对这个落魄的下放干部，充满纯朴的善意，房子最终修好了。

1970年，地处南份大队的小学校，从外地调来一位魏老师。学校在陆文夫家的东面，相隔一里多路。他的二女儿陆锦，就是魏老师班里的学生。

陆文夫与魏老师很投缘，特别喜欢和他聊天。有一回，陆文夫去了一趟县城，县城的几位文友，帮他搞了几箱好酒，几条好烟。他很开心，特意邀请魏老师、南份大队民兵营长唐修武、南份小学校长骆为珠，到他家里做客。夫人管毓柔能烧几个拿手好菜，尤其是糖醋焖肉。酒喝到兴头上，陆文夫透露，县里请他出山，写个大部头，被他婉言推辞了，说自己是个犯错的"落难"之人，还是不问政事的好……

冬天的夜晚，时间很难熬。晚饭后，陆文夫常会来到学校，和魏老师侃大山，天南海北的事，都聊，聊得最多的还是苏州的生活趣事。说到苏州的风味美食，陆文夫兴致最高，简直如数家珍，话中透着对苏州的怀念，但很少说到文学艺术。魏老师了解他，也从不触及这一类话题，魏老师是很好的听众，陆文夫每次讲述，他都认真听，不时发出一阵爽朗笑声，这让陆文夫感到非常亲切，聊天的时候，陆文夫会不停地抽烟，把屋内弄得烟雾弥漫，充满劣质烟草的味道。

晚间八九点钟，陆文夫起身回家，魏老师会把他送到操场边，一直看他从坝口走出，直到瘦长的身影消失在河边。冬季晚上，地上会下霜，陆文夫踏着点点白霜前行，心里还想着刚刚的聊天，偶尔会独自笑笑。

有一次，魏老师对陆文夫说："路过张家庄，要小心那里的狗。"

陆文夫说："你放心。那家伙早跟我熟了，见了我就摇尾巴。"

在当地村民心中，陆文夫不像作家。大家不知道他的《小巷深处》在中国文坛有什么影响。他自己从不张扬，也不标榜，就像一个普普通通的村民，每天平平淡淡地过日子。陶渊明说"采菊东篱下，悠然见南山"，用来形容此时的陆文夫，倒是很合适。

在老百姓眼里，这个两鬓夹着少许银发的下放干部，身板瘦削，衣着简单，表情冷峻，烟抽得特别多，一支纸烟通常烧到手指才会丢弃。大家不知道他是苏州人，他说话的口音，带着苏北泰兴一带的特点，偶尔才会露一点点苏南腔。

他与魏老师聊天时的快乐情景，没有多少人知道。在魏老师面前，他会露出一排洁白的牙齿，也会发出爽朗的笑声。陆文夫有一辆自行车，崭新的二六式凤凰牌，是上级分配给下放干部的"计划用品"，全大队仅此一辆。陆文夫很爱惜，每天把车子擦得干干净净，车身会在阳光下闪光，特别抢眼。有人来借他的车，说是到公社或县城办事，陆文夫就掏出一两元钱，递给对方说："这车，我待会儿要去公社开会用。这样吧，我出钱，你到别人那里去租个车行吧！"这种拒绝很礼貌。时间一久，大家也就不好意思来借车了。

魏老师例外。他对魏老师说："这辆车，是我下乡以来添置的最好家当，除了你，别人休想借去。弄坏了怎么办？"

听到这样的话，魏老师很感动。魏老师知道他惜车如命，也从未借用过。

只可惜，魏老师没等到陆文夫"解放"回城，便在一个冬天，溘然病逝。陆文夫听到噩耗，匆匆赶到学校，魏老师的遗体，就摆放在教室墙角的芦席上，看到此景，陆文夫不禁潸然泪下，他走上前，攥住魏老师冰冷的手，久久不放，然后脱下鸭舌帽，深深三鞠躬。

2. 自食其力

陆文夫到南份以后，发现村民的生活质量很差。

差在哪儿呢？他琢磨了一下，首先是食物太单调。苏州人对吃喝之事，向来很讲究，于是就想在这方面，做做文章。落户的第三天，沈文进到南份来看他，沈文进落户在北面的伍分大队，彼此相隔十里路，沈文进到来的时候，陆文夫正在自留地前思索。面对这片盐碱地，他问沈文进："老沈，你看种什么好？"

沈文进说："你欢喜什么，就种什么。"

陆文夫就在自己住房的周围，开垦了一亩多菜地，种上花生和蔬菜，又搭一个简陋的鸡舍。家里的餐桌上，总算有了一些可口的菜。

真正大面积种菜，是次年的春暖四月。此时，苏北平原春风荡漾，大地复苏了，到处都是盛开的油菜花，让田野看上去一片金黄。四月也是栽种蔬菜和瓜果的季节，但是种什么，陆文夫没有经验，便骑着他的那辆自行车，不停地在田间转悠。看到耕作的村民，就停下来，跟他们打招呼，聊一会儿农事，讨教果蔬种植的知识。当地的蔬菜，品种单调，质量也差，他就问村民："你们平时种菜，就这几种吗？"

村民说："俺们祖祖辈辈，吃的就这。"

陆文夫说："不能换换花样吗？"

村民说："留的种子，就这，怎么换啊？"

陆文夫这才知道，乡亲们固守自己的种植习惯，一代代传袭，缺少改良意识。人们甚至不知道，自己的土地到底适应种哪些植物。

于是，他就开始动手，四处搜集不同的菜种。到公社农技站，到县里的农贸商店，或写信给城市的朋友，要他们帮助采购果蔬良种。收到这些种子，他就把它们种在自家的自留地里。

除了改善种子，他还在勤耕上下功夫。通过不同的化肥，中和土壤的碱性和盐分，就这样，许多原来无法种植的果蔬，陆续出现在陆文夫自留地里，经过几番试验，收成不错。有人统计了一下，陆文夫在南份，先后移植成功了五十多种蔬菜。人们看到，陆文夫与夫人，一天到晚躬身屈膝，在菜地里忙碌，他们的自留地，青菜、韭菜、茄子、花生、芝麻、香瓜之类的农作物，品种繁多，四季常青，色彩缤纷，长势旺盛，俨然成了花团锦簇的菜园，尤以番茄出名，吸引了不少参观者。

村民们就奇怪，这下放干部挺神奇啊。俺祖祖辈辈种植的果蔬，怎么到他手里，就花样翻新了？就想到陆文夫的自留地里来看看。一边参观，一边还好奇地询问，"老陆啊，你咋种得这么好呢？"

陆文夫笑说："改良种子，精心种植，就行啦。"

村民说："咋个改良？咋个精心？"

陆文夫耐心说："先将收成差的种子淘汰掉，换成新品种。菜种到地里，也不能简单地浇浇水就完了，还要勤除草，勤松土啊。土地也要呼吸，你说是吗？我们这里是盐碱地，有条件的话，还要上一些酸性肥料，把它们中和一下，这样会让地里的菜长得更好。"

村民撇撇嘴，"我的妈呀，那么复杂！"

看到村民羡慕的眼光，陆文夫说："你要想改善，我来帮你。"

村民嘴巴一裂，笑了，"好哇！"

陆文夫就来到村民的地头，手把手教他如何改良土壤，还送给他一些新菜籽，跟他说勤耕细作的道理。就这样，陆文夫科学种菜、向村民推广经验的事，一传十、十传百传开了，不知什么时候，又传到县里，县领导听到这个典型，很兴奋，要求全县的下放干部，轮班组织到陆文夫那里去取经。

吃的问题解决了，还有用的问题。

陆文夫落户射阳，组织上没有配发家具。搬进新家后，除了从苏州带来的行李和几件简单家具，可谓家徒四壁。陆文夫到队里转了转，发现有一些木料，征得队长同意后，便借来木匠工具，像模像样打起了家具。

木匠活讲究技术，陆文夫不会呀，不会没关系，下决心学，就来到村民家里，仔细观察和琢磨那些家具的外形、构造和用料，又到附近几个村，找到几位真正的木匠，向他们请教打家具的知识，感觉已经心领神会，便回来"乒乒乓乓"打起了家具。

先是做成一只小凳子。全家人轮番上去坐坐，行！把他夸成了一朵花。

又打成一张小桌子。全家人围着吃饭，感觉不错！

再接再厉，又打成一只柜子。管毓柔把零碎的物品往里一放，家里顿时整洁干净许多。

于是，家具一件件开始增多，直至够用了，陆文夫才停止工作。

陆文夫打家具的时候，常有村民来看热闹。就问："老陆，没想到你以前学过木匠营生？"

陆文夫笑笑："我哪里学过木匠！完全是瞎摆弄。"

看到陆文夫将一件家具，像模像样地做了出来，村民由询问，转而变得惊讶了："老陆呀，你真的没学过木匠活？"

陆文夫说："真没有。"

村民就竖起了大拇指："老陆，你真了不起！"

村民夸奖陆文夫，通常是站在那张八仙桌前。木匠知道，八仙桌拼角的"菱角"工艺，非常考究。陆文夫居然也能做成一张漂亮而结实的八仙桌，这很让村民刮目相看，他们确信，陆文夫就是一个正宗的木匠师傅。

有了家具，有了新房，有了粮菜，能够安居乐业了，陆文夫又开始忙活起老百姓的事了。陆文夫有两个长处，一是不惧劳累，二是多才多艺。这次下乡，他从苏州带了成套的劳动工具，种田之外，义务走巷串户，帮助老乡修理钟表、自行车、缝纫机，要是还有空闲，就帮老乡磨一磨剪刀和菜刀。他磨的剪刀，尤见功力，三分在磨，七分在敲，三锤两锤就妥了，遇到了原先不会的活计，他就先去认真地学，然后带着他的十八般"手艺"，再为百姓服务，弄得远近几十里，妇孺皆知。

做好事，是有惯性的。陆文夫得到的夸奖越多，就越想多做一些好事。一个偶尔机会，他在队里的集体仓库，发现墙角堆着破旧的喷雾器、脱粒机，看上去蓬头垢面、锈迹斑斑。就问队长："这些农具还在用吗？"

队长说："早就不用了，坏了，扔了又可惜。就堆在那里，已经好多年了。"

陆文夫问："怎么不修一修啊？"

队长说："队里没钱。"

陆文夫说："我来试一试，看看能不能把它修好。"

队长看看他："你……能行？"

陆文夫没有回答，说实话，他也说不准。那些农具，外形倒是没变，却糊满了泥巴，生出厚厚的铁锈，农具上的螺丝，有的都不全了。队长知道陆文夫会种菜，会打家具，是一个多才多艺的人，但眼前是一堆废铁，这个城里来的下放干部，从没和农具打过交道，怎么修啊？

说实话，队长没抱什么希望。

陆文夫也是本着试一试的态度，好在他对机器的构造，有天然的探索兴趣。当年在机床厂和苏纶纱厂，他就是靠着这种天性，成为一流的车工和机修工，在技术革新上屡创业绩。与工厂的机器相比，眼前这些喷雾器、脱粒机，在构造上还是比较简单的。

世上无难事，只怕有心人。陆文夫打开随身携带的工具箱，使出了他的机修特长，埋头仓库敲敲打打，只用了两天，就让这批报废闲置的农机具起死回生，重新派上了用场，一下子为队里节省了很多钱。公社农机厂的老师傅听到这个消息，连连摇头，表示自愧不如。

从此，南份大队遇到类似难题，再也不愁了。东西坏了，就说："找老陆去，他有办法。"

3. 文坛挚友

生活稳定下来，陆文夫就开始想朋友了，特别想南京的朋友，都是一帮耍笔杆子的文弱书生，这些年过得如履薄冰，他们现在还好吗？

正巧，章品镇从南京来信了。信里说，他本想到射阳来看望陆文夫，两地不过两百里，但被事情耽搁了，后来又生病了，索性就来不了了，章品镇最后说："文夫，你要保重啊。"

陆文夫读到这里，吓了一跳，莫非……

他真担心朋友有什么不测。连忙乘车赶到南京，直奔《雨花》杂志社，要去找章品镇。门卫不认识他："你找谁啊？从哪里来？"

陆文夫说："我找老章，章品镇。我从射阳来，我叫陆文夫。"

没有反应，门卫不认识大名鼎鼎的陆文夫，也是啊，离开南京有些年头了。

门卫问："找老章有什么事？"

陆文夫说："听说老章生病了，我来看看他。"

门卫这才告诉他，章品镇在家里，他又心急火燎赶到章品镇家里。

章品镇打开家门，看到陆文夫的第一眼，就抑制不住激动起来。此时的陆文夫，灰头土脸，人更消瘦，好在潇洒依然，风姿犹在。章品镇就说："老陆啊，你咋这么瘦？"

陆文夫笑笑："只因国家多故，家庭多愁，土烧酒多喝了几杯。"

对章品镇来说，这可是贵客临门。一家人便高高兴兴张罗酒菜，坐上桌子，酒入愁肠，两位老友聊起了近年发生的一些奇奇怪怪的事，章品镇说："告诉我，这几年你是怎么过的？"

陆文夫神秘地笑了笑："演戏。"

章品镇不解："演戏？"

陆文夫说："是的。下放前，我的主要任务，就是陪苏州文坛的三位老先生挨斗。老先生们很认真，结果他们把自己弄惨了，已经走掉两位。我经历过这种事，向来认为，这就是演戏，造反派是演员，我也是演员，你批斗我，我就去挨斗，你不斗我，我就自寻快乐，千万不要自寻烦恼，只要不死，就能看到，这场戏早晚会收场。"

章品镇最感兴趣的是，陆文夫是怎样自寻快乐的。

陆文夫说："钓鱼啊！你想想，'革命群众'为国操劳，一连六天，当然要休息。这星期天，就是我的天下。不管夜来风雨，惨绿愁红，带足干粮，骑辆车子，出城十多里，去钓鱼！"

陆文夫说，他有一套属于自己的捉鱼经，与方之、高晓声不同。高晓声行伍出身，捉鱼手到擒来，叉鱼百发百中，能以此混饭吃。方之虽下放见过大世面，在洪泽湖随船队下湖观战过，可那是野战军的运动战，是宏观的围歼战役，而隐微的趣味，却少了许多。

陆文夫用大拇指，指了指自己："而我呢？虽洗手多年，但精细过人的禀赋尚在。熟知鱼性，找好地方下饵，然后放下钩子，平心静气等待，看似放手，实则静观，发现动静，抬竿必有收获。春草池塘，寂无一人，在疲于喧嚣之季，偷得一日之闲，变成神仙中人。这实在是一种难得的养心妙法！"

章品镇之后感慨，其实，"文革"到了文攻武卫阶段，亟须提倡钓鱼。可惜的是，身体力行者，唯陆文夫一人耳。

临别的时候，陆文夫凑到章品镇耳朵上说："你知道吗，老章，我在射阳，天天怕南京打来电报。有电报来，那老章一定死了，我得赶去给他办丧事啊。"

章品镇笑说："放心！你比我小，会有这种机会，但现在的中国人，平均寿命都长了，这事早着呢！我们还有很多事要做，还有很多书要读。"

回到射阳不久，宋词来看他。

宋词是从涟水赶来的。当年陆文夫落户射阳，他也从南京下放到涟水农村，涟水与射阳，同属苏北，两人却也相隔七年没有见过面。宋词思友心切，实在憋不住，便乘汽车来到射阳，找到了陆文夫所在的陈洋公社，他一打听，陆文夫落户在南份大队，就从陈洋的镇上过河，在乡下一路奔走询问，最后终于找到陆文夫的家。

村民告诉宋词："诺，村边的那三间砖根草房，就是老陆的家。"

看到陆文夫的房子，宋词心里怦怦乱跳。文夫啊，你在吗？在他眼前，房前屋后是五颜六色的菜地，几只小鸡在悠闲觅食，微风荡漾，绿叶扶疏，夕阳的余晖洒向大地，让房子和广袤大地，看上去金灿灿一片。他揉揉眼睛，这就是陶潜笔下的世外桃源啊。陶潜怎么说？"结庐在人境，而无车马喧。问君何能尔？心远地自偏。采菊东篱下，悠然见南山。山气日夕佳，飞鸟相与还。"不就是此番情景嘛！

陆文夫正巧走出家门。宋词喊了一声，"文夫！"把陆文夫吓一跳。

一看是宋词，陆文夫便惊喜起来："你怎么来啦？"

两双大手旋即握在了一起。

陆文夫二女儿陆锦，也闻讯冲了出来，"宋叔叔！"

宋词高兴得嘴巴一咧："锦锦！你都长这么高啦！"就问陆文夫："咦，怎么没看到毓柔和绮绮？"

陆文夫说："她们回苏州了。"

宋词说："我来得真不巧！"

陆文夫对女儿说："锦锦，你来做饭。我和你宋叔叔说会儿话。"

锦锦说："好嘞！"

宋词就担心："闺女这么小，会做饭吗？"

陆文夫说："穷人的孩子早当家。放心好啦，苏州小囡，个个心灵手巧。"

说着，就带宋词参观他的菜园、鸡舍、果木，又来到附近田间转了转。坐下饮酒吃饭的时候，宋词问："文夫，你跟我说实话，这几年过得好吗？"

陆文夫说："你都看到了，世外桃源。"

宋词说："我给你写的诗，收到了吗？"

陆文夫说："收到了。在公社放了好长时间。要不是去公社办事，别人告诉我有信件，说不定还真丢失了。"说着，从柜子里翻出一个信封，掏出那首长诗。

看到自己寄出的诗，还在老友手中，宋词很激动。说："来来来，文夫，我要亲自念给你听！"

陆文夫说："好呀！"

宋词就展开他的诗作，情绪饱满地读了起来——

> 三载音信绝，思君常泪滴。
>
> 偶尔问王生，方知君消息。
>
> 旧事涌心头，友情成回忆。

梅雨落花时，初见画楼侧。
风华正少年，文坛挥彩笔。
篇篇立意新，典型重真实。
前辈识君才，同行争交结。
文字累人初，金陵住不得。
弃笔学工匠，彷徨意未决。
托翁语案头，梦中会芹石。
文思绕机床，情如波涛急。
挥毫落素笺，谱写车工曲。
我在太湖滨，与君交往密。
夜话秋窗雨，醉赏虎丘月。
忧患未尝尽，名心难磨灭。
三月接调令，春风送行色。
石城又重来，梁园旧宾客。
谦虚敛疏狂，慎行戒孤独。
不出惊人语，一改文人习。
华筵不见君，舞会少行迹。
胸中怀大志，勤奋无停歇。
夜冷拨灰烬，天暑汗流湿。
眉锁千层皱，心沤万斛血。
笔下走龙蛇，纸上见功力。
长安登新作，一时争传阅。
十载寒窗苦，赢得沈公誉。
世事总难料，风云常莫测。
文章又招祸，一旦身名裂。
江南花月夜，淮海风雨夕。
七律寄深情，两度叩门阙。
人在楼依日，阿锦呼亲热。
抵足话中宵，倾杯相对泣。
尘土封残稿，釜底烧书册。
才名误半生，诗文休再说。
退职辞工匠，务农去江北。
携家出平门，天寒风瑟瑟。

人去铁瓶巷，名留吴市壁。

苏州二十年，应赋姑苏别。

满城飘桂子，十里翻荷叶。

横塘春水浅，古寺寒山碧。

鱼鲜归季子，酒香醉禹锡。

女鞋敲深巷，柳花沾氅雪。

一自君去后，林园应沉寂。

亭榭任风雨，曲径苔空绿。

树木有荣枯，云翻和雨覆。

负罪三年久，迄今犹未释。

一身无所累，随处任安置。

尘缘皆成空，事事伤心极。

苦吟百句长，难尽情万一。

与君重逢日，当看鬓须白。

寂静的屋内，只能听到宋词抑扬顿挫的声音。这首诗很长，读着读着，宋词的声音嘶哑起来，有时候还会卡一下，显然是情绪所致。看到老友很投入，陆文夫眼眶湿润了。诗里描写的，正是他们近二十年的遭遇和友情。诗句表达的，都是二人的切身感受。知己莫若老友，此时的陆文夫，再一次体会了这份友情。

一晃，两天过去了。日喝夜饮，顿顿酒叙，时光飞逝。宋词带的两瓶洋河酒，很快喝完。第三天，接着再喝当地土酒"大头晕"。陆文夫告诉宋词，这种酒，喝了会上头的。宋词说，上头也要喝！

正在此时，陆夫人管毓柔从苏州归来，还有大女儿绮绮。她们带来了苏州的卤菜和三花酒。宋词一看到管毓柔，就乐了："哈哈，毓柔啊，还是你了解我们，解决了我们的燃眉之急！"

说罢，拉着一家人坐下。他和陆文夫打开三花酒，又继续喝了起来。喝到半醉，宋词突然说："文夫，毓柔，你们知道吗？我也是半个苏州人。"

管毓柔说："又喝多了吧。你和苏州有什么瓜葛？"

宋词说："真的！你听好了，我给你说说。"

原来，1948年夏天，开封被解放军攻占，河南大学南迁苏州，宋词就是这个学校文学院的学生。当时他只有十六岁，随文学院住在沧浪亭旁的三贤祠。他和几位同学，住在北房，木板床，上下铺，阴暗又潮湿。1948年的沧浪亭，是一座废园，经过战乱，满目荒芜，但山上奇石倾斜，"沧浪亭"四角石亭，依然巍然屹立。当时，学生生活十分艰苦，天天喝粥，街上经常有挑馄饨担的、卖蒸糕的、卖豆腐干的吆喝声，学生若能吃上一串豆腐干，便是美味。每当薄暮时分，宋词喜欢登上山顶的沧浪亭，向远处眺望，虽然不见诸峰环拱，远岫浮青，但他仍有"高旷轩敞，心舒目开"的感觉。当时河南大学的黄河剧团，正在排演曹禺的《北京人》，宋词在剧中扮演曾霆，也在沧浪亭内排过戏。1949年元旦，这个戏还在玄妙观内的会堂公演过。

宋词说完这些，对陆文夫悄悄说："文夫你猜，我当时最大的愿望是什么？"

陆文夫问："什么？"

宋词说："就是能吃上一碗街上卖的馄饨！"

陆文夫笑道："那时，我就在沧浪亭对面的苏州中学念高中。我的最大爱好，也是天天吃馄饨！"

说完，两人一起开怀大笑。谁也没有想到，两位老友不只情投意合，就连饮食爱好也是如此相近！端起酒杯，更加开怀地畅饮起来。

第二天清晨，宋词犹带宿醉，返回涟水。在村口告别时，陆文夫看着宋词深一脚浅一脚远去的身影，一阵心酸，两眼禁不住模糊起来……

4. 乡间酒事

陆文夫在南份大队，参加的最重最累的一次劳动，就是开挖小洋河东岸的淤滩。时间是1973年冬天。

陆文夫是下放干部，本来无须参加劳动。这次自告奋勇，偏要去当一回"河工"，陆文夫觉得，参加这样的农村集体劳动，非常难得。从文学创作角度说，可以考察各种人，也可以观察各种生活现象。

大队民兵营长唐修武说："老陆，这不是你干的事！"

陆文夫说："我是志愿的。闲着，也是闲着。"

唐修武说："这样的活儿，你真的干不下来！"

陆文夫呵呵一笑："好啊，我们比试比试！"

半天淤泥挑下来，陆文夫这才知道，自己根本干不了重体力活，别人还在劲头上，他已经满身泥浆，肩肿腰疼，感觉吃不消了。中午开饭，有大锅红烧肉吃，唐修武拎来射阳白酒，要与陆文夫干几杯，刚刚干活的时候，唐修武看到陆文夫筋疲力尽，觉得委屈了陆文夫，这会儿，他要犒劳犒劳他。唐修武是个大大咧咧的人，就操着大嗓门说："老陆，你是大城市下来的干部，喝酒肯定不在话下。"

陆文夫说："我哪是什么干部，只是个落魄文夫，肯定不是你的对手。"

唐修武说，"哪里哪里！"心里又说，文人就是文人，干活不是对手，喝酒还会有量？

两人嘻哈大笑过后，以酒对垒，开始对饮起来，先是一杯对一杯，一瓶酒很快干了，接着又开一瓶，结果，唐修武不胜酒力，率先败下阵来，他从陆文夫手中，一把夺过酒瓶，连连摆手，高举起免战牌，"老陆啊，我看你不是挑河的料！你还是回家，歇着去吧。去吧去吧。"

村民哪里知道，他们看到的这个文质彬彬的下放干部，其实是个酒仙。年轻时，父亲要求陆文夫，一生不沾酒，但1957年《探求者》事件发生后，陆文夫开戒了，逐渐爱上杯中尤物。遭遇的坎坷越多，他的酒量越大。下放到射阳，他发现这穷乡僻壤酒徒更多，尤其是城里来的下放干部，过着过着就变成了酒鬼。他们有工资，却没有工作；有理想，却无法实现；有思想，可无处表达；有住房，却缺少温暖。大家聚在一起，一说到这些就想发泄，唯一解脱的办法，就是喝酒，把自己灌个烂醉。

陆文夫也是他们其中一员。

陆文夫的家，本来就在村子边缘，远远看去，像是一个本本分分的安乐窝，殊不知，这里经常成为酒场。陆文夫有不少酒友，今天到我家，明天到你家，有时路途遥远，他就骑着那辆凤凰牌自行车去赴约，遇到独木桥，拎着自行车走过去，遇到大河阻拦，就把衣服顶到头上游过去，常常是，清醒出门，醉酒归来。有一次在回来的路上，走着走着就歪倒了，仰天卧在路上，吐得满身污秽，路人看到，掩口鼻而过。陆文夫醉了，可脑袋是清醒的，看到人们侧目，就想起两句诗："醉卧沙场君莫笑，古来征战几人回！"

在农村饮酒，还闹出一个笑话。有一次，陆文夫和酒友全部醉倒，大伙就簇拥在一间草屋中，酣然入睡。半夜溺尿，昏昏沉沉的陆文夫，摸到别人的棉鞋就当夜壶。翌日酒醒，大家相互推诿，谁也不说半夜起来小便过。许多年后，朋友问及此事，陆文夫连连摆手否认："冤哉枉也！"

那时候，能喝到酒不容易。计划经济时代，买不到酒，特别是好酒。为了买酒，陆文夫和店家吵过架；为了买酒，大家一拥而上，挤掉了棉袄上的三粒纽扣。即使这样，还是买不到粮食白酒，经常要喝"大头晕"。这种地瓜干酒，一喝就昏头。没法子！缺酒啊。所以，在射阳要是偶尔喝到一次优质双沟，就像喝到了玉液琼浆。半斤下肚，神采飞扬，头不昏，脚不浮，口不渴。试问，即使是杜康酿的酒，能和双沟相比吗？

你还别说，天无绝人之路。有人会帮陆文夫这个忙，此人叫裴艺元。

1969 年，陆文夫下放射阳。告别苏州的时候，射阳接人的队伍中，就有裴艺元。这个小青年，其实不是陈洋公社的，而是合兴公社的文化站长，但在"下放户"名单中，他发现有"陆文夫"，下放地点为"射阳县陈洋公社"，就来了兴趣。他读过陆文夫的小说《荣誉》《小巷深处》，印象很深。难道这位"陆文夫"，真是那位有名的大作家？就很好奇，登上了开往陈洋公社的那条船。他从未见过陆文夫，也不知道他长什么模样，但在船上，看到一位四十多岁、面目清瘦的文弱汉子，正往船上搬运行李和家具，上前一打听，此人正是陆文夫。从此，二人成为忘年交。

回到射阳，裴艺元被抽调到县文艺创作组。根据县革委会的宣传指令，他们要编两出大戏，宣传全国闻名的"双洋民兵营"，和"新潮九队"学大寨经验。当时，射阳县淮剧团的几位编剧，尚未解放。裴艺元等创作组成员，又是戏曲的门外汉，这戏怎么编啊！裴艺元生出一计，找到县革委会军代表，建议"抽调陈洋镇下放干部陆文夫参加编剧"。就这样，陆文夫也被借调到县文化馆，和裴艺元成了同事。

既然是陆文夫的同事，怎么能不喝酒？但当地老酒，只有"大头晕"。想买好酒，须经县糖烟酒公司批条子。裴艺元是县文化馆干部（文艺编剧兼会计），有这方面的优势和条件，就借"上级来人观看群众文艺会演"的名义，让军代表出证明，到县公司去批条子。军代表也好这口，很快开出了证明。当时所谓好酒，也就是两元多一瓶的洋河大曲，瓶上贴有"天女散花"绿色图案。在当地人看来，它等同于现在的"剑南春"和"五粮液"。

陆文夫最喜欢的下酒菜，是花生米。裴艺元帮他买花生米，也是用这种办法。先开会演证明，再到粮油公司，弄油票、豆腐票之类的票证，然后用这些票证，去买花生米。有一次，裴艺元买来了三瓶洋河大曲、十斤花生米，陆文夫十分兴奋，当即打开一瓶洋河大曲，倒入杯中，再掺些"大头晕"，自斟自酌起来。喝着喝着，就想起南京的朋友。朋友们近年都有音讯，只有顾尔镡，已经很久没有消息了，他还好吗？他决定给他送一些酒和花生米。正巧，军代表派裴艺元去南京电影制片厂，取电影拷贝，陆文夫便委托他，将东西带到南京。他把一袋花生米交给裴艺元，叮嘱他："里面有酒瓶，小心别打碎了。"

裴艺元到了南京，按图索骥找到顾尔镡家。开门的人，是顾尔镡的女儿顾永菲——当时炙手可热的一位电影明星。她打开蛇皮袋时，裴艺元看到花生米中间，是扎缚好的两瓶洋河大曲，一时间，被陆文夫真诚待友的行为感动了。

总共才三瓶酒，十斤花生米，陆文夫宁可自己兑点"大头晕"，慢慢地喝，却省下大部分酒，慰劳患难中的朋友！

5. 社交圈

陆文夫与乡下朋友对酒当歌，内心是孱弱的。

那个年代，政治动荡，前景不明。将来，下放干部可能连工资和粮食补贴都会取消，吃饭都有问题。子女更是受牵连，没有较好的读书条件，今后生存怎么办？所以，陆文夫已做好应对未来的准备，比如蹬三轮，开小铺，当然，最好能开一个"万能铜匠摊"。

"万能铜匠"是什么意思？就是小型生活器具的机械装配。用老百姓的话来说，就是"外国铜匠"。陆文夫有这个爱好，比如机械磨锉、装配等等。平日，他总是自己动手修配日常器具。就像修钟表，眼睛夹上放大镜，整套工具铺开，俨然像个钟表匠。那些旧钟表，也确实被他修好了。最难修的，是那种没有零件配的老式机械钟表，他也曾修好过。那样的钟，只要某一齿轮磨损，就要校正，还要锉动与之相关的各种齿轮。陆文夫就修好过一只古董皮套钟，那是一只有钟点、日历、星期的小型台钟。能修好这只钟，算是达到他修钟的顶峰了。当然电子钟除外，按照陆文夫的说法，坏了还是丢的好，他毫无修理兴趣。

陆文夫还喜欢锉刨钳锯之类的手工活。许多年后，年过六旬的他，还兴致勃勃戴上老花镜，找来什锦锉和原材料，花上几个小时，制作了一个"傻瓜照相机"的电池盖，这盖子的卡口不但有弹簧，而且还有搭扣。"咔嗒"一响，盖子上好了；轻轻一推，弹簧又会将盖子弹开。他说，他早年特别喜欢拍照，也喜欢摆弄照相机。当然，晚年玩一玩照相机，醉翁之意不在酒，而在于两个宝贝外孙女。那是为了拍摄他们的成长过程。

农村生活很寂寞，心中有事，就想和大家交流沟通一下。下放干部之间，也就慢慢形成了一个社交圈。大家你来我往，倒也丰富了彼此的生活。

主雅客来勤。陆文夫的家，也经常会有朋友上门来。有一次，家里来了一位老朋友，名叫张祖根，下放前是厨师，当过苏州饮服公司的科长。他俩的祖籍都是常州武进，又爱好美食，彼此就很投机，甚至称兄道弟。陆文夫下放射阳后，他经常来探望。

张祖根有烹饪手艺，到陆文夫家一看，每天吃得非常简单，就嚷嚷起来："陆老师，你不能这样糊弄自己！这样吃饭怎么行，要把身体搞坏的呀！"

陆文夫笑笑："我又能怎么办？"

张祖根说："你的菜园子这么多品种，怎么一上桌就简化了？"

陆文夫说："你来教我两手，我也好学一学。"

这位仁兄外衣一脱，袖子一卷，就钻进了灶间，开始帮他做起了饭菜。顿时，油烟升腾，锅铲铿锵，香味四溢。烧到最后一个菜时，张祖根把陆文夫喊到灶前，嘱咐他："你来放盐。"

陆文夫一愣："为何？"

张祖根说："你说，你会不会放盐？"

陆文夫说："会呀！"说着，从盐罐里抓起一撮盐，放入锅内。

张祖根没说什么，继续炒起了他的菜。不一会儿，几个小菜端上餐桌。一家人面对香气四溢的诱人饭菜，都凑上来用鼻子闻了闻，仿佛又有了过节的氛围。

管毓柔就问张祖根："你说说看，你的菜怎么会炒得这么好？"

管毓柔可是东吴大学的高才生。她这么一问，倒把张祖根给问住了。

陆文夫说："先吃饭。容他慢慢道来。"

于是，主客便开始饮酒进餐。吃着吃着，陆文夫憋不住了，就问张祖根："我只请教一个问题：烹饪最重要的技术，是什么？"

张祖根想了想，说："放盐。"

没想到全家人听了，就笑起来。

张祖根挺认真："真的，就是放盐。"

陆文夫问："为何？"

张祖根就一五一十讲起了放盐的道理。他还结合各种名菜佳肴，简直把人听得垂涎欲滴。尤其说："放盐，看似简单，实则学问很多。多一分，过了；少一分，不够。盐是百味之先。所谓南甜北咸，特点全在盐的轻重上。厨师学艺，能否出师，关键也看放盐。所以，烹饪的优劣，放盐技巧很重要。盐放错了，其他佐料再好，也是白搭。"

这番话对陆文夫来说，有如醍醐灌顶，让他记了一辈子。十年后写小说《美食家》，他专门设计了"最后一道汤"应该如何放盐的情节。张祖根说的话，他让小说里的朱自冶，又重新说了一遍。这段情节，也成了这部小说最让读者击节赞赏的一个精彩片段。

张祖根走后不几天，家里又来了夏锡生，陆文夫的另一个好友。

夏锡生曾是陆文夫老上级。新中国成立前夕，中共苏州县委创办过一个"文心图书馆"，夏锡生在那里当过书记。新中国成立后，他又到苏州市委宣传部任职，陆文夫当时只是一个记者。

尽管"同是天涯沦落人"，夏锡生却是一个乐天派。一到陆文夫这里，总会乐呵呵地说这说那，给陆文夫的生活，增加不少趣味。因为彼此合得来，他们经常秉烛夜谈，通宵达旦都很兴奋。

当时，下放干部窝在农村，精神却是自由的。"社交圈"成员，基本来自苏州，年龄相近，情趣相投，经历相似，又有一定文化修养。有的是经济专家，博学深思；有的是政治干部，干练机敏；有的长期搞新闻，见多识广。现在一起下放苏北，有着说不完的共同语言。当然，谈的最多的话题，还是忧国忧民。人在农村，却系统地重温了哲学、政治经济学著作，对几十年，乃至几千年以来的历史，都作了深入思考，思考的结果，大家都变成了一群头脑清醒的"观众"，他们的许多预见，都被后来的历史所证实。林彪坠机，他们料想"皇后派"还有大戏要唱；小平复出，他们振奋之余又为之担心；"批林批孔"，他们深知小平处境艰难；"四人帮"喧嚣，他们认定物极必反，只不过是一场"闹剧"。不过后来"四人帮"粉碎，他们倒是感觉快得出乎意料。最关键的是，他们相互信赖，赤诚以待。

不过，这次夏锡生聊得最多的，不是政治形势，而是旅游见闻。由于工作关系，夏锡生到过不少地方，每到一个景点，他都兴奋不已，感叹山河之美，气象万千！他和陆文夫聊天后发现，陆文夫身为名作家，却对各地的风景，孤陋寡闻，聊到类似话题，只能说说北京的故宫、上海的外滩、南京的玄武湖，其他地方所知甚少。所以，夏锡生今天要给陆文夫补一课。

夏锡生说："老陆，黄山去过吗？"

陆文夫说："没有。"

夏锡生说："你此生，一定要爬黄山！"

陆文夫说："为何？我们苏州西南郊区，也有很多山啊，都可以爬的。"

夏锡生说："不能比的，没有可比性的！黄山多高，它们有多高？木渎的灵岩山高吧？穹窿山高吧？也就是黄山脚下的一个小土堆。"

陆文夫安静地看着他。

夏锡生说："你只要到过黄山，其他的山，基本上就不用去啦。黄山有什么？奇，美，险，峻！黄山还有四绝，奇松、怪石、云海、温泉。它的三大名瀑，你晓得吧？人字瀑，百丈泉，九龙瀑……"

陆文夫笑说："不就是树木、岩石、云彩、泉水，许多景区都有的。"

夏锡生说："不同的不同的，完全不同的！比如黄山的松树，它叫迎客松，其他的山是没有的。黄山的岩石，都是怪石，堪称奇观！还有黄山的云海，瞬息万变，如梦如幻。这都是黄山独一无二的景观……"

夏锡生如痴如醉地讲着，陆文夫安安静静地听着。室内，油灯摇曳，将他们的身影，投射到斑驳的土墙上；室外，北风呼啸，吹得屋顶上的泥屑，沙沙沙地往下掉落。陆文夫恍若置于一个海客谈天、如梦似幻之境。夏锡生口中的黄山，此时已成为他神往的人间仙境。陆文夫突然就想，真是枉为半生啊！早知如此，当年何不去黄山一游呢？

除了朋友上门聊天，陆文夫有时也会出门，到处去走一走！还会在自行车上带着工具包，到了朋友家里，一边聊天，一边替人家磨磨剪刀和菜刀，修一修缝纫机。

在"社交圈"聊天，文学艺术是常说的话题。有一个下放干部，把家中所有中外文学名著，都带到了乡下，陆文夫经常去他那儿借书，来回几十里路，很远，但他无所谓，在那个年代，书能丰富他的精神。大家书读得多了，还想说一说感受，于是就有了像读书会一样的聚会，大家聚会时，谈谈读书体会，也谈自己的创作得失，有时候还会探讨一些理论问题。

在这种场合，陆文夫成了核心人物，他的很多小说，产生过影响，大家都读过。他会应大家要求，和朋友们一起分享自己的创作体会，当然也会说到自己的局限。这样的话题，很能激发大家的思维，引发大家真诚讨论。

大家说，陆文夫的创作追求，就是"一心写好小人物"，值得肯定。还说，陆文夫以前的作品，艺术风格清新，创作动机单纯，这是一种常态，许多作家起步时都有这个特点。但陆文夫不能这么一味地"单纯"下去，否则就会导致作品肤浅。大家还是希望，陆文夫今后的创作，要强化思想深度。又预言，陆文夫未来的风格，大体上会是契诃夫的那种"含泪的笑"。这些发言看似随意，实是重锤实敲，一针见血，抓住了要害。它对陆文夫创作思想的确立，创作个性的形成，产生了深远影响。

除了参加读书会，陆文夫还会去探望文艺界的一些老朋友。

这一天，隔壁公社的易枫，约陆文夫去看望庄再春，她也下放在易枫那个公社，只是二人不在一个大队。易枫是陆文夫老友，苏州苏剧团的编导，和陆文夫同一天下放射阳。庄再春是他的同事，当红演员，团里的台柱子，她演的《醉归》《花魁记》名噪一时。没想到年近五十岁的她，也落户到苏北农村。

前往庄再春队里的路上，易枫很感慨："庄再春不唱戏，真是可惜。"就问陆文夫："你对庄再春了解吗？"

陆文夫摇摇头。

易枫说："她比你大七岁，你1928年生，她1921年出生。五十年代就成了名角。1951 年参与了创建民锋苏剧团，这是省苏昆剧团的前身。她扮演《醉归》中的花魁，获得华东戏曲会演二等奖；主演《花魁记》得了江苏省第一届戏曲会演演员一等奖。六十年代为江苏青年戏曲会演作示范演出，还获得了荣誉奖。"

陆文夫说："说到庄再春的事，你如数家珍啊。"

易枫说："那当然，我是她的编导。她演的好几部戏，我都参与了。"

易枫告诉陆文夫，庄再春可不简单。当年，"苏滩"演变为舞台上的"苏剧"，她是第一代演员，能演青衣、花衫、花旦、刀马旦、老旦，已经塑造了几十个艺术形象。庄再春很勤奋，"文化大革命"前为工农兵演出，每年都有近百场，深受观众喜爱。刘少奇、周恩来、贺龙，看过她的戏都赞赏。苏剧的魅力在哪里，只有看过庄再春的戏，才明白。她的演出美极了，身段典雅，表演精致，唱腔柔美，很会用嗓子，能控制音量对比，尤其擅长使用气声和轻声，所以行家说，她的嗓子，糯、甜、雅，有一种润腔风格。气质也好，一上舞台，自带气场。观赏她的表演，就是一种享受。怎么形容呢？就像沉浸在诗情画意中吧。那画面当然是江南水乡，清丽优雅，缠绵悱恻。

庄再春的戏，陆文夫也看过几出，印象深刻。

他看过《醉归》。伴随着清脆的小锣声，庄再春扮演的美娘，搭着丫头的肩醉步上场，一声"豪门不肯把笙歌歇"，唱出了愤懑；一声"你我的家在哪里呀"，唱出了凄婉。美娘酒醒后，得知自己呕吐，秦钟用自己的衣衫为她清理，便由感动，到敬佩，到爱慕，几句"秦官人你过来呀……"的唱腔，层次分明，抒发了人物的情感变化。秦钟离去后，美娘倚门眺望，眼中含着希望和不舍。这些情节，让陆文夫看得很陶醉。

陆文夫还看过她演的《出猎》。李三娘挑着水桶，拖着疲惫无力的脚步，一出场就让人感到，这是一个受尽折磨的古代妇女，后来，李三娘与一位少年公子见面，触动了思儿情感。这位少年就是她的儿子，当少年公子情不自禁上前认母时，李三娘想认却又不敢。庄再春的表演，如剥茧抽丝，层次井然，情感表达既含蓄又清晰。在陆文夫看来，这些戏都是苏剧的经典。

二人说话间，就到了庄再春所在的村庄。此时，日已偏西，余晖遍洒，村子里炊烟袅袅，犬吠鸡鸣，处处都是烟火气。庄再春的住房，大门打开，静得出奇。陆文夫和易枫正要进入，发现庄再春就坐在当门，身穿旧式棉袄，戴着绒线帽，正低头剪田螺。粒粒田螺在庄再春手里，不停转动着，然后叮叮当当掉在脸盆里。门外的北风，刮起黄沙，打着旋子，向海边飞去。庄再春坐在小凳上，一直平心静气，恍若与世隔绝……

此情此景，陆文夫感慨万千。他隐隐觉得，清丽婉约的苏剧，随着苏北荒野的黄沙，已经飘走了，可能再也不会回来了……

易枫喊了一声："小庄！"

庄再春抬起头，迎着门外的强光，眯眼看了看易枫和陆文夫，好一会儿才说："噢，是易导啊。"

易枫说："这一位，你也应该认识吧？我们苏州的大作家陆文夫。"

庄再春说："认识认识，他当记者那会儿，就知道。"

陆文夫上前一步，握住庄再春的手："庄老师，没想到你也在射阳！我是你的忠实观众。"

庄再春笑道："陆老师客气了。都是过去的事了，现在我们都一样，都是农民。"

寒暄之后，三人聊起了射阳的新生活，但主要的话题，还是苏剧。陆文夫说得不多，在两位行家面前，他属于门外汉，很少插话，只是静静地坐在那里听，听着听着，陆文夫便觉得对庄再春的认识，又加深了。

他听易枫说，庄再春苏剧演得好，靠什么？靠昆曲的底子，靠话剧的基础。苏滩初变苏剧时，形式杂乱。从五十年代开始，庄再春就向昆剧前辈郑传鉴、沈传锟、姚传芗、沈传芷、袁传蕃、薛传钢等讨教，排戏的时候，也请他们指导，示范身段，逐渐就学会了水袖、台步、身段、武功等戏曲基本功。庄再春涉猎话剧，是受她爱人的叔叔应云卫影响，他是话剧界编导，所以庄再春十二岁涉足话剧，转演苏剧后，应云卫为她编导过戏，这使得庄再春的表演，融入了话剧养分，既注重表达角色的思想感情，又讲究角色之间的相互关系。有了这些基础，再演苏剧时，就形成了独特的舞台优势。

易枫问："小庄啊，平时还会唱两句吗？"

庄再春叹一口气，摇摇头："不唱了。唱不了了。心头有寒意，出声气不足。"

这一句话，说得两位男人差点落泪。

短暂的相会很快结束。临别时，易枫说："小庄，好好保重，来日方长！"

陆文夫也说："期待还能看到你的戏。"

庄再春连连道谢。

告别后走了一段路，陆文夫回头看看，发现庄再春还站在门口，静静地目送他们远行。夕阳余晖之下，庄再春宛若一尊饱经沧桑的村妇雕塑。

6. 悲喜交加

陆文夫身处乡村，一直关注着外面的信息。"文化大革命"将要结束的时候，他有一些预感，但不确定，正好有事回苏州，他想顺便打听一下。

回到苏州，陆文夫先去探望了程小青。老人家还住在望星桥北堍的弄堂里。走进这条又窄又长的小巷，陆文夫很忐忑，他希望叩门以后，能像当年一样，程师母或保姆会来开门。

叩了半天，门才打开。一看是程小青本人，陆文夫很吃惊。老人显得老态龙钟，耳朵也不灵了，交流很不畅。他已经认不出陆文夫，就问："奈（你）是啥宁（人）？"

陆文夫大声说："程先生，我是陆文夫！"

程小青想了想，似乎突然想起这个中年人，就是许多年前下放苏北农村的陆文夫，这才上前紧紧拉住他的手，嘘寒问暖很激动。程小青说："奈（你）还好吧？"

陆文夫说："好，一切都好！"

程小青说："毓柔还好吧？"

陆文夫说："好着呢！"

程小青说："两个小囡好吗？"

陆文夫说："她们一切都好！"

程小青还询问了江苏文艺界的老朋友，他们如今都在哪里？还好吗？似乎一切都不知道，恍如隔世。

走进程小青的家，陆文夫看到的，已是残缺不全的模样。过去的书斋和小楼，都被人占了；花草与盆栽，也不见了。只有种在地上的迎春柳，长得绿叶茂盛。陆文夫正要向程师母请安，抬头却看到她的遗像挂在墙上。

程小青说："陆先生，她已经走啦。"

程小青说，和他相濡以沫的妻子，已在去年病逝，他还为她写了两首悼亡诗。陆文夫听到这个信息，一阵心酸。程师母走了，程先生怎么办啊？他能经得起如此打击吗？程师母用一生的时间和精力，呵护和照料程先生，尤其对程先生的饮食起居，照料得细致入微。家里的各个房间，每天都收拾得井井有条。

如今，程小青却被挤到一个小房间里。陆文夫一看，房内空空，只放一张小床，还有那辆程先生心爱的兰陵牌自行车，上面落满了尘灰。程先生的书籍和手稿，都在"文化大革命"中抄光了，写字台也不见了，只有一张小桌子，放在堂屋里。

陆文夫说："程先生，书都没了，您读书怎么办？"

程小青摇摇头："我不读书了。我读报。"

陆文夫这才知道，程小青订了几份报纸，整天翻来覆去地看。为消磨时间，程小青有时写写诗，他把几位老朋友的地址，抄在一张纸上，轮流向他们写信或寄诗，以此消磨时日。

陆文夫突然想起，1957年他们在连云港，程小青说他有一个愿望，希望重印他的《霍桑探案》。看到现状，恍若隔世，好像经历了一场梦，他本想为程先生完成这个心愿，但自己困在苏北，印书的事谈何容易！

陆文夫不忍在程小青那里久坐，交谈了个把小时，便起身告辞。

程小青说："陆先生，吃过饭走吧。"

陆文夫说："程先生，不必客气。我还有事，先走一步。"

说话时，二人不约而同抬起头，看了看程师母遗像。仿佛是个习惯，该吃饭的时候，程师母如果健在，她一定会把一切都准备好的，现在人去楼空，令人心碎。

程小青拖着缓慢的步子，把陆文夫送到大门口，眼看陆文夫要离开，说了句很伤感的话："文夫兄，这是我们最后一次见面了，你多保重。"

陆文夫听到此话，悲从中来，在老人面前，又不便表露，便强忍眼泪，匆匆握别，转身向弄堂口大步奔去，走了一段路不放心，又回头看看，发现程小青仍呆呆地站在门口，目送他远行。

程小青的话，不幸言中。陆文夫探望他不到两个月，1976年10月12日，程小青溘然逝世。此时，历史刚翻开新的一页。

1982年，程小青女儿程育真将父亲晚年的诗作搜集成册，编印成《茧庐诗词遗稿》，并请苏州大学的范伯群教授作序，在纽约自费印刷成册。《遗稿》中的诗词，多作于二十世纪六十年代初，吟唱对象以大自然风光为主，心情尚且舒展。在《七十自述》中，程小青却写道："沧桑世间曾经历，冷暖人情欲画难。"透露自己的一生，其实有很多不如意。

程小青入土后，墓志铭是陆文夫写的。

有一位正直而善良的作家在此长眠。他曾经走过漫长的人生之路。艰难、曲折、自强不息，用一支秃笔与那邪恶和卑劣搏斗。他写下了著名的《霍桑探案》，企图揭开一切罪恶的底细。但愿他留下的智慧能使善良的人们变得聪明一些。

之后数年，陆文夫一直记着他对程小青的承诺，也一直记着程小青站在家门口目送自己的情景。程小青逝世十周年之际，经过陆文夫的奔走努力，四卷本《程小青文集——霍桑探案选》由中国文联出版社出版。三十年前的心愿，今日终于完成。陆文夫在序中说："程老，望你在九泉之下安息。"

对这件事，后辈作家黄恽很感慨："陆文夫是个古道热肠的侠义男子，重然诺，守信用，程小青的嘱托他一直铭记在心，一直在寻找机会完成程小青的遗愿，直到二十世纪八十年代初，他终于把程小青二十多年前的愿望实现了。重述这样的故事，真有恍若隔世之感，这里有人与人之间'人走茶不凉'的真情，有侠义的精神，有担当，一句话，陆文夫有古君子之风，罕有人及，令人不由想起太史公笔下的游侠们。"

程小青走了。所幸在1976年金秋，人们看到了希望。

粉碎"四人帮"！

这是一个令人振奋的消息，也在大家预料之中。陆文夫为之兴奋不已，尽管远近朋友都已知道这个信息，他还是禁不住奔走通告。第一个要去的地方，就是南京，这是他经历劫难的地方，也应该是今后重生的地方，他要与那些老友们会一会面，倾诉郁积多年的痛苦与烦恼。

他在南京逗留了三天，找到了所有能够找到的朋友，同他们一连痛饮三天。陆文夫的心情，此时可用"万分激动"来形容。他和朋友们举杯相约，拿起笔吧，继续创作，把这十年乃至二十年的损失夺回来。大家刊物上见！

7. 文人出山

就在苦尽甘来的时候，陆文夫万万没想到，自己成了"孤家寡人"。

听说"四人帮"倒台，每一个下放干部都很激动，看到了希望和光明。他们知道，自己即将从农村回归城市。射阳县也是闻风而动，积极配合形势解放干部，从1977年开始，大量下放干部被起用，陆文夫"社交圈"的人，三三两两进了城。

陆文夫以为自己也会很快进城，可等到最后，他的事无人问津，托人一打听才知道，那些回城的下放干部，政治面貌"干干净净"，而他是个不戴帽的"内定右派"，处理起来有点棘手，事情就被拖延下来，他再一次感到了冷落和孤独。

好在，天无绝人之路。

当时，省里开会布置，每个县每三年要出版一部长篇小说，让那些"死不改悔的走资派"看看，离开他们地球照样转动！盐城地区有一个新潮九队，是"学大寨"典型。有人就向射阳县委书记建议，南份的下放干部陆文夫是一个很有名的作家，不如让他来写一部长篇小说，宣传新潮九队的事迹。县委书记就采纳了这个建议。这位书记做过塾师，当过武工队员，深知"立言"为"三不朽"之一，所以他对陆文夫礼贤下士，十分尊敬。

陆文夫接到进城的第一个电话，来自公社，说县里有事让他去一趟。敏感的陆文夫知道，这肯定是个好消息。三十里大路，他骑着自行车，四十分钟就赶到了县里。接待他的人，是县里的军代表。他紧紧握着陆文夫的手说："陆老师，欢迎欢迎！您是我们射阳文化界的精英，代表人物。我们早就盼望您来县里工作啦。如今终于夙愿以偿！"

接着，进入宴席，不由分说地喝起了酒。

第二天，再由县文教局做东，继续请陆文夫喝酒。

整整两天盛宴，都是各路头面人物作陪，弄得陆文夫有点受宠若惊。但到底为何如此盛情？大家只字不提。陆文夫读过《三国演义》，心想麻烦来了。他自忖身怀三技：一是新闻报道，二是机械技术，三是文学创作。干新闻报道，时兴穿靴戴帽，他决定不干；如果要办社队工厂，倒是愿意效劳，此事于己无害，于人有利；搞文学创作，这不可能，没人知道他的文学身份啊，表格上也没有"作家"头衔。

第三天才真相大白。县委书记出场了，开门见山说，要他写一部长篇小说。还要他领导一个创作组，根据"样板戏"复制出一台大戏。这么一说，倒把陆文夫给吓着了。陆文夫经历过反右、整风、"文化大革命"等等运动，"再踏上一只脚"这句话犹在耳边，怎好再去蹚浑水？弄不好会连锅端掉，自留地都玩不成了。更何况，他崇拜缪斯，要他去写阶级斗争，那也是两眼一抹黑啊。

陆文夫说："书记啊，我实在写不了……"

陆文夫恳切解释，自己洗手多年，隔行如隔山，根本不适应当前的形势和潮流。硬写下来，肯定失败，或许还会惹出大祸，自己栽了无所谓，如果连累领导，实非为人之道。

县委书记何等精明啊！陆文夫这样一说，他就看透了：一个游泳高手，即使离水十年，丢下河也会浮起来。想躲？没那么容易。结果，陆文夫和书记各执一词，都想说服对方，嘴皮足足磨了两个钟头，最后才商定一个结果：先到下面去看看好不好。写不写，再从长计议。

就这样，陆文夫被召到县城，担任县文化馆第五副馆长，夫人管毓柔也一同调入县文化馆。

听说陆文夫要到县里工作，南份大队的村民和干部真有点不舍。离开南份之前，陆文夫到魏老师家，去看了看他的妻子："我要走了，向你道个别。"

魏老师妻子很难过："要是老魏没走，看你调到城里，他会不舍的……"

陆文夫说："我也很不舍。不过今后大家的日子会越过越好，社会总是在不断进步的。"

魏老师妻子说："老陆大哥，你能回城，为你高兴啊。"

陆文夫说："我到射阳工作，也是暂时的。根据政策，下放干部都要回原籍，我很快就会回苏州，落叶归根嘛。到时候请你去苏州走一走、玩一玩！"

听到这话，魏老师妻子很开心。

陆文夫离开南份的时刻，是云淡风轻的午后。十几位村民把他的全部家当，都搬上了河里的一艘机动船。所谓全部家当，包括多年来自己打造的凳子、椅子、柜子等。很多人在河岸看热闹。从南份出发到县城，沿小洋河水道向东一路三十多里，行程不到两个小时。

在大队干部和村民的簇拥下，陆文夫来到河边。河坡上的树木，已现嫩叶，返青的芦苇随风摇曳，发出"唰唰"的响声。唐修武握着陆文夫的手，说："老陆啊，假如有机会，我还想和你喝一杯！"

陆文夫开心笑起来："一定，一定。以后一定有机会。"

旁观的村民也跟着笑起来。

邻居张二婶匆匆跑来，拎了一大篮鸡蛋和鸭蛋，硬是塞到管毓柔手里。几番道别后，陆文夫登上船头，对船工说："开船吧。"然后转过身，和夫人一道，向岸上送别的人们挥手告别。

多年的故人往事，尽在抬臂挥手间过去。看着渐渐离开视线的乡亲们，陆文夫难掩离别伤感，一时面色凝重，哽咽无语，两行清亮的泪，从他清瘦的面颊滚落下来。管毓柔依偎在他身边，手帕掩面，一直在抽泣。此情此景，让岸上送别的人无不动容。船越开越远，不少人红着眼大声呼喊——

"老陆，陆大婶，你们走好！"

"一定要再来啊！"

……

8. 外圆内方

陆文夫一家进城之后，先是住在招待所。

他什么都不做，也没有人逼他做事。陆文夫和县委书记深入聊过，跟他讲了 1974 年《三上桃峰》上演之后，多少人受到牵连，说明文艺是高压线，不是电工不要碰它。书记也就不再逼他创作了，说，你什么时候想写，就什么时候写。

陆文夫是个闲不下来的人。看到招待所周围有些空地，就在上面开荒种菜，挑粪浇水。一边过着神仙日子，一边了解县里的情况。他发现，县里的新闻宣传，存在不少"假大空"现象。多年以后，这些感受都写进了小说《崔大成小记》。

一段日子后，军代表到创作组来了，代表县里检查创作"大戏"的工作。他召集创作组全体成员开会，要大家听陆文夫讲创作故事。事发突然，陆文夫毫无准备，但他很机智，用幽默的方式引开了话题。就说："这段时间，我也没想出什么样的好故事，主要是毛主席著作学得不透。这样吧，今天我们大家就学一遍毛主席的《在延安文艺座谈会上的讲话》。"当时，"学毛选"是政治行为，没人敢否定。

《讲话》学完后，大家就讨论，为什么我们的创作，至今没有结出硕果。经过总结，大家恍然大悟，我们对"先进典型"根本就不甚了解，完全属于闭门造车，怎么能创作出优秀的作品？听到大家这么一说，军代表当即决定，"创作班子"要"下生活"！还提出了要求，创作这部大戏，首先要体现阶级斗争，主人公形象要"高大全"。尤其是写新潮九队，还要体现"大批促大干"。

结果，陆文夫到下面一看，根本没有"阶级斗争"。新潮九队旱田亩产粮食超一吨，确有其事，但他们的实际做法，恰恰不是"大批促大干"，而是局部采用了类似责任制的"包工制"。陆文夫既不能说真话，又不愿说假话，所以一字未写。不过在体验生活的过程中，倒是听说了几个苏州知青深夜偷鸡的事情。知青偷了鸡，还在鸡窝留言："因暂缺乏营养，借×大爷家鸡几只，等我们有钱后加倍偿还！"署名："苏州知青某某某、某某某。"偷东西"打借条"，真是一件新鲜事，但无论如何谈不上"阶级斗争"！

说到知青偷鸡，陆文夫想起在南份的时候，也发生过类似事件。当时，南份大队既有三家苏南干部"下放户"，也有一个苏南"知青点"。1974 年秋天，好几个社员家里的鸡鸭被盗。大队组织民兵夜巡蹲守，抓住一个"偷鸡贼"，原来是无锡知青小马。第二天，被关押了半夜的小马，两只胳膊被反转朝后，五花大绑，由三个民兵大汉押着，在全大队"游乡示众"。小马按照要求，边走边扯着沙哑的嗓子，重复吆喝："我是知青马诚忠，社员的鸡子鸭子全是我偷的。我罪该万死！"

"游乡示众"过后，大队还要将他押送公社，有可能判刑。陆文夫听到消息，立刻找到大队民兵营长唐修武。说，知青们背井离乡，生活艰苦，荤腥不足，偷只鸡鸭，实在是为了解馋，不得已为之。教育一下，赔偿了社员的损失，就可以起到"杀一儆百"的作用，何必往上面押送？

唐修武是个粗人，心却善良，当即采纳了陆文夫意见。陆文夫拉过小马，给唐营长致谢，早已痛哭流涕的小马，双膝一软，扑通一下跪下了，唐修武一面拉起小马，给他松绑，一面当众训斥："年轻人，要做正大光明的事，再苦再累也得忍。今天的事，只是小小的教训。你以后一定要好好改造，虚心接受贫下中农再教育。听清楚了没有？"事情到此，便不了了之。小马不忘陆文夫的救助之恩，从此二人成了忘年交。回城以后，他还常去看望陆文夫。

创作组"深入生活"收获不大，但陆文夫和几个年轻人，却玩得很开心。在"深入生活"的那些天里，他们除了聊天，就是打牌。陆文夫不会打牌，小青年就教他。为了有"刺激"，以香烟赌输赢，那时买不到"凤凰""牡丹""大前门"，这都是高档香烟，他们也抽不起，一般抽的都是"大运河"，这是本省产的低档香烟。陆文夫牌技差，总是输得最多，中途输光了"本烟"，还得掏钱向别人十支十支地买。打牌常常打到天亮，一晚上大家能抽四包香烟，弄得满屋烟熏缭绕，地上净是烟头。陆文夫患有哮喘病，根本不能熬夜抽烟，这样的"娱乐"，给他的健康留下了隐患。许多年以后，参加打牌的年轻人听说陆文夫在苏州因肺疾逝世，大家都很后悔。

陆文夫住在县里，虽然没有完成上级任务，但也没有闲着，有时间会指导文学青年搞创作。创作组有一个退伍兵，名叫贺寿光，相貌清瘦，双目有神，平时戴一顶鸭舌帽，骑一辆凤凰车，他听说陆文夫是作家，便要拜他为师，学习写作，二人从此成为师生关系。

陆文夫开始并不教他写作技巧，只让他抄书、背书，背的第一课，是《最后一课》。陆文夫说："要写作，就要下点笨功夫。背不下来，就抄，多抄两遍就会背了。"又说："你要学会小处观察。"看过一场电影，就问贺寿光："电影院里什么灯先亮，先灭？什么样的人先进，先出？他们穿戴什么，说什么，做着什么动作？"虽是细枝末节的小事，却要求贺寿光叙述得与众不同。

陆文夫还要求贺寿光学会改文章。贺寿光就将自己的作品，连改三遍。陆文夫看后，说："可以了，我来改一稿吧。"他不在原稿上改，而是展纸另写。几千字的小说，改完仍署"贺寿光"大名，帮他投给了文学刊物。当时的文学，仍流行政治挂帅，所以这篇稿子最终没能发表。

县里要清理农村劳动力，贺寿光是基层借调人员，也在清理范围之内。陆文夫一看小贺要走，出面找到书记，说长篇小说创作任务没有完成，你们不能清退我唯一的助手。贺寿光这才留在县城，以写作为生。

多年以后，贺寿光成了县广播电视局的书记。高考改革后，他还到南京的省戏校读书进修过。1978 年 11 月，陆文夫落实政策回苏州，夫妇二人先来南京，把喜讯告诉正在戏校学习的贺寿光。三人在四川酒家，小聚话别。三杯下肚，大家无话不谈。贺寿光就问陆文夫："陆先生，新潮九队'学大寨'的长篇小说，您写了吗？"

陆文夫说："一个字也没写。"

贺寿光说："这么多年没写东西，多可惜啊！"

陆文夫说："我在写其他东西。"

他告诉贺寿光，"四人帮"下台后，他的创作冲动就像一股热流，一直想喷发。可停笔十多年，许多字已经忘记，就连小说的写法都想不起来，所以，近几年他一直在悄悄练笔，胡乱写点散文剧本之类的东西，以此唤醒遥远的记忆。

陆文夫说："你知道吗？在射阳的时候，我还在《解放军文艺》上发表过一篇作品，写一个民兵的斗争故事。当然，那不是正儿八经的文学。上面要我配合'反击右倾翻案风'来写，我哪有那工夫？就用这个作品敷衍过去了。毕竟是国家级期刊发表的作品，领导也不再说什么。"

贺寿光说："光写那种东西，多可惜啊。"

陆文夫说："不可惜。这几年，我也没闲着，一直在对社会环境、民风民俗、农作物等，进行观察、调研、探索。许多事情，只有亲力亲为，才能变成我的创作素材。"

贺寿光问："您还写小说吗？"

陆文夫说："写啊。偷偷地写短篇小说，练笔嘛。巧得很，刚写好一篇，《人民文学》复刊，编辑就来约稿了，我就把这篇小说给了他们。没想到发表了！"

陆文夫说的短篇小说，题为《献身》，后来刊登在《人民文学》1978 年第四期上。

贺寿光说："身处逆境，您还能这么做，真不容易！"

陆文夫说:"我当时的想法就是,中国如果还有希望,那么这一切,总会改变的。物极必反,这是历史规律嘛。所以我和许多人一样,暗中在和某些人进行生命比赛,看谁能活得长一点。能够活下来,就能见到黑暗的终点。我确信这一点。因为我下放射阳时,才四十岁。"

第六章 黄金岁月

1. 探求者归来

粉碎"四人帮"后，陆文夫到南京逗留了三天。在南京找的第一个人，就是方之。那天到南京，天色已晚，方之看到陆文夫，就像发现天外来客："老陆，你怎么来啦!"

陆文夫说："妖魔已斩，我来报喜啊!"

方之说："吃饭了吗?"

陆文夫说："还没有。"

方之转身出门。不一会儿，买来一碗热气腾腾的面条："趁热，吃吧!"

饥肠辘辘的陆文夫，早已迫不及待，拿起筷子就吃起来。第一筷面条入口，就觉得不对，怎么会有浓烈的酒味? 一问，碗里掺了酒。方之说："你不是喜欢喝酒吗? 买面的时候，我顺便买了一小瓶白酒，都倒进面条了。"

陆文夫哭笑不得，这个方之傻不傻呀! 但他还是愉快地把那碗面条吃了。

两年后，陆文夫再来南京，发现方之不再是原先那个朝气蓬勃的形象。那天看到方之，俨然一个佝偻瘦弱的老头，不停地喘着粗气。陆文夫不敢相信，这个身强力壮、不知疲倦的青年，如今怎会变成这副样子?

方之的家很小，妻子跟孩子都不在。他俩就盘腿坐在床上，尽兴聊起来。方之说："你有没有想过，我们这一代人已经被耽误了。现在最要紧的，是培养青年人，让他们超过我们?"

陆文夫不知所云。自己的问题尚未落实，哪会想到培养青年?

方之说："唉，你这个人……告诉你，我和斯霞同志正在发起，准备创办一个青年刊物，专门培养文学青年。你不认识斯霞吧，这位女同胞是很能干的，走，看看她去。"

陆文夫看看表，已经半夜十二点多，"太晚了，明天去吧。"

方之说："没关系，睡了也可以把她叫起来。"

陆文夫很无奈，但还是跟随方之来到斯霞家。

从斯霞家出来的时候，已是凌晨，两人在小摊上吃了早点，之后散起了步，边走边谈。南京的早晨，下着大雪。虎踞路有一段斜坡，往上走的时候，陆文夫刻意放慢脚步，好让方之省些力，但方之还是喘着粗气，连连说："文夫，你……慢点，再慢点。"陆文夫就感到，方之的人生路可能不会太长。一想到这些，雪花在脸上化成水珠，和泪珠一起流了下来。

上午，他们到了老大哥叶至诚家，又喊来顾尔镡，打算兄弟四人聚一聚。方之一进叶家，就坐在墙角的红沙发里。叶至诚悄悄告诉陆文夫，这两年方之常往他家跑，一来就坐进红沙发，像是有说不完的话，诉不完的苦，叶家人谁在家，谁就陪他聊。近期，方之写了一篇小说《内奸》，非常有特色，结果连续被退稿，人就有些萎了，常常陷在那只红沙发里，一边抽烟，一边咳嗽，或笑，或叹气。

后来，《北京文艺》编辑章德宁找王蒙约稿，王蒙说现在没稿，方之手上有一篇，章德宁就找到方之，要来他的《内奸》，一读爱不释手。这篇小说，把商人当成正面人物写，多名共产党员围绕在他周围，彼此相互辉映。这样的人物配置，以前作家笔下都没有。能不能发？章德宁拿不准，就交给小说组长赵金九，编辑部一致认可后，就把小说发在《北京文艺》1979年第三期上。一亮相，《内奸》在文学界引起反响，《北京文艺》不断收到赞扬文章，同年第六期《北京文艺》，一次发表了三篇评论。

不幸的是，方之不久被送进医院。

陆文夫去医院探望时，心里很难过。他和方之是老朋友，心有灵犀。落实政策的时候，省里出于关心，打算把陆文夫调到南京，把方之调到苏州。征求两位作家意见时，他们异口同声，坚决不同意。原因很简单，作家离不开生活基地，尤其是语言环境。如果对调了，就好比鱼出水、树离根，这还能创作吗？方之用一句南京话说："那真是'哄'嘛!"哄，就是闹笑话的意思。

过去，陆文夫每次见到方之，他都会谈刊物。谈到困难，会骂娘；谈到发现了某个很有天赋的青年作者，又乐呵呵笑起来。有时一笑会咳嗽，喘得透不过气。没想到充满活力的老友，现在躺进了医院。

陆文夫就安慰方之："建国（方之原名韩建国），你不要急。只有养好病，才能多写东西!"

听陆文夫这么一说，本来有气无力的方之，立即打起精神："文夫啊，我真有一肚子的写作计划!"又说:"我知道我的身体。真的!但我只想多活五年,只要五年!把一个刊物办起来,把几篇想写的小说给写出来,然后再见马克思去。"

接下来,方之把他想写的小说,每一篇的构思,都告诉了陆文夫。小说的标题都想好了,《爬豆事件》《牛棚春秋》《正常死亡》《鸡毛掸》《败绩》《斧头》《小偷和主人》《灵魂审判录》……近十个中短篇,全都打好了腹稿。

听到这些构思,陆文夫觉得很享受。方之很特别,将要写进小说的句子,他都能背出来,听完他的构思,就等于把他未来的作品读了一遍。陆文夫知道,它们问世后会是佳作。方之创作很认真,进入状态后笔不离手,为了作品完美呈现,他会提前做大量笔记,写作品也常常几易其稿,甚至几十稿。有一篇《栽草记》,一万多字的短篇,笔记做了十万字。后来,他将这些笔记特意留存,里面附了一张字条,"给那些倚马千言的才子们看看,文学创作是艰苦的劳作……"

就在大家期待这些小说惊艳亮相的时候,谁都没有想到,方之突然死了,时间是 1979 年 10 月 22 日,他才四十九岁。

不久前,方之还和叶至诚说:"如果有一天我死了,我的坟上要竖一块墓碑,上面写上'这里埋葬着一个跌跌爬爬的人'。"这个"人"字,要写得很大很大,它表示此人虽然跌跌爬爬,却是两只脚站立的人。

听说方之去世,陆文夫从苏州匆匆赶来南京。一走进叶至诚家,就控制不住悲伤情绪,跌进方之平时坐的那只红沙发里,双手掩面,痛哭不止。叶至诚是他们的老大哥,比陆文夫还要伤心,也号啕大哭。

方之在世时,叶至诚已任《雨花》副主编,分管小说稿,得到了老友们的鼎力支持。方之在《雨花》发表了《南丰二苗》,高晓声在《雨花》发表了《李顺大造屋》,陆文夫在《雨花》发表了《小贩世家》和《往后的日子》,其中几篇,还获得全国优秀短篇小说奖,堪称当年中国文坛的扛鼎之作,也使《雨花》一下子红火起来,发行量一路攀到十六万册。《探求者》兄弟"大闹"《雨花》,引得一大批并不是《探求者》的人,纷纷前来投稿,《雨花》更加光彩夺目。

调到《雨花》杂志的头两年,叶至诚很满足,每得一篇好稿都得意忘形。老友们经常聚在一起,讨论《雨花》杂志,也对《雨花》已发或准备发表的稿子进行评价,指点江山。后来,叶至诚升任《雨花》主编,推出《新世说》栏目,更受读者喜爱。林斤澜说:"我很喜欢这个栏目"。

《新世说》能让人联想到《世说新语》,这是古代的"志人"小说。鲁迅评价《世说新语》："记言则玄远冷峻，记行则高简瑰奇。"《雨花》的《新世说》，是用笔记体实录"文化大革命"，事无巨细，长短皆可。先是写"文化大革命"，后来扩至"文化大革命"以外世态。

办这个栏目，叶至诚也调动了《探求者》兄弟。先让几位老友打头，引起读者注意，再从大量来稿中精选。对老友来说，写这种东西小菜一碟。第一辑《新世说》，就发了高晓声的《酷刑》。叶至诚自己也发了一篇《陆文夫挂牌》。

这样的文章，很受读者喜爱，常被媒体转载。后来叶至诚去世，江苏文艺出版社将这些文章集中出版，题为《新"世说"选粹》，序言使用叶至诚旧文《拾遗对话录——〈新"世说"选辑〉代跋》，"代跋"改成了"代序"。林斤澜感慨说："世事倥偬，成书之日，至诚已经作古了。'代序'说到劫后余生，三五朋友，清茶纸烟，开怀神聊，没有不碰碰这个'史无前例'的民族劫难的时候。还记下高晓声的一段话，大意说'应该有认真的彻底的全民的反省'。要不，白白付出了'血泪与生命'，实在太亏。"

叶至诚因《雨花》闻名，他的散文，读者也喜欢，但叶至诚介绍自己，从来不谈作品。老友们就觉得，他过于矜持，应当多搞创作，他有这个能力。

有一次参加文学活动，陆文夫和叶至诚住在一个房间。谈到谁的作品又轰动文坛，陆文夫就说："老叶，你在工作之余，也可以写一写的。以你的学识和积累，拿出几篇有分量的东西，应该没问题！"

叶至诚笑了笑："老陆，你的心意我领了，谢谢。我都六十岁了，到了'知天命'的境界。我了解自己，和文学打了四十多年的交道，却从未做过系统深入的研究，无非一知半解。十五六岁跟父亲学写东西，只因天才和勤奋都不够，始终未成大器。今后啊，恐怕也就是这么一回事了。文章可以写，在新旧交错、五颜六色的文学界，也会有某个编辑看在你辛苦了几十年的份上，给你在刊物上发一发。除此以外，哪敢有妄想？也不存妄想了。"

陆文夫说："你有些悲观。"

叶至诚说："老陆，这不是悲观不悲观的事。发表怎样，出名又怎样？一二十年以后，有几篇被人记住？最终都是被人遗忘，被历史淘汰。人们走过，都想留下脚印，你到海边去看看，游客麇集的地方，脚印杂沓，谁又能分清哪些脚印是属于谁的？潮水一上来，一冲刷海滩，所有的脚印瞬间抹平。这番景象，足以启示人们，要把留下脚印的事看得淡一点。"

陆文夫一听就乐了："我们是知己！这话我早就讲过了，还写过文章。"

叶至诚说："咱俩不约而同想到了一处，足见这道理并不深奥，很容易被人发现，被人理解。总有一天，我俩都死了，你会被人记住相当长的时间，我大概很快会被忘却。这是不是可以说明，不管有多少成就和名望，倘若把眼光放远些，把角度放高些，似乎都能想到和信服这个道理?"

后来，叶至诚把这些想法，写进了散文《公共车站上的遐想》。

与叶至诚相比，另一个《探求者》兄弟高晓声，似乎更有悲观的理由。苦难，贫困，疾病，集于一身。高晓声的人生态度，却和叶至诚相反。人们猜测久无音讯的他，可能已经不在人世，他却突然出现在大家面前，手里还捧着一摞尚有体温的小说稿。

1979年年初，一个绵绵细雨的早上。章品镇正在青云坊的家中看书，门外楼梯上传来由远而近的脚步声。紧接着，听到一声呼喊："沈西婷（章品镇妻子），我来了! 高——晓——声!"

章品镇打开门一看，果然是高晓声! 站在门口，憨憨地笑着，老蓝布的旧裤管上，沾满了泥浆。想必是冒雨赶来的。他们分别了整整二十年! 大家都知道高晓声生了病，动过大手术，但现在看上去，并没有想象得那么衰老，只是肩膀倾斜了。一边的肺割掉了，还拿掉几根肋骨，上半身就向左收缩。人本来就小，穿的鞋子也小，三十七码，给人的感觉更小。

高晓声这次上门，带了一大沓短篇小说，其中有《李顺大造屋》和《漏斗户主》。章品镇问他："这么多作品，你是怎么写出来的?"

高晓声说："都是我去年在朋友丁保林家赶出来的。起初，提笔忘字，就让丁保林帮我查《现代汉语词典》。写着写着，就顺了，一下子弄了十多篇小说出来。"

高晓声告诉章品镇，这些小说写得很辛苦。写累了，就到河边散散步。有时候，还会大声朗读自己的作品。丁保林不解，写就写罢，干吗要读啊? 高晓声说，你不晓得，中国字好看，中国话好听，但有些作品，看看还可以，一读就读出毛病了，疙疙瘩瘩，听着别扭。我的东西写好了，不仅要反复看，还要读出声来，用武进话读，大声地读。至少要做到两点：一是顺畅，二是响亮。有毛病了，改了再读，文章要经得起咬嚼嘛。他说："丁保林，你阿晓得，这是我的集束手榴弹，捆绑在一起，一下子甩出去，威力无比啊!"

章品镇听到这里，便笑起来："正好，省里召开文学创作会议，《探求者》老哥们都在南京，你可以会一会他们。"

第二天，高晓声前往旅馆去见陆文夫，把一篇稿子放在他面前，要他提点意见，这篇稿子，就是《李顺大造屋》。

陆文夫见到高晓声，十分开心。读过这篇小说，他觉得高晓声搁笔多年，创作上却没后退，反而有了质的飞跃。小说写一个农民想造房子，折腾多年也没如愿。高晓声不回避现实，真实刻画了当时的农村实况，但陆文夫又觉得，小说涉嫌"给社会主义抹黑"，不容易发表。就对高晓声说："你要修改结尾。"

高晓声说："为什么？这就是真实生活啊。"

陆文夫说："上天有好生之德，你就让李顺大把房子造起来吧，造了几十年还没造成，看了叫人难受。让李顺大把房子造起来，小说有了一条'光明的尾巴'，发表也容易些。"

高晓声又去看望叶至诚。敲开叶家大门，高晓声两手插在裤袋里，眼睛直直地望着门里的姚澄（叶至诚夫人），面无表情地说："姚澄，我又来喝酒了。"

两天后，朋友们都聚到了叶至诚家。

喝酒的时候，叶至诚一边读《李顺大造屋》，一边喝彩，显得十分激动。他说："我马上要去《雨花》当副主编了，手头有《李顺大造屋》，有方之的《南丰二苗》，就跟揣了两颗手榴弹上战场一样！"

陆文夫说："小说是很好。不过，有些啰唆。"

高晓声手里的酒杯晃了一下，追着问："什么地方啰唆了？"

陆文夫就让叶至诚儿子叶兆言拿一支笔来，毫不客气画掉一段。高晓声脸上有些挂不住，但没说什么。叶至诚、方之附和说："老陆说得对。"最后，高晓声只得按陆文夫的意见，修改了小说结尾。

当然，那条加上去的"光明的尾巴"，其实也不光明。李大顺虽把房子造起来了，却是通过行贿才批准的。

1979年，"全国优秀短篇小说奖"评选揭晓，方之的《内奸》，高晓声的《李顺大造屋》，双双获奖。

2. 《献身》

方之、高晓声获奖的前一年，陆文夫在《人民文学》1978年第四期发表的小说《献身》，已获1978年"全国优秀短篇小说奖"。同高晓声一样，他尚未回城，就开始写这篇小说了。

1976年10月，历史出现转折，陆文夫迫不及待想写小说。下笔前很慎重，这可是重返文坛的第一印象。这一枪，一定要打响。

有一件事，一直萦绕在陆文夫脑海。历史的转折关头，程小青先生辞世了。周瘦鹃、范烟桥二位先生，之前已相继离世，这让他十分痛心。这三位前辈，都是中国文坛有影响的作家，是陆文夫的精神支柱和文学导师，他们对陆文夫一直爱护有加，经常鼓励他，给他带来希望和信心。现在他们都不在了，此事在陆文夫的脑海里，一直挥之不去。

到叶至诚家喝酒的时候，大家又聊到北京一位大作家，说他"文化大革命"中也投湖了。陆文夫很惊讶，"这些老前辈为啥要轻生？冬天来了，春天还会远吗！"

叶至诚叹了口气，"老陆啊，人的肉体、精神、情感，如果都被摧毁，也就生无可恋了。"

叶至诚知道，家庭稳固很重要。陆文夫的家也是固若金汤，从反右到文艺整风，从"文化大革命"到下放农村，老陆两口子总能同甘共苦，相濡以沫，共度时艰。外面的风风雨雨，根本影响不到他们的感情。所以叶至诚说："经历了《探求者》那番风浪之后，老陆在生活面前的微笑，也并没有消失殆尽。一来，他跟方之和我一样，后方十分巩固，家庭里没有出现裂痕。更重要的是，他有'在哪儿跌倒，在哪儿爬起来'的充分信心。"

大家七嘴八舌的时候，陆文夫已决定，他在新时期的第一篇小说，要写一写患难夫妻的悲欢离合。他不想写得太凄惨，而要带来希望。他觉得文学是一盏明灯，应该给人带来光明。

他给小说取了一个很励志的标题《献身》。

情节很简单：土壤专家卢一民痴迷科学研究，学术成果不断，妻子唐琳崇拜他，二人就恋爱结婚了。唐琳婚后发现，跟这个书呆子在一起，枯燥无味，了无情趣。"文化大革命"开始后，卢一民受到了批判，妻子怕连累女儿，便和丈夫离婚了。历史回归正常后，大家认为他们应该复婚。到底要不要复婚？唐琳展开了激烈的思想斗争……

这篇小说没有生活原型。但"文化大革命"中类似的故事，实在太多。陆文夫怕读者对号入座，就想出一个方法：写男主人公，尽量按照自己的模样来写。陆文夫对外宣称，这叫"自我审判"。

他写卢一民，"多么年轻，多么俊逸；高高的个子，深邃的眼窝，眼珠儿像黑色的玻璃球浸在清水里。虽然有些不修边幅，可是那才华，那充沛的精力，好像是从散乱的头发、从敞开的衣衫中向外漫溢！他家庭贫困，是靠一位小学老师的资助，靠自己的刻苦读到大学毕业。他学的是土壤化学，却对历史、音乐、文学都有涉猎。他会写诗、会唱歌，还会画几笔，在反饥饿、反迫害时他的诗画传单飞舞在街头，他和同学们手挽着手，高唱着《团结就是力量》，冲向国民党的刺刀和水龙头。"

——除了专业不对，学历不同，其余的描述，包括相貌个性、求学经历、业余爱好、革命情怀，熟悉陆文夫的人一看便明白，这就是陆文夫本人。

在小说中，卢一民受到政治冲击后，妻子和他离婚了。他理智坚强，没有气馁，表现出难得的宽容大度。他有理想，有信念，能够洞察未来，对唐琳说："天空中总有浮云吧，大海里也有逆流。眼睛看得远一点，心地放得宽一些，人的精神需要有一种支柱！"

现实中的陆文夫，也是这种人，当年被造反派批斗，他就把它当成演戏。在特殊的历史背景下，他觉得大家都在扮演角色，戏演完了，也就卸妆了，该干啥干啥，未来还有许多事情要做。屈辱一时，何必认真对待，又何必走上绝路！

这篇小说的旨意之一，就是表现卢一民的宽阔胸怀。

当然，卢一民不是陆文夫。读者从小说中能读到什么，见仁见智。不过小说体现的两点新意，后来一直被人们忽略了。

一是女性立场。

文人受到冲击而自杀，人们会指责他们的家人（尤其是妻子）太冷漠。《献身》告诉人们，风雨袭来的时候，女人出于本能，会保护自己和孩子，她们因此会责怪丈夫，甚至与他离婚，这其实无可厚非。当年陆文夫受批判，女儿读到批判文章吓晕了，妻子也受到了精神折磨。所以，小说中的唐琳要跟卢一民离婚，卢一民很理解。卢一民的态度，就是陆文夫的态度：站在女人立场看问题。由于丈夫的理解与宽容，唐琳最终才渴望破镜重圆。

二是文化内涵。

《献身》写了一个"造反派"人物：黄维敏。他是卢一民同事，属于"花拳绣腿"一类人。"虽然在工作上毫无成就，却能研究出许多实用的东西，诸如房间布置，家具款式，烹调技术，假日的游戏等等。"这说明，黄维敏热爱生活，很有情调，追求浪漫。这种男人，苏州比比皆是。在小说中，这个人物并非主角，但作者写黄维敏请客的一场家宴，却写得很详细，颇耐人寻味——

> 这是一顿十分好看而并不丰盛的筵席，颜色很美，价钱不贵，至于那些细瓷的餐具，当然不会吃到肚子里。
>
> 宾主入座时，有人发出啧啧的叹息："唷，多美，看了叫人开胃！"
>
> 黄维敏得意了："食物有三大要素：色、香、味。"
>
> 卢一民听了有些倒胃，他不是一般地反对美食，而是联想到黄维敏这个人，工作逢迎讨好，花拳绣腿，却把精力集中在这些事情上面。便也跟着叹息："唉，老黄，弄这么一桌饭要花多少时间和精力！"

黄维敏懂得这话的意思，但是并不介意，人生的哲学是各不相同的："卢老兄，这种精力是不会白费的，它会以双倍的欢乐偿还的！"说着，举筷一划："请！"

唐琳说："一民，你看这萝卜花做得多美！"

卢一民伸手就是一筷子："让我试试，这萝卜花吃进肚里是什么样子的。"

桌子上的人都哄笑起来，话意虽然不投，气氛还是欢畅的。

黄维敏得意地掂着酒瓶："别看不起这种酒，它的质量不比茅台差，价钱却比茅台便宜。在生活中，我们必须懂得用最小的代价，去获得最大的实惠！"说着便替卢一民斟上一杯："卢老兄，讲科学我是望尘莫及，讲生活我还是可以当当顾问的，以后嘛，多多联系。"

卢一民不想讲话了，人家请你吃饭，你和人家顶嘴，总是不礼貌的。只希望快点受完这份罪，早些回家去。

想不到黄维敏两杯落肚，酒酣耳热，竟想从更高的意义上来标榜自己："卢老兄，如果一个人不懂得生活受用，那是一种不文明的表现。就说这吃饭吧，它也是一种文化，我们的祖先高度地发展了它，在世界上是无与伦比的，我们应该好好地继承才对。"

卢一民忍不住了："我承认这是一种文化，应当继承和发展它；可是当我们侈谈这种文化的时候，应当焦急，应当惭愧，因为我们国家的其他文化，还远远地落在这种文化的后面！"卢一民举起杯："来，感谢老黄的盛情款待，也希望老黄为我们国家的其他文化多作贡献，像筹办酒菜那样尽心尽意！"

用大段文字描写"造反派"黄维敏的温馨家宴，看上去有点违和。在政治运动中浑水摸鱼的一个投机者，怎么会如此追求生活情调？它让读者看到了小说人物的复杂性。

对照一下陆文夫的生活，就会发现这场"家宴"写得很真实，黄维敏在酒桌上发表的"观点"也很诚恳。黄维敏热爱美食，陆文夫也热爱美食，更热衷在小说中讲述美食故事。《献身》写了一场家宴，五年后《美食家》也写了一场家宴；《献身》中的黄维敏和卢一民争议的话题，后来也成了《美食家》中朱自冶和高小庭讨论的话题。两篇小说都在讨论美食文化的重要性，但《献身》没有给出令人信服的答案，《美食家》却用情节告诉人们：文化终将战胜意识形态，美食终将战胜空洞口号。

为了写好《献身》，陆文夫投入不少生活积累。

在现实中，陆文夫一直反对烹饪上的形式主义，尤其反感"萝卜花"食雕，还把这种态度写进散文。在《献身》中，又借卢一民之口表达了同样观点。

陆文夫平日最爱喝价廉物美的"双沟大曲"，经常推荐给朋友。他邀请诺贝尔奖终身评委马悦然做客，喝的也是双沟大曲。在《献身》中，他借黄维敏口说："别看不起这种酒，它的质量不比茅台差，价钱却比茅台便宜。在生活中，我们必须懂得用最小的代价，去获得最大的实惠！"这种理念在陆文夫散文中，也能找得到。

在现实中，陆文夫热爱美食文化，又觉得美食消费应该量力而行，强调与社会发展相协调。在《献身》中，陆文夫借卢一民的口说："我承认这（美食）是一种文化，应当继承和发展它；可是当我们侈谈这种文化的时候，应当焦急，应当惭愧，因为我们国家的其他文化，还远远地落在这种文化的后面！"这一理念后来也写进了《美食家》。

《献身》发表初期，陆文夫很看重这篇小说。他对香港作家施叔青说："《献身》是别具一格的'伤痕文学'。'四人帮'垮台后，文坛掀起伤痕热，我却感到需要冷静一下。把事情的几方面都考虑一下，就会发现更深一层的意义。"又说："我从二十五岁开始写小说，严格来说，到了五十岁才算得上真正写作，写了《献身》。"

可见，"别具一格""真正写作"，是陆文夫对这篇小说的自我评价。

应当说，这篇"真正写作"的小说，起点很高。《献身》发表后不但获奖，还收获了不少好评。《思想战线》《雨花》《新华日报》等媒体都予以肯定。遗憾的是，人们评论它时，只关注小说的政治主题，却忽略了它的女性立场和美食内涵。

其实，突出政治主题不是陆文夫的强项，他更擅长文化内涵的表达。陆文夫笔下的"宏大叙事"，包括《献身》和《美食家》，主角都不如配角精彩。原因是，配角有文化情趣，更加人性化，也更接近生活。这成了陆文夫创作的一个规律，只要他一本正经、刻意摹画某个人物形象，就会定格在某种套路中。他专心刻画的主人公，虽然经历丰富、信念坚定，却往往性格单一、极其固执，举手投足都有造型感。而信笔写成的次要人物，甚至反面人物，反而活泼可爱、性格多元、充满情趣，让人过目不忘。比如"美食家"朱自冶。

陆文夫有没有认识到这一点？这要打个问号。

严格说来，《献身》写得可圈可点，但因为它被评论家列入"政治小说"，从而影响了作者的态度，晚年陆文夫几乎不提《献身》。写文章，作报告，他很

少以《献身》为例。2005 年逝世前，为自己编好《陆文夫文集》。在第三卷
"短篇小说卷"中，《献身》作为陆文夫新时期的第一篇获奖小说，却被排到目
录末尾。

1979 年，陆文夫发表一篇小文章《几点体会》，这样谈小说创作：一是不
能写得太尖锐，尖锐会和片面连在一起；二是不要过于突出行业特色，文学要
写人；三是作家要明白，"长官意志"决定写什么，"读者心理"更看重怎么
写；四是留下想象余地，不要一览无余把话说尽；五是独辟蹊径，题材不能一
窝蜂；六是不要按定义去创作，因为定义是根据作品修订完善的。

这篇文章，可以把它理解为《献身》的创作体会。

《献身》发表不久，陆文夫从射阳调回到苏州，在市文联文学艺术创作室从
事专业创作。

3.《小贩世家》

《献身》之后，陆文夫第二篇获奖小说是《小贩世家》。

从《献身》到《小贩世家》，中间还写过两篇小说，一篇是《崔大成小
记》，发表在 1979 年第一期《钟山》；另一篇是《特别法庭》，发表在 1979 年第
六期《上海文学》。但影响都不大。

《崔大成小记》是漫画式小说。写了一个靠吹牛发迹的小人物，大名崔大
成，是"吹大牛成功"的谐音。此人吹牛，靠的是文字，他会写发言稿，得到
领导信任；因为稿子登上报纸，还当上了科长。其实，崔大成写的内容（成绩）
多为虚构。崔大成在政治运动中，也没干正事，帮局长整老干部。老干部没整
成，还吃了局长的拳头。"文化大革命"结束后，崔大成又以"四人帮"受害
者自居，保住了他的科长位置。

这篇小说问世，评论界反响平平。在"左"倾运动中，吹牛干部比比皆是；
漫画式的人物，一般都缺少艺术个性，但文笔轻松诙谐，幽默风趣，可看出陆
文夫良好的创作心态。

另一篇小说《特别法庭》，在陆文夫创作中有特别意义。小说写一个民国时
代的小店员汪昌平，有超常的环境适应能力，很受老板器重，老板女儿也喜欢
他。新中国成立后，看到形势转变，他与资本家老板划清了界限，走入社会参
加了工作，成为"不倒翁"干部，他把工作看成生意，对上唯唯诺诺，对下板
着面孔，领导很器重，最终当上了局长，但大家都明白，此人毫无原则，市侩

气十足。汪昌平死后，在他的追悼会上，人们想不起他一生做过什么，有什么功过，"会场一片沉寂，没有悲伤也没有惋惜"，令人感到"异样"，而他的"师弟"、有工作能力但命运坎坷的许立言死后，追悼会上哭声一片，老朋友甚至抱着孤儿寡母号啕大哭，连悼词也没法念。

这篇小说有两点新意，很值得关注。

以往陆文夫的小说，多像独幕话剧，有场景限制，时间跨度也小，没什么情节冲突，更不具传奇性，而《特别法庭》开始追求内涵的丰富，时空跨度加大了。

主题也有突破。小说告诉人们：每个人告别世界时，都会面对历史。人在做，天在看，别看你今天闹得欢，就怕将来拉清单。人的所作所为，历史都会做出公正判断。每个人面对历史，就像面对一个"特别法庭"，它没有判决书，但人们对你的态度，愤怒、不平、悲痛、惋惜，其实都是审判结果。可惜许多人"只知道行动，不知道一切行动都在谱写着自己的历史"。

小说完成后，陆文夫为了规避读者的"对号入座"，反复强调：故事是我写的，所以这个法庭的原告、被告和法官，都是我自己。"我在控告别人的时候，同时要解剖自己。"让人想到曾子的话："吾日三省吾身。"《特别法庭》很像在宣传这种君子品行。

这篇小说没有获奖，可能是因为思想太露，写得太满，缺少想象空间。这种不足，也存在于陆文夫的散文中。

上面两篇小说，都有理念化倾向。陆文夫并不忌讳"主题先行"。但他最好的小说，常常来自生活。他说，"没看到的，我不写；没看清楚的，我不写。"接下来发表的《小贩世家》，既是他"看到的"，也是他"看清楚的"一个来自生活的故事。

《小贩世家》刊登在1980年第一期《雨花》，获1980年全国优秀短篇小说奖。《雨花》发表时，请苏州画家张晓飞画的插图，足见编辑部对这篇小说的重视。张晓飞回忆——

> 二十世纪七十年代末，我还在苏州刺绣研究所工作，一天我收到一份挂号邮件，打开一看，是江苏《雨花》杂志要发表陆文夫老师的小说《小贩世家》，让我为小说作插图和题图。我看着厚厚一沓陆文夫老师小说的手稿，产生了莫名的激动，一页页的文字都浸润着作者的情感和心血。《雨花》杂志让我为陆文夫老师的小说创作插图，这是对我的一种信任，也使我第一次与陆文夫老师结缘。为了完成《小贩世家》的插图，我走家串巷

去写生过街厢房，请教熟悉骆驼担造型的艺人（当时市面上已不见此物）。插图完成后，又去到城南一条小巷深处的民居中，走进沿街的一扇小木门中，在那里我见到了陆文夫老师。那时他好像刚从下放的苏北回到苏州，借住在别人的房子里。在靠近木门的一张旧的八仙桌上，我第一次以学生的身份向陆文夫老师交上我完成的插图作业，征求他的意见。其间陆文夫老师自始至终带着亲切的微笑。

为什么说《小贩世家》来自陆文夫的生活？

二十世纪四十年代后期，陆文夫考入苏州中学读书，每天下了晚自习，都要到学校门口买一碗馄饨。有一个小贩，陆文夫已和他混熟了，新中国成立后还在铁瓶巷吃过他的馄饨。后来，卖馄饨的小贩逐渐减少，都被当作"资本主义"清除了。陆文夫很怀念那些热气腾腾的馄饨担，却很难再圆旧梦。

小说写了一个类似的故事：主人公朱源达，每天挑着馄饨担，走街串巷叫卖，他的馄饨馅多皮薄，是"我"（高先生）迷恋的姑苏民间美味，但在政治运动中，他的馄饨担被砸碎了。受到"左"倾思想蛊惑，"我"指责过朱源达的正当买卖，最终，朱源达的馄饨担被人砸碎，一家人只能靠收废品维持生活。社会恢复正常后，"我"劝说朱源达重拾馄饨担子，可朱源达的小日子过得不错，不再想当小贩。小说结尾处，有这样一段文字："楼下的大门吱呀一响，我下意识地推开了临街的长窗，好像要发现一副冒着热气的馄饨担子移来；好像要听到那笃笃的响声掠过去……什么也没有，只有夹着油印材料的朱源达，渐渐地消失在夜暗里。我有点失望，但也不敢对朱源达有意见。"

一看就明白：错误的政治路线，破坏了历史传统，也破坏了正常的社会关系。朱源达的馄饨担既是他的生计，也是一种传统的生产方式。"高先生"说："我多么熟悉这副馄饨担啊，我知道它一生除掉给人以温饱外，没有犯过什么罪。何况它本身是那么精致、小巧，有碗橱、有水缸、有柴房、有利用余热的汤罐、有放置油盐佐料的地方，简直是一座微型的活动厨房，如果在飞机上设计一个餐厅，它都有参考的价值。"在作者笔下，"油漆亮堂的馄饨担子，担子上冒着水汽，红泥锅腔里燃烧着柴火"，已成为难忘的文化记忆。让这么一个美好的画面从此消失，"高先生"认为是一种罪过。

作者写这个故事，很有感情。馄饨担与梆子声，组成了一幅充满烟火气息的温馨画面："只记得三十二年前，我到这条巷子里来定居时，头一天黄昏以后，便听见远处传来一阵阵敲竹梆子的声音，那声音很有节奏：笃笃笃、笃笃、嘀嘀嘀笃；嘀嘀嘀、笃笃、嘀嘀笃，虽然只有两个音符，可那轻重疾徐、抑扬顿挫的变化很多，在夜暗的笼罩之中，总觉得是在呼唤着、叙说着什么。"

只可惜，这种美好的文化传统与温馨记忆，正在远离我们。作家在小说中，寄托了浓郁的文化情怀，涂抹上明艳的怀旧色彩。这是底层生活积累的艺术反馈。

小说也写到"大锅饭"问题。评论家陈辽说："陆文夫于1980年就在《小贩世家》中提出了不能吃大锅饭、抱铁饭碗的问题，比之社会科学家提出这个问题至少早了一两年，但他最难能可贵的，却是通过小贩朱源达一副馄饨担的遭遇和变迁史，来艺术地提出这一重大问题的，因此产生了广泛的社会影响。请大家想一想吧，我国是有着十亿人口的大国，文学作品如果真正艺术地提出了我国亿万人民关心和寻求回答的问题，能不引起全国以至全世界的瞩目吗？"

更有趣的发现是，《小贩世家》和《美食家》之间，也有某种内在关系。

比如姓氏。《小贩世家》第一人称的叙事者，是"高先生"；《美食家》第一人称的叙事者，也姓"高"（高小庭）。《小贩世家》的美食烹饪者（小贩），姓"朱"（朱源达）；《美食家》里的美食爱好者，也姓"朱"（朱自冶）。

比如身世。《小贩世家》的"高先生"，《美食家》的"高小庭"，生活经历都与陆文夫很像。可见这篇小说又是一个"特别法庭"，陆文夫既是审判者，也是受审者。

比如主题。在《小贩世家》中，朱源达的馄饨担因政治动荡而消失；在《美食家》中，倡导美食的朱自冶虽受到政治冲击，但日后大摆家宴，还当上市美食协会会长。两篇小说比较，《小贩世家》突出了意识形态的胜利；《美食家》凸显了传统文化的生命力。说明陆文夫在不同阶段，对美食文化认识有了质的改变。

《小贩世家》获奖后，影响不小，甚至波及海外。台湾出版家沈登恩主动为陆文夫出了一本书，书题就是《小贩世家》。可惜背景与语境不同，这本书没被台湾读者接受，沈登恩不久英年早逝，令人叹惜。香港作家古剑说："我不清楚陆沈二人有否见过面，但他们隔着海峡结过一书之缘，也是美好的。"

4.《围墙》

从八十年开始，陆文夫的创作进入高发期。《献身》《小贩世家》两篇获奖小说给陆文夫带来了荣誉，也带来了大量约稿。他的发稿量出现井喷。

1980年——

陆文夫发表了中篇小说《有人敲门》，短篇小说《往后的日子》《春游》；出版了短篇小说集《小巷深处》，中篇小说单行本《有人敲门》。

1981 年——

陆文夫发表了短篇小说《打羊》《秋风起》《唐巧娣翻身》《不平者》《一路平安》《还债》。

1982 年——

尽管没有小说问世，陆文夫仍活跃在文坛，发表了许多"创作谈"，包括《无师而无不师》《漫话小说创作》《误会与巧合》《对 1981 年"青春文学奖"获奖小说的技法分析》《穷而后工》《人与狗》《捕捉形象的能力》《向评弹学习》等；还出版了中篇小说集《陆文夫中篇小说选》、短篇小说集《特别法庭》、文论集《小说门外谈》。

这一年，他还有个特别成果，完成两个"重量级"小说。一个是短篇小说《围墙》，一个是中篇小说《美食家》。

《围墙》发表于 1983 期第二期《人民文学》。它的创作带有偶然性。

1982 年的某天，陆文夫牙龈炎犯了，就去医院拔了牙。回到家照照镜子，看到一张瘪下去的嘴，一张嘴就现出一个洞，感觉十分难看。这一阵子他不打算出去应酬了，干脆在家写点东西。随手翻翻笔记本，发现三年前写下的"围墙"二字。

他想起来了，那天在某个地方，看到一堵倒下的墙。过路群众议论纷纷："这么久了，这围墙还没造好！""有关部门还问不问事了？"有人笑说："肯定在扯皮！"还有一次，陆文夫在某机关看到一堵新建的围墙，几个人在七嘴八舌议论它，有的说墙砌得太高了，有的说太矮了。这两件事给陆文夫留下了深刻印象，感觉可以写成小说。回家在笔记本上，写下了"围墙"二字。

墙倒了，没人造，这事笃定在扯皮。陆文夫对"扯皮"并不陌生。比如，大街上堆了垃圾，没人清理，大家就提意见。给环卫站提意见，环卫站派人一看，这不是生活垃圾，是建筑垃圾，我们不收。那么责任在建筑公司。建筑公司说，建筑垃圾都用汽车运走了，这恐怕是居民倒出来的。去找派出所查一下，到底是哪家在修房子，为什么把垃圾倒到马路上。派出所说，我们人手不够，民警还缺三个名额。结果一圈子跑下来，垃圾还在老地方。其实，解决起来很简单，两三个人一铲，就铲没了。

扯皮涉及办手续，走程序，这个陆文夫也懂。比如造房子，就要盖不少章。不能不盖吗？不盖不行，会出现违章建筑，偷工减料，不够标准，房子造好还可能会倒。所以，市政规划部门要盖章，消防队也要盖章。不然，你造的房子把巷子堵住了，消防车开不进来怎么灭火？当然要盖章。

陆文夫就想，能不能用小说形式，来写一写这个现实问题——为什么有许多人不干活？真下笔了，又发现缺少生活积累。过去在笔记本上随手写的"围墙"二字，此时激发了他的灵感。

正想写，问题又来了：是写围墙倒塌无人过问，还是写围墙倒塌又造好了？最后，他选择了后者，要让读者看到光明。当然，不能写行政机关的围墙，这容易得罪人，那就写"建筑研究所"吧，反正苏州也没有这样的单位。不能写普通的围墙，既然生活在苏州，那就写一写园林式的围墙，年轻时，陆文夫在耦园住过一段时间，还认真研究过园林的围墙，写起来轻车熟路。

写《围墙》的过程，是一种享受。陆文夫忘记了牙疼。只用十天时间，就完成了初稿，又修改了两稿。经过两三年的积累酝酿，笔下文字争先恐后往外窜。有些字句一落到纸上，陆文夫便很得意。比如，他形容倒下的围墙："像个老人昨天刚刚拔光了门牙，张开嘴来乌洞洞地没有关拦，眼睛鼻子都挪动了位置；像一个美丽的少妇突然变成了瘪嘴老太婆，十分难看，十分别扭。"

所谓"瘪嘴老太婆"，就是陆文夫从镜中看到的自己。这灵感要是来了，挡也挡不住。轻松灵动的表述，环环紧扣的情节，性格各异的人物，哗哗哗流出了笔尖，使得这篇小说呈现出前所未有的光彩。

《围墙》在《人民文学》杂志推出后，产生了不同寻常的反响。《人民日报》《光明日报》《新民晚报》《新华日报》《河北日报》《文学报》《小说选刊》《雨花》等，发表评论肯定这篇小说。中国作协常务副主席王蒙总结1983年中国短篇小说成果时，用大量篇幅盛赞这篇小说——

> 陆文夫的小说《围墙》，故事单纯而意蕴深厚。一个建筑所的围墙倒塌了，"现代派""守旧派""取消派"为如何修复围墙而争论清谈不休，所领导模棱两可而又指挥若定，空洞抽象而又事必亲问。眼看墙修无日了，一位因长着"小孩脸"而不被信用的小干部马而立，说干就干，依靠专家、群众，只一个周末之夜再加一个星期天便把墙修好。习惯于空谈、推诿、拖拉的人们初则报以白眼。而在权威方面表扬了这围墙之后，便又纷纷揽功摘桃子。
>
> 朴质无华，不动声色，不抒情、不哲理、不尖刻、不俏皮、不深奥、不博学、不冷僻，也不花哨。似乎只是身边常有常见的事情的实录，录得倒还通畅干净，层次分明，如此而已。
>
> 读完却不能自己。那种气氛、那种作风、那种人物、那种清谈的场面，

那种无能而无不能、无为而无不为的吴所长，那种因小孩脸便注定为"不稳重""冒失鬼"的逻辑观念，那种嫉贤妒能、不负责任、随风转弯而又毫不脸红的议论，都让人觉得那样熟悉、那样活灵活现，似乎伸手可触。而正是在这种背景下，作者塑造了马而立这样一个不务虚名、只求实干、讲究效率的生气勃勃的新人形象，更令人觉得可亲、可爱、可敬了。

高度的典型性、概括性和普遍性使这个故事甚至带上了几分寓言或者象征的味道。先别说旁的，就那"现代""守旧""取消"三派之争，不就够你揣摩个三周两月的吗？笔者至今还没揣摩透亮呢！这个橄榄可真耐嚼！

然而它又决不朦胧，决不雕琢造作，决不故作艰深。它像生活本身一样平实，又像偈语一样深不见底。

这样的作品算是搔到了生活的痒痒筋，它让你哭、让你笑、让你摇头摆尾、让你熨帖舒展。是谓小说妙品。

看过王蒙的赞誉，其他评论就不用读了。在众人的赞扬声中，《围墙》获得了当年的全国短篇小说奖第一名。全国优秀短篇小说评选，是中国作协委托《小说选刊》举办的，读者推荐，评委拍板。杂志上印有"推荐表"，读者可填表寄往编辑部，推荐自己喜爱的小说。1983 年没有印"推荐表"，读者热情不减，仍寄来了两千多封推荐信，推荐了八千多篇小说，最终初选四十篇小说。

评委讨论这些小说时，老作家草明对《围墙》并不满意。她说："今年评奖是在清除精神污染之后进行，意义更重大。我们要推出更多有利于'四化'建设、表现先进人物的作品。……《围墙》技巧不是太好，反映目前重要问题就是了。"草明是工业小说作家，其作品风靡于二十世纪四十至六十年代。陆文夫六十年代写的工业小说，被文学界认为超越了传统工业小说，给草明留下了印象深刻。

听到草明的发言，王蒙提出了相反观点："前几年创作有一股时风，写到卡夫卡、电子琴、外语。去年又有一股古朴风，热衷于写穷乡僻壤、古朴混沌。没文化，没常识，甚至不会说话，都美。作家写蛮荒比写现代化容易，但不能给人这样的印象：越不发达越美，没有商品才美。我想用文与质的关系来评价作品。有一类作品，从纯文学观点看，并不精彩，其价值在于触及时弊、干预生活，写到了大家最关心的问题，说出了大家想说的话，它一针扎中一个穴。这种作品，质胜于文。《围墙》是文质并茂的，挠着了生活的痒痒筋。它不朦胧，但有其抽象性，可以当寓言读，不是一般的讽刺。不矫情，不花哨，不议论，不辛辣，却经得住咀嚼，既实又虚，经得住两方面的考验。"

终评结果出来，获奖小说二十六篇，全票通过的小说只有十七篇，第一名是《围墙》。

它让人联想：1978 年，陆文夫的《献身》名列获奖榜第十七名；1980 年，他的《小贩世家》名列获奖榜第十八名；1983 年，他的《围墙》名列获奖榜第一名！这意味着，陆文夫的小说越来越受欢迎。

《围墙》产生热度，当然首先要归功于评论界。

陆文夫最关注的，是来自 1983 年 7 月 19 日《人民日报》上的一篇评论，署名金燕玉。"金燕玉"是谁啊？陆文夫一打听，是江苏省社科院的一名女学者，他们夫妇俩都在研究陆文夫。于是第二年春天，苏州大学举办"陆文夫作品讨论会"，陆文夫就邀请他们来参加。

在这次讨论会上，艾煊说陆文夫："世界那么大，他只写苏州；苏州也不小，他专写小巷，专写高高风火墙后边的那些人家。这就是陆文夫。陆文夫是苏州的，苏州也是陆文夫的，陆文夫是文学上的'陆苏州'。"

从此"陆苏州"的美名，传遍大江南北。

开会期间，陆文夫带着各位专家，行走小巷，品味苏州。在西山，讲述他上山写作时，用粮票向海灯法师换南瓜的轶事；在尚未修复的启园，他指着美景，谈笑风生，给大家留下了深刻印象。大家就想，苏州已藏在陆文夫心里，难怪他把《围墙》写得那么生动有趣。

陆文夫没想到，领导也喜欢读他的《围墙》，比如时任河北省委书记高扬。

1983 年 5 月的一天，高扬把林放叫到办公室，让他读一读《围墙》。林放是《河北日报》总编辑。高扬说：现在有些人，看到升不了官，发不了财，就躺倒不干，得过且过，敷衍应付上级，这不是革命者的形象，而是旧社会混饭吃的小职员形象。对于这种人，要给予批评教育，使他们回到为人民服务的正道上来。最近我看了陆文夫的短篇小说《围墙》，内容很好，用意在于提倡实干，赞扬敢于负责、敢于创新的精神，批评官僚主义等庸俗习气。

高扬对《围墙》的两个人物作过对比。一个是建筑设计所行政科的办事员马而立，踏实肯干，但总是挨批评；一个是所里的吴所长，无所事事，透过揽功，一贯正确。高扬说："这些人物似曾相识。我们要倡导学习马而立，不学吴所长。建议各级查一查，像马而立那样的干部，境况如何，不要让人发出'何世无奇才，遗之在草泽'的叹息。"

高扬指示林放，《河北日报》要转载这篇小说。又找来秘书韩立成，让他把小说拿给省人大常委会副主任白石看。深夜难以入寐，又写一个批示："建议把陆文夫小说《围墙》印发省直机关单位，包括事业单位，供所有工作人员阅读，如果条件允许的话，让大家讨论讨论。让大家阅读的目的，就是不要老在一些次要问题上争论不休，要干事，要解决实际问题。"

随后，省委下达文件，要求全体干部学习《围墙》，讨论如何加强干部作风问题。5 月 25 日，《河北日报》第四版转载了小说《围墙》；随后发表四篇评论文章，其中包括白石的《〈围墙〉读后》。收到读者反馈后，《河北日报》又搞了一个座谈会。

看到河北省委此举，《瞭望》称赞说，这是一种值得提倡的工作方法。之后江苏省也效仿发文，要求干部阅读陆文夫的《围墙》。

河北省还邀请陆文夫去作报告，但他婉拒了："我就是个写小说的，小说大家看了，有点启发了，就达到了效果。能做到这点，对作家来说就满足了。"陆文夫又说："我只是希望大家看明白，造墙的目的是拆墙，我想拆掉世界上所有无形的墙。这当然很难，只是一种善良愿望和天真幻想，真正做到并不容易。"

这一观点，陆文夫后来写进了《围墙短语》。

《围墙》发表后，好评不断，获奖后，热度更是有增无减，但这并不代表《围墙》没有受到任何批评。有人给《文艺报》写信说，《围墙》赞美了实干家马而立，反衬了几个围桌而坐、只说空话的工程师，似有不妥。"现在正是重视发挥知识分子专长的时候，《围墙》作者讽刺工程技术人员是什么意思？"

接到《文艺报》的反馈电话，陆文夫说："照他们这种说法，叫作家怎么活呀？老干部，国家财富；中年干部，骨干力量；青年干部，未来的接班人；小孩子，祖国的花朵；妇女，半边天；……叫我去写哪一个？没法写了！"又说："其实，我对褒贬的事特别慎重。别看工程师们的宏论都是空话，实际上是不空的。没有这些很有知识的发言，马而立是造不出这堵围墙来的。马而立不懂建筑，他只是把工程师们的议论综合起来，提出要求，在技术员的帮助下建造而成的。他是个办事员，一个很好的办事员，我没有把他写得比工程师更神气。可以这样说，没有工程师们的见解，光凭马而立再加个技术员也造不出这堵墙来。当然，在这篇小说的特定的结构中，几位工程师们是有些缺点。缺点谁没有呢？"

在创作谈《创作靠"两条腿"》中，陆文夫表达了同样的观点。

之后有人问陆文夫，这"无形的围墙"指的是什么？陆文夫就不回答了。许多事情说得太白，会引起不必要的麻烦。

1984 年，章品镇和陆文夫有段对话，也谈到《围墙》。章品镇问陆文夫："读者对《围墙》议论纷纷，你怎么看？"

陆文夫淡淡地答道："这篇小说，概念大于形象。"

章品镇就把话题从《围墙》移开了。

1985 年，《青年评论家》记者采访陆文夫，让他谈《围墙》。陆文夫很惊讶：“都过去两年了，这篇小说还这么‘热’吗？”

夫人管毓柔在一旁说：“别老是谈《围墙》，那都成啰唆话了！”

5.《美食家》

中篇小说《美食家》，是陆文夫的巅峰之作。

它发表于 1983 年第一期《收获》，被同年第七期《小说月报》、同年第四期《中篇小说选刊》、同年第十期《新华文摘》转载，之后又获“第三届全国优秀中篇小说奖”。

作家李凖读过《美食家》，连连夸赞：“好作品，好作品！我敢断定，《美食家》可以传下去。”

艾煊读过《美食家》，不能自已，连夜写信给陆文夫，祝贺他发表了这么好的一个作品。艾煊说，君子之交淡如水。他和陆文夫的交情，也因《美食家》由淡水变成了浓茶。在“陆文夫作品讨论会”上，艾煊这样说：

> 我觉得《美食家》，是陆文夫文学创作的一个高峰。陆文夫的作品，为何取得如此成就？因为，世界那么大，他只写苏州；苏州也不小，他专写小巷，他专写那些高高的风火墙后边的普通人家。这就是陆文夫！唐代诗人韦应物，在苏州做过刺史，史书上称他为“韦苏州”，也许是因为他在苏州刺史任上，宦绩卓著的缘故。现在陆文夫取得这么高的成就，我们也可以称陆文夫为“陆苏州”，因为，从一个作家对一个城市的深刻反映来看，还从未见过像《美食家》《小贩世家》这样一系列深情描写苏州的作品出自一个作家之手。陆文夫是苏州的，苏州也是陆文夫的，陆文夫就是文学上的“陆苏州”！希望陆文夫充分发挥他的潜力，让苏州小巷人物的正传、野史、秘录、轶闻，一本一本连续出下去。

自此，“陆苏州”就成了陆文夫一个雅号。

评论界对这部作品的关注，充满了激情。当年《文艺报》《文学评论》《解放日报》《文学报》，第二年《苏州大学学报》《当代作家评论》《雨花》等，发表了吴泰昌、吴越（范伯群）、曾文渊、毛闯宇、李巨川、蔡翔、黄毓璜等人的评论，热情评价这部惊世骇俗的小说。

吴泰昌激动地说："我爱读这篇小说，它别有风味，可读性强。小说尖锐深刻的思想，隐藏在一大堆有关吃喝的绘声绘色的描写中。鲁迅先生有言，批评家与作家的关系，犹如食客与厨师。食客的品尝水准有高低，但可别因为粗心而辜负了作家的一番苦心啊！"

范伯群说：《美食家》践行了陆文夫"宏观着眼、微观落笔"的文学理念。"一个成熟的作家，不会满足于罗列一大堆浮光掠影的生活表象。在探寻生活的真谛时，他不仅要对生活矿藏做深入的勘测，而且还要循着历史的长河，对它的源流作必要的追溯。但具体构思作品时，就要求他对生活有最细致的观察与体验，在他的生活库存中需要有最富于特征性的人物、场景和细节。如果我们用上述的这样一个高标准来权衡，那么《美食家》应是陆文夫创作道路的一个新的制高点。"

台湾学者逯耀东读到《美食家》，感叹说："这种风雅遗韵是数百年的文化积累，如今已是船过水无痕了。如果说周瘦鹃是苏州文人生活最后一人，那么，陆文夫的《美食家》为这种文人生活品位留下一幅夕阳残照。"

为了总结陆文夫的创作成就，1984年3月2日至6日，江苏作协、江苏社科院、苏州大学、苏州文联联合召开了"陆文夫作品学术讨论会"。开会前夕，陆文夫告诉范伯群："艾煊给我写信，他读过《美食家》，说我成熟了。"

范伯群说："好啊，我也写一篇《论"成熟"》吧。"

陆文夫笑说："算了算了。什么叫成熟？熟就是瓜熟蒂落，就是接近完蛋与死亡，我怕听成熟两个字。"

"陆文夫作品学术讨论会"进行期间，苏州大学中文系主任范培松找到陆文夫，请他为学生作个演讲，但又有点担心，陆文夫会不会像二十世纪六十年代初为学生讲《葛师傅》创作经验一样，面无表情地照本宣科啊？如果再出现这种情景，肯定会砸锅。

事后证明，范培松多虑了。陆文夫到来大礼堂之前，座位已经爆满，学生里三层外三层，窗户上都爬满了人，可谓盛况空前。这是一个疯狂的文学时代，每个作家都像明星一样，陆文夫刚走上讲台，全场便欢呼起来，他显然被这气氛感动了，演讲特别出彩，称得上妙语连珠，现场时时掌声雷动。

《美食家》在市民读者中的影响，一点不亚于在文坛和学界，圈里称陆文夫为"陆苏州"，圈外也送他一个雅号——美食家，但这"美食家"是褒是贬，真不好说。有的市民说："这老头大概好东西吃多了，吃厌了，所以才写了这么多美食佳肴。"于是就臆想，作者精通烹饪。陆文夫为此感叹："天晓得，我连饭也不会烧！"

烹饪界的老朋友问他："老陆啊，你怎么没把某某菜写进去呢？这怎么算苏州美食？太可惜啦!"陆文夫只好说："是的，我写的菜不多，只有几只菜而已。"

会吃的人更有意见："陆老师，你写的吃，有些马马虎虎啊!"陆文夫只能笑笑："对对对!《美食家》又不是写吃的，写吃只是开个玩笑。"

在那个年代，"贪吃"是贬义词，等同于"好吃懒做"，所以有人对《美食家》，难以完全接受。一位长者说："老陆啊，你有没有想过，你写《美食家》，对吃喝之风起到了一种推波助澜的作用?"

更甚之，朋友约饭，请的客人原计划有陆文夫，一读到《美食家》，就有人反对了："别去碰陆文夫! 请他吃了，嘴一抹写成了小说，专门触别人的霉头。这种阿木林，等他肚子里的板油刮光了，他才会安分!"

陆文夫听到这些讯息，低头无语。他感慨，文学作品在社会上果然有反弹作用，这一次，终于弹到我头上了。陆文夫说："作家最大的遗憾，就是人们读不懂自己的作品。我记得在一部小说中，曾读到一位法国军官和俄国军官的交往，那位俄国军官请法国军官参加一个盛大的宴会，法国军官吃完之后说：现在我才明白俄国为什么穷，原来是被你们吃掉的!《美食家》表达的，也是这层意思。可惜被读者忽略了。"

如此看来，陆文夫写《美食家》的初衷，与大家的解读南辕北辙，与苏州人的理解更是错位。有一位苏州诗人说："《美食家》是什么？就是苏州美食、苏帮菜的一个大 IP，不仅仅宣传了苏州美食，而且从吃入手，兼及生活的方方面面，为苏州精致生活增添了光彩，也创造了苏式生活的某种可能性。"

正是这个因素，这部小说问世后，苏州的"美食家"越来越多，可见小说写的那位美食家，在人们看来还是蛮可爱的。范培松说："感谢《美食家》，解放了无数个好吃鬼。有一个男文青，阅读《美食家》之后，有如醍醐灌顶，从此懂得人生真谛，不惜一切代价寻觅美食，活活把自己吃成了一百八十斤的胖子，叹曰：余生无求，美食万岁! 苏州文化局下面的一个菜馆，干脆以'美食家'命名。许多饭店餐馆，争相邀请陆文夫'莅临指导'。"

陆文夫没想到，为一个好吃的资本家"寄生虫"立传，自己竟被封上"美食家"桂冠，还引发了苏州的美食热潮，真是不可思议。不过又一想，真要做个美食家，也不容易。提笔写道——

我曾经写过一篇小说，名曰《美食家》。坏了，这一来自己也就成了"美食家"，人们当众介绍"这位就是美食家陆某……"，其实，此家非那家，我大小也应当算是个作家。不过，我听到了‘美食家陆某’时也微笑点头，坦然受之，并有提升一级之感。因为当作家并不难，只需要一张纸与一支笔；纸张好坏不论，笔也随处可取。当美食家可不一样了。一是要有相应的财富和机遇，吃得到，吃得起；二是要有十分灵敏的味觉，食而能知其味；三是要懂得一点烹调的原理；四是要会营造吃的环境、心情和氛围。美食和饮食是两个概念，饮食是解渴与充饥，美食是以嘴巴为主的艺术欣赏——品味。

把美食提升为艺术欣赏，说明陆文夫已认可"美食家"的价值。只是老友们觉得，此事有点不合情理。叶至诚说："陆文夫不吃辣，不知辣味，还不能说是完全的美食家。"黄毓璜也说："也许由于《美食家》的影响极大，圈内圈外的朋友便有意无意把这篇小说的名目跟作家其人联系起来，人们似乎把老陆其人跟其笔下的艺术形象一锅煮了。"

有一次，黄毓璜与陆文夫在苏州的王四酒家同桌进餐，这才发现，陆文夫在烹饪上并不是外行。吃饭之前，厨师拿着一碗豆腐来到桌边，恭恭敬敬地向陆文夫征询烧法。陆文夫便一五一十给出了十分专业的烹制意见。

黄毓璜就很奇怪："依我看来，把老陆看成吃的精灵是大谬不然的。那年大年初，作协开主席团和书记处的会议，南京的饭店大年不开伙，从外地来的老陆，吃饭没有着落。到了中午，我随便说了声到我家去吃饭吧，老陆随口答应了。我声明没什么好菜，他只问花生米有吗？满口说有。再拿上一瓶低度双沟，就热热火火地吃了顿饭。可见招待陆文夫，只要有酒和花生米就成。"黄毓璜就想，这样的人怎么会是"美食家"？

不管作家们如何看待，陆文夫"美食家"的名声不胫而走，搞得尽人皆知。这名声尤其在苏州烹饪界，更是如雷贯耳，一说到陆文夫便肃然起敬。陆文夫的名气本来就大，现在厨师们更尊敬他。这阵势，一点不亚于当年的周瘦鹃。

二十世纪八十年代中后期，作家们常给企业写报告文学，饭局也多。有一次，陆文夫在得月楼用餐，经理出来敬酒，把掌勺厨师也叫出来，一起站在陆文夫的身边。经理指着一道菜，问陆文夫："这道菜做得怎么样？"桌上的人都放下筷子静听。陆文夫从容地夹菜到嘴中，过了片刻说："好。"大家才松了一口气，跟在后面说："好，好！"于是经理微笑，厨师连忙给陆文夫鞠躬。

还有一次，木渎的石家饭店邀请陆文夫"光临指导"。客人们到达时，经理已在门前恭候。入座后，经理就站在陆文夫身后，每上一道菜，他便察看陆文夫的反应。炒虾仁上桌，陆文夫吃了一口："好，好！"经理急呼："再上一盘!"接着上的,是一盘蟹粉豆腐,陆文夫又称赞:"好,好!"经理又急呼:"再上一盘!"同座的范培松朝陆文夫使了个眼色,意思是,如果他再点赞下去,大家想吃的"鲃肺汤"上来,可能一口也吃不下去了。宴会毕,厨师们统统走出来,在陆文夫身后列队肃立,恭恭敬敬聆听陆文夫的评点指导。

让人不解的是,外地厨师也知道陆文夫是个美食家,只是他们很少见到本尊。若是偶遇,心里就会犯嘀咕,我烧的菜会不会露怯啊?所以,一听说陆文夫来了,那些不太自信的厨师,便能躲则躲。

有一次,陆文夫带团到辽宁采风。辽宁作协主席金河陪他们跑了几个城市。到沈阳以后,金河请陆文夫吃饭,专门请特级厨师掌勺。那位厨师一听说客人是美食家,吓得不敢上灶了。陆文夫听闻此事,放声大笑起来:"我哪里是美食家!假的,假的!那是写小说。金河你也写小说,还不知道小说是怎么回事?都是听别人说的。不这么写,怎么算家?"吃饭过程中,他尽量说东北菜好吃。显然是给主人减压。

令人称奇的是,有的厨师读过《美食家》,也会对陆文夫反感。章品镇透露,昆明有一位餐厅大师傅,听说写《美食家》的那个苏州人来了,便拒绝给他做菜,以表示对陆文夫的抗议。他看到《美食家》中的"我"(高小庭),"不知美食乃文明的一种表现",便将陆文夫当成了高小庭,后来经人斡旋,这位厨师才让陆文夫填饱肚子。

作家金河说,二十世纪八十年代初,"美食家"是扎眼的名词。吃粮要定量,副食凭票证,人们的追求就是填饱肚子,发扬艰苦奋斗光荣传统,反对资产阶级生活作风。陆文夫只好把"美食家"的帽子,戴在一个房产资本家脑袋上。汉语管好吃的东西叫"美食",肇始于何时没有考证,但"美食+家",陆文夫即使不是首创也是先驱。作家说的故事,正是读者求解的问题。在那个年代,高小庭难免会有时代局限。

自从写了《美食家》,陆文夫在饭店的待遇高了。待遇一高,底气也足,再面对与美食有关的问题,也更加自信了。有一次在南京金陵饭店,陆文夫自带一瓶"古越龙山"(黄酒)进去,被餐厅经理拦下,说规定不准带入,陆文夫让他找上级来,结果饭店副总来了,也不让他带,又找来总经理,同样不让他带,说五星级酒店就是不能带外酒。陆文夫说:"那好吧,我来告诉你五星级酒店标准有哪些:一、这个酒,你酒店没有,就要派屋顶上的直升机马上去采购;二、这个酒我喝不了,剩下的你要替我保存好,我随时都会再来开瓶畅饮,直至喝尽。你就说,你能不能做到?"

总经理说:"这两条我都做不到。"

陆文夫说："那好，今天这酒我准定是要带进去了。"

总经理没说话，也没再拦。

6. 青史留名

《美食家》问世后，陆文夫与黄毓璜有过一次对话。在外地的一个宾馆，陆文夫酒喝多了，拉着黄毓璜到他房里聊天。他们谈到了"流芳百世"这个话题。

陆文夫说："老黄你说，作家写的作品，怎样才能流传下去？"

黄毓璜说："写进了文学史，就有机会流传。"

陆文夫摇摇头："作品能否流传，文学史说了不算，而是读者说了算。读者喜欢有质量、有创新的作品，未必是文学史写的那些作品。进入文学史当然难。但文学史很无情，会将你搓揉一顿，然后又无情抛弃。文学史对去世不久的文学家，是客气的，但里面有政治、现实和感情的因素，都是非文学因素。一旦这些因素消失了，就对你不客气了。"

又说："文学史，太挤；需要进来的人，太多。挤不掉的文学家，寥寥无几。老是惦记进文学史的人，不大可能成为那'寥寥无几'的幸运儿。"

黄毓璜说："老陆，我觉得你会进文学史。在当代文坛，你是一位大家。"

陆文夫摆摆手："我不是大家，我也成不了大家。大家是什么？大家是一座山，它的基座很大。你想想，我行吗？"

黄毓璜说："你谦虚了，读者很喜欢你的小说。"

陆文夫笑着摇摇头。

黄毓璜说："那《美食家》呢？"

陆文夫眼睛一亮："哎，那篇还可以！"说《美食家》"还可以"的时候，陆文夫并不知道这部小说会流传多长时间。

什么是"流传"？就是没有时间限制地流行和传播下去。无论到哪个时代，文学史总会写到这个作品，读者们总愿意去阅读它，出版界总是热衷再版它。

事实证明，《美食家》果然得到了真正的"流传"。

《美食家》自1983年问世以来，至今仍在出版和销售，读者仍在阅读和谈论它，学术界总会出现新的研究成果，大家写文章经常提到"陆文夫"和"美食家"这些词。为了印证这一点，我们按时间顺序，把《美食家》流传的轨迹展示一下——

1983年，第一期《收获》首次发表《美食家》。

同年，第七期《小说月报》转载了《美食家》。

同年，第四期《中篇小说选刊》转载了《美食家》。

同年，第十期《新华文摘》转载了《美食家》。

同年，四川人民出版社推出了《美食家》单行本。

1984年，中国文联出版公司《小巷人物志（第一集）》收入了《美食家》。

同年，人民文学出版社《1983中篇小说选》收入了《美食家》。

1986年，作家出版社《1983—1984全国优秀中篇小说评选获奖作品集（上）》收入了《美食家》。

同年，海峡文艺出版社《陆文夫集》收入了《美食家》。

同年，北京大学出版社《中国文学作品选（当代部分）4》收入了《美食家》（节选）。

1987年，黄河文艺出版社《陆文夫代表作》收入了《美食家》。

同年，河南人民出版社《中外文学名作提要（中国当代文学分册）》收入了《美食家》（梗概）。

同年，西南财经大学出版社《中国当代文学作品选（下）》收入了《美食家》。

1989年，时代文艺出版社《民族文化派小说》收入了《美食家》。

1990年，广西教育出版社《王蒙陆文夫小说欣赏》收入了《美食家》（节选）。

1991年，学苑出版社《中国当代小说名著一分钟》收入了《美食家》（缩写）。

同年，人民文学出版社《陆文夫》收入了《美食家》。

1993年，陕西人民教育出版社《新中国文学作品选评（上）》收入了《美食家》（节选）。

1994年，华夏出版社《中外文学名著速读全书（中国卷）3》收入了《美食家》（缩写）。

同年，今日中国出版社《浮躁的红高粱》收入了《美食家》（缩写）。

1995年，广西人民出版社《世界文学名著精缩本（现代卷）》收入了《美食家》（缩写）。

1996年，海天出版社《中国百年文学经典文库1949—1995中篇小说卷3》收入了《美食家》。

1997年，上海文艺出版社《美食家·陆文夫中短篇小说自选集》收入了《美食家》。

同年，春风文艺出版社《烟壶》收入了《美食家》。

1998年，人民文学出版社《中国当代文学作品选（中）第2版》收入了《美食家》（梗概）。

1999年，中国文学出版社《陆文夫小说选》收入了《美食家》。

同年，北京十月文艺出版社《中国当代文学作品精选1949—1999中篇小说卷（中）》收入了《美食家》。

2000年，中国少儿出版社《中国现当代文学名篇佳作选·小说卷4》收入了《美食家》。

2003年，长春儿童出版社《中国现代小说·二（74）》收入了《美食家》（梗概）。

2004年，湖南师大出版社《中国当代文学作品选》收入了《美食家》（梗概）。

同年，人民文学出版社《中国中篇小说百年精华》收入了《美食家》。

同年，北京师大出版社《20世纪中国长篇小说经典》收入了《美食家》（节选）。

2005年，古吴轩出版社推出《美食家·经典珍藏本》单行本。

同年，雅书堂文化出版社《众声喧哗的文学花园：现代文学知识精华（小说·戏剧）》收入了《美食家》（缩写）。

2006年，人民文学出版社推出《美食家》单行本。

同年，中国金融出版社《餐饮旅游文学作品选读》收入了《美食家》（节选）。

2009年，江苏文艺出版社《陆文夫小说选》收入了《美食家》。

同年，长江文艺出版社《新中国六十年文学大系·中篇小说精选（上）》收入了《美食家》。

同年，古吴轩出版社《陆文夫文集（第2卷）》收入了《美食家》。

同年，上海文艺出版社《中国新文学大系1976—2000（第9集）中篇小说卷1》收入了《美食家》。

同年，人民文学出版社《1976—1984：丰盈的激情（上）》收入了《美食家》。

同年，江苏教育出版社《文学苏州》收入了《美食家》（节选）。

2010年，花城出版社推出了《美食家》单行本。

同年，百花文艺出版社《小说月报30年·卷1（1980—1984）》收入了《美食家》。

2011 年，华中师大出版社《中国当代文学作品选 2（1976—1999）·上》收入了《美食家》（节选）。

2014 年，人民文学出版社《美食家·陆文夫中篇小说选》收入了《美食家》。

2016 年，浙江文艺出版社《美食家·陆文夫中篇小说选》收入了《美食家》。

2017 年，人民文学出版社《烟壶·美食家》收入了《美食家》。

同年，百花洲文艺出版社《中国当代文学经典必读·1983 中篇小说卷》收入了《美食家》。

2018 年，江苏凤凰文艺出版社《美食家·陆文夫小说散文选》收入了《美食家》。

同年，春风文艺出版社《百年百部·中篇正典》收入了《美食家》。

同年，河南文艺出版社《美食家·陆文夫中篇小说选》收入了《美食家》。

同年，作家出版社《寻根文学》收入了《美食家》。

同年，中国政法大学出版社《新编大学语文》收入了《美食家》（节选）。

2019 年，台海出版社《美食家·陆文夫中篇小说选》收入了《美食家》。

同年，中国言实出版社《新中国 70 年优秀文学作品文库（中篇小说卷）第 2 卷》收入了《美食家》。

——以上统计，截止到 2019 年。陆文夫 2005 年逝世，是个分界线。可见作者离世后，《美食家》仍在流传，从没离开读者和出版社的视线。

2018 年 9 月 27 日，中国作协《小说选刊》杂志社、中国小说学会和人民日报海外网，联合主办了"中国改革开放四十周年最有影响力小说"评选活动。四十部作品（长篇小说十五部、中篇小说十五部、短篇小说十篇）入选，其中就有陆文夫的《美食家》。评论家汪政撰写的推荐理由是——

> 陆文夫的《美食家》是一部世情小说，文化小说，也是一部苏州的符号性文本，它不仅使苏州作为人间天堂再次以文学的方式得到确认，也为陆文夫赢得了"陆苏州"的美誉。它的出现使得中国当代小说出现了新的叙事方向，极大地拓宽了中国当代文学的疆域，拉近了文学与世俗生活的距离，显示了日常生活在社会历史与人的精神世界上本体性价值。陆文夫在作品中展现出从容不迫的叙事风度和洞察世道人心的智慧，在近四十年的接受史上，《美食家》不断生长出新的意义，从而表现出了经典的典型品格。

这是在历届国家文学奖获奖作品基础上的二次遴选，入选小说也是中国当代文学在全球知名度最高的作品。

行文至此，插一则趣闻。

《美食家》发表后，《中篇小说选刊》要转载，按惯例作者要写一篇创作谈。陆文夫收到通知很恼火。1984年3月10日给《收获》编辑郭卓（《美食家》责编）写信说："《美食家》发表后很热闹。还有一个凑热闹的《中篇小说选刊》，要转载《美食家》。你转载好了。可是一定要我写一篇创作体会的文章附在小说的后面。这种体会我怎么写？我自己还没有体会过来哩。我最反对此种做法，一篇小说刚发表，还没有经过时间的检验，就来那么一大套体会，这种体会究竟有多少是可靠的？可是他们坚持要我写，并说这是他们刊物的风格，我不写他们便要搁起来。我看了不禁来了脾气，打了电报告诉他们'两便'。我没有向你们投稿，也没有要你们转载，没有什么搁起来的问题。大不了是几百元稿费（包括你们的编辑费，抱歉）。"

作家汤雄说，这条趣闻来自《现代作家书信集珍》。但当年第四期《中篇小说选刊》出版后，人们在头条位置，还是读到了小说《美食家》和陆文夫写的创作谈文章《写在〈美食家〉之后》。作品被转载是好事，看来陆文夫还是妥协了。

以上说的，是《美食家》流传的时间维度。《美食家》流传还有一个空间维度：面向海外的传播。我们也来展示一下——

1984年，《中国文学》"春季号"发表英文版《美食家》。

1986年，中国文学出版社出版英文版《梦中的天地》，收入了《美食家》。

1987年，松籁社出版日文版单行本《美食家》。

1988年，中国文学出版社出版法文版《陆文夫小说选》，收入了《美食家》。

1988年，比基埃出版社出版法文版单行本《美食家》。

1988年，台湾新地文学出版社出版繁体字《美食家（陆文夫小说选）》，收入了《美食家》。

1988年，Readers Intl 出版英文版单行本《美食家》。

1990年，东京德间书店出版日文版单行本《美食家》。

1992年，Diogenes 出版社出版德文版单行本《美食家》。

1993年，第欧根尼出版社出版德文版单行本《美食家》。

1994年，芬兰出版芬兰语单行本《美食家》。（1995年再版。出版者不详。译者：玛利亚·派乐托马 Marja Peltomaa。）

1995 年，莫斯科大学出版社出版俄文版《正在起飞的凤凰（中国当代小说选）》，收入了《美食家》。

1996 年，比基埃出版社出版法文版单行本《美食家》（袖珍本）。

1999 年，中国文学出版社与外语教学与研究出版社，联合出版英汉对照版《陆文夫小说选》，收入了《美食家》。

2002 年，莫斯科 Centerpoligraph 出版社出版俄文版《中国二十世纪诗歌与小说：谈过去看未来》，收入了《美食家》。

2007 年，莫斯科 AST 出版社与圣彼得堡 Astrel–SPb 出版社，联合出版俄文版《命若琴弦：中国当代中短篇小说选集》，收入了《美食家》。

2009 年，外文出版社出版英文版《美食家——陆文夫作品选》，收入了《美食家》。

2017 年，北京师范大学出版社（集团）有限公司出版阿拉伯文《陆文夫小说选》，收入了《美食家》。

2018 年，五洲传播出版社出版波斯文单行本《美食家》。

2019 年，五洲传播出版社出版阿拉伯文单行本《美食家》。

以上展示的《美食家》海外版本，时间跨度是 1986 年至 2019 年。可见《美食家》在全球的流传，无论是在时间维度还是在空间维度，表现同样出色。

还有一个重要标志：1988 年，法文版《美食家》被列入"联合国教科文组织各国代表作品丛书"。它意味着，这部小说已具备了"世界名著"品质。

《美食家》走向世界，各国译者功不可没。《美食家》也给翻译家们带来了快乐。这部小说篇幅不大，对"吃"的描述却精细入微，还用了不少术语典故，翻译起来有难度。德语翻译界权威高立希告诉中国同行，翻译《美食家》让他快乐，他的德译本让德国人从中读出了饭菜香，甚至垂涎欲滴。《美食家》也是他最满意的德语译作。中国同行问他："陆文夫在《美食家》里，数次引用过诗句'朱门酒肉臭，路有冻死骨'，这个'臭'字怎么解释？"

高立希说："就是'臭'（chòu）的意思，难闻呀。"

中国同行说："不对，恰恰相反，应该是'嗅'的意思，就是飘出的香味。您肯定译错了！"

高立希笑道："哦，是吗？那财主家的酒肉香气，与门外的冻死骨有什么关系呢？从科学上来讲，酒是不会发臭的，酒坏了应该发酸。所以我译的是'朱门的酒都发酸，菜也腐烂了'，视角不同，但内涵到位了。歪打正着，不算错吧？"

高立希告诉中国同行，当年他在"小桥、流水、人家"的姑苏，曾与陆文夫共饮一壶老酒，共尝几碟小菜，大话美食与世情，已对中国菜肴的形与神，都了然于胸。后来，这位中国同行到不来梅（Bremen）看望高立希，高立希亲自下厨，居然做出了一桌丰盛而地道的中餐，其中的鱼香肉丝酸甜适度，美味可口，吃后齿留余香，回味无穷。

7. 问题与答案

《美食家》在海内外产生巨大影响，引起不少读者好奇：这部小说的题材是从哪儿来的？作家想表达什么？小说里的苏州美食与礼仪，还有那个贪吃而又懂得美食艺术的朱自冶，他们都是真人真事吗？

为了解答这些问题，陆文夫花费了很多精力。他不想过度诠释《美食家》。然而没办法，就连海外读者也想知道《美食家》的创作秘密。正是这个原因，外文版《中国文学》找上门来，就相关问题采访了陆文夫。

记者问："您为什么要写朱自冶这个形象？"

陆文夫说："讲究吃喝，是中国的一个传统。现在卷土重来，人们要把失去的机会，统统给吃回来。随着人民生活水平的提高，各种各样的人，都加入了美食家行列。结果，'吃喝风'愈演愈烈，让我瞠目结舌。它我想起一个人，即我在《美食家》中写到的朱自冶，一个好吃的公子哥儿。五十年代初期，我曾经住在他家里，每天都看见他坐着黄包车，出去吃东西。他的身世和生活方式，大体和我所写的差不多，只是以后失去了联系。但是我可以想象出来，这位被我鄙视过的落难公子，现在肯定又神气起来了，英雄又有了用武之地。"

记者问："《美食家》涉及许多美食知识，也用细节呈现了它的精彩。这是不是可以说明，您本身也是一位美食家？"

陆文夫说："我不是美食家，只是在吃的方面，有一些见闻和经历。小说里写到的人物和细节，都是从这里来的。大家都知道，苏州人爱好艺术，园林、刺绣、丝绸都是全国之冠。苏州人的性格，可以用'精细'二字概括。这是一种文化性格，反映到烹调中来，就形成了一个重要的流派——苏州菜。苏州菜的特征，就和苏州人的性格特征大体一致，也可用'精细'二字概括。"

记者问："能说说您的美食经历吗？"

陆文夫说："我的这种经历，大致分三个阶段。第一个阶段，是十七岁到苏州读书的时候。那个时候，学生没钱，进不了高级餐馆，只能吃鸭血汤、豆腐花、油汆臭豆腐、桂花酒酿圆子、小馄饨，这些小吃，价廉物美，但它也是苏州美食一个很重要的部分，给我留下了美好印象。我后来写小说，就多次写到它们。第二个阶段，从 1949 年开始，我在苏州做新闻记者，后来又当专业作家，有机会参加一些宴会和朋友的聚餐。这时候，才算真正闯进苏州美食天堂。它让我大吃一惊，人间居然有如此美味的食物！在一次盛大的宴会上，我吃遍了苏州的名菜、名点。那顿饭，足足吃了四个钟头。上面两个阶段，是对苏州名菜的宏观检阅。第三个阶段，就是细细观摩的过程了。二十世纪六十年代，我与苏州的三位老作家，周瘦鹃、范烟桥、程小青，成了忘年交，常常相约聚餐。他们才是真正的美食家，又是著名作家，一个饭店要是能请到他们光临，会引以为荣，一个厨师要是受到他们称赞，立刻身价百倍，所以，厨师们都会使出浑身解数，就像面对技术考级一样，每上一只菜，都要来征求意见，但周瘦鹃不肯轻易称赞，总要指点一番，评价菜的用语也很特别：'不错，今天的菜都是可以吃的'。难道还有什么菜不可以吃吗？这时候，我才算真正懂得了一点吃的艺术。可惜后来失去了欣赏这门艺术的机会，苏州菜又变成大锅菜。"

当然，《美食家》也给读者带来了一个错觉：陆文夫一定是个烹饪高手。陆文夫能将朱自冶的美食高论，写得这样精彩，如果不是烹饪高手，如果没有研究过烹饪艺术，很难写出来。《文学报》有一篇文章《作家也应是"杂家"》，竟然肯定地说：陆文夫把朱自冶写得如此生动，"原因很多，但有一点是可以肯定的，即作者自己也精于烹饪之道。如果作者对'吃'经知之甚少或甚浅，那是断乎写不出这个'美食家'来的"。陆文夫立刻出来辟谣："你们说我'肯定'对烹饪很有研究，一加'肯定'就出纰漏了，我这人恰恰不会烧饭，做菜更加弗来事。"

香港作家施叔青采访陆文夫，也谈到了同样问题："陆先生，您一定是个烹饪行家，是个美食家。"

陆文夫说："哪里。五十年代我认识周瘦鹃先生，常常跟随他去品尝苏州美食，周瘦鹃才是真正的美食家。他对许多名菜的来龙去脉，都可说个究竟，接触久了，也学了一点。在这之前，我借住网师园，每天晚上和厨师韩师傅聊天，听他谈天下美食的做法，韩师傅现在仍在'得月楼'掌厨。"

借住园林的这段经历，他对同事也聊过。

作家陶文瑜说："我初到杂志社，就听陆文夫先生说起，曾经借住在网师园里创作小说。老陆说园林里不能用明火，所以一日三餐要走出园子去打发。上一家老饭店，二两老酒、几碟小菜，完了以后再踱着步子回园子里去，去到当年老爷或者小姐居住的堂楼，摊开稿笺，一笔一画地写开去。半夜里肚皮饿了，只能咬两块饼干，这时候不由自主地想起了不远处的小巷里，敲着竹梆子，走街串巷的馄饨担，想念着汤汤水水的小馄饨。"

还有一事，陆文夫也很少说起。六十年代，陆文夫下放射阳农村，有一个厨师朋友，三天两头往他家跑。在彼此的神聊中，陆文夫听到了许多烹饪常识。《美食家》中的放盐细节，就是和他聊天的结果。后来陆文夫在文章中，专门说过此事——

> 我有一个朋友也很会吃，当过饭店经理，在下农村劳动的时候，什么也没有吃，就吹吹牛皮聊聊天，会烧哪些菜。有一次这个朋友来我家烧菜让我品尝，但他不肯放盐，要我自己放，说放盐是烧菜中最难的，所以我在小说中就写了那么一通放盐。这些事情全是平时寄存在脑子里的，到了写的时候，灵感一来，文思如泉涌，全都出来了。我写吃，便有大吃小吃东吃西吃，还吃出一道"虾仁西红柿盅"，其实哪里有这道菜。

陆文夫虽不会烧饭，但他有许多厨师朋友，耳濡目染便提升了自己的"理论水平"。他说："我有些朋友在苏州的饭店里当经理，他们都是很懂行的。他们对我讲了，我就记住。到现在他们都忘记了，我却记住了。他们现在问我怎么知道的？我讲，你们告诉我的呀！他们都不相信。"

还有一件事，读者也很关心：《美食家》写的饭店，是不是得月楼？

陆文夫一般不作回答，餐饮界的朋友太多，怕引起误会，即使回答了，也说是"虚构的"，但业内都明白，《美食家》里的菜馆是松鹤楼。"文化大革命"中，松鹤楼菜馆改名"东方红饭店"，批判"封资修"，禁止出售"松鼠鳜鱼"等名菜，还强迫顾客"自我服务"，吃饭要自己涮洗碗筷，后因食物匮乏，店内只能供应"大众汤"、胡萝卜粉条白菜等几样简单菜肴。1978 年后，松鹤楼才恢复原名，名菜、名点得以恢复供应，包括著名的婚宴菜司"四六四"，受到广大市民欢迎。这段历史，与《美食家》的故事基本一致。

即使如此，陆文夫也不说《美食家》写的就是松鹤楼。松鹤楼当年的领导，是他的老朋友，怕说出来伤害他，所以，他写这段历史，借用了"得月楼"的大名。小说还刻意说，饭店经理高小庭请陈幻尔编了一出戏《满意不满意》。《满意不满意》演绎的，就是虚构的"得月楼"的故事。既然是虚构的，纯属子虚乌有，老朋友们读到小说《美食家》，也就不会误会了。

陆文夫写《美食家》的时候，心情很复杂。为了规避矛盾，他刻意用第一人称来叙事，说"我"就是高小庭，写高小庭也是写自己的人生经历，好让人确信无疑，读者如果讨厌高小庭，只能把矛头指向陆文夫。可见作家写真实生活，真的很难。

《美食家》想表现什么？这也是读者关心的问题。

陆文夫在苏州大学演讲的时候，就有学生提问："《美食家》的主题是什么？"

陆文夫没有回答。

学生又递条子上来，要求他诠释《美食家》的主题。

陆文夫还是没有回答。

他隐约感到，中国的文学教育有问题。为何要学习文学？是为了领略作品的美感，陶冶情操，热爱生活。现在倒好，大家的兴趣都集中在主题、技巧、手法、结构、风格。形象生动的一部作品，就这样被分解成七零八落的一堆概念。这似乎有悖创作初衷啊。

学生还在递条子，没完没了。

主持会议的范培松说："老陆啊，你还是对这个问题作个回应吧。"

陆文夫就笑了："行啊。你们这些老师学生，和我们作家就是不同。我们写的作品，是一个生动的艺术品。做个比喻，它像一头活猪，是一个完整的生命体。你们却要我把这头猪杀死，而后要我告诉你们，什么是猪头猪尾，什么是心肺。这多没劲。《美食家》其实没有什么主题，你们一定要给它定一个主题，那好，我告诉你们，主题就是陈云说的三句话：一是要吃饱，二是要吃好，三是不要吃得太好！"

没想到陆文夫的这番话，赢得满堂掌声和喝彩。

许多年后，陆文夫对《中国文学》记者说："我是怀着无可奈何与哭笑不得的心情去写《美食家》的。目的是希望人们不要忘记人的本性。孔夫子说，'食色，性也。'同时也希望人们注意，对美食的追求，千万不能超过国家的经济发展水平，否则就是浪费。"

作家施叔青采访他，他表达的也是这层意思。

施叔青问："陆先生，《美食家》这篇作品使你名震中外，据说你所到之处，厨师为你精于美食所震，都不敢上灶'献丑'了。有这回事吗？"

陆文夫笑了："其实我写《美食家》，根本不是在谈美食，而是在思考，为什么中国人没饭吃就很惨。你想想，十亿张嘴巴，一齐大吃大喝，这很容易把一个国家吃光。我写《美食家》，是用来反讽的，是为了劝说国人，一要吃饭，二要建设。对美食家却有不恭之意。结果让厨师误会了。"

施叔青说："可能因为你把朱自冶的好吃，描写得过于淋漓尽致，结果读者都被观前街的小吃摊吸引去了，反而没注意你的严肃主题。"

陆文夫说："可能是这样吧！"

陆文夫没想到，许多读者来信，也很关注《美食家》主题。这让陆文夫很为难，就写文章说："大家对小说的主题，不要看得太死。否则，丰富的生活就容不进去了。把主题限死，明确得只有一点，那么看了一次，人们就不想再看了。小说要耐看!《阿 Q 正传》我们到现在还看，依然有启发。《阿 Q 正传》到底是什么主题? 到现在也没有哪个讲得清楚。《红楼梦》呢? 到现在理论家还在研究。我的《美食家》写什么? 就是写朱自冶好吃。好吃也不是什么坏事，只不过朱自冶是不劳而食。"

　　后来，他将此事告诉高晓声。高晓声有点激动："我也经常遇到这种事。依我看，读小说找主题，是一件很荒唐的事情。主题怎么能讲明白? 你要我讲主题吗? 你就看看这篇小说好了，我全讲在里边。假如主题要我用一句话来讲，我讲不出。假如一句话能讲得出，我为啥要写这篇小说? 干脆不要写了。"

　　陆文夫说："我也是这么想的。"

8.《井》

　　陆文夫中篇小说《井》的问世，可谓一波三折。

　　1985 年元旦，《中国作家》创刊，主编冯牧提前半年叫石湾南下约稿。石湾到苏州一见陆文夫，就掏出了冯牧的约稿信。陆文夫笑说："冯牧同志那么忙，约稿还劳驾他亲自写介绍信呀! 正好，我手头有一个没写完的中篇，叫《井》，兴许能赶上你们的创刊号。"

　　石湾大喜过望，觉得自己太幸运，仿佛陆文夫这口《井》，就是专门为他开掘的。陆文夫告诉石湾，这个中篇原本是《小说家》的约稿，他们搞了个"同题中篇小说大赛"，题为《窗外》。陆文夫的参赛小说还没写完，截稿期就过了。于是就将《窗外》改名为《井》。

　　石湾本来还要去上海、杭州组稿，现在有了陆文夫的《井》，头条有了着落，石湾便提前回京了。《中国作家》副主编张凤珠说："石湾，你再写信告诉陆文夫，等他的《井》完稿了，就拍个电报来，你亲自去取，免得邮寄误时或遗失。"

　　但后面的事，仿佛并不顺利。

　　先是石湾写信催陆文夫，说最迟也得 11 月上旬交稿。陆文夫回信说："无论如何赶不上，返工很大。越急，写得越不满意。第一期《中国作家》赶不上，就发第二期吧。实在抱歉。"

话是这么说，编辑部仍希望《井》发在创刊号上。版面就留了下来，宽限二十天，请陆文夫务必在 11 月底完稿。

11 月 21 日，陆文夫复信石湾："因为《钟山》和《雨花》举办笔会，邀请了一批作家来苏州，之后又来一个全国作协访问团，韦老太（韦君宜）带队，我不能不陪同，所以那个中篇泡汤了。本月底肯定写不出来。现在刚刚拾笔，能发第二期就算不错了。"

1984 年 12 月，第四次全国作家代表大会召开，陆文夫来京开会，《井》果然没写完。创刊号没赶上，上第二期也危险。这次作代会，高票选举陆文夫为中国作家协会副主席，编辑部更看重他的稿子。但身为作协领导，难免一身杂务，还怎么写稿？

张凤珠严肃地说："石湾，你再不把《井》催到手，就只能换责编了。"

石湾很委屈："我也不能一而再、再而三地催他呀。"

编辑部以冯牧的名义，又向陆文夫发了一份电报，要他从速交稿，赶发在《中国作家》第二期上，结果陆文夫给石湾回了电报，请他转告冯牧，近期真的无法交稿。陆文夫此时并不知道，编辑部已决定更换《井》的责编。

转眼到了 1985 年 4 月初，中国作协在南京举行全国优秀短（中）篇小说评选既颁奖大会。《中国作家》又派石湾前往盯住陆文夫，要他把《井》写完，赶发第三期头条。石湾一到南京，陆文夫就把未完成的小说稿交给了他，"你先抽时间看看，出点主意，还有三两千字就能写完。等开完会，给我三天时间好吗？"

石湾回到旅馆，一口气读完《井》。虽是未完成稿，但他已经感受到它的魅力。女主人公徐丽莎的悲惨命运，令他毛骨悚然，读后久久不能平静。晚上还稿时，石湾问陆文夫，"徐丽莎最后有没有投井？"

陆文夫说："是的。她已走投无路。"

石湾点点头："也只有这样写，这场悲剧才能产生巨大的震撼力。"

大会一结束，陆文夫就回苏州了。三天后，他把稿子交给了石湾。稿末注明的日期是"1985 年 2 月至 4 月"。傍晚，石湾给编辑部发了电报，第二天下午石湾返京，编辑部主任贺新创亲自接站，见到他二话没说，抓过稿子直奔印刷厂。

终于，在 1985 年第三期《中国作家》上，姗姗来迟的《井》问世了。

《井》的故事，其实很老套：家庭出身不好的徐丽莎，被一个小科长朱世一看中，两人很快成婚。婚后生活并非想象中的幸福，小市民出身的朱世一，精于算计，他的母亲更是典型的市井小民，尖酸刻薄。婚后的徐丽莎尝遍了婚姻的诸多苦处，虽然事业蒸蒸日上，感情生活却一片空白。面对朱世一的无理取闹，她爱上了助手童少山，却遭到拒绝。无法摆脱婚姻的徐丽莎，精神濒临崩溃，她极度渴望逃离令人窒息的现实，最终在门前的井中，结束了自己的生命。

《井》发表后，引起很大反响，报刊争相转载。中国作协党组书记唐达成（唐挚），写了一篇五千字文章《从〈井〉看封建心理积淀——致陆文夫的一封信》，发表在第五期《中国作家》的《文学对话》栏目。杂志社原打算约陆文夫写一个"复信"，将二人文章放在同一期刊物上，但陆文夫实在太忙，10月2日又要去香港，最终还是没能写出来。

《井》发表以后，提升了《中国作家》的影响力。《中篇小说选刊》评选1985年度十佳中篇小说，《中国作家》就占了两篇，即陆文夫的《井》和冯骥才的《感谢生活》。这两部获奖中篇小说的责编，都是石湾。

《井》也引起了争议。有人对徐丽莎跳井自杀很不理解。王安忆就说：在陆文夫的小说中，一直缺少坚强的人物，"他就喜欢写弱者，可能因为自己比较强大吧。比如《井》里面那个女性，这个人物应对现实能力很强，可是为什么有这么一个软弱的结局？真是挺遗憾的"。

评论家何镇邦与陆文夫有过一次认真的对话，围绕着《井》展开。何镇邦问："您为什么要让徐丽莎跳井而死呢？"

陆文夫说："我也不想让她死，真的不忍心。写到这一段，我停笔了三天，想尽一切办法，去挽救她，但结果还是一筹莫展，徐丽莎只有跳井。她死了，才符合人物性格的发展逻辑。"

何镇邦说："但客观上，人们对徐丽莎的死，是很难接受的。"

陆文夫说："镇邦，我是这么想的。一个人物在作家笔下活起来，意味着他（她）已经具有自己的艺术生命，作家就不该任意摆布他，而应按照他（她）的性格发展逻辑来安排命运。写徐丽莎之死，我就是按照这个原则来写的。说实话，我也不想让徐丽莎死去。写到最后一节时，想让徐丽莎去找市委书记，让他帮助解决问题，这样徐丽莎就不会死了。又一想，市委书记能处理吗？流言蜚语，两性关系，似有似无，抓不上手，你又不能处分任何人，干说几句空洞的话，能不能解决问题？好了，无计可施了，我只能眼睁睁看着徐丽莎跳入井里。那一段，我不忍多写，所以收场时有些匆忙和突然。"

两人静默了几秒钟。

何镇邦说："您前几年的作品，《小贩世家》和《美食家》，针砭时弊总是点到为止，《围墙》也有隐喻性。但近两年，比如您写《井》徐丽莎之死，就是直接地揭露和剖析了。这又是为什么？"

陆文夫说："我这个人，算不上艺术家，许多地方不能免俗，七情六欲都有，满脑子现实问题。有时候也想清高一点，艺术一下，超尘出世。可抬头一看，就回到了人间。《井》这篇小说的确张扬，缺少宽厚度，但实在是没有办法，我对封建、半封建、真封建、假马列的东西，恨之已久。"又说："让徐丽莎自寻短见，我承认在情绪上有点偏激。"

何镇邦想了想，换一个话题："老陆，您的《美食家》写了食文化；您的《围墙》涉及古建筑；这一篇《井》触及历史文化积弊；其他几篇近作，大都写了姑苏的风情与世情。所以，有人把您列入'文化寻根派'，认为您的小说，在寻吴越文化的根。您对此有何看法？"

陆文夫说："寻根嘛，总归是一件好事，总比忘掉脚下的土地要好。在文学的餐桌上，多一样菜比少一样菜好。有风格类型，是一件好事，但并不意味着单一化，它应是多样化的统一。我对文化的传统，对事物的根源，的确非常注意。但如果寻到的根，是枯根、死根，我就不感兴趣了。"

《井》问世两年后，被译成法文，同其他几篇小说放在一个集子里，作为"熊猫丛书"推向海外。外文期刊《中国文学》希望他对读者讲几句话。陆文夫说："我想对读者讲的话，已经写在小说里。坦率讲，我虽然注视着世界，作品却是写给中国人看的。我是一个普通的中国作家，小时候喜欢吃土豆，英语称作 potatoboy（土包子）。现在 potatoboy 越过国界，闯到陌生的法国来了，不指望获得什么称赞，只希望那里的读者，看完我的小说表示理解就行了。"

陆文夫知道，《井》的寓意，外国人未必理解。因为"井"在中国文学中，并非只是一个生活现象，它有特殊的文化含义。

中国很久以来，都是一个农业文明国家，百姓对水有天然的兴趣与情感。与水有关的意象，往往寄托着美好希望，寓意春意盎然。但井是一个例外。唐代郭震写井："纵无汲引味清澄，冷浸寒空月一轮。凿处若教当要路，为君常济往来人。"是一轮"冷浸寒空"的寂寞明月，却为"往来人"清凉解渴，意象还算有温度。但更多时候，井会让人联想沧桑历史，产生悲戚心情。相当多的井，是历史遗存，里面都有故事。唐代的武元衡说："君不见道旁废井傍开花，原是昔年骄贵家。"会令人想到幽暗、阴森、凄凉、悲惨、恐怖等词汇，也会让人想起投井自尽、被井吞噬、谋财害命、落井下石等阴森凄惨的景象与故事……说到底，中国人心中的井，大都是灵魂与肉体的归宿，常常寓意着人类的悲惨命运。

陆文夫笔下的井，也是一口杀人的井。

在姑苏小巷深处，水井周围的闲言碎语和流言蜚语，已构成井的氛围与意象，杀人于无形之中，它象征旧岁月背景下的封建礼教制度，压抑的生存环境与悲剧氛围。徐丽莎是弱者，井边的女人蔑视她；徐丽莎成了时髦的女工程师，女人们还是诽谤她，用唾沫淹死了这个无辜的才女。可见，井边生活作为一种市井文化和世俗风情，既是一个重要的生活场景，也是市民们打发无聊、歇凉聚众、造谣滋事、惹是生非的第一现场。

小说《井》批判杀人的传统陋习与陈腐理念，这样的主题很沉重。

9. 《清高》

陆文夫的《清高》，像是一篇"下海"宣言，最初发表在 1987 年第五期《人民文学》上。从《围墙》到《清高》，中间陆文夫还发表过短篇小说《万元户》《门铃》《天时地利》《临街的窗》，中篇小说《井》《毕业了》等。

陆文夫这段时间发表的小说，远离政治主题，开始涉足传统文化。《围墙》写到了"空谈误国"的危害；《井》批判了限制妇女追求自由个性的"伪道德"；《清高》揭示了"君子固穷"和"安贫乐道"传统理念与现实之间的矛盾。

《清高》发表的前一年（1986 年），陆文夫没发一篇作品。

很巧，《围墙》《美食家》问世的前一年（1982 年），也是陆文夫的创作空白期。这仿佛成了规律：只要有重量级作品问世，陆文夫构思的时间就很长。

按惯例，一位作家成名后，就会进入创作"喷发期"，因为作品无论写得怎样，总有刊物接纳。陆文夫最担心的就是这一点，他不想当"劳动模范"，宁可不发表，也要让作品保持高位。王安忆就说："陆文夫在逆境中，总有一种收放自如的气质，很能控制自己。这非常不容易，面对苦难，汪曾祺会站出来看看生活，陆文夫却坚持在里面，不允许自己下滑，这种自律性，给我很大的震动。陆文夫即使后来写得少了，也是收放自如的结果，写不出期望的那么好，我干脆就不写。"

一年空白期过去，陆文夫推出了《清高》，果然没让读者失望。

此时，新时期文学"黄金十年"已到收尾阶段，作家开始躁动不安，文学读者陆续分流，报刊佳作越来越少，文学市场趋向低迷，不再发生"洛阳纸贵"的轰动效应。文学评奖原来一年一届，从 1985 年起改为两年一届。

但陆文夫的《清高》一问世，也还是受到了关注，《小说月报》《小说选刊》《新华文摘》转载了它，还获得 1987—1988 年"全国优秀短篇小说奖"。

《清高》的故事也出自姑苏小巷："名人"汪百龄是一位而受人尊重的小学教师，婚姻问题成了"老大难"，他总能找出理由拒绝女孩。家人为他的婚姻操心，汪百龄自己却不急，还用荣誉、家训、自尊等诸种理由来搪塞。母亲与两个弟弟纷纷出动，前后为他介绍了三位不同的姑娘，又设计了三次不同的见面方式，都无果而终。第三位姑娘一到他家，居然被他弟弟的经济实力所吸引，表示爱上了他的弟弟……

小说很显文学功力。陆文夫笔下的三位"相亲女友"，各有特色：第一位是现代派，喜好咖啡馆、摄影和旅游。见面还邀来几位闺蜜，大大方方，进餐馆先将一沓钞票放在账台上，多退少补。第二位是古典派，钟情钢琴、组合音响和进口原声带。见面地点选在美术展览会，瞧不起国画家和万元户。第三位是世俗派，只关心物价、家电和夫妻老婆店，来到汪百龄家里，被门外的雅马哈吸引。她知道门前停轿车不稀奇，但是"雅马哈就有点野了，那是另有财源的"。三个女孩都很生动，既有现实感，也有现场感。

但《清高》不易解读。表面上写爱情，却隐含着陆文夫多年思考的一个问题。评论发表不少，只是见仁见智，莫衷一是，多为隔靴搔痒，作皮相式的分析。

有的评论说："《清高》揭示了小学教师的生存状态。队伍老化，后继乏人，不少教师积劳成疾，从汪百龄身上，可看到某些端倪。"

有的评论诘问："小学教师地位低，被人看不起。一个真心想当'孩儿王'的人，该有如何丰富的思想和情感，又会在恋爱中闹出多少奇闻趣事来？陆文夫对此并无深究，只是想让三个不大一样的姑娘轮番上场，出出汪百龄的洋相。"

有的评论直接说："《清高》的故事，太土、太老、太俗。作者硬把三个姑娘与三个干巴巴的概念对上号，结果破坏了读者的期待。作者把讽刺送给对象，又不了解她们，那么结果只剩'滑稽'了。如果说《围墙》能给我们强烈的现实感，《清高》则是在写一个陈旧的故事。"

有没有人理解陆文夫的良苦用心？还真有。

学者徐采石、金燕玉夫妇这样说："在文学传统中，忽视物质的清高态度，历来受到颂扬，《清高》却提出了正视物质的观念！汪百龄需要什么？不是清高，而是物质，他必须正视它、解决它，才能吸引姑娘的目光。《清高》是什么？是陆文夫批判'清高'观念的一个文学武器。"

学者胡平也说："《清高》中提出的问题，远远超过现实范畴，表现出深刻厚重的历史意识。汪百龄的困难，在于要改变一个历史的自我，重塑一个新的自我。他内心的矛盾体现了新旧两个历史时期，在牵制与更替之间的争夺，反映了一度的历史迷误与个人命运之间的悲剧性的冲突。"

那么，为何读者会误解这篇小说？胡平说："《清高》运用了一种新手法，陆文夫将倾向隐蔽起来，只交代客观的生活状况，人物的生存状态，至于是非曲直、短长正误、全凭读者公论。《清高》是一篇中性小说，它比作者过去任何一篇作品，都耐人寻味、费人思量，它是作者接受现代意识，从美学观念和文学观念上进行革新的结果。"

看到大家的争鸣，陆文夫很欣慰，他的小说最终被理解了。下面，他就可以站出来说一说创作动机了。

《清高》发表后被译成法文，发在《中国文学》杂志上。该杂志想让陆文夫谈一谈"清高"的话题，正合陆文夫心意。

记者问："陆先生，何为'清高'？"

陆文夫说："中国的知识分子，历来就不是生活在天堂里，大多数人磨难较多，生活清苦。他们只能安贫乐道，自命清高，在精神上有所寄托，聊以自慰。'清高'二字的含义，是不以贫为苦，不以贫为耻，不为功名利禄去做有损于人格和自尊的事。"

记者问："您为什么要在小说中讽刺汪百龄的'清高'呢？"

陆文夫说："这种思想在中国的知识分子中，已有几千年的历史，它起过积极的作用，使许多知识分子洁身自好，不去同流合污。也有消极的一面，用现在的话说，就是轻视商品的生产流通和经济效益；用古代的话说，便是'君子何必曰利，亦有仁义而已'。清高思想有虚伪的一面，吃不到葡萄便宣称葡萄是酸的。"

事后一想，这个问题似未说透。陆文夫又写一篇散文《清高与名利》，来阐述这个话题。

陆文夫说："我受李白的影响最深，从青年时代起就不把钱放在心上，虽然不当阔佬，却也从不吝啬，后来有了工资，又拿到稿费，更是不把钱放在眼里。李白教导我们说，'天生我材必有用，千金散尽还复来。'我相信了。结果恭逢'反右'和'文化大革命'，工资降级，稿费全无，孩子长大，负担增加，后来下放劳动，夜卧孤村想想，就有点后悔了，觉得上了李白的当。'天生我材没有用，千金散尽不复来'啊！早知道应该多存点钱。你怎么能跟李白相比呢？李白有五花马、千金裘，你只有自行车和棉大衣。昔日的清高者，曾想腰缠十万贯，骑鹤下扬州，按照现在的市价折算，他是带了十万美金，乘飞机去了美国的夏威夷。陶渊明不为五斗米而折腰，可他家田里的收成，恐怕绝不止五斗米，他可以'采菊东篱下，悠然见南山'，日子过得还是挺悠闲的。即使茅屋为秋风所破的杜工部，他的穷也只是暂时的，后来在成都营造的草堂，虽然不像现在那么好，看起来总比平民好得多，比现在的文化人也要好上几倍。由此观之，那些崇尚清高的人，倒也颇有点经济实力，如果他连饭都吃不上的话，清高恐怕就困难了一点了。"

又说："我很少见到哪一位文化人，对名利毫无兴趣。有的，只是曾经沧海难为水，在大海里扑腾了多年，而今耄耋老矣，想坐在沙滩上休息休息。古代有许多隐士，似乎远避名利，其实也是一种手段，因隐居而成名，因成名而出仕，隐士隐仕，因隐而仕也，这和'学而优则仕'如出一辙。诸葛亮高卧隆中，那是随时随地准备出山的，要不然的话，他又何必花那么多的精力来通晓天下大事呢？他要刘备三顾茅庐，一方面是搭搭架子，一方面是对成败得失一时间拿不定主意。姜子牙最最危险，一直隐到了八十岁才遇文王，差点儿就要隐到底。所以说，所谓的清高都是虚伪的，都是一种变相地获取名利的手段而已。即使真有人轻名利，也是一种理想主义。"

知识分子脸上的遮羞布，就这样被陆文夫撕掉了。

再来看《清高》的主人公汪百龄。"汪"者，枉的谐音；"百龄"，百岁人生。汪百龄，寓意"枉活一生"。陆文夫想借汪百龄相亲的失败，告诫知识分子，要勇于社会实践，提升生存能力，全方位开掘自身价值，不让人生虚度。

陆文夫自己后来也"下海"了，在市场经济大潮中做了弄潮儿。

1988年，也就是《清高》发表的第二年，他受苏州市委的委托，担任《苏州杂志》社长兼主编，开始了文化产业经营。

1992年，《清高》发表的第五年，《苏州杂志》名下实体"老苏州弘文有限公司"注册运营，陆文夫亲任董事长，之后合资创办了"老苏州茶酒楼"，开始传统"苏帮菜"的餐饮经营。

10. 《人之窝》

《清高》获奖后，陆文夫不打算再写小说，集中精力编杂志，开餐馆，但心里有个结，一直放不下。高晓声的心结，是一个他所挚爱的女人，女人去世后，他为她写了一部长篇小说《青天在上》。陆文夫也有一个心结：房子。他也想写一部有关房子的小说。

苏州是古城，遗存许多豪宅大院，有的还是微型园林。漫长的历史长河中，不少古宅遭遇劫毁，或是被人巧取豪夺。为了争夺房产，上演了一出又一出悲喜剧。文学前辈程小青的大宅院，就是在政治运动中被强行瓜分掉的，致使程师母含恨离世。

在那个历史背景下，百姓自己造房也不易。高晓声就是一个例子，他将这个遭遇写成了小说《李顺大造屋》。相比高晓声，陆文夫寻求住房的道路，也是曲曲折折、困难不断。二十世纪四十年代，陆文夫来到苏州，很长一段时间都是无房户，借住过亲戚家的房子，借住过园林中的小姐楼，也在岳母家借住过。

1978年，陆文夫从苏北农村迁回苏州，依然居无定所，便开始向房管局长要房子。局长是陆文夫的老朋友，一听说要房子，双手一摊："没有"。

陆文夫说："你不给我房子，我就坐在你家里不走。你要是不信我的话，就去我家看看嘛，五张床摆在十八平方米的房间里，我还要写东西。怎么办？"

局长说："你就是睡在我家里，我也变不出房子。"

又说："你今天打报告把我这个房管局长免掉，明天我请你到松鹤楼吃一顿。老陆啊，我实在受不了。要房子的人太多！你晓得吧，晚上十点钟还有人敲我的门。"

陆文夫说："你这家伙，官僚主义，赶快造房子啊！"

局长说："造房子？钱从哪里来？还有砖头、木料？"

陆文夫说："苏州不是有砖瓦厂？"

局长说："嘿，砖瓦厂？一个周期五年，你等五年再来吧！"

为啥要等五年？局长一五一十说明了原委，陆文夫这才明白，办一件事很困难，既手续繁杂，又涉及复杂的人际关系，正常工作常常受阻。

无法解决住房问题，陆文夫和老婆孩子只能暂住岳母家。这种无房日子只要能够寄居，生活倒也能对付，岳母可以容纳女儿女婿。但陆文夫的文学写作，需要独立空间，他不像有的作家，嘈杂环境也能一挥而就，他是完美主义者，做事总爱精雕细刻，家中有一点响声，都会影响他的创作思维。

无奈，陆文夫找到老友朱子南，要他陪同去找市领导。那位领导是市委副书记，朱子南读中专的同学。副书记一看陆文夫找来了，就给有关部门打电话。最终的结果是——

对方问："陆文夫什么级别？"

副书记说："他没有级别，就是一个……作家。"

对方说："那就难办了。"

又问："他现在没有地方住吗？"

副书记说："住在岳母家。可他是一个作家，没有书房怎么写作啊？"

对方说："真对不起。我们只管住房，管不了书房。作家解决书房问题，应该找作家协会啊！"

陆文夫一听，就知道没戏了。作家协会哪有房子？他们自己的办公用房，到现在还没彻底解决，哪能顾得上作家！

后来陆文夫有了"级别"。先是任命为苏州市文联副主席，之后又担任中国作家协会副主席。于是再找领导申请住房："这次有级别了，总能解决我的住房问题了吧？"

领导就问："中国作家协会副主席？这……享受什么级别？"

陆文夫也被问蒙了。他也不知道这是个什么级别。向上一打听，得到的答复是——"中国作家协会副主席，相当于副省级。"

领导一听就愣住了。苏州是地市级城市，居然有一个副省级作家！当然要解决住房问题。余下的事情，就像变魔法，七变八变，变出了一套"三室一厅"，分给了陆文夫。陆文夫接到分房通知，全家人欣喜不已，亲朋好友奔走相告。就在全家人整理打包准备搬家的时候，又听到一个"噩耗"：新房被无房户强行"占领"了！房管部门数次上门劝阻无效，只得作罢。因为，占房户也是一个长年没有住房的困难户，按政策也应该有房子，实在值得同情。

怎么办？陆家人总不能打上门去要回房子吧。陆文夫毕竟是一个有"身份"的人。再说了，他这个本本分分的人，从没做过撕破脸的事啊。

陆文夫就忍了。可媒体急了。记者们说，陆文夫是谁？著名作家！中国作家协会副主席！他的小说《小巷深处》，五十年代家喻户晓；他的小说《围墙》，都印成了省委文件，要求全省干部学习；他的《美食家》，已经把中国的美食文化传播到国外去了！这样的文化人，怎么可以任人欺负！记者们要在媒体上为陆文夫讨回公道。此事惊动了市里，立即决定：将原先分配给市领导的一套房子，优先给陆文夫以解决住房问题。

这套新房，后来陆文夫住了一辈子。

它位于网狮园附近，是一幢二层新式小楼。面积倒不大，每层只有九十多平方米，但它的南面，有一个近二十平方米的小院，可以栽种花草，修剪盆景，也可以摆上藤椅，纳凉喝茶。它的背面是一条小河，可听到欸乃的桨声。推开北门向下，有一个延伸到水里的石阶，苏州人称"水踏步"。在寂静的夜里，河里还会传来鱼跃水面的声音。陆文夫痴迷垂钓，这真是一个风水宝地。《文学报》记者来采访，陆文夫告诉他："这一排房子，原先都是给副市长以上离休干部住的。如今我也享受市级干部待遇了。"这句话包含着幽默，也有抑制不住的欣喜。

新房住上一段日子后，陆文夫的喜悦与热度慢慢减退。坐在崭新的书房里，他时常点燃一支烟，泡上一杯茶，回忆往事，盘点自己从无房到有房的过程。他想到程小青晚年的落魄与凄凉，宅院被瓜分，墙上挂着的程师母遗像，像在诉说种种不幸。如今，社会步入正轨，但曾经的无序时代，给人留下的创伤太痛、太深。人们啊，你们为何要这样无情，为何要无端改变别人的命运，剥夺他人的幸福。这是什么原因造成的？为什么从古至今都会发生类似悲剧？想来想去，陆文夫觉得，它们是根植于人们精神层面的一个顽疾——窝里斗。这是一种劣根性，它很强大，很顽固，一有机会便兴风作浪，搞得社会不得安宁。

陆文夫就想，我何不写一写"窝里斗"？

于是，一个叫"许家大院"的虚构场景，慢慢在陆文夫脑海中形成。他要以许家大院的变迁为线索，写出人们为"窝"而争、为"窝"而斗的过程，从而揭示"窝里斗"这个顽疾的丑恶。他打算分上下两部分写。

上部，写民国时期，许家大院的种种内幕和历史变迁。许家大院里，应该有一个朝气蓬勃的正面人物，他是大院的继承人，正在念大学。他要接受一批年轻好友，寄宿在许家大院，用行动践行杜甫的理想，"安得广厦千万间，大庇天下寒士俱欢颜！"这群年轻人很浪漫，他们不满现实，下了课就在大院里吟诗论文，谈情说爱。但许家大院也不是真空地带，另有不少寄宿者，都是前清或民国的遗老遗少，他们看不惯青年学生的日常行为，觊觎大院房产，总是想方设法加害青年学生，最终，迫使青年学生撤出了大院。

下部，写"十年动乱"的许家大院。中间留下十七年的历史空白，让读者自己去思索。上部出现的主要人物，此时有的已经被错划右派，成了革命对象。长年的政治动荡，让许家大院化整为零，被各种身份的人瓜分霸占。真正的主人，却不可能安安静静地生活。于是，就有了此起彼伏的矛盾斗争，它们交替出现，构成了许家大院的主旋律……

这么丰富的内容，应当是长篇小说的容量。

1987年某天，陆文夫对《中国文学》记者说："我到1988年已经六十岁了，剩下的可用于写小说的生命，也不过十几年，再不写的话，有些想法就只能装到骨灰盒里去了。"

说写就写。他给小说起了一个有寓意的标题——人之窝。

"窝"有两层意思，一是指人住的房子，二是指动物的窝洞。说它是房子，是情节开展的需要；说它是动物的窝，寓意着深刻主题——窝里斗。如果说，高晓声的《李顺大造屋》，意在揭露"左"倾政策的悖理荒唐与祸国殃民；那么陆文夫的《人之窝》，就是为了揭示"窝里斗"的丑恶，以及它对正常的社会秩序与社会关系的破坏。

小说开头写得很顺利。起笔几句话，已盘旋在陆文夫脑海中多年——

> 我们高贵的祖先是没有房子的，他们或是盘在树上，或是钻进洞里，倒也省力。不过，上树或钻洞总是不大舒服，也非长久之计，因为人口越来越多，树木越来越少，洞穴也不是到处都有的。于是，亿万年间人类为了房子便进行着惊心动魄、无声无息的世界大战。日以继夜，夜以继日，子子孙孙，永不停息。有的用劳动，有的用智慧，有的用权力，把那房子越弄越多，越弄越美，越弄越舒适方便。呕心沥血啊！从三间平房到摩天大楼，从十分简陋的茅屋到豪华的宫殿，拥有一座房子都是一场战斗，不管你是自己造的、花钱买的，或是挖空心思分到手的。不信？你可以去体会体会。

许家大院的争房之战，从此在陆文夫笔下打响。

陆文夫后来才知道，写长篇小说很不易，它需要容纳众多人物和素材，这是中短篇小说不能相比的。陆文夫为此调动了自己几乎全部的生活积累。

写居委会主任林阿五，就借用了作者自己的经历。

小说中的林阿五——卖西瓜出身的农民——初来苏州身无立锥之地。费亭美看他可怜，就恩赐给他一间房子住。（二十世纪四十年代末，陆文夫一家人初到苏州，住的也是亲戚房子。）《人之窝》写林阿五有报恩观念，"信条都从各种劝世文里得来的，是中国民间儒教和佛教混合物体。"（陆文夫童年时，祖母经常给他念"劝世文"，灌输报恩思想。）新中国成立后，林阿五由于出身"光荣"，当上了居民委员会主任，官不大却很尽职，他信奉"积德为本""遇事不要火上浇油，不要落井下石"，只要能够向上交代，就不把事情做绝，始终站在善良厚道的许达伟一边。（这也是陆文夫一贯的做人信条。）"文化大革命"中，汪永富想篡夺"居委会主任"位置，对林阿五采取"革命行动"，打掉他的气焰，但林阿五的群众声望好，他不敢贸然行事。有一次，他在林阿五的后脑勺拍了几下，遭到居民们一致反对，就连厂里的老师傅，也在数落汪永富的不是。反对的理由很简单：汪永富的"革命道理"他们不懂，可他们知道"打人是不对的"。（"文化大革命"期间，陆文夫在苏纶纱厂受到冲击，造反派也不敢对他下重手，就是因为有了工人群众的保护。）

在许达伟身上，也有陆文夫的影子。

许达伟是一位充满热血的青年，有才华、有理想、有作为，是许家大院的叛逆者。他豪情激荡，踌躇满志，对死气沉沉、令人窒息的许家大宅院很不满，向往和追求自由、平等、博爱。许达伟说，总有一天，我要散掉这广厦千万间，庇得数百寒士俱欢颜！便邀请七位同窗好友住进大院，让大家在这里学习、唱歌、跳舞、恋爱，给古老的许家大院注入了一股强劲活力，一扫长期弥漫的沉闷空气。（许达伟充满朝气的精神状态，很像二十世纪四十年代在苏州中学念书的陆文夫。）

小说调动了陆文夫积累古代诗文的爱好。

《人之窝》讲述故事，诗词名句随手拈来。白居易的《问刘十九》："绿蚁新醅酒，江泥小火炉。晚来天欲雪，能饮一杯无"；汤显祖的《牡丹亭》："良辰美景奈何天，赏心乐事谁家院"；贺知章的《回乡偶书二首·其一》："少小离家老大回，乡音难改鬓毛衰。儿童相见不相识，笑问客从何处来"；杜甫的《春望》："烽火连三月，家书抵万金"；苏轼的《蝶恋花·春景》："天涯何处无芳草"；白居易的《长恨歌》："此恨绵绵无绝期"；高翥的《清明日对酒》："人生有酒须当醉，一滴何曾到九泉"；杜甫的《茅屋为秋风所破歌》："安得广厦千万间，大庇天下寒士俱欢颜"。纷纷出现在作者笔下，为小说增添了浓郁的书卷气。

小说写到的"老苏州"社会环境，都是陆文夫熟知的。

比如，苏州园林，铺着石子的小巷，苏州人的起居、饮食、语言，以及婚丧礼仪等民风习俗。小说中的许家大院，与许多老苏州宅院很相似，里面有亭台楼阁，假山绿植，曲桥荷池，很像一座微型园林。小说还写了新中国成立前阊门石路的灯红酒绿夜生活；"文化大革命"中的旧货店、估衣铺、买卖繁忙的市井景象。小说中也有家宴描写，这是陆文夫最擅长的。柳梅与许达伟宣布结婚，用苏州家常菜宴请同学好友，五彩缤纷的冷盆热炒、美食佳肴，令人眼花缭乱、馋涎欲滴。小说情节中，还有苏州城头的迷人月色，运河之滨的烟水苍茫，沧浪亭、南园的名胜风光，都是实景实写。此外，《人之窝》还汇集了一些苏州掌故，比如金乐山在动乱中被抄家，没收了书画，跳了运河，有点像顾公硕在虎丘一号桥跳河自杀。对这些内容，"老苏州"读者都会有兴趣。

陆文夫挚爱评弹，写《人之窝》的时候，也借鉴了评弹的语言风格和叙事手法，幽默俏皮，灵活多变，"表"与"白"自由转换。

所谓"表"，就是说书人的语言（第一人称）；所谓"白"，就是故事中的人物语言（第三人称）。小说也有评话里的"噱"元素，颇似"外插花"，又像"小卖"。苏州评弹的"噱"，分为"肉里噱""外插花""小卖"几种。"肉里噱"是人物性格和情节矛盾展开的喜剧因素；"外插花"用作比方、衬托、借喻和解释性的穿插；"小卖"是用来引起笑声的只言片语。比如——

"文化大革命"在上层是悲剧、闹剧，到了底层又把滑稽剧、恶作剧加在里面。

在这个世界上，越是狗屁不通，越是莫名其妙的词语，越是能把人吓得一愣一愣的。

越想认真工作的人越倒霉，做的不如混的，混的不如捣的。

知识分子如果要使坏的话，那比没有知识的要坏几倍。

这一代人如果把理想、奉献、舍己救人、自我牺牲等等都"想通了"的话，那下一代的人又会想些什么呢？

历史喜欢和人开玩笑，它一会儿把你的东西全部抢走，一会儿又会加倍地还给你。只是在这一抢一还之间，你的生命也快到了尽头。

现在买前门牌香烟也得开后门，不容易。

"文化大革命"对所有的文化都进行了摧残，唯独给书法提供了普及与发展的机会。

……

即便是正常的故事讲述，《人之窝》也很幽默，体现喜剧色彩。柳梅与许达伟相爱，小说这样写柳梅的内心——

这个穿着长衫的许达伟，好像是在哪儿见过的，是在梦中还是在少女的想象里？从少女时代起，柳梅的想象中就存在着一个自己也说不清楚的人，那人几乎天天出现，但也经常幻变，有时候是骑在马上，有时候是站在塔巅，有时在琅琅的书声中，有时在潺潺的小河边。她也经常在熙熙攘攘的人群中寻觅，却一直都没有发现，现在似乎发现了，好像就在自己的身边，就在那丝竹盈盈的乐声里……

反过来，写许达伟的内心也是这样——

柳梅突然从天而降，翩若惊鸿，飞入舞会。许达伟不知她来自何方，也不知她是谁，只感到有一股热浪向他袭来，一种骚动发自丹田，他那中学生式的初级恋爱立刻上升到白炽点！多年深藏着的情影变得清晰可见，好像已经和她神交了几十年。大凡一见钟情的人都不是无缘无故的，都有一颗情种埋在心底，在等待着春风和雨水。

柳梅和许达伟相爱后，这对疯狂恋人在许家大院后花园的大青石上，偷食了上帝的禁果。陆文夫这样写——

月亮在高空当然也看到了柳梅和许达伟的行为，可她并不大惊小怪，这种造人的行为她已经看了几万年，看着那荒凉的地球就是在这荒唐的行为之中发展起来的，就在这同一时期、在她所能见到的半个地球上，这样的事情就有千万起，她不想打扰这一对遨游极乐世界的年轻人，拉过一片浮云作眼睑，暂时闭上眼睛，使得那园子里的光线变得更加淡些。花园变得神秘莫测，幽暗深邃，有蛙声咯咯，草虫唧唧，香樟树上的宿鸦突然惊飞。这一切，对于柳梅和许达伟来讲都是不存在的。

读到这里，我们仿佛坐在茶馆，倾听评弹艺人讲一个爱情传奇。心里会说，陆文夫实在会讲故事。

《人之窝》写作的过程中，陆文夫觉得很累。这里有健康因素，他的哮喘病不时发作，在电脑前咳嗽不止。构思好内容不想放弃，就必须坚持写下去。咳嗽得不能坐直，怎么办？就用一只胳膊支撑着身子，另一只手敲打键盘。《人之窝》最后几章，就是趴在键盘上写出来的。

写长篇的同时，陆文夫还要编杂志、开饭店。《苏州杂志》无需他亲自编稿子，但每期要终审。"老苏州茶酒楼"的具体工作无需他做，但贵宾的送往迎来离不开他。烟酒茶，陪聊逛，很能消磨人的精气神，耗费去他大量时光。1991年4月22日晚上，叶圣陶研究会开展活动，陈辽与叶至诚来看望陆文夫，他情不自禁诉起苦来："领导人谁谁谁来，要我为他提供小车游览；谁谁谁来，请我参加什么会议，我不能不去；外国作家谁谁谁来，要我接待。你们想想，我怎么能静下心来搞创作？"

有时候，电脑也不争气。从1990年至1992年，他用电脑写了五十多万字，其中包括《人之窝》二十多万字。这一阶段，电脑似乎进入了病毒高发期。好在陆文夫是技术高手，已采取预防措施，避开了"黑色星期五""米开朗琪罗"等病毒。后来给电脑做例行检查时，又受到病毒感染，此时硬盘上的《人之窝》，已写了三分之二，要是被病毒破坏了，这部长篇就很难面世了。所幸，储存没有损坏。

陆文夫追求完美，也影响了写作进度。润色稿子，比创作还难，他有文字洁癖，常常把自己弄得疲惫不堪。1994年在宜兴开会，《文学报》副总编辑曾文渊问他："《人之窝》写得怎么样了？"陆文夫感叹："初稿是写了，但修改起来费时费力。有些章节的修改，付出的劳动比写初稿还要多。"因此，《人之窝》的出版一拖再拖，历时多年，以至于最后的定稿，都是在病床上完成的。

1995年，《人之窝》由上海文艺出版社出版。

这一年的6月4日，《人之窝》获第三届"上海市长中篇小说优秀作品大奖

（1994—1995）"三等奖。不久，又获江苏省首届"紫金山文学奖"。当年秋天，上海召开了"长篇小说《人之窝》讨论会"。陆文夫在会上说，自古以来，中国的正史几乎都是写帝王将相，写大人物。他写小说，就是为当代的普通人、小人物"立传"。但他没说这部小说的核心其实是揭露"窝里斗"。

2003年，翻译家尚德兰将《人之窝》译成法文，由法国门槛出版社出版。旅法学者陈丰说，《人之窝》同《美食家》一样，在法国销路不错，出版社希望作者能够访问法国，期待《人之窝》下部的完成。这个愿望还没向陆文夫传达，陆文夫便与世长辞，成为中法文化交流史上的一大憾事。

《人之窝》缺少下部，的确是个遗憾。曾文渊说："小说没有下部，上部的结束就觉得有些仓促。作为陆文夫作品的忠实读者，读完这部小说，我既满足又不满足。满足的是，陆文夫没有辜负读者期望，拿出了一个精品；不满足，是因为期望过高，觉得后半部特别是结尾部分匆促了些。"又说，陆文夫要是把下部写出来，应该更精彩。"'文化大革命'结束后，'窝'的供求矛盾益发突出，人们为'窝'而奔走、呼号，争斗更为激烈和精彩。就以分房来说吧，有的人老老实实按所在单位开列的条件申请望眼欲穿，结果还是分不到；有的人根本不符合分房条件却千方百计走后门，请上级或上级的上级批条子，把房子搞到手；个别的甚至于请客送礼、行贿受贿，无所不用其极。近几年来，随着市场经济的发展，房地产业更是方兴未艾，批租土地、造房建房、买卖租赁，更是精彩纷呈，喜剧、悲剧、悲喜剧乃至滑稽戏，应有尽有，可写的东西很多很多。"

当法国读者渴望《人之窝》下部早日诞生时，这部小说在国内的影响，似乎并不大。其中一个因素，想必与书名有关。二十世纪九十年代通俗文学盛行，大众的文学审美倾向发生了转变。《人之窝》写得倒是很通俗，有章回小说的跌宕，也像一幅江南古城的民俗画卷，很适合时下的阅读口味。可惜书名隐晦，读者解读会有障碍。既然是一个争夺房产的故事，何不定名为《人居》《安居》或《老宅》？或干脆通俗到底，叫《夺屋》或《大院恩仇》，一目了然。干吗叫《人之窝》？"之"是文言文；"窝"有很强的政治隐喻性。三个字有两个费解，读者还有兴趣吗？

陆文夫当然不会计较读者的看法。他生前编好五卷本《陆文夫文集》，把《人之窝》放在首卷，既是一种态度，也是一种期待。他是个美食家，知道好饭不怕晚。

11. 忧虑与责任

陆文夫的作品，数量不多，分量很重。短篇小说《献身》《小贩世家》《围墙》《清高》，分别获 1978 年、1980 年、1983 年、1987—1988 年度 "全国优秀短篇小说奖"；中篇小说《美食家》，获第三届（1983—1984）"全国优秀中篇小说奖"。

人文社会科学的权威选刊《新华文摘》，转载小说很有限，但陆文夫的作品经常出现，包括《美食家》《围墙》《临街的窗》《井》《一路平安》《清高》，散文《吃喝之道》等。曹季军、潘承凡的研究文章《陆文夫与高晓声比较谈》，也被《新华文摘》转载过。

对陆文夫的作品，王蒙这样评价："他的作品与他本人一样，亲切多姿，别人容易接受。他写起来就自然做到了怨而不怒，哀而不伤，乐而不淫。他说实话多，说大话少。说老百姓的话多，说字儿话、官话、显学问的话少。他从生活中来的体会捉摸甚多甚多，云端立论、巅峰抢斧甚少甚少。他天生实事求是，从来没有大言欺世。"

随着作品影响日益扩大，陆文夫的社会地位也发生变化。

1984 年 12 月，在中国作家协会第四次会员代表大会上，陆文夫当选为中国作协副主席，时年五十六岁。同为副主席的还有：丁玲、冯至、冯牧、艾青、刘宾雁、沙汀、张光年、陈荒煤、铁依甫江。这个职务，陆文夫一直担任至2001 年。

根据中央要求，中国作协领导班子的选举，不设框框，放手让代表们选举。结果，陆文夫由代表提名，被选为中国作家协会副主席。由此可见他在中国文坛的影响。王蒙说："在第四次作代会的选举中，巴金得票最多，其次是张光年与刘宾雁得票相同，再往后是我与陆文夫，我俩相差票数很少。原本副主席候选的内定名单中，并无刘宾雁和陆文夫，但代表们强调应尊重民意，最终选上了他们二位。"

1986 年 1 月 28 日，中国作协江苏分会第三次会员大会召开，陆文夫当选为江苏省作家协会副主席。

1992 年 9 月 23 日，江苏作协第四次会员代表大会召开，陆文夫又当选为江苏省作家协会主席。副主席是：朱苏进、范小青、赵本夫、俞胶东、海笑、高晓声。这个职务，陆文夫担任至 1997 年。

有了领导职务，陆文夫的社会活动也增加了。

1985 年，第二届"茅盾文学奖"评奖启动，陆文夫是评委之一。主任委员是巴金，副主任委员是张光年和冯牧。评委中除了陆文夫，还有丁玲、乌热尔图、刘白羽、许觉民、朱寨、陈荒煤、陈涌、林默涵、胡采、唐因、顾骧、黄秋耘、康濯、谢永旺、韶华。

1986 年 4 月 11 日，"第四次中美作家会议"在四川乐山举行，探讨"文学的民族性与国际性"。十余位美国作家前来参会，美方团长是素尔兹·伯里，副团长是罗伯特·里斯。陆文夫担任了东道主中国作家代表团团长，邓友梅任副团长，成员是李子云、何士光、宗璞、陈辽、周克芹、流沙河、益希单增、锦云。

1986 年 11 月 13 日上午，中国作协第四届理事会第二次会议召开，党和国家领导人胡耀邦、习仲勋、胡启立、薄一波、宋任穷等，会见了参会的作家和评论家代表。胡耀邦与陆文夫握手时，记者巫加都抓拍了这个镜头。一周后，照片刊登在 11 月 20 日《文学报》头版报眼，《文艺报》也用了这张照片。三年后胡耀邦逝世，《文学报》发表长文《耀邦，人民心里有你——首都作家深切悼念胡耀邦同志》，配发的图片仍是胡耀邦与陆文夫握手的镜头。

1987 年 5 月 28 日，柳亚子先生一百周年诞辰学术讨论会在北京召开，受巴金委托，陆文夫代表中国作家协会在开幕式上发言。陆文夫说："茅盾同志在中国作家协会第三次会员代表大会上，曾经要求作家协会的会员把学习和继承柳亚子先生的诗文，作为学习和继承我国优秀的文学遗产的一个部分。我们要学习柳亚子先生的诗文，同时也要学习柳亚子先生的为人，学习他的人品与文品。"又说，这次大会很像是南社的一次雅集，柳亚子先生若在天有灵，能看到今天的盛会，也能看到他所向往的社会主义正在飞速发展，他会因此再次高歌："能持主义融科学，独拜弥天马克思。"

6 月 13 日《文学报》头条位置，发表了陆文夫发言的全文。

除了参加诸多官方会议，陆文夫也会挤出时间，深入基层，和作家们一起探讨创作问题。1987 年，《文艺报》等单位在盐城举办"丹顶鹤散文节"，陆文夫应邀参加。赴会记者看到陆文夫，很惊讶："陆老师，您是小说家，怎么也来参加散文家的会？"

陆文夫笑答："我的作品，你一定读得不多。我确实有几个小说产生了影响，但我也写散文随笔啊，而且数量并不少。"

晚上住在大风县，雨水淅沥，吴泰昌到他房间来。陆文夫说："你来得正好，我在思考一个问题。白天记者问我，你这个小说家怎么会参加散文会议？

这实际上反映了人们对小说与散文这两个文体认识的不清晰。"又说："我不主张把散文和小说绝对分开，把写小说的人称为小说家，把写散文的人称为散文家。其实，这两种文体不大好分。作家们也不要把自己囿在一个圈子里。其实在有些国家，小说和散文是一个词儿，散文是相对于韵文和戏剧而言的。除了诗歌和戏剧，其余的文体都叫散文。只是它们有不同的写法而已。"

吴泰昌问："您最喜欢写哪一类散文？"

陆文夫说："我喜欢用较小的篇幅，来叙述一些人与事，抒发一点情怀。在写法和形式上，我主张兴之所至，性之所致。好的散文，要具备两个特点：一是有真情实感，情要真，感要实；二是要有文采，用词要讲究，优美，而且有灵气，才华横溢。现在有人将散文统统算作随笔，这种理解狭窄了。"

还有一次，陆文夫和从维熙、张弦等人，到吉林长白山参加一个笔会。汽车沿 S 形山路向天池盘旋而上，陆文夫提议："我们弃车爬山如何？"

司机愕然："各位老师，去天池只有这一条路啊！"

陪同游览的老黄也说："是的，这万万不可，千万不可！"

陆文夫说："你们可能还不太知道，我们仨都是'劳动大学'毕业的，几年来爬格子，爬得肌肉萎缩。现在就让我们表现一回，如何？"

陆文夫的提议，得到从维熙、张弦的响应。弄得老黄进退两难，只好让司机先把汽车开上天池，他陪同他们一起爬山。

无路可行的爬山，随时都有惊魂时刻。山非常难爬，前行者滑落的石头，会滚向后行者的身边。每次石头滚落下来，都会让人惊呼，群山也会发出和鸣。陆文夫一行三人爬上天池时，大汗淋漓，便脱去衣衫，裸胸而立，但天池气温较低，他们只好把湿淋淋的衣衫拧干，再披在身上。

站在天池之畔，陆文夫说："你们知道吗？1964 年我下放劳动改造，由于对国家前途和个人命运极度悲哀，曾产生过自杀念头，两次登上南京的灵谷塔。当我一层层爬到塔顶，看到天那么蓝，地那么绿，顿时感到自己轻生，是愧对生养我的苍天大地。即便咀嚼苦咸的泪水，我也不能走，还要卑微地活下去。"

说完这话，陆文夫将目光落移至长白山："你们看，多美，多壮观！"

大家顺着他的目光，看到一片苍茫的原始森林。树木长得极其茂盛。其中一片杂交林，都是落叶松和白桦树。正值秋天，那片树林质朴无华，非常漂亮。

从维熙说："这一棵一棵的小白桦树，真像素衣素裙的少女。"

陆文夫说："我倒觉得，它们很像一艘艘海盗船。"

张弦幽默地说："应该是'海盗船'把这批'少女'接走了，要拉到海对岸去！"

大家一起哈哈大笑。

还有一次，陆文夫和从维熙、张洁到辽宁锦州参加笔会。站在海边，面对笔架山，从维熙触景生情："这是给咱中国文人提示啊，笔高才能神远。"

张洁笑说："笔那么大，你拿得动吗？"

陆文夫认真地说："古文中，不是有'如椽大笔'吗，就是警示我们这些文化人，不要脏了手里的笔，干些蝇营狗苟的事。要做到人文合一。我们笔下流出的文字，一定要是自己的心声。"

看到陆文夫郑重其事，从维熙也认真起来："那就让我们对着笔架山明誓吧：我们三个，谁写了违心文章，就让他死后上不了天堂，而下十八层地狱！"

后来陆文夫逝世了，从维熙很悲伤："文夫当真走了。回眸文夫留下的文字，大都是拧干了水分的硬货，这对一个作家来说是很难的。从1956年的《小巷深处》算起，直到《围墙》《清高》《美食家》以及长篇小说《人之窝》……表象上看起来，文夫留下的作品不是太多，但他的作品篇篇圆润，掷地有声。这是那些多卷体的官样'文集'，远远不能比拟的。"

在各种文学活动中，陆文夫最喜欢和年轻人在一起。有一次，他和张弦、姜滇参加《青春》杂志的云南改稿会。先到桂林，又去了云南。在昆明某大学作讲演时，陆文夫热情很高，讲话深入浅出，受到大学生的欢迎，就连走廊上都站满了人。空闲时间，顾不得旅途辛劳，还为文学青年看稿。

晚上，姜滇来到陆文夫的房间："陆老师，您可要注意休息啊。"

陆文夫点点头："今天和年轻人在一起，我很高兴。但交流之后，也有一些担忧，最怕年轻人一旦爱上了文学，就觉得高高在上。搞文学的人，不能把自己看得多么了不得，越是觉得自己了不起，就越成不了大事。"

就这样，姜滇和陆文夫从人生、文学说到青年，几乎聊了一宿。

在人们的记忆中，有陆文夫的地方，年轻人总是欢声笑语。有一次在云南采风，旅途遥远，车内沉闷。有人提议每人唱一首情歌，这个提议显然是为了刁难陆文夫。在大家眼里，陆文夫除了开会时幽默风趣，平时总是一副板着的面孔。此时大家就想看一看，他是如何应对的。

想不到，陆文夫欣然同意这个建议。于是，一路上大家轮流唱起来。

轮到陆文夫唱了，全车人屏住呼吸，支起耳朵倾听。没想到平日沉默寡言的陆文夫，果然没有食言。他用苏北话，慢悠悠唱了一支爱情小调，内容是一个青年男子去见心仪女子的情景。歌词是："第一次我来见你，你不在，你到山上去打柴；第二次我来见你，你还不在，你到田里去割麦；第三次我来见你，你又不在，原来你呀进了棺材……"

陆文夫唱得很投入。纯正的苏北腔，一本正经的表情，再加上富有情趣的歌词，车上的人听后，都乐得岔了气。

二十世纪八十年代，陆文夫参加了许多文学活动，到广西、云南、西北等地为文学青年讲课。次数一多，他发现一个现象：有些青年人，并不是来听课学习的，而是怀着马上想当作家的急切愿望来的，他们常常有非常现实的要求，比如帮他们改稿子，向杂志社推荐他们的稿子，这样一来，他们听不进知识，作家也没法讲课，导致一些作家讲课的时候，也不再去讲与文学有关的东西。这种讲课还有什么意义呢？

有一次，他和高晓声说起这一感受。

高晓声说："我早发现这个问题。"

陆文夫说："真是世风日下。不光年轻人，就连作家，现在也不安于创作了。大家都想在杂志上发照片，到处游说自己的作品，到处去给人写评论，给人写什么序。这算是真正的作家吗？我看倒要成了'社会活动家''口头文学家'了，真的没有多大意思……"

高晓声说："我们也要当心。说不定哪天我们也会成为那样的作家。"

陆文夫神情严肃地点点头。

从此，凡类似活动，陆文夫能推则推。他要让自己沉淀下来，认真写一点东西。他知道，创作好作品要耐得住寂寞。

记者发现，有一个阶段他们很难见到陆文夫。原来，陆文夫一个人躲到琴湖饭店去写东西了，这个饭店，地处常熟的昆承湖边，春节过后，偌大一座楼只有他一个房客，因为远离市区，探望的人寥寥无几，从早到晚，他一坐就是十几个小时，天气变热了，他依旧埋头创作，几乎没有时间概念，以致屁股上生了"坐板疮"，但他若无其事，继续挥汗创作。

1985年第四期《小说月报》转载陆文夫小说《临街的窗》时，封面刊登一张陆文夫照片。是他在国外访问时拍的，西装革履，呢制大衣，手里拿着照相机。当别人拿着《小说月报》向陆文夫祝贺的时候，老友叶至诚发现，照片上的陆文夫满面愁容，便说："老陆在心底里，其实是苦的。"

陆文夫心中装的，其实不是苦，而是责任。《小说月报》刊登他照片的同一年，《钟山》发表了他的一篇散文，就谈到"责任"。陆文夫说——

严格地说，我从50岁起才算真正地写小说，前面的25年只能算是艺术的磨炼和生活的磨炼。在粉碎"四人帮"后的8年间，我大约发表了不到40万字的中篇和短篇，三次获得全国优秀短篇小说奖，一次中篇小说奖。但我每次到北京领奖时，心里很难过，有许多朋友在苦难中不幸去世了，有的在苦难中把才华磨灭。因此我总觉得负有历史责任，有义务写出各种人生的道路和社会的变迁，把自己的心血和曾经流过的眼泪，注入油盏内燃烧，再燃烧，发出一点微弱的光辉，让那些走向幸福的人们，在夜行中远远地看到一点光，感到一点安慰。

这一年，他还在《文艺报》发表了一篇《快乐的死亡》。有趣的是，这一年的《文艺报》，两次刊登这篇文章。第一次在4月20日的试刊号上，第二次是7月6日。第二次发表作了说明："此文在本刊试刊号发表后，颇受欢迎，现重新刊发，以飨读者。"这种现象在报刊上很少见。

什么是"快乐的死亡"？陆文夫说："不仅他自己感到快乐，别人看来也很快乐。昨天看见他大会上做报告，下面掌声如雷；今天又看见他参加宴会，为这为那地频频举杯。昨天听见他在高朋中大发议论，语惊四座；今天又听见他在那些开不完的座谈会上重复昨天的意见。昨天看见他在北京的街头；今天又看见他飞到了广州……只是看不到或很少看到他的作品发表在哪里。"又说："我不害怕自然的死，因为害怕也没用，人人不可避免。我也不太害怕痛苦的死，因为那时代已经过去。我最害怕的就是那快乐的死，毫无痛苦，十分热闹，甚至还有点轰轰烈烈，自己却很难控制。"

陆文夫所说的社会现象，在当时的文坛比较普遍。一个人只要发表了一首有影响的诗，或一篇有影响的小说、散文、剧本、报告文学，就会像明星一样，受到社会的广泛关注和热情欢迎，之后便是鲜花美酒，开会演讲，甚至包括荣誉和美女。在这种背景下，陆文夫发出《快乐的死亡》，是一种必要的警示，也将自己放在光天化日之下让人监督。他是过来人，知道好日子来之不易，就想告诉作家诗人，不能得意忘形，且行且珍惜。他自己就是这么做的。

第七章　影视之旅

1. 《有人敲门》

陆文夫是一个影视迷，写过电影剧本、电视剧本、纪录片解说词。

但人们提及陆文夫，只会想到他的小说、散文与评论。涉足影视的事，仿佛不存在。陆文夫自编的五卷本《陆文夫文集》里也没有影视作品。

其实，他在二十世纪五六十年代，就涉足电影了。

1956 年，陆文夫发表了小说《小巷深处》，轰动一时，想把它改成电影。当时，江苏文联首批十一位年轻的"专业作家"，创作积极性很高。叶至诚、高晓声合写电影剧本，反映新中国的艺人生活；艾煊撰写长篇小说，反映解放战争的皖南敌后斗争；陆文夫则忙于把小说《小巷深处》改成电影剧本。只可惜，一场政治风波如同疾风暴雨，浇灭了他们的创作梦。

陆文夫不死心。六十年代初期形势稍有好转，他又想到写电影。1962 年 5 月，他完成了一个中篇小说《有人敲门》，第二年将其改成同名电影，这也是他的第一个电影剧本。

《有人敲门》的题材，来源于工厂生活。1958 年到 1960 年，陆文夫下放苏州机床厂劳动改造，当车工，带徒弟。厂里进了一批年轻人，都是十六七岁的初中毕业生，他们拜陆文夫为师，彼此很融洽。陆文夫觉得，这帮孩子动机纯，视劳动为光荣神圣的事业，但也有弱点，幻想多于实际。后来他调回省文联，便想用小说形式，把这段火热的生活写出来。他想在小说中表现出年轻人的劳动生活和青春梦想，让作品成为充满激情的"劳动诗篇"，写法上也想创新，便用散文笔法，强化了小说的抒情元素，刻意去弱化矛盾。这种创作方法不易掌握，准备三个月完成的小说，结果花了两年时间才写好。1964 年，人民文学出版社慧眼识珠，准备出版他的小说稿。

出版社审稿期间，陆文夫又将《有人敲门》改成了电影，落款日期是：1963年11月30日。之后将电影剧本寄给西安电影制片厂。十二万六千字的小说，改成电影只剩下五万七千字。

为了写电影，陆文夫自学了蒙太奇理论。这才明白，电影属于视觉艺术，叙事手段与小说不同，写出来要有画面感，否则无法拍成电影。写电影剧本时，就将小说中那些平铺直叙的内容，统统删去了。比如，小说第一章用的是第一人称，讲述主人公施丹华的身世，包括她父母同一天去世、外公外婆将她养大、她在苏州的学习生活环境、自己没考上高中的心情与现状，用了整整四千字。在电影剧本中，这一章便删去了。电影剧本的开头，是这样写的——

苏州的一条小巷，安静，漫长。远处有几座石头牌坊。

一个少女在巷子中漫步向前。皮鞋敲打着铺路的石子，发出咽咽的响声。

少女停立在一座石库门前，欲敲门，又迟疑。

（旁白："听人说，在你的一生中，你要去敲开各种大门；在你的一生中，时常有人来敲你的大门。"）

少女举手敲门。

片名："有人敲门"

门慢慢地敞开。

职员表。

演员表。

许老师家的客厅。

少女施丹华坐在红木椅子上。

许老师："施丹华，这么说你是没有考上高中呀？"

施丹华默默地点头。

许老师："别难过，为祖国服务的道路有千万条！"

施丹华抬起头："许老师，我有几条？"

许老师："你有三条：到农村去；到工厂去；在家里自学一年，明年再考高中。"

施丹华移近许老师，轻轻地说："许老师，你看我走哪一条？"

许老师打量着施丹华："丹华，你十七岁了吧？"

施丹华："嗯。"

许老师："你已经是大人啦，自己的道路应该自己选择。"

……

西安电影制片厂收到剧本后，很快列入拍摄计划，他们将剧本刻印（油印）出来，封面印了这样几行字："电影文学剧本/有人敲门/编剧：陆文夫/西安电影制片厂印/1963、12"。

小说即将出版，电影计划拍摄，这对陆文夫来说，是双喜临门的事。再加上茅盾对他小说进行了高度评价，这会让任何一个年轻作家羡慕。

不料，"文化大革命"不期而至，小说出版搁浅了，电影拍摄也停了。又过几年，这篇小说的两份稿子，出版社和家里的，同时被造反派查抄。电影厂那些印好的《有人敲门》剧本，也在动乱中尽失。

新时期到来以后，没想到有人从江苏师范学院中文系，竟找到陆文夫失踪多年的小说稿。随后，发表在1980年第一、二期两期《钟山》杂志上。出版社一看稿子又出现了，表示愿意出版。既然要出版，陆文夫就寻思，我得改一改这个老稿子，现在是新时代，最好加一些时尚元素。

有一天在街上，偶遇一位妇女，大声喊他："陆师傅！"

陆文夫一愣，半晌才认出，原来是小说里写过的施丹华！

陆文夫哈哈一笑："啊哟，小家伙！"

转念一想："小家伙？"站在面前的人，俨然一位高大的中年妇女，前额已露出皱纹。身边的女儿亭亭玉立，都到了《有人敲门》主人公的年龄！

那么，小说还用改吗？今天十七岁的青年人，我了解多少？昨天十七岁的青年人，我还记得什么？遂悄悄打消了修改小说的念头。最终决定让《有人敲门》保持原有的稚嫩本色。

1980年4月，人民文学出版社推出了《有人敲门》单行本。为了让人记住这部小说的特殊身世，陆文夫在《后记》中，说明了它的创作历史背景，但对改编电影的事，一字未提。

2. 《万元户》

陆文夫写的第二个影视剧本，是《万元户》，问世时间是1983年。

这一年，陆文夫发表了三个重要作品：《美食家》《围墙》《万元户》。前两篇小说引起了轰动，双双获奖。第三篇小说《万元户》却被忽略了。

《万元户》其实写得不差。它完稿于1983年1月，发表在《人民文学》同年第四期上。从完成到发表只隔三个月，可见《人民文学》很认可。小说立意新颖，细节生动，人物立体，情节跌宕。当时，全国正处在"白猫黑猫"阶段，鼓励百姓创业赚钱，表彰发家致富典型。广州是全国改革开放的桥头堡，对这方面信息特别敏感。《万元户》刚问世，就被珠江电影制片厂盯上了，他们联系陆文夫，表示要拍成电视剧。

陆文夫想："电视剧"是什么？它跟电影是一回事吗？

那个年代，电视机很少，能看的电视剧也不多，陆文夫并不熟悉这种艺术样式。电影厂跟他说，电视剧跟电影一样，区别在于，一个在电影院放映，一个用电视机播出。他们想请陆文夫将《万元户》改成电视剧本。

那个年代写电视剧，如同率先吃螃蟹，许多人没有创作经验，也找不到经典作品可以学一学，只能自己摸索着写。但陆文夫很自信，我写过电影啊，既然电视剧与电影差不多，写起来就轻松多了。说干就干，小说《万元户》很快改成了上下两集同名电视剧，一万七千多字的小说，改成剧本就扩成了四万六千多字。陆文夫感觉很棒，将剧本交给了珠江电影制片厂。

厂方很快有了答复，编辑王静珠还联系他，要他将剧本油印出来，以便分发给相关领导和导演，讨论裁定或提出修改意见，如无大碍，便可投入拍摄。陆文夫很快将剧本刻印出来，上下集各成一册。封面上除了剧名，还写有"编剧：陆文夫/编辑：王静珠"。下端一行字是"珠江电影制片厂电视剧部"。封底右下端，印有三行小字："苏州/光明誊印社承印/地址：观前街39号"。"光明"二字，模拟了《光明日报》报头的毛体。

《万元户》剧本的厂方编辑王静珠，是个苏州人。1935年出生，十七岁从苏州美校卡通专业毕业，分配到八一电影制片厂工作，八一厂饰演"董存瑞"的演员张良，是她的爱人。1972年，夫妻俩双双调入珠江电影制片厂，王静珠在文学部当编辑，张良当导演。从此，联袂创作了《梅花巾》《雅马哈鱼档》《少年犯》等多部影视佳作，还获得"开罗国际电影节金像荣誉奖"。《特区打工妹》《岭南春秋》《兰光颂》《西湖人》等影视作品，也是他们合作的结晶。王静珠因此获得了"鲁迅文艺奖""百花奖"等多个大奖。

遇到这样的老乡，陆文夫觉得很幸运。他确信，《万元户》拍成影视作品十拿九稳。《江苏戏剧》杂志前来约稿，陆文夫就说："我没有戏剧作品，手头只有一个电视剧本子。"编辑说："那也行啊。"

于是，《万元户》的电视剧本，便在1984年第一期《江苏戏剧》刊登出来。当时的《江苏戏剧》，没有发行代号，只有省内期刊登记号"002号"，但可以在邮局订阅零售。剧本的落款，有两行字，一行是写作日期"1983年9月15日"；一行是"此剧已由珠江电影厂电视剧部拍摄即将问世"。敢说"即将问世"这样的话，说明拍摄电视剧的事，几成定局。陆文夫信心满满。

然而等到最后，电视剧《万元户》也没播出来。是观众错过了收看日期，还是电视频道收不到？没有答案。那时的电视机，只能收到少量几个频道，大量电视节目老百姓真的看不到。不过三十年以后，人们在珠江电影制片厂的官网查了一下，该厂历年生产的影视作品一览表上，并没有《万元户》这个作品。大家也就明白，《万元户》流产了，难怪陆文夫在后来的文章中，根本不提这个作品。

　　现在想想，电影厂不拍《万元户》，或者拍了不准播，也是可以理解的。这个故事的结局，其实很"负面"。主人公孙万山发家致富，成了万元户，心地善良，资助弱贫，却架不住各种巧立名目的敲诈，实在不堪忍受，就在人们的视野中失踪了。

　　小说这样写他：

　　　　这下子拍电视的真的来了，白色的采访车徐徐停在村西头。

　　　　看热闹的人哗哗地向前奔，业余导演和大队书记更是走得急，他们要抢先一步，接洽事宜。经过了好长的一段混乱和忙碌之后，突然发觉了大问题：

　　　　孙万山不见了！

　　　　找呀，孙万山的一家人分头找；上百个人同时找；公社打电话到处找；大路上拦，小路上搜；拨草丛，爬沟坎；在河浜里下滚钩！整整找了三天，什么也没有发现。

　　　　……

　　再看看电视剧本里的孙万山：

　　　　孙万山独自坐在大门口，猛地抽烟，侧耳静听，村头上人声如潮水。

　　　　孙万山自言自语："帮我散财的人都来了，帮我发财的人看不见！"

　　　　一群大雁向南飞。

　　　　孙万山仰起头："飞吧，我孙万山没有能耐拉不住你！"

　　　　（停机再拍）孙万山突然不见，只剩下空凳、茶杯、冒烟的烟蒂。

　　　　……

　　孙万山哪里去了？无人知晓。《人民文学》发过这篇小说，又发了一篇短评，也是这个题目——《孙万山哪里去了？》。

　　文章说："擅长细节描写的陆文夫，用他那微小处见博大的风格，嬉笑中寓深沉的文笔，光明处揭阴暗的色调，把一幅多姿多彩的新农村风俗画勾勒在读者面前，让我们看到了，在万元户之花开放同时也出现了一批采粉吸蜜的'蜂蝶'。他们有的无耻——可恨，有的无奈——可怜，有的无知——可悲。'木秀于林，风必摧之。'孙万山受到'蜂蝶'侵扰，连杜门谢客的资格都失去了，只得隐形潜踪。这难道不足以引起全社会的关注？我们的事业，需要千千万万的孙万山；我们的政策，旨在扶持千千万万的孙万山，最终将使全体人民都成为孙万山；而目前，孙万山正面临着一种新的危险。作家敏锐及时地抓住现实矛盾，以生动的形象提示我们：有责任解救孙万山，万不可让他消失了啊！"

这让人想到当年高晓声写《李顺大造屋》。

李顺大攒钱造房子，用了三十年没有造出。读到高晓声的小说稿，陆文夫就说，你这个结局要改，要让李顺大把房子造起来，让人看到光明，否则小说很难发表。高晓声修改了稿子，果然发表了，还获得 1979 年度"全国优秀短篇小说奖"。现在，陆文夫自己的电视剧《万元户》夭折了，会不会也是因为缺少一条"光明的尾巴"？

个中原委，陆文夫没说，给后人留下一个谜。

3. 《话说运河》

1984 年，中央电视台拍摄纪录片《话说运河》，总导演戴维宇给陆文夫打来电话，请他为《话说运河》写一集解说词。

陆文夫很高兴，又有些担心："我没写过那种稿子呀。"

戴维宇说："没关系的。您是老作家，一学就会。"

陆文夫说："我写可以。但和别人相比，会不会……"

戴维宇哈哈一笑："您大可不必顾虑。大家和您一样，都是头一回写解说词。"

陆文夫一听来了兴趣："大家？都有谁？"

"刘绍棠，冯骥才，蒋子龙，李存葆，汪曾祺，高晓声……"

戴维宇把一连串作家的名字念出来，陆文夫提着的一颗心这才放下来。他数了数，一共十三位作家。就连好友高晓声都赤膊上阵了，还有啥顾虑的？就说："可以可以，我跟他们都熟。只是近几天我没空……"

戴维宇问："陆先生有什么困难吗？"

陆文夫说："我的大女儿患病，正在医治。估计要晚几天才行。"

戴维宇说："真抱歉。您如果不方便，也没关系……"

陆文夫说："没事，不耽误事的。只是需要缓几天，您看行不行？"

戴维宇说："好的，不急不急。这也不是三天两天的事儿，等您方便了，我们再坐下来商量。"

不久，《话说运河》节目组召集各位作家开会，讨论写解说词的事。要求大家写的内容，尽量是自己熟悉的，写起来能够得心应手。

江苏作家就说，我们省人多，有三位，怎么分工？节目组要他们自己定夺。三人商量的结果是，错开自己的家乡来写。于是，苏州作家陆文夫写了无锡（《大运河上的无锡城》），常州作家高晓声写了镇江（《穿越长江》）和苏北（《苏北运河》），高邮作家汪曾祺写了淮安（《地灵人杰话淮安》）。而最长的苏州段运河，则另请三位高手来写，他们分别是：田本相（《丝绸古镇盛泽》）、师旭平（《太湖与江南运河》）、任卫新（《水乡小镇》《水城苏州》）。

其他省的作家人少，不存在这个问题。比如天津的两位作家，蒋子龙写德州四女寺至天津这一段（《南运河的消失》），冯骥才写运河在天津流入海河这一段（《玉带珍珠》）；北京作家刘绍棠写天津到通州这一段（《龙头凤尾北运河》）；山东作家李存葆写聊城段运河（《古运河畔的凤凰城》）；浙江作家汪浙成、温小钰写京杭运河的延伸段（《浙东运河》）。

大家讨论解说词的时候，《话说运河》摄制组已拍了不少画面，编辑过半，现在就差解说配音了。既然作家们都领了任务，那就写吧。可是，谁也不愿意第一个动笔。汪曾祺就说："我们在等第一集出来。看到第一集解说词，我们再写也不迟。"

原来大家在等一个示范作品。

这可怎么办？台长说："汉元，你来写吧。"

"汉元"就是陈汉元，时任中央电视台总编室主任，也是《话说运河》总策划人，这部片子就来自他的创意。他现在不参与具体的节目创作，但这次写解说词，看样子必须出山了。陈汉元是中国纪录片的拓荒者，电视解说词的策划与创作高手，著名的《收租院》《雕塑家刘焕章》《丝绸之路》《话说长江》，都是他的杰作。

陈汉元想，那就写吧，率先写出了《话说运河》首尾两集和中间一集的解说词。第一集《一撇一捺》一拿出来，石破天惊，被公认为大手笔，开头几句，就为运河定了调子，说明运河在中国社会发展史、促进人类物质文明方面，处在一个什么样的地位。这一集解说词，起到了坐标作用。

陈汉元能够把它写出来，当然也不容易。他说："我真是痛苦极了，找不到灵感啊。想不出来该怎样去说它。在一个礼拜六的晚上，我折腾到凌晨三点钟，站在门背后，看着贴在门板上的地图，反复地看啊看，一会儿比画一下，老在那儿比画运河通过哪几个城市。突然，我在想，把它跟长城比一比，看看哪个长一点。于是就拿手指，从秦皇岛，经过北京，沿着长城往里走，走了三遍，又走到这边看怎么走，突然之间，眼前一亮，'一撇一捺'，头脑中浮现出了'人'字，这时眼睛一下由黑暗变成极大的光明。当时觉得这个世界太美丽了，太美好了，自己好像变成爱因斯坦了，变成牛顿了，发现自己像疯了一样，任何快感都代替不了当时的心态。难以用语言表达。"

陈汉元的解说词一出来，台里用最快速度为片子配了音，然后请各位作家观看。重点是听一听它的解说词。

看样片的过程，陆文夫坐在一角，一声不响。

陈汉元的身旁是汪曾祺。他让汪曾祺表个态："你说说，什么感觉？"

汪曾祺看过样片，显然很兴奋："哎呀，你写得好啊！把长城比作阳刚的一撇，把运河比作阴柔的一捺，这个比喻太妙了。这就让我们其他写解说词的人，有了'定音鼓'，大家说是不是？这就知道了运河的分量，我们心里就有谱了。"

作家们都是高人，一点就明。大家又问了一些解说词的具体要求。摄制组便将每一集编好的画面素材，分别播放给各位作家看。大家一边看，一边记下画面要点，然后打道回府，伏案挥毫起来。

很快，各集解说词纷纷问世。速度之快，令人惊讶，但很多文字，看上去很美，却不适合电视用。作家们将解说词写成了散文，这可不行。在电视片中，解说词是配角，它的主要作用，是弥补画面信息，串联上下内容，点明画面内涵。可以写得活泼一些，但绝不是一个类似散文的独立文本，不能喧宾夺主，否则就影响了纪录片的信息表达。

经导演提示以后，作家们修改起来也快。在解说词的修改中，大家才慢慢明白，电视是一门集体创作的综合性艺术，它与作家写小说写散文，完全不是一回事。在电视台，作家们看到众多昂贵的电视器材，在眼前晃来晃去，屏幕前后的工作如此繁杂，后期还有配音、字幕、美化、宣传、营销……作家们这才知道，原来写解说词在电视创作环节中，只是一道简单工序，没有多少可发挥的空间。

《话说运河》从 1984 年开拍，一共编了三十五集。这是继《丝绸之路》《话说长江》之后，第一部不靠外资、国内独立摄制的大型电视纪录片。作品采用电子设备 ENC 采访摄制，沿京杭大运河的自然走向，展示了两岸的人工奇迹、风光景色、风土人情、古韵今貌，以及大运河面临的问题，南水北调的发展前景。《话说运河》等于对运河两岸的历史文化，作一次全面的梳理与诠释。

1986 年 3 月到 1987 年 1 月，是《话说运河》的播出时间，历经九个月，取得了轰动效应，百姓收看的兴趣之大，媒体用"万人空巷"形容。1986 年，该片获得"全国优秀电视专栏系列片一等奖"。

播出过程中，如果不是特意从片头寻找"撰稿人"，人们不会知道解说词的作者是谁。陆文夫写的《运河上的"无锡景"》，列在该片"第十一回"，我们看看它的开头部分——

> 离开苏州，我们《话说运河》组就沿着运河来到了运河边的另一座著名的城市无锡。提起无锡，人们往往会想到太湖，并且把无锡称为太湖边上的一颗明珠。不过，今天呢，我们要向您介绍的是大运河在无锡的风貌。

> 真是车水马龙啊！马已经不见了，自行车组成了一条河流，马路上的大运河。中国是个自行车的王国，人们的车技很高明，他们一个挨着一个，自由自在。当然，有时也会有点麻烦：如果有一个人倒下了，那就会像多米诺骨牌似的倒下一大片。一路平安，人进了公园，自行车存在门外。如果把自行车都换成小汽车，那整个无锡市会变成巨大的停车场，那才大煞风景呢。无锡风景优美，国内外游人川流不息。他们当然不能骑自行车来了，于是各种各样的汽车把他们拉到了无锡。

> 这小牌可是个好东西啊！旅行结束之后可以留作纪念，留下愉快的回忆。来自四面八方的游客兴致勃勃，看不到一个愁眉苦脸的。是啊！烦恼人人都有，此时此刻早已抛到脑后了。旅游是个十分奇特的活动，它不仅可以使人增长见识，还能使人与人之间变得更加亲近、友爱和团结，使人们的心情变得更美好；而美好的心情又可以使湖山变得更加美丽。

> ……

这篇解说词，文风上很像陆文夫的散文。

《话说运河》的运作方式，是边采访、边编辑、边播出。下一步需要拍什么，前一集都会预告。播出无锡那一集之前，就有观众提出，无锡太湖有船菜，船菜因"船"而与"水"相连，也应是"话说"的范围。于是，《运河上的"无锡景"》这一集，也就有了船菜的镜头。

陆文夫是个美食家，在解说词里写一写船菜，应是他的拿手好戏——

> 龙舟里的龙凤厅摆下盛宴，是江南船菜的延续和发展，江南船菜已经有好几百年的历史。今日的盛宴可算是洋洋大观，要比当年船娘做的一两样拿手好菜丰盛得多。这菜肴不但好吃，而且好看，称得上是上乘的工艺品。船上吃的菜肴都是水产，可是这位师傅却在精心地雕刻大西瓜，把它做成一盏西瓜灯。里面点上蜡烛，增加一点情趣，也有清凉如水的意味。

把活蹦乱跳的虾直接放到嘴里，这种吃法真是讲究活与鲜啊！当然首先要放在酒里，或蘸上各种佐料。放在酒里，先让虾喝醉了，然后再使人陶醉。

……

与陆文夫一样，其他作家写的解说词，也体现了各自的文化个性。汪曾祺在《地灵人杰话淮安》这一集中，用很大篇幅写梁红玉和关汉卿，是受他戏曲生涯的影响。汪曾祺也是美食家，叙述梁红玉"以蒲为食"的传说，就把话题转到了蒲菜的烹调上："蒲叶在水中的部分如一根纤细的玉管，把这洁白肥嫩的蒲根茎，烩制成菜，清香甘甜，酥脆可口，似有嫩笋之味。"汪曾祺多年写戏文，所以他写解说词，也讲究音韵美："街巷幽深处，有百年老店。铺面陈设，一如往昔。待人接物，犹存古风。""往事岂能成一梦，夕阳犹似旧时红。""六月飞雪今已已，关卿何日赋新词？"这番儒雅精致的表达，在《话说运河》中难觅第二人。

《话说运河》播出后，只有少量观众在屏幕上看到"陆文夫"三个字，它只出现三秒钟。可见撰写解说词，产生不了影响，远不如发一篇小说。陆文夫的小说《小巷深处》和《美食家》，问世后一直有人阅读，作家的影响力也因此越来越大。

《话说运河》任务完成后，作家们各忙各的事，再也不提解说词。通过这次经历，陆文夫觉得，电视创作应当强化解说词的主体地位。十年以后，他在电视界遇到一位名叫刘郎的知音，是一位纪录片导演，后来他们合作了多年。

4. 另一个《美食家》

陆文夫忙于《话说运河》解说词的时候，上海电影制片厂已将他的小说《美食家》拍成了电影。编剧和导演都是徐昌霖。

小说《美食家》问世后，影视界一直有人想拍。可能受了《有人敲门》和《万元户》的影响，陆文夫不想"触电"。谢晋多次邀他写电影剧本，都被婉拒。后来上影厂坚持拍《美食家》，陆文夫也没有反对，但他明确表示，自己不参与。

陆文夫答应上影厂拍《美食家》，是徐昌霖软泡硬磨的结果，陆文夫和他是老熟人了。1982 年，上影厂在苏州拍电影《小小得月楼》，徐昌霖是编剧之一。

这部电影给陆文夫留下了很深印象，他也因此结识了徐昌霖。

陆文夫对记者说："影视剧的导演都要拍《美食家》，我说我的小说不好拍。我对徐昌霖也说，你不要来，拍不成的，他说我可以拍。他实在要拍，我也无法可想，你去拍吧，拍好拍坏我不负责。不给他拍，他每天来盯你，都是老朋友，没办法。"

当年拍的电影《小小得月楼》，改编自一部滑稽戏，由苏州滑稽戏剧团主演。上影厂女导演卢萍感觉这个戏不错，将其搬上了银幕。影片上映后，上座率创同年全国第一。《电影新作》杂志说："《小小得月楼》不仅满座，影院内且不断响起阵阵笑声和赞赏声。……由此可见，一部电影有无真情实感是至为重要的，甚至可以说是决定它成败的关键。"

陆文夫是个美食家，对这部电影同样也有兴趣。

《小小得月楼》成功后，编剧之一的徐昌霖，受到很大鼓励。第二年（1983）读到陆文夫《美食家》，就想把它搬上银幕，经陆文夫授权后，他自编自导将《美食家》拍成了电影。

《美食家》的主要外景拍于苏州。其中一个外景地，是苏州人张乃峰家，他住在望星桥北堍的巷子里，迎面就是寿星桥，离作家程小青的家不远。导演觉得，小说中朱自冶的家，应该有小桥流水和江南巷陌，张乃峰家恰好符合这个要求。为了更像大户人家，剧组将院墙刷成了黑色，影片中朱自冶家里的道具，用的也是张乃峰的生活用品，写字台上的玻璃有条裂缝，导演要求原样使用，这样显得更真实。后来观众看到桌上的那块玻璃，果然有条裂痕。

陆文夫常来拍摄现场，也经常提些建议。他最重视演员的选择。在这个片子里，夏天饰朱自冶，王诗槐饰高小庭，詹萍萍饰孔碧霞，陆文夫都是认可的。

夏天演反派是高手。他饰演过二十多部影片的角色，多为"坏人"，在电视剧《一代枭雄》中，饰演过上海滩大流氓白癫痫。夏天演戏有舞台定力，嗓音有磁性，台词功夫一流。他在《美食家》一亮相，便受到好评。媒体说："夏天在《美食家》里演的美食家，气质好，神态像，一招一式有生活底子。"

王诗槐的长相和气质，都与小说里写的高小庭很像。导演徐昌霖原先想让陆文夫饰演高小庭，说："陆老师，既然你写的高小庭，是按你自己的相貌和经历来写的，不如这个角色就由您来演吧。神形相似的演员，现在确实难挑选。"

陆文夫连连摆手："我哪里会演戏。我连普通话也说不标准。"

徐昌霖说："这没关系的。我要的演员，就是要说带有江南腔调的普通话。您来演最合适。"

陆文夫说："演员都要长得漂亮，我这个样子怎么可以做演员？"

徐昌霖说："您错了，陆老师。您的形象很上镜，五官有棱角，目光很深邃。镜头前一定很传神。"

陆文夫摆摆手："不行不行！你还是另请高明吧。"

导演没办法，才请王诗槐来演。因为王诗槐的脸型和眼睛，酷似陆文夫，气质也接近。

陆文夫虽然拒绝出演高小庭，但对此事，他一直津津乐道。2004 年 9 月 23日，摄影家祁金平上门为他拍照。祁金平说："陆老师，您的形象很上镜，脸型有棱角，特别适合影视造型。"

陆文夫眼睛一亮："哎，当年《美食家》拍电影，导演让我演一个角色，就说我的造型有特点，很适合演电影。"

陆文夫讲此事的时候，十分得意，五官舒展，目光传神，平日下撇的嘴角也上扬起来，脸上笑开了花。祁金平趁机抓拍不少陆文夫兴高采烈的表情，其中有一张笑容满面的照片，陆文夫特别满意。第二年陆文夫逝世，追悼会上悬挂的遗像，就是这张照片。这是后话。

陆文夫虽然没当演员，但他对王诗槐饰演的高小庭，却十分满意。媒体赞扬说："王诗槐在影片《美食家》中成功地扮演了高小庭这个角色。自此，他的表演艺术引起了人们的注目。"1987 年，王诗槐获得中国电影表演艺术学会颁发的"学会奖"。

詹萍萍演孔碧霞，陆文夫起初有些担心。詹萍萍是京剧演员，师从童芷苓。徐昌霖让她演《美食家》里的孔碧霞，主要考虑她是戏曲演员，外形气质很接近孔碧霞。电影中有孔碧霞唱评弹的段子，詹萍萍应该得心应手。不过陆文夫还是不放心，就到现场考察了一下。

看到詹萍萍第一眼，陆文夫直犯嘀咕："詹萍萍人高马大，阿能演好娇小玲珑的孔碧霞？要知道，孔碧霞既是评弹演员，又是一个烹饪高手。"

徐昌霖说："陆先生，您就放心好啦。不会让您失望的。"

开拍以后，看到詹萍萍进入角色，陆文夫这才放心。詹萍萍不但演活了孔碧霞，而且演得别有风味。陆文夫跟徐昌霖说："这个小姑娘确实不错，会演戏，进入角色也快，很像小说里的孔碧霞。"

《美食家》正式公映的前半年，上影厂在平门阀门厂新造的礼堂内，放映了一场刚刚拷贝好的《美食家》。为感谢提供拍摄场地的张乃峰一家，专门给他送了五十张电影票。

陆文夫夫妇也邀请亲朋好友来观赏，说这个电影不错，大家可以看看。看过电影从礼堂走出来，陆文夫笑着说："这是我的作品吗？"

他还将导演徐昌霖，介绍给了北京的评论家吴泰昌，希望吴泰昌看一下这部电影。1985 年 11 月 11 日，陆文夫写信说："泰昌，《美食家》由上海电影厂拍摄完成，我已看过，不错。请你及有关同志们看看，可以解馋。"

1986 年年初，电影《美食家》正式公映。陆文夫跟王蒙说："《美食家》是我的电影，希望你看一看。"

王蒙说："文夫兄，我抽空一定欣赏。"

王蒙是个忙人，当时正在创作高峰期，约稿特别多。作为中国作协领导，还有繁杂的公务。直到 1986 年早春，才在北京沙滩北街二号大院（文化部、《红旗》杂志、中国文联、中国作协的办公地）的旧礼堂里，看了电影《美食家》。这是老友的电影，王蒙看得津津有味。电影里有一位先生，为美食家朱自冶介绍对象，强调对方漂亮，朱自冶说："脸子好，又不能当菜烧……"王蒙看到这里就笑起来。

王蒙没想到，观看《美食家》时，他的人生道路正在发生转折。

王蒙看电影的时候，有人摸黑进来告诉他，中组部找他谈话。原来，他被定为"文化部部长"候选人。王蒙很意外，辞谢了领导的美意，因为他还有宏大的创作规划，后来习仲勋找他，希望他服从组织决定，王蒙这才妥协，但提了一个要求——只干三年。这件事，王蒙把它写进了自传。

电影《美食家》公映后，得到了媒体的肯定，但也指出了电影的不足，大致包括这样几点：

一、重现实，轻历史。小说是顺时叙事；而电影采用了时空交错。评论者说，这种结构无法揭示历史的过程性，会失去对历史的冷静反思。

二、结构不完整。时空交换过于频繁，回忆穿插多达六次，条块支离破碎，损伤了情节的连贯性，影响了故事的流畅性。

三、主题肤浅。小说的叙述重心，一是表现朱自冶的蜕变，一个游手好闲、嗜食成精的懒鬼，变成了对社会有用的人；二是展现高小庭由弱变强，由强变弱的过程，让读者思考"为什么"。它象征我们几十年的历史。电影《美食家》没有延伸出这样深刻的内涵。

四、思想外露。《美食家》有两个观点：一是"世界上的事情总不能老是会做的不如会吹的，会烧的不如会吃的"；二是"我们为什么老是搬起石头砸自己的脚，有的随搬随砸，有的要几十年后才砸"。在电影里，这是通过人物说出的，过于直露。

五、拍成了"歌颂性喜剧"，乏善可陈。美食电影可以拍成喜剧，但要有内涵。美食的内涵，就是在合适的尺度内人类释放的情感与欲望，它代表人性的自由。而在电影《美食家》中，看不到这种内涵。

面对批评，导演徐昌霖觉得有必要澄清一下，遂发表《一席糖醋带辣的丰宴——〈美食家〉导演阐述》一文，对其进行辩解。

关于时空交错的结构，徐昌霖说："近几年，国际影坛出现了返璞归真的现象，评论家名之为'朴素的电影美学'，……有些朋友担心，影片为什么还要采用已经过时的手法，更何况原作小说叙事本来是顺序的，顺理成章正好符合当前国际电影新潮流。剧本的前三稿，也是顺序构思的，但我和编辑陈玮若同志总感到不满意，第四稿我试用时空交叉的手法重新构思，陈玮若才认为找到了比较满意的叙述方法，并取得了文夫同志的支持。"

电影为什么要倒叙历史？徐昌霖说，小说《美食家》用许多篇幅写历史的动机，是受现实触发的。这就是一种闪回。作者是面对新时期的许多新现象、新事物，诸如美食家们的超常活跃、包坤年的时髦表演、高小庭面临的新课题，种种社会关系的变动组合，种种新的微妙的矛盾交叉，才触发了灵感的闪光，照亮了作者的生活贮存，引爆了他对历史活剧的畅想。对这一切，电影只能用再现手法。

为何采用喜剧形式？徐昌霖解释说，作家方之说，陆文夫的作品是"糖醋的现实主义"。陆文夫原本就是"习惯以微笑看待人生"，"笑着向昨天告别"，"用幽默的语言挖出大主题"。所以，拍电影就要在镜头处理、场面调度、演员表演、后景设计上，巧妙地拍出一点灵气和幽默感，增添一些浪漫主义的镜头。小说原作中，有不少耐人寻味的假定性，电影如果拍得太"实"，就会远离小说风格。手法"虚"一点，反倒风格统一，显得"真实"。

导演的思路，其实陆文夫早明白。从一开始，陆文夫就担心这部电影拍得过"虚"（过于突出艺术与风格），会影响主题的深刻表达，曾叮嘱徐昌霖："是幽默，不是滑稽；现代化新手法不必一概排斥，基本风格希望是苏州的，民族的！"陆文夫强调"幽默"，就是怕《美食家》过犹不及，把它拍成了滑稽戏。

没想到，最后还是拍成了滑稽戏。

《美食家》拍成喜剧，观众并不计较。电影能让人乐，没什么不好。文人们却有看法。叶至诚说："常常有人为他（陆文夫）幽默风趣的语言、描写入微的苏州乡土风情、热闹的场面和曲折的情节所吸引，却忽略了深藏在内里的辛辣和苦涩，甚至把《美食家》误认作一出滑稽戏。……这是古今中外，作家们共同的悲哀。"

外界如何评价《美食家》，倒不影响导演的心情。1985 年 9 月 1 日，徐昌霖给《戏剧界》编辑胡小秋寄去一张明信片，正反面写满了字，看上去心情不错。他说——

> 小秋同志：您好！我来苏州导演《美》片已一月有余，样片已拍一半，吴贻弓同志看了表示满意，上周来苏约了三报、两刊、两台，在松鹤楼拍摄现场举行了记者招待会。……我要拍到十月中旬才回沪进行剪修和配音。因为苏州市委通过《美》片纳入明年苏州城建两千五百年献礼片，因之我感到压力很重。但愿在摄制组的全体朋友的协助下，争取不让老朋友们失望才好。你如有机会来苏，我来招待你，拍了美食家，所有的各馆子都熟了。听说市领导决定《美》片一放映，太监弄这条美食集中的通衢将正式更名"美食街"。余言待我回沪后约××夫妇、白沉、谢晋和你同叙，祝秋好！昌霖草于外景队。

明信片表达了三层意思：一是苏州领导重视，把《美食家》当作建城两千五百年献礼片，太监弄还要建成美食街；二是上海领导也重视，吴贻弓带着三报、两刊、两台记者来苏州，参加该片的记者招待会；三是拍《美食家》产生了很大影响，苏州各家饭馆都认识了导演。字里行间，透着徐昌霖的满足与得意。

电影上映后，《美食家》又拍成了电视剧。

陆文夫对记者说："电视剧最糟糕了，两个年轻人拍的，到苏州也不到我家来，拍坏了人家骂我。我在上海一下飞机就挨骂，茹志鹃说，什么玩意，把你的小说拍坏了！我说不要紧，电视过几天人家就忘了，人家记住的是小说，电视拍不坏。拍完了还给了我稿费，我买了台洗衣机。"

小说《美食家》改编影视剧，为何如此难？评论家於可训讲过一件事，里面包含一些道理——

二十世纪八十年代在鲁迅文学院，於可训与陆文夫喝酒，席间听陆文夫谈苏州的饮食习俗和苏人生活，听着听着就入迷了，竟忘记杯中的酒。就觉得一篇《美食家》，一个朱自冶，直让后人不敢再言苏州，不敢再道苏州人。於可训说，《美食家》是当世绝唱，这样评价它一点也不为过。

5. 此《井》非彼《井》

《井》是陆文夫搬上银幕的第二部电影，改编自他的同名中篇小说。这部电影问世的速度之快，超出了陆文夫的想象。

1984年12月，全国第四次作家代表大会召开，陆文夫来京开会，身边带着中篇小说《井》的未完成稿。在这次大会上，他被选为中国作协副主席，忙得无暇顾及小说。

转眼到1985年4月初，中国作协在南京举行优秀小说评选颁奖大会。《中国作家》杂志编辑石湾来催稿，陆文夫便把未完成的小说稿，交给了他，"你先抽时间看看，出点主意，还有三两千字就能写完。"

第二天，与会作家去扬州参观，同车一位峨眉电影制片厂文学部的女编辑，坐在石湾旁边。她问石湾："组到好中篇没有？有没有适合改编电影的？"

石湾就把《井》的故事，给她讲了一遍，竟让她感动得落泪，就说："这故事很适合拍电影呀。你帮我找找陆文夫好不好？把这部小说的电影改编权，卖给峨影吧。"

石湾说："估计陆文夫不可能亲自改编。你不妨找一下他的好友张弦。"

女编辑说："太好了，张弦的《被爱情遗忘的角落》，就是峨影拍的，他与我们合作得很愉快……"

恰好张弦也在会上，《井》改编成电影的事基本敲定。

在苏州，张弦和石湾探讨了徐丽莎之死，他们认为陆文夫对人物的处理，是恰当的。张弦说，我打算在电影中，为徐丽莎之死做更多的铺垫。

陆文夫同意将《井》拍成电影，有两个重要因素，一是峨影厂女编辑的"拉郎配"；二是陆文夫对张弦一直很信任。他们相识于1963年，当时张弦刚从北京调回南京，对陆文夫神往已久。陆文夫的平易、儒雅、深沉，给他留下了好印象，遂一见如故，惺惺相惜数十年。

1984年，苏州召开"陆文夫作品学术讨论会"，张弦到会说："文夫同志是我尊敬的、喜爱的、佩服的作家，是我文学道路上的兄长。他的为人，他的创作道路，他对人生、对文学、对创作的见地，以及他的作品，都给我很多宝贵的启示。中国文学界已经遭到一场大洗劫，被逼进了一条狭窄的胡同里了，而文夫却仍思考着，怎样朝社会生活和人的心灵深处开掘。在我接触的同辈作家中，他显得更为深沉和坚定。"

同年，苏州召开"艾煊作品学术讨论会"，张弦再次赴会，和陆文夫进行了深谈。张弦在礼堂演讲的时候，打动了许多女学生，飘逸的长发，磁性的嗓音，又懂得语速节奏的轻重缓急，吸引不少年轻的异性崇拜者。

陆文夫知道，张弦对女性的爱情和命运特别了解，也特别敏感，很擅长描写爱情，特别是女性的人生悲剧。他能通过爱情婚姻故事，触及中国的现实问题。张弦是写电影的高手。从二十世纪五十年代开始，到电影《井》问世之前，张弦已创作（改编）过九个电影剧本：《锦绣年华》（1953）、《上海姑娘》（1958）、《苦难的心》（1979）、《被爱情遗忘的角落》（1981）、《青春万岁》（1983）、《莫愁女》（1983）、《秋天里的春天》（1985）、《湘女萧萧》（1986）、《失恋者》（1987），大部分都产生了影响。他的爱情悲剧小说《被爱情遗忘的角落》，获1980年度"全国优秀短篇小说奖"，拍成电影又获第二届中国电影金鸡奖"最佳编剧奖"。

在电影道路上，张弦始终虚心好学。1956年，张弦小说《锦绣年华》问世，初显才华，就被电影理论家钟惦棐看中，动员他改成电影剧本，能得到电影理论权威赏识，张弦求之不得。从此，每周六都到钟惦棐家，来谈剧本的改编，电影剧本完成后，最终定名《上海姑娘》，也是钟惦棐的主意。

谁知1957年，张弦被打成右派。政治高压下，违心说了钟惦棐的一些话。二十年后平反，他表达了自己的愧意，谁知钟惦棐不计前嫌，仍勉他探讨电影。之后张弦每写一部电影剧本，都要先给钟惦棐看，包括那部得奖的《被爱情遗忘的角落》。

陆文夫知道，张弦是电影大师培养出来的，所以对他充满了信任。张弦改编陆文夫的小说《井》，也是看到这个作品具有开掘性，甚至有望走向世界。

记者问张弦："电影《井》在描写女性悲剧方面，是否有新的追求？"

张弦说："有的。我写剧本时，就是以潘虹为模特写徐丽莎的。当然不是写潘虹本人的生活经历，而是依据她独有的气质，和她的表演风格。"

《井》电影剧本第一稿出来，标题叫《徐丽莎之死》。影片开头，就是一个从井中捞上来的自杀女人。陆文夫看到剧本就笑了，对张弦说："这是你的徐丽莎。而我的徐丽莎，不是演爱情悲剧的独舞演员。我在写社会问题，是群舞。围绕着徐丽莎，反映那个社会环境的压抑的悲剧氛围。"

陆文夫知道，张弦善写爱情故事，但笔下的爱情很叛逆。

早在1981年，张弦的小说《被爱情遗忘的角落》参加全国评奖，就引起不小的争议。"全国优秀短篇小说奖"评选开始，张光年提名《被爱情遗忘的角落》，说自己看了很感动，认为有深度；两个月后再读，就觉得缺少新生活的光照。冯牧也觉得，《被爱情遗忘的角落》很像《祝福》，深刻是有了，格调却不高，迎合了小市民趣味。什么叫"格调不高"？就是性描写。草明直截了当说："《被爱情遗忘的角落》强调生理本能，表现性欲冲动，会在青年人中起不好的作用。"唐弢也说："《被爱情遗忘的角落》创作意图好，只是效果不好。"

另一种意见则相反。王蒙说："我认为《被爱情遗忘的角落》不是黄色，完全不牵涉到性，是不可能的。"袁鹰也说："这篇小说写几千年封建的压迫，写得很深，就是物质的贫乏，精神的荒芜。作者没有迎合低级趣味。"孔罗荪说："我看了两遍，没有感到动物性的东西，艺术上也是好的。"

最后，《被爱情遗忘的角落》还是获奖了，改编的电影也获了奖。

张弦没有辜负陆文夫的信任，全身心投入对《井》的改编，但改编以后，否定了小说"反映社会问题"的主题，变成以徐丽莎为核心，以她为矛盾冲突焦点，凸显了女性的婚姻不幸。这个主题显然不符合陆文夫小说的创作本意。

陆文夫笔下的徐丽莎，1984年大学毕业，和朱世一结婚后生了女儿。张弦在电影中砍掉了"女儿"这个人物，让徐丽莎婚后流产。"女儿"的设计是小说笔法，形象说明徐丽莎"吃了回春药"会有什么结果。电影让她选择"流产"，这是为了体现婚姻的悲剧性，是婚姻恶化的重要因素。从情理上讲，徐丽莎自作主张流掉孩子难以令人同情，这也是朱世一对其报复的理由。陆文夫表达主题，是用叙述者的议论；而在张弦的电影里，是用细节和象征手法。比如，用吸烟表示痛苦。第二次调解时，电影画面就是徐丽莎木然地坐在实验桌前，桌上放着一盒烟、一盒火柴。再比如，用镜子表示双重人格。朱世一和朱老太露出真实嘴脸时，镜子中出现了他们的双重映像。

可见，小说和电影有很大差异。

不久，电影《井》投入拍摄。拍摄前，摄制组与陆文夫有过交流。大家想听听陆文夫的创作体会，以便在影片拍摄中，能够把握这种精神。谁知陆文夫说："这个《井》，我是写着玩的。"大家便面面相觑，心说，这是苏杭文人的放浪形骸，还是不懂电影的遁词啊？

其实都不是。看到张弦改编的电影，将重心放在徐丽莎的爱情悲剧上面，陆文夫就不想再说什么了。他写《井》的本意，是想通过徐丽莎的命运，揭露社会病态。他觉得井边的阿婆阿姨们，与徐丽莎同样重要。既然张弦更改了主题，那就随他吧。毕竟二人是好朋友。

拍摄的过程，并不顺利。关键时刻，导演李亚林病了。

李亚林拍《井》，有点孤注一掷。之前（1985年），他拍过一部影片《巴河镇》，公映后反响平平，又拍《故土》，半道放下，心里一直不甘。1986年，听说陆文夫同意峨影厂拍他的小说《井》，又是张弦改编的电影剧本，便欣然领命执导这个作品。李亚林下决心拍出一部高质量的影片，以了却自己的心愿。当年3月剧本通过审查，李亚林刚好率中国电影代表团，参加香港第十届国际电影节归来。在电影节观摩不少国外影片，使他拓宽了视野。趁着挑选演员之机，带着剧本到北京、上海等地，征求专家学者意见，研究剧本的修改方案。然后选定演员，写好分镜头剧本。一切就绪准备出外景，却发现右小腿有些麻木。

剧组来到苏州外景地，又遇到一个小插曲。主要演员对剧本有意见，对外景点"宝元街"也不满意。李亚林二话不说，立即着手改动方案，重新选择外景点。

没拍几个镜头，李亚林的右腿又开始疼痛、麻木、痉挛，甚至迈不开步子。为了不耽误拍摄，李亚林若无其事，拄着拐杖在现场指挥拍摄。接着又遇到一个难题：潘虹10月底要到日本参加电影节，等她回来再拍，摄制计划就乱了，摄制周期也会拉长。唯一的办法，就是抓紧抢拍潘虹的外景戏。

这样一来，李亚林的病更重了。有一次在拍摄现场，他的右腿酸痛，以致昏厥过去。大家不忍心再拖下去，把他"绑架"到上海看病，但当天他就赶回来，在摄制组面前装着若无其事。10月底，摄制组完成外景地拍摄，从苏州回厂里拍摄内景戏。内景戏要拍出江南小巷的味道，主要是男主人公朱世一家里的几场戏，它的味道对了，风格就出来了。经过一百八十天的努力，所有镜头终于全部完成。

影片试映后，张弦说："比我想象得要好。"

1987年9月10日，《文艺报》、峨眉电影制片厂、《电影通讯》联合召开座谈会，讨论了电影《井》的得与失。大家觉得，影片的"得"，就是把握了原著基调，探讨了怎样更新民族意识中的封建世俗心态，抨击了造成徐丽莎悲剧的社会阴暗面，肯定了导演的艺术追求，赞赏了潘虹朴实、深沉、细腻的表演风格。影片的"失"，就是忽略了整体的社会文化背景，缺少对人物复杂心理的解析，缺少对阴暗的市民文化心理的批判。

在中国第八届金鸡奖评选中，主演《井》的潘虹获得了"最佳女主角奖"；在意大利陶尔米纳国际电影节上，《井》获得了"银质奖"，潘虹再获"最佳女主角奖"。

影片上映后，一位女工写信告诉陆文夫，《井》的故事，就是她的故事，她一边看电影，一边流泪。李亚林听说此事，建议女工到深圳去。

李亚林对陆文夫说："不瞒你说，拍过影片《井》，我感觉古老的苏州美则美矣，但在斑驳褪色、拥挤昏暗的老房子里生活久了，难免压抑。"

陆文夫笑笑："在哪里生活，都会遇到困难，都会遇到矛盾。"

后来女工从深圳来信说，她现在过得挺好。

6.《一位作家与一座城市》

1991年的一天，李国文给陆文夫打来电话，说青年作家马原正在拍一个系列片《100位中国文学人》。其中一集要拍陆文夫，希望他支持一下。既然是李国文介绍来的，陆文夫不会怠慢。却很纳闷，马原是二十世纪八十年代的先锋作家，怎么玩起了电视？

几天后，马原上门来找陆文夫。他告诉陆文夫，这是他的一个文学纪录片计划。他有一笔资金，打算拍一部系列片，记录这个时代的中国作家。如果这部片子赚钱了，他就设一个文学奖的基金，使之成为中国的龚古尔奖。

陆文夫听马原这么一说，肃然起敬。

马原说："陆主席您知道吗，巴金的片子，我们都拍过了。"

陆文夫心想，巴金老人都支持他，我还有啥好说的。于是，灯光、录音、摄像，各种机器一架，像模像样地配合马原拍了起来。

拍完后，马原说："陆主席，您的《美食家》已经拍成电影，我们编片的时候，可能要取几个电影镜头，您手上有没有这部电影的碟片？"

陆文夫说："有的。"就将自己珍藏的原版电影VCD，取了出来。

马原说："这个碟片，我要借去用用。"

陆文夫说："用完，记得一定还我。"

马原说："那当然。"

后来就一直没有下文了。马原的《100位中国文学人》系列片，既没有在电视台播出，那张《美食家》电影碟片，也没有还给陆文夫。

原来，马原历尽艰辛拍成的片子，联系播放单位时，因电视台制式升格，他们的磁带清晰度不够，被拒绝播放。大大咧咧的马原，可能觉得这没什么，片子搁下，也就不再想它。陆文夫却一直在等待下文。没有看到片子，也就罢了，可他的《美食家》碟片，至今没有还给他。要知道那张《美食家》原版碟片，可是陆文夫收藏多年的宝贝。

陆文夫给上海作家陈村发电子邮件，就说起了此事："最近有一篇文章，讲到你看马原的那部一百个作家的纪录片。这使我想起当年马原来我家拍片时，还借走了一部《美食家》的电影故事片，说是要从片中选几个镜头，借走后至今也没有还我，不知道丢到哪里去了。我和马原也不熟悉，当年是李国文给我打电话，说马原是热心人，也是想做件好事，要我支持他，看来他是好事没有做成，倒反而受累。这种片子想卖给电视台是不可能的，中国文学馆不知道肯不肯出资收藏。"

从此，再有人给陆文夫拍片子，他常常婉拒。

陆文夫这样解释："我怕'触电'，也怕在电视上露面，这是我的一种职业心态。一个作家，只希望人们认识他的作品，不希望人们认识他的面孔。如果你把面孔弄得像个明星，一出现就被人们观察个不停，那你还怎么去观察别人？"当然，这可能也是一种托词。

尽管如此，来找陆文夫拍片子的人，还是源源不断。某天，有一位自称"刘郎"的电视编导，给陆文夫打来电话，说要给他拍片子。陆文夫二话没说，就拒绝了。电话从浙江电视台打来，那位刘郎很有耐心："陆先生，您先别拒绝。我也是在征求您的意见，等我说完了想法，您再定夺，怎么样？"

陆文夫说："你说说看。"

刘郎说："我要拍的，是我们浙江台的一个系列电视文化片，名叫《江南》。内容反映中国江南有代表性的风物、文物和人物。拍摄计划中有您，还有画家吴冠中、紫砂艺人吕尧臣、藏书家田涛、笛子演奏家蒋国基、黄酒酿造大师汤百年。为什么要选择拍你们？因为你们的业绩有目共睹，有口皆碑，最能代表江南特质。"

陆文夫听着听着，眉头舒展开来。一成不变的"不触电"想法，渐渐被瓦解。陆文夫对刘郎说："你来苏州一趟，我们面谈吧。"

刘郎以最快的速度赶到苏州。陆文夫问："你拍我，就要拍苏州。你对苏州了解多少？"

刘郎说："这一段时间，我一直把您的《壶中日月》带在身边，一有空就阅读。我本来对苏州了解不多，但读了您的书，我感觉已经读懂了苏州。"就从那本《壶中日月》开始，刘郎一五一十聊起了他对苏州的感情。

渐渐地，陆文夫才知道，眼前这位刘郎，并不是浙江人。出生河北，长在西北，前不久才调到浙江电视台，是一位纪录片高手，多次获大奖。来到江南，是因为有一个江南梦。他读了许多江南文化书籍，拍《江南》系列就是厚积薄发、水到渠成的结果。刘郎说："陆老师您知道吗？在太湖之滨拍《江南》，我的行囊中始终装着您的《壶中日月》。您写的一篇篇姑苏风物，已经给我们的片子提供了形象的初型。我就像贾宝玉，已经从您那里得到了'通灵宝玉'。"

陆文夫问："你怎么会想到拍我？"

刘郎说："两个原因。一是，咱们中国人饮酒吃饭，都会谈论您的《美食家》。《美食家》就像唐代张继的《枫桥夜泊》，成了宣传苏州的广告。二是，在咱们苏州，您的知名度最高，大家都称您'陆苏州'。不拍您拍谁啊？构思本片的时候，我来到苏州，佯装记者暗访过几位苏州人，'你知不知道陆文夫？'得到的回答都是——'苏州人嘛，哪个不知道陆文夫！'"

陆文夫一听，就笑起来。

刘郎说："要是以您的文章作为解说词，加上一些相关画面，这片子的内容就很丰富了，但这不是我们要拍的《江南》。我们的片子，要有别于观光览胜式的影像记录，重点凸显主体人物。但这人物，不是江南厨王，不是昆曲名家，不是苏州城的绣娘，不是桃花坞的巧匠，而是陆老师您本人。您和苏州这座城市的关系，就是主房和厢房的关系。"

后来，陆文夫对记者说："那次我和刘郎面谈之后，就被他拉进了'江南'。在工作的过程中，我对刘郎又有了更多了解，感觉他为人正派、知识丰富、好学不倦、爱岗敬业，身上绝无影视界常见的浮躁之气。没想到，他对苏州和苏州园林，了解了很多很多，几乎有些恋恋不舍了。"

片子取名《一位作家与一座城市》，拍摄得很顺利。内容结构依次是：陆文夫与美食、陆文夫的经历、陆文夫与园林、陆文夫与艺术、陆文夫与城市、陆文夫与《苏州杂志》、陆文夫与老苏州茶酒楼、陆文夫的雅趣、陆文夫的影响力。

进入人物采访环节，刘郎说："陆老师，您是美食家，先说说苏州美食吧。"

没想到，陆文夫拒绝谈美食。"美食家"说美食，这是本片的重中之重。可陆文夫最不想张扬的，就是他的"美食家"身份。再说，美食话题也不好展开。陆文夫对苏州的地方美食与烹饪行业，了如指掌，也有许多厨师朋友，三天三夜讲不完他们的故事。不管怎样介绍，都会顾此失彼。这让陆文夫很为难。

怎么办啊？陆文夫说："我来说说园林吧。"就讲了一个园林的故事——

我小时候，16岁一到苏州，第二天就上了虎丘山，第三天就到了留园。抗日战争的时候，住在一个人家里，就是耦园。在那里住了半年，后来在网师园也住过。那个时候，所有的园林都破坏得一塌糊涂。最典型的一个园林，就是留园，留园当年所有的房子和墙壁都没有了，门窗也没有了。日本人在里面养马，马把建筑都咬得差不多了，一片残破。拙政园比较好一点，有个大学在这里，但是园林也坏了，他们没有钱修。修古典园林，是很费钱的，而且还要懂艺术，才能修得好。解放以后园林管理处，那个时候叫文管会，集中了各方面的力量。我是看着他们修好的，有一些我也参加过。

园林虽小，但是大千世界都进去了，园林就是把真山真水，挪到了方寸之间。进门的时候，你什么也看不见，一座假山堆在那里，一个屏障。一进去，豁然开朗，然后曲径通幽，然后再移步换景。我喜欢苏州的园子，悟出很多道理。造园林跟写小说，道理是一样的，大一点就是中篇，就像造拙政园、造留园；小一点的，就像造怡园、造网师园。

在片中，陆文夫还谈到了旧城改造，谈到了《苏州杂志》的创刊宗旨。

刘郎问："您的书里，有几篇谈到苏州旧城改造。我觉得，此事很难做到两全，既要保护传统，又要住得舒服，兼顾城市发展。这方面，您是怎样考虑的？"

陆文夫说——

不能让传统死在那个地方。这么多人在这里生活，它不可能不变化。我觉得我们苏州这两年规划得是不错的，把园区、老区、高新区分开。老城区进行改造，保持了苏州原有的一些风貌。许多外国人跟我讲过这个事，说你们苏州最好什么也不要动，我说这个不可能，因为苏州的建筑跟巴黎不能比，跟威尼斯不能比。为什么？威尼斯它都是砖，都是石头的结构，而我们的房子都是砖木结构，砖木结构的房子最多用一百年，它是要倒的。你不要小看修古老的房子，它的造价比修新房子的还要贵。

片子表现陆文夫的贡献，绕不开《苏州杂志》。一个炙手可热的作家，牺牲大量创作时间来办杂志，是一件得不偿失的事情。《苏州杂志》刊登的内容，又要以"苏州"为主题，这就更有难度，时间一久资源会不会枯竭？

对着镜头，陆文夫这样说——

《苏州杂志》不是一个文学杂志，也不是什么消闲杂志，更不是新闻报道一类的杂志，它是一个文化杂志。所谓文化，是一个大文化的概念。不可能全是小说，也不完全是诗歌，而要牵涉文化的各个方面。苏州有两千五百年历史，从古至今这样的题材取之不尽，编个几十年杂志应该没问题。苏州这个城市，就像体育比赛一个样，我们可能拿不到单项冠军，但总分我们比较高，各方面人才都有。

一个城市文化的高级，人的文化素质占第一位。为什么一些国外的投资，都愿意投苏州？就是因为苏州人素质比较高。《苏州杂志》既想把一脉相承的文化保留下来，也要反映今天苏州的文化风貌。这样一来，内容就丰富了。

阅读我们杂志的人呢，一般都是年纪比较大一点的，或者是文化层次比较高一点的。有时候，年老的、文化层次高一点的人，他口袋里面并不是那么丰富，我们已经考虑到这一点，宁愿到外面去想办法（弄钱），也要把定价维持在一个可以接受的水平。我们不以赢利为目的，主要想对苏州的文化做一份贡献。

片子的收尾部分，是一组寒山寺镜头，枫桥，撞钟。然后切至网师园，评弹演员正在唱"姑苏城外寒山寺"。再切到太湖边，陆文夫远眺太湖。最后切回古城，陆文夫走进小巷，迭化成一组苏州经典景观、苏州全景。

解说词说——

　　唐代诗人张继的一首《枫桥夜泊》，"姑苏城外寒山寺，夜半钟声到客船"，让这座寺、这座桥，名传天下，家喻户晓。说是"地以文传"也好，还是"文以地传"也罢，反正那位诗人的作用你是不能低估的。陆文夫和他的城市的关系，自然是这种规律的折光。偌大个中国，幅员辽阔，人口众多，不知道陆文夫为何人的，当然不在少数，但大凡读过一些小说的，却都知道一点陆文夫，并且知道，这位作家是和苏州连在一起的，这就足够了。不过作家很谦虚，不去这样看，他只是说："回过头来看看苏州城，倒也做了不少事情。人与城的关系回过头来看看才能明白，人活百年已经十分稀有了，一个城市却能活两千五百年。所以，城市是人的物化、人的精神的转化，每个为这个城市做过一些好事的人，虽然没有留下名字，都会在这个长生不老的城市中，留下有形无形的痕迹。"

看到《一位作家与一座城市》的样片，陆文夫很满意。虽然他在片中没有谈美食，但刘郎还是编进不少姑苏美食画面。闲聊的时候，陆文夫得知刘郎曾在青海电视台工作过，就问："你怎么想到从西北来杭州的？"

刘郎说："陈寅恪先生说，北方太冷，南方太湿，只有钱塘一带，最宜居住。我就到钱塘来了。但陈寅恪先生的这段话，我是在杭州读到的。我在杭州有一间小房子，自名'小豆棚'，挂了一幅郑板桥抄录过的《竹枝词》，'忽然湖上片云飞，不觉舟中雨湿衣；折得荷花浑忘却，空将荷叶盖头归。'这湖是哪里，我不知道，但我认定它，一定是西湖。"

陆文夫说："我听说，你也很喜欢苏州？"

刘郎说："是的。这一段时间拍片子，我在苏州逗留，有机会深入了解和品味这座城市。我觉得江南的许多城市，都在努力把自己变作上海，苏州依然保留了她的风雅姿色。在当今城市中，苏州与江南的历史文化根脉，缠绕得最紧密。"

陆文夫点点头。从刘郎身上，他看到了少年时代的自己，当年他也憧憬天堂苏州。彼此在感情上，又拉近了许多。

陆文夫问刘郎："你对苏州的什么东西最感兴趣？"

刘郎说："苏州园林。有机会，我还想拍一部关于苏州园林的片子。这次来苏州，我就收集了不少园林资料。"

陆文夫说："你会有这个机会。"

7.《苏园六纪》

把苏州园林拍成电视片，也是陆文夫很早的一个心愿。他想从艺术、文化、历史各个层面，宏观解读一下苏州园林。

陆文夫说："有时候，我在电视中看见游人在园林中漫步而过，听着简单的讲解频频点头，然后匆匆地从这一个园赶到那一个园，这时候我就像看见有人把珍贵的美酒倒在大碗里一饮而尽，心里十分难受。如果能有一部好的电视片，让人们静静地坐在电视机前观赏苏州园林，把这陈年的美酒细细地品尝，那是何等的快事！"

这个愿望，刘郎帮他实现了。

1994 年，苏州有线电视台成立。年轻的媒体亟须拿出一个有分量的电视作品，用来证明自己的实力，于是就想拍一部苏州园林纪录片。但人才有限，陆文夫就说："我帮你们请刘郎吧，他拍过二十多部专题片，是中国电视文艺'星光奖'三连冠获得者。"

多年以后，《文艺报》记者问陆文夫："苏州拍园林，听说您出了不少力？"

陆文夫说："早在十多年前，我就想借助电视来展现苏州园林的魅力，也曾做过努力，但都力不能及。此次，苏州广播电视局、苏州有线电视台、苏州园林管理局，三方决心拍摄苏州园林，刘郎又有这个愿望，我当然要摇旗呐喊，一旁助威。"

陆文夫到浙江电视台借人十分顺利。两位台长都与陆文夫有过交往。钟桂松台长本人就是陆文夫的粉丝。

钟桂松的另一个身份，是茅盾研究专家，出版过《茅盾少年时代作文赏析》《茅盾与故乡》《茅盾的青少年时代》《茅盾与他同时代人》《茅盾传》等著作。知道茅盾非常器重陆文夫，他也就对陆文夫深怀敬意。1983 年前后，钟桂松在浙江桐乡县委宣传部工作，特别爱读陆文夫的小说《围墙》。得知河北省委将这篇小说推荐全省阅读，钟桂松也将它推荐给本县的县委书记，书记又要求全县干部阅读。1986年，陆文夫到乌镇参观茅盾故居，钟桂松是陪同者。之后开始收集和研究陆文夫作品，相关资料积累了两大本剪报。他还在《山东师大学报》1989年第二期发表过《陆文夫小说的色彩艺术》。钟桂松家里有个书柜，专门珍藏陆文夫著作。1997年10月，陆文夫送他一册《人之窝》，上写"桂松同志惠存，陆文夫，1997.10，苏州。"他一直舍不得翻看，就珍藏在这个书柜里。后来升任浙江电视台领导，依然爱读陆文夫作品。

陆文夫突然造访浙江电视台，让两位台领导既惊讶又惊喜。钟桂松问："陆先生，是谁有劳您的大驾？"

陆文夫指着同伴："诺，就是他们。这是苏州有线台的两位台长，这是苏州广电局的领导。他们要我来，请求贵台帮帮忙。"

钟桂松说："哪里谈得上帮忙，有什么需要尽管说。陆先生张口了，就是给我们最大的面子。"

大家就笑起来，把苏州有线台筹拍苏州园林的事，一五一十说了。最后直入主题："我们需要贵台的刘郎老师来当编导，希望两位台领导玉成此事。"

钟桂松说："陆先生说笑了，这个忙我们肯定要帮的！"

陆文夫说："这次，我们可是代表吴国，来向越国借兵的。吴越休兵，已有两千多年，如今是山水相连，亲如兄弟。"

聊着聊着到了中午，主客在浙江台附近新开的一家酒家，吃了顿便饭。任务完成了，陆文夫很开心，敞开量喝了不少酒。他告诉钟桂松："来杭州之前，我翻看了你在乌镇拍的照片。当时你穿军装，比现在还瘦。"钟桂松说："是呀，当时的环境就是这样。机关小青年，就喜欢穿旧军装。经过十几年的变化，回想起来恍如隔世，发展得真快！"

不知不觉过了一个中午。钟桂松说："陆先生，你们就不要走了，在杭州住一晚，明天再回苏州。"陆文夫说："不啦！任务完成了，下午就回去了。"

几天后，刘郎来到苏州，和苏州有线电视台的几位精兵强将，组成了摄制组。总策划是顾强，总编导和撰稿是刘郎，编导是年轻的孙欣和吴华雄，由吴华雄带领宋紫铭、李少军、张景龙等人组成摄像组。此外，聘请陆文夫担任艺术顾问，方明和林如担任电视解说，片头题字使用贝聿铭手书。

开工前，刘郎请教陆文夫："陆老师，对片子您有什么要求？"

陆文夫说："我只是艺术顾问，挂个名。具体的事，你们自己拿主意。你拍了这么多优秀作品，已经积累了很多经验。"又说："说到要求，我倒是有个想法，供你参考。拍苏州园林，过去电视节目并不少，但都是拍某一个园林。综合地拍，也只是介绍园林各种景观的建造情况，都是些技术性的内容。我们这个片子，要拔高一些，有总览视野，要让人从片子里，看到园林的艺术和美，而不要纠缠具体的细枝末节。"

刘郎说："您的想法，与我不谋而合。"

陆文夫说："说说你的设想。"

刘郎说："我想，一、不能以游记的形式拍，这样易于浮泛；二、不能以散文的形式拍，这样易于空洞；三、也不能以介绍的形式拍，这样易于堆积。不管用何等形式，有几个重要内容，都要包括进去——园林历史，园林理论，园林赏析，园林人物。"

陆文夫说："我想听得具体一点。"

刘郎说："我是这样想的，您看对不对？这部片子应该借助解说词，写足吴文化的背景，写足隐逸文化精神，写足什么是园林，写足园林艺术的特征，写足园林的意境。不是蜻蜓点水，浅尝辄止，而是直面主题。除了解说词，还要以真正的视觉形象来说话，穿插、用足每一所园林的最佳素材，但又避免面面俱到。我对园林的艺术感受，大致分成六个篇章：《吴门烟水》《分水裁山》《深院幽庭》《蕉窗听雨》《岁月章回》《风叩门环》。这样，园林产生的大背景，理水、掇山、建筑与花木经营等园林艺术的四大要素，园林的意境、园林的兴衰、园林的养护等，凡是涉及园林的主干内容，就不会疏漏了。"

陆文夫点点头："说到隐逸文化，可能会涉及历史。"

刘郎说："是的，我也查了一些资料。苏州古典园林的中兴之期，当是明清两代。鲁迅先生概括明朝的氛围，沿用了'戾气'二字。明清易代之际的钱谦益，也感受到'戾气'之盛，曾这样描述世态人心，'劫末之后，怨怼相寻。拈草树为刀兵，指骨肉为仇敌，虫以二口相啮，鸟以两首相残。'可见清初士人生存的严峻性。对待这种现实，他们只能选择隐逸，但不是隐到深山老林，而是隐到艺术里，也包括园林艺术。所以，苏州园林表面上是一种宁静的后院，实际上和明清社会背景分不开。《桃花扇》描写的知识分子，就是这种社会背景的投影。"

陆文夫静静地听着。他渐渐发现，这个年轻人很有文化见识。

刘郎说："因为苏州园林大致是明清产物，拍片的风格，我想应该定位在'淡雅'二字。片子要有学术性，要熔铸明清小品的淡雅。因为这和精致、幽深、空灵而通透的苏州园林相一致，时代感也吻合。所以，解说词表述园林艺术，应有辞章之美、口语之美和音韵之美。而这些特点，恰恰是明清小品的文风。"

陆文夫点点头，"是该拍得雅一点。"

拍摄工作从 1999 年 4 月开始。一方面，争取拍到一年四季的园林景致；另一方面，奔波于苏州、北京、上海、杭州、承德、扬州等地，拍摄各种园林风景，采访众多园林专家、文人学者，包括贝聿铭、陆文夫、黄裳、周干峙、罗哲文、郑孝燮、进士五十八、金裕逸、谢孝思、陆秉杰、曹林娣、吴荻木、孙君良、陈健行、徐文涛、黄玮、陆耀祖、陈中、钱怡、周峥等，共三十多人。贝聿铭是追踪到美国采访的。陈从周接受采访后，片子做后期时便溘然长逝。外景加采访，一共拍了五千多分钟素材。摄制组还从中国电影资料馆、中央新影厂，搜集反映"老苏州"的电影资料镜头，以便穿插在片子里，体现片子的历史纵深感，给观众留下岁月记忆。

拍摄初期，摄制组一连开了三次讨论会。

第一次是 1999 年 4 月 23 日，摄制组邀请一批作家艺术家，讨论如何拍好苏州园林。陆文夫参加了这次会议，重点谈到园林不能一个一个拍，这样容易重复，艺术最怕重复。一定要舍弃一部分，从有限看无限。他还告诫大家，电视创作不要随大流，不要赶热闹，要坚定自己确立的艺术目标。

第二次是 1999 年 6 月 2 日，摄制组邀请园林专家学者进行座谈。专家们的表态很明确，这部片子必须解释清楚：园林是什么？为什么会有苏州园林？苏州园林与苏州人的生活，苏州园林和吴文化到底是什么关系？

第三次是 1999 年 6 月 22 日，在石湖的船上，摄制组内部开会。参会者包括：总编导刘郎，苏州有线台台长顾强，钱锡生主任，年轻的编导吴华雄和孙欣。大家觉得，这部片子必须拍出历史沧桑和文化品位，体现古与今、静与动。用电视人的眼光去发现园林之美。借助最先进的技术设备，使片子若干年内不落伍。

在这次会议上，总编导刘郎第一次亮出"苏园六纪"片名，这是他昨天刚刚想出来。大家连声叫好，既点到了"苏"，点到了"园"，也点到了六个角度，就问刘郎："你是怎么想到这个片名的？"

刘郎说："来自《浮生六记》的灵感。"

他告诉大家，1983 年他在北京西山卧佛寺宾馆，参加中国电视艺术委员会的电视剧选题会议，闲暇时阅读《浮生六记》，就被它吸引住了。因为影响太深，这次拍苏州园林，就想到了"苏园六纪"几个字。

刘郎说："《浮生六记》谈到了生活艺术。沈三白与芸娘这对夫妻，在科场和学术上并无建树，生活也清贫，但他们相信'布衣饭菜，可乐终身'，淳朴淡泊的生活最美好，可以彼此取暖。这种观念很切合我的心思。"

大家说:"《苏园六纪》也可以像《浮生六记》一样,表现得淡泊一些。"

刘郎说:"是的。《浮生六记》最精彩的地方在哪里?首先,它描绘的苏州文人生活,宛如精致的艺术。在苏州园林的花草之中,有一种碗莲,是水碗中栽植的荷花,也称'钵莲',可谓精致至极。园林前辈卢彬士,就以栽植碗莲著称。这个品种沈三白早就侍弄过。另外,《浮生六记》文笔很好,轻松恬淡,生动优美,比如描写沧浪亭,'浓荫覆窗,人面俱绿','过石桥,进门,折东曲径而入,石成山,林木葱翠。亭在土山之巅,周望极目可数里,炊烟四起,晚霞灿然。少焉,一轮明月,已上林梢,渐觉风生袖底,月到波心。'这样的段落,在书中还有许多。明白如话,又很典雅,我们的电视解说词,也应该这样完美。还有一点,《浮生六记》的引文很妥帖。比如,形容在大木盆洗过热水澡的感觉,就引用苏东坡的两句诗,'杉槽漆斛江河倾,本来无垢洗更轻',非常贴切,把洗过热水澡的通透感和舒适感都写足了,我本人泡热水澡的时候,就会念它一回。"

大家一听,纷纷笑起来。

刘郎又说:"那次读《浮生六记》,纯粹为了消遣。这次拍园林我又读了一遍,感受完全不同,对真实的苏州生活有了具体感知。以前,我是沈三白的读者,现在我是沈三白的友人。要是形容的话,原先是'掬水月在手',现在是'弄花香满衣'。我把这种感受跟陆文夫老师说过,他说,这是我的两种阅读心态,第一种是出于兴趣,第二种是为了任务。我称前者是'山林禅',后者是'功利禅'。作为纪录片创作者,我的体会是,广泛深入的阅读,真的功莫大焉。"

刘郎当然知道,《苏园六纪》不好拍。苏州园林是一个静态景观,画面拍不出故事来。所以,电视片《苏园六纪》成功与否,关键在解说词。他是撰稿人,自知担子不轻。

写解说词的时候,刘郎为了营造气氛,在寓所将苏州的三位墨客、潘世恩、翁同龢、陈去病的三张字幅,悬挂在墙上。一幅是潘世恩的《书谱》节选,一幅是翁同龢的"却追范蠡五湖中",一幅是陈去病的"自是羲皇以上人"。下笔写解说词的时候,刘郎会抬头看看那些字,从中汲取力量与灵感。有时候思维枯竭,很难下笔,刘郎就想,隐逸文化派生了苏州园林的风雅之花,只要是花,那根终究是苦的。以此激励自己。

对刘郎的创作过程,陆文夫基本上都了解。

陆文夫说:"刘郎几乎读遍所有能找到而又必须找到的有关苏州园林,有关吴文化的各种书籍,有人说他读了一箱子书,一箱子难说是多少,想来和五车是同义的。他从历史和文化的高度来鸟瞰苏州园林，不作浏览式的介绍，而是看清它的来龙去脉，然后条分缕析，把诸多的内涵纳于他所选择的画面，再用精彩的语言道出画面中的深意，使人感受到一种艺术的震撼和对历史的回味。"

刘郎能不能完成任务，浙江台领导也关心。2000年秋天，浙江电视台的钟桂松台长来苏州，看望刘郎和《苏园六纪》摄制组，希望他们不要辜负陆文夫先生的期望。陆文夫看到老朋友来了，就在老苏州茶酒楼款待了他们。

来苏州之前，钟桂松细读了陆文夫的《人之窝》，就说："陆先生，读了《人之窝》，有点不过瘾。小说情节还有很大发展空间，真希望还有续集。"

陆文夫说："《人之窝》的故事，还没有讲完。"

钟桂松问："您是否会写下去？"

陆文夫说："当然，还是要写的。"

钟桂松听了很兴奋。想到一个问题："有一个现象我想讨教一下。您的书，不少是上海文艺出版社出版的。这是一种巧合，还是……"

陆文夫说："你很细心。不错，他们出的书比较多。当年，我的第一本小说集《荣誉》，就是他们出的。当时对我这个二十来岁的年轻人，鼓励是巨大的，对我一生从事文学创作，也起到了决定性作用。算是感恩吧，后来我只要写好一本书，就会想到先给上海文艺出版社。他们不出，我再找其他出版单位。"

钟桂松问："您写小说，比如《人之窝》，有没有生活原型？"

陆文夫说："我的小说，多数都有原型。"

这个话题很有趣味，钟桂松本想聊下去，但他与陆文夫的对话常被打断，只好作罢。通过聊天，他再一次感受了陆文夫的睿智。多年以后，他发现许多世事俗事、人事天事，似乎都被陆文夫洞烛到了。

《苏园六纪》的拍摄很顺利。刘郎希望陆文夫多出镜，给观众全面介绍一下苏州。陆文夫说："我不是专家，讲得太多不合适。我只是对园林有几天亲身经历，对古城有居住的感受，也思考过它的发展。其他就没有发言权了。"

刘郎说："那您讲一讲亲历园林的故事，讲一讲居住古城的感受。"

于是在《苏园六纪》第四集《蕉窗听雨》中，就有一段陆文夫讲述少年时期借住耦园的故事——

我小时候一到苏州，是十五六岁，我们家有亲眷在苏州，这以后就跟苏州园林搭上关系了。那时候，因为亲戚认识耦园的主人，我就住进了耦园。我住在那里，是来养病的，后来就整天看书。那个园子当年给我的印象简直好极了，好像一个幻想的世界。特别是到晚上，园子里没有人。园子里有个池塘，耦园的荷花池是很有名的，池塘里边都是青蛙，还有大鲤鱼。耦园隔一道墙，过去就是护城河，那个时候城墙还在。青蛙叫起来很来劲，这里青蛙一叫，外面青蛙也上来了，就像打雷一样，你什么东西都听不见。但是有时候突然青蛙就停下来了，能听见鲤鱼在河里边唼喋地吸空气，在荷叶下面听见这种声音。一会儿蛙鼓又起来了，什么声音都听不见。从那个时候开始，苏州园林的艺术就暗暗地影响了自己。

网师园我也住过。有好多人不知道，晚上的苏州园林有时候比白天还漂亮。那时候我家里住宿条件很不好，写东西家里很热又吵。我跟园林管理处的人熟悉，他说算了，你住到网师园去吧。网师园有个小姐楼，空在那儿，有桌子什么的。那个时候游人也很少，我就住上去了，就整天在那儿写东西。晚上网师园里只有我一个，大概住了一个多月。我坐在池塘边的石头上，把小姐楼的灯开着。灯开了，小姐楼上的灯光都反映到池塘里面了，房子的倒影也倒在池塘里了。

苏州这个城市很奇怪的，它是关起门的一个城市，在外面看破破烂烂，这个门一推就漂亮极了，里面是一个大花园。

编片子的时候，编辑们对"苏州在外面看破破烂烂，推开门漂亮极了，里面就是一个大花园"赞不绝口。感觉陆文夫这句话，是整个片子的龙眼与金句。

第六集《风叩门环》中，也编进一段陆文夫讲述"古城保护"与"园林保护"的访谈——

古城保护和保护园林不完全相同。园林是绝对保护，你不能去发展，不能去加一块什么东西的。古城保护说起来就很复杂了，现在我们最理想的，就是把这个城市像丽江那样保护下来，什么都不动。在丽江那地方还可能，它交通不发达。但苏州就不行了，它这个城市有这么多人住在这个地方，时代变化了，人的生活状况都在起变化，你要它不变是不可能的。有好多人到苏州来看了（古城改造）以后有意见，我说你不要有意见，你是来旅游的，你今天玩儿明天回去了，回去了你住在你原来那个小洋房里面，我住在这儿你考虑过没有。所以进行绝对保护在理论上讲是对的，实际上是行不通的，为什么行不通，它有七八十万人口在这个地方，假如说这地方还保持刚解放的时候四十万人或二三十万人的话，那问题就好办得多。我认为苏州街坊改造，方针是对的，大家保持苏州的格局，你去看苏州有几个街坊，造得非常漂亮。上一次我跟几个作家朋友讲了，他们本来对苏州改造有意见，我就把他领到几个新的街坊去，他看了以后说，这样的情况他就可以接受了，造得还不错。

当年"大跃进"的时候，社办厂都搬在那个大厅里面，然后不够了，就把大厅拆掉了，再造一个什么破房子在里面。苏州老丝织厂都是在大的院子里面，都是这样，就是要把这个城市变成生产城市。什么小桥流水，这个小资产阶级情调、地主资产阶级的消费城市。那个时候苏州就定为消费城市，要把它变成生产城市，消费城市很不光彩的。假如那个时候我们就知道，那早就造新区了。

经过努力，《苏园六纪》终于完成了摄制。片长三小时，共分六集，每集三十分钟。这是中国第一部从人文艺术角度，介绍苏州园林的电视艺术片。它采用大写意手法，展现了苏州园林的文化背景、审美特征、艺术意境。全片的内容顺序仍是刘郎的最初构想：《吴门烟水》《分水载山》《深院幽庭》《蕉窗听雨》《岁月章回》《风叩门环》。

片子先上观摩会。刚刚播完，观影者的掌声经久不息。中国电视艺术委员会主任仲呈祥说："如此具有丰厚文化意蕴和高雅审美格调的电视艺术专题片，久违了！作品纵横捭阖地对苏州园林形成的历史条件、人文背景、美学品格、艺术意境，进行了极有思想见地和极富感染力的表述，谋篇布局匠心独运，画面解说相映生辉，称之为一流精品，诚不为过。"

陆文夫说："我尤其欣赏刘郎的解说词！这是煎熬出来的成果。像这样文学性极强、妙语连珠的解说词，他人很难企及。至少我写不出来，这绝非谦虚。"

九十六岁的谢孝思也看了《苏园六纪》。这位苏州著名书画家，新中国成立初期担任苏州文管会主任，为保护和修复苏州园林奔走呼号，参与过苏州园林的修复工作。他说："看了刘郎的《苏园六纪》之后，我对苏州的园林有了新的认识。"

陆文夫说："谢孝思先生说的话，也代表了我的感受。"

观摩会结束后，《文艺报》记者采访陆文夫："您长期生活在苏州，对苏州园林有一份挚爱之情，《苏园六纪》有没有道出您心中的园林情怀？"

陆文夫说："你的提问，勾起了我的回忆。我是1944年第一次来到苏州的，当时有幸借住在耦园之中。说是来养病的，可是一到苏州，病就好了，住在耦园整天看小说。往后的几十年间，类似的体验还有过，也曾在作品中零零星星描写过。却从没有像《苏园六纪》这样，较为全面地展现与思考。《苏园六纪》看了以后，我好像是旧地重游，旧梦重温，也像似曾相识，今日方才认清。"

记者又问："陆先生，您在拍片伊始就提出，不要浏览式地逐一介绍苏州园林，如今的《苏园六纪》已经拍出来了，您认为如何？"

陆文夫说："在拍片的过程中，我提出过一些意见，主要是为了求得相同的看法。拍摄苏州园林，也是见仁见智，求得统一很重要。当然，编导对作品谋篇布局的时候，别人不要去插手。艺术家应该保持个性和主见。刘郎当时说，要把提纲、解说词给我看，提提意见。我说我不看，我的任务已经完成了，剩下的都是你的。事实证明，这部片子的谋篇布局，都是匠心独运，那解说词之精美，非我所能及。"

记者说："有人担心，这片子太高雅，普通观众可能接受不了。"

陆文夫说："关于雅和俗，有许多不同的看法。我们常常提出雅俗共赏的标准，来要求文学艺术作品。其实，曲高肯定和寡，只是寡与众，是相对而言的，寡也不是寡得像伯牙抚琴，只有一个知音。《苏园六纪》肯定不能与《还珠格格》比收视率，但会受到欣赏水平较高的观众欢迎，他们是文化接受者中的精英，也是文化发展的主导力量，更是俗文化的引路人。人们对文化的接受，总是由低到高，由俗到雅。要不然，文化只能退化，不会进化。"

《苏园六纪》面世后，社会反响之大，超出预期。在全国第十四届电视文艺星光奖评奖中，《苏园六纪》摘得一等奖、优秀撰稿奖、优秀摄像奖。其中《蕉窗听雨》一集解说词，被收进江苏省中学读本、高等院校教材。片子一度成为苏州人街谈巷议的话题。制成的 VCD 音像制品，一周销量四十万套。《苏园六纪》光碟还成了招商礼品，被市长带到台湾。苏州各个园林里，从此常年播放《苏园六纪》。学者倪祥保说："这部片子有一天也许完全可以像《庐山恋》那样，能去成功地申请电视片的一个吉尼斯世界纪录。"

著名纪录片人陈汉元看过《苏园六纪》，这样说："苏州古城，我几十年前就拍过。《苏园六纪》这部片子拍得非常到位，文学性极强，解说与画面相辅相成，很大程度上起到了补充画面不足的作用。这些画面以前的人也拍过，但经过刘郎如此的艺术处理，有一种独到的效果。我觉得，刘郎对苏州特有文化的贡献是特别值得肯定的。"

仲呈祥从苏州观片回到北京，意犹未尽，又写下一篇观后感后说："像我这样审美直觉愚钝的人，观罢《苏园六纪》，方才真正感悟到中兴于明清两代作为'隐逸文化'产物的苏州园林艺术的美的真谛。"又说："《苏园六纪》堪称中国电视文化发展历史上，一部具有标志性意义的重要作品。"

《苏园六纪》播出后，人们意外发现，这部江南的电视片，竟如此厚重而深沉，充满阳刚之气。记者就问刘郎："你怎么会把呈现阴柔之美的苏州园林，拍得如此具有阳刚之气？"

刘郎说："我的一些习作，甚至包括后来的江南题材，可以说是直接受惠于青海的阳刚之美与雄强之风。有人写文章说，《苏园六纪》一上来就不太像南方人写的，而是一种《清明上河图》式的架势，说的就是这一点。"

记者问："有没有高人指点？"

刘郎说："当然有。近年来，对我的创作帮助最多的，北边是朱乃正老师，江南是陆文夫老师。后来许多作品，都是陆老师给我出的题目。江南文化也有江南文化的精微与深妙，不悉心研究，光靠豪放也是写不深的。"

一年后，刘郎出了一本书，名为《秋泊江南》。

刘郎在后记中说："这个书名，是我从十分景仰的陆文夫先生那里借来的。陆文夫先生有一篇著名的散文，题目是《秋钓江南》。在《秋钓江南》里，不仅有秋钓的情味，也有哲人的淡然。"又说："秋泊江南是命定之事。我向来痴迷明四家，其中以文徵明为最。在一次小型拍卖当中，我曾面对文徵明的一张书法，动过孤注一掷的决心。我甚至想到过，苏州古城可能是十分适合于老郎生活的城市。因为这里，有与老郎十分吻合的趣味；这里的小巷深处，有我十分敬爱的陆文夫先生。"

8. 《苏州水》

陆文夫与刘郎第二次合作，是创作纪录片《苏州水》。陆文夫仍担任"艺术顾问"。

《苏园六记》成功后，中国电视艺委会在太湖之滨举办了"刘郎电视艺术研讨会"，时间是2000年深秋。参会者用一天时间，观看了刘郎十余部电视作品。画面上，既有西部的经幡塔影，又有江南的野渡横舟，记录着刘郎从西北迁徙江南的足迹。刘郎坐在下面，看着自己拍的画面，生出些漂泊的伤感。这种情绪，他平时在垂钓中也会有。

刘郎喜欢钓鱼，深受陆文夫《秋钓江南》的影响。他说："每当我身背钓具，走在塘畔平畴，坐在水边抛竿下钓，面对'秋水共长天一色'的时候，我的整个身心，便融化在陆先生的意境里了，投入，忘情，沉湎。秋钓的时候，塘畔或河边又常有一条半弃的小船，最容易让人想到漂泊。"

自从来到苏州，与苏州人成了朋友，刘郎的漂泊感才渐渐淡去。一部《苏园六纪》，宣传苏州文化功不可没，苏州人也拿他不见外。

刘郎为苏州有线台拍了《苏园六记》，另一家电视媒体苏州电视台，也想请他拍一部《苏州水》。这个创意来自陆文夫，说大有文章可做。台长恳请陆文夫再次到杭州邀请刘郎，来担纲《苏州水》的摄制，市委宣传部的领导向他表达了同样意见。陆文夫就说："这会不会让刘郎为难啊？"部长说，他们已经和刘郎联系过了，刘郎本人很有兴趣。

2001年2月17日，陆文夫给浙江电视台台长钟桂松，写了一封长长的信，核心内容就是"请兵出战"——

> 我来信还是要和你商量一件事，再借刘郎为苏州拍一部电视片。去年承蒙你们给了我很大的面子，把刘郎借给苏州有线电视台拍了《苏园六纪》，为苏州增添了不少光彩，在全国也产生了很大影响。苏州有线电视台、苏州市委对此都十分感激，一再要我对你们表示感谢，同时要求我再扮演一次东吴使者的角色，到越国借刘郎为苏州电视台拍一部《水乡苏州》。我难以推辞，原因如下：

> 《苏园六纪》取得很大的成功，那是有线电视台的成绩。苏州电视台台长坐不住了，感受到很大的压力。台长和我很熟，他的父亲和我是老朋友，要我一碗水端平，也帮苏州电视台策划一部片子。我自找麻烦，便替他出了一个题目，拍苏州的"水"。他们对此表现出极大的兴趣，市委也大力支持，希望这部片子由刘郎来做编导。刘郎得知也有兴趣，因为他在拍摄《苏园六纪》时，走遍了苏州的四乡八镇，对吴文化作过深入研究，积累了很多资料，一旦有了主题，各种资料就会聚集，形成一个作品。望你能送佛送到西天，再玉成一次好事。

接到陆文夫的信，钟桂松很感动。他敬重的陆文夫先生，对家乡文化建设竭尽全力，着实令人敬佩。他立刻吩咐刘郎，去驰援苏州的电视创作。

刘郎来到苏州的第一件事，就是请教陆文夫："陆先生您看，这个片子怎么拍才好？"

陆文夫讲了一件旧事："许多年前，一位上海作家想写苏州水，我把他劝走了，告诉他，难写。但总归要写一下。苏州是水乡，水是苏州的灵魂，苏州人的性格也像水，但怎样写，是个难题。写苏州水，看上去很简单，实际上写出深度，并不容易。"

刘郎说："我读过您的小说《井》，我觉得这也是苏州水的一种诠释。井的历史，就是苏州的历史，我们从井水里，可认识人情的深浅，从井栏上，可读懂世道的方圆……"

陆文夫说："的确是。不要小看水，它能折射苏州的社会与文化，连接苏州的历史、现实和未来。苏州文化流淌了几千年，既有进步的东西，也有负面的东西。我那篇《井》就有点负面。当然，我没有直接写水，我写的是井边的人。这种东西小说里可以写写，拍进电视就要慎重了。"

刘郎说："这个片子与《苏园六纪》，它们最大的区别在哪里？"

陆文夫说："它比《苏园六纪》难拍。园林是历史遗存，怎么拍都可以，怎样评价都行。但苏州水从古流到今，维系着人们的生存与情感，它的形象也事关现实评价。所以，拍《苏州水》先要权重好角度。"

刘郎说："陆先生，我懂了。"

《苏州水》投入拍摄后，非常顺利。这得益于两个因素：一方面，刘郎拍过《苏园六纪》，积累了经验；另一方面，刘郎有充分的文化准备，遍查水巷园林，作了大量采访，陆续研读三百多部典籍与史料，写下近百万字的文案与笔记。有了前期准备，再来确定片子的主题、结构、风格与采访对象，以及解说词的写作，也就相对容易些。

进入"人物采访"阶段，刘郎请陆文夫出镜，讲一讲水的故事。陆文夫就讲了他当年初到苏州，对苏州水的美好印象——

> 我第一次到苏州来，大概是1944年。因为我家有亲戚在苏州，在哪儿呢？就住在山塘街。我是乘船来的。我对水，小时就很熟悉，因为我生在长江边上。长江边上的那些河流，河水都是浑的，会有泥沙的。苏州的水是清水。那个时候，苏州的水比现在干净，真是清可见底。进入运河的时候，河水也很清爽。我在山塘街住的房子，窗就对好了对面的那座桐桥，不是有一部书叫《桐桥倚棹录》吗？我对准的桥就是桐桥。我那个窗子外面，有一个石阶可以下去，前面是一个石拱桥，桥的后面是一个庙。这水从桥洞里流过，月亮出来的时候，就像"石湖串月"一样。晚上的月亮，一直从这桥洞子穿过来。对着桥洞里看过去，桥洞对面有一个庙，上面有"阿弥"两个字，"陀佛"看不见。那个地方确实很美。

这一段采访，后来编在《苏州水》第一集《以水为邻》中。

刘郎意犹未尽，打算在第二集《吴中底蕴》里，让陆文夫再谈谈苏州的井文化："陆先生，您在小说《井》中，把井写得那么透彻。不妨对我们观众也说说苏州的井吧。"

陆文夫想了想，又讲述了一个老苏州小巷里的世俗生活画面——

> 你看那水井的井栏上面，有许多的痕，那个痕，我估计是用链条拉出来的，不是一般的绳索。我们家里用的井，比较现代了，上面没有痕。我

们用过链条，后来因为链条不大好，拉起来不那么舒服，就用绳了。那个时候，洗衣服，淘米，每个巷子里边都有一个公井。这个公井，是巷子里边人们早晨碰头的地方，有很多人在那里碰头。当然，大户人家，或者家里有井的，他不去。一般的小户人家，家里没有井的，都在巷头上的一个井边汇合。到现在还有这种地方，淘米，洗菜，拉呱儿，在那里传播消息。各种各样的奇闻，都在那里传开。井栏边还有一个石凳子，在那里打水，有时候要等，因为人家还没有用完，你就可以坐在石凳上。这种情况，我小时候见得很多，巷子里多的是，不足为奇。现在当然没有了。

这个画面，陆文夫讲得很生动，因为他太熟悉了。在创作中篇小说《井》时，陆文夫也描述过这个场景——

> 东胡家巷里有个信息中心，专门提供有关饮食男女方面的消息。这个中心不是新近创办的，它的存在至少也有二百年；它不设主任和顾问，召集人实际上是一口井，一口古老而又很难干涸的井。
>
> 这口井坐落在东胡家巷的西头，在朱世一家的小楼下，围墙外、石库门的右半边，隐蔽在一棵香樟树的下面。树下用砖头支着两根长条石，算是石凳，给到井边来劳作的人搁菜篮、等空档，坐在上面闲聊天。东胡家巷在一九七八年之前没有自来水，半条巷子里的人都是靠这口古井过活的。一九七八之后虽然通水了，但也不是家家都有水龙头，何况那井水冬暖夏凉，又不花钱，那些不能挣钱却很会花钱的阿婆和阿姨们，还是乐意到井边来洗衣、洗菜、淘米。乘此机会每日举行一两次非正式的办公会议，提供和交流各种信息，使这个古老的信息中心不因自来水的冲击而自行倒闭。

《苏州水》的拍摄和编辑，历时两年终于完成。成片共五集：《与水为邻》《吴中底蕴》《长河回望》《水影花光》《水乡寻梦》。

与《苏园六纪》相比，刘郎拍《苏州水》较为轻松。苏州电视台给刘郎配备的都是精兵强将，他们对苏州的城市乡村、街道小巷、山水园林、风土人情，都烂熟于心，积累了许多拍摄经验，创作《苏州水》自信满满。所以，拍摄画面及许多后期事务，刘郎都交给他们去做了。偶有空隙，会回到杭州小憩。

每次临别，陆文夫都会托他向钟桂松台长致意问好，有时还会让他捎去几本自己的新书。刘郎从杭州回来，也会转达钟桂松的问候，希望陆文夫到杭州小憩，静下心来写点东西，但陆文夫很忙，编杂志，开饭店，实在难以赴约。多年后陆文夫逝世，钟桂松说："这个希望一直没有实现，如今却成了我永远无法弥补的遗憾！"这是后话。

《苏州水》完成后，在观摩会上得到了充分肯定。中国电视艺委会主任仲呈祥再一次感慨："记得当初，我曾有小文为《苏园六纪》喝彩；如今，又要情不自禁地为《苏州水》叫绝了！"他说："在当今人类文化创造和审美鉴赏日趋开放和多样化的伟大时代，面对一股来势不小的媚俗思潮，刘郎的存在和追求，连同刘郎的作品，都是中国电视界的骄傲和幸事。"

《苏州水》发行时，有关部门的宣传力度很大。苏州市委和市政府将这个片子视为"建设文明城市和文化强市"的精品工程，报纸和电视台举办了看片征文活动，还组织苏州观众尤其是青少年参加。《苏州水》在中央电视台播出后，受到文化界、电视界、旅游界和苏州市民的更大关注，一些学校把它当作语文和美学课的参考材料。

之后，中国电视艺委会、苏州市委宣传部、苏州电视总台联合召开"《苏州水》研讨会"。陆文夫、仲呈祥，李准、郑洞天等专家学者，以及苏州市有关领导，对《苏州水》表示出极大兴趣，觉得它在写意风格、优美画面、思辨色彩、精彩解说方面，以及在反思中扬弃的人文精神，都值得称道。

大家最感兴趣的，还是它的解说词。郑洞天说："真想不到，刘郎在《苏园六纪》之后，肚子里还有这么多好的词！更使人没想到的是，几年后接连面世的苏州系列电视文化艺术片，其解说词依然字字珠玑、句句出彩、雅俗共赏，成功地将骈体美文和非常口语化的句子，自然流畅地组合起来，含英咀华，朗朗上口，别具感性之美，也耐人寻味。这确非易事。"

刘郎到苏州拍片以来，仲呈祥来往苏州若干次，对刘郎非常了解，自称见证了《苏园六纪》和《苏州水》相继问世。这一次在研讨会上，仲呈祥再次表达了他的惊艳之情。但也指出了《苏州水》需要改进的地方："《苏州水》的主要优势，在其解说词的诗意色彩和美文韵味，至于音乐、剪辑和特技运用，都相形见绌。"作为"艺术顾问"，陆文夫在会上一直听得很认真。研讨会结束后，他建议摄制组对成片进行修改，直至专家领导满意为止。

不久，第十三届欧洲塞黑国际电影节在布鲁斯举行，来自美国、法国、中国等二十五个国家的一百三十余部参赛纪录片，分别从文化、体育、旅游等主题入手，介绍和展示各国的风土人情。修改完善的《苏州水》，也报名参加了电影节，最终以唯美灵动的风格、清新雅韵的画面征服了评委，获得本届评委会特别大奖，即"曼福斯特"奖。

电影节评委会主席加布拉说，"我看了你们的片子《苏州水》，给我留下了很好的印象，片子拍得很好，城市也很美丽。我有个愿望，有朝一日我要去访问中国，访问你们美丽的城市（苏州）。"

下　卷

第八章　旧梦重圆

1. 江南厨王

二十世纪七十年代末，陆文夫从苏北农村回到苏州。除了文学创作，还在做一件别人不易发现的事情：深入餐饮行业，广交厨师朋友，探讨美食文化，搜集创作素材。《美食家》惊艳问世，就是此时打的基础。

说来，这也是为了圆梦。

陆文夫十六岁来到苏州，就对姑苏美食产生了兴趣。结识周瘦鹃以后，更想做一个精通美食的文人。在周瘦鹃的引导下，他结识了一些厨师，有的后来成了朋友。"文化大革命"中陆文夫下放苏北射阳，烹饪界的朋友还去探望他。从苏北回到苏州，又与烹饪界开始交往。

二十世纪的苏州，烹饪界的三代名厨十分耀眼。陆文夫认识他们的时候，第一代已经走了；第二代烹饪名家的核心人物，是"四根一家"：张祖根、吴涌根、屈群根、邵荣根、刘学家，后来都成了陆文夫的好朋友。吴涌根写过一本菜谱，还请陆文夫作的序。

二十世纪四十年代中期，十五岁的吴涌根从无锡乡下到苏州木渎谋生，在石家饭店当学徒。在石家饭店的十几年中，吴涌根做过打杂、勤务、跑腿，伺候过老板。熬到正式学艺，师傅做菜的时候也会支开他，"满师"后，师傅还对他隐瞒手艺，很少和他说话。但吴涌根吃苦耐劳，又有悟性，观察师傅的一招一式，菜肴的选料、切配、操作，甚至颜色的深浅、香味的浓淡，处处用心琢磨，最终练就过人的烹饪技艺。平时一有空，他还会走街串巷，到小饭店甚至路边的小吃摊，去观摩讨教，学习民间的菜肴烹饪与点心制作，然后化为己有，形成独特的烹饪风格。1983 年 5 月 22 日《光明日报》发表《烹调苏式菜点的名师——吴涌根》一文，介绍他的烹饪技艺。

陆文夫比吴涌根小几岁，都是"外来户"，二人一见如故，也有许多共同语言，很快成为好友。吴涌根的儿子结婚，陆文夫也去道贺了。婚礼结束后，吴涌根说："陆老师，改天你来，我们几个老朋友聚聚。"

陆文夫说："不是吃过婚宴了吗？"

吴涌根说："你是内行，婚宴上的菜，我知道你不会满足。所以，我专门给几个老兄弟烧了一桌菜。你要来啊。"

陆文夫很高兴："来的来的，我笃定要来的！"

吴涌根说："你来了，我和儿子亲自上灶！"

吴涌根儿子在烹饪界也小有名气。陆文夫就说："那我有口福啦！"

为了这桌筵席，吴家父子准备多日。父子名厨齐上阵，可谓珠联璧合。开席以后，一道道五彩缤纷的菜肴碟盘，看得人眼花缭乱；纯正的苏帮菜风味，让人垂涎欲滴，胃口大开。陆文夫品味菜肴时，想到了杜甫的一句诗："此曲只应天上有，人间能得几回闻！"后来写《美食家》，他把这一句也用上了。

陆文夫还发现，桌上出现了一些新品，与传统的苏帮菜既相似，也有区别。便知道吴涌根又发明新菜了。在烹饪界，吴涌根以"创新"闻名。在座的吃客都是老苏州了，大家也都看了出来，又是一阵赞叹。

吴涌根一直在后厨忙碌。抽空来席前敬酒，陆文夫说："吴师傅啊，这么复杂、这么美味的大餐，你要准备多少辰光？"

吴涌根笑笑："反正不是一天两天。大家吃得开心，我就心满意足了。"

陆文夫说："这些菜，你可要记下来啊，将来都可以传世。"

吴涌根说："陆老师你说得对，我也有这个打算。别停筷，大家多吃啊，我灶上还有活儿。"说完，又钻进厨房忙碌起来。

不一会儿，吴涌根端上来一盘拔丝。陆文夫一看，这拔丝如同云雾笼罩，让人望而惊叹。透过拔丝的一层层沙雾，还可以看到青花瓷盘的中间，卧着一只雪白的"蚕蛹"（点心），简直妙不可言。

吴涌根笑说："陆老师，你是大文人，给这盘拔丝起个名吧。"

陆文夫说："好哇。"想了想，说："就叫'春蚕'吧，大家觉得怎样？因为苏州是丝绸之乡，蚕蛹也是可食的嘛。"

听陆文夫一解释，大家连声称好。

吃过吴涌根父子厨艺高超的这桌筵席，陆文夫多年不忘。他感叹："我的吃龄不长，清末民初的苏州美食没有吃过，可我有幸参加过五十年代初期，苏州最盛大的宴会，当年苏州的名厨师云集，一顿饭吃了四个钟头。我觉得吴家父子的那一桌菜，比起五十年代初期来，毫无逊色，而且有许多创造与发展。"

陆文夫佩服吴涌根的厨艺，对他的传奇经历也有浓厚兴趣。

吴涌根经常将陆文夫约到家里，饮酒聊天。有一天陆文夫问："吴师傅，当年你做林彪的厨师，是不是有许多故事？说来听听，让我开开眼界。"

吴涌根说："我们有纪律的，不能说的。"

陆文夫说："林彪已经死了多年，你还怕什么？"

吴涌根想了想，说："那……你想听什么？"

老哥俩一问一答，聊起了六十年代末七十年代初的那段往事——

当时，林彪夫妇秘密居住在苏州的南园宾馆，领导选派吴涌根去做厨师。他是老党员，曾为国家主席刘少奇、尼泊尔国王、墨西哥总统、法国共产党总书记、新加坡副总理等重要宾客，做过宴席烹调。他的苏帮菜肴与点心，获得了宾客们的很高赞誉。

因为有类似经验，为林彪夫妇服务，吴涌根是轻车熟路，后来他发现，事情没这么简单。有一次林彪到杭州去，专列上的饭菜是吴涌根烹制的。他准备了四份饭：一份给林彪，一份给叶群，一份给警卫，一份是留给自己的。四份饭菜准备好后，叶群就对吴涌根说："吴老，你先吃，我们先凉一凉。"吴涌根说："我人老了，吃不了凉食，那我就先喝这汤。"等他喝完，大家看他没啥反应，才开始吃起来。

给林彪服务了一段时间，吴涌根的表现受到了肯定，林彪夫妇想留他做家厨。1971年元旦刚过，吴涌根被秘密接到北京毛家湾的林彪家，从此过着像军人一样的生活。这种生活，近似软禁。吴涌根的工作，就是为林彪一家人掌勺做饭。老实巴交的吴涌根，不惧寂寞，一心为首长搞好服务。他总想征求一下首长意见，问问他什么口味，对烹饪有何要求。奇怪的是，吴涌根从未见过林彪。他深居简出，总是待在厨房对面的灰楼里。叶群倒是隔三岔五来厨房，看着吴涌根烹调。把江南厨王请到家里掌厨，叶群特别满意，对生活秘书李文波说："吃遍天南海北，还是吴师傅的苏帮菜最可口，吃上去最安全。"

在吴涌根看来，叶群是个美食家。有了吴涌根烹制的苏帮菜，叶群一天要吃五顿饭，除了一天三顿正餐，还加两顿点心。林彪相反，一天三顿只吃一道菜，不是肉饼子，便是鱼块鱼片，连一碗汤也不用，吃饭更简单，一个实心馒头，让吴涌根蒸一蒸，用白开水泡一泡，就是一顿饭了。

让吴涌根奇怪的是，他们的生活，没有规律。很像"夜猫子"，早饭通常十二点吃，中饭放在晚上，而真正的晚饭，要到深夜两三点才吃。这可苦了吴涌根，他得跟着陪啊！生活规律改变了，吴师傅就像一根木桩，呆呆地坐在房间里，随时听候召唤。厨房有一个电铃。主人饿了，就按一下按钮，厨房的电铃便响起来，电灯同时亮起。吴涌根睡觉的地方，与厨房隔一个大院，听到电铃响，看到电灯亮，他便奔向厨房，用最快的速度点火做饭。有几次太累，铃声响了没有醒来，生活秘书李文波就虎着脸，跑到屋里推醒他。吴涌根顾不得衣帽整洁，迅速奔向"战场"。

到毛家湾几个月后，吴涌根的烹调技艺，使得差不多了。菜的花式换得再勤，人家也会吃腻。有一天，叶群忽然来到厨房，劈头就问："吴师傅，这一阵子你菜中的油是不是放得多了些，你看我又胖了！"说话的时候，叶群脸色不好看，似乎吴涌根存心使坏。当然这是小事。吴涌根无法忍受的是，他感到自己失去了人身自由。来到毛家湾，时刻处在别人的监督下。烹调时，有人虎视眈眈看他操作；上厕所，也有人在后面跟着，吴涌根本来就便秘，这回更是好半天解不下大便。有一次夜深人静，吴涌根刚想睡一会儿，一抬头发现窗外闪过一个人影……但他不敢贸然辞别，为首长服务不久，他就打退堂鼓，吴涌根觉得这样不好。

好不容易熬过半年，吴涌根觉得时间不短了，就不想待在北京了。他天天思念苏州的家，曾答应妻子一到北京就写信。现在别说写信，打电话也不许。他可以想象妻儿焦急的心情。最终下定决心，宁可背上"没有党性"的黑锅，也要回家！

正在此时，李文波前来告诉吴涌根："吴师傅，告诉你一个好消息，经过无产阶级司令部的半年考验，你已通过了首长的鉴定。二号首长同意把你调到北京，连你的家属都一起调来。你看怎么样？"

吴涌根一听，心里凉半截，差点叫起来。但他还是克制着情绪，字斟句酌地婉言推辞了："谢谢首长，不要了。我年纪大了，又有冠心病，只怕到时候难以完成这个光荣而又重要的政治任务。"

李文波不甘心，让他考虑三天。

三天后，叶群来到厨房，亲昵地握着吴涌根的手，问道："吴师傅，李秘书的话你考虑过了吗？这可是千载难逢的好机会呀，多少人求都求不到呢。"

吴涌根心里早有准备，婉拒道："谢谢首长，不要了。这半年来，我总隐隐觉得，家里出了什么事。我爱人有心脏病、气管炎，我这几天来，也总是心神不安……"

吴涌根的话还没说完，叶群就甩掉吴涌根的手："得了得了，你呀，还是个十几年党龄的共产党员呢，婆婆妈妈的。像你这样，怎么还能为革命做好饭！"说完，气呼呼走出了厨房。

吴涌根见状，趁热打铁向李文波送上了回苏州的申请报告。几天后，他获准回家养病。1971年7月中旬，吴涌根如愿回到阔别半年的故乡苏州，与妻儿团聚。两个月后，"九一三"事件爆发，林彪夫妇等一行人摔死在蒙古国的温都尔汗。

说完这些，吴涌根叮嘱陆文夫："陆老师啊，你千万不要把它写出来，阿好？我要守纪律的。"

陆文夫哈哈一笑："你放心，我一个字也不写！"

吴涌根也笑了。

不过，陆文夫提一个问题："吴师傅，你还记得我跟你说过的吗？一定要把自己烧过的那些菜，都写出来传给后人。"

吴涌根说："我写？行吗？"

陆文夫说："怎么不行？让别人帮一帮，就成了。你要是不好意思张口，我去和烹饪协会说一说，请他们帮忙。"

吴涌根说："陆老师，谢谢你。"

后来，吴涌根打电话告诉陆文夫，他的书（自己的菜谱）写好了，现在要出版，请陆文夫写个序。陆文夫心头一热，连忙应下来。他一向讨厌写序，但为了吴涌根，这个序必须写，吴涌根没有文化，能写这么一本书，他晓得不容易。

陆文夫后来才知道，这本书，吴涌根写了整整两年。年逾八旬的吴涌根，把自己五十多年的烹饪经验，都融入菜谱中了。全书二十一万字，分为"肉类""鱼虾类""鸡鸭类""蛋类""珍异类""蔬菜类""面点、果品类""辅品类"。共九大部分，三百一十八例菜点。每样菜点都写明了"原料""制作方法""特点"。这本书最大的特点，就是传统与创新结合，所以取名《新潮苏式菜点三百例》，突出了"新潮"二字。

陆文夫知道，这本书的背后，是巨大的付出。他在序中说——

　　在苏州当一个厨师很不容易，当一个有名的厨师更困难，因为苏州人懂吃，吃得精，吃得细，四时八节不同，家常小烹也是决不马虎的。那些街头巷尾的阿嫂，白发苍苍的老太太，其中不乏烹饪高手，都是会做几只拿手菜的。吴涌根之所以成为百姓钦佩的烹饪大师，是因为他的烹饪艺术，已达到出神入化的境地。他能在传统苏州菜的基础上，灵活自如地创造出三百多种菜肴，二百多种点心，能使最挑剔的美食家，在一个多月的时间内，不吃重复的东西。他像一个食品的魔术师，能用普通的原料，变幻出瑰丽的菜席；他像一个不用丹青的画家，能在桌面上绘出美妙可食的图画；

他像一个心理学家，一旦知道了你的习性之后，便能估摸得出你欢喜吃些什么东西。他用他的手艺，征服了高水平的食客，博得了"江南厨王"的美名。

吴涌根的成功秘诀是什么呢？陆文夫说——

他把挖掘濒临失传的品种，恢复那种被走了样的做法，都是当作创新来对待的，所以他能使食客们在口福上常有一种新的体验，有一种从未吃过但又似曾相识的感觉。从未吃过就是创新，似曾相识就是不离开传统。他能吸收各种流派的长处，使苏州菜推出了许多新的品种，新的品种还是在苏帮菜之内，即使看上去像西餐，吃起来还是中国口味。这在烹调上来讲是一种少有的大手笔。这种创新，代表了苏州菜的一个新水平，代表了一种正确的改革方向。

1992年11月，《新潮苏式菜点三百例》由香港亚洲企业家出版社正式出版。赵朴初题写了"调和五味，悦可众心"，费新我题写了"时代名厨"，匡亚明题写了"江南无双"。漫画家华君武有一幅书配画，上题"中国烹饪是世界宝贵的文化，涌根同志是文化的传播和弘扬者，好自为之。"又用寥寥数笔，勾勒一对热气腾腾的锅灶，仔细看那缕缕升腾的热气，原来是两个变形字——"文化"。

陆文夫的序言，为这本书增色不少。吴涌根觉得，陆文夫真正理解他的菜肴特点，道出了他这个"江南厨王"的独门厨艺。再相聚时，吴涌根总会以各种形式，向陆文夫表达谢意。陆文夫说："感激的话，就不要说了。"又说："吴师傅啊，你知道我最佩服你哪一点吗？"

吴涌根说："不知道。"

陆文夫说："你是当代御厨，名气很大，要被人仰望的。但你却烟酒茶不沾，而且，四个儿子都是烟酒茶不沾。对于我这个在烟酒茶中不能自拔的人来说，就冲这一点，我对你敬若神明。"

吴涌根说："噢，原来你佩服我的，不是厨艺啊！"

说完，两人哈哈大笑。

2. 松鼠鳜鱼

陆文夫写作之余，常去这几家菜馆：松鹤楼，得月楼，新聚丰，萃华园。

到松鹤楼去，是因为烹饪大师刘学家在那里。松鼠鳜鱼、清熘虾仁、糟熘鱼片，都是刘学家的拿手菜，陆文夫爱吃。陆文夫带着客人来到松鹤楼，刘学家就会从后厨走出来，和陆文夫聊几句。刘学家整天乐呵呵，同陆文夫说话从不拐弯抹角。刘学家就问："陆老师，今朝阿要吃一只松鼠鳜鱼？"

陆文夫说："你不忙么，就帮我烧一只。好久不吃了，嘴馋了，也想让外地来的客人尝尝你的手艺。"

不长的时间，一条形象生动、香味逼人的松鼠鳜鱼，就被端上桌来。紧接着，清熘虾仁、糟熘鱼片、雪花蟹斗……逐一亮相。都是陆文夫的最爱。客人们也吃得胃口大开，不停地称赞。

八十年代初期，年轻的华永根在松鹤楼当领导。听说陆文夫光临，他也会来到包间寒暄几句。他知道，陆文夫带的客人都是大名鼎鼎的文人墨客，华永根素来敬佩文化名人。许多年后自己也写了几本书，一直在关注和探讨美食文化，与此时的影响不无关系。

华永根说："陆老师，又来品尝松鼠鳜鱼？"

陆文夫说："是啊。能吃上刘师傅的松鼠鳜鱼，是一种福分！"

华永根就说："有刘师傅在，我们松鹤楼的松鼠鳜鱼卖得最火。客人来吃饭，他们点的第一道菜，基本上都是松鼠鳜鱼。"

一听此话，陆文夫向客人提议："来，我们大家敬刘师傅一杯酒。"

此时的刘学家，早已合不拢嘴，"谢谢，谢谢"说个不停。

寒暄之后，主人退场，客人们大快朵颐。陆文夫问大家："你们知道松鼠鳜鱼的来历吗？"

大家说："不知道啊，老陆你说说，我们也长长见识。"

陆文夫说："这松鼠鳜鱼啊，原先是乾隆皇帝喜欢吃的大菜，当然，这只是传说。据说乾隆爷吃的，是糖醋的松鼠鳜鱼。也有人说，那时的松鼠鳜鱼，是用鲤鱼烹制的，松软，质粗，色香味形不行。后来这道菜传到江南，鲤鱼就改成了鳜鱼。做这盘鱼，我们松鹤楼的刘学家师傅可是公认的权威。"

大家就问："听说不少人会做，刘师傅怎么会是头牌？"

陆文夫说："他的烧法与众不同。我看过他的操作。鲜活的鳜鱼，拿来洗净、去骨、取肉，剞上花刀，提尾一抖，肉翻似毛。然后上浆、油炸，再佐以虾仁、笋丁、香菇、青豌豆等调料烹制，所以很特别。端上来你们看，鱼肉外耸尾翘，浇卤汁吱吱有声，颇像欲跳的松鼠。"

介绍菜的时候，陆文夫还会讲一讲刘学家的故事——

刘学家做松鼠鳜鱼，早已声名在外。八十年代初，他还到北京人民大会堂表演过，那是一次全国烹饪名师技术表演鉴定会。刘学家一出场，可不简单，手起刀落，干脆利落。尤其是鳜鱼剖上花刀，外翻鱼肉，用了花刀拖刀法，身体转动犹如舞蹈，博得了全场喝彩。菜做成后，刘学家还说了一段顺口溜："头昂尾巴翘，色泽逗人笑，形态像松鼠，挂卤吱吱叫。"从此，松鼠鳜鱼这道苏州名菜，一下子就在全国餐饮业传开了。那次比赛，刘学家获得了"全国优秀厨师"称号。

陆文夫又说："你们是不是看过《满意不满意》的电影？"

大家说："看过啊。"

陆文夫说："里面就有松鼠鳜鱼的烧制表演。"

灶间不忙的时候，刘学家又出来和客人们说说话。刘学家说："我烧的松鼠鳜鱼，外国人也爱吃的。"

陆文夫幽默地说："听说他们也在仿制，你可要收取他们的版权费啊。"

刘学家咧嘴笑笑："版权费就算了。听说外国人好这口，松鼠鳜鱼卖得很火，我也挺高兴。"

他告诉客人，别人学松鼠鳜鱼技术，他不担心，还会更高兴。二十世纪八十年代，松鹤楼菜馆进京开分店。北京松鹤楼开张时，他在那里当主厨。因为有正宗的松鼠鳜鱼等苏帮名菜，北京松鹤楼声名鹊起，宾客盈门，当地媒体纷纷报道刘学家的厨艺。北京的同行想学，他也毫不保留教他们。经常一边炒菜，一边为大家授课，培养了一批中青年烹饪骨干。他离开那里后，松鼠鳜鱼依然是北京松鹤楼的看家菜。

用餐结束后，大家心满意足。陆文夫一拍脑袋："糟糕，忘记加一道菜。"

客人问："什么菜？"

陆文夫说："划水，就是红烧鱼尾。"

客人说："不烧也罢。鱼尾大家都吃过。"

陆文夫说："非也非也。此鱼尾，可不是彼鱼尾。"

客人说："说来听听，又有什么典故？"

陆文夫说："苏州人吃的划水，是用青鱼烹制的。你们知道苏州人为何爱吃青鱼？在苏州话中，青鱼叫作'栖鱼'，谐音与'聚'相近，意为'团聚'的意思。按准确的说法，鱼尾应叫'甩水'。但本地更认'划水'，因为在苏州，人们把'到饭店吃饭不出钱'，统称'划水'。有意思吧？"

又说："苏州人生活中还有一句俗语，叫'青鱼尾巴鲢鱼头'，可见苏州人喜好食鱼。将鱼尾称为划水，是因为鱼尾的肉是用来划水的，质地坚实，俗称活肉。但不少酒家菜馆，已经不卖青鱼划水了，会烧煮的师傅更少。"

大家就问："苏州的划水，烹制方法也特别吗？"

陆文夫说："你还别说，我们这里的划水，烹制方法真不一般。苏州人做红烧划水，要将青鱼尾巴对直剖为四条，大的五至六条。尾巴最下部分，才叫划水。做划水菜肴，先要将其在热油锅内煎炸，炸透后捞起。另起油锅，把煎过的鱼尾放入，然后加入酱油、糖、姜、酒、葱、盐、水，用猛火煮五分钟，文火再烧二十分钟。煮至半熟时，要把下面翻动一次，让鱼的另一面也能浸到汤汁。手艺好的厨师，可以在'划水'出锅时，来个'大翻身'，鱼尾在空中来一个360度大翻身，最后平稳落在锅勺中，不荡一点汤汁……"

大家听了，直呼遗憾。毕竟今天没吃到这道菜。

送走客人，陆文夫如果没事，有时会约刘学家一起坐坐，聊聊天。刘学家是业界名家，得过许多荣誉，无私向别人传授厨艺，陆文夫很钦佩，感到这位同乡老哥，职位不高，格局很大。刘学家是盐城人，陆文夫是泰兴人，都来自苏北，就有老乡的亲近感。所以一看到乐呵呵的刘学家，陆文夫就感到特别轻松。

陆文夫问："刘师傅，你什么时候来苏州的？"

刘学家说："大约二几年吧，我那时才十四五岁。"

陆文夫问："早年在哪里学徒？"

刘学家说："天和祥菜馆。"

陆文夫问："解放后呢，在哪里做的？"

刘学家说："在苏州地委食堂做过，交际处也做过。'文化大革命'的时候，进了松鹤楼，一直干到现在。"

刘学家的经历很简单，但陆文夫知道，他技艺超群，深受业界尊重。在苏州，他是1983年第一批被江苏省政府授予的特一级红案厨师，这也成了松鹤楼的骄傲。松鹤楼向以培养名厨闻名。刘学家也说："要讲松鹤楼的历史，早有'名厨荟萃之点，苏菜发源之地'的称号！"松鹤楼的大厨张宜根、刘学家、陆焕兴、孟金松、屈群根、朱阿兴、刘祥发，都是江苏省人民政府批准命名的特级红案（掌勺）、白案（桌面）厨师。此外，顾应根、周桂生（去了台湾）、朱敖大（去了美国）、汤泉明（去了日本），也都是松鹤楼名厨。走了一批，又会冒出一批来。

陆文夫爱与刘学家聊天，还有一个原因，他们都爱抽烟、喝酒、听苏州评弹。陆文夫爱评弹，是被苏州评弹的语言吸引住的，他的小说、散文字里行间，都能看到评弹的诙谐和韵味。刘学家爱评弹，迷恋它的曲调，他还能在酒意酣畅之际，摇头晃脑哼唱几段。但他俩的性格有反差。陆文夫地位高（时任中国作家协会副主席），矜持严肃，理性内向，不苟言笑；刘学家一介平民，性格乐观，开朗坦诚。刘学家厉害就厉害在，虽无大富大贵，却成了业界翘楚，他烧的菜，有的已经写进了经典菜谱。

刘学家退休后，陆文夫问过他："刘师傅，退休后生活还好吧？"

刘学家坦率说："有时候，也是很忙的。"

所谓"忙"，就是经常被菜馆请去发挥余热，有时候担任烹饪大赛的评委，全国的，省里的，苏州民间的烹饪比赛，都有。有一次，某小镇举办美食节，为当地厨师的菜肴评奖，六个评委里面，有三个烹饪特级大师，包括刘学家。大师们看到菜，稍稍碰一下筷子，就辨出了优劣。有一道蒸饺上桌，刘学家伸手将饺子皮撕一下，就明白了。

刘学家对陆文夫说："我们这些退休的老厨师，别人也会请去吃喝。"有一次，他和吴涌根大师一起，应邀品尝一家台湾点心。在座的一位作家说，汤包和烧卖一般般嘛。刘学家说："还算好。"作家问："好在哪里？"吴涌根插话解释："汤包上，起码是20个以上的皱褶，功夫到位的。"又说："烧卖做得也不错，腰是直起来的。"刘学家对作家说："这就是内行看门道。"这位作家，就是后来到陆文夫手下，和他一起编《苏州杂志》的陶文瑜。

刘学家退休以后，还上过中央电视台。1995年，北京举办第四次世界妇女大会，央视开办一个新栏目《半边天》。其中一个环节叫"好梦成真"，采访了许多女孩。大部分人的梦想，都很高大上，唯独一个胖胖的女孩张越（后来成了《半边天》节目主持人），表示她爱吃，想当厨师。她在自家的厨房里做过松鼠鳜鱼，结果这"松鼠鳜鱼"上盘以后，看上去鬼头鬼脑，奋拉着尾巴，像个土耗子。节目组女编导赵翼如说："既然你想做厨子，那就为你安排一次真正的苏菜之旅吧。"节目组就来到苏州，拍摄了张越学做松鼠鳜鱼、拜刘学家为师的经过。

那天，退休在家的刘学家，被接到松鹤楼亲自掌勺，为大家演示松鼠鳜鱼烹制的全过程。松鹤楼的大操作间，灯火通明，张越和刘学家的弟子们侍立一旁，屏息静气地观摩学习。苏州几位餐馆业的行家，也光临了这一仪式。

张越拜师，想请陆文夫做嘉宾，但陆文夫哮喘病复发，住院了，没能赶来。

示范表演很出彩。满头银发的刘学家，在灯光下神采奕奕。一条银亮的鳜鱼，在他手里翻飞，不多时变成了灵动的小松鼠。当张越为盘中的"松鼠鳜鱼"浇完芡汁，松鹤楼的周伟总经理宣布：接纳张越为松鹤楼的"名誉厨师"。刘学家将一顶特制的厨师帽，戴在了张越的头上。此时，窗外春雨霏霏，正无声浸润着姑苏大地。张越说："我的厨师梦终于圆了，我的江南梦也圆了。"

那天，除了烹制松鼠鳜鱼，刘学家还和大家合作，制作了一桌子经典苏帮名菜：碧螺大玉、雪花蟹斗、芙蓉鲜莼、黄焖河鳗、苏式菜扇、清蒸鼋鱼、桃园三结义、鸳鸯扣三丝……此行完成后，张越写了一篇文章《美食大师下江南》，说："我又想起小小的周庄居然默默地保存了一个完好的明代厨房，不能不让我感叹江南人对日常生活的考究。"又说："我爱京城，也爱江南，京城的我们是横冲直撞的火车头，江南的我们是许多美丽的细节，宁静踏实得让我真不踏实！"

又是几年过去，刘学家行动不便了，就不再出去做厨师、当评委。老伴去世得早，他就搬到儿子家住下来。平日最喜欢喝黄酒，吃蹄髈。有时候还跟着儿子一起熬夜，看世界杯足球赛。抽烟伤身体，有人劝他把烟戒了，刘学家固执地说："我是不戒的，学会都不容易。"过年时，老领导华永根请几位烹饪大师吃年夜饭。席间问刘学家："刘师傅，过得阿好？"刘学家笑笑："我么，砂锅里蹄髈笃笃，绍兴黄酒吃吃。"一副心满意足的样子。

陆文夫听说此事，发自内心说："我挺羡慕他。"

3. 第三代传人

1982 年春节前夕，陆文夫和费新我、张辛稼等老友商量，今年的年夜饭能不能让夫人轻松一下？

费新我说："怎么轻松？"

陆文夫说："我们在烹饪界有这么多老朋友，干吗不到饭店吃年夜饭？这样可以省去家里'买汰烧'的麻烦。"

老友们一听，来了兴趣："行啊。"

到饭店吃年夜饭，这是中国人生活中的新事物。几位苏州文人不经意创造了一项历史纪录。于是就在得月楼订包间。三家约定，除夕相见。

得月楼厨师很多，谁来烧呢？陆文夫指定朱龙祥掌勺。

当时的苏州烹饪界，群雄并起，朱龙祥只是一个晚辈。二十世纪七十年代，他才进松鹤楼学艺，师从白案大师屈群根，红案大师刘学家。陆文夫听说，在几位厨师的徒弟中，朱龙祥最能"拎得清"。学徒时代，师傅会用汤勺敲学生的后脑门。朱龙祥很少被敲。师傅说："阿祥啊，到元大昌去，帮师傅拷点老酒。"朱龙祥就噔噔噔出了门，风风火火地把酒拷来了。师傅说："阿祥啊，来，抿一口老酒。"朱龙祥端起师傅的酒盅就喝。喝着喝着，日积月累，也把酒学会了。学会了喝酒，他与师傅走得更近。师傅们劳累一天，下班前总要抿几口老酒解解乏。每当此时，朱龙祥就拎着酒壶来到师傅身边，陪师傅喝两杯。师傅心里暖洋洋，"小赤佬，最拎得清！"第二天炉灶边，师傅就多教他两手绝招。后来大家给他起了一个外号："拎壶冲"。八十年代筹建得月楼，朱龙祥调过去，师从刘祥发师傅，很得刘师傅赏识，又教会他更多的烹饪绝技。没几年工夫，朱龙祥就成了得月楼的"头煤炉"师傅——伙房的统领。

厨师们表扬朱龙祥的话，陆文夫听到不止一次，所以他在得月楼的年夜饭，几乎年年都由朱龙祥烹制。得月楼的年夜饭很讲究，一般都是"五荤三素"。八只冷盆包括：酱鸭、白斩鸡、海蜇头、皮蛋、桥南（即火腿）等。装冷盆，用考究的高脚盆，每只菜看都很精细，刀面也很漂亮。朱龙祥虽能独当一面，师傅还是再三关照："平常拆拆烂污不要紧，年夜饭一定要用心烧好。人家一年忙到头，一顿团圆夜饭，一定要让他们吃得开心！"从此，朱龙祥烧年夜饭特别用心。

有朱龙祥在，陆文夫就成了得月楼常客。一来二往，知根知底，交流也多起来。朱龙祥是个直肠子，见到他敬佩的陆先生，更是知无不言，耿直率真，很招陆文夫喜欢。

有一天，陆文夫说："小朱啊，你有没有觉得，现在的菜跟过去不一样了？十多年前，我和周瘦鹃先生到松鹤楼吃饭，那时炒菜，都是一只一只炒的，味道都很独特。现在炒菜，一锅烩，哪里谈得上口感。你们能不能恢复传统，坚持精工细作啊？"

朱龙祥说："陆老师，这不可能！"

陆文夫问，"为啥？"

朱龙祥说："经营苏帮菜，要是精工细作、原汁原味，会赔本的，这肯定不现实。你想啊，光原料成本一项，就会让你亏损倒闭。做生意赚不到钱，哪个老板能赔得起？当年你和周瘦鹃先生吃一顿饭，菜馆里的师傅要准备几天。现在再这样操作，员工的工资都发不出来。"

又说："我们也很无奈。苏帮菜是什么？它就是贵族菜。传统选料，讲究新鲜；烹饪菜看，特别精细。宁缺毋滥，就会提高成本。所以，精工细作的苏帮菜，以前都是'有身价'的人才吃得起。而今您看看，百姓生活水平都提高了，大家都有条件上饭店，你吃我也吃，吃的人一多，闹哄哄几十桌一起上，'人多吮好食'嘛。从选料到烹饪，道道环节跟不上，质量嘛，肯定要大打折扣的。"

陆文夫心说，小赤佬，有朝一日我开家菜馆，做给你瞧瞧。

十年后，陆文夫果真开了一家"老苏州茶酒楼"，专门经营传统的苏帮菜。这是后话。

听到朱龙祥这番话，陆文夫更加喜欢这个小伙子。站在朱龙祥立场，他也进行了反思，觉得小朱的观点与时俱进。后来在文章中，陆文夫写道："小朱的话说到点子上了，如果按照那时的水平，两三个厨师为我们忙三天，这三天的工资要多少钱！再加上一只红炉专门为我们服务，就不能做其他的生意了。原料就不用说了，鸡要散养的，甲鱼要天然的，人工饲养的鱼虾不鲜美，大棚里的蔬菜无原味……对于那些志在'尝尝味道'的人来说，这些都不能差。当然，要恢复'那时候的菜'也不是不可能，那就不是每人出四块钱了，至少要四百块钱才能解决问题。"

陆文夫有一种直觉，眼前这个年轻人，前途无量，他很有自己的思想。陆文夫就喜欢这样的年轻人，便说："小朱啊，今后有空，我们说说苏帮菜。"

像是为了验证陆文夫的预言，不久，朱龙祥的事业果然腾飞起来。在全国第三届、第四届烹饪大赛上，他获得了金奖。省内烹饪大赛，更是摘金夺银。后来当上新聚丰菜馆的掌门人，推出母油船鸭、枣泥拉糕、祥龙鳜鱼等特色菜点，有的还被认定为"中华名菜""中华名点""中华名小吃"。他自己被评为"资深中国烹饪大师"，成为餐饮业的国家级评委、中式烹调高级技师、苏帮菜烹制技艺第三代非物质文化遗产代表性传承人、苏帮菜十大宗师。有了荣誉，他又看得很淡，依然恪守"老老实实做人，认认真真烧菜"的座右铭。

看着朱龙祥进步，陆文夫很欣慰："苏帮菜真幸运，第三代传人终于出现了！"又很好奇，朱龙祥的进步，怎么会这么快？从此便留意他的信息。

陆文夫后来知道，朱龙祥学艺认真，进取心很强。当然也有家庭的因素。他兄妹五人，朱龙祥排行老五。外公苏郁香曾在上海做厨师；母亲受外公的影响，也做得一手好菜，尤其是点心，街坊四邻无不称赞，称她为"厨娘"。朱龙祥十二岁那一年，母亲刚烧好一锅酱汁肉，夹了一块给他吃，其美味让他记了一辈子。母亲说："要想多吃，长大去学，就会自己烧了。"这话对朱龙祥走上厨师道路，起到了很大作用。1972 年，苏州新建一所烹饪学校，在母亲的支持下，朱龙祥进入该校学习。他很幸运，遇到多位苏帮菜名师。第一位是刘祥发，他是当年松鹤楼的炉灶师傅。刘祥发教朱龙祥八个字——"炸、熘、爆、炒、炖、焖、煨、焐"，要他在这八个字上，下功夫苦练；另一个老师，是松鹤楼的全能师傅刘学家，教会了他刀法、浆搭、冷盆、热炒等基本功；松鹤楼另一位炉灶师傅孙灿善，教会了他干货涨发……有了苏帮名师的悉心教导，朱龙祥获益匪浅，为他后来的专业进步，甚至 1993 年执掌新聚丰，打下良好基础。

有人夸朱龙祥："朱师傅啊，你现在是苏帮菜的代表人物啦！"

朱龙祥嘿嘿一笑："哪里，我只是第三代传人。我师傅刘学家是第二代传人，孟金松先生是第一代传人。跟他们比，我差远了。我师傅烧的松鼠鳜鱼，誉满天下；师爷孟先生还能著文论道，分析苏式传统烹调法，将隔水炖和笼炖，原焖和油焖，干煨和汤煨，清汤煨和红汤煨等，给世人交代得一清二楚……"

生活中的朱龙祥很随性，烟酒茶牌，样样能来。江湖上朋友也多，因为他善解人意，能说会道。他还喜欢评弹，拜著名评话演员张国良为师，成了评话票友。他的语言天赋也高，无师自通，竟能学会一些苏州说唱，并且喜欢张扬，尤其爱在朋友面前表现。拜师之后，更是一发不可收，和朋友聚会，一旦多喝两杯，你不请他，他也会放开嗓门说唱一番，引得大伙哄堂大笑。他出现的地方，总有欢声笑语。

朱龙祥在苏帮菜经营上，诚信经营，坚守道义，把新聚丰这块金字招牌，擦得锃亮。和朋友相处，既热情又仁义，逢年爱请老友吃年夜饭。每年五月，籽虾上市，他还会邀请老师兄、行业前辈、老食客、苏州文人，欢聚一堂，品尝他烹饪的"虾子宴"。那些菜肴一上桌面，便能看出精致、大气、霸气。如新风三虾、虾子白切肉、虾子五件子砂锅、虾蟹两面黄等。即便是小油条，蘸着他熬制的虾子酱油吃，都能吃出苏州味道。

陆文夫觉得，朱龙祥的这些生动故事，都可以写成长篇小说了。有机会的话，他很期待与朱龙祥深聊。

说来也巧，1988年的一天，陆文夫去北京开会，在火车的卧铺车厢偶遇朱龙祥。陆文夫脸上绽开笑容："这下好啦，正好和你说说话。"

说完，他打开密码箱，让朱龙祥看看里面的东西：两瓶东吴啤酒，两包陆稿荐的酱鸭和叉烧。陆文夫说："这点东西，你我一路吃到北京，大概差不多哉"。

谁知朱龙祥说："陆老师啊，你那点吃物，收起来吧。我这里有好酒好菜，吃我的!"

陆文夫一看，嚯，整整两板蓝带啤酒（24听装），此外还有许多上档次的小菜。朱龙祥说："都是得月楼的朋友送的。"

陆文夫一听就乐了："我可真有吃福。火车上还能碰到你么，真的叫有吃福!"

于是，二人一路吃喝到北京。边吃边讲，非常开心……

陆文夫问朱龙祥："你到北京，有什么事情?"

朱龙祥说："参加厨师培训。某某机构办的，全国各地的厨师都去。"

陆文夫说："小朱啊，我可是听了你不少故事，夸你的人很多。"

朱龙祥笑说："大家笑我的。我是个晚辈，哪里值得夸。"

陆文夫说：“你不用谦虚。你烧的菜，我是年年领教，既尊重传统，也没有墨守成规。苏帮菜形成体系，也是这么一点一点提高的。”

朱龙祥说：“陆老师，今后还要向您多请教。您是行家。”

陆文夫说：“我哪里是行家，也就是多吃几顿饭，有些体会。”

交流的话题，很快转向苏帮菜。他们讨论了许多种苏帮菜的做法。

陆文夫问：“你炒三虾，虾籽是如何处理的？”

朱龙祥说：“我们的虾籽，是用绷筛过滤的。再小的虾壳虾脚，都要拣干净的。所以炒出来，虾籽是清清爽爽的。”

陆文夫点头赞同，“这样做，就地道哉。不管是炒三虾，还是做三虾豆腐，虾脑、虾籽、虾仁三样原料，一定要新鲜，吃起来才有味道！”

听到这话，朱龙祥有所触动。这才领教，陆文夫不仅懂吃，还钻研过食品的加工过程，他对吃有“深谋远虑”，难怪能够写出《美食家》这样的好小说。

陆文夫说：“苏帮菜要做得精细，并不容易，创新更难。小朱啊，你们小字辈的厨师，不能守着老菜谱坐享其成。”

朱龙祥说：“陆老师，我非常赞成您的话。我也觉得，苏帮菜不创新是没有出路的。”

陆文夫听了眼睛一亮：“你是不是有想法？说来听听！”

在陆文夫的鼓励下，朱龙祥乘着酒兴，滔滔不绝谈了自己的体会。他说：“陆老师你听听，我说的阿对。‘创新菜’要变化，一要根据季节更替来翻花样；二要根据客人的口味需要来调整。现代人吃得清淡，饮食讲究营养，菜肴不欢喜过分油腻，所以，苏州菜不能再以‘浓油赤酱’为特色了。”

朱龙祥举了一些例子：“譬如，一碗‘莼菜鱼丸汤’，假使你汤面上还是浮一层油，吃客肯定勿欢迎的，最好是面上滴几滴鸡油，端出去不但好看，清爽，还香气扑鼻。以前，传统烹饪用菱粉或蛋清来‘着衣裳’，现在我们改用热油‘穿件马甲’，相对轻薄一点。近年我还有一道菜‘热炝鱼片’，非常热卖，也是在传统的‘糟溜鱼片’的基础上发展的。过去的‘糟溜鱼片’，是用大鱼批片，加入蒜泥、糟油，来熘炒而成，鱼皮底下的血筋，是不剔的。听老师傅讲，‘这是用铜钿买来的，不能弄掉的’。我不一样，烧‘热炝鱼片’，要将鱼皮、血筋统统剔除干净，雪白的鱼片从油锅里捞出，趁热放入调好的糟露中一‘炝’，那么，这‘热炝鱼片’不但洁白晶莹，口味也鲜嫩。现在差不多每桌客人都要点吃这道菜，大家说，‘这只鱼片么，真格叫好吃！’再比如素菜，过去‘油焖茄子’，就是油焖焖。现在把番茄、青椒、茄子三样一起烧，颜色好看，口味独特，酸甜中加点微辣，吃到嘴里的是原料本味，吃客非常接受，同样也是一种创新。"

陆文夫问："你现在烧菜，调味料放得多吗？"

朱龙祥说："陆老师，您一说我就明白了。我也觉得菜肴创新，不能依赖调味品。如果说这也叫创新，那么这种创新就变味了，一变味就脱离传统了。有一天，来了一位客人，吃好付账时对我讲，这'樱桃肉'颜色蛮好，味道也蛮好，美中不足的是，肉卤调料中加入味精了，吃口有点影响。这是怎么回事呢？味精掩盖了原本的肉香。一般人吃不出来，但老吃客一尝就有感觉的。这些老吃客，就是相信吃传统的苏帮菜。"

陆文夫说："有些老吃客，在烧菜方面很有经验。苏州的家常菜是很精致的，也经常创新。菜馆也可以借鉴借鉴。"

朱龙祥说："有些老吃客，的确给我们提了些建议。比如说，现在的母油鸭，清汤晃水，口味不浓。过去生意好时，三十只鸭煨一锅汤，现在吃鸭的人少，只能十五只煨一锅汤，汤汁肯定不如以前了。老吃客们就建议，母油鸭里放点肉骨头一起煨，汤味可能会稠浓一些。所以，我们真要感谢这些内行吃客，他们经常会提供不少好主意。但话又说回来，现在母油鸭比过去'少油'，也是为了适应现代食客的口感，特别是一些台湾、香港来的客人，他们点吃母油鸭，就是欢喜汤汁清淡点，他们习惯端上来先喝汤……"

听着朱龙祥的讲述，陆文夫很陶醉。虽然没有什么高深道理，但能听出朱龙祥对传统苏帮菜的尊重，同时也想创新和超越。

陆文夫就说："小朱啊，你的想法同我不谋而合。你知道我最喜欢吃什么菜？"

朱龙祥来了兴致，连忙问："什么菜？陆老师说来听听。"

陆文夫说："没有吃过的菜。想象中的菜。"

朱龙祥一听，心就放宽了。陆文夫所想的，正是他要做的。

果然，1993年，朱龙祥发明了一道新菜——祥龙鳜鱼，轰动烹饪界。有人就问朱龙祥："你师傅刘学家已经有了松鼠鳜鱼，还获得商业部'金鼎奖'，你干吗还要研制祥龙鳜鱼？"

朱龙祥说："我很欣赏陆文夫老师《美食家》里的两句话，'我只知道忘记了过去就等于背叛，却不知道忘记了变化也和背叛是差不多的，同样是违反了人民的心意。'祥龙鳜鱼没有背叛，它是在松鼠鳜鱼的基础上创新的，体现了苏帮菜的'继承+创新'。"

后来大家看到烹饪过程，方知烹制祥龙鳜鱼的前半程，仍用松鼠鳜鱼方法，后半程进行了改进，强化了鱼的"色、味、形"。鱼还是那条鱼，但灵动的"松鼠"，变成了昂首的"祥龙"。为了造"龙"，朱龙祥用鳜鱼的肚肉，制成了龙爪。呈 S 形的龙背上，还用发泡蛋清做了三朵祥云。整道菜上桌，只见鱼头高昂，身躯弯曲，龙爪匍匐，鱼尾扇状，有如祥龙盘云。口感也改了，刘学家师傅用番茄酱浇汁，朱龙祥用的是橘子汁，使之甜酸酥脆，馥郁浓香，既保持了传统，又有现代口感。朱龙祥不负众望，在 1993 年第三届全国烹饪大赛上，他的"祥龙鳜鱼"赢得了高分（96 分），一举夺得"热菜"金奖。

祥龙鳜鱼获奖的第三年，陆文夫的"老苏州茶酒楼"开张经营。此时，朱龙祥作为新聚丰菜馆的掌门人，也有两年光景了。

朱龙祥经营新聚丰的这两年，常把陆文夫等几位文化前辈请到新聚丰吃年夜饭。在新聚丰，陆文夫尝到了朱龙祥做的特色菜，对这位烹饪界的晚辈更加欣赏，发现不足，他也会及时指出来。当然，会说得很婉转。比如，陆文夫有一次带客人去吃饭，厨师出来征求意见，陆文夫就会说："今朝这只焖肉煎豆腐，豆腐是烧得不错的。可惜颜色深了一点点，口味偏咸了一点点。假使再放几粒糖花，肯定还要更好吃一点。"陆文夫牙齿不好，有时嫌焖肉不酥，就会说："喏，这块肉么，稍微欠点火功，大概烧肉的朋友性子蛮急的吧？"遇到这种情况，朱龙祥就会让厨师记住，下次不能再犯。他觉得，陆文夫先生爱护你，才会指出你的缺点，这对厨师来说，是个难得的进步机会。

从第三年开始，陆文夫来新聚丰的次数就不多了。他的"老苏州茶酒楼"开张，由二女儿陆锦打理，没有生意不行啊。陆文夫就跟朱龙祥说："小朱啊，我今年要给女儿捧捧场，就不到你这边来吃年夜饭了。"

朱龙祥说："陆老师，没关系的。"

嘴上这么说，但他心里还是牵挂陆文夫。

4. 烹协顾问

陆文夫从二十世纪八十年代开始，担任苏州市烹饪协会顾问，烹协年会每次都要参加。参加会议能见到许多老朋友，像顾应根、韩云焕、吴涌根、刘学家、屈群根等，这些烹饪大师，和他都有很深的交情。

陆文夫"文化大革命"下放农村，屈群根专程到射阳乡下探望过他。屈群根是白案大师，美国总统尼克松访问苏州，他为客人做了熊猫船点，每只熊猫的姿态动作都不一样，尼克松看了哈哈大笑，不忍下筷，后来尼克松想把它带走，同桌的客人都把自己的"熊猫"送给了总统。

陆文夫返城后，看屈群根在萃华园当主厨，常到萃华园吃饭。有一天，陆文夫说："屈师傅，我今天想吃荠菜猪油包哉。"当时店里没有，屈群根二话没说，一口应承下来："没问题，今朝就帮你做！"

平时陆文夫上门，屈群根会为他准备精美的苏式点心。陆文夫牙口不好，不喜糕团，屈群根就专门为他制作油酥、小馄饨，包括他爱吃的烂糊面。他们二人是同乡，称兄道弟，也有共同爱好——饮酒，都欢喜谈谈说说喝慢酒。更多的时候，你到我家，我到你家，在家中小酌，说菜品酒，论古道今。

在苏州的烹饪大师中，韩云焕、陆焕兴对陆文夫也特别关照。外地来客人，陆文夫会把他们带到得月楼。因为韩云焕在得月楼，他炒的虾仁很受欢迎。那些虾并不大，但吃过的客人无不赞叹。炒虾仁是一种特技，也受食材限制。活虾现拆的，才是新鲜的，冷冻的死虾可不行。手头要是没有活虾，韩云焕会说："陆老师，对不起啊，今天这盘菜只好马虎点。因为虾仁是冰箱里的。"

得月楼的陆焕兴，也是陆文夫老友。他知道陆文夫爱吃虾蟹两鲜、得月童鸡，就想方设法为他弄。有一次，陆文夫在得月楼宴请法国文化部部长，陆焕兴就准备了整桌的苏帮时令名菜和名点。法国友人尝到蜜汁火方、西瓜童鸡、苏式船点，大为称赞。陆文夫告诉客人："烹制这些美食的厨师，是我的老朋友。"他还会把得月楼两上银幕的事，说给国际友人听。法国部长听后，翘起大拇哥儿说："得月楼果然名不虚传。"

陆文夫担任苏州烹饪协会的顾问，不是虚名。苏州餐饮业有什么问题，苏帮菜怎么发展，他也会去思考。烹协开年会时，他就把自己思考的结果，一五一十在会上汇报。大家也爱听陆文夫讲话。他是著名作家，文化名人，国内外跑了不少地方，吃过不少美食，见多识广，所以他讲的美食故事，幽默风趣，娓娓道来；他讲的道理，见解独到，能让烹饪界的朋友们思维开窍。

陆文夫的讲话，常常围绕两个核心，一是苏州菜要保持传统，二是苏州菜要创新发展。但什么是苏州菜的传统？陆文夫说——

大家知道什么是苏州菜？我的见解是，苏州菜通常分两类，一类是指家常菜，另一类是菜馆宾馆里的菜。大家晓得，苏州市民过去是不上饭店的，除非去吃喜酒，陪宾客。为什么？因为家家户户都会做几样很不错的家常菜。苏州人的家常菜和饭店不同，它是另成体系的，菜馆宾馆里的菜就是从家常菜发展而来的。家常菜是基础，是传统，把它提高了，发展了，就是创新。

当年，察院场口的萃华园开张，邀请不少美食家，我也去了，还讲了几句话。我说，我们一定要保持苏州菜的传统特色。有人就反对，说："你说得不对，苏州菜要变，不能吃来吃去都一样。"我想想也就想通了。世界上哪有不变的东西。但怎么变啊？最终还是要向苏州的家常菜靠拢，向苏州的小吃学习，从中吸收营养，加以提炼，开拓品种。只有这样，才能既保持苏州菜的特色，而又不在原地踏步。否则，苏州菜就会变成川菜、鲁菜、粤菜的大杂烩。

苏州菜还有一个传统，就是食材的地域性。多年前，我有一位朋友，千方百计从北京调回来。我问他为什么？他说，为了回来吃苏州的青菜。这位朋友，不是因"莼鲈之思"而归故里，竟然是为了回来吃青菜。虽然这不是回来的唯一原因，但也可见，苏州人对本土新鲜食物，是嗜之如命的。头刀或二刀韭菜、青蚕豆、鲜笋、菜花甲鱼、太湖莼菜、马兰头……我们这里四时八节都有，如果有哪种菜没有吃上，那老太太或老先生便要叹息的，好像今年的日子，过得有点不舒畅，总觉得缺了点什么。

这些本土菜，外国人也喜欢吃。威尼斯市长到苏州来访问，市长在得月楼设宴招待贵宾。当年得月楼的经理，是我的老朋友顾应根。他就想，这位威尼斯市长是从北京等地吃过来的，什么世面没见过？就用苏州的家常菜招待他们。精心制作的家常菜，朴素而近乎自然，威尼斯市长吃了大为惊异，没想到中国菜竟如此美味！

我带客人吃饭，常常指明要一只雪里蕻大汤鳜鱼，里面加一点冬笋片和火腿片，中外宾客品尝后无不赞美。鳜鱼雪菜汤没有鲈鱼莼菜汤名贵，却有田园和民间风味。即便是名贵的菜，也不一定有这般鲜美。所以我们烹调菜肴，切忌矫揉造作，热衷于原料的高贵和形式主义。如果我们把烹饪比作一门艺术，就必须了解，民间艺术才是它的源泉。更何况苏州的民间食品，是那么的丰富多彩，许多家庭的掌勺人都有那么几手，我们要多向他们学习。

在烹协年会上，有人请教陆文夫："苏州菜要扩大影响，采用什么办法最灵？"陆文夫说——

最灵的办法么，就是借助文化手段。我讲一件事吧。有一年，杭州举办西湖饮食文化笔会，这是由楼外楼、杭州日报共同举办的。参会的嘉宾，不用笔，只用嘴，品尝楼外楼菜馆的美食，谈论饮食文化的过去与未来，继承和发展。大家感到稀奇，讨论饮食文化的继承与发展，这也算"笔会"吗？后来大家明白了，饮食文化和笔，是有密切关系的。许多名菜、名厨、名店，都是靠诗文来传播的。闻名遐迩的"楼外楼"，这个店名，就是从南宋诗人林升的诗句中摘取而来的。林升是绍兴人，当年来到杭州，写下了脍炙人口的名句，"山外青山楼外楼，西湖歌舞几时休？……"知道这首诗的人，一到西湖，就会想起楼外楼，就要到楼外楼去吃醋鱼。"东坡肉"也是靠苏东坡的诗文和名声传播的。可见，文化的继承与发展，一是靠口碑，二是靠文字。文字传播，甚至比口碑更重要。有人说，如今有了电视，比文字传播更直接、更生动啊。请问，电视传播的内容能保留多久？它根本不及文字长久。我们至今仍可知道古人吃什么，使用什么菜谱，都是托文字的福，把它记录了下来。希望伲苏帮菜，也能借助文字来推广宣传。

再举一个例子，苏州哪个菜馆是老大？松鹤楼。哪个菜馆叫得最响？得月楼。松鹤楼是乾隆年间建的，有二百多年历史；得月楼呢？虽说在明代的嘉靖年间，虎丘半塘的野芳浜口有这么一个"得月楼"菜馆，但太监弄的得月楼，却是1982年4月建成的，是一个新的菜馆。它们之间，根本没有渊源关系，只是名称相同而已。但小兄弟得月楼的名气，如今却比老大哥松鹤楼还要响，这是为什么？就是因为电影帮它宣传了一下。1963年，大家知道有一部电影《满意不满意》；1983年，又拍了一个《小小得月楼》，两部电影的故事，都是取材松鹤楼，但在电影里，松鹤楼改成了"得月楼"。如今，看过电影的老百姓，都知道苏州有个"得月楼"。这就是借文化来扬的名。电影啊，小说啊，诗歌啊，戏剧啊，书刊啊，文章啊，都是一种文化形式。我们弄餐饮的，无论是做饭店，还是搞一个名菜，只有借助文化的翅膀，你才能产生大影响，你的名气才能传播开，甚至流芳百世。

台下厨师一听，就知道陆文夫对得月楼感情很深，总是为她津津乐道。而苏州餐饮行业借助文化扩大影响最成功的案例，也确实就是得月楼。1983年，得月楼在观前街重建，陆文夫亲临祝贺的时候，就向厨师们提出一个建议，希望把失传的"姑苏第一宴"复制出来，没想到得月楼的厨师真去做了。

"姑苏第一宴"来自明代。传说吴中四大才子，唐寅、祝枝山、文徵明、徐祯卿，吃遍苏州美食，最令他们怀恋的，却是各店的看家菜肴。祝枝山提议，"我们何不将这些年来吃到的各种菜肴的精华，汇成一桌？"遂找到地处山塘街头的"得月楼"，该店厨师经过多次试菜，汇集成宴，文人们品尝这些菜肴后，即兴取名"姑苏第一宴"。祝枝山还专门书写了一份菜单。

复制"姑苏第一宴"，得月楼的厨师们很认真。他们依据野史记载、民间传说，加上老艺人的口述，最后终于研制成功，取名"吴中第一宴"。内容包括七道冷菜：荷塘月色、蜜汁糖藕、卤味香干、盐水大虾、重油鱼、葱油萝卜丝、酱汁排骨；九道热菜：碧螺虾仁、蟹黄扒翅、鸡火燕窝、蜜汁火方、松鼠鳜鱼、江南小炒、八宝葫芦鸭、瓜姜鱼丝、鸳鸯莼菜汤；四道点心：姑苏船点、刺猬包、荷花酥、小方糕；外加一个时令水果拼盘。

品尝到这些复古菜肴，陆文夫对年轻的得月楼，更加刮目相看了。

在烹协年会上，陆文夫的每次讲话，都能引起反响，会对厨师产生潜移默化的影响。有一次，陆文夫说，烹饪协会如有条件，可为老厨师们编菜谱，这样就能确保苏帮菜老手艺不失传。不久，这方面的书就面世了。书编好后，烹协领导会请陆文夫"批评指正"，希望他作序，扩大菜谱的影响。陆文夫对这类事情，总是乐此不疲。

1988年第五期《中国烹饪》杂志，出版了一个"苏州专辑"，刊登四十篇文章，三十三幅照片。照片内容，都是苏州烹饪界的重大活动，以及名师、名菜、名点。特级烹调师张祖根、吴涌根、刘学家、孟金松、陆焕兴、邵荣根，特级面点师屈群根、朱阿兴，特级糕团点心师冯秉钧、孙吉祥等人，有的撰文，有的制作菜点，内容十分丰富。费孝通题写了"上有天堂，下有苏杭；美馔佳肴，享誉四方"。陆文夫的《姑苏菜艺》一文，也发表在这期杂志上。文章表达的内容，陆文夫在烹协年会上已经说过，反响不小，成了苏帮菜研究的标志性成果。

1990年，张祖根、孟金松、王光武、陈秋生、胡建国五人，编写了一本《苏州教学菜谱》，由天津科学技术出版社出版。这本书为了增加学术性，也把陆文夫的《姑苏菜艺》编了进去。

1991年，王光武主编的《中国苏州菜》，由轻工业出版社出版。编纂者是：张祖根、朱进苏、江鑫原、王光武四人。顾问是：袁逸林、华永根、张家琛、彭昌发、陈秋生。陆文夫为之作序，表达了两个重要观点——

第一，饮食是一种文化，而且是一种大文化。"所谓大文化是因为饮食和地理、历史、物产、种族、习俗和社会科学、自然科学的各个方面都有关联。我们简直可以从饮食着手来研究人类社会经济与文明的发展。"

第二，美食是一门艺术，而且是一门综合艺术。"它和绘画、雕塑、工艺、文学，甚至和音乐都有关联。比如'响油鳝糊''虾仁锅巴'，食前都会发出响声，这响声是音乐，是一种引起食欲、振奋精神、增添兴味的音乐。"

这些观点，陆文夫后来又把它写入《吃喝之道》《人之于味》等散文中。

1999年，由苏州市烹饪协会、苏州市商业技工学校、苏州市饮食服务总公司等三家单位，联合编纂一本《苏州家常菜点》，由古吴轩出版社出版。陆文夫为本书写的序言，题为《不平常的家常菜点》，篇幅不长，却概括了苏州家常菜的几个要点——

第一，苏州家常菜"不寻常"。陆文夫说："不要认为家常菜就是马马虎虎的'随粥便饭'，不对，苏州的家常菜不马虎，有名的苏州菜就是在苏州家常菜的基础上生发而成的。在苏州的大街小巷、深宅大院中，小康人家的阿婆阿嫂往往都是烹饪的高手。饮食文化也和其他的文化一样，总是在一定的经济基础上由千百万人创造，由少数人总结提高而成的。"

第二，苏州家常菜很"精细"。陆文夫说："家常菜最大的特点不是以用料的高贵取胜，而是以选料和制作的精细见长，阿婆阿嫂到小菜场上去买菜，决不是'捞到篮里就是菜'，而是要左挑右拣。同样是青菜，是上海菜还是苏州青；同样是笋，是尖叶还是圆叶；原材料选好之后，切配烹调更是细模细样，一丝不苟。制作高档的菜点往往是不惜工本，家常菜是惜本而不惜功，经济而又实惠，用平常的原料制作出不平常的菜点。"

第三，苏州家常菜"百吃不厌"。陆文夫说："能够使人百吃不厌、终生难忘的菜点，往往并非是山珍海味，而是家常的菜点。一个人如果天天吃山珍海味，吃三天就会厌腻，可那家常的菜点，吃了一辈子还是津津有味。特别是苏州人，对家乡的菜点总是那么终生难忘。苏州人走遍海角天涯，客住异国他乡，怎么也忘不了外婆、祖母、母亲做的家常菜。"

序言最后说，《苏州家常菜点》的出版正当时。"现在，人们的居住条件正在逐步地改善，很多人家都有了设备较好的厨房，在这么好的厨房中如果不能调出几样拿手好菜，未免就有点儿遗憾了。但愿这本小书能为弥补此种遗憾作出一点贡献。"

在陆文夫的鼓励和推动下，苏州的烹饪书籍越出越多。

看到厨师们著书立说，陆文夫也受到触动。1988年，他开始担任《苏州杂志》主编，鼓励作者们撰写美食文章。自己也动笔。发表在《中国烹饪》上的《姑苏菜艺》是一个序曲，此后又发表了《吃喝之外》《吃空气》《青菜与鸡》《人之于味》《永不凋零的艺术——吃》《你吃过了吗?》《不平常的家常菜》《吃喝之道》等文章，在餐饮界产生了不小影响，也推动了苏帮菜的深入研究。这些文章，没有叙事抒情，只谈美食文化，既探讨姑苏菜艺，又批评不良现象，既呼唤美食传统，又鼓励烹饪创新，体现出一个姑苏文人的文化情怀。

第九章　朋友之间

1. 从南京到北京

陆文夫是苏州人，平时住在苏州。但身为江苏省作家协会主席，偶尔也去南京开会，或处理公务。独在异乡为异客，赶上饭点，朋友们就会想着他。

有一次，省作协开完会，党组书记海笑说："老陆，你有吃饭的地方吗？"

陆文夫说："没有。"

海笑说："那就上我家凑合一顿。打个电话，把老高（晓声）、老叶（至诚）也喊上。"

把朋友接到家里吃饭，这是二十世纪八十年代最常见的待客方法，既公私分清，又显得真诚、亲切、随意。

海笑知道，这几位作家都是酒仙，就搬出了家里的好酒，让他们喝个够。酒桌上并不热闹，大家酒量虽大，却不劝酒，也不敬酒，更不会干杯暴饮。而是边聊边饮，细水长流，一顿饭要吃两个小时，甚至三四个小时。不会喝酒的海笑，以茶代酒，陪着他们海聊慢饮。

如果吃饭的人少，只有海笑和陆文夫，他们就会说些"私房话"，回忆回忆过去，感慨岁月沧桑。

陆文夫说："你的胸痛，好一些了吗？"

海笑摇摇头："这种病，不可能治愈。"

陆文夫说："你做事小心点，不要用力太猛。"

海笑的病，是"文化大革命"落下的。当时下放东台农村，修水利挖土，锹柄顶到胸口，导致肋骨受伤。赤脚医生给他贴伤湿止痛膏，治不了筋骨伤，也就落下了病根，后来只能休息，在家慢慢养病。海笑受伤的时候，陆文夫正在射阳农村劳动改造。

陆文夫说："你还是很有毅力的，当时受了伤，还能写出两部长篇小说。"

陆文夫提到的小说，一部叫《红红的雨花石》，写民主革命派的；一部叫《春潮》，写增产节约发展生产的。粉碎"四人帮"之际，两个作品都出版了。

海笑说："你就别夸我了。我哪里是写小说的料，那是看过了你和艾煊的作品后，得到激励，学会了一些技巧和经验，才敢动笔写长篇。今后，你还要多多传授技艺，省得我写的东西被人笑话。"

陆文夫淡淡一笑。

海笑又说："老陆啊，你的智慧，我是学不来的。"

陆文夫说："我哪儿来的智慧？"

海笑说："我不会盲目吹捧。你记得有一年，我们在盐城接对联的事吗？我可是多年难忘。"

海笑说的事，发生在盐城举办的"丹顶鹤散文节"上，陆文夫和海笑都去参加了。当时海笑说："我有一副对联，是个绝对，绝无下联。老陆，你想不想试试接龙，弄一个下联出来？"

陆文夫说："说来听听。"

海笑说："莫言莫言莫不言。"联中嵌进了作家莫言的名字，别有一番新意。要想工整地对出下联，并非易事。

接下来，陆文夫一连几天愁眉不展，神思恍惚，苦觅下联，却难有建树。一日早晨，陆文夫倒背双手，半痴半迷地边走边想，中央人民广播电台正在播《新闻和报纸摘要节目》，广播里传出播音员方明的名字。言者无意，听者有心，陆文夫一怔，若有所悟。只见他双手一拍，眉开眼笑："有了，有了！"径直闯进海笑的房间，气喘吁吁说："下联有了——'方明方明方才明'。"

海笑一听，这神来的下联，与上联有异曲同工之妙。忍不住拍案叫绝："绝对的绝对！"就想，这老陆啊，可不是一般人能匹敌的。

海笑把盐城作对联的事一说，陆文夫挥挥手："那是耍小聪明，不值得一提。"

人多的时候，他们就聊饮酒。

有一次，海笑夫人拿出一瓶珍藏多年的茅台，给大家斟酒。陆文夫一见茅台，兴奋起来，端起酒杯便饮。喝了一口，皱起了眉头："酒嘛，是好的，只是不像茅台。"

大家品尝了一下，感觉老陆说得很对。于是，七嘴八舌议论起来，说现在市面上越是好酒，就越是假货多。海笑有些尴尬："只有我这个不善饮酒的人，才会被人欺骗作弄。"

大家就说："哪里呀，人人都有这种经历。"

海笑夫人又取出一洋河大曲，给大家斟上。陆文夫尝了一口，点点头："这次的，货真价实！"又说："今天，我还要夸夸嫂夫人做的菜，堪称一流。尤其是无锡排骨，酥烂鲜香，很入味。"

大家跟着纷纷点头："老陆说得对，这排骨烧得好，口感一流！"

饭后客人走了，夫人对海笑说："老陆会不会安慰我，才说无锡排骨烧得好吃？"

海笑就笑笑。

不久，陆文夫小说《美食家》发表，海笑夫人读后，吓了一跳，对海笑说："原来他是一个美食家呀，今后你请他来家喝酒吃饭，一定要提前告诉我，让我早作准备啊！"

朋友们读到《美食家》，再请陆文夫吃饭，性质就变了。大家觉得，他成了"食神"，情不自禁增加了几分崇拜。陆文夫说："我吃饭很简单，家常菜，老白干，就行了。"但朋友们真请陆文夫吃饭，无论如何不敢马虎。

有一年春节后，会议间隙，周桐淦请陆文夫等人到家里做客。在省作协，周桐淦算是一个"会烧菜"的人。仗着原料充足的底气，煎炒炖烧，使尽浑身解数，端出满满一桌菜。那天的目标，就是想得到陆文夫表扬。他听叶至诚说，陆文夫很少夸厨师，即使夸了，也常常只有四个字："料真味正"。

谁知，酒菜上桌后，陆文夫始终没有作出评价，只顾喝酒聊天。周桐淦有些急了。吃饭的时候，他捧上最后一道佐饭菜：青菜牛肉。没料到，陆文夫吃了两口，连说："好，好！"

周桐淦心想，这次应该夸夸了吧。谁知陆文夫又向大家介绍起食材："这菜，是扬州青，不是南京的大白梗子。"又问周桐淦："这牛肉是哪里的？"

周桐淦："这是家乡姜堰官庄的小牛肉。"

陆文夫说："怪不得，怪不得，城里现在吃不到这么新鲜的牛肉了。什么东西一进冷库保鲜，就再也不新鲜了。"

在场的叶至诚，看出了周桐淦的期待与失望，就朗声说："这道菜，能让老陆这样惊奇，就是他的最高评价了！"又说："桐淦今天，也可以得到这四个字了，料真味正！"

怎样招待陆文夫，在南京的朋友中，黄毓璜最有发言权。他们是同乡，彼此了解食性。陆文夫出生泰兴，黄毓璜在泰兴教过书。黄毓璜教书的时候，陆文夫发配到射阳农村劳动改造。多年后，黄毓璜发表一篇陆文夫创作简论，引起了陆文夫关注。那篇评论既说"得"，也谈"失"，得到陆文夫认可。多年以后，《文艺报》需要一篇评价陆文夫的文章，陆文夫就推荐黄毓璜来写。

后来黄毓璜调入省作协，才算与陆文夫有了正式交往。有时，陆文夫从苏州赶到南京开会，黄毓璜看到了，就会请他到家吃个便饭。

有一年春节刚过，南京的饭店关门休息。从苏州赶来开会的陆文夫，吃饭没有着落。中午时分，黄毓璜就说："老陆，到我家去吃吧。"陆文夫随口答应了。

黄毓璜说的"我家"，只是他在省作协机关的一个临时住处。黄毓璜说："我声明啊，没有什么好菜。"

陆文夫问："有花生米吗？"

黄毓璜说："有啊。"

陆文夫说："那就行。"

在他们家乡泰兴，一直有"花生米子搭搭酒"的说法，陆文夫依然保持这个传统习惯。黄毓璜又拉上两位作陪的，因陋就简弄了几个菜，加上一瓶低度双沟酒，就这样热热火火地吃起来。

有时候，吃饭只有他们俩，彼此就会说说心里话。他们聊到文坛的一些事，聊到高晓声，也聊到叶至诚。陆文夫若有所思说："老叶是个才子，可以写更多作品……"

黄毓璜说："是的。自打参加工作，他凭的就是一腔热诚和一支笔。他的剧本，他的散文，都是很见功力的。"

陆文夫说："我们看法一致。早年他写过一首吴语山歌《啥人养活仔啥人》，叶林谱的曲，曾在苏南地区很风行。能把方针政策写入歌词，让老太太们都兴致勃勃跟着传唱，一般人做不到。"

黄毓璜说："那首山歌家喻户晓。不瞒你说，我年轻时就爱唱！有一次，我跟老叶夫妇从外地回南京，在车上来了兴趣，当着他们的面，放开喉咙唱起来。后来我想，我那吴语纯粹是凑合的，这不等于献丑嘛。叶夫人姚澄是谁啊？锡剧皇后啊！"

听黄毓璜这么一说，陆文夫来了兴趣："你还会唱吴语歌？快唱给我听听！"

正在酒兴上的黄毓璜，便兴致勃勃唱起来。陆文夫听着听着，想到叶至诚多年来的不易，差点落下眼泪。他想，南京的这些兄弟真好。

1985年，陆文夫当选中国作协副主席，又常到北京开会。他在北京也是"孤家寡人"。但不会落单，北京的朋友也不少。比如王蒙，就是他的铁哥们。

陆文夫与王蒙，相识于1956年春天，他们都参加了北京"全国青年创作者第一次代表大会"。那一年，陆文夫的小说《小巷深处》，王蒙的小说《组织部来了个年轻人》，在文坛产生很大影响，都收入了中国作协编的《一九五六短篇小说选》。后来，陆文夫因《探求者》事件，被贬到苏州工厂，王蒙也到新疆去了，二人从此失去联系。二十世纪七十年代末，文人们纷纷回归。那时候，电影厂都在拉作家改本子，作家们就借此探亲访友。陆文夫通过王蒙在京的亲戚，辗转打听到王蒙也在北京，就同妻子管毓柔一道，找到崇文区光明楼的王蒙岳母家，在那里见到了王蒙。两位老友再度相逢，又是他乡遇故知，这是喜事啊，就坐下来进餐，笑谈不止。从此，二人成了无话不说的挚友。

王蒙说："你知道吗文夫，我在《人民文学》上读了你的小说《献身》，一看写得如此动情，就知道你的笔依然健硕。"

陆文夫说："我知道会有返回文坛的一天。"

王蒙问："张弦在哪儿？"

陆文夫说："听说'文化大革命'中，他在马鞍山电影院收门票。"

王蒙说："怪道他一复出，便写了一个由于胶片翻倒造成了政治冤案的故事《记忆》。"

什么是"挚友"？就是在你落单的时候，第一时间会想到他。所以，陆文夫到北京开会，首先会给王蒙打一个电话。王蒙就问："吃了吗？没吃啊？来吧，到我这儿将就一下。"陆文夫便来到王蒙家，二人一坐下就聊个不停。

第二天开会，有的作家问陆文夫："你昨天来京，怎么也不吭一声啊，我们也好尽一尽地主之谊。"

陆文夫说："昨天我在王蒙那儿吃过了。"

大家就开起了玩笑："哦，我说呢。在王蒙那儿吃，规格不一样啊。"

陆文夫说："王蒙家的酒还可以，菜不怎么样。"

大家一听哈哈大笑。心说，这陆主席啊，太实在了！

关于陆文夫的"实在"，王蒙领教更多。有一回大家夸王蒙的作品，见陆文夫默不作声，故意点他："陆主席，你说说对王蒙小说的印象。"

陆文夫慢条斯理说："王蒙嘛，他首先是个诗人。"

"你的意思是……？"

王蒙在一边笑说："这还不明白吗？当着小说家的面，来夸他的诗歌，说明他的小说具有诗歌一样的激情！"

王蒙的话一语双关，逗得大家哄堂大笑。

后来王蒙到各地做报告，或接受采访，也常常提到陆文夫对他的评价。有一次在武汉，王蒙这样说："我努力把政治正确的文艺指导思想，与灵动丰富色彩缤纷的创作体验结合起来，现在更时兴的说法是整合起来，描绘、铺染、论证，我用了不少修辞手段。陆文夫兄一次说，你们谁能与王蒙比？他一个意思能用十八个词儿，你行吗？我不知道这是批评讽刺还是表扬。可见我的大排比句早已露出端倪和丰赡，也没准就是啰唆。"

不管陆文夫怎样评价他，王蒙总爱和这位憨实可爱的老哥，在一起吃饭、饮酒、聊天，既漫无边际，又不必设防。王蒙说陆文夫："他颇有趣味，但绝不油滑耍嘴。他也关心自己，但是并不高调压人。他或有自我感觉特别良好的偶然机遇与天真表现，但是绝不中伤嫉妒旁的同行。"又说："他对诸如世态人情、三教九流、文坛争拗、官场沉浮无不了然于心，他有自己的臧否，也有付之一笑的超脱。他有兄长之风，但没有兄长的人之患在好为人师。历次北京开作家代表大会，他的得票老是很多，当非偶然。"

陆文夫在北京，也常去鲍昌家。

他俩也是在1956年的"全国第一次青创会"相识的，后来鲍昌被扣上右派帽子。1980年"摘帽"后，已是学者的鲍昌，就想研究一下当年几个江苏作家结社《探求者》的思想动因。有一天突发豪情，他来到南京和苏州，打算探访几位《探求者》成员。鲍昌对苏州很陌生，可通过不停打探，居然找到了陆文夫家。此时的鲍昌，身穿中山装，头戴鸭舌帽，背一架老式照相机。陆文夫以为是记者来访，通报姓名才知道，原来是二十三年前的老友登门了，喜出望外，拥抱着大笑起来。

那一天，二人坐下吃饭饮酒，好不痛快。适逢苏州阴天，在淅淅沥沥多雨的江南季节，二人的话也同雨丝一般，连绵悠长而无止无尽。他们畅谈了整整一下午，陆文夫送他下楼时，天色已暗，外面依然细雨霏霏。鲍昌突然想到自己带了照相机，两人便在小巷深处，合拍了一张照片，后来鲍昌告诉陆文夫，那张照片的效果不好，陆文夫想，应该是拍黑了。

从此，鲍昌只要到南方出差，就会来陆文夫这儿，饮酒叙旧。陆文夫到北京，也常去鲍昌所在的左家庄的家，叨扰酒食，谈工作，聊烦恼，切磋创作。

陆文夫对鲍昌说："你知道我最佩服你什么吗？"

鲍昌说："我还值得你佩服？"

陆文夫说："不错。当我被各种文学理论弄得头昏脑涨的时候，你总能不慌不忙，正本清源地谈出一番道理。"

鲍昌说："老陆，你不知道，我也有太多的烦恼。"

听到鲍昌要倾诉不愉快的往事，陆文夫说："快把你的烦恼收起来。真的，抓紧一切时间写东西。我的体会是，谈文艺，总比谈人际关系更轻松，更愉快。"

陆文夫知道，鲍昌的才华一般人不能比。他是小说家、剧作家、诗人，又是文艺理论家、教授、编辑、文学组织工作者。这样多才多艺的人，现在实不多见。王蒙提出作家要学者化，鲍昌早已是学者化作家。二十一岁出版独幕剧集，二十三岁出版短篇小说集，二十七岁出版评论集、诗集和长篇小说《青青的草原》。打成右派后，劳动改造间隙，还在研究美学和艺术的起源，对《诗经》、中国历史、鲁迅作品，都有研究成果问世，还写出了百万字的长篇历史小说《庚子风云》，与人合编了上下两册《鲁迅年谱》。

第四次作代会以后，鲍昌调到北京，任中国作家协会书记处常务书记，从此杂事缠身，但依然为自己规定了创作量，每天不写完不休息，完不成就作自我检讨。即使工作繁忙，每天早出晚归，还创作出了许多中短篇小说、散文和评论，此外主编了一本数百万言的《文学艺术新术语词典》。在鲍昌身上，陆文夫看到了榜样，也得到了一种精神力量。

后来鲍昌去世，陆文夫有些后悔，他觉得不该劝他写这么多东西。

陆文夫到北京的朋友家喝酒，有时是别人请他，有时他会主动讨酒喝。1986年3月，全国"两会"期间，出席会议的陆文夫就提出，休会的时候，应当到吴泰昌家喝一顿酒，还约了唐达成、陈登科和叶至善。陆文夫对吴泰昌说："你不要搞复杂了，简单弄几个菜就行，主要是喝酒聊天。"

结果还真是聊天。那天的一顿酒，从中午一直"聊"到傍晚，五个人喝了整整两瓶茅台。那两瓶酒，是吴泰昌替李一氓辑录《一氓题跋》，李一氓送他的。陆文夫仔细看看酒瓶上的标签，说："这酒还有些年份。"

喝酒的时候，陈登科很豪爽，举杯就干。陆文夫和叶至善则从容多了。其实，他俩喝酒不比陈登科少，只是小酌慢饮，细水长流，体现了江南人的性格。

吴泰昌说："老陆，老叶，你们二位没有登科喝得豪爽啊。"

陆文夫说："豪爽有什么用？这样最容易醉酒。就说你泰昌，那次在苏州喝酒，喝得倒是豪爽了，最后怎样？"

大家一听，吴泰昌还有一段饮酒趣闻，来了兴趣："快说说，到底怎么回事？"

陆文夫就将吴泰昌醉酒的事，一五一十说给大家听。那是1983年，百花文艺出版社约吴泰昌编一套《百花青年小文库》，收入十位当代作家的作品，其中有陆文夫的短篇小说集。陆文夫听说吴泰昌到了上海，就约他到苏州来谈那本书。还说："你上午来，中午喝顿酒，下午就返回，不耽误你的事。"

中午时分，吴泰昌从上海赶到苏州火车站。陆文夫和他的女婿姜洁，直接把他拉到一家老字号饭店。吴泰昌问："这是不是《美食家》写的那家饭店？"

陆文夫摇摇头："小说都是虚构的,你还当真了。不过,我同这家饭店很熟,常来。"

一进饭店,吴泰昌明显感到他们很熟。凉菜早已准备好,陆文夫又点了几道特色菜。说:"今天喝黄酒吧。"问吴泰昌:"你是喜欢喝本地出的甜一点的,还是绍兴加饭酒?"

吴泰昌说:"就喝绍兴的吧!"

平时,吴泰昌喜欢喝啤酒,他觉得绍兴酒应该和啤酒差不多吧,就痛痛快快喝起来,一般都是端起一盏一饮而尽。陆文夫怕他不尽兴,替他换了喝啤酒的大玻璃杯。吴泰昌也就像喝啤酒那样,大口大口地喝起来。几道菜中,有一盘是烩鸭掌,吴泰昌特别爱吃,吃了一盘,又加一盘。就这样,边喝边聊,一直吃到下午三点。

要回上海了,陆文夫翁婿二人又将他送到火车站,赶四点回上海的火车。吴泰昌上了火车,感觉有点头晕,但还清醒,后来不知不觉睡着了,等他醒来,发现自己已经坐在上海北站的月台上。

这是怎么回事啊?

原来,《解放日报》的吴芝麟,约好在出站口接吴泰昌。车已到了,迟迟不见客人,吴芝麟就买了站台票,进车站找吴泰昌,结果发现他烂醉如泥。

后来,陆文夫听说吴泰昌在上海出了洋相,就打电话给吴泰昌:"泰昌啊,你酒量可以,但喝黄酒的方法不对。黄酒要比啤酒后劲大,醉了难醒。"又说:"喝酒呢,也有个喝法。不同的酒,都有不同的喝法。那天,其实我喝得并不比你少,但我是慢慢来,你是一下来。也好,让你留下深刻的记忆!"

听了吴泰昌醉酒的故事,大家就说:"老陆啊,这个事情你有责任。应该早一点说明黄酒也会醉人,泰昌就不会醉成那个样子。"

陆文夫说:"所有的酒,都能喝醉。所以不能乱喝,更不能酗酒。酒能活动经脉,也容易误伤身体。"

于是,大家又说起了饮酒的话题。就问陆文夫:"你是美食家,也是一个酒仙,你说说看,人为什么要饮酒?"

陆文夫说:"这个很简单。以我为例,我就欢喜和家人、朋友在一起喝酒,不为别的,就是想创造一个温馨环境,调节一下气氛,使人与人之间的关系,更亲密,更和谐。这也是我们中国人的一个传统。"

当然,朋友请陆文夫饮酒,一般不担心他喝醉,大家知道他有节制。有时候小饮之后,开会讲话或演讲,或许还会更出彩。1987年秋天,何镇邦在鲁迅文学院主持教学工作,趁陆文夫到北京参加中国作协理事会的机会,想请他到鲁院给学生讲一课。陆文夫活动多,白天没时间,就把课安排到晚上。

这天晚上,陆文夫走上讲台,看得出饮酒微醉。何镇邦有些担心,这还能讲课吗?没想到这天的课,陆文夫讲得特别出彩。他提出一种"打醉拳"的理论,说,一个作家在落笔前,对生活要"看清楚",对写的东西要"想清楚"。一旦动笔,就不要太清醒,太理智。因为创作是一种情感活动,作家太清醒,太理智,往往就会太理念。听到陆文夫的"打醉拳"理论,身为评论家的何镇邦也感到妙不可言。

陆文夫出门饮酒,朋友们不担心后果,并不代表夫人不担心。担心又能怎么办啊?你总不能拴着他吧!你别说,陆文夫的夫人管毓柔,还真有妙招。为了防止老头子在外面喝酒过量,陆文夫若是到南京出差,她就让司机张成盯住他,再跑远一点,够不着怎么办呢?管毓柔就"电话遥控"。

有一次,在上海一家宾馆,陆文夫突然接到夫人的电话,老两口说着说着,陆文夫瘦黑的脸上,就浮起一层幸福的微笑。

管毓柔在电话中说:"你今天表现很好,没有喝酒!"

陆文夫就问:"你怎么知道我今天没有喝酒?"

夫人说:"我在电话中听出来的,你今天说话的声音,不是迷迷糊糊的。"

陆文夫就笑起来,用表扬的口吻说:"你真有本领!"

后来,他把夫人查岗的事告诉大家,朋友们听了哈哈大笑。

2. 汪曾祺请客

陆文夫与朋友喝酒,喜欢找爱喝酒的,比如汪曾祺、林斤澜和高晓声。在北京开会的时候,他们经常凑在一桌。

通常的情况是,进了餐厅,他们首先看看桌上有没有酒。有酒,便坐在一起,把桌上的酒喝完,没有酒,就自己去买,喝完不过瘾怎么办?就到邻桌去搜寻,一直喝到服务员站在桌边,眼巴巴等着扫地。有时候,他们也会另找一个地方喝酒。当然这就更来劲了,一喝就是半天,喝酒的时候,既不劝酒,也不干杯,把酒瓶放在桌上,谁喝谁倒。有时候,为了不妨碍餐厅服务员工作,他们便把酒带回房间,一直喝到晚上一两点。

喝酒总要说话。但他们的酒话,毫无意义,既不谈文学,也不谈政治,谈的都是些捞鱼摸虾的小事。四位酒仙都在江河湖泊的水边长大,一谈到鱼和水,就争着发言,谈到后来,酒喝多了,话也更多,土话和乡音也都出来了。汪曾祺听不懂高晓声的武进话，大家都听不懂林斤澜的温州话，最后的结果是，大家都不听别人的话，都在自言自语。

有时候，清醒的时候，陆文夫会说："老汪，你是真正的美食家。都说你烧菜好，哪天也请我们尝尝你的手艺。"

汪曾祺说："没问题啊。我烧的鱼就很拿手。"

于是，大家便等着汪曾祺的邀请。

第二天，没有反应。第三天，汪曾祺仍没回话。陆文夫就急了："老汪啊，我们很渴望吃到你烧的鱼！"

汪曾祺说："文夫你不用急嘛。我没买到活鱼，不能搞无米之炊啊。"

二十世纪八十年代，中国的菜市场很少能买到活鱼，这可以理解。又过两天，汪曾祺还是没有回话。陆文夫更急了："老汪，时不我待啊。"

汪曾祺又说："没有办法。活鱼倒是有卖，可其中的两种辅料，就是买不到，这会影响烹饪效果的。"

陆文夫听后，只能从心里"呵呵"了。

其实，陆文夫从没指望能到汪曾祺家里喝上一顿酒。他听说，邓友梅就有体会。汪曾祺也约过邓友梅上家里喝酒。那天，邓友梅早早赶到汪家，汪曾祺却不见影子，说是到菜场买菜去了。快到吃午饭的时间，仍不见他回来。夫人就急了，到菜市场去找。结果一看，汪曾祺正在一个小酒店喝酒。夫人就问："汪曾祺，你买的菜呢？"汪曾祺振振有词回答："该买的菜，还是没能买到。我不如先喝点酒。没承想，喝着喝着，就把请客的事给忘了。"邓友梅为此空欢喜一场。作家们从此知道，要尝到汪曾祺烧的菜，比登天还难。

汪曾祺请客食言，可他与陆文夫的交情，一点没减。有一次，中国作家协会组织一个代表团，到香港访问，人很多，老中青三代都有，他们和香港的文化界，或多或少都有联系。于是到了香港，队伍就乱了，内地作家访港，机会多难得啊，香港朋友就抓紧机会请他们吃饭，参加各类文化活动。香港是美食天堂，一天可以吃四顿，包括消夜，内地来的作家也就入乡随俗放开了肚皮。

在香港，汪曾祺的知名度很高。这次来港，他与香港作家讨论语言与传统文化，语惊四座，影响更大。香港有位职业风水先生，声望很高，也是一位富豪，不知怎么就知道了汪曾祺也懂此道，于是尊呼汪曾祺为"大哥"，一定要请汪曾祺吃晚饭，并请黄裳和陆文夫作陪。陆文夫晚上要开会，没能去成。

临近午夜，陆文夫在旅馆准备休息，房门突然被人猛力推开，一个人踉踉跄跄地跌进来。陆文夫一看，是汪曾祺，手里擎着大半瓶 XO，说是留给他的。于是二人便坐下聊了起来。大概神仙与酒仙谈得很投机，再加上汪曾祺酒意十分，便和陆文夫大谈推背图和麻衣相。可惜陆文夫心不在焉此，怎么教都学不会。

聊着聊着，汪曾祺酒醒了，由看相逐渐回到现实，开始和陆文夫说起了文坛往事。汪曾祺说："那一年，我的《异秉》在《雨花》发表，听说你也看了稿子？"

陆文夫说："方之、高晓声和我，都看了，大加赞赏。"

汪曾祺说："幸亏你们几位还记得我。我虽是江苏人，但在当时，江苏的作家没几个认识我。"

陆文夫说："当时你的名气也不小，都知道你是北京戏剧圈的大腕，写过《沙家浜》，但不知道你还会写小说。"

汪曾祺说："写小说是四十年代的事了，他们哪会知道？"又说："那篇《异秉》，文夫你怎么看？"

陆文夫说："至今印象最深的情节，好像是一个药店里的小学徒，爬到房顶上去晒草药。我之所以记得这一点，是因为当年我老家，隔壁也有一个小药铺，读起来特别亲切，留下很深印象。我和老方、老高三个人，轮流读完后，都认为写得太好了，如此深厚纯朴，毫不装腔作势，实在是久违。也觉得奇怪，你是北京作家，这样好的作品，为什么不在北京的那几份大刊物上发表，而要寄到《雨花》来？"

汪曾祺说："嗐，这个稿子，在北京的两家大刊物，都吃了闭门羹。认为此稿不像小说，也不像散文，不规范！"

陆文夫说："正是因为'不规范'，才能挑战传统。"

汪曾祺说："说到底，还是江苏文坛有魄力。"

陆文夫说："这篇小说在江苏发表，其实也不容易。我们几个人看过小说，去找叶至诚，他是分管小说的副主编，把他说通了，又让他去说服主编顾尔镡，顾尔镡号称顾大胆，发！他根本用不着谁来说服，立即发表在《雨花》显要位置。结果怎样？得到了普遍的赞扬和认可。"

汪曾祺说："你们几位，还是少年气盛的'探求者'脾气。"

陆文夫说："说到小说，我想起你的《受戒》。小说写到一个和尚在佛殿里杀猪，吃肉。你见过啊？"

汪曾祺说："亲眼所见！这有啥稀奇的？"

陆文夫说："这倒是新鲜事。"

汪曾祺说："你读过《金瓶梅》吗？和尚胡僧给西门庆送春药，自称'贫僧酒肉皆行'。"

陆文夫说："他是'胡僧'，自然可以'胡来'。"

汪曾祺说："鲁智深呢？他也吃肉啊。文夫，你知道和尚为什么不吃肉？我过去一直没有查考过。后来读了一篇文章，才知道这是萧衍的禁令。萧衍这个人我略有所知，而且'见'过。"

陆文夫说："你见过萧衍？"

汪曾祺说："见过啊，就在你们苏州。甪直的一个庙里，有一壁泥塑，罗汉皆参差趺坐，正中一僧，着赭衣、风帽，据说就是萧衍，梁武帝。萧衍虔信佛律，三次舍身入寺为僧，这我是知道的，但他由戒杀生引申至不许和尚吃肉，法令极严，我以前不知道。萧衍是个怪人，他对农民残酷压迫，多次镇压农民起义，却又疯狂地信佛，不许和尚吃肉，性格很复杂，值得研究。"

陆文夫见汪曾祺越聊越有兴致，为他泡了一杯茶。汪曾祺一看："这是碧螺春吧？"

陆文夫点点头："我从家里带来的。我出差都会自带茶叶，喝不惯饮料。"

汪曾祺说："看到碧螺春，我倒想起一件事来。有一年，我在你们苏州东山的雕花楼，喝过一次新采的碧螺春。"

陆文夫说："雕花楼我也去过，原是华侨富商的住宅。那楼，是进口的硬木造的，到处雕花，八仙庆寿，福禄寿三星，龙，凤，牡丹，应有尽有。"

汪曾祺说："不瞒你说，我看了，真是感到集恶俗之大成。但碧螺春倒真是好茶。"

陆文夫说："那是公认的。龚定庵就说，碧螺春天下第一。"

汪曾祺说："不过，让我没有想到的是，碧螺春为何要泡在大碗里喝？这不是大煞风景嘛！"

陆文夫说："这你就不懂了。碧螺春就是讲究用大碗喝。"

汪曾祺说："是吗？茶极细，器极粗，真是怪啊！"

陆文夫告诉汪曾祺："冲泡碧螺春，跟别的茶不一样，因为它的品茶期很短，茶叶特别娇嫩，只能用八十度的温水泡。而且，要先倒水，再放茶叶……"

汪曾祺听着听着就说："文夫，你这个泰州人，如今真成了苏州人。"

陆文夫说："我老家泰州，和你们老家高邮，本来和苏州就没有太大区别，都是水乡，一样崇尚文化。只是方言不同。"

汪曾祺说："这倒也是。苏北不少地方，都有明初的苏州移民。《施耐庵家谱》说，'洪武初由苏迁兴化，复由兴化徙居白居场。'《郑板桥家谱》也说，'明洪武年间自苏州迁兴化。'可见他们也是从苏州迁过来的。说明泰州的兴化等地，不少人原本就是苏州人的后代。"

陆文夫说："明初也有'洪武赶散'一事。一个凤阳府，就迁入了十四万户苏州移民。当时苏北的一些地方，都归凤阳管辖。其他如兴化、盐城，也有不少明初迁来的苏州人。"

汪曾祺说："我家高邮祖上，虽不是苏州移民，但和苏州也能扯上点关系。"

陆文夫问："此话怎讲？"

汪曾祺说："你们苏州，是不是有一个名门望族，汪姓？早年从徽州迁徙过来的？"

陆文夫说："好像是有。"

汪曾祺说："我家汪氏祖籍，也在徽州，和迁到苏州的汪姓是一脉。我到徽州寻过根，对那里的食物有一种亲切感，能够接受，你说奇怪不奇怪？后来深入了解了一下，祖上有几代人，都中过举人。曾祖父'做过馆'，后来做'盐票'，亏了本。再后来，就靠祖父赤手空拳打出一片天地。"

陆文夫说："你祖父做什么的？"

汪曾祺说："眼科医生。他还喜欢收藏文物。收过古董字画，商周彝鼎，明代花瓶。有一回，收了南宋马远的小屏条画儿，爱不释手，不敢在当地装裱，就往苏州跑了一趟，请有名的细木匠，做了檀木框，把画嵌在里面。"

陆文夫说："你祖父很内行。苏工天下，苏州的书画装裱，天下有名。"

汪曾祺说："我祖父还信佛。他教我读过《论语》，自己也读《南无妙法莲华经》，自称是印光法师的弟子。印光法师在民国，可是四大高僧之一，江南地区尤其崇拜。晚年就定居在苏州，后来在灵岩山圆寂。"

陆文夫说："你父亲也信佛？"

汪曾祺说："他不信佛，用现在的话来讲，他是'当代青年'。他是眼科医生，却喜爱体育，得过江苏省的跳高冠军；也玩乐器，有一次去了一趟苏州，买回来好些乐器，笙箫管笛、琵琶、月琴、拉秦腔的板胡、扬琴，甚至还有大小唢呐。"

陆文夫说："苏州有好几个民族乐器厂。乐器和戏装都很有名。"

汪曾祺说："你知道我父亲让我佩服在哪里？他是动如脱兔，静如处子，静下来的时候，画画，刻图章。他有个画友，名叫铁桥，是苏州来的一个和尚，在苏州邓尉山的一个庙里待过。作画的题款总是写'邓尉山僧'。我写小说《受戒》，里面有一个石桥，就是以他为原型。"

陆文夫说："苏州男人的心灵手巧，被你父亲占全了。他要是再会烹饪，就更齐全了。"

汪曾祺说："会呀！他烧的菜，真正叫好。有一次，我祖父要吃螃蟹。春天呀，哪儿来的螃蟹？父亲就用瓜鱼（水仙鱼），给他造了一盘假螃蟹，吃起来果然有螃蟹的味道。有一回，他用白糖煨栗子，再加上桂花。嚯，那味道，真美。我们几个晚辈的厨艺，像醉虾、煮干丝，和一些徽州菜，基本上都是父亲亲传。"

陆文夫说："你要是生活在苏州，你的厨艺会更好。"

汪曾祺说："不瞒你说，我对苏州美食，从来都很向往。像豆腐干、油酥豆板、松鹤楼的腐乳肉、采芝斋的绿豆糕、甪直的腌萝卜'春不老'，真是百吃不厌。我在昆明读联大，师从沈从文，经常和师娘姐弟拍曲，他们都是苏州人。四姐张充和多才多艺，唱昆曲，写散曲，烧菜，样样会。我记得她做过一种'十香菜'，就是苏州人过年吃的小菜。用十种咸菜丝，分别烹炒，置于一盘。但她切得极细，精致绝伦，冷冻后，就在大家鱼肉填饱肚皮后上桌，吃一口，唇齿留香！我还吃过师母张兆和烧的兹姑烧肉，那味道，真是特别好。我当时的感觉就是，这种菜真是高级！"

陆文夫说："你要生活在苏州，就会吃到更多的精致小菜。"

汪曾祺说："话是这么说。但有些名菜，我觉得也是名不符实。"

陆文夫说："你说说看。"

汪曾祺说："你们苏州人，是不是特别喜欢塘鳢鱼？上海人也是，一提起塘鳢鱼，眉飞色舞。塘鳢鱼是什么鱼啊？我真的很向往。有一次到苏州，想尝尝塘鳢鱼，未能如愿。后来才知道，塘鳢鱼就是虎头鲨。嘻！我早吃过这东西。"

陆文夫说："你虽然吃过，可能口感不同。"

汪曾祺说："这个我知道。你们苏州人做塘鳢鱼，有清炒、椒盐多法。我们家乡通常的吃法，是氽汤，要加醋和胡椒。虎头鲨氽汤，肉极细嫩，松而不散，汤味也鲜，很开胃。"

陆文夫说："你对苏州美食，好像很了解嘛。"

汪曾祺说："当然。比如说，过去都说苏州菜偏甜。其实依我看，苏州菜只是淡，真正甜的是无锡。无锡炒鳝糊，放那么多糖！包子的肉馅里，也放很多糖，没法吃！"

夜深了，东方之珠这个不夜城，依然车水马龙，霓虹闪烁。

两位作家在宾馆里的夜谈，也像这个城市一般激情澎湃，没完没了……

3. 料真味正

朋友来到苏州，陆文夫一定会拉他吃一顿饭。通常情况，他会在饭店请客，而不是在家里，他怕夫人过多劳累。

夫人管毓柔并不领情，她说："你到南京或者北京，是不是总在别人家里吃饭？别人来到苏州，你是不是也应该把他们请到家里？"又说："过去苏州的大户人家，请人吃饭不作兴到饭店。饭店的卫生条件，哪儿比得上家里？"

夫人的这几句话，后来被陆文夫写进了《美食家》。

从此，老友来到苏州，只要夫人发话，陆文夫都要把他们请到家里。除非时间很紧，来不及做饭。二十世纪八十年代末的一个夏日，叶至诚和周桐淦从南京来苏州。汽车开到陆文夫居住的带城桥，已近晚上八点，陆文夫只能安排他们到饭店吃饭。当然是最好的南林饭店。

饭店的厨师长一听说是陆文夫的客人，立即开出四冷四热的菜单，其中的热菜，有红烧划水、葱爆虾、木耳菜、莼菜肉丝汤。

陆文夫接过菜单，指着木耳菜说："洋帮菜勿要，弄点菜秧炒炒。"

陆文夫已吃过晚饭，他只是陪着喝酒，抽烟，很少吃菜。席间说了一句评价菜肴的话："小家伙今天蛮用功的。""小家伙"是指今天当厨的青年厨师。结果这话被服务小姐听到，传到了后厨。席近尾声的时候，当班厨师喜滋滋拿着今天的菜单，来请陆文夫"提意见"。

陆文夫嘴里应着，"烧得勿错，烧得勿错"，笔捏在手里，却不见动静。一边的叶至诚急了，以为陆文夫一时想不起词来，赶紧帮他支招："就写'色香味形俱佳'。"

陆文夫仍不着急。一支烟抽完，才一笔一画在菜单上写道："料真味正。陆文夫。"说："不好随便写的，这玩意，他们可以拿去评职称。"

陆文夫解释："'料真'不容易。这年头，以次充好的东西太多。今晚的虾，是河塘虾，脑满仁肥，不像市场上的虾，脑壳是空的，空脑壳的虾子，不起鲜。再比如这个划水，一般用草鱼苗就够了，今天是青鱼苗的后三分之一，而且是活宰。再说'味正'，现在的调料辅料太多，饭店里的菜，多半弄得鱼无鱼味，虾没虾香，做到味正，还真是不简单。"

又对叶至诚说："你说的'形佳'，还差了点。譬如这红烧划水，要装白色长盘，菜应斜着装在三分之二处，三分之一那头来一撮茴香枝，那样就满盘活色生香了。"

叶至诚笑说："你也太讲究了!"

有时候，叶至诚来苏州，只要时间宽裕，陆文夫会请他到家里小酌。他们是兄弟，也是知己，只要喝起来，酒多话也多，就是极少吃菜。酒桌上，二人促膝而谈，眉飞色舞，始终很投机。

叶至诚说："老陆，大家都说你是美食家，我觉得不像啊。我记得，你不吃辣，这等于将许多美食拒之于千里之外，哪里是美食家的做派？但有时吧，看到你在饭店指点江山的样子，我又怀疑自己是误判。你说说看，你到底是不是个美食家？"

陆文夫笑了："什么美食家! 我只是有几个厨师朋友，受他们一些影响。"

叶至诚说："上次在南林饭店，看你说菜的样子，就觉得你很内行。"

陆文夫说："都是老熟人了，但说无妨，所以我才口无遮拦。"

叶至诚说："不过，那天你说烧菜要'料真味正'，我觉着还是有道理的。"

陆文夫说："其实，真正做到并不容易。你在苏州生活过，晓得这里是鱼米之乡，到处都是水网与湖泊。苏州人在自家水码头上，可以捞鱼摸虾，不新鲜的鱼虾，是无人问津的。吃菜也图新鲜。菜农黎明起菜，天不亮就挑着菜，到小菜场或巷口去卖，菜叶上还沾着夜里的露水。做啥要趁早卖掉？不新鲜的菜，没人吃啊。"

叶至诚说："我只是小时候在苏州住过，但这个印象，是有的。"

陆文夫说："现在，再想吃这种新鲜小菜，就难了。菜不够吃，就用塑料大棚，用化肥，好让菜长得快点。鸡不够吃，就办养鸡场，五十天生产一只大肉鸡，苏州人叫它洋鸡。用人工方法饲养，违反自然规律，味道也不对呀。洋鸡虽然大，价钱也便宜，可味道呢，总没有草鸡鲜美。蔬菜也是如此，用恒温，用化肥，种出来的蔬菜，都不如自然生长的。这一点，我是有经验的，我在农村种过自留田，日夜温差大，菜蔬长得慢，质地紧密，就好吃。越是越冬的青菜，就越好吃。比如'苏州青'，你用它来烧一只鸡油菜心，简直是无与伦比! 你要是用暖棚加温，用化肥催生，对不起，味道就是两样，这和厨师的手艺毫无关系! 要知道，人的嘴巴很难对付。连牛都知道，鲜草和宿草是有区别的。从塑料大棚铲出来的青菜，堆积如山似的，再用拖拉机拉到苏州来卖，那味道还会好到哪里？"

叶至诚点点头："你说得有道理。"

陆文夫说："再比如鱼。你吃过鲫鱼汤，如果鲫鱼是活的，生长在没有污染的淡水里，就很美味! 有的鲫鱼汤，鱼也是活的，却在不干净的淡水中生长，那汤也就不鲜了。要是污染严重了，这种鱼还会有一股火油味。即使未受污染，只要在冰箱里存放三天，也不会新鲜。但消费者辨别不出来呀。所以有时候，我就会说一说，好让饭店的菜肴，能够保证质量。"

叶至诚说："你对吃很讲究。不过，我看你家的一日三餐，也很普通。"

陆文夫说："五谷杂粮，粗茶淡饭，是饮食的最高境界。这个道理，我对韩少功也讲过。"又说："其实粗茶淡饭，也能烧出美味。烹饪啊，就是一种搭配技术。比如我们经常煲鸭汤吃，鸭汤吃过以后，我喜欢在汤里下些面条，再放几棵时令小青菜，烧出来你吃吃看，不晓得多鲜美！所以，真正的美味，并不都来自昂贵的食材。"

叶至诚说："你呀，都吃成精了！"

陆文夫说："其实说到吃喝，我还不如你。"

叶至诚说："此话怎讲？"

陆文夫说："我听说你吃过河豚？"

叶至诚呵呵笑起来："还真有此事。我专门为此写过一篇文章。"

"这是哪一年的事？说来听听。"

叶至诚说："我吃河豚的兴趣，是受忆明珠影响。他写过一篇文章《河豚计》，登在《雨花》上。结果把文友的食欲勾出来了，尤其是北方文友。有人就说，你是南方人，你要请我吃河豚啊！老天，我自己都没吃过。"

陆文夫说："你是《雨花》主编，谁相信你没吃过？"

叶至诚说："是啊。鲜美的河豚，我总要尝一尝吧？后来便留心这件事。也巧，有一次姚澄到外地演出，打来电话说，有人请吃河豚，你要不要来？我说，来呀。盼了多年，这机会不能错过，就赶了过去。"

陆文夫说："吃河豚，要有风险的。"

叶至诚说："我本来也有顾虑。到地方一看，是一家老饭店，烧河豚的是一位老厨师，也就放心了。据说这位厨师，河豚破肚、冲洗，都是亲自动手。下锅前，还要把肚里取出的内脏，头上取下的眼睛，逐一点清——烧多少只河豚，要有多少副内脏，多少对眼睛。清点完毕，然后扔掉，以保万无一失。在那家饭店，河豚是压轴菜。其实这时候，大家已经酒足菜饱，不想再吃什么，但主角姗姗来迟，岂能辜负？主人说，'河豚皮上有刺，吃的时候，要把皮翻转来，卷在里边。'我就如法炮制，卷了一块塞进嘴里。"

陆文夫忙问："味道怎样？"

叶至诚说："只觉得味如肥肉，而且盐放多了。你在《美食家》里说，'后上桌的菜，要越来越淡，'河豚反其道而行之。抿了抿，舌头上麻麻的，仍感到有刺。这麻麻的感觉，算是异味了。并不鲜美，也没有引起恐惧。吃了三筷，感觉与同时上市的鲫鱼、刀鱼，口感差多了。奇怪的是，主人和陪客们，都吃得眉飞色舞。主人问我，'鲜吧？'我只得说，'鲜。'饭后与姚澄交换一下意见，她的感觉和我一样。"

陆文夫笑了："你这样说河豚，会让很多人失望的。"

叶至诚说："可不是。我把吃河豚的感觉，说给那些河豚爱好者听了。你猜他们怎么说，'你吃的那次，佐料没有放对。'还有人说，'你那是冰箱里拿出来的货色，完全失去了原味。'后来，忆明珠正色告诉我，'哎呀，这是说不得的呀！'忆公每年必吃河豚，料想尝到的滋味跟我相似，只是从来不说罢了。从此，我对河豚失去了兴趣。"

听到这个结果，陆文夫没说什么，已在意料之中。一旁听故事的管毓柔，长呼一口气："原来是这样啊！既然河豚不好吃，大家何必自欺欺人！"

说到这里，兄弟俩喝了一口酒。叶至诚说："此事打住，不说了。说说喝酒吧。"看一眼管毓柔："老陆现在还有喝酒的自由吗？"

管毓柔说："他一向有自由。只是身体不行啊，喝多了遭罪。"

陆文夫只是笑笑，不作解释。

叶至诚说："说到喝酒，我想到八二年，我们江苏作家十余人，到浙江一个部队驻地访问。那天晚上文夫喝了不少，第二天还神情恍惚，在留言簿上题字时，差点把邻座那位军长的手指当成了毛笔，抓过来就蘸墨。这件事，我想可以载入《醉酒佳话》了。"

管毓柔说："老头子，没想到你还有这么多逸闻趣事！"

陆文夫仍是笑笑，不作声。

和叶至诚聊天，陆文夫很少谈文学创作。他们只谈美食，谈社会，谈编辑，谈文坛的同人好友。他知道这位兄长是才子，审阅和判断别人的作品，有一双火眼金睛，但自己一拿起笔写作品，便会陷入深深的不自信，所以鲜有作品问世。兄弟们在一起，都会避开"谁谁写了多少作品"的话题，大家都知道，叶至诚的精力与智慧，全都献给了作者和朋友。在《探求者》事件中，这个大哥扛起了责任；在新时期文坛，老友们发表作品他也是出力的。现在，陆文夫只希望他开朗一点，快乐一点。

叶至诚从苏州回到南京，转眼几年过去。

到了1992年的夏天，酷热难耐。陆文夫听说，叶至诚的南京居所断水了，就打电话给他，让他来苏州住几天。

叶至诚说："不行啊，有一篇文章正在结尾。"

结果，文章还没写完，人就进了医院。病情发展得很快，等陆文夫赶到南京，叶至诚已经昏迷，偶尔睁眼也不能讲话，只是喃喃重复着陆文夫的电话号码，他老惦记着要给陆文夫打电话。看到眼前这一切，陆文夫眼里噙满泪水。

有人在一旁说："老陆啊，老叶可能有什么话要对你说。"

陆文夫叹道："他要说的，只有一句，'你当心身体。'他永远不会给别人添麻烦。"

陆文夫听说，叶至诚病重前，一直为儿子叶兆言的身体操心。像是有一种不祥预感：死亡阴影正逼近他的下一代。那些日子，父子二人参加会议或宴请，叶至诚总会悄悄走到叶兆言面前，观察他的脸色，稍有异常，就问他吃药没有。有一次，看到儿子脸色太难看，立即带他中途退场。

叶至诚很喜欢儿子在《小说家》发表的那篇《挽歌》，认为写得精彩，只是读着心里难过。小说写一位老人，哀悼自己早逝的儿子。这也是那一年叶兆言最满意的小说，但他的健康，写完这篇小说就开始变差了。伯父叶至善对叶兆言说，你父亲总是不断地给北京家里写信，说你的身体怎么怎么不好，说自己怎么怎么为你担心。

谁都没想到，被病魔击中的人，恰恰是叶至诚自己。

叶至诚住院以后，《探求者》弟兄纷纷赶到医院。高晓声从广州赶来了，梅汝恺夫妇和陈椿年也从居所赶到医院。叶至诚还能认识患难老友，只是丧失了正常的对话能力。一提到陆文夫，他就伤心流泪；一提到高晓声，便哈哈大笑。在叶至诚的思维中，时空已经紊乱，他只对早已消逝的往事感兴趣。叶兆言告诉叔叔们，爸爸住院的时候，还带了一沓稿纸。可见他还有梦想，还想写作，但这个梦想，已经不可能实现了。

来医院探望叶至诚的老朋友，每日络绎不绝。有的短短几天连着来。叶至诚一看到众人，两眼就会发呆，哭笑捉摸不透。叶兆言叮嘱来客，千万不要提"高晓声""陆文夫"这几个字。大家无论如何不肯相信，老叶的大限已到。但医生说，叶至诚得的是病毒性脑炎，很难医治。

1992 年 9 月 23 日，叶至诚撒手人寰，享年六十六岁。这一天，是江苏省文代会报到的日子，各地代表风尘仆仆赶来。叶至诚咽气以后，天色大变，外面下起了暴雨。此前一直是天气晴朗。

这个结果，陆文夫预料到了。他说："我有一种预感：他很可能在江苏省五次文代会和作协四次代表会期间去世。因为这时候，老朋友都要到南京来开会，可以免去再跑一个来回。老朋友已不健壮，省得大家舟车劳累……"

陆文夫下午一点到的南京，而叶至诚已在上午十一点离开人世。即使早有心理准备，听到噩耗后，陆文夫还是悲痛不已，实在无法接受这个现实。他到南京住在江苏饭店，晚上到叶家吊唁只有五分钟路程，却昏昏沉沉走了半个小时。一进门就号啕大哭，半天说不出一句话……

叶至诚走后，陆文夫写道——

"方之和老叶都走了，一想到两位挚友都不在人世了，我就要掉眼泪。想想我们的相交，真正体验到了真情，这对人生来说，是一种莫大的安慰。要不然，一个作家，拼命追求真诚、友谊与爱情，到后来却发现爱情只是性欲，友谊只是利害关系，那才是最大的悲哀。"

4. 女主姓"管"

陆文夫和高晓声，也是一对铁杆朋友。

高晓声是常州武进人，讲一口别人听不懂的武进方言。陆文夫却能听懂，因为祖父也是武进人，平时说武进方言，陆文夫耳熟能详。所以，高晓声和别人交流，总会拉上陆文夫，给他做翻译。二十世纪七八十年代，高晓声住在常州。苏州离常州很近，高晓声便经常约陆文夫去喝酒。

这天上午，高晓声又约陆文夫来常州，不过这次是一起去北京领奖的。约好陆文夫，高晓声又给陈克平打电话："你准备准备，我要到你那里吃午饭。"

陈克平是常州诗人，高晓声的粉丝。在常州，高晓声的名气如日中天，他到谁家吃饭，主人都会感到荣幸。陈克平一听说陆文夫也来，更加受宠若惊，甚至有些紧张。

为了款待两位尊贵的客人，陈克平精心准备了一瓶无锡产的二泉酒（黄酒），又拿出三只又细又小的高脚玻璃杯。他觉得有身份的人喝酒，应该用雅一点的杯子。没想到高晓声不领情。喝着喝着，高晓声忽然指着酒杯说："克平，你能不能拿两只碗来。这个杯子没办法喝酒。酒也不行，你去打几斤散装黄酒来！"

听高晓声这么一说，陈克平瞬间脑子一片空白。愣了一会儿，才拿上一只钢精锅，起身下楼去打酒。一路小跑来到杂货店，打了满满一锅黄酒。回来后，又气喘吁吁拿出几只碗，战战兢兢倒满酒，递给二位客人。

高晓声这才笑了笑，端起酒碗，"吃！"大家一阵开怀畅饮。

高晓声喝酒很生猛，总是大口大口饮。陈克平小心翼翼说："高老师，黄酒也会醉的。"他真的很担心。

陆文夫对陈克平说："不要紧，有我在。"

喝着喝着，高晓声忽然停下来，低头看看四周，"有没有痰盂？"

那年头，洗手间没有，马桶痰盂家家有。陈克平很快答道："有。"就想，他要痰盂干什么？

高晓声说："你帮我拿一只来。"

陈克平赶紧取来一只痰盂，放到高晓声身边。接着，高晓声便开始频繁地咳嗽，吐痰。

陈克平后来才理解，这是他患肺疾后形成的一种习惯。或许是天性使然，高晓声每到一处喝酒，都是大大咧咧，一边喝酒，一边吭吭咔咔地咳嗽吐痰，常常将痰液吐得满地都是。有一回在叶至诚家，叶夫人姚澄直接对其下过逐客令。高晓声现在懂得把痰吐进痰盂，已经是一个巨大进步。

相比较而言，高晓声到苏州的陆文夫家喝酒，就舒适多了。陆文夫和管毓柔夫妇，待人接物有礼有节。陆文夫常说，高晓声是苦命兄弟，不容易。所以，管毓柔对高晓声也特别尊重。

但尊重这个事情，也是有度的。有一天上午，高晓声来苏州办事，顺便看望陆文夫，中午就在陆家吃了饭。管毓柔知道他们要喝酒，就多烧两个菜，想让这哥俩好好聚一聚。

二人一边饮酒，一边聊故乡，聊人生，聊生活趣事，也聊作家生存。高晓声说："你说说看，我们写文章的人，有几个人的生活是好的？"

陆文夫想了想："好像没有大富大贵的。图个安贫乐道吧。"

高晓声说："好像作家艺术家都跟富贵结仇似的。我跟你讲一件事啊。我有一个朋友，董欣宾，是个画家。他的画很好，原先就是不肯卖，但他穷得很啊。他是刘海粟的学生，很会画的。我说，我帮你去卖画，可以改善改善你的生活。结果怎么样？他不但不同意卖画，还去收购昔日送人，后来又被画店'低价'出售的画。"

陆文夫说："你帮他卖了吗？"

高晓声说："卖了。根本卖不出去。你想想，他的画，画店都低价出售，我又能怎样？"

"结果呢？"

高晓声说："我不信邪。他的画怎么能没人要啊？你想想，陈奂生都进步了，出国了，我的那些企业家朋友，赚了钱，总要有精神追求吧？我跟董欣宾说，卖画的事，包在我身上。后来，董欣宾在我家一连画了六天。头四天，蹲着画，把宣纸摊在水泥地上。我说你坐着画不好吗？他说，他有蹲功，学生时代练的。后来我看不下去了，就从床底下找出一张钓鱼用的小折凳，让他坐着画。"

陆文夫说："看来，他很相信你。"

高晓声说："我告诉他，我帮你卖画，一百元一张，一定把你打造成一个万元户。"

陆文夫问："结果怎样？"

高晓声一声叹息："简直就是颗粒无收。有一个朋友，说这画没有书店卖的年画好看。年画五颜六色，挂在家里喜庆，只需要一角多钱。你这宣纸上的画，黑不溜秋的，多难看，怎么好挂在家里？他们哪里懂啊，这是水墨画，这是艺术！"

陆文夫说："董欣宾知道吗？"

高晓声说："他很大度，从不过问我能不能卖掉，就当没有这码事。"

陆文夫问："后来怎么样了？"

高晓声说："卖了少量，剩下的，都送人了。送给那些懂画的朋友。我们常州的作家李怀中，宜兴紫砂厂的史俊棠厂长那里，都有董欣宾的画。1988年2月，我到美国一些大学，巡回讲学，负责接待的梅仪慈教授，我送她的礼品，就是董欣宾的画。"

陆文夫问："董欣宾为什么狂傲？"

高晓声说："他少年时期就是这样，恃才傲物嘛！小辰光考南艺附中，凭着一幅长达两丈的《太湖全景图》，打动了负责招生的叶善禄的心。叶善禄是谁？叶浅予儿子，也是书画名家。这幅《太湖全景图》，他一共画了两幅，有一幅在我家卧室挂了好多年。"

陆文夫说："现在看来，董欣宾的画，是有点贱卖了。"

高晓声说："每张一百元，当时已经很不错了。我的长篇小说《陈奂生上城出国记》，1991年出版时，才给了三千八百元稿费，后来我自己也写字，毛笔字我是有功底的，没想到很受欢迎。现在想想都懊恼，早晓得我们不写小说啦，写写字，画画画，多轻松啊。"

陆文夫笑说："老高，看来我们是学错生意了。应该学书画。"

高晓声当然不会知道，许多年后，董欣宾画作的价格不断飙升。2014年3月《现代快报》发布的"江苏艺术家指数"，董欣宾作品的当前均价，每平方尺41466元，总拍品322件，成交比率50.4%。这种价钱，作者生前不会料到，高晓声也料不到。九泉之下的高晓声若知是这个结果，无论如何都会后悔，自己不该"贱卖"骄傲的董欣宾。当然这是后话。

聊着聊着，两人又说到家庭生活。陆文夫说："老高，你的日子，过得太龌龊（不卫生）。以后要讲究点。"

过去二人一起出差，高晓声的衣裤总是不整洁，满是褶皱，袜子的臭味会熏倒人。洗裤子、洗内衣的事，都是陆文夫帮他做。他家里也弄得龌龊不堪。

高晓声说："我管他呢。习惯了，改不掉的。"

陆文夫说："你是名人，想过影响吗？"

高晓声说："那也没办法。我几十年一直是这样。"

说着说着，高晓声就讲起了一桩往事——

1988年，上海剧作家沙叶新和香港作家古剑，去高晓声家里做客。高晓声家在常州桃园新村，条件不错。可两位客人入门一看，地上虽铺了地毯，但那地毯实在是脏。地毯本是红的，现已发黑，还很潮湿，走在上面，就像踏着又黑又湿的海绵。最让客人掩鼻的，是盥洗室，脏乱而充满腥臊味……

当晚，沙叶新实在睡不着。趁大家安睡之际，他独自在高府，悄悄掀起一场爱国卫生运动——给高晓声家大扫除！先是清洗厕所，力尽所能去污除臭，铲、刮、冲、刷之后，面目一新。又打扫他家的客厅，将当晚吃得满地的瓜子壳、花生皮、水果核、香烟头，彻底扫尽。然后拖地板，擦桌椅，揩门窗……

第二天一早，古剑发现了屋内的变化。可高晓声全无感觉。

沙叶新和古剑离开他家时，高晓声笑着说："我家的被子还没洗，欢迎你下次再来。"弄得沙叶新哭笑不得。

看到高晓声一边说此事，一边在笑，陆文夫就说："你还好意思笑。除了不讲卫生，你那个丢三落四的毛病，也要改一改。"

高晓声说："这个更难改。丢三落四也不是什么大毛病，遇到事情实在想不起来，你说我能怎么办？"

陆文夫说："听说你到美国，也闹了大笑话。这是怎么回事？"

高晓声嘿嘿一笑："怎么，此事你也晓得？难怪总有人说，好事不出门，坏事传千里。"

高晓声到美国讲学，讲一口常州土话，所有人都听不懂。同伴有些担心，"高老师，你讲的常州方言，我们听都吃力，这些老外能听懂吗？"高晓声说："我才不管他们美国人听得懂听不懂哩，他们讲的，我不是也听不懂吗？"

访美期间，高晓声住在一位美籍华人家里，进屋要脱鞋。有一次，他去某大学讲学，出门时，左脚穿了一只自己的鞋，右脚穿了一只主人的鞋。两只鞋颜色不一样，大小也不同，而且都是左脚的鞋。他竟然穿出去，堂而皇之走上了美国大学的讲台！

他穿得出去，可主人出门时，却穿不出去了。高晓声演讲回来，主人就问："高先生，您是不是把鞋穿错了？"

高晓声一拍大腿，"怪不得我今天觉得右脚这只鞋夹脚，那么痛，原来是你的鞋跑到我的脚上来了！"

一向矜持的陆文夫听到这个故事，也嘿嘿笑起来。

酒桌上的聊天，无拘无束，轻松愉快，时间也在飞逝。兄弟俩只顾喝酒，已不知屋外光阴几何，一个下午，就这样不知不觉过去了。转眼到了晚饭时间，管毓柔又给他们炒两个菜，让他们接着喝酒聊天。毕竟机会难得。

后来管毓柔发现，老头子和高晓声这酒，已喝得毫无节制。入睡时间到了，他们还在喝，照这样下去，他们会一直喝到深夜，甚至通宵达旦，酒没个够，就会伤害身体，这哪儿行呢？想想便开始生气，最后终于忍不住，向他们大吼一声："你们再这么喝下去，要喝死人的！"

老哥俩愣住了，看到女主人火冒三丈，赶紧鸣锣收兵。

多年以后，北京的何镇邦来到陆家，问管毓柔："那次，您真的向老陆老高发怒了？"

管毓柔说："确有此事。"又说："我就是要管他们，谁让我姓'管'呢！"

管毓柔当然不知道，这兄弟俩放纵饮酒的机会，其实所剩无几。1999 年 7 月 6 日，高晓声停止了生命的脚步。

高晓声发病的起因，也很怪。二十世纪九十年代，高晓声已定居南京。1999 年 5 月底，南京上空莫名其妙出现一种"怪雾"，严重刺激了高晓声的肺，他从此一病不起。中央电视台报道说，它叫"雾霾"，也叫"$PM_{2.5}$"。高晓声的肺，本来已切掉四分之三，对"怪雾"特别敏感，当天就被送进江苏省人民医院。

高晓声还以为，这跟以前一样，躲一躲就可以避过去。所以他在南京的医院只住了一天，就连夜叫机关的车，把他送到无锡太湖边的兰州铁路局疗养院。以往犯病，他在这里住几天，呼吸呼吸湖边的新鲜空气，气就慢慢顺起来。

但这次，他失算了，新账老账一起结。

高晓声住院的时候，学者徐采石、金燕玉夫妇来到苏州，上门采访陆文夫。梅雨季节，陆文夫也受着肺气肿折磨，原来清癯的脸庞，更加瘦削。陆文夫告诉他们一个坏消息："高晓声病危，正在无锡抢救。"

访谈中，陆文夫一直忧心忡忡，心绪不宁。看得出，他很挂念高晓声，他们既是《探求者》同人，也是多年的知心老友。

6 月 9 日夜里，高晓声病情恶化，被送进无锡第一人民医院抢救。随后的二十多天时间，虽经南京无锡等地专家教授多次会诊，终因肺性脑病，高晓声仍归于无声，带着深深的痛苦和遗憾，离开了这个世界。

在医院的最后日子，高晓声仍不想放下手中的笔。同乡挚友唐炳良，从南京赶来无锡看他。高晓声已无法开口，用铅笔在纸上写了两个字："很苦"。去世前，他的气管已被切开。高晓声用手指，在空中画了一个很大的字，身边的人看得很明白，那是一个"家"字。

事后，陆文夫解释说，无锡是高晓声最后的家。他早逝的爱妻就是无锡人，他要做个无锡鬼！

在高晓声的追悼会上，陆文夫想到他一生的不易，致悼词的时候，禁不住老泪纵横，泣不成声。在场的人都受到了感染。

高晓声去世后，陆文夫发现这位老友一生没出过文集，就替他不甘心。高晓声生前，被评论家捧得很高，应该出一套文集。便主动为此事忙碌起来。

很长一段时间，陆文夫情绪很低落。他和费振钟说："我现在最想做的一件事，就是尽快为高晓声编文集。已经委托人在收集高晓声作品的目录，只是出版经费有问题。要是作家协会不能解决，那就只好求助于出版社。"

在陆文夫的奔走努力下，《高晓声文集》的出版事宜，最终有了着落。他又开始张罗为文集写序的事。他觉得这个序言，让黄毓璜来写最合适。但遭到黄毓璜婉拒，说自己是晚辈，资格和资历都不够。陆文夫对黄毓璜说："高晓声是有分量的作家，应当从评论的角度，写得详尽些。你对高晓声比较了解，由你写序最合适。"听了陆文夫的一席话，黄毓璜最终还是答应了。他实在不忍辜负陆文夫那种感人的热忱和期望。

2001年，四卷本《高晓声文集》由作家出版社出版。作家们读到这套文集，联想当年苏州老作家程小青逝世后，陆文夫同样为《程小青文集——霍桑探案选》（四卷）的出版，奔走努力，多方求助，还亲自写序，不免有些感动。

5. 只缺鲃肺汤

章品镇离休以后，陆文夫听说他深居简出，生活过于简朴，就写信给他，邀请他们夫妇俩到苏州小住几日，散散心。信中说："你一生太谨慎。既然退下来，就放开手脚，抛弃头脑里的积习。我知道你淡泊名利，更不追求物质生活，难道人的一生就这样清汤寡味下去吗？到苏州来吧，我陪你们享受几天，这不能算过分。"

陆文夫这样热情，一是因为他们是老朋友，二是因为章品镇淡泊名利，生活过于简朴，三是因为章品镇有恩于他。

1957年底，章品镇出任《雨花》主编。当时的陆文夫，因《探求者》事件被省文联除名，下放到苏州机床厂劳动。有人畏于政治重压，不再与他往来。章品镇则相反，在自己主编的《雨花》上，频频发表陆文夫的稿件。在1959年第八期《雨花》上，发表了他的小说《碰不得》；在1960年第五期、第十一期《雨花》上，发表他的小说《准备》和特写《遍考古今编新书——记〈中药学大辞典〉的编写》；在1961年第二、三期合刊，第七期《雨花》上，发表了他的散文《金钥匙》和小说《龙》。

在陆文夫所有作品中，这几篇东西并不起眼，但发表在特殊时期，给陆文夫带来巨大鼓舞，也给了他活下去的信心。章品镇编发陆文夫作品，属于"顶风作案"，这需要有足够的勇气。1961年底，陆文夫回归文坛，又发表一系列工业题材小说，引起茅盾关注，这里也有章品镇的功劳。

现在，章品镇离休了，陆文夫懂得"人走茶凉"，就想给他带去一些温暖。

章品镇坦言，他自己倒不感到寂寞和孤独。与外地的一些编辑部，联系开始多起来；家里堆满的书，现在有时间能读了，都很其乐融融。陆文夫的心意他懂。既然盛情难却，那就到苏州走走吧。

章品镇夫妇是下午到的苏州。晚餐时间，陆文夫要在南园宾馆招待一位法国作家，邀请章品镇夫妇一起参加。饭后陆文夫说："你们就住在这里吧。"

章品镇来过南园宾馆，对这里很熟悉。过去叫"蒋公馆"，是姚冶诚（蒋介石第二个夫人）同蒋纬国的宅院。里面有栋小洋楼"丽夕阁"，建于1927年，是二太子蒋纬国的寓所。章品镇在这个小洋楼里住过，感觉它很精致。

对南园的环境和历史，章品镇也略知一二。这里有个神秘的地下行宫——"571工程遗址"。南园还有一座"明轩"，过去是何亚农故居。何亚农是国民党元老之一，退出军政界以后隐居苏州，经营实业及教育。"明轩"以网师园为蓝本构建，又称"小网师园"，假山、亭台、水榭俱全，小巧别致，颇具韵味。院内还有一个"善庆禅院"，始建于明朝的崇祯年间，民国时期曾是姚冶诚的佛堂，后因年久失修，1995年拆除。南园宾馆后来扩建，重建了"善庆禅院"。章品镇住进"丽夕阁"的时候，门前草坪有假山群和凉亭，楼内墙上有蒋纬国和姚冶诚的照片及画像。花岗岩廊柱，雕花红木桌椅，都保持着原来的设计风格。

尽管章品镇很熟悉，老伴沈西婷第一次走进这么华贵优雅的宾馆，还是有些惊讶，再进卧室一看，更加惊骇，连忙向服务员打听价格，一听价格便慌了，

"不能让老陆这样花钱。快搬！"

章品镇也觉得有些奢侈，遂向陆文夫提出更换住处。陆文夫拗不过他们，就说："今天太晚了，你们将就一夜。明天再换怎么样？"

第二天，陆文夫将他们安排到了《苏州杂志》的客房。说："这样，我们两便。你们住得舒心，我们编辑部的人也可以给你们做做服务。"

沈西婷说："老陆啊，不要花很多的钱。你和老章都是几十年老朋友，用不着这样。"

编辑部的人和章品镇熟悉，大家说话毫无忌讳。青年编辑说："章老，下面老陆安排的节目，你不能怕他花钱。你阿知道，你们是贵宾，我们是陪客。老陆说过了，把你们陪好，也等于对我们的慰劳。"

章品镇一听就明白了，这还真的不能太客气，否则大煞风景。就说："客随主便吧。"

于是，就在章品镇居住杂志社期间，一众文人经常浩浩荡荡，又玩又吃，皆大欢喜。章品镇晓得的苏州名菜，基本上吃遍了。只有一样没吃到，木渎石家饭店的鲃肺汤。时间错过了，去的时候已经售罄。但那句名人写的诗，章品镇记下了，"多谢石家鲃肺汤"。

不知不觉，过去一个多礼拜，章品镇要告辞。陆文夫说："不忙，我那家厨还要露一手。"家厨，就是他的夫人管毓柔。

章品镇说："管嫂高超的厨艺，我早领教过。八十年代初，你躲在常熟写东西，我在苏州整理长篇民歌《五姑娘》，住在文化局招待所，管嫂几次烧了菜，送到招待所。她现在也年纪大了，不麻烦她了吧！"

陆文夫说："这个句号，她说一定要由她画。"

一听这话，章品镇夫妇只得领情。

在陆家，章品镇看到，管毓柔基本包揽了一切，摘洗切剁，烹煮煎炸，都由管毓柔来做。实在做不完，指挥女儿搭把手。陆文夫只管抽烟饮茶，陪客人看景聊天。章品镇就说："老陆啊，你不帮帮管嫂吗？"

陆文夫说："我去帮忙也是多余，再说，我也不会烧饭。"

章品镇说："管嫂果然大异往昔。若无管道昇，难有赵子昂。所谓贤内助，于此可见。"

听到这话，陆文夫露出一脸得意。

饮酒中，章品镇说："老陆，我们不是酒肉朋友，而是几十年的真朋友。我的朋友中，相互关心照顾的，不虚不假的，不少。但考虑周到的，两三位耳，你是其中之一。就冲这点，不喝酒的我，今天也要陪你喝一杯。"

沈西婷说："老陆，老章说的是实话，他平时真不喝酒。今天破例了。"

陆文夫不再说什么，举起酒杯："干！"

在这样的氛围中，酒不会喝多，话却很多。章品镇感慨说："老陆啊，你的成功，全在于一双手。"

陆文夫问："何言于此？"

章品镇说："你的机灵，全在手上，学一行，精一行。还记得来南京，有一次到张弦家吗？他家的缝纫机坏了，正束手无策。你听后，只说了一句，'我来试试。'坐过去打开盖子，拨弄几下就行了。随手拿块布条子，脚一踏，'嗒嗒嗒嗒'，发出清脆的声音，就像小人国里在打轻机关枪。所以我说，'老陆当年若是跟一位宁波老师傅学外国铜匠，说不定能成为工人出身的工程师或劳动模范。'"

陆文夫笑说："其实，那个缝纫机修一修，并不复杂。"

管毓柔说："世上无难事，只怕有心人。"

沈西婷应道，"是的。老陆就是个有心人！"

章品镇又说："运动中，你沉下去二十多年，你猜有人怎么说？'同他一起过江的，不是当了厂长，就是当了局长，有人还当了部长。他嘛，枉有一颗七窍玲珑心，却给迷糊了……'还摇头不胜惋惜，把说到嘴边的话又咽回去了。我寻思，陆文夫被谁迷了心窍呀？是在苏州遇上了花魁女吗？不，他迷上的，是文学创作。对于这个行当，我也算有点体会。我们这一辈人，年轻时就把文学尊为'圣洁的女神'。而且认为，文艺是革命的宠儿，革命是文艺的护法，所以选了文艺作武器，为革命效力。既然是武器，难免危险，很容易被快刀子碰伤手指。"

陆文夫说："还是老章看得透。"

管毓柔说："老陆当年有一些出息，老章你帮了不少忙。那个时候还发他的小说，给他多大的信心呀！"

章品镇说："当时发的那几篇东西，现在看来，都不是老陆的代表作。"

陆文夫说："那几篇是实验性的小说，后来才摸到一点经验。"

章品镇说："是的。后来，我特别欣赏你的一篇小说。"

陆文夫说："哪一篇？"

章品镇说："1964 年写的《队长的经验》，我发在《雨花》上的。一直到现在，都有深刻印象。你写，大家选的新队长，好心办坏了事，迎来了各种各样的意见。满头苦恼，整天琢磨，临了对老婆说，'我摸出点经验来了，队长可以当得。'作家还直截站出来说，'当家人担子重呀！人们把批评都含在期待间。'

你看看，忧国，忧民，维护党，相信党，唱针清清楚楚在唱片的纹路上走，没有跳挡，没有豁丝，循规蹈矩，小心翼翼。这才是一身正气的革命作家形象。"

管毓柔说："我们家老陆，一辈子都是这样，一根肠子通到底，一门心思走到黑，一个信念支撑一辈子！"

章品镇说："管嫂，你这几句，总结得准确，不愧是东吴大学毕业的才女。老陆就是这样的人，一旦有了信念，他就矢志不渝，几十年如此。这也是我佩服的地方。"

管毓柔说："你写老陆的那两篇文章，《陆文夫与他那"锁着的箱子"》和《陆文夫进出文坛记》，我都读了。看得出，你很了解老陆，你们俩是一类人。"

章品镇哈哈一笑，"要不，我怎么会一退下来，就跑到你家来饮酒呢？"

大家一听这话，都乐了起来。陆文夫举起酒杯："来，喝酒！"

……

章品镇辞别以后，再来苏州的机会就少了。但他们会通通电话，经常相互问候。

6. 杯酒送友远行

陈登科到上海开刀，给心脏装了一个起搏器。躺在病床上想，我会不会哪一天突然死了？想着想着，有点担心，还不如提前和老朋友告别一下，否则哪天突然走了，会留遗憾的，就给苏州的陆文夫打来电话，把心思说了一下。

陆文夫说："来呀老陈。来来来，趁咱俩还能喝，不如痛痛快快喝上几杯。"

陈登科说："我就是这么想的。将来举行我的追悼会，你就不必参加了，你参加了我也不知道。还不如趁活着，咱们再喝一次！"

陆文夫挂掉电话，感觉很悲壮，甚至有些激动。和陈登科约好日期后，便着手准备宴席。他请来烹饪界的老朋友，苏州特一级厨师吴涌根，亲自上灶烹制他的拿手菜；又把另一个老朋友，苏州市委副书记凡一，请来作陪。凡一也是陈登科的老朋友，带来了一瓶陈年茅台。这桌宴席既有茅台，又有吴大师烹制的菜肴，在苏州可谓最高水平了。

陈登科来到苏州，发现酒菜如此丰盛，哈哈大笑："我此生不枉来苏州一回啊！"说完，端起酒杯就同大家痛饮起来。

看到陈登科如此惬意，陆文夫感觉比自己痛饮都舒心。陆文夫与安徽文坛当年就是通过饮酒来联系的。他与曹玉模、陈登科，都是有年头的酒友。

1956 年，陆文夫去北京参加"全国第一次青年创作者会议"，和曹玉模分在华东分会小说组，王安友是组长，陆文夫是副组长。那时候年轻有作为，大家几乎都不喝酒，后来被反右整得死去活来，这才借酒浇愁，染上了喝酒的"恶习"。陆文夫说过大话，此生决不戒酒，即使不能喝也不戒。七十年代末劫后重逢，他和文友们更是狂饮起来。

1979 年，大家到北京参加第四次全国文代会，陆文夫与陈登科在一起，每顿必喝。他们住的宾馆比较高级，餐厅有好酒。但有规定，每人只能买一杯。他和陈登科请不喝酒的人帮忙，一杯一杯买来，倒在他们的大碗里。

回想这些往事，陈登科说："老陆，你还记得吗，咱俩在四次文代会期间，是怎么喝的酒？"

陆文夫说："怎么会忘记？那次我们都没少喝。"

凡一举杯说："陈老，我敬您！"

陈登科说："凡书记，不敢当不敢当！我应当敬你。钱璎大姐和钱毅老师，都是我的恩人，我这辈子都感激不尽。"

凡一和钱璎是夫妇。钱璎的哥哥钱毅，民国时期任《盐阜大众报》编辑，是陈登科写作的启蒙老师。当时，陈登科在涟水县游击队当战士，平日经常写墙报，被记者发现后，鼓励他向《盐阜大众报》投稿。第一篇投稿《鬼子抓壮丁》，被钱毅编成简讯，发在报纸上，他从此爱上了写作。钱毅第一次见到陈登科，就送他两本书，一本是《怎样学写稿》，另一本是赵树理的小说《李有才板话》。两人一有机会见面，钱毅就教他文化知识，帮助他提高写作水平。1945 年7 月26 日，陈登科作为"特等模范通讯员"，调入《盐阜大众报》当记者，从此得到钱毅更多的帮助与指导。

不幸的是，1947 年3 月2 日凌晨，钱毅在淮安县石塘区涧河的河畔，被敌人杀害。当时他的身份，是《盐阜大众报》副主编，兼新华社盐阜分社特派记者，牺牲时年仅二十二岁。陈登科听到消息，悲痛万分。新中国成立后，陈登科得知钱毅的姐姐钱璎在苏州工作，常来探望，和钱璎、凡一夫妇也成了朋友。

酒过三巡，大家微醺，就说起了往事。陆文夫问陈登科："老陈，听说你开始写小说的时候，大字不识几个，过去怎么一点基础都没有？"

陈登科说："小时候过得太苦。十二岁进私塾，才有了自己的名字。我读书贪玩任性，父母和先生都很失望。有一次背不出字、词、句，被先生罚跪，膝盖疼得实在受不了，就举起砚台砸向先生，回家后被父亲痛打一顿。后来被开除了，先生指着我说，'你只能放猪，不能读书。'"

陆文夫说："你的文学天赋一点也不少。"

陈登科说："我从小鬼迷心窍，不爱读书，却迷上了听书。当地老人都喜欢讲鬼故事。农闲时，人们吃罢晚饭，就在黑灯瞎火中，围坐一起讲故事，说得有声有色，活灵活现。我就天天巴望这个时刻到来。这些故事讽刺财主，挖苦教书匠，骂和尚，还有不少是谈鬼说狐的。尽管听得毛骨悚然，依然入迷。这大概就是文学种子吧。"

陆文夫说："听说你在部队是个神枪手？"

陈登科拍拍胸脯："这是我的真本事。1937年秋，我父母相继去世，了无牵挂就投奔涟水县抗日游击队，在这里摸爬滚打，进步很快。不瞒你们说，后来就成了双枪连发的神枪手。我捉住的汉奸，不下百人，击毙的敌伪军，也有六十余人。呵呵，后来敌人一听到我的名字就怕。"

陆文夫问："你是战斗英雄，何不留在部队？"

陈登科说："鬼迷心窍了。无论到哪儿，我都迷上了写故事，写小说。不怕大家笑话，我发表第一部小说《活人塘》的时候，还不知道这叫小说。后来大家告诉我，你写的是小说，我才明白什么是小说。"

陆文夫说："听说《活人塘》是赵树理发现的？"

陈登科点点头："他那个时候，在《说说唱唱》当主编。收到我的书稿后，不但亲自看了，还请田间、康濯二位编委审阅。赵树理把书稿交给康濯时，特地叮嘱他，'有篇稿子，看来是个工农干部写的，有的字，是打的记号，还要你去猜。把它看完，要费点劲，耐点心，吃点苦头。不过是值得一看。'"

陆文夫很好奇："你那做记号的字，他们是怎么看懂的？"

陈登科说："都是猜出来的。你们想想，当时我在打仗，哪有时间识字？不认识的字，怎么写啊？就做个记号。比如'趴'这个字，我写不出来，就想到一匹马趴下的样子，它的四条腿蜷在肚皮下面。后来我写'趴'，就写一个马，但省去了下面四个点。"

大家一听，纷纷笑起来："能读懂你的字，应是天才。"

陈登科说："后来才知道，我这个'趴'字，是汪曾祺猜出来的。汪曾祺当时是《说说唱唱》的青年编辑，脑袋灵光。他猜出是个'趴'字，又不放心，给我写信，问这是不是趴？我说是趴，他们才放心排版。"

陈登科的稿子，宛若天书，经赵树理和编委们一字一句修改后，最终还是在《说说唱唱》发表了。赵树理给陈登科写来一封长信："我看了你的小说之后，觉得内容充实，语言生动，乡土气很浓。但是，书中人物还欠精雕细刻，在艺术结构上也不够完整，希能在它出版之前，再做一次必要的修改……"

赵树理开了一大串书名，要陈登科一本一本读。鼓励他，学习要坚持不懈，生活要点滴积累，刻苦钻研，循序渐进。后来二人成为朋友，经常通信。新中国成立后，经赵树理、田间推荐，陈登科还进了中央文学研究所学习深造。

陈登科说："我做事就这脾气，要么不做，要做就做好，要做就做到底！朋友说我，你是文人的雅兴，当兵的脾气。我一听还蛮高兴的。"

陈登科讲述往事的时候，大家神情专注，几乎忘记手中的杯子和满桌的菜肴。陆文夫说"吃菜吃菜"，大家这才回到现实。

端起酒杯，陆文夫说："老陈，这瓶茅台是凡一从家里带来的。这是他们的心意，你要多喝点！"

陈登科拿起酒杯一饮而尽："好酒！凡书记，老陈谢过了。"又说："说到酒，此生印象最深的，还是三十年前参加工作队喝的酒。"

凡一说："这里肯定有故事。您说一说。"

陈登科说："我年轻时不喝酒，后来到基层干工作队，才喝上了瘾。1960年，我以省委工作队负责人的身份，来到安徽亳州的张集区，担任区委、公社、大队三级书记。当时，亳州被严寒笼罩着，我的左腿关节炎犯了，疼痛难忍。吃过几服中药不见效。机关司机吕守诚说，你用中药泡酒试一试，每天喝一点，保准见效。结果，喝了一段时间，真是奇迹哎，关节炎的老毛病好了。从此我也有了酒瘾，业余时间写小说，书桌上总是放着酒。"

陆文夫说："老陈，你当时是不是在写《风雷》？"

陈登科说："对，《风雷》的大部分章节就是在张集写的。"

凡一说："真是美酒育《风雷》啊！"

陈登科说："真是这样。这部小说1958年构思，1959年冬动笔，直到1963年才正式发表。当时工作之余，就窝在屋里写作，一写就是三四个小时，只是偶尔出去遛遛弯儿，回来继续写。我在桌上放一瓶酒，不时饮上一口。可惜这部《风雷》面世不久，就被批成了'大毒草'，我也成了国民党'特务'，入狱五年，受尽种种磨难。"

凡一感叹："那个年代，文人很少幸免。老陆也是这样，被《探求者》一事弄得三起两落，时间长达二十二年。"

陆文夫说："相比老陈，我还算幸运，下放到工厂和农村，大家待我不薄。几个探求者兄弟，数高晓声最苦，不但日子过得苦，还弄了一身病。"

陈登科说："说到高晓声，老陆啊，八〇年我组织的黄山笔会，听说一路上都是你帮高晓声拿东西，还帮他洗衣洗袜。可有此事？"

陆文夫笑了笑："他的日子，过得很苦，身体又不好。当年肺病趋重，动过手术，抽去三根肋骨，切除了一部分肺叶，几乎是半残人，爬山很吃力，我能帮就尽量帮一点。不过，能够参加那次黄山笔会，我和老高都很高兴。回忆此行，至今还很兴奋。"

1980年夏天的黄山笔会，阵容很大，有安徽的陈登科、鲁彦周、肖马、赖少其、那沙，上海的白桦、叶楠，江苏的陆文夫、高晓声，河南的李準，北京的冯亦代、冯牧、秦兆阳、黄宗江、李纳、邓友梅、刘真、刘宾雁、张洁等，都是红极一时的名作家。

陆文夫说："老陈，你还记得吗？那次笔会在桃花溪夜宿，下了一夜雨水。第二天，你带我们看黄山脚下的景物。看到百丈瀑，大家都很激动。当时，因为雨雾太浓，到了观瀑桥，仍看不到它的真面目。只是在厚厚的雾中，隐约看到一条巨流从空中倒泻下来。它有多高？多长？根本猜不出来。不过，它的声音却能传出来，在千仞绝壁上，好似万鼓鸣响，气势磅礴。最神奇的是，就在我们离开的一瞬间，雾又收敛了，就像有人拉开一层帷幕。大家一看到崖顶的泄水口，顿时欢呼起来……"

陈登科说："黄山天下奇。百丈瀑只是它的一个点，你要真想游黄山，没有个十天半月，根本游不过来。"

陆文夫说："跟你说，那一次登黄山，我是来还愿的。"

陈登科说："此话怎讲？"

陆文夫说："我下放苏北的时候，同行的下放干部夏锡生，经常来聊天，大谈黄山之奇、之美、之高、之伟。聊天的时候，外面北风呼啸，屋内油灯昏暗，四壁黄土斑驳，屋顶上的泥屑沙沙地往下掉……当时，我简直就是聆听海客谈天，如梦似幻，黄山在我的梦幻中，就是一个仙境。我说，'我没去过黄山。'夏锡生说，'你这个作家是怎么当的？怎么连黄山都没去过啊！你看人家李杜当年如何如何……'所以八〇年登黄山，我已经不是游山玩水了，而是一个挂着香袋朝山进香的信徒，是前来烧香还愿的。"

陈登科说："有时间，你还可以上黄山。"

陆文夫感叹一声："不行了，老啦。心有余而力不足……"

陈登科笑说："老陆啊，你别这么悲观。曹操不是说过么，老骥伏枥，志在千里，烈士暮年，壮心不已。"

陆文夫笑笑："那是诗歌，不是现实。所以，我毫不忌讳地跟凡书记说，你家有没有藏着好酒啊？若是有的话，赶快把它喝掉。天有不测风云，人有旦夕祸福，这是自然规律，谁知道结果会怎样？"

大家一听，便笑起来。

谈笑中，时间过得飞快。宴罢，陈登科就要告辞了，拉着陆文夫的手，紧紧攥了攥："老陆，你我都是大难不死之人，但我不迷信，人不会长生不老，终究要死的，等我走的那天，你身体不好，就不要来了，在家喝杯酒，就等于为我送行了。"

听到这话，陆文夫心头一热，眼眶湿润起来。他不想表现出来，便说："那一天真的到来还早呢。不过老陈，你真要注意身体，心脏装了起搏器，可不是闹着玩的，喝酒要克制，遇事不要激动。"

凡一握着陈登科的手："陈老，常来苏州走走。我们等着你。"

陈登科向大家回了一个抱拳礼，"告辞!"转身飘然而去。

7. 锦锦的厨艺

何镇邦是陆文夫的老熟人。熟到什么程度? 1956 年何镇邦在复旦大学念书时，就读过陆文夫的《小巷深处》，与陆文夫开始神交起来。只是二人一直无缘见面。

二十世纪八十年代初，何镇邦调入中国作协创作研究室，编《当代作家论》一书，分工写"陆文夫论"，从那时与陆文夫有了书信往来。1984 年到苏州参加"陆文夫作品学术研讨会"，二人正式见面，从此有了二十余年的交往。何镇邦答应一家出版社，写一本关于陆文夫的书，陆文夫也同意了，命名为《陆文夫的艺术世界》，后来忙于事务，此事不了了之。不过，他对陆文夫的研究一直没断，发表过《精心营造小说艺术的"苏州园林"——陆文夫近作漫评》《艺术辩证法的创造性运用——略论陆文夫的小说理论和小说创作》等学术文章。

1986 年上半年，陆文夫的文论随笔集《艺海入潜记》，由上海文艺出版社出版，这是何镇邦代他编的。二人还一起担任过第二届"茅盾文学奖"的评委。陆文夫长篇小说《人之窝》获第一届紫金山文学奖时，评语也是何镇邦写的。

1987 年初，何镇邦调到鲁迅文学院主持教学工作，陆文夫每次到北京，都要去讲课。二人的家庭也有了交往，两家人都很熟。有一年，何镇邦三次南下，到苏州去见陆文夫。陆夫人管毓柔说："你怎么又来了!"

在陆文夫眼里，何镇邦是兄弟，是挚友。

有一年，江苏作协举办"太湖笔会"，最后一站是无锡，住在湖滨饭店。分手前为客人饯行时，陆文夫知道何镇邦不会喝酒，只用低度洋河和他干了一杯。高晓声、张弦一看，一直不喝酒的何镇邦现在也喝酒了，便要和他干杯。眼看何镇邦招架不住，陆文夫就说："你们都知道镇邦不会喝酒，怎么还欺负他。于心何忍？这杯酒我代他喝。"何镇邦这才逃过一劫。此时的何镇邦，已有几分醉意，这是他第一次领略将醉未醉的乐趣。

何镇邦饮酒不行，对美食却有兴趣。他与陆文夫的交往，离不开美食美酒。有时候人在北京，心已飞向苏州。他对陆文夫这个美食家，也比他人更理解。

1985年秋，苏州举办"艾煊作品学术研讨会"，何镇邦也参加了。会议期间，苏州大学中文系主任范伯群教授，把一些作家、评论家请到学校搞讲座，一去就是七八位，每人讲二十分钟，讲了足足一个晚上。贾植芳、陆文夫、胡石言、高晓声、张弦、何镇邦、范伯群等人轮流上台。按当时的规矩，讲课没有费用。东道主范伯群就想了一个主意：第二天在苏州大学招待所的食堂，请大家吃一顿。

一听说到食堂吃饭，陆文夫提出抗议："不干，不干！这太便宜老范了。"

于是，陆文夫向范伯群要了一百五十元，亲自跑到"小小得月楼"，从经理到厨师，再到跑堂的服务员，都关照一遍。就这样，让所有讲课老师美美吃上了一餐地地道道的苏州菜。

何镇邦回忆说："这一餐美食，可谓色、香、味俱全，而且环境、气氛也美。尤其是那道豆苗虾仁，翠绿的豆苗上铺上一片白白的河虾虾仁，不要说吃起来味美无比，就是看起来都是美的。这餐饭，显出了陆文夫美食家的水平，也露出了他在苏州的公关能力。"

1986年5、6月间，何镇邦参加复旦大学校庆。会后去了苏州，用他自己的话说："是到苏州大学讲点课，混顿饭吃。同时也想到陆文夫处，把编就的《艺海入潜记》送给他过目。"

陆文夫一看何镇邦来了，热情邀他到家里小酌。此时的陆文夫，还住在善家巷的旧宅内。房子不大，却有江南住宅的特点。何镇邦在屋内屋外瞅了很久，十分好奇。陆文夫说："这种平民化的房子，与河街相邻，生活还是挺方便的，就是小了点。"

何镇邦说："老陆啊，你就知足吧，至少还有自己的房子。有的老作家，还不如你。"

陆文夫问："谁呀？"

何镇邦说："汪曾祺啊。"

陆文夫问："他现在住谁的房子？"

何镇邦说："先是当夫人的家属，住新华社的宿舍；九十年代中期，传说要给汪曾祺解决住房问题，结果还是空喜欢一场。汪老没法子，只好搬到儿子汪郎在《经济日报》社分到的一套局级待遇的新房子里住，依然是当了家属。"

陆文夫挥挥手："家家有本难念的经，不说它了。"

随即唤出小女儿陆锦，"今天何叔叔来，你来烧饭，让他尝尝你的厨艺。"又对何镇邦说："我们家烹饪得到真传的，是锦锦。"

何镇邦说："我真有口福，今天好好尝一尝锦锦的烹饪手艺！"

老朋友常来，准备的饭菜很简单。但何镇邦感觉，陆家的菜肴透着一股浓浓的江南味道，总也吃不够。菜印象最深的，是那盘刚出锅的叉烧肉，喷香扑鼻，滑嫩爽口，他和陆文夫就着啤酒，一口气吃了三斤多。

看到菜盘子底朝天，锦锦就笑了："怎么又吃完了！下次再这样，我要收何叔叔的伙食费了！"

何镇邦一听，哈哈大笑。

陆文夫很认真地对锦锦说："一个厨师看到光盘，是要感谢客人的。你的手艺得到了认可，大家才会狼吞虎咽吃不够。你要是到饭店当大厨，就不愁没有生意做了。"

锦锦说："看来，何叔叔要多来几次苏州。否则我这点虚荣心，怎么能得到满足啊。"

陆文夫说："我这个二女儿，你永远说不过她。"

何镇邦笑说："只要锦锦不讨厌我，那我就常来。"

锦锦说："何叔叔一言为定啊。"

饮酒过程中，陆文夫和何镇邦聊得最多的，还是苏州美食。越聊胃口越好，吃得也就越多，全然不知何谓"酒足饭饱"。何镇邦后来回忆说："这顿饭吃过以后，我真的久久难以忘怀。"

由于常来往，何镇邦对陆文夫也就更了解了。他发现一个秘密：身为中国作家协会副主席的陆文夫，在外面很风光，回到家里全然不同。这当然与酒有关。陆文夫身体不好，夫人便限制他饮酒。每次喝完酒，陆文夫一想到夫人，心里就没了底气。这种场景，何镇邦目睹过不止一回。

有一次，在吴县招待所喝过酒，陆文夫要求开个房间，洗完澡再回家。何镇邦问他："此举为何？"

陆文夫说："洗澡了，可以把酒味洗去。免得老管再管我。"

何镇邦说："今天你喝的酒，并未过量啊！"

陆文夫说："防患于未然。"

说完，他告诉何镇邦一个秘密。前天晚上，因为喝个半醉，踉踉跄跄回到家里，乘着酒劲踢了一下门。夫人开门一看，是自家老头子，就恼火了，朝他一顿发泄："你看你，像什么样儿！有没有一点正形？还用脚踏门，活像个醉鬼！要是别人看到了，你的颜面往哪儿放！"

面对夫人义正词严一通教训，陆文夫根本没有回话的机会。

有了类似的教训，陆文夫学乖了。每逢饮酒，只要条件许可，他都会洗去一身酒气，然后再回家。不为别的，只求太平。

洗澡的时候，陆文夫叹气："老何啊，你看看我，是不是已经斯文扫地？"

何镇邦说："老陆，你说哪里话。喝酒的人都有个性，不被嘲笑的很少。古来圣贤皆如此。"又说："你还好，汪曾祺比你更惨。"

陆文夫说："何以见得？"

何镇邦说："汪曾祺和你一样，也是个美食家。但他的家庭地位，还不如你。他在家里，上从夫人，下到儿女，孙女，外孙女，都可以喊他'老头儿'。他除了奉献美文，还默默为家人和朋友奉献精心烹制的美食。他的'粗菜细作'，比如拌菠菜，还有爆肚，家人赞不绝口，但对他的贪杯，全家人毫不留情，师母施松卿更是不留情面，揭发他在厨房偷喝料酒。一家人对他开过若干次大大小小的批判会，可谓触及灵魂。"

陆文夫笑说："真有此事啊？过去只道是坊间传闻。"

何镇邦说："那还有假？他的短篇小说《安乐居》发表后，恰逢我到他家吃饭，当众夸了这篇小说。他立马示意，让我别说。饭后，我们到他那八平方米的书房兼卧室小坐。一问究竟，他才透露说，因为这篇小说，老太太发动儿孙们开了批判会，批判他到小酒馆里喝酒。老太太责问，'汪曾祺，你没到小酒馆里喝酒，怎能把小酒馆里的酒客，写得活灵活现？'就是这句话，把老头儿问住了。"

陆文夫问："他家的批判会，你参加过吗？"

何镇邦说："参加过啊，不止一次。"

陆文夫说："老汪的表现如何？"

何镇邦说："汪老头乐呵呵地虚心接受，但坚决不改。当然，遇到这种场面，我也会说他几句。"

陆文夫说："他的身体好像也不怎么好。"

何镇邦说："查出来了，肝硬化，连接肝与胃的静脉曲张。后来医生劝告他，这才有了节制，只喝一点红酒，不再喝白酒了。"

听到这里，陆文夫不再吭声。其实他的身体，也不容乐观。

2000年，何镇邦应邀到苏州大学讲学。陆文夫听说后，把何镇邦拉到老苏州茶酒楼吃了一顿饭。说："锦锦在这里当经理，菜的口味不错，你来此品尝，她肯定会高兴。"

吃饭的时候，何镇邦发现，陆文夫父女俩都在咳嗽。锦锦还好，何镇邦觉得她会好起来的，毕竟年轻嘛，但老陆的健康，明显不如以往，走几步路都会气喘吁吁。这让他想到1997年故去的汪曾祺。

何镇邦就说："老陆啊，你要当心身体！"

陆文夫说："老毛病了，经常会犯，没什么大碍。"

两年后，何镇邦在北京听到一个坏消息，陆文夫的二女儿，也就是在"老苏州"当经理的陆锦，因病去世。何镇邦心里很难过，就想："老陆，你可要坚强啊！"

8. 最后一道汤

冯骥才给陆文夫打电话来，说他正在无锡开会，会后要到苏州来看他。陆文夫回了一句："大冯，你早该来啦！"

他们二人，并无多少交往，但彼此都很欣赏。冯骥才最欣赏陆文夫那张脸，平和而安静，一如江南水乡。这种平静，有时在北京开会的时候，就能看出来。

中国作协在北京开会，一向很热闹，餐厅里，宾馆内，会议室，都能听到作家们侃侃而谈。从维熙总是逞强好胜，特别喜欢教导冯骥才；张贤亮总会吹嘘他生意的成功，尤其是西部影视城如何举世无双。他们说话的时候，陆文夫就坐在人群中，从不插话，一直面含微笑，静静地旁听。看到朋友们展示个性，亮出观点，他都很欣赏，甚至很享受。冯骥才说："陆文夫的微笑，包含着温和、宽厚和理解。"

陆文夫的《围墙》《美食家》发表后，冯骥才这才发现，陆文夫虽温和，却有独立思想，而且不俗，对他就更有兴趣了。有一天碰到陆文夫，冯骥才说："老陆，你在《美食家》里写的美食很馋人。什么时候见识一下？"

陆文夫说："来呀大冯，我随时在苏州恭候。"

无锡的会散了，冯骥才就来到了苏州。陆文夫早已把他的行程安排好了，对他说："大冯，你在苏州待的时间不长。咱们先逛园林，怎么样？"

冯骥才说："老陆你安排。客随主便。"

两人一起逛了拙政园，又逛了网师园。

陆文夫问："大冯，刚才逛拙政园的时候，你有什么感受？"

冯骥才说："你对苏州园林最了解，我想听听你的见解。"

陆文夫说："苏州园林的高妙之处，不是玲珑剔透，极尽精美，而是曲曲折折，没有穷尽。在拙政园，你注意到没有，每条曲径与回廊，都不会走到头。有时候，你以为走到了头，没准就有一扇小门或小窗，在前面等着你。推开一看，又是一番风景。"又说："你看，像不像短篇小说，一层包着一层？"

陆文夫说这话的时候，目光在闪动。

冯骥才说："确实很像！我也想到一个比喻，有点像吃桃子，吃去桃肉，里边有个核儿，敲开核儿，还有一个又白又亮又香的桃仁。"

陆文夫笑了："大冯，你算懂小说。"

又说："你知道在苏州看园林，为什么必到拙政园和网师园？"

冯骥才摇摇头："你说说看。"

陆文夫说："在苏州，拙政园是大型园林的代表，网师园是中小园林的代表。拙政园，人们常来常往，早已名气在外；而网师园地处小街深巷，游客最容易忽视它。"

与拙政园相比，网师园实在太小。拙政园占地面积七十八亩地，网师园连同原住宅，占地面积只有十亩大小。一进门就是厅堂，也显不出"园"的特色。

他们先在网师园的门外看了看。发现它的大门，南向临巷，前有照壁，东西两侧筑墙。跨巷处，设了辕门，以此围成门前广场。场南对植盘槐，东西墙还有拴马环。大门的两边，是抱鼓石，石上有狮子滚绣球浮雕。额枋上，有阀阅三只。正门的东侧，还设有便门。与其他园林完全不同。

陆文夫说："这是典型的清代官僚住宅。不过，也只是中等规模的宅第。"

进园后，就是住宅区，前后三进，分为轿厅、大厅、花厅。大厅名为万卷堂。万卷堂后面的撷秀楼，是园主的内眷住所。两位作家最感兴趣的，是住宅北面的书房区，由五峰书屋、集虚斋、看松读画轩等几个部分组成。

看松读画轩坐落水边，怪石相拥，竹树环合，水光花影可以投射厅内。大厅中央，陈放着待客的桌椅。有一口天青色素釉的瓷缸，里面插着长长短短的书轴画卷。过去每有友人来访，主人都会邀请他们欣赏书画。厅前悬挂的匾上，写着"听松读画堂"。参观者无不驻足，深揣它的含义。

来到看松读画轩，陆文夫和冯骥才看得很仔细。轩的南庭，有一株古柏，这是园中最古、最高的大树。树梢已枯，中侧枝垂挂在干上，却依然苍翠。室内有罗汉松、黑松、白皮松等，多为百年之物。孔子说："岁寒，然后知松柏之后凋也。"这个建筑用"读画"命名，就是让人体味它的神韵。

陆文夫说："大冯，你是作家，也是画家，我再考考你，这上面为什么写'读画'，而不写'看画'？画能不能'读'？"

冯骥才说："这大概与中国画讲究文学性有关。古人常说，'诗画相生'，

'诗是无形画，画是有形诗'。这些诗意与文学性，藏在画中，不能只用眼看，还要靠读，才能理解到其中的意味。"

陆文夫点点头："其实，园林也是要读的。苏州园林真正的奥妙，就是里边有诗文，有文学。"

陆文夫的话，让冯骥才想到陈从周的高论。园林大师陈从周说，苏州园林有书卷气。陆文夫也将园林与诗文联系在一起，二人的观点不谋而合。什么是"读"？就是从文学和诗歌的角度，去体会园林的内在意蕴。一个"读"字，道出了欣赏苏州园林乃至中国园林的要诀。

逛过网师园，陆文夫说："大冯，我们去得月楼吃饭。"

冯骥才说："就是你在《美食家》写到的那个得月楼？"

陆文夫说："正是。"

说着，二人便上了一辆黑色小车。冯骥才问："老陆，这就是那辆给你配的专车吧？"

陆文夫点点头。

冯骥才说："我想起坊间一个传说，关于你的。今儿想核实一下。"

陆文夫说："你说。"

二十世纪八十年代中期，陆文夫当选中国作协副主席，苏州市政府不知这是什么级别，应该享受什么待遇，后来知道"相当于副省级"，就解决了他的住房问题，还给他配了一辆小车，结果，陆文夫第一次在新居接待外宾，就闹出了笑话。那天，他要把外宾接到家里，但门口地界窄，车子靠边以后，只能从一边下人。陆文夫就坐在外边，应当先下车，但出于礼貌，他让客人先下，可客人坐在里边，出不来啊，陆文夫却执意谦让。结果二人让来让去，国际友人只好说声"对不起"，然后伸着长腿，跨过老陆，先跳下了车。

冯骥才问："老陆，有没有这回事？"

陆文夫摆摆手，只是笑，什么也不说。冯骥才一直不明白，陆文夫这摆摆手，到底是否认，还是羞于再提这件事？

看到陆文夫摆手，又让冯骥才想起一件事。

1991年冬天，冯骥才要在上海美术馆办一个画展。先租了一辆卡车，将满满一车的画框，由天津运往上海。那时，没有高速公路，只有国道，汽车走不快。车子走了一天，凌晨四时途经苏州时，司机打盹出事了，汽车一头扎进道边的水沟里，许多画框玻璃摔得粉碎。当时，冯骥才并不知道此事，身在苏州的陆文夫听到消息，连忙联系熟人，用拖车把冯骥才的车拖出水沟，然后拉到一家车厂修理，还把镜框上的玻璃配齐了。三天后，冯骥才在上海的画展，得以顺利开幕。

事情忙完，冯骥才给陆文夫打来电话，结果几次都没找到他，后来在北京相遇，冯骥才当面谢他，陆文夫却伸出一只瘦瘦的手，摆了摆，笑笑，什么也没说。

这让冯骥才十分感动。他这样说陆文夫："他的义气，他的友情，他的真切，都在这摆摆手之间了。这一摆手，把人间的客套全都挥去，只留下一片真心真意。"

招待冯骥才的晚宴，是陆文夫精心安排的。

得月楼的名菜，许多苏州人都吃过，蟹粉豆腐、松鼠鳜鱼、清炒虾仁、响油鳝糊、香酥鸭、枣泥拉糕、樱桃蜜汁肉、混椒鸡、肴肉、糖藕、蟹粉虾仁、小鱼拌花生、鱼肉春卷、莼菜三丝汤、莼菜银鱼汤、得月小炒、细露蹄筋、美味酱方、银鱼跑蛋、油爆虾等等，似乎每个苏州人都能说出几种。今晚没有全部呈现，只选了几个代表性菜肴。

陆文夫就想，冯骥才是作家，也是地域文化专家，他的小说《神鞭》《三寸金莲》，都是这方面的名篇。无论如何要通过这次晚宴，让大冯看到苏州美食文化的精髓。所以，他还约了本土苏帮菜烹饪名师，来烧制今天的这桌菜。

吃着吃着，冯骥才想到一个话题："老陆，你在小说里写的得月楼，都是真人真事吗？"

陆文夫说："多半是虚构的。《美食家》1983 年发表，那时的得月楼，才建成一年，哪儿来的素材？"

冯骥才说："那么，小说材料都来自哪里？"

陆文夫说："我熟悉松鹤楼的历史和厨师。算是偷梁换柱吧。"

冯骥才说："可媒体介绍得月楼，都说它历史悠久啊。"

陆文夫说："只能说，它的招牌有点历史。'得月楼'三个字，最早出现在明代的嘉靖年间，距今有四百多年。当时的确有一个得月楼菜馆，是吴县人盛忠烈开的，地点在虎丘附近，与虎丘隔河相望，风景宜人。那里也是游船画舫的停泊处，平时很热闹。明代苏州有位戏曲家，叫张凤翼，写诗形容过这个地方，'隔岸飞花游骑拥，到门沽酒客船停'。传说乾隆下江南，在这个得月楼用过膳，赐名'天下第一食府'。但这只是传说。"

冯骥才说："现在的得月楼，和古代的得月楼就没有一点关系？"

陆文夫说："应该没有。同名而已。"

冯骥才说："可我记得八十年代，得月楼就出现在电影里了。"

陆文夫说："你说的是《小小得月楼》吧？那也是虚构的。不过那个电影，影响很大。电影放映后，年年有人来苏州，寻找得月楼，弄得得月楼的名气比松鹤楼还大。"

冯骥才说："得月楼的厨师们，想必很自豪吧？"

陆文夫说："当然。拍摄《小小得月楼》时，得月楼的员工还参与了。电影里有一场戏，'戆戆'烧'松鼠鳜鱼'，就是林金洪做的替身。这个林金洪，就是现在的得月楼老板。观众要是认真看，还能从电影里看到林金洪掌勺的手臂上，戴着一块'苏州牌'手表。"

又说："这个林金洪，现在也是烹饪高手。他的师傅，就是'松鼠鳜鱼'创始人刘学家。小林年纪轻轻，进步很快，现在已是国家特级厨师，四十八岁成了得月楼老板。这才叫名师出高徒。"

说话间，服务员将"松鼠鳜鱼"端上桌来。陆文夫说："大冯，来，这道菜要趁热吃。如果凉了，会变硬的，影响口感。"

冯骥才尝了一口："不错，很嫩，酸甜可口，果然不同寻常！"

陆文夫说："你知道吗？得月楼一年，仅'松鼠鳜鱼'的营业额，就有数百万元。前面你吃到的虾仁，一年的用量需要数十吨。'松鼠鳜鱼'现在不稀奇了，但外国人想吃它，却不容易。有一年，日本的一家电视台来得月楼拍电视，需要主持人介绍'松鼠鳜鱼'，结果那位老兄'大开吃界'，一个段落未拍完，一条鱼被他吃得支离破碎，无法再拍。厨房只能再烧一条鱼端上来。这段片子刚拍完，摄制人员蜂拥而上，也顾不得斯文了，所有筷子一起伸向'松鼠鳜鱼'。片刻间，两盘'松鼠鳜鱼'片甲不剩，让得月楼的员工们忍俊不禁。"

美酒，佳肴，品味，聊天。晚宴在不知不觉中，临近终点。

品尝着满桌的可口菜肴，冯骥才似乎并不过瘾。陆文夫是美食家，冯骥才特别希望在这种环境和氛围中，能听到陆文夫展示他的美食高见。他觉得能把《美食家》写得让人痴迷的人，一定有独到的美食见解。但陆文夫除了闷头饮酒，抬头聊天，说一说得月楼的往事，对美食本身并无见解和高论。

冯骥才失望之际，餐桌上的最后一道汤端了上来。冯骥才一看那汤，清澈如水，上面几乎没有油花。

陆文夫说："你喝一点，尝尝。"片刻后问："怎样？"

没等冯骥才说出来，同桌的客人一致称好。

陆文夫说："好在什么地方？大冯你说说。"

冯骥才又喝一口，咂咂嘴："看上去吧，并非琼汁玉液。入口呢，却是又清爽又鲜美，直喝得胃肠舒畅，口舌愉悦。这口汤，把这顿美席提升到了一个至高境界。"

陆文夫点点头："一桌好餐，关键是最后的汤。汤不好，把前边的菜味全遮了；汤好，余味无穷。"

说到这里，陆文夫目光一闪，仿佛来了灵感，盯着冯骥才："大冯你看，像不像小说的结尾？"

冯骥才恍然大悟："老陆，你的比喻非常精彩！一篇小说，不管前面写得多好，如果结尾不好，这个小说就全完了。"

陆文夫说："大冯，你算是懂小说。"

多年后，冯骥才写道："从这碗汤，我明白了，老陆的小说缘何那般精致、透彻、含蓄和隽永。他不但善于从生活中获得写作的灵感，还长于从各种意味深长的事物里，找到小说艺术的玄机。"

又说："作家比其他艺术家，更具有生养自己的地域的气质。作家往往是那一块土地的精灵。他们的心，时时感受着那块土地的欢乐与痛苦。他们的生命与土地的生命，渐渐地融为一体——从精神到形象。这便使我一想起老陆，总会在眼前晃过苏州独有的景象。"

冯骥才觉得，他和陆文夫在一起，时间过得飞快。

离开苏州的时候，冯骥才说："老陆，感谢你的悉心款待！"

陆文夫仍摆摆手，笑了笑，没有说话。

第十章　环球凉热

1. 奥斯陆的森林

　　一个作家有了创作成绩，作品产生了社会影响，接下来可能会遇到两件事：一是作品译成外文，向海外发行；二是受到邀请，出访、交流或讲学。1983 年，陆文夫的文学创作进入高峰期，《美食家》轰动全国走向海外，《围墙》夺得全国优秀短篇小说奖第一名。那么接下来的 1984 年，他的生活自然不会平静。

　　当时，瑞典、挪威、丹麦联合成立的北欧航空，设立一项赞助中国作家的计划，每年邀请两三位中国作家到北欧访问，让作家坐头等舱，享受美好的飞行旅游。在 1984 年邀请的中国作家中，就有陆文夫、严文井和张贤亮。三人组成一个中国作家代表团，团长是严文井。

　　出访北欧，陆文夫挺高兴，他知道北欧都是富裕国家，只是担心水土不服，尤其是饮食，他是个美食家，对饮食有要求，想来想去，临行前往行李箱塞了一瓶扬州什锦酱菜。

　　出访的第一站，是挪威。

　　飞机刚达到挪威上空，三位中国作家就开始注意脚下的这片土地。从舷窗看下去，森林密布，无边无际，俨然就是一个绿色海洋。飞机盘旋着陆时，他们在机场附近又看到大片人造森林。

　　陆文夫就说："挪威怎么会有如此多的树木？"

　　挪威作家说："我们的法律有规定，大自然的树木不准乱砍滥伐，每伐一棵树，都要补种一棵树。所以除了自然森林，人造林也特别多。"一说这些，挪威作家露出了满脸的自豪："现在的挪威人，差不多每人都能分到一座山林、一条河流。"

　　挪威旅程一共四天。行李刚在奥斯陆的金狮饭店放下，作家们就马不停蹄地走访、座谈、演讲、参观。抽空，三个人还会到街上走一走，看一看，了解这里的民俗风情。二十世纪八十年代中期，中国改革开放刚起步，人们的生活尚未改善，甭说出国旅游观光了。带着惊奇的眼光走出国门，自然会有新发现。

陆文夫原来想，挪威地处北欧，应该很冷。奇怪的是，4 月间从北京起飞，经过一天到达北欧后，根本不用加衣服。挪威的首都奥斯陆，是一个海滨城市，街头虽有凉风，并不感到刺骨。海水也没有上冻，看上去碧波荡漾，仿佛一幅动态油画。山上却积满了皑皑白雪。蓝与白，在奥斯陆相映生辉。

住在金狮饭店，陆文夫喜欢和张贤亮结伴看景。

凭窗眺望城市容貌，他们发现，挪威人长得人高马大，年轻人都在一米七以上。资料说，三百年来北欧人增高了十厘米。大街上的男女青年，都是一副急匆匆赶路的模样，可用"健步如飞"形容，不少人背着很重的滑雪行囊。

第一天晚上，当地记者赫根请中国客人吃饭。去饭馆的路上，陆文夫问："你们挪威人，怎么走路如风一般？"

赫根说："那当然。因为挪威人都明白自己要去干什么！"

张贤亮慢悠悠说："来到我们中国，你走在街上就会发现，时间是属于我们中国人的。我们有的是时间，所以总是不慌不忙。"

陆文夫发现，挪威人喜欢住在郊区或乡下。不少"小洋房"散布在树林里，一栋一栋相距很远。都是木质结构，外墙也由木板鳞叠而成，很少用砖，大多是带有地下室的二层楼。颜色很好看，以白为主，也有绿的和红的。房子盖得都很大，也能看到小一点的独间高楼。

陆文夫问张贤亮："那栋房子，怎么这么小？"

张贤亮说："大概是养鸽子的吧。"

走近一看，才知道也是住人的。据说这是夫妻二人的度假房。一栋大房子住够了，他们就搬到远郊过几天"鸽子窝"生活，也是别有风味的。

有一天，诗人纳莎女士请中国作家喝茶。她是挪威国际笔会主席，住在郊外湖边的小山坡上，这栋公寓是分期付款买的。这是一座带有地下室的二层楼，地板、楼梯、护墙板、家具等，都用上等木材做成，不施油漆，显露原木的本色。虽有暖气，还是装了壁炉，燃烧木柴，有一种围炉的情趣。女诗人没有结婚，一人住着这栋大房子。仅一个会客室，就有五十平方米。工作室、卧室、书房都在两旁，楼下的房子空着。有一个电气化厨房，很大，做饭很方便。外面的露天阳台，种了花木和紫藤，站在阳台远眺，尽是湖光山色。

在考察挪威人的过程中，陆文夫发现，这里的政府官员、公司经理、大学老师，甚至活跃在文坛上的作家，都是中青年居多。可奇怪的是，工人——包括服务行业的员工，却有不少老人。在挪威科学院的招待宴会上，给中国客人端盘子换菜的，几乎全是白发苍苍、弯腰驼背的老太太。

挪威人的穿着，很随意，很朴素。街上走的人，多半是滑雪衫和羽绒夹克。很少有人像三位中国作家，穿着笔挺的成套西装。挪威人的精神面貌也好，在奥斯陆雕塑公园，给中国客人做导游的年轻大学生，看上去阳光帅气，充满朝气，说出的话也很有进取心。

陆文夫出访前，国内还在讨论喇叭裤能不能穿，到挪威一看，喇叭裤早已绝迹。年轻妇女穿的，多半是裙子和牛仔裤，或羽绒外套和牛仔裤。有时候是宽大的上衣，再加一条半短的小管裤，小管裤像衬衫的袖口一样，紧扣在小腿肚上。妇女们很少穿西装上衣，这和国内刚刚兴起的妇女西装热正相反。这里的人大都喜欢穿各种套衫、衬衫和毛衣，出门时顶多再加一件大衣，打扮趋向伶俐活泼。大衣有长有短，却很少看到皮草。老年人很正规，戴礼帽挂拐杖的老绅士时有所见。邻国的瑞典人看到挪威人穿着朴素，称他们为"乡下亲戚"。可"乡下亲戚"很有钱，他们有北海石油。虽然有钱，但挪威人的生活传统没有变。

陆文夫发现，挪威人最自豪的，是拥有值得尊敬的国王。陪同中国作家参观的纳莎女士，说起国王奥拉夫五世，简直要"热泪盈眶"了。去王宫的路上，五十多岁的纳莎女士像个孩子，激动地告诉中国作家，奥拉夫五世喜欢打猎，平时经常带一条狗出没在森林里，从不带卫士。老百姓遇见，他也握手、打招呼。西方出现石油危机，他号召人民在节假日不要使用汽车，自己身体力行，到郊外滑雪就乘火车去。在火车上，一个老妇人发现身边竟然坐着国王，高兴得跳起来。

在纳莎女士家喝茶，她依然不忘"国王"话题："我们挪威的国庆节，是世界上唯一没有军队游行的国庆节。"

张贤亮听到这里，趴在陆文夫耳边说："这点我怀疑。"

纳莎女士说，去年国庆节，她写了一首歌词，被国王指定为庆祝国庆的"重点节目"。说着，取出那份印有国王和国徽的歌词，在上面抚摸着，一脸的虔敬依恋。张贤亮对陆文夫说："如此看来，西方人虽崇尚精神自由，但对自己的国家，还是严肃真诚的。"

在考察和访谈中，陆文夫也发现一些问题。

到北欧的第二天，纳莎女士带他们乘电车上山，去派克饭店。途中有一片美丽的针叶林，在皑皑的白雪中如墨苍翠。看到森林，纳莎突然感慨说："我们的生活也和森林密不可分。当我们感到孤独了，就会到森林里去。"说话时，她的目光有些怅惘。

纳莎问中国作家："你们中国人要是感到孤独了，会怎么办？"

张贤亮反应快："我们和你们相反，我们感到孤独的时候，就到人群中去。我们中国人特别爱'串门子'！"

听到张贤亮的话，陆文夫想到一个词：寂寞。

陆文夫想，这可能是挪威特有的环境造成的。坐在纳莎女士家里喝茶，他就有这种感觉。那个大宅子空空荡荡，刚坐上半个钟头，陆文夫就有一种空寂感。

陆文夫对张贤亮说："如果让我一个人，成年累月住在这所大房子里，饿了弄点吃的，累了就躺在沙发上面，左右没有熟人，四下里没有声息，那寂寞之感会使人无论如何也受不了。"

随着访问的深入，陆文夫觉得挪威的问题，好像不只精神寂寞。食物也有问题。挪威朋友邀请中国作家去花园饭店吃饭，饭店倒是很漂亮，新建筑，又保留了一部分十八世纪的老房子。但吃的食物，尽是些生菜、生鱼和生肉片。奶油里调一些东西，就成了下饭的佐料，实在难以下咽。为了感谢主人的盛情，陆文夫才硬着头皮吞下去。

经过了解才知道，挪威人的生活一直很简朴，以节约为荣。招待中国作家，他们用了最高规格，但自己却保持原来的生活标准。即使这样，访问挪威的四天中，中国客人也没吃过一道热菜，席间只有三明治。三明治的内容倒是很丰盛：生鱼片和虾，但中国人只习惯在三明治里夹火腿。

就在大家尴尬的时刻，陆文夫掏出了那瓶什锦酱菜，与伙伴们共同分享。

结束访问的前一天，中国驻挪威使馆举办答谢宴会，作家们这才吃到久违的中国菜。享受美味佳肴的时候，作家们赞不绝口。

陆文夫百思不解，挪威人不缺钱啊，何以如此"节俭"？挪威同伴说，挪威人对金钱"滴水不漏"，用中国话来形容，人人都像"铁公鸡"。

这一点，中国客人也亲身感受到了。到挪威的第二天，一位年轻的出版商在豪华的派克饭店请他们吃饭，吃到最后，都是冷食。饭后，按日程安排，中国作家要到奥斯陆大学东亚语系的何莫邪教授家去，何教授却没来接他们，他们只能自己打车去。身上没带当地货币怎么办？就向出版商借一百挪威克朗。彼此说好了，归还时要用美元换成挪威克朗。出版商借钱给他们以后，径直开车走了——他已完成了接待任务。

问题接踵而来。中国作家到了何莫邪教授家，经过一下午交流，留在何教授家吃了晚饭——每人一碗炸酱面。饭后要回金狮饭店，打车又没钱了，只好再向何教授借一些钱。事后还钱时，挪威人照收不误。

张贤亮便发牢骚了，用浑厚的男中音说："原以为，区区一百克朗只合十几美金，他们会慷慨解囊的。倘若在中国，有外国作家到我家吃饭，雇车送他们回宾馆，本来就是我分内的事，怎么能让外国客人自己付钱呢？"

陆文夫也说："我在苏州招待了不少客人。要是连饭钱也要收取，那我早已臭名远扬，成了孤家寡人。"

没想到，后面还有更糟糕更无奈的事。

告别挪威当天，中国作家代表团去奥斯陆大学东亚语系座谈交流，按约定接待人是何莫邪教授，但何教授仍没安排汽车来接。三位中国作家赶到奥斯陆大学，被何教授领进自己的办公室，里面空无一人。原来，跟中国作家座谈的，只有何教授一人！

这也没什么，何教授健谈。他向客人展示了自己收集的中国宝贝：从民国到七十年代的连环画；《金瓶梅》《九尾龟》之类的中国民俗小说；几本七十年代出版的大字线装本《笑话大全》《笑笑话》。这种线装书，是当年人民文学出版社专门给"中央首长"印制的，挪威的汉学家居然也能搞到手，这让大家很惊讶。有了这些资料，何莫邪教授写了一篇很长的论文——《中国历代笑话研究》。

座谈结束后，三位作家以为，可能就在奥斯陆大学用午餐了，不料何教授并无留饭的意思，表示本次活动已经结束。陆文夫他们只得空着肚子，跑出奥斯陆大学，在街上买几个汉堡包，便匆匆去赶飞机了。

还有一个现象，也超出了陆文夫的想象。

中国作家受北欧三国的国际笔会中心邀请，来这里访问。吃住行的费用，自然由各国的国际笔会出，但东道主只肯出住宿费，而交通费和伙食费，则能省则省，主办方把午、晚两餐，都摊派到代表团访问的单位去了。如果这天上午参观某工厂，下午访问某大学，那么某工厂和某大学就要承担客人的午餐费和晚餐费。据说国家元首来了，挪威人也用这种办法安排，一律吃"派饭"。

客人用餐，需要陪同怎么办？毫无例外，陪同者吃饭也要付费。挪威科学院设宴招待中国作家的那一次，门前就放着桌子，桌上摆一个简陋的木头盒子，旁边还有登记簿，前来的客人，要把饭钱扔在盒子里，在登记簿上签过名，才有资格进大厅吃饭。三位中国作家感到不可思议。

作家们还发现，挪威人既吝啬钱财，又轻视金钱，这显然自相矛盾。比如，代表团到挪威的第一天，挪威记者就向客人抱怨，说原本要在媒体发表中国作家来访的消息，第二天见报。结果，报馆的排字工人跑光了，即使给他们加班费，也没人来干活。在挪威，金钱无法调动劳动者的积极性。他们每周上班五天，每天八小时或七小时工作制，此外就是休息时间，"休息"的权益受法律保护。

可见在挪威，自由比金钱更重要。即使树木受到法律保护，也要给自由让步。在挪威，法律赋予每个公民都有自由进入森林漫步、采摘蘑菇或浆果的权利，根本无需考虑森林的主人是谁。从某种程度说，每个森林都是全民性的森林。

离开挪威，坐在飞往瑞典的飞机上，陆文夫说："这么看来，挪威的法律尽管烦琐，但维护人的利益，却是它的核心。"

2. 斯德哥尔摩的福利

陆文夫一行三人从挪威到瑞典，乘飞机用了很短时间。瑞典接待他们的人，是瓦登先生与霍尔小姐。

中国作家在旅馆住下后，被带到一家饭店吃饭。霍尔小姐说："这是艺术家常去的饭店。"在这里，中国作家第一次吃到了北欧的热菜，还品尝了西方名菜牡蛎。

瑞典驻中国使馆也请他们吃了一顿午餐。使馆临时代办说："请大家举杯的时候，说一声'斯柯'！"翻译说，这是"干杯"的意思。这个词的原义是"骷髅"，即死人头骨。听上去有些瘆人，但出于礼貌，大家还是跟着瑞典外交官"斯柯！""斯柯！"地说了起来。原来，瑞典是海盗国家。现在的人们，饮酒会举着精致的高脚玻璃杯，而当年的海盗，却举着死人骨头。所以，喝酒喊"斯柯"，就是向他们勇敢无畏的祖先致敬。

中国作家能够访问瑞典，有汉学家马悦然的功劳。他是欧洲汉学会主席、斯德哥尔摩大学教授，欧洲公认的汉学权威。马悦然的导师，已故著名汉学权威高本汉，也是一个瑞典人。为迎接中国作家的到来，马悦然非常热情，设家宴款待了三位中国作家。

来到马悦然家，陆文夫感到很亲切。马悦然穿一套中式服装，外装是薄呢对襟，里装是白绸长袖，白色的长袖翻卷在外面，每只袖管仿佛镶了三寸白边。看到这种穿戴，陆文夫想起三四十年代的上海流行时装。大家见面时，马悦然还作揖，施了一个东方礼，更让大家感到亲切。

看到马悦然这副打扮，严文井十分懊悔。从北京临行前，他原本要穿一件中式对襟棉袄。征求过陆文夫的意见，陆文夫连声称好。可上路时，他还是换上了西装革履。没想到外国朋友却穿了中式服装。

马悦然是个中国通。在诺贝尔文学奖评委中，他是唯一精通中文的评委，与中国有着不解之缘。早在二十世纪四十年代，大学毕业后的马悦然，来到中国四川做方言调查，在峨眉山结识了房东女儿陈宁祖，二人最终相爱，组成了家庭，携手走过四十六年光阴。马悦然能说流利的四川话，也像四川人一样爱吃辣椒，这种生活习惯，就是夫人熏陶出来的。

进餐时，陆文夫说："马先生对中国如此熟悉，想必深入研究过中国文化？"

马悦然说："当然。我长期研究《春秋繁露》，研究四川方言，我还研究当代中国文学。最近，瑞典要出版我翻译的一部舒婷诗集，之前也译过几部中国古代和现代的诗集。"

张贤亮在陆文夫耳边悄悄说："《春秋繁露》是西汉的董仲舒写的，专门研究'天人感应'，属于神秘主义体系的专著。"

陆文夫小声应道，"他们的研究，好像都很偏。"

大家在交流中感到，中国先秦诸子的著作，在瑞典乃至整个北欧，都有一定影响。汉学家们很熟悉《道德经》《书经》《诗经》《论语》，但他们对现代中国，以至当代中国文学，都不甚了解，就像现在的中国人，只熟悉十九世纪的北欧文学，如易卜生、斯特林堡、安徒生等，而对当代北欧文学也很陌生。

汉学家不了解当代中国文学，当然与信息不通有很大关系。

在斯德哥尔摩的东亚图书馆，中国作家还与瑞典汉学家举行一次讨论会。图书馆外面是嘈杂的大街，不关窗就会有噪声。马悦然告诉中国客人，这个图书馆是他和同事惨淡经营、白手起家搞起来的。1967年以前，没有一本书，现在藏书约十万册，期刊四百种，报刊十几种。

马悦然邀请客人参观他们的图书馆。里里外外一走，中国作家就发现——图书馆的设备很不合格。

张贤亮说："我看也就是我国一个重点中学的图书馆水平嘛。"

陆文夫点头称是。

但图书馆管理得很好，藏书井然有序，编目清清楚楚。只是古籍中台湾版图书较多，无论是经、史、子、集，还是一些地方志，多半标着台湾出版单位。但报纸都是大陆的，包括《北京晚报》和《羊城晚报》。

陆文夫就问："中国大陆的图书，怎么会这么少？"

工作人员说："中国大陆出版的书籍，质量较差，纸张印刷和装订都不行，也不容易买到。比如报纸，图书馆订的港台报纸能及时送到，而大陆报纸就会迟几天。不过，图书馆关心和信任的，仍是大陆，所以只订大陆报纸。"

陆文夫翻一下报纸，看到 4 月 10 日上架的报纸，却是 3 月初出版的，便遗憾地摇摇头。

从图书馆的藏书中，中国作家看出了汉学家的研究兴趣和重点。九成以上的书籍，是清代以前的政治、思想、文学类著作及研究文本，民国图书也占了一部分，新中国的图书却寥寥无几。三位作家努力寻找十一届三中全会以后的中国文学作品，翻来覆去只找到一本郑万隆的《响水湾》。而这本书，也是作者在"文化大革命"中写的，并非代表作。

期刊呢？东亚图书馆订的多半是大学学报，比如《复旦大学学报》《南开大学学报》等等。文学期刊有《人民文学》。而《当代》《十月》《收获》一本没见，倒是发现一些不知名的小刊物，比如《采石》。

看到中国作家不理解，图书馆一位胖胖的金发青年说："图书馆的经费很困难，主要依靠'善良的研究者'捐赠。斯德哥尔摩大学每年给我们三万五千瑞典克朗，极其有限。在瑞典，一个普通工人的年收入可达到五万瑞典克朗，所以这区区三万五千瑞典克朗，没有多大购买力。买书、订报刊，都要反复斟酌，掂来掂去，把钱花在刀刃上。"又说："许多台湾的期刊，都是免费赠送的。大陆却不会寄期刊来。"

听到这话，几位中国作家面面相觑。他们在奥斯陆大学、瑞典文学院图书馆，包括之后在哥本哈根大学，都听过类似的话。这说明二十世纪八十年代，中国输入不少西方文化，但似乎只讲输入，不讲输出，精神上出现"贸易逆差"。

能接待中国作家，东道主很高兴。他们有不懂的问题，正好可以向中国作家请教。图书馆有一本明代舞谱，蓝布封套，装订得很精致，画面非常清晰。三位作家还是第一次看到古代舞谱，其中有一种舞蹈，类似迎神时跳的集体舞，为首六人打幡，之后六人执四齿木杈，接着六人执平板木掀，最后六人执竹枝扫帚，边走边舞。瑞典学者弄不明白，为什么执扫帚的要排在后面？他们觉得这是一种表现扫街的舞蹈，执扫帚的应该排在前面才对。就把这个问题提出来，想和中国作家讨论一下。

严文井问陆文夫，"你知道这是什么意思吗？"

陆文夫摇摇头。

张贤亮说："嘻，这哪儿是在扫街？这是在干农活！"

听到张贤亮的解释，陆文夫有些发蒙。他也在农村生活过，并没有看出名堂。便说："贤亮你说说看，这怎么会是干农活呢？"

张贤亮说："依我看，图上画的舞蹈，就是在'扬场'。在农村，稻谷收割后，一般都要晾晒脱粒，脱粒之后还要'扬场'。我下放农场二十年，干过不少'扬场'的活儿，熟悉得不能再熟悉了。每年要在场上至少'扬'半个月的麦子和稻谷。大家看图，这不是执扫帚，也不是扫街道，而是一伙人在清扫谷堆上被风吹下的稻秸。"

说着，张贤亮做着扬场的动作，表演给瑞典朋友看，然后又讲了其中的原理。张贤亮一比画，一解释，瑞典朋友全明白了，原来这舞谱表现的，是一出中国人庆丰收的舞蹈。

在瑞典访问的几天，陆文夫觉得最愉快的事就是在马悦然家吃晚宴。席间除了三位中国作家，还有不少年轻的瑞典汉学家，都是马悦然的学生，男男女女近十位。那天晚上，大家说话不用翻译，增进了对彼此的了解。聊了历史和文学，也聊了生活。大家讨论"怕老婆是不是男人的美德"的时候，张贤亮一连说了几个中国民间怕老婆的笑话，他以为这是华人的"国粹"，外国人不会明白，想一下子镇住他们，结果有两个笑话刚刚开头，汉学家们就能接上下文。这让张贤亮很吃惊，这些高鼻梁、蓝眼睛的外国人，对中国的东西了解得够多的!

大家也想让陆文夫说几个类似的笑话，陆文夫立刻摆摆手。张贤亮说："中国南方的文人，都很内敛。文夫就是南方文人。"

其实，陆文夫不是不会说这类笑话，只是不习惯在大庭广众之下表现自己，但他对马悦然家的这顿饭，倒是很感兴趣。菜是中餐，由马教授夫人的妹妹掌勺烹饪，吃法却是西餐的，有些不伦不类。不过很对陆文夫胃口，来北欧已经几天，他实在渴望吃到中餐，今晚得到了满足。

霍尔小姐也请中国作家吃了一顿饭，吃的是打卤面。这也是北欧朋友第二次请他们吃打卤面，可能打卤面容易做，面是现成的，食品店买来的通心粉。西方人不会擀面，卤子做起来又容易，用西红柿和肉熬制一下就成。为了招待中国朋友，煮卤子还别出心裁放了许多香蕉，你可以想象那是一种什么味道。

下厨做饭的人，是霍尔小姐的姐姐，一位很漂亮的中年妇女，戴一副式样新颖的眼镜，性格端庄而文静，目前在一家剧院当会计。细心的陆文夫发现，一顿饭的时间里，张贤亮基本上都在和这位姐姐聊天。

瑞典朋友还邀请中国作家到著名的"马厩"饭店吃过一顿饭。这个饭店，档次很高，古老而有名，皇室成员曾在此用餐。菜单印得金碧辉煌，是女皇制订的食谱，第一道是汤，内容是米汤、蘑菇和青豆；第二道菜是野鸡肉，在当地很名贵，可惜只放在盐水里煮了煮；第三道菜是芦笋，也很稀罕，用盐水把它煮熟，切成几段放在盆子里；之后，便是甜食和咖啡。

中国作家明白，这顿饭耗资颇巨，大家对东道主心存感激，但陆文夫吃不惯，悄悄和同伴说："一是食材偏冷，不是中国人习惯吃的食物；二是烹饪简单，几乎没有炒菜，更谈不上刀功、火候、配料、调味。要是在中国，这样的饭店早关门了。"吃到最后，大家都觉得寡淡无味，陆文夫便从他的包里，掏出了那瓶什锦酱菜，这才起到缓解作用。

在饮食方面，中国大使馆善解人意，看到国内作家到了，就送来了电水壶和茶叶。访问结束前，他们会请大家吃一顿中国饭。陆文夫说："这顿饭赛过救命。"

陆文夫发现，中国作家虽吃不惯外国菜，但外国人却对中国菜趋之若鹜。他接触到的外国朋友，几乎人人称赞中国菜。在瑞典书店，中国食谱很畅销。许多瑞典人照着食谱，在家里学做中国菜。瑞典的每个城市，几乎都有中国饭店，但老板大都是台湾人或香港人。

霍尔小姐后来知道中国作家有饮食习惯，尽量安排他们到中国饭店用餐。她自己却只吃生菜沙拉，就是用卷心菜、生黄瓜、西红柿，蘸点奶油凉拌一下。对这种东西，中国作家敬而远之，霍尔小姐却百吃不厌。

霍尔小姐觉得，有了这些中国饭店，客人们总该满足了吧。却不知在中国客人眼里，这些所谓的中国饭店，只是中国人在欧洲开的西餐店。真正有家乡味的饭店，是一家"福州楼"。陆文夫一行三人跑去吃了一碗面。虽然只是普通的鸡丝汤面，作家们却尝到鲜美无比的家乡味道，个个吃得汗流满面，直呼过瘾。饭后抹着嘴上的油渍，严文井说："我建议中国作家协会到瑞典或者是挪威、丹麦，开一家地地道道的中国饭店！"

陆文夫、张贤亮应声叫好。

中国作家来到瑞典，对这里的吃穿住行，都感兴趣。陆文夫发现，瑞典人的穿戴十分随意，崇尚"标新立异"，没什么约束。如果十个人开会，就会穿十种服装，式样、质地、颜色都不同。陆文夫走在大街上，也没看到服饰相同的人。要是偶遇一伙服装相同的人，一式的西装，一式的风衣，连拎包都一样，笃定是来自中国的商务代表团。有一次在地铁车厢，陆文夫打量每一个人的脚，发现大家穿的鞋子也不同。他就想，如果我穿一双麻耳草鞋走上大街，估计也不会有人注意。

陆文夫还注意到，时尚的瑞典人，其实也很节俭。斯德哥尔摩的妇女，穿衣最喜欢的颜色，就是黑与白，还喜欢穿纯棉衣服，价钱也不贵，相当于四五百元人民币，女性的皮肤很白，穿黑衣更好看。为了美观，还有人用油彩，把自己的脸涂成棕色，一些年轻女子还会理一个"朋克"发型，脑袋两边剃光，头顶前后却留着一排头发，吹起四五寸高，染成红色，像个鸡冠，也像鸟头上的羽毛。陆文夫实在看不下去，直呼"不三不四！"

陆文夫喜欢机器，对斯德哥尔摩大街上的汽车有超乎寻常的兴趣。他和张贤亮逛大街，看到长长的车流不见首尾，总是感叹不已。这些汽车五颜六色，将大街组成一条斑斓的彩带，乡间公路也有许多汽车。陆文夫记得，夜间乘飞机的时候，他从舷窗俯瞰斯德哥尔摩的城乡公路，宛如一条条巨大的银蛇在飞舞。后来又发现，这里的汽车虽多，但高级车很少，都是普通的大众车，许多轿车的车顶上有两个架子，冬天用来放滑雪板，夏天用来搁小舟。汽车沾满泥水，主人也懒得去洗，随意停在露天，就跟中国人的自行车差不多。大街上汽车虽多，车祸却少，没有交警，全靠红绿灯指挥，偶尔也会看到，漂亮的女警察正在给违章车辆开罚单，如果车内无人，条子便贴到挡风玻璃上。不做"宣传教育"，也没有"下不为例"，逼着开车人自觉学会文明。在路上，陆文夫有几次相遇汽车，司机都会停下来，挥手让他先走，遇到这种事情，陆文夫就会想到苏州马路上的汽车。二十世纪八十年代，国内司机的驾车习惯还比较"粗放"，老百姓看到汽车要躲远一点。

在斯德哥尔摩，陆文夫还发现一个有趣的现象：妇女开车比较多，男伴常常坐在副驾座上。听当地人说，妇女心细，开车事故少，这才成了驾车的主力军。在文明的车流中，也有不和谐的声音，汽车行驶一般不按喇叭，但无声的车流中，偶尔会出现响声震天的"铁骑士"，青年人骑着摩托车，会发出震耳欲聋的轰鸣声，摩托车上，车手身后常常坐着一个女郎，戴着头盔，穿着黑色的皮衣皮裤，为了拉风，他们把摩托车上的消音器拆掉，故意让车毫无节制地发出"叭叭叭"响声，有意制造风驰电掣的感觉，中老年人看见这种现象直摇头。这种"铁骑士"还有自己俱乐部，他们能在极短的时间内，集中起数千台车辆，显示一下力量又四散而去。

有了汽车，办事上班自然很方便，但陆文夫又发现，瑞典的作家和教授很排斥汽车，不购车不开车的人比比皆是。据说这是一种"名士风度""学者派头"。文人们觉得，这汽车如果人人都有了，便显示不出个性，出门安步当车，岂不更加从容，更加有益健康？更何况开车很麻烦，违章要罚款，停车要收费，汽油还连连涨价，倒不如迈开双腿，获得自由，实在需要乘车，那就乘公交好了。

有一次，瑞典学会的一个负责人，来旅馆看望中国作家，大家送他出来，却没有看到他的汽车，众目睽睽之下，这位名士从门边拖出一辆破旧的自行车。

陆文夫问他："你是骑这辆自行车来的吗？"

他连连点头，十分得意的样子。

陆文夫通过翻译知道，他的这辆破自行车，并不是买的，而是自己组装的。

陆文夫又问："你的这些零件，是从哪儿搞的？"

名士告诉陆文夫，为了组装这辆自行车，他从哪儿买了龙头，从哪里淘了车胎，又如何买来零件自己装配……言谈中，透着自负和自信，感觉比买一辆汽车还得意。陆文夫就跟他开了一个中国式的玩笑："你这辆自行车啊，除掉铃铛不响，其余哪儿都响。"

他听后哈哈大笑，跨上自行车扬长而去。

看到名士远去的身影，陆文夫突然觉得，在汽车的彩色洪流中，那辆破自行车反倒很抢眼。真是物极必反，物以稀为贵啊。

中国作家还发现了一个秘密：北欧的女性都有个性。所以，文坛的女作家也多。比如出面接待中国客人的四位作家，都是女性。

4月11日，三位中国客人在瑞典参加了一个文学报告会。议程是：中国作家先做自我介绍，回答参会者的提问，然后由瑞典作家讲座。马悦然讲了《中国文学在瑞典》，另一位女作家鲍恩讲了《个人与社会成员——作家的双重角色》。中国作家不熟悉鲍恩，感觉这位瑞典女作家风度翩翩、盛装出场、打扮入时、脂粉气很重。她显得很匆忙，仿佛日理万机，报告会还没开始，便要求先发言，明确只讲十分钟，因为汽车在下面等她，她还不肯用英语，坚持使用瑞典语，明明是照本宣科，却又不肯将稿子给翻译，显得很"矫情"。

陆文夫有些不快。鲍恩走后，他对霍尔小姐说："很遗憾，我真想和她讨论一下，可惜她走了！"

陆文夫说这话，属于"冷面滑稽"式的调侃。没想到霍尔小姐当真了，将陆文夫的话转告给鲍恩。鲍恩第二天打电话问霍尔小姐："中国作家找我有什么事？要讨论什么问题？"

张贤亮一听是误会，就对霍尔小姐说："没什么。我们的陆先生是中国著名美食家，想请她吃顿中国饭。可惜她很忙，把一顿美食耽误了。"

在访问中，陆文夫对瑞典人的家庭和住房也很关注。他注意到，瑞典没有多少新建的别墅或现代化大厦，人们很留恋老房子。国际笔会主席、瑞典著名作家韦斯特贝，住的房子就是十七世纪的建筑。斯德哥尔摩市政当局为了尊重作家，把一座最古老的房子拨给了作家协会，这种房子既是历史，也是艺术，有钱也没办法造。

中国作家访问了两个瑞典家庭，一个是马悦然教授家，人多热闹；一个是霍尔小姐的家，属于单身闺房。感觉它们有个共同点：都不追求现代化，也不炫耀电器音响之类的名贵设备，却很重视各种手工艺品，即所谓的小摆设。也许这就是一种复古倾向吧。

作家们还发现，北欧人的家庭居室，装饰得很漂亮、很舒适。这里盛产木材，居室内部的许多地方，都用原色木板镶嵌，家具也以本色、实用、舒适为主，风格很像十九世纪，甚至是十八、十七世纪。而此时的中国青年，还在追求波兰式、捷克式家具。瑞典家庭都用地毯，不同的地毯质地，可以看出这户人家的经济情况。霍尔小姐收入较低，她铺的就是化纤地毯。作家们记得，挪威纳莎女士家的六十平方米客厅里，铺的却是纯羊毛地毯，临海的半间休憩室也铺了两条，甚至地毯摞地毯。可见二人的经济收入，是有差距的。

在瑞典，陆文夫看到的最小的住房，就是霍尔小姐的家，在四层楼的拐弯口，像是亭子间，但也有一间二十多平方米的客厅兼餐厅，一间同样大小的起居间，一个卧室和一个电气化厨房。陪同的中国使馆人员说，这样小的住处，他在瑞典还是第一次看见。不过霍尔女士自得其乐，她是一个有能力、有激情的女人，懂五六个国家的文字，也会做家具。据说家里那张古怪的床，和那张摇摇摆摆的桌子，都是她自己做的。在欧洲，一个妇女会做家具，是一件了不起的事情。

看到这些家具，陆文夫就乐了，就寻思，这手艺也不比我高明到哪里呀！瞬间又悲天悯人了，有点为霍尔小姐难过，甚至为挪威的纳莎女士难过。她们都是单身女人，但何必要单身呢？要是有了丈夫，霍尔女士还会自己吭哧吭哧打家具吗？一位瑞典作家告诉陆文夫，现在的欧洲，独身已成风气，"家庭"的观念正在改变。年轻人就认为，家庭并非一男一女才能组成，一个人带着狗也行啊。陆文夫觉得，这个观点有些牵强。

北欧寒冷，人们在一年当中，有很长时间要待在户内，家庭对一个人来说很重要，从他们的小说、童话中，也可以看出来。一位女翻译告诉陆文夫，不少欧洲人为了自由，都想单身。她自己就有三个孩子，孩子们一到十八岁便远走高飞，经常不见音讯。有时候想起来，才给爸爸妈妈打个电话。因为自由，欧洲人的婚姻很不稳定，离婚率也高。这样就会产生孤独感，因此常常酗酒，也会带来其他社会问题。

这让陆文夫想到一部介绍瑞典的电影，里面有个枯瘦的老人，孤独地坐在床边，那情景一直镌刻在陆文夫脑海。陆文夫就想，北欧的冬天很长，一年中半年都是冰天雪地，每座大房子只住两三个人，成年子女不肯住在父母身边，住宅相距较远，邻居们又不许随便到别人家去聊天，中青年可以想办法排除寂寞，那么老年人呢？北欧人寿命长，老年人的孤独就成了很大的社会问题，因此，到处都有老年人呆坐在街头长椅上的情景。

陆文夫跟女翻译说："还好，瑞典有完善的社会福利。无论是单身女人还是老人，都不会有生存之忧。"

谁知女翻译说："哪里呀。社会福利好也会产生副作用。"

后来，陆文夫果真见证了这种现象。中国作家在 Espl anade 旅馆居住的时候，服务台有位胖胖的老太太，对中国客人很友好。有一天，作家们觉得过意不去，送给她一些国内带去的小礼品，她非常高兴，也向作家们回赠了巧克力，还殷勤地说："你们有多少衣服都可以拿来洗，不用你们付钱，反正有瑞典学会给你们付。"

在西方，洗衣服很贵。之前在挪威，东道主就没有准备洗衣费，作家们为了省钱，没让旅馆洗过衣服。但这位老太太说："没关系的，衣服拿来吧，大家可以'吃老共'。"这个"共"，可不是共产党的"共"，而是公共的"共"。意思是，尽量占一点公共福利的便宜。瑞典人仿佛都有一种想法：我们为公共福利政策纳了税，就要想办法尽量捞回来。马悦然教授也有这种想法。

陆文夫一打听，原来瑞典人"吃老共"无孔不入。有人失了业，甚至比有职业拿的钱更多，失业了，可以拿一笔失业救济金，但实际上他并没有失业，而是到处打零工，所得加起来要超过正式工资。还有的姑娘，采用生私生子的办法获得补贴，瑞典对无配偶的有孩子的妇女，有专门的补贴；如果是私生子，还可拿到一笔钱。

北欧人福利好，与他们的高税收有关。一般的劳动者，要把收入的百分之三四十交"直接税"，收入越高，纳税越多。马悦然教授说，有人交的税，高达收入的百分之六七十。高税收的目的，是为了缩小国民的收入差距，避免贫富不均，但面对高税，瑞典人也想出了许多逃税办法，还把"逃税"称之为"免税"。

马悦然对中国作家说，免税的办法有很多。比如"旅游开支"，法律规定不算纯收入，也就不用交税。于是，北欧外出旅游的人，也就特别多，似乎多旅游一个地方，大家就多占一点便宜。"借钱""还钱"也不算纯收入，可以免税。于是，北欧人就拼命借钱，不管需要不需要。马悦然说，他如果计划写（译）一本书，最好向出版社先支稿酬，支稿酬等于借钱，就不需要交税。这样一来，书出版后获得的稿酬，也就不用纳税了。

由于逃税现象频繁，当地衍生出一种律师，专门研究财政税法，替别人设计空子来逃税。这种律师的收费，比离婚案律师要高得多，报酬是按问题数量来计算的。据说回答一个问题，要几百克朗。到他的办公室，你千万不能问"您是某某律师吗？"如果他回答"是的。"也要收你好几百。为什么？因为他回答你一个问题，会使你少缴几千上万克朗的税。

听到"逃税"二字，中国作家觉得不可思议。张贤亮说："所以嘛，高税收并不是消除贫富不均的最好办法，它可能还会带来一系列社会问题。文夫，你说呢？"

陆文夫点点头："我同意你的看法。"

离开斯德哥尔摩之前，恰逢星期六上午，陪同人员建议中国作家逛一逛"跳蚤市场"。严文井是团长，谨慎地说："我不去。要是被人发现，中国作家在国外逛旧货市场，岂不丢了中国人的脸？"陆文夫、张贤亮坚持要去。商量的结果是，团长留在旅馆，陆张二位可以带着翻译去考察。

陆文夫、张贤亮来到跳蚤市场，在各个货摊转了好大一会儿，并没有人关注他们。张贤亮说："文夫你说说看，在咱们身上，是不是有一种很迂腐的旧传统？"陆文夫笑了笑。

在瑞典访问几天，三位中国作家和当地人处成了朋友。在马悦然的送别家宴上，陆文夫被他的盛情感染了，说："马先生要是去中国，请务必到我们苏州坐坐。一是尝尝苏州菜，二是喝点我家乡的双沟大曲。我保证你会留下深刻印象。"

马悦然也很爽快："一言为定。"

代表团临走的那天，马悦然让夫人送来了小礼品，表示他不能来给中国作家送行了，因为明天要到自己的别墅去过复活节。

两年后，马悦然兑现了他对陆文夫的承诺。1986年，马悦然赴上海郊外的金山县，参加"中国当代文学国际研讨会"。开完会，他和十多个国家的汉学家，被陆文夫请到苏州，一边听苏州评弹，一边品尝苏州雅菜，还喝了"大众茅台"双沟大曲。一杯酒下肚，陆文夫就问："感觉如何？"

马悦然说："一杯岂能作论？"

结果连饮三杯，说："这是女人喝的茅台"。

陆文夫笑了："马先生不愧是位汉学家，而且是位汉酒家。这的确是'女人喝的茅台'，虽无燕赵豪侠之气，却也显得纯真、温和、清香。而这，正是双沟之酒性！"

3. 哥本哈根的浪漫

离开瑞典来到丹麦，陆文夫的新鲜感已所剩无几。北欧三国实在是太像了，高福利，重人本，讲历史，到处绿草茵茵、鲜花盛开、色彩缤纷。若不清楚自己的位置，无论放在哪个国家，你都会觉得这是同一个地方。

不过通过仔细观察，陆文夫还是找到了丹麦的特质。

一踏上丹麦的土地，陆文夫就觉得，丹麦人的热情、随和与开放程度，超过了挪威人和瑞典人。到哥本哈根的第一天，丹麦笔会中心的秘书长埃勒斯先生，就把客人领到了"自由城"去参观。

"自由城"，号称是丹麦的脓疱。这个地方叫克里斯钦尼亚，离哥本哈根市中心不远，原本是一个旧兵营。1971 年，一群愤世嫉俗、消极颓废的嬉皮士，占领了这个地方，在这里安营扎寨、自立旗号，建立了所谓的"自由城"。这里有上千居民，占地八十四英亩，内有几十座年久失修的建筑，现在却成了哥本哈根旅游景点之一。城里几乎所有建筑，都画满了嬉皮风格的涂鸦之作，形式荒诞，色彩斑斓，十分夺目。城中居民的装扮，也是蓬头垢面、奇装异服、神情潦倒的样子。咖啡馆、酒吧、饭店一应俱全。大麻是"自由城"的主要经济来源，毒品的年交易额约为六百万克朗，警察也奈何不得。此外还有一些企业，生产壁炉、木制家具、自行车，以及从事导游服务等。当局原本要关闭这里，遭到居民坚决抵制，经过双方谈判，最终达成妥协。如今，"自由城"的"财政部"除了来源不明的收入外，每月还向居民收取房租，所得款项用于购置必需的公共设施，每年上缴国防部四百万克朗土地租金。

观光之后，陆文夫感叹，敢于把社会最阴暗的部分展示给外宾看，实在是勇气可嘉。

丹麦人的勇气，还表现在他们的思想表达上。中国作家访问挪威和瑞典的时候，无论在记者招待会上，还是在大学或笔会的座谈会上，听众对中国作家的发言不满意，他们不会表达出来，但在丹麦的哥本哈根大学，参会者对中国作家谈到的问题，他们会打破砂锅问到底，有时还会争论起来。

可奇怪的是，思想开放的丹麦人，却深爱着他们的国王。国王是旧体制下的产物，这很让人费解。

中国作家到哥本哈根的第二天，恭逢丹麦女王玛格丽特二世生日。王宫离作家休息的 Ne ptun 旅馆，大约有一百多米距离。三位中国作家拜会了丹麦文化部的国务秘书之后，要回旅馆休息，经过王宫广场，看到数以千计的丹麦人聚集在那里，手执国旗，仰望王宫的阳台，他们的后面，仍有不少人从四面八方络绎不绝赶来，没有组织，没有队列，没有指挥，全是自发的。

王宫入口处左侧，有一个签名留念的小厅。门前守着穿红制服的卫兵，旅游者可签名进入王宫。陆文夫他们很好奇，也跟着走了进去，他们的名字正好签在苏联驻丹麦大使的后面。陪同人员笑说："如果记者知道了，又会发一条新闻：中国作家是不是和苏联大使一起来的呀？中苏外交又有什么新动向呀？……"

中午十二点，身穿红色上装、黑色长裤的王宫仪仗队，吹奏着军乐，排着整齐的队伍，来到了广场。不一会儿，女王玛格丽特二世和她的丈夫，出现在阳台上，广场上的群众挥舞旗帜欢呼起来。中国作家由衷感到，丹麦人对她的热爱是自由的、真诚的。女王进去后，又出来三次，人们这才依依不舍散去。

陆文夫说："你们注意到没有？北欧几个国家的百姓，对国王都很爱戴。"

张贤亮说："这很好理解。因为国王没有权力，不会远离百姓，所以就让人感到，他们很慈祥、很亲民，因此受到庶民的拥护和爱戴。"

北欧之行，让陆文夫颠覆了中国人对西方"资本主义国家"的传统看法。过去在中国电影里，西方国家的晚上，总要出现五光十色的霓虹灯，快节奏的迪斯科音乐，乌烟瘴气的舞会场景。实际上，北欧三国夜晚唱的都是"空城计"。挪威的奥斯陆，瑞典的斯德哥尔摩，丹麦的哥本哈根，夜间虽然灯火辉煌，从飞机上俯瞰非常壮观，让人以为人们正在花天酒地，其实下午五点过后，只有餐馆、咖啡馆、酒吧、夜总会还在营业，其他商店空无一人，你想买包烟都困难。原因是，没有一个店员愿意加班，法律规定他们应该休息，这种权利神圣而不可侵犯。

陆文夫看到，这些国家就像苏州一样，对历史文化也很重视，并加以保护。丹麦的古建筑很多，哥本哈根的老城区保持着十八世纪的风貌，一切景物还像安徒生笔下所写的那样。丹麦笔会秘书长告诉中国客人，他住的房子，就是一幢十八世纪的历史建筑。丹麦的经济可能不如瑞典，哥本哈根的繁华程度也不如斯德哥尔摩，可丹麦人敢于嘲笑斯德哥尔摩人，说他们不懂文化，竟然拆掉某些古建筑，去搞什么现代化。怎么样，现在后悔了吧？

看到这种现状，作家们回旅馆聊天的时候，便有了许多感慨。

陆文夫说："如此看来，技术和物质发展到一定程度后，历史、文化和艺术最值钱。我也希望国内那些热心于拆掉古建筑、改造旧城镇的人，要把眼光放得远点。因为，我们国家的这一天也会到来，人们的价值观念也会改变。"

丹麦的文化标识是安徒生童话。最有名的景点，是海边的美人鱼塑像。

作家们参观美人鱼的时候，当地人告诉他们，这个塑像自二十世纪初诞生以来，美人鱼的头已被锯掉三次，偷去也不是为了卖钱，卖也卖不出去，而是缺德的爱好者私自藏起来了，每偷一次，都会由一家大公司出钱修复，既省了政府的钱，也借此宣传了企业形象。后来偷盗过于频繁，有一家工艺品厂索性就制造大批的美人鱼头像，在市场公开出售，果然刹住了偷盗风，美人鱼也安然无恙了。

遗憾的是，三位中国作家离开丹麦不久，美人鱼又遭殃了，这次不是掉了头，而是缺了一只胳膊，据说是三位青年喝醉酒干出来的。出事之后，又由一家大公司出资，将美人鱼雕像送去修复好。

中国作家还参观了卡斯伯格啤酒厂，它是丹麦工业的标志，非常有名。

有意思的是，啤酒厂的正门两旁，置放着两尊印度风格的石雕大象。中国作家都知道，北欧没有大象。用大象来装饰工厂，只是取其"吉祥"的寓意。带领中国作家参观的格雷戈森先生，是丹麦酿酒咨询有限公司中国业务部经理，他介绍说，北欧的雕塑、绘画、建筑，处处可见东方文化的影响。

中国作家参观啤酒厂的时候，格雷戈森用电视、图片、实物等多种形式，向客人介绍工厂的发展历程。厂方很坦率，说这个厂在早期发展中，对工人的剥削和压制是令人不齿的。他们并不忌讳见不得人的东西。他说工厂在早期，施行的是家长式统治。他指着画片介绍，工厂在 1847 年开办时，雇佣的几乎全是童工。顺着他的指点，作家们在这些旧照片上，看到了一群群小学生在机器旁的留影。从 1847 年到十九世纪末，工人每年劳动三百五十五天，每天劳动十三小时。到二十世纪初，每年劳动天数减少到三百零五天，每天十个半小时。格雷戈森说，这个厂从 1847 年到 1870 年间，没有工会组织，后来经过斗争，工人建立了工会，情况才有好转。现在，雇员每年劳动二百三十天，每天工作八小时。

厂方留中国作家吃了便餐。吃饭间隙，主客聊得很投机。陆文夫问："厂里的工人，现在的权益是不是都受到了保护？"

格雷戈森说："当然。不只是丹麦，在所有北欧国家，雇员对工厂的生产建设都有发言权。法律规定，雇主必须与工会谈判，才能决定一切涉及公司重大变化的计划。公司的决策，应该由劳资双方共同做出。"

张贤亮问："有相关的法律保障吗？"

格雷戈森说："有啊。法律要求，雇主必须向雇员提供有关公司的经营、经济事务和规划方面的情报。因为有保障了，现在工人罢工的事很少发生。"

陆文夫和张贤亮对视一下："看来，资产阶级民主的确比以前有所进步。"

格雷戈森把中国作家带到一个很华丽的大厅，这是专门用来接待贵宾的地方。作家们发现，前厅四周的墙上，悬挂着许多曾经来过啤酒厂的世界名人照片。这些照片不是肖像，而是名人们喝啤酒的精彩瞬间，偷拍的，现在成了本厂啤酒的活广告。这些名人，作家们多数不认识，但他们熟悉其中的丘吉尔和索菲亚·罗兰。

进入正厅，墙上挂的不是照片，而是上百幅油画像，每幅约有 35×26.5 厘米那么大。主人说，画像上的人，都是在啤酒厂工作五十年的员工，包括经理和工人。

陆文夫问："你将来退休了，是不是也可以将画像挂在墙上？"

格雷戈森摇摇头："不可能。一个人终生在厂里工作，也不会有五十年。画像上的人之所以有五十年工龄，是因为他们进厂的时候是童工，只有十几岁，退休也比较晚。"

陆文夫问："厂里的规章制度严不严？"

格雷戈森说："很严。工厂绝对禁止工作人员带酒出厂，查到了会严加处罚。有一个高级经理带一瓶啤酒出去，最终被解雇了。当然，工厂的福利不错。每逢节日和工人生日，啤酒厂都会派出卡车，给员工家送去十二箱啤酒。一箱啤酒二十四瓶，数量不算少了。"

参观完啤酒厂，作家们很感慨。张贤亮说："我相信资本主义能做到的事，我们也能做到；资本主义不能做到的事，我们更要做到。"

在丹麦访问的几天，美食家陆文夫的感慨，要比其他二位作家多。

张贤亮问陆文夫，"美食家，你说实话，在这里吃得惯吗？"

陆文夫说："不瞒你说，北欧人的吃，对一个中国的苏州人来讲，实在难以恭维。我不是说他们食物匮乏，品种不多，或者中国有的，他们没有。他们的食品也很丰富，食品工业发达，海运也很方便，可以从世界各国进口。比如，巴拿马的香蕉，美国的橘子，土耳其的烤肉，中国的酱油和挂面，等等，他们都有。他们的食品市场，简直就是一个世界食品博览会。但十分可惜，他们的烹调技术，和我们的体系完全不同。以我的眼光来看，他们有了好东西，却不会去做，做法太单一。比如做一只清蒸鱼，我们要放葱，放姜，等等。辅料中，还有火腿、香菇、笋片。他们做的菜呢？鱼就是鱼，笋就是笋，香菇就是香菇，各立门户，互不干涉。佐料也不放在菜里烧，就放在餐桌上，吃的时候洒点进去。你说，这怎么能吃？"

张贤亮说："文夫啊，我看你一说到吃，便滔滔不绝。"

陆文夫说："北欧三国，已经把我吃得糊里糊涂了。"

张贤亮哈哈笑起来。

张贤亮也感觉到，西方人的烹饪技法和理念，的确值得商榷。他不否认丹麦宴请他们的食物都不错，嘉士伯啤酒和法国葡萄酒，都是上乘饮品，吃的菜又是名贵的小牛肉。但无论如何，都可以换一种方法烹制嘛。

陆文夫说："真是可惜了。比如这盆小牛肉，如果切丝炒成菜，那有多美！"

相比陆文夫，张贤亮在饮食上的宽容度要大一些。中国驻丹麦使馆举行冷餐会，欢迎中国作家代表团。参加冷餐会的丹麦文化大臣 Mimistilling Tacobsen 兴奋地说，她刚从中国回来，中国是个非常大的国家，许多东西值得丹麦学习。

张贤亮笑说："丹麦虽然是个很小的国家，同样也有许多东西值得我们学习。首先，丹麦能让你这样一位既年轻又漂亮的妇女来当文化部长，就值得我们学习。"

女部长开怀大笑起来。笑的时候，露出一口洁白美丽的牙齿。

陆文夫本想和张贤亮聊一聊冷餐，看到他这么兴奋，也就不说什么了。

冷餐会上，张贤亮问主人："丹麦最独特的地方在哪里？"

主人说："丹麦是世界上最'性解放'的国度，也是世界上唯一不干涉同性恋的地方。"

张贤亮说："中国人到西方，最强烈的印象，都是从我们自己所缺少的事物上面获得的。印象最深的，就是你们的人情风俗、古代建筑、高速公路与现代化设施，没想到还存在一种亚文化。"

张贤亮说的"亚文化"，就是西方的"红灯区"，中国称"花街柳巷"。离开丹麦的当天，张贤亮说："我们临走前，是不是应该见识一下西方的'亚文化'？"

工作人员见严文井团长没表态，就把大家领到哥本哈根火车站附近的一个"红灯区"。这条街上，全是妓院和性商店。三位作家怀着强烈的好奇心，从头走到尾。

陆文夫说："这是什么？这就是兽性！"

张贤亮说："我看到的，是漫无限制的'解放'，把人的原始兽性发展到了极致。过去我认为，美国人最开放。其实美国有的州，比如犹他州，还是很讲禁欲主义的。有人以为，黄色画报的基地是美国和法国，其实世界上第一本黄色画报，是在丹麦出版的。你看看这条街，性是什么？就是一种赤裸裸的、明明白白出售的正规商品。"

作家们看到，鳞次栉比的性商店，都是用五光十色的橱窗招徕顾客。商店的门楣上，都写着"不要停留"几个字。陪同人员解释说，这"不要停留"的意思，可不是让人不要在窗前看，而是叫顾客赶快进来，不要站着不动，犹豫不决。

结束北欧三国的访问，张贤亮写了一本书《飞越欧罗巴》，其中说了这样几句话："如果我们不万分重视社会主义精神文明的建设，不大力促进社会主义文学艺术的繁荣，那就不能充分发挥我们社会主义制度的优越性，在我们'深刻迅猛的经济改革'之后而出现的经济繁荣的社会中，也将和西方一样出现种种'社会病'。"

陆文夫回国后，写了一篇文章《北欧人的衣食住行》。他觉得，北欧的食物乏善可陈，但千变万化的穿衣风格，倒是可以借鉴一下。"北欧人的衣着给了我们两点启示，一是不要这么正规，穿在身上不自然；二是花式多样些，不要穿中山装的时候不分男女老少，穿西装的时候又男女老少不分。穿衣也是艺术，艺术最忌千篇一律。"

4. 纽约的嘈杂

1986年1月12日至17日，陆文夫和王蒙作为特邀嘉宾，前往美国纽约，出席国际笔会第四十八届代表大会。一同前往的作家，还有广州笔会副会长黄庆云、上海笔会中心秘书罗洛，朱虹任翻译。

出访美国，陆文夫最担心的，仍是饮食问题。就像上次出访北欧一样，他也准备了家乡的酱菜，还带了一些茶叶，一瓶白酒。飞往大洋彼岸的泛美航班，为乘客提供各种可口的饮料与甜酒，陆文夫统统拒绝。

王蒙说："这么好的饮料，你不来点吗？"

陆文夫笑笑，气定神闲地打开旅行包，取出一罐碧螺春，捏一撮放进杯里，用开水冲泡起来。

用餐时，空姐又送来了佐餐酒，陆文夫礼貌回绝，取出自带的小瓶洋河大曲，自斟自饮起来。空姐见状，咪咪笑个不停。王蒙笑说："难怪从维熙说你是'江南秀士'，果然名不虚传！"

到达美国后，纽约给陆文夫留下的第一印象，就是热闹。

这次笔会，赴会人数超过以往任何一届，来自四十八个国家的小说家、诗人、剧作家、翻译家和文学编辑，加起来有六七百人。美国笔会会长诺曼·梅勒说，他组织这次笔会，不想把钱花在招待上，而是尽可能邀请到世界各国的著名作家。果然，在大会的"荣誉客人"名单中，就有中国的王蒙和陆文夫、日本的安部公房、联邦德国的岗特·格拉斯、法国的克洛德·西蒙（诺贝尔奖获得者）、南非的纳丁·戈迪玛尔、巴西的阿马杜、秘鲁的略萨（诺贝尔奖获得者）。笔会的中心议题是"作家的想象力和国家的想象力"。为了听到政治家的看法，诺曼·梅勒还邀请了奥地利前总理克莱斯基、加拿大前总理特鲁多、美国前总统候选人乔治·麦戈文等人。

这是陆文夫第一次来美国，也是第一次参加高大上的国际会议，心中有些庄重感和神圣感。可从笔会的第一天起，他就失望了。

陆文夫和王蒙下了飞机，没有人来接他们，只能自己打车，来到会议指定的圣莫尼克酒店。纽约的黄色出租车，给陆文夫留下的第一印象，就是混乱和肮脏。圣莫尼克酒店很陈旧，是一家小旅馆，大部分物件漆成白色，据说这样就有了历史感，价格更加昂贵。电梯也是老式的，乘客上去要拉门，将栅栏分向两边，上电梯再关门，然后才能上行或下行，电梯速度也很慢。

在旅馆住下后，他们去了一家咖啡馆，房顶上居然糊着二战时期的旧报纸，据说也是为了呈现历史感。王蒙一看哈哈笑起来："要是在中国，用旧报纸糊顶棚，不是贫困就是因陋就简。这里却化寒碜为神奇了！"

他们去报到的时候，主办方发了一堆请柬，一张日程表，还要签署合同，声明对使用他们的讲稿肖像没有任何异议，美国人的法律意识很强，这些东西属于知识产权，使用它们需经本人授权。然后又发了早餐券与现金——大约两千美元。以上就是主办方的全部组织工作。剩下的事情，与会者自己解决，会议愿意去就去，不愿意去就开小差。宴请和朗诵之类的活动，也是悉听尊便。

陆文夫说："这也太随意了。"

王蒙说："可不是，这样的会议如在中国召开，光大会秘书处得多少人？翻译组、交通组、膳食组、秘书组、联络组、简报组……"

1月12日是笔会的第一天，开幕式安排在晚上，地点是纽约公共图书馆。原定下午五点开始，可陆文夫他们乘车抵达时，入口处警卫森严，警察正在逐一查验代表的请柬。原来，美国的国务卿舒尔茨要来参加开幕式，进场速度就变得缓慢起来，各国作家不得不在寒风和暮色中，沿街排队等待。

有人就说："这次大会的议题是'作家的想象力和国家的想象力'，美国人可真会想象：在参会的作家中，会不会有准备暗杀舒尔茨的恐怖分子？要不然，干吗要逐一查验身份？"

有些外国作家等候了近一个小时，仅移动几步，感到"耻辱"，便愤然离去。

作家们排到门口，也因会场太小，拥挤不堪，实在挤不进去。诺贝尔文学奖获得者略萨，还是一位记者将他拉进去的。事后他对记者说："一些诺贝尔文学奖获得者站在大街上，不知道里面在发生什么事。"

开幕式刚进行，抗议的声浪此起彼伏。抗议信送到了美国笔会会长诺曼·梅勒手中。信中指出，国务卿舒尔茨出席开幕式"是不适宜的"。因为，里根政府支持压制言论自由的外国政府，舒尔茨所领导的国务院，援引麦卡兰-华尔特法案，拒绝哥伦比亚作家加西亚·马尔克斯入境，就因为他们在意识形态上与美国政府相异。

小说家道克特鲁在开幕式当天（1月12日）的《纽约时报》上发表文章，反对国务卿舒尔茨出席开幕式。美国《民族》杂志用单张纸，印刷了道克特鲁的声明稿，在纽约公共图书馆门口向各国作家散发。

会场内也是一片嘈杂，舒尔茨刚开口，美国作家就闹上了，有喊的、有叫的、有笑的、有挥拳的。俄裔女作家格丽丝·佩丽脱下皮鞋，乒乒乓乓地砸着桌子，以示抗议。

但舒尔茨比较镇定，从容地发表了他对文学的见解。

他说："我们作为一个民族，是在多样化、辩论、对比、好争论的基础上繁荣发展的。"舒尔茨认为，如果数学是自然科学的皇后，那么文学便是人文科学的皇帝。对于文学的前途，他持乐观态度。在电子计算机时代，阅读和写作不会如许多人轻率断定的那样已经过时。他引用乔治·路易斯·博尔盖斯的话说："书永远不会消失。此种现象不可能发生。人类的各种各样的工具中，最令人惊讶的毫无疑问是书。如果书会消失，历史就会消失，人也随之消失。"

作家们仔细听了听，又觉得舒尔茨说得不错。

参会的《纽约时报》记者，想知道王蒙的态度。王蒙写了一首诗《致A.W——并答〈纽约时报〉》，委婉表达了自己的看法。

舒尔茨发言后，参会作家又讨论了大会议题"作家的想象力和国家的想象力"。会议开幕前，美国批评家乔治·斯泰纳指出，这一议题"毫无意义"。诺曼·梅勒在开幕词中解释，我个人极其赞同这一议题。因为国家是有想象的。期待、渴望、计划和谋算，都属于想象。希特勒的第三帝国，拥有丰富的想象力，但那是一个十分低劣的、可怕的、偏执狂的和灾难性的想象力。美国和苏联，也都是有各自的想象力的。

坐在陆文夫身边的王蒙，也上台发表了看法。他用英语说，应该承认，国家是有想象力的，"一个想入非非的国家，例如一个国家把自己想象成为全世界、全人类的领导者、拯救者、征服者，一个国家认为以自己的实力可以为所欲为，一个国家认为自己比一切其他国家都优越，那真是太可怕了。"王蒙的发言，直接将矛头指向超级大国。

王蒙发言的时候，一位拉美女作家抢过话筒说："苏联想象时，眼睛盯着阿富汗；美国想象时，眼睛盯着尼加拉瓜；英国想象时，眼睛盯着马尔维纳斯群岛！"

中国作家的发言，引起了西方作家的关注。《纽约时报》评论说："这里似乎只有中国作家王蒙对国家与作家的关系感到舒服自在。"

王蒙是大家的老熟人，知道他伶牙俐齿不容易对付。而王蒙身边的另一位中国作家（陆文夫），开会时一直缄默不语，或许可以出一出他的洋相。

陆文夫并不知道，此时已有人将枪口对准了他。

1月15日上午，大会讨论民族性问题，陆文夫代表中国作家发言，瞬间成为会场关注的焦点。陆文夫说——

> 我在写小说的时候，欢喜把简单的事情，弄得很复杂；在讨论问题的时候，又欢喜把复杂的事情，弄得很简单。"文学与民族"的问题，论述起来可以写成一本很厚的书，也可以只写一张纸。
>
> 我举个例子，作家在描绘人物时，必须刻画出各种人物的差异，重大的和细微的，内在的和外在的。这种差异，不仅存在于不同的民族之间，也存在于不同的地区之间。我们描写这种差异，并不是为了扩大、炫耀或猎奇，也不是想要消灭它。而是想告诉人们，世界是多种多样的，多种多样的世界使人们活得更有情趣；使得人们在相互理解时，多了一个层次，多了一个通道，有利于消除误解与偏见。使人们知道，匣子打开的时间，有早有迟，但是里面装着同样的东西：人类幸福与友谊。

陆文夫的发言一结束，美国作家夏竹丽突然提问："请问陆先生，您对'性'怎么看？"

这个从天而降的问题，令陆文夫有些恍然。旋即，他镇定地说："我们中国人收到礼品，和西方人的态度不同。西方人喜欢当面打开礼品匣子，而我们中国人收到别人的礼品时，通常回到家里才会打开。"

大家一听就愣住了。起初并不理解，但很快回过神来，听出其中的智慧和幽默，陆陆续续笑起来，随后会场响起一片掌声。

面对陆文夫的睿智，夏竹丽不服气："鲁迅倘若在世，会允许在中国写文章吗？"

陆文夫说："这个问题，只有鲁迅自己才能回答。"

夏竹丽又问："请问陆先生，你写的文章和你刚才的发言，是否要给什么人检查过？是否经过王蒙的审查？"

陆文夫说："当然有，这个人就是我自己。这篇发言稿，是我自己写作、自己修改的，没有送给任何人审查。"

夏竹丽调转枪口："陆先生，我理解你的处境，今天有一位中央委员坐在你的身边。"一边说，一边指着陆文夫身边的王蒙。

陆文夫说："王蒙是我的老朋友，我和他都有充分的创作自由。你对中国作家太不了解了。"

夏竹丽接着说："据我了解，在中国那样的社会环境，国家的想象完全统治了作家的想象，作家怎么能保持自己的创作个性？"

陆文夫说："中国作家的处境，完全不像你说的那么回事。中国目前实行的改革，就是十亿人民想象的成果，这场改革自然也会激发作家的想象。"

面对陆文夫的从容镇定，夏竹丽仍不服气："请问陆先生，王蒙最近表示反对'性'的描写，你对此有何评论？"

听众席里的王蒙，有些看不下去了，站起来说："中国作家对于'性'的态度，就好像陆文夫刚才讲的礼品匣子，不论什么时候打开，反正里面内容是一样的。"

看到夏竹丽的咄咄逼人，美国的巴恩斯通教授看不下去了，站起来说："看上去这位夏女士对中国作家王蒙，持有不小的偏见嘛。请问，你了解王蒙的创作吗？你知道王蒙的小说在中国读者心中乃至世界各国的影响吗？"

……

笔会上的激烈交锋，让美国媒体兴奋不已。《纽约时报》从 12 日开始，连续报道会议的各种信息，有时一版，有时大半版。17 日会议闭幕后，18 日、19 日、20 日的《纽约时报》，仍在持续发表报道或文章。

对于 1 月 15 日中西方作家的交锋，第二天的《纽约时报》说："15 日上午讨论民族性问题，中国成了会场注意力的中心。夏女士向在会上发言的陆文夫问了几个问题，问他同另一个参加会议的中国作家王蒙享有多少创作自由。"

这篇报道根本不提中国作家的反驳，显然有失媒体的公允。

笔会召开期间，举办了各种专题的讨论会。黄庆云是中国儿童文学作家，参加了儿童文学的专题讨论，以《中国儿童文学概况》为题作了发言。她的发言稿，后来在约翰斯·霍普金斯大学的《狮子与独角兽》杂志发表了。这是一本研究儿童文学的国际权威杂志，它首次发表中国儿童文学论文。

罗洛参加了"翻译惠特曼"专题会，也作了专题发言。他是中国诗人兼翻译家，应大家要求朗诵了惠特曼的一节诗。

在笔会召开的几天中，王蒙显然是最忙的那个人——

他参加了作品朗诵会，在会上朗诵了自己的微型小说。

到联合国秘书处作了演讲，有一位听众问他："听说中国的一切出版物，都是要经过政府的审查才能与公众见面，这是真的吗？"王蒙笑答："你知道中国有多大，有多少出版物吗？每年六七千种杂志、十几万到几十万种新书。如果一切靠政府审查，那太好了，中国的外交部、国防部、财政部、公安部、民政部，人人都在忙着夜以继日地读书。中华人民共和国国务院可以更名为'中华人民共和国读书俱乐部'了，这是何等奇妙的乌托邦啊。"

《民族》杂志邀请王蒙为美国独立二百一十周年的纪念专刊写稿。王蒙就在文章中，写了他几次来美的印象。最后说："如果美国人知道他们知道什么，同时知道他们不知道什么，如果美国人知道他们做了什么和能够做到什么，同时知道他们做不了什么，不能够做什么，那么他们就更可爱了。"这篇稿子受到了陈香梅女士的赞扬。

陆文夫和王蒙一道，还拜访了英国女作家多丽丝·莱辛。陆文夫以为西方女性都是身高马大，而眼前的莱辛女士却如此弱小，这让他很意外。二十一年后（2007年），八十八岁的莱辛获得了诺贝尔文学奖。

这次赴美参加国际笔会，还发生两件趣事。

有一天，陆文夫被一位赴美滞留的中国女作家邀去吃饭。吃完饭，她让陆文夫签字，说要到一个流亡政治机构去报销，陆文夫一听便大怒，干脆自己付钱了事。本来是女作家请客，却变成了陆文夫请女作家吃饭。陆文夫回旅馆一说此事，王蒙幸灾乐祸笑了半天，叹道："文夫啊文夫，你真是个好人。而好人总是难做的呀！"

另一件事，王蒙在纽约买了个窗式空调，产自国外某电器公司。回国一用，马力不大，噪声不小，开机后就像蒸汽式火车头，最后只得移至他的农村别墅（王蒙在京郊山区买的农民房）。卖给王蒙空调机的，是电影导演谢晋的儿子，他刚到美国不久，开了个小门市部。交易过程中，还跟王蒙发了一通感慨："王蒙叔叔，你知道我来到美国最怀念的是中国的什么吗？是咱们的学习，一屋子的人，坐在那里，打盹的打盹，抽烟的抽烟，看报的看报，翻杂志的翻杂志，发发牢骚，骂骂不正之风，提前半个小时就下班了，工资照发……美国人一辈子也想不到世上有这样的好事啊。"

第四十八届纽约国际笔会的一周历程，很快就要结束。

陆文夫此行，对美国印象不是太好。"美国之音"记者问他："北京与纽约有什么不同?"

当时的"美国之音",被中国人视为"敌台",所以,陆文夫的回答很谨慎。他想了想说:"纽约街上破车多,北京街上跑的新车多。"

虽是王顾左右而言他,但能看得出,他是真不喜欢美国。几年后,这种印象加倍了,他觉得美国市场更青睐高晓声,法国文化界似乎对他更有好感。

离开纽约前一天晚上,陆文夫在旅馆里,仍想着开幕式那天美国警察的行为,他们可以任性地查验各国作家的身份。便自言自语说:"美国人怎么可以这样无视作家的尊严?更何况,还有几个诺贝尔奖获得者。"

王蒙说:"文夫兄,我跟你讲一件事,你就明白了。"

陆文夫说:"你说。"

王蒙说:"我多次来美国访问或者讲学。有个美籍华人是我很好的一个朋友,他就告诉我说,你向美国人介绍你的职业,最好不要介绍你是一个小说家或者是作家。因为在美国,任何一个人会写字就算一个作家了。他拿出笔写出一个字来,就是一个 writer,一个 writer 就是一个写作者,因为美国没有'家'这个意思,只有中文才有这个意思。我想起在新疆劳动,由于我多少会写几个字,包括维吾尔族的字,常常帮人民公社的社员记工分,后来发现他们这个'记工分者'和'作家'用的都是同一个词。哎,作家可以是记工分的,可以是作家,也可以是在邮局门口摆个摊,替别人代写家书的。所以这个美国朋友就建议我说,你如果在大学里有兼职,就可以介绍你在大学里的兼职;你如果在文化部做过事,你可以介绍你在文化部做过事。这样别人就会知道,你是一个有稳定职业和稳定收入的人。如果你只说你是一个作家,信用卡公司都不愿意给你发信用卡,谁知道你哪个作品能卖钱,哪个作品还要自己贴钱?"

听了王蒙的这番话,陆文夫犹如醍醐灌顶。返回中国的前夜,他躺在圣莫尼克酒店的床上想了不少事情,对人生也有了一些新的想法。

5. 初访巴黎

1988 年夏天,陆文夫率领一个庞大的中国作家代表团,前往法国访问。随团作家有刘再复、高行健、刘心武、张贤亮、韩少功、白桦、张抗抗、张辛欣、江河等。

此时访法,任务艰巨。国内反自由化运动刚刚结束,西方对中国有误解。随他出行的作家,个个都是名人,风头正劲,个性十足,队伍不好带。刘再复出国前，好友樊骏再三叮嘱他："你名声大，到法国免不了要演讲，接受访谈，你切记只讲文学，不讲政治。你有太多的诗人气质，最容易冲动。"樊骏自己少言寡语，此时反复叮嘱刘再复，可见当时的国际形势很敏感。对这个问题，陆文夫运筹帷幄，早已想好了对策。

出国前，陆文夫又想到水土不服的问题，往包里塞了不少萝卜干。作家们一听说陆团长到巴黎要带萝卜干，纷纷取笑他"老土"。可几天下来，大家就熬不住了，纷纷向他索取萝卜干吃。

陆文夫此次访法，心里牵挂着巴黎一个叫陈丰的年轻人。

陈丰是留学生，两年前到巴黎攻读博士学位。读博过程中，父亲怕她孤独，托人给她捎了几本"好看"的书，其中就有陆文夫的《美食家》。有一天晚上，陈丰临睡前阅读《美食家》，居然毫无倦意，一直读到大半夜，饿得饥肠辘辘。她不断联想在法国吃不到，在中国也难见到的各种美味佳肴。读着读着，突发灵感：素来热爱美食的法国人，一定也喜欢《美食家》！何不将小说推荐给法国人读一读？于是就把《美食家》推荐给了巴黎的比基埃出版社。

出版社敲定后，陈丰和法国女汉学家安妮·居里安合作，把《美食家》译成了法文。《美食家》是中篇小说，译成法语就成了一个小长篇，捧在手里阅读再合适不过。她们又给小说起了一个新书名——《一位中国美食家的生活与激情》。使用这个书名，主要为了呼应一本法国畅销书——十九世纪法国著名美食家布里亚·萨瓦兰的名著《美食家的生活与激情》，这本书在法国的影响非常大。

1987年，法文版《美食家》在巴黎正式推出，没想到一亮相便成了畅销书，之后多次重印，又成为常销书。

当时的比基埃出版社，刚成立不久，由于经营不善，正面临倒闭。没想到热卖的《美食家》，让它大赚一笔，出版社起死回生。数年后，这家出版社闻名欧洲，成为专门出版远东文学的出版机构。

陆文夫来到巴黎，第一件事就是联系陈丰。作者和译者相见，自然会有许多话要说，但这次巴黎之行，没给陆文夫留下多余时间，他与陈丰的交流并不多。

这次访法责任重大，这是改革开放后，第一个访问法国的中国作家代表团，行程安排得紧，几乎容不得作家自由活动。团里还有许多事，团员的要求和矛盾也需要处理与调解。这就限制了陆文夫的活动自由。

由于日程紧张，作家们多半时间是在大巴上度过的，常常从一个地方，被拉到另一个地方，几乎没有私人空间，很容易产生情绪。作家张辛欣说："我们又不是大熊猫，被你们拉来拉去展览！"

东道主对作家住所的安排也欠妥当，大家得不到好的休息。每天一大早，大巴就来接中国作家，总是行色匆匆，几乎不能喘息。

每到一处，端坐在台上，被几个汉学家当展品一样介绍，听他们发表对中国和中国当代文学的看法。中国作家的发言机会却很少，很让人恼火。张辛欣说："这种内容爆满的日程安排，带有明显的歧视性，我们不能接受！"

张辛欣的话，让参与活动的中法双方都很震惊，觉得这是一个"事件"。

其实，法国人对中国作家的到来，抱有浓厚兴趣。中国封闭了几十年，文化精英们第一次阵容整齐地出现在法兰西，自然引发法国人的好奇心，每场活动都是人满为患。法国人对中国的了解，一般是滞后的，对中国的新文学更是一无所知，他们想通过作家来看中国，并非前来关注文学，所以在会场上，大家谈到最多的话题，是中国的政治和社会。作家们与法国人的互动，也多为对中国的看法，这种语境无从谈及文学作品。

尽管如此，这次访法还是大有收获。中国作家为法国人带来了改革开放的讯息，也带来了"寻根文学""伤痕文学"的概念。更重要的是，作家们传递给法国文化界一个信息——中国新文学正破土而出。

作家的牢骚，对团长陆文夫是个考验。但他不会"和稀泥"，也不会视若无睹，而是选择平和相对。矛盾出现后，就用幽默的方式来应对，和风细雨，三言两句，常常就化解了矛盾，说得大家笑起来，不经意抚平了风浪，一切看上去毫无设计的痕迹。白桦就说："老陆啊，只有你能应对自如。"

陆文夫笑说："本来就没有什么不可调和的矛盾。"

法国媒体对中国人很好奇，偶尔会表现出意识形态偏见。但他们看到陆文夫率领的中国作家代表团，作风正派，纪律严明，既让作家充分表达不同思想，又不违反原则，媒体的态度开始发生转变。从中国作家身上，媒体看到了中国人的自律性和自由度，并非他们所想象的那样。

作家们所到之处，带去的欢声笑语也是蛮多的。陆文夫发挥了关键作用。

在蓬皮杜文化中心，中国作家和公众见面，要作自我介绍。陆文夫第一个发言。一贯低调的他，在这种场合却格外地幽默风趣。他介绍自己："我是一个什么样的作家呢？按我小女儿的说法，我是生在小城里，长在小巷中，写些小人物，赚点小稿费。"

话刚落音，公众欢声雷动。

作家们一看陆团长如此出彩，之后的自我介绍，更加五彩纷呈。

访法日程虽紧，陆文夫还是想方设法，给大家留出一些时间自由活动。陆文夫也为自己安排了两次私人活动。

一次是巴黎友丰书店的读者见面会。听说巴黎的书店请他作活动，陆文夫开始很谨慎，连忙打听这书店什么来头。使馆工作人员告诉他，这是一家中文书店，店主叫潘立辉，十多年前从柬埔寨到法国留学，想在法兰西弘扬中华文化，学成之后就开办了这家中文书店。巴黎是文化古都，法国一万五千家书店和书摊，不少集中在巴黎。友丰书店是法国乃至西欧影响最大的中文书店。遐迩闻名的诀窍，就是它的经营特色，主要经销来自中国内地及香港、台湾的中文图书和报刊，也出售介绍中国的英文、法文等外文图书。店址设在巴黎大学城，这是著名的拉丁区，不仅方便旅居法国的华人购书，也成了汉学家和法国朋友学习与了解中国文化的地方。听过这些介绍，陆文夫才接受了友丰书店的邀请。

《美食家》法文版在巴黎出版后，已产生很大影响。此次举办公众交流会，引起了更大关注。巴黎电视六台、《哥伦比亚》等媒体，均作了采访报道。它们对《美食家》的热销，起到了推动作用。陈丰告诉陆文夫，法文版《美食家》出版后，仅在巴黎就卖掉了十万册，至今仍在销售。尽管在当地专家看来，这部法译本还可以更加完善，比如汉学家何碧玉就说，比基埃出版社推出的法文版《美食家》没在书中介绍作者，是一个极大的失误，但在法国图书市场，这本书一直很受欢迎。

随着销量的增加，《美食家》的影响越来越大。这种影响已不限于文人读者，也扩大到餐饮界。陆文夫访法的消息一传出，就有巴黎的一些饭店老板，打电话来约他吃饭。陆文夫基本上都拒绝了，但有一个餐馆老板一直很热情，坚持劝说陆文夫，要他到自己的餐馆来做客，也许是精诚所至，陆文夫最终被他说服了，答应去吃一顿午饭。

老板邀请陆文夫共进午餐，却在早上六点就来接陆文夫动身。陆文夫很纳闷，这时间还早啊。原来，老板要他一同去选择新鲜的食材，包括蔬菜和鱼肉。想让他亲眼看着杀鹅取肝，亲眼看他选择价格高出养殖鸡五倍的乡村鸡。

老板说："陆先生，我想让您知道，我们法国餐馆的用料，都是鲜活的，决不吃冰箱和超市的食品！"

原来，这位老板读过《美食家》，看到里面描写的中国美食，如此精彩纷呈，食材和烹饪都很考究，心里多少有点不服。他就想让陆文夫看看，法国美食的选材和烹饪，并不比中国差。

可老板并不清楚，来法国仅仅几天时间，陆文夫已开始厌食。精美的法国美食，一直是全世界馋人的向往，但它吸引不了陆文夫。不是食物不好，而是陆文夫不适应它的口味，心理上有抵触情绪。在中国历史上，存在这种心理的人不在少数。康有为在游记中说过：法国有什么可牛的？早在周朝那个年代，中国饮食就是世界第一。"法国烹饪虽然独步欧美，其实不过是偷师于西班牙，而西班牙则又学自葡萄牙，葡萄牙烹饪方法乃袭之我中国，因葡萄牙人早在明正德年间已来到澳门，葡萄牙语中对'茶'的发音与汉语相同，便是证据之一。"

当然，陆文夫不像康有为那样，旗帜鲜明地否定法国美食。他同这位法国餐馆老板坐在一起吃饭，聊得很开心。聊到中法美食的不同，法国老板说："陆，听说你们中国人吃饭太浪费，满桌子上都是菜，是这样吗？"

陆文夫说："不能那么说。中国的'菜制'和欧美的'菜制'不同。你们西方人是'个人主义'，分食制，每人一份，所以在西餐中，都是三道菜、四道菜，五道菜不大多见。中国人是'集体主义'，宴请起来都是八人一桌，十人一桌，还有十二人一桌的。这么多的人在一起，如果是三道菜或四道菜的话，那就得用脸盆装了。这还不是主要的，主要是中国的'菜制'就像京剧一样，上菜是按程式来的。开始是冷盆，其次是热炒，而后是大菜，最后是一个汤。如果是广东菜的话，开始就喝汤。中国菜的品种极其丰富，如果你不完成这套程式，你就难窥中国菜的全貌。"

老板听得直点头："陆，我好像懂了。西餐是室内四重奏，中餐是大型交响乐。"

陆文夫一听这个比喻，就乐了："对对对，大致就是这个意思。"

说到这里，老板来了兴趣，问陆文夫："你对法国葡萄酒，了解多少？"说着，从酒窖里取出两种葡萄酒，让他品评优劣。

老板把陆文夫的眼睛蒙上，给他倒了两杯不同口味的葡萄酒，然后让他品尝评判。陆文夫喝过后，立刻说出哪一种酒是几十年的好酒，哪一种是一般的品种。老板一听完全正确，对陆文夫钦佩极了，频频竖起大拇指。

中国作家代表团访法，最后一站是普罗旺斯，一个具有人文色彩的地方。它是二十世纪初欧洲现代艺术的摇篮，也是二十一世纪法国当代艺术家的一个集聚中心。普罗旺斯是法国南部的一个小省，离巴黎很远，但离意大利的米兰很近，毕加索、马蒂斯、凡·高、高更、伯纳德等，都在这里定居过，有人还在这里工作、创作了一辈子。

二十世纪的普罗旺斯没什么特别重要的大城市，马赛仅是一个工业港口；戛纳当时还默默无名；尼斯倒是一个度假胜地，可惜太小了；蒙迪卡罗是一个赌城，并不适宜艺术家。但这里的人文条件和气候条件，吸引了大量精英艺家来到这里，慢慢形成一种社区与氛围。不少艺术商人、艺术代理人、艺术收藏家，知道这里聚集着不少一流的艺术家，因此趋之若鹜，使之逐渐成为一个艺术中心。

来到这种地方，中国作家很有兴致。

陆文夫走访普罗旺斯，无论是观赏风景，还是倾听讲解，都很认真。看着看着就想到家乡苏州。苏州也是艺术家辈出的地方，与普罗旺斯相比，陆文夫觉得苏州与他的心理距离更近，至少苏州的美食百吃不厌，这里的食物无论如何适应不了。

在普罗旺斯，白桦一直和陆文夫相伴而行。每到进餐时间，白桦就问："想吃什么？"陆文夫总是回答："中餐。"

听到"中餐"二字，白桦就想笑："老陆啊，如果有人说：这里只有一家冒牌的川菜馆，你还会吃吗？"

陆文夫说："就是冒牌的川菜，也比正宗的西餐好吃。"

白桦郑重其事说："老陆，普罗旺斯的美食，可是鼎鼎有名的！"

陆文夫说："我听说了，但我还是愿意吃中餐。"

白桦知道，陆文夫就是这种个性。他和陆文夫是老朋友。白桦生活在上海，当年错划右派后，心里压抑就会到苏州来，同陆文夫聊天或逛街，二人知根知底。

从法国回国后，白桦说："文夫很厚道，从不隐瞒自己的观点，我们一起去过法国，交往甚密，但始终保持'君子之交'。"

6. 再访巴黎

一年以后，法国又邀请陆文夫前去访问。这次去的人不多，只有他和韩少功。没有集体约束，他总算可以不受时间地点限制，在巴黎街头自由漫步了。

韩少功与陆文夫同行，也觉得特别轻松。他们是忘年交，相差二十五岁，却能谈得来。在韩少功心里，陆文夫清心寡欲，淡泊名利，是瓜棚之下、短篱之旁，独坐品茶、闲呷一杯明月的一介书生。

韩少功生活在北京，平日很少看到陆文夫。陆文夫是中国作协副主席，见一面常常是为了开会。有一次，中国作协在京西宾馆召开理事会，陆文夫主持会议，给韩少功留下了很深印象。那天，陆文夫在台上宣布，每人发言不能超过十分钟。有一位副主席是他的老朋友，发言超时了，他也敲敲茶杯发出警告，一点不讲情面，结果，发言者很生气，下台拂袖而去，台下有人抗议他的刻板苛政，没想到陆文夫脸上毫无表情，低头品茶如常。

来到法国以后，韩少功明显感到，陆文夫很喜欢这个国度。但他对法国大餐的热情，远不如对中国菜。出访的时候，陆文夫又带了榨菜和萝卜干，说是为了宴会后"略作调剂"。当中国同伴吃够了西餐，前来索要萝卜干，他会表现出很得意的样子。

这次访法特别轻松，还有一个原因，就是可以随意选择食物。

法国人对食物很自恋。有一次，韩少功走进一家麦当劳，陪同的法国人惊恐万分，拉着他就往外走："怎么能在这里吃？这里只有狗吃的东西！"这种诅咒很"恶毒"。韩少功从此知道，法国人瞧不起美国快餐，却对自己的饮食传统很自豪。

但法国美食在陆文夫眼里，不过如此。每到用餐之时，陆文夫都会去找中国餐馆，到餐馆还要问一问："这里有没有豆腐？"

饭前饮茶一杯，是陆文夫的必修课。他喝不惯可乐，但欧洲酒店没有开水，也没有开水瓶。有人借来一个电热壶，陆文夫喜出望外，立即放下所有事情，摩拳擦掌先沏茶，又连烧几壶开水，问韩少功要不要，此时的陆文夫，笑得很幸福，很温暖。后来几天，韩少功一回到旅店，服务台给他房门钥匙的时候，总会递上一壶开水。韩少功不解其意。后来才明白，法国人从陆文夫那里得到印证，中国人迷恋开水，不沏茶就没法活。韩少功为此感叹："我年轻时在乡下一个茶场干过三年，居然没有培养出对茶的感情。倒是现在越来越喜欢饮茶了，这恐怕与文夫先生不无关系。"

饮茶之外，吃食也是难题。这次访法，陆文夫可以选择食物，但到法国人那里做客，就不好随心所欲了，这是基本礼节。有一次，法国人请陆文夫到家里吃饭，面对丰盛的法国美食，他总是彬彬有礼说好吃，似乎并不挑剔。主人向他推荐最好的奶酪，他尝了一口便哽住了，咽不下，又不能吐，表情稍显尴尬，急中生智喝了一大口红酒，才把它吞下去，说："好吃，就是……味道有点怪。"

陆文夫最轻松的时刻，就是白天忙完事，晚上在旅馆和韩少功聊天。韩少功谈到陆文夫的作品，陆文夫就说："不提它们，都是过去的事了。"

韩少功说："《美食家》《围墙》这样的作品，是能写入文学史的。"

陆文夫说："与骨肉之情相比，创作上的这些虚荣，不值一提。"

所谓"骨肉之情"，是指陆文夫大女儿罹患重病，让陆文夫十分揪心。陆文夫过去给韩少功的信中，说到过此事："人生就是一本大书，其中有些是字，有些是事。"

这天晚上，他们聊得很深，谈到女儿，谈到茶。陆文夫知道韩少功在海南做了不少事，便问："海口的某某编辑，某某警察，你认识吗？我跟他们熟悉。"

聊天的时候，韩少功尽量往美食上引，就说："陆主席，我看你好像更爱粗茶淡饭。"

陆文夫说："粗茶淡饭不好吗？"

韩少功说："好在哪儿呢？"

陆文夫说："吃饭这个事，跟文学创作是一回事，都讲究境界。粗茶淡饭是第一境界，贫境也；大鱼大肉是第二境界，俗境也；真正的美食家呢，往往又回到粗茶淡饭，此乃第三境界，真正的美食雅境。"

韩少功笑说："其实，我也是素食爱好者。"

这次访法，陆文夫为韩少功引见了陈丰和安妮·居里安，也带他认识了巴黎出版商菲利普·毕基埃。两位女士是《美食家》的法文翻译。此后不久，安妮·居里安也成了韩少功小说的法文翻译。

韩少功年轻健谈，安妮·居里安和他聊得很投机，二人很快达成合作意向。不久，安妮就把韩少功的小说集《诱惑》译成法文，之后又翻译了他的《女女女》。安妮·居里安告诉韩少功，她还翻译过沈从文、陆文夫、汪曾祺、史铁生、杨炼的作品，并研究过他们。

韩少功起初以为，安妮只是个普通的女学者。后来才知道，她出身巴黎望族，有的亲戚是法国科学院院士、内阁部长；她本人也是研究员，在法国科学院工作，这是法国的最高学术机构。安妮的英文也好，数次到美国做访问学者。在韩少功眼里，安妮应是一个上层文人。可初次相见，她却穿着深蓝色肥肥大大的布袄，开着一辆灰色的皮卡。据说参加学术会议或演讲时，她也是这身行头。三年后，韩少功和她在戴高乐机场再次相遇，她还是穿这件衣服，还是驾着这辆客货两用的灰色皮卡。

韩少功对陈丰的印象也不错。陈丰告诉他，张贤亮在巴黎最爱做的事情，就是坐在露天咖啡馆，像法国人那样端起一杯咖啡，傻傻地面对大街，琢磨过往行人。陆文夫却对咖啡不感兴趣，他除了酒只喝绿茶，会随身备一罐上好的碧螺春。这一点韩少功确信无疑，他领教过陆文夫对茶的感情。

陆文夫这次访法，陈丰正在读博，学习时间很紧，但陈丰仍挤出时间，陪陆文夫逛街。年轻人逛街有朝气，像街头的巴黎人一样，大步流星往前奔。陆文夫绰号"拖拉机"，这是陆文夫当年做记者的时候，报社同事给他起了绰号。他做事比人慢三拍，走路喜欢从容踱着方步。这一点陈丰不知道，结果二人逛街的时候，陆文夫常被陈丰落在身后。陆文夫说，这种逛街就是急行军。两年后，陆文夫在苏州招待陈丰家人，说起陈丰陪他逛巴黎的情景，第一句话便是："陈丰当时跑得好快呀！"陈丰这才知道，自己当时多么唐突。

当然，陆文夫逛街还是挺有收获的。他爱看影院广告，让陈丰给他翻译广告上的字。陈丰说："陆先生，您想不想看一场电影？"

陆文夫眼睛一亮："好啊。到巴黎来，应该看一场电影。"

他告诉陈丰，年轻时就喜欢看外国电影，但后来外国电影越来越少，到了"文化大革命"时期，几乎没有外国电影可看。

陈丰将陆文夫带进一家影院。这里正在放映《生命中不能承受之轻》，根据捷克作家米兰·昆德拉小说改编的电影。陈丰已经看过，为了陪陆文夫，她又重新看了一遍，一边看，一边给陆文夫讲解。陈丰感觉，这应当是陆文夫来巴黎最愉快的一天了。

第二天晚上，陈丰回宿舍去了。陆文夫闲来无事，又到街上闲逛起来。走着走着，来到一家影院门口，看到人们排队买票，寻思这应该是一部好电影，也买票走了进去。十分钟广告后他才发现，放映的是前一天看过的《生命中不能承受之轻》。反正没事，又是好电影，就把这部近三个小时的电影，从头到尾又看了一遍，之后，再陪别人看这部电影时，他居然能讲解剧情了。

看完电影从影院出来，晚风拂面而来，陆文夫觉得特别爽快。巴黎街头的夜晚，充满诗情画意。陆文夫就想，何不趁着迷人的夜色，在这西方艺术之都做一番放飞自我的徜徉？于是，漫无边际地溜达起来，东看看西瞧瞧，不知时间在悄然流逝……

走着走着，感到内急。他是有名的茶客，出门前饮了不少茶，这会儿憋不住了，那就找厕所吧。东找找，西找找，怎么也找不到一间厕所。他不懂法文，街头所有引导牌上的文字，他一概不认识。这可怎么办啊？窘迫中，看到一条偏僻的小巷，就拐了进去——好家伙，有一个外国人正在墙角"面壁"……

这件事情，陆文夫从未与人透露过。到了2004年秋天，他突患重病，住进了苏州第四人民医院，自知生命不久，才愿意讲一些人生往事。夜间陪护他的，是苏州杂志社的员工，他们平时难得一见，此时却像家人一样，彼此说一说往日有趣的人与事。陆文夫在巴黎街头的这桩囧事，就是在这种坦诚的交流中，笑着说出来的。这件事他讲了不止一次，讲完后还说："你们不要以为法国人精神文明怎么高，人性到处都是一样的。"这是后话。

这次巴黎之行，更让陆文夫高兴的，是法文版《美食家》大受欢迎，不断加印，在法国成了常销书。他对陈丰说："谢谢你和安妮，让我这本小书可以跨越半个地球，给西方读者带来快乐。"回国后，陆文夫写下这样的文字——

> 一部文学作品在世界上传播，首先要靠翻译。翻译的好坏，直接影响
> 着读者对一部作品的评价。据说日本的作家川端康成先生获得诺贝尔文学
> 奖的时候，特地请他的翻译一起走上领奖台，表示他对翻译家的感激。我
> 十分有幸，把我的作品《美食家》和《井》译成法文的，恰恰是两位美丽
> 的女士，一位是 Annie Curien 女士，她是懂得中文的法国人；一位是陈丰小
> 姐，她是懂得法文的中国人。法国的朋友告诉我，她们译得十分真切，十
> 分优美。我很感谢她们，虽然不能把她们请上诺贝尔文学奖的领奖台，却
> 可以在这里表示深深的谢意。谢谢。

鉴于陆文夫对中法文化交流的贡献，法国文化部授予他"法兰西文学艺术
骑士勋章"。考虑到当时国际形势比较特殊，陆文夫没有领奖。

这次巴黎之行，对韩少功也是一次收获之旅。

韩少功和安妮合作后，二人成了常来常往的好友。1992 年，安妮来中国参
加学术会议，为韩少功带来一张她女儿朱丽的画，题为《中国女儿》。画中人很
像朱丽，也像她母亲，有一双蓝色的眼眸。2000 年，韩少功出版第三部法译本
作品《山上的声音》，被评为"2000 年法国十大文学好书"。2002 年，法国文化
部授予韩少功一枚"法兰西文学艺术骑士勋章"。听到这个消息，陆文夫为他
高兴。

离开法国前，陆文夫又听到一个好消息：在 1988 年发布的"联合国教科文
组织各国代表作品丛书"名录中，居里安和陈丰共同翻译的法文版《美食家》
名列其中。这份名单，之后发表在 1991 年第 2 期《中国翻译》杂志。"各国代
表作品丛书"遴选活动创办于 1948 年，是联合国教科文组织的一项永久性活动
项目，用来推动翻译出版较不通用语种的作品（主要译为英、法文），以利国际
社会广泛了解和欣赏全世界的文学遗产。

此事意味着，陆文夫的《美食家》已成为国际社会公认的优秀文学作品。

7. 布莱斯城的"馋之罪"

1991 年夏天，陆文夫第三次应邀访问法国。此时的陆文夫，已是法国美食
俱乐部的荣誉会员，这是一个国际性的美食俱乐部。当时，中西方交流活动基
本停止，但法国人仍热情邀请陆文夫前去访问，说明他在法国的影响确实很大。

前两次邀请，东道主是法国的文化部和出版界，这一次是法国国际美食家协会。这个组织创办于1950年，经常举办国际美食节，邀请世界各地嘉宾前来品尝法国美食，其目的是：发现各式佳肴，推广美食文化，开展世界美食家联谊。

参加美食节的人，当然也要有条件。就像加入"法国美食俱乐部"，基本标准是：饮食有度，只食用质佳而烹饪得当的食物，饮用高质量的饮料。不能追求烹饪过程繁杂的食品。要有美食家的风范——神情愉悦，爱好社交，待人和善。具体包括：准时赴宴；举止得体；用餐完毕前不离开席位；用餐时不干扰邻座；只就自己熟悉的事情发表看法；饮用咖啡前决不吸烟。俱乐部认为，真正的美食家应向往和谐生活，赞扬美好事物，访谈举止有修养，能够成为文明的标志。

在法国人眼里，陆文夫很符合这些条件。

这次访法，陆文夫的主要任务，就是同二十多位来自世界各国的作家、艺术家，前往法国南部几个城市，一路品尝各地的名吃佳肴。大家都是懂得吃的文人和艺人，日程安排很紧，每天要吃五顿西餐大菜。结果，吃得陆文夫直倒胃口，他本来不适应西餐，这下更加难以忍受，实在忍不住了，便用幽默的口吻说："关于用餐，我有个建议：今后哪位再请我吃饭，就请他先付高额劳务费。"

有了这次教训，陆文夫长记性了。后来（1999年）意大利举办类似活动，邀请陆文夫参加，他婉言谢绝了。

陆文夫访法的最后一项活动，是到法国西南小城布莱斯城，参加为时三天的国际美食节活动，名称为"馋之罪"。

布莱斯城是个小地方，留下不少名人足迹。十九世纪，法国著名美食家布里亚·萨瓦兰，曾在那里生活过，留下许多美食佳话，被法国人津津乐道。所以，这次美食节邀请的嘉宾，既有传播饮食文化的作家，也有食品人类学家，既有历史学家，也有法国特级厨师。他们想通过嘉宾的如椽之笔，把法国的美食文化推广到全世界。陆文夫和陈丰一道，参加了这次国际美食节活动。

在布城的三天时间里，东道主安排的内容丰富多彩。来宾们一边品尝美味佳肴，一面畅谈饮食文化，但吃的节奏，让人无法从容。你看它的日程安排：每天早上九点，开吃，然后是午餐、午后茶点、参观点的招待、晚餐、夜宵……一直吃到次日凌晨一两点钟。结果可想而知，嘉宾们吃得日夜颠倒，好不辛苦，席间还会穿插各种活动，均与美食有关。比如，陆文夫小说《美食家》里，有一段朱自冶"放盐"的高论，就被挑出来朗读，给听众留下了深刻印象。

作为美食王国，法国人很自信。活动的第一天，记者文人只围着法国作家转，有如众星捧月，其他国家的作家则被撇在一旁，但讨论的话题，却是不同文明、不同文化间的交流。这多少有点讽刺意味。

别人侃侃而谈的时候，清癯低调的陆文夫，就坐在一个角落，不想引起人们关注。面前有许多精美菜肴，他只欣赏其色，每道菜顶多尝一点，便放下餐具，而那些不同品种的葡萄酒，倒引起了他的兴趣，这一瓶倒一点尝尝，那一瓶倒一点尝尝，品味之中，超然物外，全神投入，怡然自得。

陈丰问："陆老师，您怎么不吃菜啊？"

陆文夫摇摇头："吃不惯。"

陈丰问："您喜欢什么地方的菜？"

陆文夫说："苏州菜。"

陈丰来了兴趣："您给我说说苏州菜吧！"

陆文夫便娓娓道来，和陈丰讲起了苏州菜的食材、烹饪和特点。尤其说明："苏州菜的正宗，不在菜馆，而在每个家庭。"

陈丰很奇怪。在她的印象中，各种顶级的地方菜，总是在饭店菜馆才能吃到，也是饭店菜馆烧得最好。陆文夫说："苏州菜恰恰相反。这也是苏州菜与其他地方菜最大的不同。"

旁边有个法国人，看这边谈兴正浓，凑过来想听听。陈丰用法语告诉他，陆文夫说了什么，没想到他也产生了浓厚兴趣。

陆文夫接着说："其实，苏州菜就是家常菜。那些宾馆饭店里的名菜佳肴，都是从苏州的家常菜学来的。"

陈丰说："家庭烧菜，怎么会有这么高的水平？"

陆文夫说："这你就不懂了。苏州富人多，都有自己的家厨。过去的有钱人家，不作兴上饭馆吃饭。"

陈丰说："我想起来了！《美食家》里的孔碧霞，就是这么说的。"

陆文夫点点头："这些大户人家，都是请厨师来家里烧饭。这些厨师不容小觑，有的当过御厨，也有落了难却懂吃会烧的旧贵族，总之都是烹饪高手。他们来到苏州的大户人家，也就有了用武之地，他们会展示御肴名馔的烹饪技巧，更懂得按苏州人的口味喜好，来烹制独特的地方菜，这些菜，就是正宗的苏州菜，过去在饭馆是吃不到的，后来，一些家厨自己开饭店，才让它走向普通大众。苏州有条街，叫太监弄。为什么叫太监弄啊？因为在这里开饭店的，都是宫里出来的太监，有的当过御厨，懂得烹饪绝技，有的曾在苏州大户人家当过家厨。"

陈丰说："既然是有钱人家，这些菜肯定很名贵。"

陆文夫笑笑："你说错了。苏州人吃菜，兴趣不在山珍海味，而是就地取材，随季节进食，所谓天人合一吧。所以，普通的猪羊鱼虾、果蔬野菜，统统都吃。"

陈丰说："苏州菜里，还会有野菜啊？"

陆文夫说："有啊。香椿芽、荠菜、蕨菜、茼蒿、马兰头、蒲公英、枸杞头、水芹、马齿苋，应有尽有，一年四季好吃的。苏州人随季节吃习惯野菜了，如果哪种时令菜没有吃上，那老太太或老先生便要叹息，好像今年的日子过得有点不舒畅，总觉得缺点什么东西。"

陈丰说："这些野菜，其他地方也有啊。"

陆文夫说："不一样的，做法不同。比如啊，麻油香干拌马兰头，工序就很繁杂。苏州菜有一个最大特点，就是烹饪精细。这和苏州人的性格有关。我举个极端的例子，绿豆芽吃过吧？苏州人会把鸡丝，塞进绿豆芽烹炒。你看这精致的程度，是不是可以和苏州的刺绣相媲美？"

随着他们聊天的深入，围观的外国人越来越多。大家听了很惊讶，有人就讲："这么说，人们到苏州去，还会舍得离开吗？"

陆文夫说："当然舍不得！1980 年，我有一位朋友千方百计从北京调回苏州，我问他为什么，他说就是为了能够吃到苏州的青菜。这位朋友不因莼鲈之思而归故里，竟然是为了吃青菜。虽然这不是回来的唯一原因，但也可见苏州人对家乡食物，是嗜之如命的。"

陆文夫一边说，陈丰一边把他讲的故事，翻译给周围的人听。大家越听越入神。渐渐地，陆文夫成了美食节上最有人缘的作家。陆文夫和陈丰坐上哪桌，哪桌就热闹，觥筹交错，欢声笑语不断。一位作家专门跑过来说："在所有的这些来宾里，你们'父女'二人最可爱。"他把陈丰当成了陆文夫女儿。

多年后，陈丰写道："看着精美如工艺品的法国大菜，陆先生经常给我讲起各种江南菜的做法和文人墨客关于饮食的趣话。他娓娓道来，绘声绘色，那感觉像是闻着香浓的咖啡，却在喝着清纯的绿茶。"

在美食节上，陆文夫与酒的缘分，似乎多于美食。有一次，他和一位瑞士作家交流，聊上了饮酒心得，一边是清瘦长者，香烟一支接一支；一边是大腹便便，雪茄始终不离口，在烟熏火燎中，两人一直聊到大半夜，全没了不同文化的隔膜。后来，这一胖一瘦两位作家，吃饭总坐在一起。

还有一次，主人饭后给每位客人端来一杯白兰地，说这是当地的顶级产品，极其有名。陆文夫品了一口，眼睛一亮，放下杯子就跑，满世界去找厨房。陈丰跟在后面一头雾水，陆文夫最后闯进厨房，见到主人（兼大厨）就说，这酒太好了，哪里能买到？主人一听，比他还激动，放下手里的活儿，要把剩下的大半瓶酒送给他。陆文夫心满意足要走时，那位厨师又赶来，特意送给他一瓶没开过的白兰地，而且无论如何不收钱，说是难得遇到这么会喝酒的知音。后来，一位法国朋友告诉陆文夫，您真会喝，这瓶酒在市面上要卖几千法郎。

最后一次讨论会，安排在法国特级厨师布朗的酒店。这个酒店在法国是一流的，备有很大的汽车停车场，还为顾客备了停机坪，巴黎人常常驾着飞机到这家饭店用餐。饭店老板布朗是有名的烹饪高手，傲慢得很。

用餐前，老板开始演说，讲解他自编的食谱。然后进行讨论。有位作家发言说，中国菜可以与法国菜平分秋色。布朗一听就不高兴了："我吃过中国菜，油水太大，不好吃。中国菜绝对比不上法国菜。法国菜多新鲜？中国人烧菜，什么都是一锅炒，根本吃不出食材的原味。"

布朗的话，立刻在人群中炸开了锅。大家的目光，频频投向陆文夫。陆文夫微笑听着，没有反驳的意思。

一位研究中国食品的人类学家站起来说："我不同意布朗先生的说法，中国烹饪其实很重视原料的新鲜。"

另一位学者说："不应把不同文化、不同民族的菜肴烹饪，放在一起比优劣。同样，也不应该把中西餐放在一起比优劣。"

一位阿拉伯作家站起来说："布朗先生的话，反映了法国文化沙文主义。"

那么，布朗何出此言？经过讨论，大家找到了根源：西方国家没有正宗的中餐馆，也没有做中餐的本土原料。这个结论得到了认同。于是，争论双方握手言和，美食家们又开始为本国烹饪艺术在世界各地被糟践打抱不平。

看着大家说完了，嚷够了，陆文夫举手要求发言。

他站起来说："烹饪是什么？烹饪就是一种复杂而微妙的艺术。正因为它复杂，我们今天才在布朗先生这里讨论。这种讨论是有意义的。刚刚布朗先生在谈中国菜，请问，你是在中国吃的中国菜吗？显然不是，就如同我在中国吃的法国菜一样，它们都走了样，变了味道。真正的中国菜，原料极多，菜肴的品种也多。中国最一般的餐馆，你点一百个菜是平常事。就连街头的小餐馆，它的食谱也不下几十个品种。那么法国大菜呢？无非那么几道，一餐上几十个品种是不可能的……"

滔滔不绝之后，陆文夫看一眼布朗先生，话锋一转说："刚才，布朗先生说到了中国烹饪。我呢，除了中国菜，还喜欢吃法国菜。中国菜里，我最喜欢吃我夫人烧的菜。我到过巴黎、纽约、斯德哥尔摩的中餐馆，吃到的是巴黎的中餐、纽约的中餐、斯德哥尔摩的中餐。我也吃过中国的法国菜，但那不正宗，要吃到真正的法国菜，还得到布朗先生的酒店来！"

话音未落，全场便大笑起来，随之报以热烈掌声。

陆文夫的发言，一直延续了三十五分钟，让在座的法国人十分惊讶。他们听着听着，也被陆文夫的话所吸引，情不自禁跟着鼓起掌来。陆文夫发言结束后，全场又爆发长时间的热烈掌声。为了表示酒店的敬意，用餐时，布朗专门来到陆文夫身边，向他敬酒致意。

"馋之罪"美食节结束后，陆文夫很感叹："如果给我这样的财力支持，在苏州举办同等规模的美食节，我保证比这个节目丰富多彩。"

回国之前，陆文夫突然想起一件事，苏州老友周治华集邮，便给他寄了一封信。信上只写了几句话："周书记（周治华时任苏州市委副书记），上次在巴黎寄的一封信，邮票上居然没有盖印，这对集邮不好，这次再寄一封。祝好。陆文夫。1991.7.22。"

在法国送别陆文夫，陈丰怀揣满满的成就感。

数十年过去，法国的书店再难见到二十世纪八十年代中国作家的作品，而陆文夫的法文版《美食家》，因符合崇尚美食的法国人的文化品位，成了非常罕见的常销书，至今仍在热卖。受《美食家》影响，之后一批又一批江苏文学作品，被陆续译介到法国，苏童、毕飞宇、黄蓓佳等近十位江苏作家，均有作品译成法文，在法国刮起了"江苏风"。仅毕飞宇一人，至少有七部以上作品在法国出版。

8. 新加坡的榴梿

1991 年 9 月初，陆文夫偕夫人管毓柔，访问了新加坡，参加该国新闻与文化部举办的"世界作家周"活动。一同前往的作家，还有王蒙和黄蓓佳。

如果说，过去三次访问法国，或多或少与美食（或小说《美食家》）有关，那么这一次的新加坡之旅，也留下了特殊的食物印记。

这种食物，就是榴梿。

吃榴梿并不是出访的目的，但禁不住青年女作家黄蓓佳的心心念念，以及她一路上的唠唠叨叨，吃榴梿也就成了此访重点，成了人人期待实现的一个不大不小的愿望。

当时的中国水果市场，没有榴梿可买。黄蓓佳小时候读散文，读到作家写榴梿，留下了独特印象：既香又臭，既爱又嫌，既美又怕，有人流连，有人弃之。如此神奇的水果，黄蓓佳早想一睹真容，并亲口尝一尝。听说新加坡有榴梿，她发誓这次一定要吃到。

刚刚启程，黄蓓佳就问王蒙和陆文夫："二位老师，你们听说过有一种叫榴梿的水果吗？"

二位说："听说过啊。"

"你们有没有兴趣见识它的真面目？"

"当然。新加坡就有榴梿。"

黄蓓佳说："这次来新加坡一定要吃榴梿，不然就白来一趟了。"

王蒙说："我支持你！"心里却道："傻姑娘，谁知道现在是不是吃榴梿的季节。"他不忍说出这句话，怕扫了黄蓓佳的兴致。

看到黄蓓佳兴奋的样子，陆文夫挺高兴。

黄蓓佳是他老朋友的女儿。二十世纪六十年代末，陆文夫下放射阳农村，当时的下放干部中，也有黄蓓佳父亲，两人同属一个"朋友圈"。老黄原是泰兴文教局干部，陆文夫出身泰兴，二人遂攀上了老乡。老黄爱好文学，数十年订阅《人民文学》杂志，读过陆文夫的小说《葛师傅》和《二遇周泰》，女儿黄蓓佳也偷偷读过，父女俩爱不释手。没想到"文化大革命"中，会与这位著名作家下放在同一个地方，二人相见恨晚，结下了友谊。"文化大革命"结束后，陆文夫回泰兴探亲，都会去看望老黄。省作协开会见到黄蓓佳，陆文夫就会问："你父亲还好吧？"还让她转达问候。

有了这层关系，在新加坡此访中，陆文夫夫妇与黄蓓佳走得更近了，用餐、逛街、看景，三人总是相随相伴。多年后，黄蓓佳写道："那一次是我跟陆老师朝夕相处最长的日子。我们从一早坐在新加坡国立大学餐厅外的阳伞下吃早餐开始，到晚宴结束各自回房。每天在一起谈天说地、朗读作品、给中学生做文学报告、品尝榴梿、观光散步，竟相处出了一点点父女间的亲密。那一次他的夫人管阿姨随行，我们三个人东张西望漫步在新大校园里，不知道的人真以为是一家子。"

中国作家来到新加坡，住在新加坡国立大学的嘉宾楼。此楼地势好，坐落在一片山冈上，大家每天早晨起床，从窗口便可眺望城市。饮食是自费的，新加坡食物并不贵，早晨，到学校餐厅用餐，买一盘美味的炒面，只花新币五角钱。一杯加糖加奶的热咖啡，三角钱。即使去一家很不错的冷气餐馆，叫上几个菜，加饮料茶水，也不过五六十元。换算成人民币，跟国内价钱差不多。新加坡人收入高，这样的物价，根本算不得一回事。

陆夫人管毓柔有个姨妈，定居在新加坡，邀请他们一行五人去吃饭。招待的菜肴中，有一盘花生米。王蒙很奇怪："你们新加坡人也好这一口吗？"

管毓柔说："哪里！老陆提前跟姨妈打过招呼，要吃花生米。"

王蒙呵呵笑起来："我说呢，这不是新加坡人的饮食风格嘛！文夫饮酒吃花生米，这乡土气息是如影随形呀。"

又说："文夫，你现在是法国美食俱乐部的会员了，在法国各地吃了一大圈，什么美食大餐没见过，怎么还吃花生米？多老土啊。"

陆文夫笑笑："习惯了。"

当时那个年代，中国人对新加坡很陌生，对它的认知，基本停留在电视剧《人在旅途》中。所以大家来到新加坡，满眼看去，似曾相识，高速公路上，汽车连成了直线；城市街道两旁，触目可见摩天大厦。但新加坡实在太小，拍来拍去也就这么几个大楼和景点，实在是袖珍得很。

尽管如此，中国作家来到新加坡，依然感受到了惊艳。目光所及，青葱鲜亮，纤尘不染，所有的树林、楼房、街道，仿佛都用高压水龙头冲洗过。花草植物长得肥硕蓬勃，极有生气，有些乔木国内也有，印象中只长叶不开花，这些东西在新加坡，不知怎么就撒欢似的开起了花，那花开得鲜黄粉红，煞是漂亮。新加坡马路上的人行天桥，会栽一种叫作"九重阁"的花，花枝垂挂在空中，远看就像一条条花带，作家们就想，新加坡政府想得真周到，就连人行天桥都点缀得那么别致。这显然是经济基础起了作用，富足了，安逸了，城市建设才会如此细密和周到。

看到黄蓓佳很欣喜，陆文夫说："新加坡是世界上最美的国家之一。将来我们中国也会建成这样。"

黄蓓佳说："要是那样，那就太好了！"

"作家周"安排了四场作品朗读会，会场设在国家博物馆，一个阶梯形的空间，紧凑而雅致。总共七八十个座位，冷气开得很足。黄蓓佳毫无准备，第一次参加活动衣服穿少了，冻得浑身起鸡皮疙瘩。陆文夫和王蒙因为穿了西装，就没有这种困扰。

朗读会开始后，按照事先排列的顺序，作家和诗人们依次走上台，朗读一段自己的作品。被请上台的多为诗人，因为诗人们擅长朗诵，有的热情，有的奔放，有的风趣，风格迥异。有一位英国诗人，白发苍苍，面色红润，智者风度，每次朗诵前，都要讲一段幽默的开场白，把在场的人逗得哈哈大笑；一位印尼诗人朗诵时，情绪极其饱满，几乎就是手舞足蹈，狂呼大叫，让人感到惊心动魄；还有一位台湾诗人，温文尔雅，朗诵时双泪潸然落下。

身临其境的黄蓓佳，不时被感动。她觉得参加这样的朗读会，很值得。陆文夫和王蒙始终正襟危坐，表情严肃，似乎比她更投入。

朗诵会也有遗憾。举办活动的条件是一流的，门厅有咖啡茶点，一盘一盘陈列在长条桌上，旁边放了杯、碟、叉，供大家使用，中间休息或朗读会结束，作家和听众可随意挑选饮料、食物，站着或坐着美餐一顿。朗诵会召开前，报纸发过消息，热心文学的人可以自由参加，但来的听众并不多，甚至比作家还少，会场本来就小，环顾四周只坐着二三十个朗读者，多少有点让人失望。是不是新加坡政府不习惯组织群众来参加文化活动？

黄蓓佳想跟二位前辈说："难道新加坡人就不想见识一下世界知名作家？更何况参加文学朗诵会，还有免费的冷气和茶点。"看到他们严肃认真的样子，又不忍打扰。

台上，作家诗人很嗨；台下，听众却寥寥无几。黄蓓佳觉得，置身这样的场所，有一种滑稽感，文学在新加坡竟被这样漠视。她觉得这很荒诞，想着想着，就忍不住想笑。后来才知道，中国的文学艺术是面向大众的，而在新加坡，或是更多的西方国家，文化只是文化人的事，与老百姓关系不大。小说、诗歌、散文、戏剧的命运都是这样。老百姓如果喜爱，那也是国民文化素养使然，并非文学本身在起作用。

有一件事，让中国作家长见识了。有一天晚上，朗读会结束已经十点多钟，一位当地作家开车来，带中国客人去兜风。汽车开到西海岸，大家看到海滩上高高搭起了一个戏台，灯光明亮的台子上，演员们穿红着绿，咿咿呀呀在唱着一出潮州大戏《姐妹皇后》。作家们很好奇，就将车停下来看戏，奇怪是的，台下一大片空空的场地，只有三个五六十岁的老妇人在看戏。

陆文夫和王蒙在前面看戏，黄蓓佳绕到后台看热闹。她从一架摇摇欲坠的木梯上爬上台，看到后台的气氛一派紧张，有人急急忙忙对镜化妆，有人端坐一边默戏，有人互相整理头套、发饰和戏装……三四十个人，挤挤撞撞在忙碌。一打听才知道，他们这出戏，是用来敬鬼神的。农历七月是新加坡华人的中元节（鬼节），当地企业和财团轮番出钱，请剧团演出，人们可以随便来看，无需花钱买戏票，因为有人出了钱，即便是一个观众没有，演员对着一片空地，也照样唱念做打，一丝不苟。据说这种包场演出很贵，一晚合人民币一万多块钱。

陆文夫说："这要是放在国内，演员可能都会罢演。"由此也明白了一个道理，文学艺术在金钱面前，是没有分量的。

大家情绪低落的时候，不知谁提到"榴梿"二字，黄蓓佳顿时来了精神："是啊，咱们来到新加坡，还没有吃到榴梿呢！"

他们从踏进新加坡国土的第一天起，就开始打听榴梿的行情。得到的回答是：这种水果已经下市半个月了。心里便空荡荡的，失望至极！但有时说起来很怪，事情的"转机"往往不期而至。

一天晚上，开完朗读会，已经十点多钟，一位当地诗人自告奋勇，要开车带中国朋友去买榴梿。新加坡地处南洋，气候炎热，夜生活特别发达，十点多钟的街市上，依旧人来人往。水果摊也多，各色鲜果缤纷水灵，色泽亮丽，摆放得层层叠叠，叫人目不暇接。一圈走下来，番石榴、木瓜、洋桃、山竹之类的南洋水果，买回了一堆，唯独不见榴梿的影子。

看到中国朋友很失望，这位诗人安慰大家："你们肯定吃不来榴梿的，除南洋之外的人，都吃不惯它。"又神秘地笑笑，对黄蓓佳说："你知道榴梿的传说吗？它为什么那么臭？那是三宝太监的……"

话没说完，黄蓓佳已知道他下面该说什么，赶紧制止他的话，但吃榴梿的好奇心，此刻又加了一层。

最终吃上榴梿，还是新加坡国立大学中文系的王润华教授帮了忙。王教授也是新加坡作协的负责人，大概是中国作家对榴梿的迫切愿望感动他了，他发誓一定要买到榴梿。这天下午，正巧有空，便开着他的奔驰汽车，在街上到处去寻觅榴梿。经过前几日三番五次的折腾，作家们对王教授的努力，其实不抱希望。

没想到下午三点多钟，王教授夫人淡莹女士打电话来，说榴梿买回来了！大家一听便亢奋起来，跟儿童似的，就差欢腾雀跃了。按照当地宾馆的规矩，榴梿这东西因为异味，不能拿到房间吃。大家必须在外面把榴梿吃完。当黄蓓佳还在梳妆打扮换衣找鞋的时候，陆文夫和王蒙已经下楼了。从凉爽的室内，来到炎热的嘉宾楼门口，大家未吃榴梿，先笑成了一片。

后来王蒙写道："见到榴梿，别人怎么想的我不知道，反正我是调动了应有的肾上腺激素，准备用意志的力量克服榴梿的据说有的恶臭。及至放到口中，实在是没有那么稀奇。其实，所有南国热带的水果，都是有这种似臭实香的芬芳的，香蕉如此，凤梨如此，珍贵的芒果也是如此。榴梿的气味不过更浓缩一些罢了。"

片刻后，黄蓓佳直奔电梯。出宾馆大门一看，陆文夫和王蒙已经手抓嘴啃，正吃得酣畅淋漓。王教授夫妇也和作家们一起，正大嚼着榴梿的果肉。

黄蓓佳急切地问："味道如何？"

王蒙鸡啄米般地点头："好吃，好吃。"

陆文夫因为夫人在场，相对矜持一点，只顾埋头啃榴梿。

黄蓓佳仔细看了一下，这榴梿真是一个尤物啊。大约排球大小，浑身长满了硬硬的木刺。沿纹路掰开来，里面有点像柚子，果肉都是一瓣一瓣的，每一瓣又分成三粒或四粒，每一粒有小孩拳头那么大，淡黄色，形态如凝固的奶油。

闻着很臭，真的能吃吗？

黄蓓佳取出一粒榴梿果肉，缓缓放进嘴里。感觉很像奶油，细腻而又柔滑，肥嫩又如甘饴，浓浓的奶味中，夹着说不出来的浓香，浓得熏人，浓得叫人不敢多想，多想就要反胃。她的心立刻就醉了，天底下还有如此美妙的滋味！

于是乎，一群衣冠楚楚的作家、诗人、教授，就那么狼狈不堪地站在宾馆大门外，围着两颗打开的榴梿，狼吞虎咽起来。每个人的手上和脸上，都沾满了榴梿泡沫，那模样实在叫人不忍卒看。如果拿相机拍一张照片，画面应异常绝妙。但谁能在此时此刻想到拍照留念呢？每个人都在全心全意地体会榴梿那卓越超群的滋味，当时的心境，有如身处云中飘浮和升华，真正忘乎所以了。

两个月后，王蒙写下了他的感受——

> 榴梿确实与众不同，大香若臭、甚细若粗、美极而丑、贵极而贱，享盛名而排斥于堂室之外，牵梦魂而难登大雅之乡，未睹而惧，即见而惊，食之而喜，谈之而笑，别后念念，未知究里，是真的喜欢它了吗，还是为它的命运所吸引呢？是同情、是羡慕、是嗟叹还是不平呢？慕其名，究竟算不算它的知音呢？世界上已经有了那么多万紫千红的水果，又何必再来一个叫人议论，叫人为难的榴梿呢？难道还嫌我们的口味，我们的诸种说法太简单吗？反正我已经去了靠近赤道的新加坡，反正我已经吃过了榴梿，反正这已经是一篇小文章的题材啦。写了文章也罢，榴梿对于我们仍然是陌生的。

经过一番战斗，大家总算吃好了，吃够了。

王蒙打着饱嗝说："我一连吃了六粒果实！"又说："真是痴长了五十七岁，怎么到现在才知道，世上竟有如此美味的珍物！"

看着管毓柔在，黄蓓佳没好意思问陆文夫吃多少。她自己吃了三粒。大概是女生的缘故，三粒已觉肥腻厌人。那天晚上，黄蓓佳没有吃晚饭，胃里一直觉得很饱，可见榴梿的脂肪之多。

回到房间，陆文夫意犹未尽，不停地自言自语："好吃，真是好吃……"

夫人管毓柔说："别吃傻了，休息吧。"

事后大家才知道，他们吃到的榴梿，是榴梿中的上品，名为"金枕头"，从马来西亚进口到新加坡的。王润华教授为买这两颗榴梿，花了二十五美元。

吃过榴梿，陆文夫不止一次说："为什么中国不进口榴梿？"

老伴说："你就是瞎操心。这还不是早晚的事。"

"世界作家周"给作家们安排一个活动，到学校为学生们朗读作品，交流创作体会。擅长写儿童文学的黄蓓佳，最受孩子们欢迎，去过学校一次，接连又被邀请两次。

王蒙对陆文夫说："我们到一个朋友那儿去吧。"

陆文夫说："好啊。"

王蒙的朋友叫陈美华，这是一个具有民间立场的作家。评论家贺兴安与之熟识，听说王蒙访问新加坡，贺兴安想介绍他们认识，就写了一封信，让王蒙带给陈美华。

没想到，陈美华与中国作家一见如故，大家聊得很投入，也很开心。陈美华陪同王蒙和陆文夫夫妇，访问了"新加坡鲁迅"方修先生，并在那里小聚。聊天的时候，说到新加坡解散最后一个华语大学、确定以英语为官方语言的经过和争议，之后参观了裕华园、星和园、飞禽公园、新加坡河口的鱼尾狮处；然后到湘园，与本土文友餐叙。由于"国际名人"王蒙的到来，第二天《海峡时报》的双语版编辑吴明珠，又来采访王蒙。

回国前，夫人提醒陆文夫："周书记集邮。新加坡的信，你给他寄了没有？"

陆文夫一拍脑袋："哦呦，我差点忘记。"

老友周治华是集邮专家。陆文夫和他相约，每到一个国家，就给他写一封信，但时间太紧，写信来不及，陆文夫就买了一张航空明信片，在上面写道——"中国苏州/苏州市委/周治华同志/陆文夫寄至新加坡/P. R. China"。贴上邮票寄了出去。

从新加坡回国后，陆文夫脑海里一直盘旋两个词：文学、榴梿。

文学是陆文夫的一生追求，在生命中已根深蒂固；榴梿挥之不去，也让他悟出一个道理：美食是最美好最长久的文化记忆。之后就想：那部计划中的长篇小说，要抓紧写了；那个传承苏帮菜传统的饭店，也要尽快开起来。

第十一章 《苏州杂志》

1. 走马上任

小说《清高》获得 1987—1988 年度"全国优秀短篇小说奖"之后，陆文夫的文学创作日渐减少。他是中国作家协会副主席，国内赫赫有名的大作家，家乡苏州很想让他做点贡献。

前两年，有人建议苏州办个杂志，说兄弟城市中，南京、无锡、常州、南通、扬州等，都有自己的文学刊物，唯独苏州没有，文化名城不该这样。于是，市里就有了"办杂志"的议程，文联跟着紧锣密鼓张罗此事。听到消息，有人毛遂自荐当主编，到宣传部的张泽明副部长那里游说。

当时的苏州市文联主席、党组书记周良，闻讯很焦急，跑到市委副书记周治华家里，提出自己的建议。他说："当主编的人，应当有成就、有威望，也应当为人正派，能服众……"

周治华就说："依你之见，谁当主编合适？"

周良说："陆文夫！"

周治华就想，陆文夫是中国作家协会副主席，前两年中国作协留他在北京主编《中国作家》，都被他婉言谢绝了，现在让他降格担任地市级刊物的主编，显然有难度。就问："他愿意出山吗？"

周良说："老陆他会出山的。"

二人就开始商议对策，想办法请出陆文夫。征得组织部和市委书记的同意后，周治华登门求贤了。他来到带城桥的陆文夫家。二人很熟，都是苏州解放初期从苏北派进苏州的过江干部，说话不绕弯子。

周治华说："老陆啊，苏州要办一个杂志，市委意见，请你当主编。"

陆文夫说："苏州人才荟萃，杂志人人会办。何必要我？"

周治华说:"市委认为,你当主编比较适合。"

既然是市委意见,陆文夫不再表态。沉吟半晌,说:"让我考虑考虑。"

周治华说:"那你就考虑几天,再答复我。"

几天的时间很短。陆文夫去市委开会,又碰到周治华,周治华就问,"老陆啊,你考虑得怎么样了?"

陆文夫直言:"我手头有一些稿子,尚未杀青。再容我一段时间。"

又过了一段时间,周治华问陆文夫:"老陆啊,考虑成熟吗?"

见陆文夫面露难色,周治华笑:"可以理解,创作也很重要。但市委还是想让你担任这个职务。你想想,你长期生活在苏州,苏州待你不薄,你不想为苏州做点什么?"

陆文夫一听此话,感到了分量,也被这份托付打动了。陆文夫对办刊物,并没有抵触情绪。年轻时和几个作家创办《探求者》,就是因为热爱这种事情。只是《探求者》胎死腹中,心有余悸,从此不敢越雷池半步。现在有了办刊的机会,你说他内心没有蠢蠢欲动,那是假的。周治华说到了陆文夫心上,不为文学,就是为了苏州,也该接受这个任务。

但现在,陆文夫有更重要的事情要做。

大女儿陆绮生了重病,手术做得不错,之后还要放疗、化疗。何镇邦陪陆文夫到中医研究院广安门医院,找到肿瘤科的段凤舞主任,为绮绮开了一服中药,用来祛邪扶正,增强体质,还开了"犀黄丸"处方,配制此药要用天然的麝香和牛黄,段大夫的父亲,是清宫太医,"犀黄丸"是祖传秘方。为了配制"犀黄丸",陆文夫除了开会,到处去找天然的麝香和牛黄。不久,绮绮爱人从老家云南,寄来了天然的麝香。可天然牛黄却无处寻觅。

1986年春,陆文夫当选全国人大代表,到北京出席全国人民代表大会。辽宁作协的《鸭绿江》杂志,趁机到北京组稿。编辑见到陆文夫,希望他为他们提供一篇小说。陆文夫心里有事,微笑着敷衍说:"有时间,我会写的。"

编辑就问:"陆主席,您现在没时间吗?"

陆文夫说:"是的。最近……家人身体欠佳,我正忙于此事。"

编辑是个细心人,就以关心的口吻,和陆文夫深聊起来。这才知道是陆文夫女儿生了病,目前正在询医问药,根本无暇顾及创作。

编辑就说:"陆主席,您女儿看病,有什么困难吗?"

陆文夫说:"目前急需一种中药——天然牛黄。可天然牛黄哪里找得到?大家都说,天然牛黄以北方的'旱牛'为好。这次来京,就是想顺便打探一下。不瞒你说,我现在的心思,都放在此事上了。"

编辑一听，便知不宜多说，只能送上简短的安慰与祝福。返回沈阳后，向主编汇报了此事。主编迟松年与陆文夫相识，他马上将这个信息转告辽宁省作协主席金河。金河也是陆文夫的老朋友，当即拍板说："去，给陆文夫打电话。告诉他，他的困难辽宁解决，牛黄我们帮助张罗。"

金河当年在基层，做过赤峰人民医院书记，知道天然牛黄是怎么回事，再稀缺、再宝贵，他也能想办法弄到。所谓天然牛黄，就是牛肝脏的胆结石。胆囊中的，称"胆黄"或"蛋黄"；胆管中的，称"管黄"；肝管中的，称"肝黄"。完整的牛黄，多呈卵形，质轻，表面金黄至黄褐色，细腻有光泽。市场上牛黄价格，高于黄金，造假者不少。赤峰当时归辽宁管辖，有东西两大肉联厂，既屠宰猪，也屠宰牛羊，每天的进出货源源不断，提取点天然牛黄，应当有把握。

金河先让迟松年派人，到附近的沈阳中街天益堂，或新药特药大药店，去看一看。如果没有，自己再回故乡赤峰寻求，结果，真还在中街买到了天然牛黄，花了两千多元。在二十世纪八十年代，两千多元人民币不是小数目。这个消息告诉陆文夫以后，陆文夫立刻就问，什么价格？说他要把钱汇过来。

辽宁方面哪肯让陆文夫付钱！他们虽不说价格，精明的陆文夫也知道大概，说他随后寄三千元来。北方人侠义豪爽，连说："不行不行，我们不收，寄来了也照退。"但又补上一句："要不，您给我们写一个短篇小说，如何？"

陆文夫犯愁了。严格地说，他已进入"封笔"状态。可《鸭绿江》的人情太大了，北方人的性情他也清楚，寄钱来肯定会退回。看来只能用作品表达谢意了。于是，双方一拍即合。

主编迟松年说："马上把牛黄给您寄过去。"

陆文夫说："不用不用，我去取！"他怕邮寄途中丢失。

很快，陆文夫带着外孙女赶到了沈阳。祖孙二人身上裹得严严实实。金河亲自去接站，晚上又安排便宴接风，入夜住在沈阳北站附近的一家宾馆。

第二天吃完早饭，陆文夫拿到牛黄要返回，金河与《鸭绿江》的同事不便挽留，只得把他们送走。

陆文夫说："给《鸭绿江》的小说，要等等，容我时间。"

陆文夫告诉他们，他不想应付，写得仓促草率。他需要研磨，精心打造，想为《鸭绿江》提供一篇质量上乘的小说。

一年以后，陆文夫给《鸭绿江》寄来了小说《故事法》。这是短篇小说，一般写个七八千字便可，但陆文夫写了两万七八千字，俨然就是一个小中篇。编辑部一接到小说就明白了，陆文夫是个忠厚仁义的作家，唯恐小说稿费不足以抵消购买牛黄的费用，他的谢意，全在厚厚的文稿中了。小说篇幅虽长，却非敷衍之作，《故事法》在《鸭绿江》1988 年第三期刊出后，《小说选刊》和《小说月报》都转载了，影响很快传开，又成为陆文夫一个代表作。

为女儿寻医问药的事，陆文夫在苏州对谁都没说。牛黄的事解决了，陆文夫这才觉得办杂志的事，应当向周治华书记表个态了，再见到周治华，就说："办杂志的事，我愿意出山。"

周治华见陆文夫答应了，面露喜色说："好，一言为定！"

陆文夫沉吟了一下，说："书记在这里，丑话说在先。如果真心要我办刊，那人权、财权、物权、稿权，全得交给我。"

周治华手一挥："全给你。有什么想法，你具体说说。"

陆文夫说："要答应我两件事，一是编辑部人员，由我提名；二是编辑内容，由我来定。"

周治华说："这都不是问题。但我也向你提出两条，一是办刊地点自己选；二是经费自己筹措。"

说实话，周治华最担心的，不是陆文夫说的条件，而是杂志内容千万不能"出格"。他也明白，陆文夫久经磨炼，是个成熟的文化人，在这方面大可放心。

陆文夫说："市里一点不拨款吗？"

周治华说："原则上自筹。你是知道的，市里财政虽然收入不少，名声好听，但百分九十以上，要上缴省里、中央。市里能用的，只有几千万元，那是'吃饭'财政，如果开口要钱，事就难办了。"

陆文夫笑而不语，表示理解。

从陆文夫的笑容里，周治华读出了自信，他知道这个困难，难不倒陆文夫。陆文夫是中国作协副主席、全国人大代表，名声大得很。市里没钱，下面有钱，凭他一张脸，开口就是钱。苏州工业"四大名旦"——孔雀电视、长城电扇、春花吸尘器、香雪海冰箱，还有苏州物资贸易中心、苏州城市建设开发总公司，都表示支持，这些都是有实力的单位，拿点小钱就够了。

苏州要办杂志，其实二十世纪五十年代就有呼声。1979 年，市文联也着手筹备过，还请了俞平伯、郭绍虞和顾廷龙三老，题写了刊名。但由于各种因素，至今也没办成一个刊物。

没办成杂志，文联也没歇着，就办了一张报纸。1985 年，内刊《苏州文艺报》问世，创刊号叫《苏州文艺》，报题由书法家谭以文书写。《编者的话》说："《苏州文艺》是苏州市文联主办的以文学为主的文艺报纸。本报以促进艺术繁荣、活跃创作作为己任。将注重团结中青年文艺爱好者，培养青年作者。《苏州文艺》是文艺百花园中的一株小花，为了她的健康成长，期待着广大读者和作者的扶植和培育。本报编委会由（以姓氏笔画为序）朱红、肖伦、陆咸、陆文夫、陈益、陈一凡、张景坤、周良、周永熙、范伯群组成，朱红为责任编辑。我们殷切地希望听到读者的批评和建议。"

编委阵容很大，实际上的主编，就是编辑朱红。到 8 月份出版第二期时，《苏州文艺》更名《苏州文艺报》，报题又请书法家谭以文重写一遍。1985 年的《苏州文艺报》，有点像杂志，十六开本十六版。为了合乎"报"的标准，第二年改成了四开八版，以后还打算从"月刊"，升级为"半月刊"。但经过努力，1986 年出版的《苏州文艺报》，只是改成了八开八版。

这份报纸的主题是什么？其实大家心里没底。二十世纪八十年代的中国文坛，人们的猎奇心很强，文学媒体"城头变幻大王旗"，大家都茫然。《苏州文艺报》有一个时期，还连载过科幻小说，包括《海灯法师与苏州》这样的文章。海灯法师是一个和尚，因几个武术招式被人追捧，后来又被揭露武术造假，成了媒体和文化界炒作的噱头。好在《苏州文艺报》的重心没有远离文史，这就为后来的《苏州杂志》，开了一个好头。《苏州文艺报》的创刊号上，发过叶圣陶、郑逸梅、范烟桥等人的文章，有一部分在后来的《苏州杂志》上，又重新刊载一次，这当然也与《苏州杂志》初期缺稿有关。《苏州文艺报》从 1985 年起始，到 1988 年 7 月终止，出了三年不到。1988 年 12 月，《苏州杂志》问世，报纸终于变成了杂志，"文艺"也终于蜕变成"文史"。

苏州有了杂志，应该办成怎样的一个刊物？起初大家心里没底。1988 年 12 月 6 日，市里召开了《苏州杂志》创刊茶话会。市委副书记周治华讲了话，叶至善、叶至诚也到会祝贺。陆文夫发言时声音不高，谈了《苏州杂志》的办刊宗旨，等于为这个新生杂志定了调。

大家讨论的时候，对办刊宗旨提出了不同思路。朱红觉得，杂志应当办成文学刊物，两个原因：一是兄弟城市都有文学刊物；二是苏州有大量诗人作家，怎么说也该有个文学阵地。陆文夫一听就摇头了："不行。把它办成文学刊物，有出路吗？能发展吗？我们东有《收获》《上海文学》《萌芽》，西有《钟山》《青春》《雨花》，苏州夹在当中，起步又晚，苏州要办文学刊物，很难办出特色。苏州的特色是什么？就是文化。苏州是历史名城，文化积淀丰厚，门类齐全，又有一大批懂行的文化人，以某个文化单项来办刊物，不一定起眼，但集其总体，却有明显的优势，所以，应该扬长避短，办一本文化刊物，来弘扬地方优秀文化。"

陆文夫的意见，成了一锤定音，这让朱红很失望。

看到朱红默不作声，陆文夫安慰他："老朱，你说的也没有什么不对，但文学也是大文化的一个门类。所以小说还是要登的。诗歌嘛，本想不登，念你是个诗人，又是我们杂志的副主编，当然要网开一面！"

不过，陆文夫又强调，诗歌也好，小说散文也罢，不论何种稿件，内容一定要跟苏州有关。他笑说："在这方面，我可是门罗主义。"

听陆文夫这么一说，有人就担心了："老陆啊，只写苏州，会不会稿源有限？苏州不就是塔、桥、园林、刺绣和状元吗？不到三年，就会写光的！"

陆文夫摆摆手："不会的，起码可以写它十年！省里有这种条件的城市，只有南京、扬州和我们苏州。"

因杂志"定位"有争议，苏州市委还召开常委会，专门研究了此事。最终明确，同意陆文夫的意见。定位有了，《苏州杂志》又确定"当代意识，地方特色，文化风貌"十二字方针。并把这十二个字印在每期杂志上。

私下里，老友范培松问陆文夫："《苏州杂志》的定位，我还是不太明白，前无古人啊！"

陆文夫说："谁说的？"

范培松问："有没有类似的样本？"

陆文夫说："有啊。二十世纪的《良友》杂志，就是这个样子。"

范培松一听"良友"二字，就明白了。《良友》是近代上海，乃至整个民国时期最具影响力的大众文化杂志，内容涵盖近代中国的社会风貌与文化艺术，上面的照片和文字，记录了都市生活的五光十色和风雨飘摇。1926年问世，1945年停刊，出了一百七十四期。当时，"海内外凡有华人之地，无不以一睹《良友》为快。"发行量也高，每期都在四万份以上，有人描述它的畅销："《良友》无人不读：主妇、现代女性、工人、巡捕、老头子、掌柜先生、戏院的顾客、茶室里的茶客、学生、小学生；《良友》无所不在：在茶几、在厨房、在梳妆台、在收音机旁、在旅行唱片机上、在公园里……"就连国外的图书馆也乐于订购和收藏，把它当成了解中国的窗口。《良友》受欢迎的秘诀是："学者专家不觉得浅薄，村夫妇孺不嫌弃高深。"

陆文夫告诉范培松，《苏州杂志》要学习《良友》的海纳百川，但不会刊登"赤膊女人"，只刊登小众欣赏的"水墨画"，呈现我们的文化浪漫。

给杂志起名，也有一个曲折的过程。上面审核批准的刊名，叫《苏州》。陆文夫一看，词义不清啊。"苏州"什么呢？园林？枣泥麻饼？不清楚啊！陆文夫寻思，这好办，就将书名号往后挪了两个字，《苏州》杂志，最后变成了《苏州杂志》。

有了刊名，又商定了这样几个栏目——

《今日苏州》，反映苏州精神文明建设进程和当代人风貌。

《人物纵横》，记述近现代与苏州有关的人物事迹。

《姑苏情怀》，书写海内外人士对苏州的观感、回忆和印象。

《古城春秋》，介绍苏州地区两千五百年来的历史变迁和人事沧桑。

《文丛艺林》，反映苏州文学、戏曲、音乐、舞蹈、美术、园艺等情况。

《春华秋实》，发表有江南风味的中短篇小说、散文和新诗。

《江南风情》，记录苏州地区的民情风物、旧俗新风。

《吴苑茶话》，漫谈吴中轶事掌故、野史逸闻，兼发随笔小品。

《东吴文存》，选载鲜为人知的吴中文献，有关苏州的遗作佚文。

《艺廊漫步》，发表有地方特色的绘画、书法、篆刻、摄影等美术作品。

出刊以后，又陆续增加了《天堂前后》《天堂情缘》《人间万家》《散文天地》《东吴文坛》《江南芳菲》《人生之旅》《吴中风情》《沧浪谈丛》《文艺书简》《艺术沙龙》《姑苏艺廊》等栏目。但万变不离其宗，仍是上述栏目的翻版，只是名称不同而已。

接下来的工作，就是编第一期《苏州杂志》。新刊物问世，需要吆喝一声，陆文夫就写了一篇发刊词，发在第一期《苏州杂志》扉页。《发刊辞》说："当今的中国，刊物多如星斗，县城里、山沟里都有自己的文艺刊物，苏州号称文化古城，人文荟萃，居然连一份小小的刊物也没有，惭愧，惭愧，那么多颇具水平的文化人，都是吃吃白相相的？苏州应该有一份刊物。"

发刊词又说：这本杂志的定位，就是展示苏州的地域文化。"文化古城的特点，就是文化的各种门类齐全，都有传统，都有积累，都有发展。苏州的文化人就单项而言，都堪称专家，总体是一个庞大的杂家群。办刊物要扬长避短，因地制宜，故而思之再三，决定办一份《苏州杂志》，综合反映苏州文化的各个方面，是一份名副其实的'杂志'，貌似杂乱无章而自成一章。"

在发刊词里，陆文夫坦诚地告诉读者，他不敢保证这份杂志能办多久："《苏州杂志》的诞生，可以说是生不逢辰，因为目前的期刊，已多得目不暇接，何况它的封面上没有'赤膊女人'，标题又不'吓人到怪'，不可能畅销，一定要赔本，既无公费可吃，只能靠向企业家和各界人士'化缘'，……若钱多便出月刊，钱少便出季刊，没钱便关门大吉，待他日有识之士东山再起。世间事总是有兴有衰，有启有闭，打万年桩是不可能的。"

但陆文夫又说："苏州地区富甲江南，大小企业家遍布城乡，魂梦萦绕姑苏的人，散布全国和世界各地，他（她）们都受过苏州文化的熏陶，留下了美好的记忆，为弘扬故土文化，当会有钱的出钱，有力的出力。"——言外之意，苏州的企业家受过文化熏陶，相信他们不会对《苏州杂志》袖手旁观。陆文夫在苏州的名气很大，也结交不少企业家朋友。他这样说，是有根据的。实际上杂志社已经有了一些赞助。

为了让刊物产生更大影响，陆文夫还将这篇发刊词，易名《话说〈苏州杂志〉》，发表在1988年12月14日《人民日报》上。结果，刚刚问世的《苏州杂志》，弄得尽人皆知，第一炮打响了。

创刊号问世之前，大家做事非常小心，唯恐出错。排版印刷的时候，副主编朱红和编辑们坐镇虎丘东方印刷厂"督办"，他们住在廉价的乡镇招待所，吃着小饭铺里的面条，经常到字盘间帮工人找铅字。那时候排版，要用铅字，出错率很高。比如"一"字，有正反之说。一个"日"字，常会上下颠倒。朱红做事心细，印刷工人找不到"甪直"的"甪"，他就找一个"角"，在昏黄的灯光下，用刀进行挖刻，将它变成"甪"。创刊号的印刷，看上去有些粗糙，其实是最费功夫的一期。

出刊的日子，是1988年12月6日。《苏州杂志》创刊号的封面，底色呈白，右上方印了《元曲选》的一页黄色插图。"苏州杂志"四个黑体字，上下排列，十分醒目。左下方的是本期重点文章要目，包括叶圣陶的《未厌居遗札》、叶至诚的《父亲给我的最后一封信》、徐志摩的《在苏州女中的演讲》、范小青的《身份》、顾复生的《苏州大闹监》、胡芝风的《自小钟情》。

在这些文章中，范小青的《身份》是一篇小说。写一个人物，绰号"老隔年"，意为隔年没死的蚊子，说明此人老而不死，也没有人知道他几岁，于是就引出一系列故事，说别人怎样颇费周折去打听他的年龄。范小青后来说："我把这篇小说找出来看看，有点感动，也有点怀疑，感动的是三十年前的小说居然也写得蛮不错的，怀疑的是，这三十年的努力创作努力攀登，难道都是在原地踏步？"可见范小青写这一篇作品，是很用心的。她自己也说，写得很卖力，"想在《苏州杂志》创刊号上出个风头"。

在创刊号上，还印了一份名单——

主编：陆文夫；

副主编：周良、慕彦夫、朱红；

编委：马忠涌、王染野、朱红、吕大安、吕锦华、陆文夫、陆泰、陈益、时萌、金熙、周良、范培松、贺野、慕彦夫；

编辑：马忠涌、华群、朱衡、陆平、薛亦然；

插图、美术设计：顾曾平、张晴；

校对：唐伯南、朱衡。

在这份名单中，正式员工其实不多。三位副主编中，1926 年出生的周良，是苏州市文联主席（第二年就离休了）；1932 年出生的慕彦夫，是苏州市文联副主席。这二位都是兼职的。只有五十二岁的朱红，是《苏州杂志》的在编员工。五位编辑，华群和朱衡是退休人员，自愿到杂志社发挥余热。行政工勤人员也多为外聘。杂志上的白描、水墨画，出自苏州桃花坞画家张晓飞之手，他也不是杂志社员工，但从《苏州杂志》创刊起，张晓飞就被陆文夫邀请画插图、设计封面，从未间断。陆文夫临终前出版的插图版《美食家》，也是陆文夫指定张晓飞画的插图。

后来证明，陆文夫主编的这份杂志，因其鲜明的特色受到欢迎。一晃，五年，十年，十五年……作者、读者遍及海内外，一直有人收藏它，还多次获得江苏省和华东区的"双十佳""优秀期刊"等称号。废品收购者说，他们很少收到《苏州杂志》。这对一份刊物来说，应是最高的奖励。

1998 年，召开《苏州杂志》十周年座谈会，陆文夫感慨说："《苏州杂志》创刊至今，居然也满了十年，真使人喜出望外。创刊之初，深知办刊艰难，自忖能办五年就也满足了，因为前人办杂志，有的只办几年，几个月，甚至只办一期的，也是屡见不鲜啊。"

这份杂志为什么受欢迎？陆文夫说，要归功于它的定位："就是用当代的意识，来审视苏州的地方特色和文化风貌。所言之事，所述之人，都必须是和苏州，和苏州的文化、风貌有涉。这对一个刊物来说，就有了很大的局限性，使很多好文章失之交臂。但局限性，往往也是独特性，也是它的个性，它的特色。没有特色的刊物，很难站得住脚。我们是什么刊物？它不是百货公司，只一家苏州文化的专卖店。《苏州杂志》是一份乡土杂志，乡情杂志。《苏州杂志》的任务，不是让苏州人了解世界，而是让世界了解苏州。"

2. 青石弄五号

陆文夫上任的时候，《苏州杂志》"一穷二白"。编辑部就在市文联的小院子里。后来文联拆房造楼，杂志社就出去租房办公了。

当年的文联小院，有两棵非常耐看的树，一棵海棠，一棵桂树。春天的时候，海棠花开了，满院子纷纷扬扬很耀眼，编辑薛亦然还在办公室的窗棂上，记下它们是哪天开的，哪天又谢了。后来文联办三产，开了一个小饭店，油烟把靠近的海棠熏死了。但桂树还在，树形越长越漂亮，飘逸得很，薛亦然经常把它推荐给文联的画家写生。

杂志社离开文联小院，就搬到了大井巷的平江区少年宫。先是租一间房子，后来又租一间，人多房子小，过日子紧巴。十名编辑和工作人员，其中五人是离退休老同志，靠每月几十元的补贴，安心在编辑部工作。纸张、广告、印刷、发行等，都靠大家分头去跑，即使如此，大家也还是觉得，这样的日子有意义。

少年宫有艺术气息。有个学小提琴的少年，老在编辑部的窗外，拉那首小提琴名曲《新疆之春》，听上去挺入耳。他的老师说，其实拉到这个程度，只要一年半就可以了。后来电视台来拍《苏州杂志》专题片，薛亦然写解说词，还把少年宫所在的大井巷，借题发挥一下，说大井巷里有一眼苏州文化的深井。有点"老王卖瓜"的味道。

老友们听说，陆文夫办了一个杂志"白相相"，感到好奇，便来到少年宫，想看看陆文夫怎样办杂志。少年宫的小院里，有一棵香椿树，浓荫蔽日。两层小楼既气派，也很别致。来访的友人就想，到底是陆文夫有办法，为刊物找了个这么好的地方，雅味十足啊。那天陆文夫不在，接待客人的，是副主编朱红和副社长马忠涌。听客人夸赞小院，他们就笑了："哪儿呀，这是租人家的地方，我们只占两个办公室，每年租金要出好几万！"

一年以后，编辑部又搬到了青石弄。在青石弄办公的时候，大家听说平江区少年宫拆掉了，就有些懊悔，当初为啥没有拍几张照片留作留念啊。再到大井巷去看看，那里只剩下一片废墟，就在那片废墟前留了影，照片上唯一的地理标志，只有巷口的路牌，上面是"大井巷"三个字。

编辑部搬到青石弄，是一句轻轻松松的话。没几人知道，其实它是一个艰难的过程。

青石弄五号的主人是叶圣陶，中国现代著名作家、教育家、出版家和社会活动家。1894 年，叶圣陶出生在苏州城内的平民家庭，先后就读于苏州市长元吴公立高等小学堂（草桥小学），和苏州公立第一中学堂（草桥中学），与王伯祥、顾颉刚同窗共学，之后三人都在京城发展，与同为苏州人的俞平伯、章元善，并称为"京城五老"。叶圣陶从草桥中学毕业后，开始从事教育工作，先在苏州城内干将坊的言子庙小学教书，后去吴县县立第五高等小学（甪直小学）任教。二十多岁离开苏州，先后去了上海、四川等地。1949 年定居于北京。虽然离开苏州多年，但叶圣陶怀念故乡，写下《苏州园林》一文。这篇文章后来收入了中学语文课本。

青石弄五号的宅院始建于 1935 年。当时，叶圣陶正在上海开明书店，主办

《中学生》杂志，收入颇丰。上海离苏州很近，叶圣陶想念家乡了，就回到苏州走一走，后来又想在苏州置一处房产，萌生了回归故乡的念头。有一次，他和朋友从滚绣坊走过，看到低矮围墙内有一块空地，约有五百平方米，眼睛一亮，这地方多好啊，交通方便，闹中取静，当时，刚下过雨，空气清新，伴着蝉鸣，令人心旷神怡。于是便决定买下这片空地，盖起了房子。

叶圣陶老同学王伯祥说，青石弄五号宅院本身不错，"地处滚绣坊之北，醋库巷以南，地僻而静，建筑又合适，至佳。但户外荒秽弥盛，蔓草莽径，走进去颇苦也。"尽管外面脏乱差，但叶圣陶对自己的新居，还是很满意的，他在《抗战周年随笔》中说："苏州住的是新造的四间小屋，讲究虽然说不上，但是还清爽，屋前种着十几棵树木，四时不断地有花叶可玩。"

为造房子，叶圣陶花费不少心血。自绘的图纸上，有一排白墙黑瓦的房子，房子前面是一个花园。那个时候，大儿子叶至善已经订婚，其中有一间房子，就是给他们准备的新房。造房子花了多少钱，后人说法不同。一说，叶圣陶与亲家夏丏尊，合写了一本畅销书《文心》，用这笔稿费的一半买地置房。还有一种说法，叶圣陶用平日积累的版税，购买了这块地。不管哪个版本，都是辛苦挣来的钱。

房子造好，属于一式的平房，小院也不大。屋前是院落，种有花草。老母亲、叶圣陶夫妇、三个孩子，各有自己的卧室。此外还有会客室、书房与餐厅。叶圣陶给书房取名"未厌居"。全家都喜欢这个质朴幽静的宅院，唯独叶圣陶的亲家，同为作家的夏丏尊，看不惯这里的房子，说叶圣陶"侬老人家的房子会造得尬笨"！

安顿好青石弄的家，叶圣陶就在此办公了，主编《中学生》杂志，给创刊的《新少年》写小说、童话，与夏丏尊合作编写《国文百八课》等教材。此外，每月去一趟上海，逗留一周，处理开明书店编辑事务。

叶圣陶住在青石弄，一直很安逸，但也偶遇过歹徒上门敲诈。有一次，几个来历不明者，要他备上五百大洋，放到北局国货商场的厕所马桶上的小水箱上。叶圣陶报了警，此事才不了了之。

青石弄的安逸生活，只过了两年。抗战爆发，叶圣陶举家迁往四川，临走前，将房子交给朋友照看，后来朋友又交给他人代管。几十年中，陆陆续续搬进几户人家。叶圣陶远在四川，一直惦念这处老房子，和朋友通信时，会经常提到它，甚至说到院里的花木，以及喂养过的一只猫和一条狗。

叶圣陶心心念念的青石弄宅院，后来为何又捐给苏州文联了？一言以蔽之，叶圣陶胸怀博大，热爱文化事业。

捐赠前若干年，他十分关心苏州的古典园林及历史老宅，曾为苏州曲园的恢复，奔走呼号过。1954 年，俞平伯将祖产曲园，捐献给国家，可惜十年动乱，曲园遭受破坏，成为"七十二家房客"大杂院，花木被砍，"曲"字形水池也被填埋，建起了三层水泥房。远在北京的俞平伯，对曲园的变化十分痛心，好友们纷纷为他多方呼吁。

1980 年 1 月 8 日，叶圣陶在《苏州日报》上发表《俞曲园先生和曲园》一文，阐明曲园的历史价值，提出修缮保护。5 月，叶圣陶、顾颉刚、陈从周等人，联名致函国家文物局、园林局，吁请修复曲园。叶圣陶等人还给国家建委园林局局长牟锋写信，把修复园林上升到对外文化交流的高度。专家学者的呼吁，引起了国家文物局和苏州市政府的重视，不久，曲园修复工程开始，俞平伯时刻关注曲园动向，与叶圣陶讨论修复进展情况。多年以后，曲园终于修复开放。

呼吁修复曲园过程中，叶圣陶对自己的青石弄五号宅院，也密切关注。南下经过苏州，还会走进青石弄，或在门外看看，或敲门进去。房子日渐破旧，里面还住了五户人家，颇似大杂院，令他痛心疾首，可惜身在北京，只能让苏州方面帮助解决。叶圣陶和儿女们商量了一下，决定将它捐献给国家。

1983 年，陆文夫到北京参加全国人大会议，去叶宅看望叶圣陶。

叶圣陶说："陆先生，我在苏州青石弄有一处房子，现在把它送给苏州市文联。你们把它修修好，各地作家来苏州旅游，可以住一住。作家们穷，住不起宾馆。"

陆文夫说："叶老，这是您的故居，怎么可以随便住人？"

叶圣陶说："我现在的故居，太多，可有些人没有房子住。"

陆文夫说："那我们回去挂上牌子，'叶圣陶故居。'这样，大家住在房子里，也能想到叶老对作家的关心。"

叶圣陶说："不要叫什么故居，把它当作招待所。"

说完，叶圣陶将一张捐赠房产的字据，交给陆文夫，让他转交给苏州市文联。

苏州市文联收到叶圣陶捐赠的房子，很快启动修复工作，但是修缮的时候，没有对外宣称"招待所"，而是说"叶圣陶故居"。这是因为故居后面的宾馆扩建，有人提议拆掉叶宅。陆文夫听到消息，忙在门前钉一块木板，上写"叶圣陶故居"五个字，并四处张扬，说叶圣陶故居是文物保护单位，应该加以保护。苏州市一向重视文物，房管局工作人员前来一看，有"叶圣陶故居"几个字，肃然起敬。发现院里还住着五家房客，经开会研究，同意拿出五套住宅，让这些房客搬出去。

居民搬迁的事，也很棘手。青石弄五号的五户人家，有一户是精神病患者，经常吵闹打人。他的邻居是某区人武部干部，不堪其扰，要求由该区政府出资，在院内建造一间二十八平方米的简易房屋，还要砌一道隔墙。一听说青石弄要大兴土木，苏州市文联连忙发函给市房管局，声明这是"叶圣陶故居"，应及时制止建房修墙。经过一番交涉，施工最终停止，青石弄五号这才免遭破坏。

1986年，青石弄五号终于移交苏州市文联。两年后《苏州杂志》创刊，文联决定用它来做杂志社办公用房，但杂志社搬进去之后，又用两年时间修缮了宅院。

修复叶宅，也并非一帆风顺。文联不是富裕单位，为杂志社提供的帮助有限。《苏州杂志》问世，市政府拨了两万元开办费，修房子拨了六万元。远远不够，剩下的缺口只能自己解决。陆文夫不诉苦，杂志社要房、要人、要钱之类的事，他都自己张罗，动用各路朋友来帮忙。企业界的朋友听说老陆有困难，又想办好这本杂志，都被他的精神感动了："老陆啊，你开口吧，我们支持家乡办杂志。"奇迹也随之发生。

人们走进杂志社，看到房屋装修得很精致，院落里的花木假山，也造得如同园林，屋内家具不多，却古朴典雅，很有文化气息。来访的客人既惊讶，也很疑惑，就问："这房屋，这家具，这花木假山，上面拨那几个钱，能行？"

副社长马忠涌说："当然不行。变戏法，它也变不来。这家具，这花木，全是苏州人送的。"于是，一边陪客人参观，一边介绍它们的来由。

马忠涌说，杂志社刚搬来的时候，旧房子破烂不堪，大家只得在走廊办公。春节时，化纤厂厂长来拜年，见杂志社房旧墙圮，就对陆文夫说："老陆啊，《苏州杂志》是苏州人的，叶老的故宅，由我们来修理。"于是，厂里帮助修缮了房屋。事后一结账，居然花了二十万。

观前街地下商场的经理来了，看到杂志社的几间屋里，只有几张办公桌，几张靠背椅，显得空荡荡，就对陆文夫说："老陆，你这个大作家，办公怎么这么寒酸！"第二天就派一辆汽车，拉来了沙发、茶几等需要的办公家具。

一个园林的主任来到杂志社，看到院内野草丛生，十分荒芜，就感慨了："老陆啊，这怎么行呢？这么精美的杂志，却配上一个荒芜的庭院，会让人笑话的。"没过几天，他派来了园林队的花匠，在小院里一番侍弄、装饰后，青石弄五号的庭院顿时容光焕发。

沧浪区的领导重视文化，听说《苏州杂志》在滚绣坊安营扎寨，前来走访慰问。他发现，这栋"叶圣陶故居"没有自来水，门前的青石弄路面，也不平整，看上去破破烂烂，便很感叹。就说："这条弄子的修建，自来水的安装，全由我们区里包了。"

美籍华人许骧夫人到杂志社拜访陆文夫，她发现会客厅很寒酸，便买了一套高级沙发、茶几，送到了杂志社。

客人听着听着，就感动了："苏州人，真是民风淳厚，慷慨好施！"

马忠涌说："老陆和他们，都是很好的朋友。他们有什么想不通的问题，就找我们谈，有什么难办的事，也来找我们帮忙。我们也是以诚相待，力所能及地为大家服务。"随后，便说了这样几件事情——

有一天，某厂长打来电话，说："我憋死了，你们有空吗？"

接电话的马忠涌说："你来吧，我们有空。"

厂长就来到杂志社。正是吃饭的时候，陆文夫便安排了一下。几杯黄酒，一番交心，朋友之间的苦闷，全都倾泻出来了。陆文夫也说了自己的想法。于是，原本心事重重的厂长，渐渐释怀，最后高高兴兴地告辞了。

还有一次，又一家厂长给陆文夫打来电话，口气十分恳切："老陆啊，我有困难了，想找著名的书法家费老（费新我）写几个条幅。你能不能帮帮忙？"

陆文夫说："好，我们去联系联系。"

此时，陆文夫心里也没底。他同费新我虽有几十年交情，关系很密切。费老毕竟八十八岁高龄了，还能提笔就写，一挥而就吗？

果然，答应是一句话，兑现却不容易。为了求到墨宝，陆文夫和马忠涌多次奔波，最后才如愿以偿。他们将费老的书法装裱后，送到了厂里，厂长很感激："老陆啊，你可是帮了我们一个大忙！"

杂志社初建时期，各种烦琐事儿，编辑知道得不多，但他们能够感受到，杂志社总是一派繁忙景象。尤其是房屋装修期间，大家挤在院内的小平房里，那日子过得特别"热闹"。窗外，是刺耳的木锯声，屋里，需要扯着嗓门打电话，在这嘈杂的环境中，还要处理稿子。此情此景，可用"乱成一锅粥"来形容。有时编辑会发牢骚，副社长马忠涌就以老大哥的口吻说："同志们哎，困难是暂时的。大家克服克服好不好？创业难啊，大家，小家，同一个理！"

1990年，青石弄五号终于修葺一新。陆文夫请书法家瓦翁先生，为青石弄五号题写了"叶圣陶故居"五个大字，砖刻在石库门上方，以昭千秋。看着上面的字，陆文夫心里默念："叶老啊，对不起了，您老不称故居的嘱咐，我无法做到。不空关房屋，我们倒是做到了，您的故居现在成了《苏州杂志》编辑部……"

看到杂志社正式乔迁"叶圣陶故居"，苏州的记者、企业家、地方有关人士，纷纷前来祝贺，一时间门庭若市，热热闹闹。媒体说："如今青石弄里的叶圣陶故居，成了最标准的吴文化后花园，院子还保持着中西合璧式的建筑风格，青砖廊道，方形立柱，平房呈丁字形排在庭院的西侧和北侧，庭院内紫藤悬垂，小径透迤，漫步其间，不由胸襟开阔……在闹市区能有这样静谧的处所，不能不感叹世间美好，姑苏美好。而青石弄，也同样有着这种返璞归真的江南气质。"

夏末秋初，院里的石榴又结满一树。最好的石榴，总是挂在高高的枝头，那里日照充足，空气最好，长出来的石榴也最甜。飞过来的鸟儿，喜欢啄食它们。

这时候，陆文夫会搬个藤椅，坐在小院的树荫下，和编辑们聊天。陆文夫说："编这本杂志，不仅是一个职业，我更希望你们把它当成一个事业去做。"在随意的交谈中，陆文夫也会聊聊他的设想，比如，杂志社要成立一个联谊会，要和更多的企业家交朋友；有条件的话，再开一个茶楼或酒楼。这日子，不能总过得紧巴巴的。

青石弄五号修复后，叶圣陶的后辈们更高兴。叶圣陶的三个儿女——叶至善、叶至美、叶至诚，都是陆文夫好友。他们一到苏州，总会来青石弄五号的小院里坐坐。优雅古朴、韵味十足的环境，让他们赏心悦目。老友们交谈的时候，时时发出会心的笑声。

叶家的第三代后辈，叶兆言夫妇、叶永和夫妇、叶小沫等，也来过青石弄。

叶圣陶孙媳蒋燕燕，给朋友写信说："我们一行去苏州青石弄，去看我们家的老屋，这是爷爷爸爸住过的宅院。进得园子，房子老旧，依然冬暖夏凉适于居住。花园不大，依然花树青葱四季飘香，让人觉得清净怡然，质朴舒适。建国后全家定居北京，家里人难得来苏州，只要来苏州，就一定会回老屋来看看。尽管我们这一代人从来都没有在老屋里住过，但是我们都记得，这里曾经是我们的家，或者心中依然把它当成是我们的家。还是那么亲切，还是那么留恋，还是会像爷爷爸爸那样把它放在心头。"

许多年后，叶兆言回忆说——

《苏州杂志》创办时，陆文夫来到叶家，对叶至诚说："我准备弄一本刊物，名字就叫'苏州杂志'。"像是随口一说。

叶至诚并未当真，私下里对儿子叶兆言嘀咕："你老陆叔叔，向来不怕事，弄什么杂志呀，吃力不讨好。"

后来看到《苏州杂志》出版了，而且很漂亮，叶至诚便很感慨。对儿子说："老陆毕竟是个能干人！什么都能弄，什么都会玩，居然会修电脑，能这个能那个，还真玩出了一本杂志。"

叶兆言说，父亲一说起老友陆文夫，始终都是佩服。写东西的人常常会是手无缚鸡之力的书呆子，而陆文夫这一生，一直都在努力证明，他是绝对的精明能干，他要办什么事，就一定能办成。

3. 约法三章

从1990年开始，《苏州杂志》办公环境焕然一新。大家能够安定工作了，陆文夫开始对编辑约法三章：一、"编辑部要像编辑部"，在编人员，需要坐班。二、"编辑部不养作家"，编稿是责任田，写作是自留地。种好责任田，才能搞自留地。三、"井水不犯河水"，联系广告的，不干预编辑；编辑稿件的，不参加经济活动。

青石弄五号召开第一次编务会，陆文夫就说："不是我新官上任三把火，凡事不依规矩就不成方圆。要办好杂志，上述三点是最起码的条件。"

编辑们想，来真格的了。

可日子过着过着，陆文夫的"约法"逐渐开始松动。比如第一条，"坐班"。编辑能不能出去采访和组稿？要不要去市里参加重要的文化活动？秀才不出门，很多事办不成啊。第二条，陆文夫发现，"自留地"上也有好文章，于是就截留，让自家杂志先用。但是第三条，绝不通融！后来，《苏州杂志》取消了广告，编辑不许参加经济活动，也就堵塞了关系稿，断了"广告文学"的来路。

接下来，陆文夫又要求杂志内容"三不登"：一是不登"赤膊女人"的画面和插图；二是不登"古怪吓人"的内容，包括凶杀、拳头、枕头、现代意识流之类的东西；三是不登"消极悲观"的文章，少发牢骚，多扬正气，多作正面引导。

有一位个体商人，请人帮他写了一篇报告文学，文章写得不错。经编辑部了解，此人道德败坏。陆文夫就说："抽掉这篇稿子。我们不能做金钱的奴隶，不能出卖灵魂，去为这种人树碑立传。"

清雅脱俗的《苏州杂志》，在那个年代成了另类，摆上街头报摊，被一片女明星大头像包围，特别引人注目。令人欣慰的是，《苏州杂志》一直有它固定的读者群。每期新刊到手，读者都能在封面看到那十二个字："当代意识、地方特色、文化风貌"。这是杂志特色，也是一种情怀。在光怪陆离的文化市场上，也算是一块净土了。但这样的风格和内容，也有人不喜欢，一位青年读者来信说，

《苏州杂志》就像"乡办工厂"，意谓太老土。陆文夫读到信就摇头："他哪里懂得，地方杂志，越有地方性，就越有世界性！"

摆正了方向，还要讲工作效率。陆文夫又下指示，让编辑们使用电脑。从此，杂志社每一位编辑的桌上，又配置了一台办公电脑。编、排、校，均由电脑操作，最后只给印刷厂一张磁盘。电脑办公的好处是，不动原稿，出错少，效率高。二十世纪九十年代初期，这是很牛的一件事。

编辑用电脑，听上去简单，做起来不容易。年轻人学得快，却苦了几位老编辑，他们的年龄都已六十开外，记不住五笔字型。陆文夫就鼓励他们："徐迟七十多岁也学会了，不难！"一边说着，一边教他们怎样记忆五笔字型，讲解其中的原理。五笔录字快，入门却难，所以，编辑部经常有人高声询问："某个字怎么打？"然后大家就在电脑上试着操作，提供准确的答案。年轻人领悟快，经常为老编辑提供这种帮助。不久，编辑部所有人都熟练了，也为家里购置了电脑，打出瘾了。

在《苏州杂志》编辑部，陆文夫年长，可用起电脑来，脑子最灵光，被大家誉为"软件工程师"。谁遇到电脑小障碍，他总能手到病除。后来电脑升级，为杂志社的电脑配置硬件和软件，都是他亲自操作的。

苏州的作家听说老陆这么拉风，哪甘心落后啊，也跟着纷纷"换笔"。不多日，范小青等一帮年轻作家，都购置了新电脑，写稿子写得贼快。《苏州杂志》编辑平燕曦，白天上班用电脑，晚上回家感到寂寞，也想买一台电脑。囊中羞涩，就向第一百货公司赊账，买了一台单显386，花掉三千八百多元。他为此还写过一篇文章《苏州作家"换脑"忙》。

进入网络时代，陆文夫又要求编辑学会上网，到网上查询资料。从1997年开始，陆文夫为《苏州杂志》申请了一级域名的网址，海内外读者从网上就能读到每一期《苏州杂志》。

有人问了，年龄不小的陆文夫，何以如此热衷电脑？

直接的原因，是写字不自信，甚至有些自卑。小时候上私塾，先生让陆文夫练毛笔字，一直写得不像样，就被先生打了手心，从此留下心病。他说："现在拿起笔来，手还发抖。"后来成为作家，要为别人签名或题字，但写出来的字，人们想恭维都难启口。现在用电脑打字，不会再露怯。

深层次的原因，是性格问题。陆文夫"喜新厌旧"，总爱追逐新潮事物。二十世纪五十年代入职《苏州日报》，自告奋勇当上了报社第一个摄影记者；调入江苏文联当专业作家，又创办《探求者》杂志，变革创作方法；到工厂劳动体验生活，总爱琢磨机器，参加技术革新还得了奖；后来下放苏北农村，想方设法引进果蔬新品种，菜田种得花团锦簇；到了新时期，别人玩"伤痕文学"，他却写出了文化小说《美食家》；晚年主编《苏州杂志》，他又早早带领大家使用电脑……

用电脑还有一个好处，这是陆文夫后来发现的——有助于戒烟。陆文夫的烟龄，长达半个世纪，总也戒不掉。电脑打字不方便吸烟，慢慢就戒掉了。他的长篇小说《人之窝》，就是戒烟后用电脑写的。同事朱红问他："老陆，戒烟什么感觉？"陆文夫坦率说："唉，有时也很寂寞……"

陆文夫玩电脑的时候，电脑尚未普及，常常不被理解。

有一次，陆文夫用电脑给老朋友写信，老友一看是电脑打印的信，就很诧异，打电话问："老陆啊，你什么时候用起了女秘书？"当时，社会上正流行小蜜、二奶，含有贬义。陆文夫就想，坏事了，为了避免误会，从此又恢复用笔写信。老朋友的电话，让他明白一个道理，"见字如面。"机器打印出来的字千人一面，无法体现感情。从此，他要求编辑对外发编读往来的信，都要用手写。

使用电脑能提高工作效率，但爱上它不是一件轻松的事儿。电脑是消耗品，玩的是时尚，需要经常升级，才能跟上潮流。升级就要投入。花的钱越多，电脑越高级，使用起来越便利。

陆文夫不甘落后，经常升级配置。有一次，王稼句去看望生病的陆文夫，一进门就发现，电脑刚换上无线键盘和鼠标。陆文夫说："你也换掉吧，免得电线拖来拖去。"还为王稼句介绍"陈桥五笔"，演示给他看，告诉他有什么优点。后来，王稼句撰稿一直用"陈桥五笔"，这个软件就是当年陆文夫推荐安装的。

上海作家陈村，也是电脑高手，和陆文夫"臭味相投"，他们之间经常互发E-mail，交流电脑技术。陆文夫告诉他："我给《苏州杂志》的每一个编辑都配了一台电脑，规定一年内学会，一年之后不得用手写字发稿。结果三个月就行了，连七十岁的老编辑现在都离不开电脑。《苏州杂志》上网，属于全国第一家。向印刷厂发稿只用一张盘。我们办了最传统的杂志，用了最先进的技术，这就是'传统文化与现代化'吧。"

过一阵子，又告诉陈村："谢谢你发来了一个很好的搜索器，速度快也很简便。还有一幅路标，我看懂了，但打不开，因为我的内存不够。我用你的搜索引擎打开我的网上的作品，这还是第一次……我外接一个大键盘，工作时两臂不必悬空，人不累。我因为有肺气肿，上半身没有依靠时要喘气。"不久，又问陈村："你输入是用拼音还是用五笔？如果是用五笔的话，网上有一个陈桥智能五笔输入法，比王码4.5好，我去年下载后用得很满意。"

陆文夫玩电脑很爽，但花钱很尴尬。家庭财权不在手上，申请经费不容易。

有一次，陆文夫对夫人管毓柔说："我的电脑需要升级，购买一些软件和硬件。"管毓柔就说："你不是说电脑不用再花钱了吗？你有几个钱玩啊！"把陆文夫说得哑口无言。

夫人不给钱，陆文夫也有办法。南京的一家工作室，用一万两千元买断陆文夫某个作品的网上版权，陆文夫就用这笔钱，悄悄买了一台 Acer 便携机。他告诉陈村："我欢喜用便携机，倒不是想带出门工作，而是因为它可以放在书桌上，好像是写字，但又不用低头。"又说："我对电脑很有兴趣，从 8088 一直用到奔三。稿费的一部分都上交给了比尔·盖茨，比所得税还多。"

不知道他的这些话，有没有和夫人说过。

进入网络时代，陆文夫又痴迷起互联网。他上网有两个目的，一是了解文艺界的动态，二是掌握社会变革信息。所以，他外出作报告，信息量很大，总能受到欢迎。但刚刚萌芽的网络文学，很不成熟，陆文夫嗤之以鼻。

有一次，作家黄恽到他家谈事，陆文夫一说到网络文学，就皱眉叹气："这算什么东西？这根本不算文学！只不过是小青年、大姑娘在用文字调情。"又说："你们年轻人，不要学它（网络文学）。这种时髦学不得，还是守旧一点好。文字该怎样写，就怎样写。网络文学即使到下个世纪，也进不了文学殿堂。"

不久，陆文夫告诉作家陈村："我平时很少上网，上网也就是看点新闻。文学的网站及聊天室，我从来不光顾。"

他担心手下的编辑也常去阅读网上的作品，受到各种文化和文学的影响。那时候，确实存在泥沙俱下、鱼目混珠、蜂迷蝶恋的文字。陆文夫在编务会上说："不要东张西望，坚守与创新并举。"

"坚守"什么呢？坚守自己的文化。陆文夫说："《苏州杂志》就是传统文化在现代的表现。今古文化的传承，永远是我们的宗旨。现在有人为了迎合产业化，不惜对文化造假、掺假。功利性太强就不是文化。"

有的编辑问："陆老师，那我们采编的重心，应该放在哪里？"

陆文夫说："要在苏州人的生活观点、生活态度、生活习惯等方面，做足文章。要从稿源、内容、编辑三个方面入手。关键要巩固和拓展作者队伍，新老作者都要加强联系。编稿的时候，特别要注意文风，要简练，挑最好的细节，反复提炼，不能堆砌文字。"

这些要求，后来逐渐形成《苏州杂志》的文风。编辑们自己写稿，也按这种要求去做，时间一久，原先不会写稿的人，进步也很快。

编辑杂志，难免出现失误。为了降低差错率，陆文夫坚持每期稿件进行"清样"会审。责编送审，统稿汇编，主编终审，排版"三校五审"出了"清样"之后，还要召开会议，对"清样"进行集体会审，争取将差错消灭在出刊之前。有一次"清样"会审，发现杂志上的错页是印刷厂造成的，陆文夫就和刘家昌说："我们去找厂长。"

说完，他们来到厂里，对厂长说："厂长，你们在印刷环节上，疏于管理啊。千万要加强岗位责任。"厂长很虚心，听了表示立刻改正。

其实，印刷刊物难免出现差错。在《苏州杂志》创办的头几年，许多印刷厂的条件并不完备。《苏州杂志》早年在吴县的县前街附近的印刷厂印刷时，要先制成软片，然后将标题、插图、正文和装饰线等，分别用剪刀裁开，再仔细贴到另一个板子上制版，来不得一丝一毫的差错。负责监印的朱红副主编，高度近视，用小直尺校正距离和水平，鼻子几乎贴到纸上，常常弄得眼睛充血。这样的人工操作，很难做到完美。

有的编辑在编务会上说："刊物出现少许差错可以理解。"

陆文夫说："不行，印错了就换另一家印刷厂。万分之一的差错率，是规定，是底线。我们对外宣称《苏州杂志》印刷精良，图文并茂，不能自己食言。"

编辑问："万一出现差错，怎么办？"

陆文夫说："那就在下一期登一张'勘误表'。"

编辑嘀咕："《苏州杂志》的差错不多呀，期期自我亮丑，会不会有损杂志形象？更何况，有些差错是原稿中的人名地名错误，很难校对出来。"

陆文夫说："你说说看，我们为什么要亮丑？这样做是利大于弊。对读者，有个负责的交代；对编辑，也能提个醒，读到勘误表，以后就不会掉以轻心。"

每期杂志出版后，编辑部会开一个总结会，讨论得失，提出改进方向。比如，这期长文章多了，版面不活，或者，这几期质量不错，但人物过于集中。提出改进的同时，陆文夫还会出一些选题，像河道治理、街坊改造、天池山的修复、吴舞的源流等，让大家分头去组稿。他要求编辑，平时注意报纸和电视，发现好题材就及时采写。

陆文夫说："我真的很担心，有一天稿源会枯竭。"

有一次，编辑陶文瑜从吴江回来，带回不少地方志资料。陆文夫很重视，就和几个编辑说："大家把能找到的与苏州有关的地方志书籍和史料，尽可能找来，一个个研究，一点点开拓。"从此，他对稿件题材的开拓从没有松懈过。

《苏州杂志》是文史杂志，一直重视传统文化，这方面的稿子相对多一些。陆文夫要求，讲述传统历史，稿子要写得通俗易懂，深入浅出。说："这种要求并不高，只需把苏州的历史事实，深入浅出地讲清楚。不要掉书袋，发宏论。

尤其不要作烦琐的考证。学会阐述纵横交错的事实，把作者新发现的史实奉献给读者就行了。剩下的，就让读者自己去领会和判断。"

策划选题的时候，陆文夫让编辑们各抒己见，但把关的时候，既认真又严格。有一年早春，阴雨连绵，清明将至，大家想到洞庭茶事快到了，就说："陆老师，现在是清明前夕，可以写一写洞庭茶。"

陆文夫咽下一口茶，抿了抿嘴："写茶，你写得过艾煊的《碧螺春汛》吗？"

于是，这个提议就此作罢。

见大家不吭声，陆文夫说："是不是茶讯到了，觉得又可以写茶了？此时写茶，就是唱'四季歌'。到什么季节，唱什么歌。唱四季歌，是新闻媒体的宣传需要，我们是文化刊物，不去赶这种时髦。"

按照编辑流程，主编陆文夫需要终审稿件。此前，这些稿子经过责任编辑一审，编辑部主任二审，有时候副主编还会三审。主编只需宏观把握一下就行了，比如，看看编辑们的发稿单，看看目录有什么不妥，各类稿件会不会顾此失彼。但陆文夫终审的时候，却要将所有文字统统读一遍。一审二审乃至三审的意见，他都尊重。只有发现文字有错，或语言表达有什么不妥，才会要求纠正。编辑审稿，看重稿件本身；陆文夫审稿，兼顾社会效果。

在编稿中，编辑最难做的，就是处理名人稿件。如果作者认识陆文夫，是他的朋友，或沾亲带故，就更不好处理了，只能向陆文夫汇报。陆文夫会说："不合我们杂志要求的，一律不用。"

编辑说："我怎么和作者说啊？"

陆文夫说："就说是我的意见，我让你退的。"

有一次，一位作者自称是陆文夫亲戚，寄来一部很长的小说稿。编辑陆平请示陆文夫："陆老师，这怎么处理？"

陆文夫说："该怎么处理，就怎么处理。"

编辑自己写稿，《苏州杂志》能不能发，陆文夫也秉公办事。副主编朱红访问泰国回来，写了一篇见闻《车为流水马如龙》，打算放在"苏州之外"专栏发表，陆文夫觉得不合适，就把它撤了下来。有的稿子是陆文夫自己约的，不符合要求也不准发表。有一篇《双枪陆阿四妹》，是陆文夫的约稿，没有达到《苏州杂志》的要求，他就把稿子退给了作者。

朱红感慨说："人情文章，最难处理，会让人左右为难。幸好有老陆在。"

陆文夫每期终审的文章，大约有十二万字，工作量虽大，他依然看得很仔细。如果出差在外，便要求将"送审稿"用特快专递寄给他。需要修改的稿子，或不宜发表的稿子，他都会用 2B 铅笔，写上具体意见。编辑改稿改得不对，他就直截了当说："这是作者的风格，不必改。"或提醒编辑："这里改得不接气。""此处看不明白，望交代清楚。""这是作者的风格，不必改。"间或，他也会因文生出几句妙言，亦庄亦谐，有助于编辑加深理解。

有一篇题为《子夜吴歌》的文章，陆文夫批道："写得不错，就是拙政园题诗那一段写得俗了一点，能否改得朴实些，现实点？"

编辑陆平瞄一眼批语，脱口而出："老陆看稿，可真是严。"

另一个编辑说："岂止是严，有时候简直就是无情！"

遇到好稿，陆文夫会喜不自禁写下赞语："好文笔！""不可多得！""文章写得很有感情。谢谢菡子（作者）！"如果是陌生作者，他就嘱咐编辑："此人可多联系，鼓励她再努力。"

没看到陆文夫"批语"之前，大家的等待有些紧张。因为这些稿子，有的是投稿，有的是编辑自己写的。大家知道陆文夫的批语，一般分四个等级：不发；发；好；很好（或写得好！）。"不发"的原因有多种：写得不好，或者未必不好，只是不合适在《苏州杂志》发表。如果是编辑写的稿子，陆文夫还会三言两语写上不发的理由。"发"，相当于合格；"好"，相当于良；"很好"或"写得好"相当于优。

编辑看到"不发"，就会想，主编是基于什么考虑？是写得不好，还是内容不合适？看到"发"，会稍稍松一口气，寻思总算过关了。读到"好"或"很好"，就很高兴，会有中奖的感觉。自己的努力，总算得到认可，会把主编的赞赏当成激励，今后会做得更好。

不管大家有什么想法，每期"送审稿"一传回杂志社，编辑们都会抢着阅读陆文夫的批注，说这是"异史氏曰"。

王稼句在《苏州杂志》当编辑的时候，曾保留过陆文夫的审稿批语。他编过一组《浮生六记》笔谈，被陆文夫大加赞赏，希望他多多编出这样的稿子来。

最让大家感动的，是陆文夫帮作者修改稿件。

2000 年，中国第六届艺术节在江苏举行，苏州是分会场。一位作者围绕这一内容，写了一篇稿子，投寄给《苏州杂志》。陆文夫觉得题材还可以，只是写得不合要求，就动笔修改起来，所谓修改，几乎是重写。发表后作者一读，就知道编辑用心良苦，下了许多功夫，后来知道是陆文夫亲自改的稿，便十分内疚，连忙向陆文夫表示歉意。

陆文夫轻描淡写说："你不要在意，这是当编辑的责任。"

后来陆文夫逝世，大家就把陆文夫审稿的情形，定格成一个画面：一张藤椅，一杯清茶，在阳光满地的走廊里，陆文夫坐在那里，静静地看稿子。

大家还会回想起，陆文夫生病以后，仍会来到杂志社，参加会议或认真审稿。不能行走，就乘小汽车来，汽车就停在青石弄口。弄口到杂志社，不足五十米，陆文夫没法一口气走过来，邻居就在弄堂里放一把椅子，让陆文夫坐坐歇歇，然后再往前走，弄底的杂志社门口，也放一把椅子，陆文夫会坐着再歇歇，才能进院子。这样的"接力走"也不行，他就坐着轮椅来，由司机推进杂志社。再后来，住进了医院，他依然躺在病床上，或趴在一张小桌上，审读稿子，检查校样……

陆文夫和编辑们的努力，没有白费。

自 1988 年 12 月创刊以来，《苏州杂志》的发行量节节上升，最多达一万多份。订户除了苏州读者，兼及京、沪、港、台地区。就连美国、加拿大和东南亚等国，也有读者订阅，在海内外产生了影响。1993 年起，连续评为"华东优秀期刊"；1995 年起，连续获得"江苏省双十佳期刊"荣誉和奖励，其间，还获得第二、三届"国家期刊奖百种重点期刊"等荣誉。1999 年，被国家新闻出版署列为全国优秀杂志，推荐到美国、马来西亚展出。

看到劳动成果有了回报，陆文夫很自豪，经常说："晚年嘛，我就干一件事，编辑《苏州杂志》了。"

记者问他的夫人管毓柔，陆文夫一生有没有遗憾？管毓柔说："他说过，想写一个自传体的长篇小说。可是太忙，没有写成。"

4. 编辑部的元老们

《苏州杂志》创刊就在这里工作，一直干到退休或生命终结的人，一共有四位：陆文夫、朱红、朱衡、华群。他们的名字，晚辈编辑在文章里会经常提起。

朱红是《苏州杂志》创刊时，陆文夫确定的第一个编辑人选。

朱红当年编辑《苏州文艺报》，刊登不少文学作品，但总体思路没有脱离"文史"，很对陆文夫的口味。所以，陆文夫为《苏州杂志》挑选编辑，朱红成了不二人选，还让他担任了副主编。

陆文夫和朱红的缘分，长达数十年。少年时代，他们是苏州中学的校友。陆文夫 1945 年考入苏州中学，1948 年毕业；朱红 1948 年考入苏州初中，四年后升入苏州中学，1955 年毕业。其中，初中因伤寒养病休学一年。能考入这类学校，应是学习优异的好学生，但二位严重偏科，遂成了难兄难弟。

陆文夫高中三年，总体成绩呈下滑趋势。高一时，所有成绩全部及格。到了高三，公民、生物两门课不及格，加上仅得六十分的物理课，总体成绩并不理想。文科成绩优于理科，国文课始终在七十分以上，最高一次在高二的上学期，得了八十四分。当然经过补考，最终全部通过，得以顺利毕业。

朱红也偏科。用他自己的话说，"不脱课也跟不上，因为数理化学得很差。这毛病在小学里就有，偏爱国文讨厌算术。"进入初中学习，朱红更加酷爱文学，《子夜》《鲁迅合集》……他都读过，就是上课心不在焉。初中的毕业成绩单上，语文、政治常识、美术成绩，都在八十分以上，而物理、化学、英语，却在六十五分以下，数学六十分是补考及格的，总平均成绩七十三分多一点。这样的水平，想升入苏州中学肯定不行。谁知他的运气好，那一年苏初中的毕业生，全部免考直升苏州中学，朱红这才得以继续就读。

陆文夫和朱红相差八岁，他们在苏州中学读书没有交集，二人并不认识。毕业后因为写作的缘故，彼此才相识。

1949 年，陆文夫作为南下干部，来到苏州日报社工作。那时候，这个报叫《新苏州报》，1949 年 7 月创办，四版四开。陆文夫当记者，也当编辑。朱红从初中就经常投稿。最初发表的处女作，是一幅讽刺奸商的漫画，时间是 1952 年 2 月 12 日，朱红刚升入苏州中学。

报社美编对朱红有了印象，就开始向他约稿，希望他画一幅抗美援朝的漫画，发在《大家画》栏目，还让他三天交稿。第一次收到约稿信的朱红，自然很兴奋，就把功课撂在一边，集中精力作画，次日下午就送到了报社。约稿的美术编辑叫顾东升，苏州美专毕业生。朱红认识了编辑，自然不会放过，回家就给顾东升写了一封长信，一口气请教十个问题。顾东升很快回信，也写得很长，满满六页稿纸，写了三千字！

因为顾东升，朱红又认识了陆文夫。朱红向报社投寄的文字稿，从没发表过，顾东升知道后，介绍他认识陆文夫，说："这个陆记者，水平很高，今后你可以向他讨教。"

朱红和陆文夫第一次见面，是在报社的通讯员会议上。陆文夫当时是《文化生活》版编辑，那天，他谈到了来稿的问题，也谈了编辑部的要求。二十多岁的陆文夫，当时捧着一只大而旧的搪瓷杯喝茶，说话时指间夹着香烟，吸烟的姿态很老到。后来朱红知道，早在苏州中学念书时，陆文夫就开始吸烟了。

之后，朱红又约时间，单独向陆文夫请教。见到陆文夫时，他正在摆弄照相机。朱红有眼色，就说："陆记者，你忙吧，我们可以另约时间。"

陆文夫说："没事没事！"放下手中的活儿，跟朱红聊了起来。

朱红请教了通讯的写作技巧。陆文夫一边抽烟、喝茶，一边讲解通讯写作的几个要点。朱红听得很认真，也作了详细记录。陆文夫说："新闻采访作品，能不能发表，关键看它有没有意义。有意义的新闻，就值得发表。举个例子，有人捉到一只'人面蜘蛛'，引起不少人聚观，要求记者去采访。记者到那里一看，只不过是白蜘蛛背上有三个黑点。事情虽稀奇，却没有社会意义，这就不值得报道。"

听了陆文夫的一番话，朱红恍然大悟。照此标准写了几篇通讯，送给陆文夫看，后来果然发表了。其中有一篇，采访初中毕业生金家风、周盘珍，报道她们下乡务农的先进事迹。由于配合形势，这篇新闻还受到了市民青联负责人徐坤荣的表扬。从此，报社召开通讯员会议，也通知朱红参加。朱红的写作能力，也有了更大提高。

1955年，朱红高中毕业参加高考，却因伯父朱兰芳曾任戴笠秘书，名落孙山。在语文老师的保荐下，才进入扬州师专学习。1957年大学毕业后，他响应学校号召，"到落后的农村去贡献青春，"主动报名到泗阳县中学任教。

工作有了着落，又萌发了创作激情。当年就在《江淮文学》上，发表了《寓言四则》。意想不到的是，《光明日报》的一篇批判文章，提到了这篇作品，朱红由此错划成右派。年方二十出头的朱红，不久进了劳教农场。

在滨海县的潮河农场，报到第一天，中队长点名："朱私！"

朱红说："我叫朱弘。"

队长说："这不是念'私'吗？算了，你就是走白专道路成了反党分子的，改个字吧，又红又专的红，叫朱红，听见了吗？"

从此，朱弘成了朱红。

劳教期满，从农场回到苏州后，为了生存，朱红开始当苦力、运垃圾、摆小书摊，还外出流浪过一段时间。再回到苏州，考进一家小塑料厂，从事美工设计工作，月薪二十八元。他的任务是，设计台毯、枕巾和提包的图案，后来又设计女式塑料拖鞋。他设计的孔雀牌塑料女拖鞋，还得了全国奖。在这个小塑料厂，他结识了年轻美丽的女工高磊，经过一番努力，终于将高磊娶进家门，生一女儿取名朱湘。民国诗坛有一位才华卓越的诗人，也叫朱湘。想必朱红从他那里，汲取了灵感。

朱红再见到陆文夫时，他们已人到中年。

二人很投缘，都经历了二十多年的挫折与苦难，对文学缪斯都不离不弃取得了成绩。陆文夫下放射阳还没有平反回城，他的小说《献身》已获"1978年全国优秀短篇小说奖"。不久，朱红的组诗《寻觅》，也获得"1979—1980年全国中青年诗人优秀新诗奖"，朱红就用一百元奖金当路费，和妻子高磊手拉手，游览了天安门广场。他俩获得的全国性文学奖，后来更名为"鲁迅文学奖"。

朱红获奖的时候，正在塑料厂当助理工程师。他到《苏州报》打听顾东升和陆文夫的消息，方知顾东升已调往南京，陆文夫虽已回苏安家，但不在报社工作，而是在省文化局创作组。后来又听说，陆文夫回到苏州了，住在善家巷，朱红就去拜访。

陆文夫在善家巷住的那间房子，只有十四平方米，既是卧室，也是工作室、会客室，陈设简单朴素。朱红发现，陆文夫写字台右边的抽屉里，放着整条整条的好烟，就觉得陆文夫的烟瘾真是很大。同样酷爱烟酒的朱红，从此便经常光顾陆文夫家。他说："每次到他那里，我总能吸到好烟。"

陆文夫看到来访的朱红，起初全无印象。当年在报社，作者太多了，难免有记不住的面孔。朱红就追述他们第一次见面的经过，陆文夫这才想起当时的情景："好像有这回事。不过，你记错了，那时我根本不喝茶，只喝白开水。"

既然接上了头，朱红就成了陆家常客。

当然，二人能否聊得开心，取决于陆文夫的状态。遇到他正在写作，或者夹着香烟沉静凝思，场面就会尴尬。当时，陆文夫正在思考"唐巧娣"还是"马而立"，"美食家"还是"万元户"？说不准。总之，很少说话，甚至心不在焉。但陆文夫当面不会说出来，他会以东方人的忍耐，等待客人离去，然后再继续工作。这种情景遇见多了，朱红便有了经验，只有陆文夫脱稿时找他聊天，才恰到好处。这时的陆文夫，仿佛大病初愈，惬意地靠在藤椅上，大有闲聊的兴趣，对来客欢迎之至。聊天的时候，他左手插在裤袋里，右手夹着烟卷，妙语如珠，谈笑风生。看到烟缸里满满的烟蒂，朱红就想，他那一篇篇获全国奖的小说，莫非都是香烟变的？

朱红知道，陆文夫的名气大，自己想拓展创作领域，还得借助陆文夫的智慧和人脉，所以来到陆家，他常会带些诗稿和小说，请陆文夫"指正"。陆文夫说："诗歌我不懂啊。这样吧，我转给邵燕祥看看，好不好？"

朱红寻思，小说你总能看得懂吧？然而再去陆家，他发现自己的小说，仍压在陆文夫的抽屉里。这是怎么回事啊？陆文夫就说："我对写小说的人，都很同情。不过，你们不要叫我看稿子。我有两个极端：第一，标准很宽。觉得一个人能几千字、万把字写出来，不知花了多少精力，就说行，可以发表。但编辑部不肯发，我也没办法。第二，很严。一看，你不要写了，人家写过了，或者说，你这里那里没写好。所以你叫我看小说，算你倒霉。"

陆文夫坦率告诉朱红，你的小说，属于第二种情况，没写好。朱红不相信，就把小说稿投了出去，结果石沉大海，他才明白陆文夫没有说错。

陆文夫对朱红小说持否定态度，但对朱红的编辑工作，还是肯定的。朱红当年编辑《苏州文艺报》，文字把关很严，对作者也很热情，尤其喜欢帮助青年作者。他印制了一批稿笺，业余作者需要，他就赠送。他说："我是从基层走来的，知道写诗没有稿纸的苦处。"自己编发了一首好诗，他会沾沾自喜，更为作者高兴。常有青年朋友来到他的办公室，喊他"朱老师"。即使上了年纪，仍喜欢和年轻人在一起，探讨诗歌，给他们更多帮助，也常常为了一首诗，吵得面红耳赤。

业余作者薛春泉，给《苏州文艺报》投来一首诗。朱红觉得基础好，就帮他修改，改投《苏州报》，结果发表了。朱红看到报纸，就用"苏州市塑料六厂"的信封和信笺，给作者写信说："春泉同志：你的诗作《纯洁的心灵》已推荐给报社副刊，发于2月3日，想已看到。我作了一些修改，想必不会见怪吧？诗的最后一节写得很好。望你继续努力，写出更多的诗来。祝贺你。致，敬礼！朱红82.2.3。"薛春泉很激动，在后来的文章中说："朱红是苏州文学青年的偶像级人物，他的诗作《寻觅》获全国首届中青年新人优秀诗歌奖，名噪苏城。能得到他的亲自指导和举荐实在感动不已。之后，我还聆听过朱红作的诗歌创作辅导讲座。《纯洁的心灵》是我最早见诸报端的作品，对我今后的写稿起到了不小的激励作用。"

陆文夫就觉得，朱红对文学创作的热爱，对文学青年的帮助，是责任感与使命感使然。后来就让他担任《苏州杂志》副主编，负责编务工作。《苏州杂志》能够获奖，与朱红的认真工作是分不开的。

《苏州杂志》是文史类期刊，与朱红的诗歌爱好并不吻合。最初几年，他还是坚持诗歌创作，后来就把兴趣转向了文史，也开始写一些文史散文。陆文夫读到这些文章，有所启发，就和编辑们聊天，说："苏州历史，头绪纷繁，校对史实容易出错。大家能不能自己动手，写一本苏州简史？"

大家就问："写一本什么样的书啊？"

陆文夫说："不要纯学术性的，可读性要强一点。"

有人问："戏说吗？"

陆文夫说："当然也不要'唐伯虎点秋香'，要于史有据。"

编辑们表示赞成。可谁来执笔，当时没有明确。事后，朱红向陆文夫提议："朱衡是老编辑，社里公认的文史专家，熟悉吴中掌故，是最合适的人选。"

陆文夫说："我赞同，你去和他说一说。"

朱衡一听说让他写史书，连连摆手："不行不行，朱红，你来写还差不多。"

朱红说："你为何就不能写呢？"

朱衡笑笑："不瞒你说，我目前正在试验'苏味'小说，写得很投入，无法分心。"

陆文夫一听是这种情况，就对朱红说："你来写吧。你在杂志上，已经发表过若干篇关于苏州历史文化的散文了，在这基础上扩充一下，然后连缀起来，我觉得就是一本完整的书。书名我都想好了，叫《苏州演义》。"

从此，朱红领命，认真写起来。可惜这本书2006年出版的时候，陆文夫已经逝世。朱红在《后记》中说："完稿后即向老陆报告，遗憾的是他已病重住院，虽然记得此事，却不能宠赐披览了。但若没有他的鼓动，就不会有这本书，这是首先应该感谢他的。"

继《话本苏州简史》之后，朱红又写了《细说泰伯》《大吴胜壤——虎丘的经典记忆》《苏台烟云石湖月》等书。许多年后，诗坛还有人想起他，有时找上门来，朱红就说："我已经很少写诗了，在读历史，写故事新编。"这是后话。

朱衡当上《苏州杂志》编辑，跟朱红有关。

他们是铁哥们。陆文夫也是通过朱红认识的朱衡。朱衡比陆文夫长两岁，比朱红大十岁。出身书香门第，父亲朱慰元是苏州教育局督学，与包天笑、范烟桥、周瘦鹃等人，都是老朋友。朱衡自幼受其影响，爱好文学。

他在平直小学读书，与叶至诚是同学。后进上海中华职业学校，学习土木建筑。1942年辍学，在芜湖银行当办事员。抗战胜利后，入《民国日报》任校对，开始在徐蔚南编的副刊《学灯》发表作品。自学外语，翻译过老托尔斯泰的短篇小说。新中国成立后在明光盐业公司工作，参加过治淮，后调江苏盱眙采石公司，任主办会计。

朱衡与朱红结识，都是"错划"二字造成的。1958年9月，朱衡被送往潮河农场劳动教养。

就在这里，朱衡认识了朱红。

朱红也是错划"右派"，在这里劳动改造，任中队的生产统计。朱衡学过土木建筑，被编入场部工程队，搞预算和施工。这个工程队，为干部造屋搭灶，也为劳教修房盖棚，哪里有活儿往哪跑。两人一聊，既是同乡，又是右派，感情自然就拉近了。相处的过程中，朱红逐渐发现，朱衡是一个有担当的人。

1958年"大跃进"，粮食紧张，大家吃不饱。农场大伙房的会计，为了拍领导马屁，克扣劳教粮食，支援干部食堂。此事被大队的陈干事发现，把他撤了下来，让朱红去当大伙房会计。陈干事说，农忙季节要吃饱，用粮可放开些，以后可以收回来。谁知放开不到两个月，粮食超支千余公斤。朱红心慌，就去场部找朱衡商量解决办法。朱衡说："如果场部晓得此事，陈干事也会被牵连。估计他不会捅出来。"朱衡又向陈干事陈情，此事总算化险为夷。最后的结果是，朱红挨了一顿训，仍回中队劳动。后任会计却倒了霉，为弥补亏空，坚决收缩，被劳教骂得昏天黑地。

还有一桩小事，也让朱红很感动。有一天傍晚，朱衡向姚队长送报表，正在洗脚的队长收了报表，抬起脚，叫朱衡把水倒了。朱衡站在那里，只当没听见，再说一遍，还是不动。队长就来气了："你耳朵聋啦？"

朱衡大声道："报告队长！我是来劳教的，不是来倒洗脚水的。"

队长一愣，随即打了个哈哈："你呀，臭知识分子架子还是放不下！"

事后提起此事，朱红问朱衡："姚队长会不会给你穿小鞋？"

朱衡说："随他去，人总得有尊严吧？"

1976年10月以后，政治形势回暖。朱衡离开农场，放回苏州，安排在颜家巷居民生产组做工。不久摘掉右派帽子，恢复了干部待遇，到苏州水泥厂当工程师。最高兴的是，五十多岁的朱衡，又当上了新郎；在美国的妹妹也联系上了。可谓喜事多多。

退休后的朱衡，更是怡然自得，优哉游哉。朱红编《苏州文艺报》的时候，朱衡就来投稿。他的小楷书法很有功力，曾获"江苏省建设系统书画艺术展"书法作品一等奖，还赴宁参展过。朱红很赏识他，就对朱衡说，你来我这里编报纸吧。天性喜爱文学的朱衡，自然求之不得。当年（1961年底），朱红劳教期满回乡，朱衡给他送行。二人展望"回到人民队伍"后的美好前景，朱衡就说："假如我能出去，最好能编编东西。"没想到这个愿望，三十年后实现了。

陆文夫为《苏州杂志》挑选编辑，朱红也力推朱衡，说他有担当，在文化界有人脉，可以不计报酬地工作。归根结底，朱衡非常热爱编辑工作，一定会尽职尽责。陆文夫受到感染，拍板将退休的朱衡，选入《苏州杂志》编辑部。后来，《苏州杂志》迁入叶圣陶故居，朱衡坐在里面，踌躇满志，喜不自禁。他跟朱红说："老朱啊，我有三个想不到。"

朱红说："哪三个想不到？"

朱衡说："想不到老陆看中了我，想不到能做自己喜欢的事，想不到在三官（叶至诚乳名）家里上班。"

一位青年编辑插话说："还有一个想不到。"

两位老朱很好奇，"你说说看。"

小青年说："想不到我们编辑部，居然有两个半右派。"

大家一想，是啊，两位老朱都是右派，主编陆文夫是个"中右"，即不戴帽的右派，就算半个吧。这样算来，果然是"两个半右派"。

右派不右派，在编辑部是可以随便聊的。几位右派前辈，也不忌讳这样的话题，有兴致的时候，还会主动说一说当年的事儿。编辑平燕曦回忆："两位老朱时常跟我们讲些右派经历，豁达而淡然，仿佛在说着别人的故事。"

在编辑部，小青年对朱衡的往事，尤感兴趣。朱衡当过十九年右派，可右派平反时，没他的份，原来档案弄错了，他要求重新当右派，不然没法平反，也没法恢复工作呀！说起这些往事，他像在说别人。由于家庭背景的因素，民国年间的各种逸闻趣事，在他这里比比皆是，聊起来滔滔不绝。他说，有一回到苏州西郊的灵岩山游玩，他看到一个漂亮女轿夫，便萌生了和她结婚的念头。

编辑陆平问："你是不是爱上她了？"

朱衡说："当然。你想想看，遇到尬漂亮的一个女性，你不动心吗？"

陆平问："如果现在她还活着，年龄也不算很大。"

朱衡说："应该是。"

陆平说："你何不去寻访一下？这段桃色的历史邂逅，是可以写一写的。"

朱衡笑了，摇摇头："还是留着当年的美好印象吧。"

在《苏州杂志》上班，朱衡的快乐，别人是无法体会的。表面上，他是一个安静的人，平时不多话，做工作却有超出人们想象的激情。当年在《苏州文艺报》，薛春泉是他经常联系的作者，转到《苏州杂志》上班，他依然鼓励薛春泉投稿。薛春泉不负信任，先后在《苏州杂志》发表了《吴昌硕与苏州》《吴门印话》《近访矫毅》等文章，讲述苏州的篆刻艺术。每逢新春，朱衡还会给他联系的作者，寄杂志社的贺年信，有些贺年信用小楷书写，印在精美的印花宣纸信笺上。薛春泉会篆刻，朱衡就让他刻一方"苏州杂志社"印章，钤于笺尾。作者接到这样的信笺，会感觉翰墨飘香。

《苏州杂志》是文史刊物，编这样的文章，朱衡最满足。他有这方面的人脉，就帮着四处组稿，力争编出最好的文字。朱衡说："老陆是识货朋友，我们编的稿子，一定要入得了他的法眼。"

编稿子时，朱衡分工"老苏州"题材。十多年来，他联系了冯英子、冒舒諲、朱雯、罗洪、沈寂、周劭、金性尧等老作家来写苏州。向"补白大王"郑逸梅组稿时，两次赴沪，登门拜访。历史上有个"东吴女作家"群，至今已被遗忘，为了发掘这一题材，朱衡四处发信，寻找线索，最后组来了一批好稿。这些文字，回忆了程育真、汤雪华、施济英、彭雪珍（子冈）等人的往事，发表后受到文化界瞩目。其中汤雪华一生坎坷，疾病缠身，不想动笔。朱衡上门做工作，请她口述录音，才算完成《汤雪华自传》。《苏州杂志》连载完毕，她

394

就去世了，此文即成"绝响"。日本友人高仓正三，民国时期写了《苏州日记》。在《苏州杂志》上连载的时候，熟悉苏州掌故的朱衡，主动为它评注。

朱衡是《苏州杂志》的编外人员，但他把编辑部已当成另一个家。既然是家，就要负起责任，所以编辑部开会，他总是"知无不言，言无不尽"。议论上期稿件的优劣，评说版面编排的得失，提出种种合理建议，不会缺少朱衡。说过头容易得罪人，但编辑部的同人却能认同他，接受不了也没关系，再看看主编的态度。通常情况下，陆文夫会说上一二三点理由，为朱衡解围。主编的态度会影响大家，时间久了，大家也就学会理解了。在这样的环境中，朱衡心情舒畅。

有朱衡在，稿件就会上一个层次，郑逸梅、冯英子、冒舒諲、叶至善、徐城北等名家，经常会有稿子来，再加上本土的范小青、荆歌、吴凤珍、徐卓人、徐刚毅、陆廉德等名人名士，时有佳作发表，《苏州杂志》的内容就很精彩。渐渐地，影响扩展到海外，读者还会提一些合理建议，让杂志多多介绍历史上的苏州文人，比如苏雪林、艾雯等。

那时候，苏雪林在国内的形象，仍是"反动文人"，发表她的东西，要有胆量。收到苏雪林的稿子，朱衡坚持发表。副主编朱红吃不准，就请陆文夫定夺。陆文夫觉得，可以缓缓再发。朱衡一再坚持，陆文夫也就不反对了。在年长两岁的朱衡面前，陆文夫的原则是有弹性的。

朱衡除了编稿，还有自己的创作小园地，常年勤耕不辍。经常用令狐远、史宇祖、杨衡等笔名，写出不少小说散文，有的还发表了。他的作品有浓郁的地方风味，同事戏称是"苏味"，老苏州人特别爱看。他用"令狐远"笔名写的系列文章，《老苏州说观前街》《老苏州续说观前》《老苏州三说旧观前》，在《苏州杂志》刊出后，引起读者极大兴趣。发表于《随笔》的《流弹》，还受到章品镇的赞赏。一部分作品，后来结集为《无羁室笔记》，却无意出版，仅打印数份，分赠知友留念。

朱衡有文史功底，又爱好地方掌故。陆文夫就说："老朱啊，你来写一本苏州史话吧。"

朱衡连连摆手："不敢不敢，我还是写我的小说散文。"

后来这件事，就交给了朱红。朱衡也不是一推了之。朱红写史话的时候，他也出了不少点子。朱红认为，写简史应该"人详我略"。比如，春秋吴越故事多，"干将铸剑""卧薪尝胆"之类的事，人尽熟知，就可以从略；另如"吴门医派""明四子"之类的内容，已有专著介绍，也可从简。朱衡看了朱红的书稿提纲，觉得"人详我略"是对的。但他说："只剩下一副骨架，有啥看头？还应做到'人略我详'。"朱衡举例说："六朝、五代的事迹，甚多，就不要一晃而过。元代长达一百年，也不能只写一个张士诚。民国军阀战争，是祸害苏州的大事，更不能一笔带过。此外，每个朝代的建制和人口，都要交代，这是历史变迁的重要痕迹，也是简史区别于史话的地方。你说阿对？"

朱红一听，老朱说得对啊，这样可以弥补一些疏漏和脱节。此书出版后，读者的反馈较好，朱衡的意见显然发挥了作用。

在编辑部同事心中，朱衡的心态一直很年轻。可不经意间，人们也会发现朱衡老了。老先生脾气耿直，烟瘾也大，一到冬天咳个不停，让人听着揪心，后来生病住院，还勉力编稿，一再给朱红打电话，向他要相城古迹的稿子。朱红听见电话里的声音气喘吁吁，断断续续，就有些感动，体味到一颗拳拳之心。

同事们不会想到，朱衡的生命之灯，还会有熄灭的那一天。

这天，朱衡从医院打电话给朱红，说他想看书。朱红说："好啊。我手头正好有一本《一纸苍凉》，你拿去读读，不错的。"

朱衡问："什么内容？"

朱红说："这是一份流散到旧书摊的人事档案，李辉编成了书。其中有检举、旁证、交代、领导批语和组织结论等大量原始材料，真相赫然无隐，内幕惊心动魄。"

朱衡说，他很想一读。

2004年2月9日午后，朱红正要送书去，忽然接到电话，说朱衡走了！朱红呆住了。仅仅差了半个小时，两位老友从此天人永隔！

事后，朱衡夫人说，朱衡临终前有笑容，弥留时安详平静。朱红深信，老友朱衡是无憾而去的。因为梦圆了。人生之旅多变数，理想追求有成败。有什么比最终能实现梦想，更令人欣慰的呢？

但朱衡的离去，还是让朱红黯然神伤。原先，编辑部的四位老人，一直都是一个融洽的精神群体。他们也有争执，但更多的是相互理解，相互信任，相互支持，为了一个文化信念，大家都是不计报酬地常年编稿撰稿。现在，朱衡走了，老陆生病，在编辑部和朱红照面的老伙伴，只剩下华群了。

华群当年也是朱红的老搭档，一直帮朱红编《苏州文艺报》。陆文夫让她进《苏州杂志》，一是看中她的文联工作经验，二是喜欢她的工作态度和热情。

华群的原籍，是无锡荡口镇，苏州老家在濂溪坊。早年投身革命，在文艺岗位工作，1986年从新疆文联离休。华群一回到苏州，便积极参加市文联组织的民间文学活动，《苏州文艺报》出版时，她义务做编辑，得到陆文夫赏识。《苏州杂志》1988年创办，她主动请缨，成为一名编辑。

在编辑部，华群负责《吴中风情》栏目。内容反映苏州民俗乡情，编起来难度不大。这类来稿较多，内容琐碎，筛选和修改的工作量却不小。经华群一编，去粗取精，佳作迭现，见刊后很受读者喜爱。在外创业的苏州老乡，读到这一类文章，尤其称赞和欣慰，能体会到浓浓的乡情。

华群乐观开朗，性格外向，退休做着编辑工作，常常显得一身轻松。实际上她有很大困难。老伴从部队离休，因中风半身不遂，二次手术后，仍未康复，需要她的照料。为了不耽误工作，华群请了一对护工夫妇，在家里照看老伴，自己每天却从盘溪赶到青石弄上班。一个退休的老人，如此敬业很难得。

最难得的是，陆文夫交给她的任务，总是不折不扣执行，有很强的原则性。1998 年，编辑部人员更动，陆文夫让华群负责二审稿件，类似于"编辑部主任"做的工作。本是一件好事，干起来却有难度。既要贯彻主编意图，也会得罪发稿编辑。华群的强项，是管理，不是文字，但给稿子把把关，是能胜任的。在《苏州杂志》，不写稿或不常写稿的人，会显得"底气"不足，在华群看来，这都不是事。二审稿件，就是当好把关人，任何人编的稿子，经她审稿后，好就是好，不好就是不好，需要修改的地方，你就得修改，毫无商量余地。

这么一来，真遇到了事儿。

1999 年某天，编辑陶文瑜写了一篇稿子，题为《看图说话》，就给陆文夫看了。陆文夫说，不错，签了一个"发"字。审稿走流程时，二审的华群说，这稿子还得修改。陶文瑜就来气，陆主编已经签发，怎么还要修改呢？便僵持不下。陶文瑜倔强，将稿子塞进了抽屉，"宁可不发，也不修改"，事后也就忘了它。十四年后，也就是 2013 年，已任副主编的陶文瑜，在抽屉中看到这篇旧稿，想让它重见天日，就在稿子前面加了一个引言，说："这是八九年前的旧稿了，决定这个稿子要在《苏州杂志》上发表的是老主编陆文夫。《苏州杂志》发稿是三审制。编辑觉得可以，交给一位类似于编辑部主任的同志，由她审核组织之后再交到陆老师那儿，陆老师觉得可以用在杂志上的文字，就用铅笔在发稿单上批一个'发'字……类似于编辑部主任的同志希望我再作一次修改，现在我已经忘记掉因为什么原因，一直没有动手去修改，稿子就搁着了。"

两次提到的"类似于编辑部主任的同志"，就是华群。此时，华群已经逝世八年。陶文瑜仍不想提到她的姓名，想必真被老太太伤到了。

当年的事情，华群说过做过，都会忘得一干二净。这位来自新疆的女汉子，经过西北边疆的大漠荒野，风风雨雨的革命经历，已铸就她粗犷爽直的性格，她哪里会理解江南文人的缜密细腻与多愁善感！

不过这种性格，有时也有用武之地。

《苏州杂志》创办初期，编辑部来过一位热心"读者"，是个精神病人。他说，自己杀死过人，把大家吓得不轻。接待他的编辑，是年轻的杜平。这种客人比较特殊，千万不能得罪。杜平和他交流时，也尽量表现得很有耐心。可编辑们都是文人，遇到这类事情，心里还是忌惮的。老太太华群却像斗士，两眼发直，死死盯着来客。她很担心杜平出事，就想，如果"读者"出手动刀，她就在第一时间冲上去。

好在，结局比预料的要好。"读者"说了几句话就走了。

这位"读者"可能感觉，《苏州杂志》的编辑们都很温和，很友好，没几天又来到杂志社。华群说："我来和他聊聊。"就主动和他攀谈起来。接下来大家看到，平日性格火暴的华群老师，此时像个慈眉善目的老阿姨，在和晚辈促膝谈心。大家就觉得，华群老师其实也挺可爱。

然而，2005年9月29日，华群在医院悄然离世。

一年前的某天，华群感到腹部不适，就去医院检查，被确诊患了胰腺癌。得到这个消息，华群很镇静，默默将第五期稿子编好，又整理一下手头存下的剩余稿件，然后向主编陆文夫提出辞呈。

住院前，她没告诉编辑部的任何人。

陆文夫后来得知消息，委派刘家昌去探望。刘家昌在苏大附一院的病房找到了华群，华群还很惊讶："老刘，你怎么会知道的?"

刘家昌说："只要功夫深，铁杵磨成针。如果市区这几家医院找不到，那就说明你去新疆了。"

华群就说："大家都很忙，我是特地不吭声的。"

聊了一阵身体状况，华群笑说："我没有什么可怕的，反正已经七十多岁人了。既然确诊必须手术，那就动手术吧!"又说："老刘，你很忙的，快回去吧。"

华群术后出院，刘家昌去她家探望。进门一愣。条桌的上方，挂着她老伴的遗像，这才知道她老伴已经去世。刘家昌问："为什么不说一声?"

华群说："你们都很忙，我家里的事，就不惊动大家了。"

刘家昌事后才知道，为了尊重老伴家乡的习俗，身患生病的华群，为老伴守灵三天。听到这个消息，刘家昌有些惊愕。华群说起此事，依然笑呵呵的样子。刘家昌便很感慨："华老师，你真不简单。"

华群说："老刘，你知道吗? 过去在新疆的时候，人家老是说，华群啊，你像个淘气的男孩子。"

这个"淘气的男孩子"当然不会想到，她的性格和行为，会给《苏州杂志》的编辑们留下终生难忘的印象。

5. 编辑部的年轻人

陆文夫为《苏州杂志》物色编辑，一看经验，二看才华。对有才华的年轻人更看重，无论你什么身份，想来《苏州杂志》，他都会"不拘一格降人才"。

编辑平燕曦，就是这样走进杂志社的。

调入《苏州杂志》之前，平燕曦在肥皂厂做过七年文秘。二十世纪九十年代初期，轻工业单位效益好，电扇、手表、电视等各种日用品，都是热销货。工厂和文艺界搞联欢，成立了"苏州市企业家艺术家联谊会"，陆文夫是副会长。平燕曦爱好写作，经常给文联的《苏州文艺报》投稿，和编辑们熟。他投的稿子，既有报告文学、诗歌，也有书法、篆刻。《苏州杂志》创办后，编辑们转入杂志社，仍向他约稿，他就接着写，又在《苏州杂志》发表了《天堂里的笑声》《苏州水之歌》等文章。

陆文夫终审稿件，读到平燕曦的文字，感觉不错，会签一个"发"字。平燕曦文字成熟，编辑很少改动。所以他投的稿子，基本上都能发表。

编辑跟他说："平燕曦，你的文章在老陆那里是免检的。"

他就很兴奋："真的？"

一来二去，平燕曦对《苏州杂志》有了感情，陆文夫也有意想把他调来当编辑。文联主席张澄国告诉他："陆先生为了要你，专门在党组会议上做了介绍，说了你不少好话。"

厂长是陆文夫的老朋友，说话不拐弯："老陆啊，你要挖走平燕曦，这可不行。平燕曦是我的笔杆子，他走了，工作总结谁写？"架不住陆文夫的诚意，最后还是放行了。从此，平燕曦走上了文学道路。

调入《苏州杂志》以后，平燕曦才领教陆文夫审稿的认真，他写的东西也不全是"免检"文章。有一次，写了篇反映观前美食的稿子，陆文夫先签"发"，后又毙掉了，还加了很长的批注，向朱红说明他的看法。朱红又向平燕曦转达这些理由，让平燕曦听了口服心服，很受启发。

在《苏州杂志》编辑部，平燕曦年纪最小，经常出去采编。陆文夫让他负责《今日苏州》和《人物》两个栏目，还让他每期拿一些编好的文章，送给画家张晓飞和顾曾平，请他们画插图，画好了再去取回来制版。时间一久，他又认识了一些画家朋友。

后来，陆文夫让平燕曦开一个小栏目《青石小憩》，以主持人的方式，讲述编辑部的故事。比如编辑部发生什么有趣的事，读者有什么想法，哪位作者辞世了，造访了哪位，等等。也刊登一些读者来信、纠错之类的文字，都串在一起，再起个题目。每期一整页，写成随笔的样子，成为沟通编读的一个桥梁。结果很受读者欢迎。

但干着干着，平燕曦就有些动摇了。《苏州杂志》是个安贫乐道的地方。陆文夫规定，杂志不准刊登"枕头"（色情）、"拳头"（暴力）和广告，资金多靠陆文夫"化缘"。陆文夫自己也说，他不知道杂志能办多久，没钱就关门打烊。看不到未来，很难安定人心。当时的《苏州杂志》并未出现困难，有陆文夫这棵大树，日子过得尚可。可将来怎么办？平燕曦隐约感到了危机。

有一件事可以证明。

二十世纪九十年代初，中国集邮市场很热，几近疯狂。平燕曦写过两篇相关文章，一篇是《神奇的方寸世界》，一篇是《邮票里的"天堂"》（与姜晋合作）。搜集资料的时候，发现邮票设计大师孙传哲与苏州有很深的情缘，便萌发了采访的念头。记者去外地采访，《苏州杂志》没有先例，采访申请最终没批。此事让平燕曦感到杂志社的窘迫。

还有一个现实问题，想来也严峻。他收入不高，每个月加起来五百多块。儿子刚出生，太太没有工作，杂志社不分房子，家里的煤气都是借的。平燕曦是个精打细算的人，有时会带夫人和蹒跚学步的儿子，到杂志社来玩，顺便在淋浴间洗个澡，这样也能节省一些水电气，但要解决生活问题，单靠杂志社肯定不行。于是向陆文夫辞职，想调到电视台去。此时，正是《苏州杂志》缺少编辑的时候，他自己也知道不仗义，没想到陆文夫理解他的困难，同意他另谋出路。

平燕曦在《苏州杂志》一共待了三年。人走了才知道，感情带不走，之后逢年过节，他都要登门看望陆文夫。陆文夫身体健康，他就带瓶好酒去；酒戒了，他就捧束鲜花去。陆文夫去世的前一个月，他和王稼句又去医院探望，此时的陆文夫，胡子和头发都很长，人瘦得几乎认不出来，他们预感到不妙，两人在医院的石阶上坐着，沉默了良久。

王稼句也是陆文夫挖来的青年才俊。

进入《苏州杂志》以前，王稼句已经出版了《枕书集》《补读集》，主编了《大地诗丛》《浅草诗丛》等书。他原来的工作单位，是市文联的创联部。陆文夫早就看中了他的学问与文字功底。

1994 年暮春，王稼句大病初愈，陆文夫问他，是否愿意到《苏州杂志》来

400

工作。这是王稼句求之不得的好事，终于能从事文字工作了。最关键的是，陆文夫是他景仰的前辈。

王稼句第一次见到陆文夫，是在 1979 年，当时还在苏州大学读书。深秋某天，邓友梅、刘绍棠等七八位作家南下，一路演讲，来到苏大。当晚，王稼句和两位同学去找陆文夫，想邀请他一起座谈。他们骑着自行车，寻到庙堂巷。陆文夫家是临街的平屋，屋檐低低的。敲门后，陆家有人出来说："陆文夫不在家。"可王稼句从窗口向里张望，明明看到陆文夫正伏案写作。屋里青烟袅袅，狭小的桌子上，有几张纸，还有一只青花碟，里面满是烟蒂。骑出小巷时，王稼句对同学说："陆文夫在家。"

调到《苏州杂志》以后，王稼句说起此事，陆文夫听了笑笑。

王稼句调来的时候，正是《苏州杂志》全盛时期。除了陆文夫主持大局，专职编辑有朱红、林正才、平燕曦，外聘编辑有朱衡、徐顺中、朱熙钧、华群、谷新，这么多人编一本十万字的双月刊，再轻松不过了。但第二年（1995 年）下半年，就有两位员工调离，一个是陆平，一个是平燕曦。接着又从苏州第三中学调来一位年轻人，名叫王宗拭。

王宗拭是王稼句大学同学，比王稼句年长十岁，温文尔雅，有旧文人气质。二人的办公桌挨着，都在东起第三间的北屋。王宗拭面东，王稼句面西，两人背靠背，说话很方便。王宗拭健谈，常和王稼句聊书，还时常从家里带来一两本好书，兴冲冲地说，书店又来了什么什么书，什么书又重印了，有时就给王稼句代买来了。王宗拭几乎天天逛书店，朱红也喜欢买书，三人便经常骑车到书店去。有一次，王稼句在古旧书店买了百十本旧书，堆在办公室地上。王宗拭一本本摩挲过来，看了好几天。他告诉王稼句，哪本书曾经有过，哪本书年少时读过，能看出他对书的痴情。

有一次，王宗拭向陆文夫请示，想到嘉兴组稿。陆文夫明知是借口，无非想去旅游两天，但还是同意了。于是，王宗拭、王稼句、谷新、林正才一行四人，从南门坐长途汽车来到嘉兴。先去秀州书局拜访了范笑我，又在范笑我陪同下，去海宁拜访了章克标，之后去海盐参观了武原镇的绮园，到澉浦镇看了看南北湖。大家在嘉兴只住一宿，行色匆匆，走马观花。这也是王稼句在杂志社工作期间仅有的一次旅游。

陆文夫把王宗拭从三中调来，是看中他的勤奋与人脉。

王宗拭的父亲，是大画家王西野，比陆文夫年长十四岁，也是陆文夫尊敬的文化前辈。曾任同济大学、上海杨浦教育学院教授。晚年定居苏州，被聘为苏州市文联艺术指导委员、苏州园林局顾问。王西野对中国古典文学、美术史、古建筑、园林艺术等均有造诣，兼擅书画，而以诗名。在教育界、学术界与叶圣陶、谢国桢、沈从文、周瘦鹃、顾廷龙、苏渊雷、钱仲联、陈从周等人交好。在书画界，他也是白蕉、陆俨少、王企华、徐绍青等名家的好友。

由于父亲王西野的关系，王宗拭与京沪不少前辈学人很熟。陆文夫就让他发挥优长，向这些名家约稿。当时朱衡也联系老作者，如周劭、冯英子、何满子、吕恩等。王宗拭有些担心，会不会与朱衡的组稿发生矛盾啊？约稿时便小心翼翼。最终还是给杂志社约来不少好文章。按照陆文夫的要求，他搜集、整理了不少现代文人写苏州的文字，除了已刊出的，后来印成了一本书——《我说苏州》。

遗憾的是，没过几年王宗拭就病逝了。这让王稼句很伤感。

王稼句在杂志社，只待了三年多。进杂志社才知道，陆文夫要管的事，不是很多。每期杂志编稿前，陆文夫都要开个会，了解一下稿子情况，再说点自己的想法，其他就什么也不管了。稿子编完，他要终审，每篇稿子都有他的铅笔批语。

王稼句编过一组《浮生六记》笔谈，陆文夫大加赞赏，希望他多编这样的稿子。王稼句过去出版的几本集子，都给陆文夫送过。陆文夫看得很仔细，就对王稼句说："你不要引经据典，文字太老气了，你正年轻，这样不好，如果非要用那些材料，应该化出来。"

此时的王稼句，正痴迷知堂老人。但陆文夫的话，他还是听进去了。后来就写了另一路文章，结集为《煎药小品》，里面几乎没有引经据典。

王稼句进入《苏州杂志》后，工作量不大。起初编《沧浪谈丛》和《书林漫步》两个栏目，改版后，只编《吴苑茶话》，余下时间大家互相帮忙。王稼句干活出手快，每期的稿子，打字、编辑、核校，一星期就搞定了，余下时间就"干私活"。他的办公桌光线不好，窗外狭弄长满了杂树，使得屋里很幽暗，白天也要开灯。除了白天上班，王稼句晚上也去，星期天去得更多。此时的青石弄五号，非常安静，只能听到鸟鸣。就在这间屋内，他写出了《煎药小品》和《谈书小笺》两本书，后来又读园林文献和苏州女性书画工艺资料，准备写一本《苏州废园追怀录》，编一本《吴郡闺阁丹青志》。

有一天，陆文夫来到王稼句的办公室，扔给他一支阿诗玛香烟，二人没事聊天。王稼句问："陆老师，为什么《苏州杂志》不给创作多留点篇幅，培养作家的园地不是可以更大一点吗？"

陆文夫淡淡一笑："培养作家？作家是靠这样的地方刊物去培养吗？作家要闯，作品要上《收获》，要上《人民文学》，这样才有出息。"

这些话，王稼句不理解。过去搞同人刊物，不就是自己的园地吗？作家总要一步步走，先从地方刊物写起，难道不对吗？但王稼句没敢说，陆文夫是前辈，他是后学，只好喏喏。许多年过去，他才感到陆文夫的远见卓识。当时尚未出道的荆歌、朱文颖、车前子、叶弥等，就这样闯了过来，如今在全国产生了影响。因素固然很多，但有一点很重要，那就是苏州没有文学刊物，没有文学创作园地。又过一些年，在酒席上，王稼句再和陆文夫谈起此事，陆文夫淡淡一笑："你说，作家靠谁去培养？"

在《苏州杂志》当编辑，王稼句过得舒展而惬意。他说："这个院落就像是人生道上的一个驿站，让身心疲惫的我，得以休养生息。不但如此，还在那里好好读了点书，想法也改变了不少，少了点心浮气躁，多了点平易踏实，对很多事情也看得淡然了。"但在1997年，王稼句还是调离了《苏州杂志》，去了古吴轩出版社。原因简单，他是著书立说的人，需要出版社这样一个更大的平台。

叶弥进《苏州杂志》之前，是一个自由作家。

她在省级刊物上发表的小说，陆文夫大部分读过。二人相遇时，陆文夫说："你来杂志社上班吧，这样出去和人说，也有个单位，好听点。"叶弥回了一句："我不认为有单位就好听一点。我们一家子，都是忽然有单位，忽然没单位。"但她最后还是听了陆文夫的话，跟他一起编《苏州杂志》，时间是1997年。

1997年以前，叶弥写小说，都是用本名"周洁"。

她的文学兴趣来自母亲。母亲个性很强，在贫困的状况下，还努力工作学习，这种坚强的精神，影响了叶弥的成长。小学四年级，叶弥就接触文学名著，像《石头记》《水浒》《西游记》《普希金文集》《海涅诗集》，也看当时流行的小说，比如《金光大道》《艳阳天》等。

叶弥很小开始写作。第一篇正式的文学作品，是一首七绝诗，四年级写的，阅读黎汝清长篇小说《海岛女民兵》的感想。那时候，她还不懂平仄。叶弥住在外公家，就把这首诗郑重地给妈妈看。

十九岁时，叶弥发表了第一篇小说，登在1984年1月5日的《苏州日报》上，题目叫《岗亭下的小故事》，讲一个小女孩在路边捡到一分钱的故事。但她的写作爱好，没坚持多久。因为无缘大学，就参加了工作，二十三岁结婚，嫁到苏北阜宁，孩子快一岁的时候，她才回到苏州。那些年生活烦琐，工作不安定，也就没再创作。儿子六岁时，她发现自己是奔三的人了，却一事无成，出于对未来的恐惧，又重新拿起笔。而此时，遣词造句很艰涩，一句完整的话都不能表述，随后开始长达半年的练笔。

再一次发表的小说，题为《名厨》，刊于1994年第4期《苏州杂志》。小说主人的原型，是叶弥的亲戚吴涌根，在南园宾馆做厨师，被誉为"江南厨王"，恰好也是陆文夫老友。陆文夫觉得，这篇小说视角独特，文字洒脱，就对叶弥刮目相看，想把她招进《苏州杂志》。

入职《苏州杂志》以后，叶弥听到一些评论，说她的小说受吴文化影响。就寻思，我怎么不知道受了吴文化的影响？她觉得自己还没有真正看过"吴文化"小说。大家就说，陆文夫叫"陆苏州"，你读读他的作品。她真的读了一些陆文夫小说，很喜欢他笔下的人物。《红楼梦》开卷写苏州的阊门，就有吴文化气息，叶弥觉得，陆文夫小说师承了这种气息。

《苏州杂志》在滚绣坊的青石弄。叶弥来到这里，才知道青石弄是一条短弄堂，几步就走到底了。弄底右手，她看到一个大杂院，墙上探出一株极大的苦楝树，正是秋冬季节，叶子落尽，露出一树金黄的楝果，随风轻轻摇晃。弄底左边，是一个石库门，跨进去就是《苏州杂志》编辑部的院子。进了院门，叶弥看到一架老紫藤，紫藤对面是几株白玉兰。这两株植物似乎很般配，一东一西呼应着，开起花来都很热烈。

叶弥后来在此上下班，在巷子里还看到一家居民，女主人总有满脸笑意，带着她的五六岁的孙子。杂志社的人来来回回地走着，她见面总要打个招呼，大家就像住在一起的邻居。

到《苏州杂志》上班以后，叶弥才知道陆文夫办刊很认真，每篇文章亲自过目。叶弥负责散文栏目，会有许多不俗的投稿，有时候稿件少，或者质量不高，叶弥就得约稿。有一回懒得约稿，就化了一个名，自己写了一篇散文。散文写了一件真实的事情。观前街有一条小巷子，每次走过总能看到一个中年落魄男士，嘴里自言自语，说着别人听不懂的话，时间长了，叶弥还是听出了一些端倪，大意是他的生活很艰难。

陆文夫读稿后，就问："这是谁写的？"大家听了默默发笑。陆文夫批上"此人很怪"四个字。意思是说，这篇散文的作者很怪。统筹稿件的华群看到批语就笑了，把稿笺递给叶弥："你就保存着吧。"

有一次，陆文夫派叶弥去采访"江南厨王"吴涌根。陆文夫说："采访吴涌根，你轻车熟路。他是你伯伯，你小时候还在他家里住过。他有一肚子的故事，你好好去挖点来。"

叶弥心想，这不是手到擒来？她知道1949年以后，林彪一家经常来苏州，见吴涌根点心做得好，就把他带去了北京毛家湾。叶弥采访的时候，吴涌根很配合，同她讲了一些往事。譬如，他每天要为林彪剥花生皮，然后磨碎了吃；有一次，叶群怀疑桌上的一杯茶水有毒，就让吴涌根喝下试毒。

回到杂志社报告成果，陆文夫说："不行，再去挖。"因为，这些故事陆文夫全知道，属于大路货。

又进行了二次、三次采访。"挖"到后来，吴涌根都要流泪了，就对叶弥说："有些事不好讲的呀。"

叶弥回去对陆文夫说："吴伯伯都流泪了，别挖了。"

陆文夫说："现在都什么时候了，有什么不好讲的？"

叶弥就想，这两位倔老头唱的哪出戏啊？这么有趣。直到现在，叶弥也不知道陆文夫要她去"挖"什么，但两位老头知道，只有她蒙在鼓里。

入职《苏州杂志》，叶弥编出来的稿子并没有惊人之作，但她写小说的名气见长，当年就见效了。

之前一年，叶弥在父亲开的环保公司工作，上班间隙写了一个中篇小说，叫《成长如蜕》，讲述"我弟弟"在"如动物蜕壳般难受而缓慢"的成长中，从失落到回归的曲折历程。写完后，丈夫去南京出差，顺道把它送到《雨花》杂志社，《雨花》主编姜琍敏曾下放苏州，算半个老乡，又将小说推荐给当时的《钟山》主编徐兆淮，徐兆淮就让编辑贾梦玮处理。

小说发表前，徐兆淮说："周洁，你起个笔名吧，全中国叫'周洁'的人太多了。"

叶弥就查字典，暗想，翻到哪一页，就在哪一页找个字。结果看见这一页有个"弥"字，就很喜欢。又把"周"改成了母亲的"叶"姓，觉得"叶"这个字比较文艺，笔名从此就成了"叶弥"。

这篇《成长如蜕》，发在1997年第四期《钟山》头条，《新华文摘》《小说选刊》也转载了。文坛公认，这是叶弥的成名作。

《苏州杂志》编稿不忙，叶弥又陆续写了很多小说。其中有一个短篇，叫《钱币的正反两面》。姜琍敏觉得不错，发表在1998年第十一期《雨花》。小说写一个四十岁的下岗女工梅丽，在"爱情"和"面包"、"出卖"和"需要"之间苦苦挣扎，无奈中用投掷钱币的方法，来帮自己做决定，是否为了每月一千元的生活费，去找一个男人。

叶弥和陆文夫都是小说作家，两位小说家在一起，就有许多共同话题。陆文夫告诉叶弥，他与周瘦鹃，讨论过文学应该"有趣"还是"有用"的问题。周瘦鹃倾向"有趣"，陆文夫觉得，文学首先应该"有用"。叶弥一听，就不赞同陆文夫的观点，她觉得文学首先应该"有趣"，后来年龄渐长，又觉得文学既要有趣，也要有用。

身为文学长辈的陆文夫，经常关心叶弥的创作。1997年，叶弥学开车的时候，认识了几个"富婆"，第二年完成一篇《城市里的露珠》，写一群充满欲望的有钱女人内心的绝望。小说在《青年文学》发表后，陆文夫很严肃地问叶弥："你从什么地方搞来的这个素材?"又说："杂志社要开一个会，讨论讨论这个小说。"

叶弥说："你们讨论好了，我不参加。"

这个会最终没有开成。叶弥也一如既往地我行我素，想写什么写什么。多年以后，她突然觉得，陆文夫的批评有一定道理：写这篇《城市里的露珠》，只有叛逆和猎奇，这种叛逆有点草率，就像游戏，缺少灵魂。这篇小说的唯一价值，就是有点不同的趣味。

以后，叶弥又陆续写一些小说。其中一篇《天鹅绒》，讲了这样一个故事：一个下放的中年妇人，和一个年轻的小队长发生了爱情关系，妇人的丈夫发现后，带上猎枪找小队长拼命，小队长提出一个要求，想弄清"什么是天鹅绒"后再死，丈夫为了让他死个明白，就帮他寻找天鹅绒，始终无果。此时，小队长已不惧死亡，说已经知道"天鹅绒跟姚妹妹的皮肤一样"，最后被开枪打死。这篇小说被姜文拍成了电影，更名《太阳照常升起》。叶弥的名气这下更大了。人一有名，听到的都是叫好声。

有一天，陆文夫在办公室语重心长对她说："茅盾当年对我说，写小说不能重复自己。今天我把这句话再对你说，写小说不要重复自己。"

叶弥听了一言不发。她觉得这些文学前辈，都是大惊小怪。写小说为什么就不能重复自己?写小说就是玩的。"玩"这种东西都是重复的呀，跳绳啊，踢球啊，都是重复运动。若干年后，她才知道陆文夫的话是对的。

2005 年，陆文夫去世。当年，叶弥也停止了创作。她对记者说："内心的力量不够了，没办法支撑创作。"之后辞去《苏州杂志》的工作。

又过两年，叶弥在太湖边的浦庄，买了一个农家小院，没事就住在那里，种花，种树，种菜，日子过得像农妇。搬到浦庄的第二年，她开始写长篇小说《风流图卷》，计划写四卷，把 1958 年、1968 年、1978 年、1988 年每个时间段各写一卷。写到第三卷，她发现写不下去了，就想到当年陆文夫与周瘦鹃的讨论，文学到底是"有趣"还是"有用"。

开始写《风流图卷》时，她认同周瘦鹃的"有趣"，写得恣意放纵。到了第三卷，写了六七万字，就写不下去了，觉得人物站不住，"有趣"变成了无趣。直到 2017 年，她才想明白，文学还是应该倡导责任和思想，应该"有用"。后来她对记者说："小说构思，其实就是寻找思想的过程。短篇中篇靠灵感可以写，长篇要是缺少思想，就不能成立。"

后来，叶弥又读了不少陆文夫的小说，有了新认识。她觉得陆文夫的小说，立意深远，行文端方，一派君子之风。儿子叶迟长大，也写小说，叶弥就告诫他，写作品一定要有"端方"之气。这是后话。

朱红梅到《苏州杂志》当编辑，是范培松推荐的。

范培松是苏州大学中文系主任，陆文夫的老朋友。有一天，陆文夫打电话问他："你那里有没有合适的毕业生，给我推荐一个。《苏州杂志》缺编辑。"

范培松说："倒是有一个女生，小朱。"

陆文夫说："你让她来，我见见。"

小朱就是朱红梅，范培松的研究生。范培松对朱红梅说："陆文夫是我尊敬的作家，你去见他，千万不要带任何礼品。在当今社会关系中，我可以保证我们之间免俗。"

朱红梅点点头。陆文夫经过考核，最终录用了她。

朱红梅初来《苏州杂志》，陆文夫专门开了一个会，研究她的工作和生活安排。朱红梅是外地姑娘，只能暂住青石弄五号。怎么住啊？住在哪间房？饮食怎么办？陆文夫都做了安排。开完会，又叮嘱门卫张师傅："小朱刚来，胆子小，住在这里你要照顾点。"

副社长张澄国看到这些，有些感动。许多年后，他都忘不了这件事，就说："在关怀年轻人这方面，老陆是我们的楷模。"

朱红梅入职后，住在杂志社的一间客房里。客房进门右手，是一个小卫生间。几件简单的桌椅，两张单人床，床腿腐朽了，索性敲掉，将两个床板叠起来，刚好做一个床架。朱红梅自己又添置了床垫，两只书架，一个简易衣柜。就算在苏州安了家。从2003年7月初，到2009年8月末，朱红梅在青石弄的院子里，工作居住了六年。

与其他青年编辑不同，朱红梅刚出校门，不喜欢写作。同期的编辑已经发表和出版了作品，朱红梅几近空白，也没有文人梦想，但朱红梅明白，编辑们应是文章好手。陆文夫遴选人才，不看学历职称，有时只凭简单的一篇文章，陆文夫自己是作家，当然也希望编辑们都能写点像样的东西。后来编稿子编多了，朱红梅接触到文章高手，才受其影响，想着跻身文人队伍。通往这条道的途径，其实很简单，就是写作。

朱红梅一人住在青石弄，很诗意，也很孤独。写作恰好可以排遣寂寞。她说："我曾经以为，只有崇高的理想才能抵抗生命中时时来袭的空洞和寂寞，可是意外地发现，写作竟然也可以，这不免让人喜出望外。除了写作，我貌似颓败的人生没有更好的救赎。"

写作当然不容易。朱红梅写着写着，就会不自信，尤其想到那些著作等身的名人，就觉得"高山仰止"。她也不是不写，往往开了一个头，便无疾而终。后来总结了，写不下去有两个原因，一是情绪化，二是没有耐性。

缺少写作经验，做文字编辑就有点困难。如何删减和把控文字，不是书本上能学到的。经过努力，朱红梅还是在《苏州杂志》的岗位上，编发了自己职业生涯的第一篇文章《嘤鸣之思》。原本五六千字的一篇长文，删减成一千三百字，陆文夫在她的发稿单上，写上"编得好"三个字，这在编辑们看来，已经是一个很高的评价了。

陆文夫逝世后的第四年，朱红梅调出了《苏州杂志》。回头再读一读这本杂志，感觉就不同了，她觉得《苏州杂志》的整体思路和栏目特色，很值得总结，便静下心来研究一段时间，写成《浅析陆文夫的编辑思想与实践》《日常生活与市民文化——论〈苏州杂志〉的"古城春秋"栏目》等多篇文章，发表在学术杂志上。她恍然发现，自己虽离开《苏州杂志》，心没有走向远方。又过了十年，她以"执行主编"的身份，再次回到《苏州杂志》编辑部。

顾俊进《苏州杂志》之前，是一名工人。

他1988年读初中的时候，《苏州杂志》刚创刊。那时候，他只知道苏州有个写小说的陆文夫，在课堂上读过《围墙》。只知道陆文夫写过一个《美食家》，嘴馋口刁竟成了一种品位。顾俊进工厂后，闲暇时光更爱读《苏州杂志》，是它的忠实读者。当时的社会环境浮躁，一个小青年在工余时间，能静下来读一读《苏州杂志》，很不容易。是什么吸引了他？顾俊说："或许是一种含蓄包容，隐忍自省，不事张扬的底气。这本杂志当年就有这个胸怀，有这个特质。"

调到《苏州杂志》以后，老编辑告诉他："《苏州杂志》创刊的时候，青石弄五号还没有启用。最初几期，是租借平江区少年宫的场地编印的。"

顾俊说："可惜当初没有留张照片，不然印在杂志上，倒是一个纪念。"

老编辑摇摇头："你就是现在去拍，也没了。原来的平江区少年宫，现在就是大井巷的一片废墟……"

顾俊还是去了那片废墟，拍了照片。照片上唯一的地理标志，就是巷口那块"大井巷"三个字的路牌。

入职《苏州杂志》，他也像其他编辑一样，练习写文章，也发过一些。以前有个错觉，像陆文夫这样的大作家，应该很威严，接近后才知道，他很和蔼。顾俊写过一篇文章，介绍苏州人说苏州话，文章好写，题目难起，改了几次仍不满意，主编陆文夫就帮他动脑筋，斟酌再三，用铅笔在发稿单上写下七个字："吴侬软语不能忘"。最终稿子在《苏州杂志》上发了。

陆文夫是泰兴人，大家却乐意叫他"陆苏州"。顾俊觉得，不只是因为他的文章，更是因为陆文夫爱说苏州话，和本地人交流，总会试着跟你讲苏州话，尽管说得不太纯正。苏州人取得了成就，他也会赞叹不已。那天，编辑们聊天聊到举重冠军陈艳青，陆文夫脱口说道："这小姑娘了不起，吴侬女子能扛鼎！"

陆文夫也关心苏州的建设。苏州新博物馆建设，地址问题一直有争议。顾俊去采访，园景师黄玮说："我当初提了一些不同的看法，没有别的意思，只是觉得作为一个园林工程师，我有这个责任，应该把知道的东西讲出来。我是苏州人，对苏州我有感情。"

贝聿铭是苏州博物馆的设计师。他知道有争议，就请来一批建筑师、文博专家和文化学者，召开一个座谈会，让大家对博物馆设计中的园景、采光、色彩、材料等问题，提提建议，提提意见。陆文夫也参加了会议，他身体欠佳，长年生病，却很关注博物馆的建设。开完会回到杂志社，陆文夫对顾俊说："建馆出现争议，是一种文化现象，我们应该好好关注。文化需要传承，博物馆是一个地区社会进步和文明程度的标志。"

顾俊到《苏州杂志》工作以后，才知道陆文夫对这座城市的影响，在苏州市民心中的分量。有一阵子，杂志关注古城老宅，为了采访老宅情况，顾俊走过，许多暗长而逼仄的备弄。有一次在朱家园附近，一座老宅的住户说起房子的年头有点记不清了，他拍着脑袋努力在想，突然冒出一句："你去查查《苏州杂志》，里面好像提到过。"

顾俊笑着告诉他："我就是杂志社的。"

那位老苏州看看顾俊，也笑了："啊！这样啊！那你回去问问陆文夫，他肯定知道！"

陆文夫是不是知道，顾俊后来没问过，这已经不重要了，但苏州人觉得陆文夫应该知道，可见对他有多信任。一个人和一座城市，能建构起这种特殊而密切关联的，只有陆文夫。

后来陆文夫病重，住在第四人民医院病房。杂志社的编辑去陪护，陆文夫就说："原来担心一本杂志专说苏州，说个十年、二十年也就差不多了。现在看起来，就算'旧事重提'，也有说不完的话题。"

顾俊去医院陪护，陆文夫就让他自己泡茶喝，说："要喝茶，你就自己泡。"又说："多放点茶叶。"

病床的床头柜上，有上等的碧螺春。顾俊就按老人说的，多放了两撮茶叶。开水加入，杯里的茶叶张开，玻璃杯里看上去满满的。陆文夫一看，呼道："呵，你老茶客！"

顾俊很忐忑，陆老师到底是赞许，还是舍不得他的碧螺春好茶？

后来陆文夫去世，安葬在东山，顾俊几乎年年到东山扫墓。他和另一个青年编辑黄恽，还去了一趟泰兴的陆文夫老家。陆文夫在医院的最后几天，做过一个梦，梦见自己回到泰兴老家的长江边，但终究没有实现"回家"的愿望。顾俊和黄恽，就帮老人实现了这个心愿。

陆文夫生前写道，1938 年他十岁，为避战乱，举家迁到泰兴县柏木桥，"从懂事起便到了靖江县的夹港。靖江县和泰兴县对于我家来说，仅仅是一河之隔，跨过顶小小的柏木桥，就从泰兴到了靖江。"他在柏木桥那头的靖江，接受了最初的私塾启蒙；又在柏木桥这头的泰兴，完成了小学和初中学业。

顾俊和黄恽找到了这座桥。村里人告诉他们，陆文夫的父亲陆宝芝，是一个善良的乡绅，帮助过不少穷人；陆文夫的妈妈是个美人，远近闻名。不过，时过境迁，陆文夫写的柏木桥，如今已变成水泥桥。

站在桥上，顾俊心说："陆老师，您笔下的柏木桥，我们来过了。"

黄恽入职《苏州杂志》，是自荐的。

原先当工人，黄恽爱读书，也喜欢写作，迷恋文史知识。"书呆子"厮混在工人中间，多少有点另类，就想往文人多的地方靠一靠。读到陆文夫主编的《苏州杂志》，黄恽爱不释手。

黄恽对陆文夫的了解，是从高中开始的。第一次读陆文夫，是那本薄薄的小说集《特别法庭》，但留下印象的不是小说，而是这本书的代序《林中的小路》。这篇文字类似散文，黄恽特别喜欢，还和同学一起抄写风咏。

十年后，也就是 1999 年，他在工厂面临下岗，这篇散文让他对未来有了憧憬。听说《苏州杂志》有个编辑去世了，他给陆文夫写了一封信毛遂自荐，表达了想来《苏州杂志》工作的愿望。自荐信寄出后，其实不抱什么希望，没想到过了一段时间，《苏州杂志》打来了电话。打电话的人是老编辑华群，她要黄恽到杂志社来一趟。不久，黄恽顺利地成为《苏州杂志》的一名编辑。最重要的是，他能在陆文夫身边工作了。

黄恽知道，陆文夫是中国当代重要作家。既然在陆文夫身边工作，就要做点有意义的事情，他读过《歌德谈话录》，也想写一本《陆文夫谈话录》，记下陆先生的一言一行。入职《苏州杂志》以后才知道，编辑们其实很难与陆文夫见上一面，更别说打交道了。晚年的陆文夫，身体很差，杂志社和社会上的活动一般不参加，更多是待在家里，每两个月，陆文夫才到社里参加一次编辑会议，加上一些工作交流，一年见面不会超过十次。

后来又知道，自己与陆文夫之间，尚有思想、性格上的差异，这可能与年龄、阅历有关，相处起来需要一个磨合期。比如，编稿的标准与取舍，二人有时会有分歧。陆文夫是主编，会毙掉不符合要求的稿子。黄恽是编辑，不理解的时候就会据理力争。陆文夫说："年轻人，不能恃才傲物！"黄恽就有些受不了。有才华的青年，都认为"天生我材必有用"，但咄咄逼人的才华侧露，有时候事与愿违。

陆文夫有肺疾，不能生气。有时候气急了，涨红脸，瞪大眼睛，他会尽量克制。实在不行，就用随身携带的哮喘喷剂，朝喉咙"噗"地喷一下，让自己慢慢平静下来。黄恽看到这一幕，有点于心不忍。

即使有分歧，陆文夫仍喜欢这位小青年。黄恽有才，一读文章就知道，入职《苏州杂志》，这种才华得到更大发挥。陆文夫一直鼓励他多写。刚开始发表文章，黄恽只用"南田"笔名。有一天，陆文夫在黄恽的送审单上，用铅笔批上"写得不错"四个字，又将黄恽的笔名改回本名，这让黄恽很感动，瞬间明白了陆文夫的好意。先生是希望他的名字，能够附丽在比较好的文章上，成就他作为一个文史研究者与编辑的名声。

陆文夫对黄恽说："现在用真名，比较好。"

又说："我看你往文史方面发展，比较好。"

2004年秋天，陆文夫住院治疗，杂志社的编辑轮流陪伴。陆文夫身体不好，不允许过多交流，有时候说了几句话，讲了一些事，黄恽就用笔记下来。陆文夫回忆说，他少年读私塾，在老师家住宿，晚上几个同学在油灯下玩麻将。老师住在外间，一般不参与，但有时候也忍不住，走进来和大家一起玩。还有一次，陆文夫刚上学，就把学费弄丢了，不得已又回家重取……这些事陆文夫说起来，虽隔了六十多年，却依稀分明，使黄昏的病房充满了乐趣，多了不少温暖。

看到黄恽在记录，陆文夫就问："你记它做啥？记下来可以，不要写进文章里。"黄恽就放下笔。事后想起来，凭着记忆再断断续续追记一些。

陆文夫逝世的前一个月，黄恽告诉他，自己在《万象》杂志发了一篇文章《关于周瘦鹃之死》。躺在病床上的陆文夫，听到这个消息，露出了笑容。

陆文夫走后，黄恽没有忘记先生的叮嘱，在文史方面坚持研究写作，陆续出版了不少书：《蠹痕散辑》《古香异色》《秋水马蹄》《燕居道古》《缘来如此》《舞文诊痴》《钱杨撷拾》《萧条异代》《难兄难弟》《茗边怪谭》……

每出一本新书，黄恽都会想，如果陆老师还在，我就把新著呈到他面前，就像当初递上一份送审单。又想，他会写一个什么批语呢？是"发"，"好"，还是"很好"？真希望他的脸上，仍有温厚的笑意，宽慰的表达。这样，也就等

411

于报答了他对自己的那份知遇，没有辜负他的提携和栽培。

许多年后，黄恽写道："陆文夫的肯定和鼓励，是一个离去的对一个留下的赠送的宝贵财富。"

事过境迁，黄恽反复深思，陆文夫和自己并无太深的关系，他何以真心帮助自己？后来阅读老人家文章才弄明白。陆文夫一生得到多位文学前辈的提携，茅盾的评论，巴金的赏识，苏州三老（周瘦鹃、范烟桥和程小青）的赞扬，成为他艰苦人生的滋养，也是他日后爱才的持久动力。

陆文夫逝世后，陆夫人管毓柔对记者说："老头子爱才。"说这句话的时候，老太太很动情。一旁的黄恽听了，眼眶湿润起来。

6. 编辑部的诗人

陶文瑜被陆文夫招入《苏州杂志》以前，是个诗人。

二十世纪九十年代某天，《新民晚报》的曹正文来到苏州带城桥三十六号的陆文夫家采访。陆文夫问曹正文："你未进报界之前，干什么工作？"

曹正文说："在一家职工大学当教师。"

陆文夫就提到陶文瑜，说："这是一个很有才气的苏州年轻人，他也在一家学校教书。"

曹正文不熟悉陶文瑜，经陆文夫一说，就找来他的诗歌散文读了。后来在《苏州杂志》，二人一见面就像老朋友。曹正文写道："那次相见，文瑜面带微笑，神态真诚，举止随意，一口苏州话蛮好听咯。"

他当然不知道，这个貌似随和的文学青年，其实桀骜不驯。

1981 年，陶文瑜从苏州铁道师范学院附属中学（以下简称铁附中）毕业，考入苏州财经学校。铁附中的孩子，一向以打架出名。陶文瑜不打架，但性格逆反，我行我素。

同学季海跃回忆，陶文瑜在财校读书的时候，喜欢写诗。和同学联袂写过一首长诗，纪念马克思逝世一百周年，结果家长被学校请去"谈话"，说他们的孩子有资产阶级自由化倾向。办过《小草》诗刊，出了五期，每期五十本，大部分被陶文瑜送给了女同学和邻校的校花。花完家长的生活补贴，蛊惑季海跃去偷家里的粮票，到玄妙观东角门换钱，然后用这钱，再买来《牛虻》《茶花女》《青春之歌》，以及两个星期的绿杨馄饨与生煎馒头。"欺负"过美丽的女老师，公然违抗师令，在课堂阅读小说。后来女老师到上海，专门为他们几个喜爱文学的学生找来一些课外书，这下感动了陶文瑜，从此读书格外认真。早恋，喜欢班上一个文静的戴着金丝边眼镜的女生，这个女孩说话轻声慢语，梳着两条长辫，就坐在陶文瑜前面，陶文瑜有事没事向她请教课外作业，结果越辅导成绩越差。

陶文瑜的求职生涯，也是曲曲折折。

早年，在靠近十梓街的苏州大学老校门旁，陶文瑜开过一家"大家书店"。店面不大，也没什么人，夏天酷热，他一个人，一壶茶，穿条沙滩短裤，半躺半坐在一把躺椅上，吹着电扇看书。"大家书店"的店名，既含有自矜，也有"大家的书店"之意，好像不是为了赚钱，而是为朋友开的。朋友说："你这个招牌，和《大家》杂志有冲突啊。"陶文瑜就说："云南那本《大家》，窃取了我的知识产权。"最后书店经营不善关门。

之后在粮食局做过会计。又到苏州桃坞职校当了文学函授老师。

教书的时候仍热衷写诗，成为二十世纪八十年代诗歌浪潮的弄潮儿。在《诗刊》《星星》《诗歌报》发表过若干诗作。1988年参加《诗刊》举办的"青春诗会"，那一届的受邀诗人，包括骆一禾、海男、林雪、程小蓓、萧开愚等。他与前辈朱红并驾齐驱，成为姑苏两大当代诗人。他的名气陆文夫也有耳闻。

九十年代中期，苏州电视台招聘记者，三百多人争两个职位。陶文瑜也去应聘。电视台的考试办法是，把人拉到苏州新区，让应聘者去采访，时间一天，题材不限，交一部专题片的文案，结果陶文瑜被淘汰。三十出头就有诗名，这当然是优势，但没有拍摄专题片的经验，不懂电视制作的专业知识，也是枉然。

后来，苏州市滑稽剧团相中了他的才华，陶文瑜却犹豫起来。

见到陆文夫，他把这些情况说了一下。陆文夫问他："滑稽剧团也是一个文化单位，你为什么不去呢？"

陶文瑜说："我去了以后，怕人家叫我小滑稽，待我老了人家再叫我老滑稽，我的儿子人家说是小滑稽的儿子，我的孙子人家会说是老滑稽的孙子。我不太喜欢这样的称呼。"

陆文夫就说："要么，你到我这里来吧。"

就这样，1998年，陶文瑜当上了《苏州杂志》的编辑。

一个文学青年，能在《苏州杂志》当编辑，又在陆文夫身边工作，这是天大的好事，对陶文瑜来说，属于天上掉馅饼。陶文瑜对陆文夫，从此情不自禁景仰起来。

坐在编辑部里，陶文瑜开始认真阅读陆文夫小说，读着读着，时有感动。《小贩世家》里的朱源达，挑着馄饨担，一边走街串巷，一边敲着竹梆子，那声音"轻重疾徐、抑扬顿挫的变化很多，在夜暗的笼罩之中，总觉得是在呼唤着、叙说着什么"。原先，竹梆子是朱源达父亲敲的，因为年纪大了，再也挑不动那副担子，就"敲着竹梆子走在前面，向儿子指明他一生所走过的、能够卖掉馄饨而又坎坷不平的路"。

读到这里，陶文瑜的心被莫名融化。放下书坐了一会儿，拨通家里的电话。儿子陶理接的电话："我刚放学，刚到家。"

陶文瑜说："陶理乖，爸爸欢喜。"

儿子顿了顿："嗯。"

一下就没什么话说了。

隔了一会儿，儿子说："我搁了。"就把电话挂了。

诗人进了杂志社，也还是诗人。陆文夫看陶文瑜经常写诗，就说："你来搞搞诗配画吧。"

有一阵子，《苏州杂志》的扉页是"诗配画"。这一部分的诗歌，从此就交给陶文瑜。陆文夫对陶文瑜写的诗，还是肯定的，只有一次例外。当时编新年第一期稿子，陆文夫十分重视，用陶文瑜的话来说，审稿"细如绣花"。这一期扉页的画面，是一个阿姨在家里切菜，意思是过年了，老人在忙活团圆饭。陶文瑜配了一首诗送过去，陆文夫不满意，只好再改一稿，发到陆文夫信箱。晚上回到家，收到了陆文夫的回信，说："你今天送来的诗，也不行，而且越写越走。我借用你的二稿，改了一下，你看如何？"

诗的标题叫《过年》，署名"文淘沙"——

> 母亲绽开笑脸，
> 向春天发出信息。
> 那欢乐祥和的电波，
> 洒满晴空万里。
> 问那翱翔的小鸟，
> 你正飞向何方，
> 或在哪个枝头栖息？
> 可曾听见清脆的鸣叫，
> 那声声都在你童年的梦里。
> 儿女们忙忙碌碌，
> 肩膀上扛着生活，
> 东奔西走，

走南闯北，

不用召唤呀，妈妈，

我们每次远行，

都是离你越来越近！

这首诗的内容，大部分是陆文夫写的，里面有陶文瑜的句子。发表后，陶文瑜很兴奋，仿佛找到诗坛伴侣，就在杂志社声称："大家注意啦，以后'文淘沙'就是我和陆老师合作的笔名。"

陶文瑜一直乐于和名人合作，与名人为伍。他写过一首小诗，题为《青石弄五号》："叶圣小陶二代人/青石弄里泡光阴/芭蕉绿了石榴红/落花文章流水名。"第一句就把自己的名字和叶圣陶绑在一起，能看出他的心很大。

陶文瑜发现陆文夫对诗歌有兴趣，更来劲了。新年里，苏州诗歌学会举办诗歌朗诵会，陶文瑜就找到陆文夫，要他支持一下。陆文夫说："我又不写诗，支持什么？"陆文夫写过一本《老苏州》，陶文瑜就把《老苏州》中的序言《生命的留痕》，挑几个段落出来，加上一个"于是啊"，分行打印出来，送给陆文夫审阅。陆文夫一读，果然是诗——

一座半圮的石桥

一幢临河的危楼

一所破败的古宅

一条铺着石板的小街

一架伸入河中的石级

这些古老岁月漫不经心的散落

这些史无记载的陈迹。

那铺着碎石的小街

也许有许多名人走过

那深入河中的石级

曾是妇女们的捣衣之处

你可以在月光下

顺着石级往上去

去倾听那历史的回声

去看那逝去的碧波

历史的残留

是往事的画图

似乎把自己也画了进去

现在，我们在现代化的城市中

驱车而过

现代的柏油路上

谁能讲得出什么名人走过

好像谁都走过了

留下一溜烟

早就被风吹走

好像什么地方都去过了

却好像什么地方都没有停留

于是啊 突然想起过去的他和我

在历史的残留中

寻找生命的遗痕

在汹涌的潮流中

寻找那失去的自我。

读着读着，陆文夫也有些得意，就说："写了一辈子小说和散文，竟然意外地看到了自己的诗歌。"又对陶文瑜说："我写散文，注意到里面的内在韵味的，你阿看出来？"

陶文瑜说："陆老师，我就是看出来以后，才要你参加诗会的呀。"

这首诗后来发表在《苏州日报》上。

陶文瑜说："陆老师，我希望以后编你的全集，能够把这首诗选用进去。我只要再读起，就能够想起开心时候的陆老师。"

只玩玩诗歌，陶文瑜当然不满足。他看到电视片《苏园六纪》和《苏州水》誉满华夏，就有点坐不住了。这两个电视文化片，陆文夫都担任了"艺术顾问"。陶文瑜不想挂虚名，就直接为电视片撰稿。不多时日，和电视台一帮哥们儿也搞了一个片子出来，名为《烟波太湖》。

《烟波太湖》导演孙欣，曾协助刘郎拍摄《苏园六纪》，摄像李国荣也是一个年轻人，三人干活很默契。这个片子有八集：《从前以来》《天下鱼米》《乡关何处》《古镇白话》《栀子花开》《经典刻画》《流年写意》《枝头时令》，解说词都是陶文瑜写的。镜头拍了光福、木渎、洞庭东西山的古镇及风光景点，也拍了一些颇具才艺的太湖人。

《烟波太湖》取得了成功，陶文瑜很得意，他觉得自己已经掌握专业的电视语言，再参加类似的创作，就有些飘飘然了。

不久，电视台又拍一个《苏州史记》纪录片，导演还是孙欣。片子有二十八集解说词，陶文瑜写其中十六集。有一集《在水一方》，由陶文瑜撰稿，编导从摄制角度考虑，让他修改一下，陶文瑜就改了。导演说，还是不行。陶文瑜就不改了，说什么也没用。他跟朋友林舟说："我跟他们实在是说不通，不想再烦啦。"主创团队在一起讨论，会展开争辩，陶文瑜总是坚持自己的意见。大家从此就知道，这位诗人对自己的文字，真的很爱惜很敏感。

陶文瑜入职《苏州杂志》，在陆文夫身边工作，文朋诗友都很高兴。滚绣坊青石弄五号原本就有神秘感，它既是"叶圣陶故居"，也是陆文夫办公的地方。"陆苏州"的名气尽人皆知，却难得见到真人，到青石弄就有这个机会。于是来找陶文瑜聊天的朋友，越来越多。

有一次，诗人小海等一帮文朋诗友，来到《苏州杂志》编辑部，找陶文瑜聊天。正在说笑，陆文夫走进来和一位编辑说事，大家立刻安静下来，眼睛盯着陆文夫。陶文瑜嬉皮笑脸说："陆老师啊，我们阿是蛮懂事的呀？"

陆文夫没理他。

陶文瑜又说："你年轻的时候，阿有我们这么老实？"

陆文夫伸出两只夹烟的指头，朝着几位年轻人比画一下，就算打招呼了。大家看出来，他不想和陶文瑜废话。之后，转身去了主编室。

许多年后，小海写道："我感觉陆文夫对陌生人是有戒备的。"

小海当然不知道，陆文夫不跟陶文瑜"废话"，是有道理的。陶文瑜口无遮拦，常常不顾别人的感受，陆文夫很忌讳。

有一年，杂志社从前的一个工作人员，开了一家饭店，邀请《苏州杂志》的老同事一起吃午饭，饭菜简单了些。陶文瑜记得，第一道菜是"虾仁炒青豆"。这位刚当上老板的前同事，拉着陆文夫一次一次合影，陶文瑜看着不舒服，就装着开玩笑的样子说："这样的饭菜，连我也打发不了的，何况陆老师。"陆文夫立刻对他瞪了眼睛："闲话不要多。"

许多年后，陶文瑜写道："陆老师的话，让我学会了体谅和宽容别人，所以我一直记着。"

杂志社有饭局，一般都安排在老苏州茶酒楼。编辑们在一起吃饭，都是陶文瑜点菜。有时候陆文夫会说："你倒蛮会点菜的。"有时候也说："你点的什么菜呀，你不懂的。"

不管陆文夫说什么，陶文瑜只顾点下去。有一次，点了一道红烧肉烧螺蛳。陆文夫说："这是什么菜呀，真是'荒饭摊'！"

"荒饭摊"，类似于路边的大排档。陆文夫的意思是，这道菜没品质。但他自己也吃。陶文瑜就问他："陆老师，这菜味道怎么样？"

陆文夫说："倒还好。"

陶文瑜点菜，有自己的"独门"菜谱。有一道咸泡饭，就是他自己调配，叮嘱厨师特意烧制的，里面有骨头汤、鲜虾仁、鲜贝、咸肉、大青菜。泡饭要多烧一会，饭要化开来，最后放一点胡椒粉，然后趁热吃。陶文瑜说："米饭是没有滋味的，所以最容易搭配。菜往往各有各的个性，搭配得不恰当，味道就串了。"

陆文夫一开始吃咸泡饭，有点不屑，尝了一碗后，又添了半碗，后来陆文夫生病住院，点名要吃这道咸泡饭。后人研究陆文夫，就将其称作"陆氏咸泡饭"。

在《苏州杂志》，人们不敢和陆文夫"贫嘴"，但陶文瑜例外。在陶文瑜心中，陆文夫的分量很重，他就想和他多说说话，但说着说着，就没了正经。

平时上班，杂志社实行弹性制。编辑坐班，有事也可以离开单位。陶文瑜于是就不常来上班。他却关心陆文夫是否上班。跟单位司机小郁说："陆老师若来上班，一定要打电话告诉我，我要做做样子。"

某个星期一，陆文夫来到社里，就坐在编辑部办公室。临走，说了句"明天我要来的"。

第二天下雨。陶文瑜不喜欢雨天，雨天肯定不去上班，但一想到陆文夫说要去，就打车到了单位。结果，快中午十一点了，陆文夫还没来，陶文瑜就打电话给陆文夫："陆老师啊，你怎么还不出门呀？"

陆文夫说："我出门干什么？我去哪里？"

陶文瑜说："来上班呀。"

陆文夫说："谁说我要上班啦？"

陶文瑜说："你昨天自己说的呀。"

陆文夫说："瞎搞，我什么时候说过。"

陶文瑜就说："陆老师，你这样三天两头上班，我不来呢，怕你惦记，我这样上班呢，实在有点吃不消。要不，你还是调整一下吧。"

2005年陆文夫去世，陶文瑜去守灵。陆夫人管毓柔说："有一阵子，老陆上班有点起劲。因为待在家里呢，我要做家务，他也没人说个话，所以一直往杂志社跑。"陶文瑜听了，有些伤感。就说："现在我上班的时间多起来了，但再也等不来陆老师了。"这是后话。

平时在社里，陆文夫很严肃，陶文瑜就想凑上去让他开心一点。有一阵子，

418

陶文瑜为电视台写《苏州老宅》解说词，提到青石弄五号，说有一回陆文夫提着一坛黄酒，去北京看叶圣陶。他们一边喝酒，一边聊天。叶圣陶说："我在苏州还有一幢房产，给你派一些文化用场吧。"

陶文瑜就问陆文夫："你和叶圣陶喝酒了吗？"

陆文夫说："没有喝酒这回事，你瞎编的。话倒是差不多。当时我就请叶老落个字据，不然我回来，说叶老把房子交给我了，也口说无凭的。"

陶文瑜问："陆老师，叶老是不是叫你小陆？"

陆文夫说："不是，叫陆先生。"

有一年元旦，周瘦鹃的小女儿周全，约了几个朋友到紫兰小筑喝茶赏梅，陶文瑜也去了。园子里，周瘦鹃生前种下的素心蜡梅，依旧芳香，神采奕奕。陶文瑜就说："所谓物是人非，差不多就是这样的情景吧。"陶文瑜还摘了一株含苞待放的蜡梅，带回去插在青石弄的办公桌上。

从紫兰小筑回来，陶文瑜的脑子里还想着那些去世的文坛前辈。他一直认为，上了年纪的都是同辈人，比如周瘦鹃、叶圣陶和陆文夫。有一次，就问陆文夫："叶兆言是不是叫你爷爷？"

陆文夫说："你瞎三话四，我和他父亲叶至诚是一辈的。"

叶至诚是叶圣陶儿子，陆文夫好友。陶文瑜这才明白过来，原来叶圣陶和陆文夫不是同辈人。

陶文瑜觉得，陆文夫其实很爱和自己聊天，前提是不能空谈，要有内容。摸到了窍门，他和陆文夫说话的机会就多起来。

有一次，二人结伴到南京开会，在车上一路聊天，陆文夫蛮开心。

陶文瑜说："陆老师，你的名字'文夫'，倒可以对一个'武汉'。"

陆文夫说："蛮工的。"

陶文瑜说："'陆文夫'可以对'五姑娘'，就是不太工，是不是？"

陆文夫就说："你碰着点啥了？"

话不投机，陶文瑜就换一个话题。

陶文瑜说："陆老师，有位记者问我，《苏州杂志》是什么风格？我说像评弹，就是纸上的评弹。你说阿对？"

陆文夫说："此话怎讲？"

陶文瑜说："大家东奔西走，早出晚归，节奏太快了，《苏州杂志》想做的工作，就是要大家慢一慢脚步，缓一口气，回头看一看走过来的路。当今社会是闲人不少，闲心不多。"

陆文夫听得很认真。

陶文瑜接着说："苏州人的一句口头禅是'你在说书'。说书，就是评弹。这门艺术，说噱弹唱一应俱全，精巧细致地表现和反映生活。小姐下一层楼梯呢，要说上一回书，几十层楼梯呢，便有了几十回书了。那是用放大镜和显微镜在对着生活呢。阿像我们《苏州杂志》？"

聊着聊着，又聊到陆文夫的小说《美食家》。

陶文瑜说："陆老师，我觉得你对美食文化是有贡献的。"

陆文夫说："我有什么贡献？"

陶文瑜说："你有两大贡献，你听听我说的阿对？一是写了小说《美食家》，写了一个朱自冶，独一无二；二是倡导一个理论，说'菜要一只一只下锅炒'。这个理论呢，说得太平常了，却是经典的真理。年夜饭为什么不好吃？五六份、十几份虾仁一起炒。明明是优秀的独唱演员，偏要让她混在合唱团里，对于演员和听众，都是很大的损害啊。"

陆文夫说："我这个理论，你也会说的。"

陶文瑜说："我就没有你这么高深。可我在吃食方面，也是有原则的。"

陆文夫说："说来听听。"

陶文瑜说："我有三不吃。一是火锅不吃。一上来就是高潮，也没有落下去的时候，却又说散就散了。荤菜、素菜全搁在那儿，没有起承转合，也没有先来后到，毫无章法的吃法。所有东西，都是一个口味，就像'文化大革命'都穿黄军装，男女老少一个样子，你说哪儿好看呢？二呢，我是盒饭不吃。我觉得吃盒饭，对饭菜和我，都缺少应有的尊重，好像我和饭菜都是后妈养的，这种感觉很不好。三呢，我不吃农家菜。农村的日子，一向节衣缩食，作料也不舍得放。只要能下饭，就烧得咸一点。肉烧得也不可能特别烂，因为烧烂后就缩小了。城里生活就好一点，那些阿姨，总是在灶台上千方百计让老公和儿子开心。所以农家菜的起点，要比市民菜低好多。"

陆文夫说："一听就知道，你没吃过苦，没经历过苦日子。"

陶文瑜说："这个原则呢，我是一直坚守的。我有一个朋友，请了郊区的保姆，天天做农家饭。我实在看不下去，就对保姆说：'你去休息吧，接下来的菜我来做。'后来这个朋友再请我吃饭，我就推脱。"

陆文夫说："想想你的思想阿有问题。"

陶文瑜说："可是，我很喜欢老苏州的饭菜，每天中午要去老苏州茶酒楼的，点两道菜，吃一碗饭。陆老师我声明啊，不是因为你开的老苏州才去的。不然别人会说，此人很会拍马屁。"

陆文夫就笑了。

每期《苏州杂志》出刊前，编辑部要开碰头会，让大家对校样"说三道四"，纠纠错。有一期用了陶文瑜一首诗，其中一句大概是：所以什么什么的苏州，是什么苏州。

陆文夫说："怎么连用两个苏州？这是大忌。第二个苏州要改掉。"

陶文瑜说："陆老师，你太厉害了，我有意卖个破绽，被你一眼就看出来了。"

还有一次，是陶文瑜的一篇文章。内容说，相城一个农民会制作船模，但农村越来越城市化，船不能在马路上行走，也就用不上了，制造船模也就变成了追忆逝水流年。标题是《造船的事》，陆文夫看过，打电话跟陶文瑜说，有几个地方需要修改，还将标题改成了《水上的老房子》。

陶文瑜说："陆老师，这个题目很牛啊，怎么被你想出来的？你真是才思敏捷。"

陆文夫说："搞什么搞，你自己文章里写的。"说完，电话一摞。

有了陶文瑜，陆文夫开心许多。编辑部的姑娘看到陆老师开心，就会提出一些要求。有一年，清明节前，郊外的桃花开了，女同事想看桃花，又不敢提，叶弥胆大，她们就让叶弥去和陆文夫说。

叶弥说："陆老师，现在是阳春三月，郊外的桃花都开了，我们阿要出去观赏一下？"

陆文夫说："去年不是踏过青了？桃花有什么好看的？不要去了。"

想了想，又说："大家想看桃花，就去皮市街的花木市场，买一棵桃树种在院子里好了。"

陶文瑜说："陆老师哎，我觉得这和到郊外看桃花是两码事。"

陆文夫说："不要许多废话。"

没过几天，副社长刘家昌就从皮市街扛了一棵桃树回来。一边在院子里种下，一边说："女同志们要看桃花。老陆说了，在杂志社的院子里种一棵，就让她们在家里看看桃花吧。"

大家一问，买这棵桃树花了一百块钱，就感慨说："陆老师啊，真的是会精打细算。"

许多年后，陶文瑜回忆此事，想到园子里种的桃树，就会起身去看看它。当初种的时候，这棵桃树就枝繁叶茂。几年过去，竟长高长大了许多，像一个孩子已经长大成人。

有一段时间，陶文瑜膝盖疼痛，痛到不能走路。去医院一查，是膝盖骨退变，应该不是太大问题。陆文夫闻讯，打来电话慰问。过一阵子，陶文瑜膝盖稍好就上班了。杂志社开会，陆文夫两次提到他的毛病。说："你这个毛病，是吃出来的。"

陶文瑜很奇怪："吃出来的毛病？没听说过。"

陆文夫提到一个人："他也是这个毛病，结果痛风进到脑子里了。"

这个人是一位不久前过世的前辈。陶文瑜一听就有点不高兴，说："我这个毛病，主要是缺少锻炼，应该没什么大问题。真要有个三长两短，你不要来送了，不过最好写篇文章纪念一下。"

陆文夫有点无奈，摇摇头。

没过几天，陆文夫见到陶文瑜，说："我那辆自行车现在不骑了，你拿去骑吧。没事多骑骑，可以锻炼身体。"

陶文瑜一听就来气，那是一辆老掉牙的旧车。又不敢拒绝，就谎称："陆老师，那辆车子先放你那里，过些时候我想骑再去取吧。"

陆文夫那辆黄色自行车，是国外名牌阿米尼，但它实在太旧，前几年，陆文夫一直骑它锻炼身体。车子的零件也有问题，经常修理，陶文瑜生来不好动，更怕修理之类的麻烦。

过一阵子，两人相遇，陆文夫旧事重提，还要将自行车送给他，陶文瑜一看挨不过去，只好说："陆老师啊，我要骑就买辆新的自行车。你那辆实在是太旧了，我天天修阿要麻烦的？"

陆文夫便不再说话。

陆文夫知道，陶文瑜表面嘻嘻哈哈，其实很要强，所以大庭广众之下，他会经常鼓励陶文瑜。这一天编辑部开会，陆文夫又表扬了陶文瑜，说完补充一句："你个人欢喜听表扬的。"

陶文瑜说："陆老师啊，你最后的一句话，是你的心理活动，没必要说出来的。"

陆文夫说："我讲得阿对？"

陶文瑜说："你这样一讲，显得我其实没有什么好，你不过是敷衍我一下罢了。"

报上发了一篇荆歌的文章，说陆文夫老师庇护陶文瑜。杂志社开会，陆文夫提到那篇文章，就对陶文瑜说："人家在报纸上说我庇护你。"

陶文瑜说："哪有这事，荆歌在瞎说。你对我这样严格，还庇护？"

中午会议结束，陶文瑜送陆文夫出门。走到大门口，陆文夫停了一下，看看陶文瑜，说："我是庇护的。"

晚年陆文夫，年迈体弱，只能乘小汽车上班。汽车到巷口开不进去，司机小郁就用轮椅推他。有一次陶文瑜送他出门，要推轮椅，陆文夫就说："等一会儿，让小郁来。"

陶文瑜说："是不是小郁汽车开得好，所以你以为他轮椅也推得好呢？"

陆文夫不再说了，由陶文瑜推出去。

陶文瑜能够主动推轮椅，陆文夫很开心。那段日子，他来杂志社的次数也勤了，有时没有太多的事情，只是讲讲说说，一坐就是半天。

2005年，陆文夫逝世。陆文夫去世的前一天晚上，陶文瑜突然牙疼，发高烧，就吃了一片药，在床上躺了两个小时。热度渐渐消退的时候，想起《扬子江》诗刊还有一个任务，为一幅画配诗，编辑部要得急，他只好支撑身体打开电脑。这幅画是齐白石的作品，画了一幅菊花，取名《延年》，一般画家寓意延年，是用松树之类的东西，齐白石不管这一套。陶文瑜突然就有了灵感，写道——

> 大师就是大师
> 他为自己活着
> 想到秋天的时候
> 就画一幅菊花
> 因为在大师眼里
> 季节就是书房里的童儿。
> 八十八岁的齐白石
> 已经功成名就了
> 一岁年纪一岁花
> 拼起来就是一生
> 但我们无法拥有大师的一生
> 我们只能收藏
> 大师的瞬间。
> 我们是松鹤延年
> 大师是信马由缰
> 我们组成人间
> 大师组成天堂。

第二天一大早，听到陆文夫去世，陶文瑜就想，可以用这首诗来写照陆老师一生。之后去了陆文夫家，看望陆夫人管毓柔。管毓柔看着陆文夫照片，说："这样，他们差不多就凑齐了，好开会了。老陆、老方、老高、叶至诚……"

追悼会前一天，陶文瑜想写一副对联，句子也拟好了："再叫一声陆老师，从此生死两茫茫"，但后来还是没写。向遗体告别的时候，陶文瑜就想，陆文夫安静地躺在那里，样子像个孩子，要是向他大喊一声，他会不会立起来拉住我的手，　起走上大街呢？

接下来几天，陶文瑜一直牙疼，只能吃泡饭，蘸一点乳腐，这基本上就是他的一日三餐了。他就想，这可能是陆老师叫我在治丧期间，不要乱讲话，不要大吃大喝。过去，由着性子信口开河，已经养成习惯，出去开会前，陆文夫都要叮嘱他："出去不要瞎讲"。那几天，有十多家报刊给陶文瑜打电话，他果然不回答任何问题。

送走陆文夫，陶文瑜回杂志社上班，仍与同事们说陆文夫的笑话。大家笑得很开心，自己也乐不可支。笑着笑着，突然想到陆文夫已经不在了，心里一阵难过。

陆文夫走后，《苏州杂志》由范小青接任主编。没几年，接力棒又传给了陶文瑜。两任主编赓续《苏州杂志》传统，把这张苏州文化名牌，打得风风光光，影响不断扩大。

陶文瑜主持《苏州杂志》时，经常作画，写毛笔字。画好了画，还要配上一首自题诗，用以表达心情。2014年，他写了一首题画诗："东坡当时一沉吟/天高云淡传到今/今晚我也写寒食/只输年代不输人。"可看出他的雄心壮志。

有一年，青石弄五号小院检修，整理房间的时候，陶文瑜发现一张俞平伯书法，就产生一些感慨。说："早年做文学青年，读过好多俞先生的散文，感觉俞先生是遥遥无期的古人。现在看到题词，就觉得俞先生是分手不久的老师或朋友。还有叶圣陶、周瘦鹃、陆文夫，祝嘉、宋季丁，沙曼翁、王能父，以及黄异庵、俞振飞、曹大铁、翁瘦苍。"

后来，陶文瑜和一帮文人朋友在一起，谈到前辈就像提起熟识的老朋友。他觉得大家说的话，不留心就会被风吹走，就有了"雅集"的想法。陶文瑜最熟悉陆文夫，也了解他的爱好，就想着先从纪念陆文夫开始吧。遇到沈宏非，二人就商量，能不能策划一次活动，烧几道陆文夫生前喜爱吃的菜，大家边吃边谈，来纪念这位美食家。沈宏非是《天下美食》主编，很敬佩陆文夫，二人一拍即合，还得到了食坛名家华永根的支持。谁料想，这样的活动很受欢迎，一连举办数次。

第一次是2008年4月2日，在得月楼，主题为"美食家——追忆陆文夫尝过的滋味"。烹制的食馔有：四三拼、开胃四小碟、清熘虾仁、火夹鳜鱼、油爆河虾、蜜汁火方、蟹粉豆腐、糟溜鱼片、鸡油菜心、黄焖河鳗、香干炒马兰头、饼子野鸭、盒子酥、枣泥拉糕、刀鱼馄饨。

第二次是 2010 年 6 月 28 日，在苏州半园，主题为"品鉴陆文夫品尝过的味道"。这一次大家品鉴的菜肴很特别，复制了陆文夫小说《美食家》描写的宴席，俗称"孔碧霞宴"。

第三次是 2015 年 7 月 9 日，还是在得月楼，主题为"追忆陆文夫的滋味"，菜肴和主食是：荷塘月色、清炒三虾、火芽银丝、千层鳜鱼、蜜汁火方、生炒鳝背、三味素菜、闷烧炖鸭、陆氏咸泡饭、素菜烧卖。

第四次是 2017 年夏末，在滚绣坊青石弄五号的《苏州杂志》社，主题为"品尝陆文夫的家常菜"，餐前汤是：红枣鸡头米百合汤；凉菜是：醋卤黄瓜、盐水毛豆、开洋干丝、盐水籽虾、糟味仔鹅、五香牛肉、香炸带鱼、燻味黄鱼；正菜是：糖醋排骨、酱烧脚圈、白烧牛肚、干蒸童鸡、面筋百叶、姜母肥鸭、螺蛳鳝段、皮肚蹄筋；主食是：南瓜玉米、虾仁馄饨。

第四次雅集尤为难得，请来了陆文夫女婿姜洁做主厨。陆文夫生前的一日三餐，很多都是姜洁烧的，他熟悉陆文夫的口味嗜好。在雅集的餐桌上，他向宾客介绍，哪些菜食曾受到陆文夫的称赞，引发了大家的浓厚兴趣。

参加雅集的苏州市烹饪学会会长华永根，备受瞩目。他是苏州人尊敬的烹饪前辈、餐饮管理的行家里手、著作等身的苏帮菜学者。他评价菜肴一言九鼎，陶文瑜尊称他"老恩师"。这次宴会档次并不高，烧的都是家常菜，但华永根"激动不已"。说了三点理由：第一，他仰慕陆文夫，陆先生和《美食家》影响了一代又一代苏州人；第二，能品尝到陆氏私房菜，并由陆文夫贤婿姜洁先生烹饪，十分难得；第三，这是在"叶圣陶故居"雅集，与书画家、作家、学者、资深媒体人在一起参加这样的活动，感到很荣幸。

雅集结束后，华永根说："那晚宴毕，走出餐间，皓月当空，撒下满地银光。院落里的凌霄花开得火红，墙角的紫竹在湖石后时隐时现，那棵高大的玉兰树挺拔葱郁，满地鹅卵石泛着白光，衬托起园中的夜景。我走在回廊里，与文瑜兄诸友告别，想到刚吃的满桌美馔，听到的都是昔时师恩、友谊、亲情之言，实在感动不已。"

纪念前辈的活动，陶文瑜还想继续开展。无奈重病缠身，精力不支。

2019 年，是陶文瑜生命的最后一年。这一年他做了两件事——

一件事，为陆文夫的小说散文集《美食家》，绘制了六幅精美的水墨插图，由凤凰文艺出版社出版。封面作者是两行字，一行是"陆文夫著"，一行是"陶文瑜绘"。书脊也是这两行字。实现了他与陆文夫"合作"的愿望。

另一件事，在苏州轨道交通集团二十三楼会议室，为文学爱好者做了人生最后一次讲座，题目是《"美食家"陆文夫》。

7. 作者们

《苏州杂志》办得好，作者们功不可没。

杂志创办十周年前夕，陆文夫致信南京大学图书馆的徐雁："徐老师，家乡的《苏州杂志》已经十岁了，你能不能为它写一篇纪念文章？"

家乡的邀约不能辜负，徐雁就写了一篇短文《〈苏州杂志〉十年》，说："每次新刊一到，往往在不经意间就翻阅一遍，知道了许许多多作为一个苏南游子所不曾知道的乡土掌故、风物人情、春秋故事和姑苏新貌。'丛菊两开他日泪，孤舟一系故园心，'从首都到省城，《苏州杂志》曾经是我往日南北方生活中，多少个夜晚寄托故园心事的载体。可谓'随风潜入夜，润物细无声。'我清点了一下收藏在书橱中的杂志，果然已经是厚厚的一摞子了。十年来的《苏州杂志》，已经形成了自己的编刊风格，实践了我在九年前所期待的'导引苏州文化的建设，既扶正固本，又继往开来'的真切愿望。"

徐雁是太仓人，中国阅读学研究会会长，也是"书香江苏形象大使"之一。他的文字，后来编成了《秋禾书话》《书来话长》等书。

《苏州杂志》十周年专辑，还收入了冯英子、罗洪、邓云乡、吕恩、周劭等二十余位文化前辈的稿子或题词。独特的"纪念专号"，形成了《苏州杂志》编辑史上一次小高潮。

名人咸集，众口贺喜，踌躇满志的陆文夫在"卷首语"说："《苏州杂志》出满五十期了，人是三十而立，一份杂志出到五十期上才能立，才会有稳定的风格。文学的风格就是人，《苏州杂志》的风格就是苏州。一方水土养一方人，一个城市培育着一份杂志，这不是任何人的力量所能达到的。"

这么多文人墨客，愿意为一份地方刊物撰稿，说明它很"好客"。陆文夫一直都相信，好稿子是约来的。

1989年第四期《苏州杂志》发表的《杂议盆景》，就是陆文夫约的稿。作者凡一曾任苏州市委副书记，是陆文夫的老友，著名文人阿英的女婿。陆文夫说："凡一是个文化人，多才多艺。他能写文章，会画画，会制作盆景，会木工，会裁缝，是烹饪高手……每种技艺都达到一定的水平，对盆景艺术还著有论文。"凡一离休以后，钻研树桩盆景，常有独特想法。苏州是江南盆景之都，周瘦鹃等历代文人墨客，都有这方面的兴趣与论述。

陆文夫对凡一说："你弄了这么多年盆景，不如把你对盆景艺术的见解都写出来，也好让大家学习一下。"才就有了这篇《杂议盆景》。

凡一写得很尖锐。他认为，树桩盆景自有其特质，不同于文学、绘画、雕塑等艺术形式。所以，"随意给盆栽和树桩盆景下定义的做法是有害的。"凡一还对两位苏派盆景的代表人物，周瘦鹃和朱子安，作了与众不同的评价。他说，周瘦鹃是"有主题思想"的树桩盆景制作的先行者，这类作品"并没有很高的艺术性，也不能给人特有的美感，实质上是一种概念化的政治宣传盆景"。在读者看来，这一观点是惊世骇俗的。

凡一喜爱树桩盆景，早年还受了周瘦鹃的影响。最早在周瘦鹃家的园子里，他看到并喜爱上了盆景。后来工作繁忙，担心玩物丧志，直到二十世纪七十年代末，才开始制作树桩盆景，探索相关理论，出版了《杂议盆景》《树桩盆景美学浅说》等书。

陆文夫向作者约稿，通常不看身份，但文字功底要好。《苏州杂志》招聘编辑，也是看笔杆子是否过硬。

1990年初秋，昆山作者陈益寄来一篇文章，谈阳澄湖大闸蟹。没几天遭到退稿，编辑还附了审稿单和两篇类似的文章。审稿单上，陆文夫签了意见，说此文泛泛而谈，要跳出套路，认真写出苏州风物的文化内涵。陈益是《苏州杂志》编委，常在杂志上发稿，看到这篇退稿有些惊讶。他过去只知道稿件要通过陆文夫终审，从没看过他的批语。就感觉有了压力，集中精力又写了一篇《阳澄蟹咏叹》。这篇稿子发在1990年第五期《苏州杂志》上。

后来才知道，这是陆文夫给他出的考题。陈益当时想从昆山调往苏州，陆文夫有心要他，但比较慎重，就出题考察了一下。有一次在狮山开会相遇，陆文夫告诉他，你来杂志社可以，但杂志社的编辑，上班时间只能组稿编稿，不能写自己的小说散文，你行不行？如果想写，就在业余时间，或者请创作假。陆文夫知道，这项规定对文人有约束，有人接受不了。他想探探陈益的态度。

陆文夫对作者的爱护，有口皆碑。1989年，作者汤雄寄来一篇纪实文章《拥挤的无声世界》，反映殡葬习俗中，死人与活人争抢地盘的现象。该文在当年第六期《苏州杂志》发表后，读者反响不错。但也有人不满，认为不该披露香港富商在吴县购置土地建造豪华坟墓。他们致函《苏州杂志》，要求编辑部更正。

汤雄听到这个消息，有些紧张，《苏州杂志》让他写一个"情况说明"，带有"检讨"的意思。陆文夫心里不是滋味，作者揭露了社会积弊，本该表扬，却要检讨，这是说不过去的。但有关部门不能得罪，怎么办？陆文夫遂起草了一份"编辑部声明"——

> 经研究，拟于下期（1990 年第三期）刊发更正。为不使影响扩大，更正中不提×××先生姓名，但表示歉意。至于'×先生的思想境界较高'，再三要求不要刊登报道他的文章，我部事先不知，今后将引为教训，主动和有关部门联系。《拥挤的无声世界》一文歌颂了吴县人民政府在殡葬改革方面的成就，作者提出了对于'穴满为患'的忧患，但又交代了吴县各有关部门在保护风景区方面所作的努力以及深化殡葬改革的设想，主题无疑是积极的，社会效果也是好的……

文末注明，此信还抄送：江苏省侨办、苏州市政府、苏州市侨办。

这份声明也寄给了汤雄。声明写得很幽默，表达了编辑部的不满，也为作者进行了辩护，可谓绵里藏针，有极强的讽刺意味。汤雄寻思，这是谁写的啊，思路清晰，表达机趣，用心良苦。后来一打听，是陆文夫亲自执笔，便有了"知遇"的温暖，内心满满的感激。

有的作者初见陆文夫，会觉得他冷漠，其实陆文夫从不吝啬感情，冷漠只是外表。有一次，新疆哈密的老作家晚城，给《苏州杂志》寄来一篇小说，名为《黄先生的小学校》。终审的时候，陆文夫很有兴致："这篇小说，写得蛮有江南人家的味道嘛！"

这篇稿子的责任编辑是谷家问。他看到陆文夫喜欢，就给晚城打电话，把这个信息告诉了他。晚城兴冲冲给陆文夫打来电话，向他表示感谢。听到陆文夫说话不停地咳嗽，很是担心。陆文夫说："没关系，这是老毛病了，肺气肿，经常住院治疗。"

陆文夫见晚城文笔老到，就问了他的年龄。没想到是个年轻人。就说："我比你大二十岁。你年轻，有精力，希望多写一点百姓的故事。"

后来，晚城来苏州，造访杂志社，却没能见到陆文夫。又过去多年，得知陆文夫逝世，晚城遗憾地说："我原来打算金秋桂花飘香之时，再去姑苏滚绣坊青石弄拜访陆先生，现已成终身遗憾。只能翻阅案头那本厚重的《苏州杂志》纪念册，里面收录了我的小说。这本纪念册，凝聚了陆文夫先生的心血，我将永远珍藏。"

2003 年，《苏州杂志》发表一篇散文《说茶》。文中一段情节大意是，某说书先生嗜茶，人生起落，遍尝五味，却独钟一种普通纸盒包装的滇红，此茶虽价廉却极酽，而且耐泡。陆文夫读到这一段，像是遇到知己，就给作者打了电话。一问才知道，文中写的人正是作者父亲。之后，陆文夫一聊起此事就说：

"这个小朋友的父亲，我总感觉是认识的。"

后来，经编辑顾俊了解，作者的父亲叫俞中权，一位寻常的老苏州。但他的生活态度给陆文夫和编辑留下了深刻印象。他承接了一种古风，一种人性，是一个有素养的普通人，内心充实，又不失尊严，自在而艺术地活着。俞先生不久前去世，享年九十三岁，顾俊专门为他写了一篇《俞中权先生》。

《苏州杂志》的许多作者，都是年轻人，这说明编辑用稿并不只盯着有影响的名人。二十世纪八十年代，汤海山是厂里一个文学青年，经常参加各种笔会。那时《苏州杂志》还没有创刊。有一次在笔会上，汤海山听陆文夫讲座，中间休息时，他将名片递给陆文夫，请他在背面签名。虽然陆文夫并不认识他。

《苏州杂志》创办初期，从大井巷搬到青石弄，汤海山从未间断与杂志社的联系，对青石弄的造访不计其数。他与薛亦然、王稼句、陶文瑜几个编辑，都是在那个年代成长起来的文学青年，彼此一直有来往，但写稿很少，也很少投稿。偶然兴起，写了篇《曹雪芹与苏州及午梦堂》，发在《苏州杂志》上。编辑陶文瑜就说："你知道吗？陆文夫老师很欣赏你的稿子，说你很会写文章。还叮嘱要你多写点。"但汤海山很少写稿，觉得愧对陆文夫的信任。

《苏州杂志》来稿很多，有的能用，有的不能用，不能用的就退稿，有时会附上一封短信示谢，并期待下次来稿。《苏州杂志》的退稿方法相对传统，陆文夫要求，尽量对作者有个交代。有的编辑很优雅，比如陶文瑜，会用毛笔写退稿信，他是半个书画家，这种退稿信有收藏价值。

有一些不能用的稿子，编辑发现确有价值，会帮作者转投其他刊物或出版社。有一次，编辑部来了位中年作者，带来一包手稿，说是刚从监狱里放出来，送来他在狱中写的长篇小说，请主编陆文夫指点。陆文夫受到触动，认真交代编辑："好好看看，如果写得可以，就以杂志社的名义，推荐给出版社。如果不行，就给他提些意见。"

有一位名叫王华的作者，投来一篇散文《黑白》。写得挺好，但不是写苏州，不符合《苏州杂志》要求，编辑薛亦然就退稿了，还附上一封信，建议作者改投《散文》杂志，结果被《散文》发表了。王华很开心，这是他发的第一篇作品，特意拿着《散文》杂志和薛亦然的退稿信，兴冲冲来到《苏州杂志》，告诉他这个好消息。二人后来成为朋友，王华没事就来找薛亦然下棋。

对编辑和作者的关系，陆文夫也是有要求的：始于编稿，终于编稿。他说，交往太深，就不好处理"关系稿"。

达不到要求的"关系稿"，他自己也一律拒绝。陆文夫的湖州老朋友张建智，是一名文化学者，《苏州杂志》发过他不少稿子，比如《谈章克标》《鬓霜初尝苏州梦》《两乡思隔悼钱老》等。陆文夫咳喘病发作，张建智还为他开来了中医药方。可见二人关系很密切。

有一次，张建智发来一篇女儿的稿子，想登在《苏州杂志》上，遭到陆文夫拒绝。陆文夫说——

> 令爱的作品《目击者》我已读过，她有写作能力，可以写出一些好作品。但是这篇小说我认为不是太好。不是文字上的问题，也不是技巧上的问题，她的文字功底和写作技巧都是够用的。问题是这篇小说受了一些当前社会新闻和电视剧的影响。两个年轻的大学生相互杀戮，用尽心机，好像不是女大学生干得出来的。不要受当今流行的电视剧之类的作品的影响，要写自己的生活和感受，要有自己的见解，文学不管千变万化，还是要写真善美。写丑恶只是为了反衬而已。我所说的还是一些老观点，供参考。
> 致礼！陆文夫 2002.05.07

退稿之后，并未影响二人的关系。2004 年 9 月，陆文夫写信给张建智说："我今年至今没有发病，可算平安。创作基本上停止，只是管着《苏州杂志》的编务，也很麻烦，主要是提高质量不易，能静下心来认认真真写文章的人不多。你曾经告诉过我，说白桦的居住条件不好，这倒没有想到。现在只有靠自己或者是靠儿女了。白桦好像有个儿子在美国，我也记不清楚了。现在看起来还是江苏的作家条件好。大安。陆文夫 2004.9.18."

编辑与作者关系一旦融洽，彼此的往来和帮助就会多一些。面对这种往来和帮助，陆文夫会把握一个度。比如有的作者出书，想请陆文夫写一篇序文，他就会拒绝。

陈益就遇到过这种事。陆文夫说得很直接："这个序，我不会帮你写。"他怕陈益尴尬，又解释说："我早已公开宣布，不给任何人作序。作序这个事情，吹喇叭抬轿子，吃力不讨好。很多年轻作家找我，希望我帮忙写个序，抬高身价。其实靠别人抬起来的身价，最终还会跌下去。作家毕竟是用自己的作品说话的。"

听到这样坦率的话，陈益明白了陆文夫的良苦用心，自己反倒不好意思了。

在外人看来，陆文夫不易接近，越不易接近，大家就越想接近他。看到作者有这样的心愿，杂志社就组织一些活动，让大家和陆文夫见见面。杂志社有一年举办年会，邀请不少作者参加。周庄的张寄寒常在杂志发表文章，也受到了邀请。他和小镇几个文友，接到邀请函便乘坐轮船、汽车，赶到了苏州城。到杂志社一看，还有荆歌、徐卓人、张钟麟、叶公觉等作者。

下午一点，年会在苏州文联小会议室召开。由副主编朱红主持，陆平等几个编辑也参加了。朱红谈了来稿的情况，陆平从编辑角度提出一些意见，到会作者争先恐后发言。会议中途，副社长马忠涌进来告诉大家："今晚，陆老师要和大家一起共进晚餐！"话音一落，大家欢呼不已。

看着大家的激动表情，朱红说："你们知道吗，你们在座的每一位作者，在《苏州杂志》上发表的每一篇作品，陆老师都一字一句地读过。"

作者们十分愕然。自己的拙作，陆文夫老师真的看过？他可是著名作家，本身也有繁重的创作任务，很难想象他会为无名之辈看稿。

遗憾的是，这次晚宴没能等到仰慕已久的陆文夫老师。年会即将结束，马忠涌匆匆赶来对作者们说："各位，抱歉了！刚才陆老师来电话，今晚另有安排，实在走不开，不能前来和大家相叙，务必请大家谅解。"

希望虽然破灭，听到这话心里还是暖暖的。

对作者而言，《苏州杂志》分量很重。大家最在意的，不仅仅是发几篇文章，它像一个火种，能够点燃人们的写作激情和欲望。有的作者一旦在《苏州杂志》发表文章，尤其得到陆文夫的鼓励，便会激情澎湃，投入更大的热情和精力来写作，甚至收获不俗的成果。

二十世纪九十年代，作者叶正亭有一篇《苏州的四块肉》，写苏州人吃红烧肉一年四季不重样：春天酱汁肉，夏天荷叶粉蒸肉，秋天扣肉，冬天酱方。"四块肉"口味不同，烹饪方法各异。叶正亭的文章娓娓道来，写得生动活泼。稿子投来，编辑陶文瑜感到不错，送交主编陆文夫审阅。陆文夫眼前一亮，在发稿单上批了"很有趣"三个字，还关照陶文瑜："你转告作者，请他多赐稿。"

有了陆文夫的肯定和鼓励，叶正亭从此在美食文化上刻苦钻研，渐渐成为这方面的专家，后来还担任苏州烹饪协会的顾问。一篇篇美食文章，从他的笔下源源不断流向报刊，受到苏州读者的认可和喜爱。2011年，叶正亭将美食文章编成《吃在苏州》一书，由文汇出版社出版。封面和扉页印有同样一句话："一篇篇陆文夫认为'很有趣'的美食文章"。可见他对陆文夫的感念。

陆文夫在世时，叶正亭是《苏州杂志》新作者，发文不多，只有《苏州人要吃好四块肉》《姑苏食鱼图》等少量几篇。陆文夫逝世后，《苏州杂志》新辟《美食家》专栏，邀请叶正亭撰稿。短短十年，他在上面发表了《苏州人吃肉》《阳澄湖边食蟹图》《东山糕团》《陆巷古村吃喜酒》《夏天的味道》《品赏"春之宴"》《苏州冬之味》《吴江首创的撑腰宴》《品尝陆文夫笔下的味道》《常熟东乡蒸菜》《新聚丰尝新》《食趣南瓜》《虾籽宴》《苏式秋味》《菊花蟹宴》《特色小宴两题》《双凤羊肉面》《品赏大师厨艺》《苏州"三虾宴"》《水八仙宴》《年夜饭》《苏州，那一盆虾仁》等二十余篇美食文章。

人们发现，叶正亭对陆文夫的美食活动也有研究，笔下经常出现"陆文夫"三个字。他写《品赏大师厨艺》《荷花开在餐桌上》《清风三虾》《品尝陆文夫笔下的味道》，都引用了陆文夫的观点。写《清风三虾》说："苏州陆文夫先生，生前是个美食家，他吃'炒三虾'，要求厨师把虾脑四周的一层'衣'剥掉，裸露出一颗像玛瑙一样的虾脑来，陆老说，这才叫精细，既好吃，又好看。"类似的例子，还有许多。多年积累下来，叶正亭竟出了好几本书：《吃在苏州》《味道苏州》《寻味苏州》《餐馆信用宝典》，等等。

《苏州杂志》创刊十周年，作者薛春泉写了一篇《真味久愈远》，表达对杂志的特殊情感。《苏州杂志》创刊二十周年，适逢陆文夫八十诞辰，薛春泉对社长张澄国说，他要刻一些印章，以陆文夫作品标题为题材，表达对他的敬重与思念。张澄国很感动，对薛春泉说："陆老离开我们快三年了，他为《苏州杂志》耗尽了心血。他的许多书名已成为现在《苏州杂志》的栏目名称。你刻印的内容，可以参考一下。"

《苏州杂志》三十周年之际，编辑们回顾这漫长的岁月，脑海中涌现出一个又一个作者的名字。有些久未联系的老作者，再致函问候，信件会被退回来。因文结缘的作者，不少相继凋零。

编辑顾俊接待过一位送稿的老人，走路颤颤巍巍，目力不济，却一个人走到编辑部所在的青石弄。顾俊接过稿子，怕他回去有闪失，搀送他去公交站台。带城桥路口有个站台，距离杂志社最近，本来几分钟的路，顾俊感觉老人走了半个钟头。老人围一条五彩斑斓的围巾，极其艳丽，艳丽到和他的年龄根本不搭。顾俊忍不住问他："您觉得这围巾好看吗？"

老人摇摇头，用手指指自己近乎失明的眼睛，大声说："鲜亮，别人才能看得见我。"

目送老人走后，顾俊觉得就像目送一抹亮色消失在站台上，之后，便有点恍惚。这么多年下来，年长的师友，或外地来的作者，都在此送往迎来。人一个个走了，而站台还在。顾俊觉得，《苏州杂志》也是一个站台。

8. 读者们

与许多畅销的大众刊物相比，《苏州杂志》很小众，但阅读的时候，能够感受到它的温暖，体会到它的与众不同。尤其是苏州读者，或是从苏州移居他乡的读者，能从它的字里行间，嗅出故土的气息。一边阅读，一边还会向往：能否到杂志社去看一看呀，那里毕竟是叶圣陶故居，还有大家敬重、钦佩又难得一见的陆文夫先生。

于是，编辑们除了写稿、编稿，偶尔还会有一个额外的任务，接待来访客人。陆文夫一般不坐班，若上班遇到来访者，他都会亲自接待，热情当他们的导游，领着客人一间屋一间屋地转转、看看，还告诉他们，哪一间是叶圣陶先生当年的卧室，哪一间是他的书房。

看到主编这么热情，大家也都效仿着去做。有一次，湖南老作家赵海洲远道而来，想拜访陆文夫，顺便看看杂志社。已是午间一点钟，陆文夫不在，门卫就把客人带到会客室。刚坐定，便递上一杯醇香扑鼻的碧螺春。编辑部里没人，胖墩墩的会计老曹就喊醒了隔壁午睡的副主编朱红。朱红一看有客，又是从湖南远道赶来，便让老曹陪着，到苏州医学院招待所开房休息。

把客人送到门口，朱红笑说："您放心，老陆那里我们与他联系，安排时间与你见面。"说得赵海洲心里很温暖。接着，老曹便推着自行车，载着赵海洲的旅行包，走出长长的青石弄。

有时候，杂志社还会有外国人上门。有的会说中文，编辑就问："你们是怎么知道《苏州杂志》的？"外国人说，他们知道陆文夫，读过他的《美食家》，就按图索骥找到了这里。这样的客人多数来自法国。陆文夫的《美食家》从二十世纪八十年代译成法文至今，一直是巴黎乃至欧洲各国书店的畅销书和常销书。《美食家》最初的法文版本，曾热销到能够拯救巴黎一家濒临倒闭的出版社。

外国人走出杂志社，还会到老苏州茶酒楼"撮一顿"，他们知道那是陆文夫开的饭店，是一家有文化的饭店。

由于健康原因，陆文夫不常来上班，但他和读者的联系，一直没有中断。有的读者很热心，见不到陆文夫就给他写信，没想到陆文夫也会回信。

2004年7月，读者姚永明给陆文夫写信说，他很喜欢读陆文夫写的小说。临近退休，想买几本陆文夫的文集和小说，但无锡上海等地都没买到，就忍不住写了这封信。信中批评陆文夫，不该因自谦而不肯多出版或再版自己的作品，是不是陆先生不知道自己作品的历史价值？

没想到同年8月17日，陆文夫给他回了信——

　　姚永明先生：来信收到，谢谢你对我的关怀。算起来我们都老了，我当然比你更老，你读我的作品时大概还是学生时代吧。我的作品不属于畅销书之列，属于一种常销书，常有销路而常常脱销。一年销那么一两千册，因而也就常被出版社忘记。今年的上半年我已经打电话给上海文艺出版社，他们答应下半年重印长篇《人之窝》和中短篇小说集《美食家》。你到年底时可到书店里去看看。我的身体不好，患肺气肿多年，写作基本上停止，只是主编《苏州杂志》。我的手颤抖，书写不便，只能用电脑，抱歉。祝：

好！陆文夫

根据陆文夫在信中说的出版信息，次年8月10日，姚永明在"上海书展"上买到了《深巷里的琵琶声：陆文夫散文百篇》，但他同时也听到，陆文夫已于7月9日逝世，就感到非常难过。陆文夫给他写信，是在住院前不久。姚永明由此感到了陆文夫先生的为人和品德。

陆文夫与读者保持联系，还有一个方式，就是互赠书刊。

读者董国和喜欢陆文夫作品，过去读过他描写工人生活的短篇小说，后来又喜欢他的《小巷深处》《小贩世家》。阅读《美食家》的时候，他如痴如醉，百读不厌。听说陆文夫曾因《探求者》一案，遭受不白之冤，他便购来《雨花》旧刊，通过上面的批判文章，来了解这一事件。后来发现，此事处理得令人费解，一些人事"结局"不甚了了，就有些想不通，想向陆文夫讨教，又怕过于唐突，触及陆先生"伤痛"，此事也就搁了下来。一次走访旧书摊，购得一本《荣誉》，这是陆文夫的第一部小说集，品相有损，但还是买了下来。他忽然想，《荣誉》是陆文夫早年的出版物，历经劫难的老作家，说不定已无此书，何不赠送给他，以此表达我的敬意？就写了一封信，寄给了陆文夫。没想到很快收到陆文夫的亲笔回信——

国和先生：收到您的来信十分高兴。你是有心人，在旧书摊上买下了我的第一本书《荣誉》。这本书我自己也没有了，我的书在"文化大革命"中都已抄光，如果你能还赠给我的话，我将十分感激。并将回赠前几年出的一本小说给阁下作为纪念……

写信日期是2003年3月15日。董国和将书寄去后，又收到陆文夫的赠书和信。那本书是《中国当代作家选集丛书·陆文夫集》，扉页有陆文夫的亲笔签名。

收到陆文夫的来信和赠书，董国和心里过意不去。他送的《荣誉》，品相不大好，就想再"淘"一本更好的，给陆文夫寄去。后来果然觅到一册品相较好的《荣誉》，正想寄去苏州，却传来陆文夫去世的噩耗。董国和悲从中来，遥望南方，默默肃立。陆文夫逝世一周年那天，他郑重地将陆文夫写来的两封亲笔信和那本赠书，摆到书桌上，面对他的相片，深深鞠躬叩首。

《苏州杂志》创刊后，读的人很多。原先陆文夫确立的"读者定位"，都是有年纪、有文化的人。没想到小青年们，包括中学生，都喜欢读《苏州杂志》。身居外乡的姑苏游子尤其爱读。读者从普通劳动者到国家领导人都有。

1997年4月13日，全国政协副主席胡绳来到苏州疗养。他是苏州人，著名历史学家和哲学家。刚在东山宾馆住下，就说，这次来只是休养，不谈公事。并让秘书转告，他想阅读《苏州杂志》，而且是创刊以来所有的《苏州杂志》。不多时，全套的《苏州杂志》就送到了胡绳手中。十多天后，胡绳突然说："我想见见陆文夫主编。"

4月29日，胡绳在南园宾馆约见了陆文夫。一同前来的人，还有周治华和朱红。胡绳说："《苏州杂志》办得有特色，很有苏州味道。"

陆文夫希望他多多指正。胡绳说："很不错，让我回忆了多年以前的许多事情。"

陆文夫说："胡老是苏州人，经历的又多，也希望您能写出来，让我们苏州读者一睹为快。"

胡绳说："我在苏州中学读书时，倒写过一篇文章，刊物没有发表过。最近人家查资料发现了，你们如果感兴趣，就找来看看。"

杂志社找到一看，不是一篇，而是两篇：《郭沫若与徐志摩》和《日落之歌》。这是1932年胡绳十五岁时写的，当时他还在苏州中学读书。《苏州杂志》就以《胡绳早期作品两篇》为题，在1997年第五期上发了出来。

台湾散文家艾雯也爱读《苏州杂志》。1999年，苏州大学的范培松教授到台湾东吴大学任教，艾雯一看是家乡人，便邀他到家中做客。范教授参观她的书房时，看到书架放着一排排《苏州杂志》，便很惊讶。

艾雯告诉他："从《苏州杂志》创刊号开始，我就订阅它，一期不少。每一期《苏州杂志》到后，我要从头读到尾。作为苏州人，我只能在《苏州杂志》里思乡啊！"

范培松回苏州告诉陆文夫，台湾有一个痴迷《苏州杂志》的知音，陆文夫听了很感动。后来，艾雯也给《苏州杂志》投稿，发表了《老家苏州》一文。1990年在女儿陪同下，艾雯第一次返乡探亲，之后又出资为《苏州杂志》设立"艾雯青年散文奖"，培养青年散文作者，成了海峡两岸文化交往的一段佳话。

说到读者喜欢《苏州杂志》，还要提到顾忠良，他是苏州木渎第五小学的老师。顾忠良少年时代到外地求学，非常想家。听说陆文夫办了一份刊物，名称就叫《苏州杂志》，就在学校订了一份，以解思乡之情。

他这样描述阅读《苏州杂志》的心情——

当时的我，像捧着自己心爱的宝贝一样，不舍得一下子打开这本从我的故乡远道而来的杂志。晚上回到宿舍，匆匆洗漱完毕，轻轻翻开这本杂志，清新的油墨香味扑鼻而来，虽然每本新印刷出来的杂志，都会带有油墨香，但就是这本杂志，却让我感觉到是那么与众不同。

一篇一篇文章，一个字一个字读下来，除了教材，从没这样认真读过一本杂志，真是一本不错的杂志。从这里，我看到了苏州的过去，听到了苏州现在的节拍，她不同于一般的文史类回忆杂志，从故纸堆里回味逝去的历史，她也有现在苏州城市建设与发展的声音，古韵今风，在《苏州杂志》里慢慢展现。

《苏州杂志》是双月刊，一期与一期之间的间隔，不免长一些，看完了一期，下一期要等上两个月才会来。一边是焦急的等待，一边就一次次把原来的刊物重新读过，每读一次，都会有新的收获与回味。就这样，《苏州杂志》陪伴我度过了两年的求学生涯。毕业回苏，许多东西都送给了低年级的同学，但一叠《苏州杂志》是不舍得送掉的，虽然每本都看过好几遍，多少显得有些破了，但我依然把它们整整齐齐整理好，一一放在行李箱里，带回苏州，带回家。

读完《苏州杂志》，还要把它收藏起来，这是一个普遍现象。

苏州娄门横街沿河的一所老宅里，住着一位孙德卿老人。他特别爱读《苏州杂志》，尤其喜欢上面的说评弹、讲掌故的文章。爱屋及乌，就对这本杂志很珍惜，一直留心收藏着，没事就去旧书摊"淘"《苏州杂志》旧刊。结果，二十年辰光，收集了十八套完整的《苏州杂志》。然后按不同年份，装订成册，精心包好书皮，用毛笔工工整整写上书名和年份，并加盖藏书章。

编辑顾俊走访他的时候，老人笑说："我就是自己喜欢这些，觉得这东西有价值，应该传下去。"

聊着聊着，老人突然冒出一句："我和你们老主编陆文夫同年生的，也属龙！"把顾俊逗得笑起来。

顾俊很感慨，杂志以人传，人以杂志传，或许这就是文化的魅力吧。他想起许多年前走街串巷采风的时候，爱与一些老苏州攀谈。有些问题他们答不上来，就会说："你回去查查《苏州杂志》，这事好像上面写过的。"

顾俊告诉他们："我就是杂志社的。"

老苏州们说："那你去问问你们的陆文夫好了，他肯定知道！"

读者喜欢《苏州杂志》，当然不只是赞美和收藏，大家还希望它越办越好。杂志如果出现问题，他们就会直言不讳提出批评，希望她改正。

《苏州杂志》上的文章，一般都是正面记叙苏州的历史与文化，不去作评价和判断。有的读者便有看法。读者秋末在《苏州日报》发表文章说——

> 谈苏州传统文化的局限与不足，精失之于小，细失之于微，糯失之于软，小里小气缺乏大气，陆文夫也有类似的看法。不过，或许爱之过深，也会失之于偏，总体上，陆文夫对苏州传统文化，缺乏一种站在历史的高度站在传统与现代相结合的高度以评判者出现的姿态，更多的像海滩拾贝者，迎着曙光背着夕阳一贝一壳往筐里拣，而筐就是《苏州杂志》。

遗憾的是，此文发表时，陆文夫已经逝世，没能听到这样的声音。

但也有读者，会给杂志及时提出一些合理建议，供编辑参考。1998年，《苏州杂志》创刊十周年，读者贾杏年建议，杂志应当开一个新栏目《吴苑深处》，让编者、读者、作者在这里交流叙谈——

> 不觉中已读了整整十年的《苏州杂志》，积宝盈尺，仍不厌足。读这本杂志，犹如坐在"老苏州茶楼"的临窗桌边，在习习清风中听众多茶客讲苏州话，道苏州事，其滋味赛过上品的绿茶，越啜越有味。……其实，苏州的历史是那么的悠久，苏州的内涵是那么的深邃复杂，哪能几篇文章就把它写周全，哪能几下子就把它说准确？因此，我觉得不妨干脆借用过去一爿著名茶馆的牌号，在杂志上开辟一个"吴苑深处"的栏目，把以前的"编读往来""作者更正""青石絮语"等包容进去，让读者、作者、编者在这里叙谈，不但对已刊文章进行校正、补遗，而且谈出新点子、新线索、新选题，集思广益，把《苏州杂志》引向更深处，把苏州的千古宝藏更深、更博、更精地开掘出来，千万不要以为苏州好写的文章就是这么几篇了！

有时候杂志发表的文章，会涉及历史悬案。读者觉得对这件事比较了解，就会向编辑部提供线索，使悬案更加明朗。

2002年第五期《苏州杂志》有一篇《恩耶？仇耶？——千古恩仇说吴越》（作者钱正），提及苏州"蛇门"的地址问题。苏州打通南门城墙，建造人民桥时，这位作者都参与了，亲眼见到一块花岗石城额，上书阳文楷书"蛇门"二字，以此给"蛇门"做了地理定位。另一位读者吉利来稿说，关于"蛇门"地址，他也可以提供线索，来进一步证明此事——

> 我原在市第二十五中学工作，学校有一位姓李的同事，家住南门城外、

大运河北岸（地名叫大河北）。二十世纪八十年代初期，我因工作关系到过他家，就在他家客堂间，见到过放置在墙角的此石。当时未引起太多的注意。二十世纪八十年代末，有一次我和刚从文化局退下来的老伴讲起此事，他认为这是一件文物，应该交文物部门保护，要我陪他到现场看一下。我们到李家查看时，未见此石。据李说此石一年多前已被人取走。取走此石的人是谁，在什么单位工作，李也说不清楚。取走此石的人肯定是因为它有历史文物价值，现在应该还在此人手中，长期下去可能会被湮没。希望取走此石的人能从保护苏州历史文物的大局出发，将此石献给文物部门保管，做一件对保护苏州历史文物有益的事。

编辑部收到此信，感到有利于保护苏州文物，就在 2001 年第六期《苏州杂志》上，将吉利的来信发表出来。

在热心读者的支持和帮助下，《苏州杂志》越办越好，陆文夫心中充满了温暖和感激。杂志创办五周年，陆文夫写下一篇《感谢吴中父老》，告诉广大读者，在华东期刊评比中，《苏州杂志》获得了一等奖，没有辜负大家的期望。又告诉大家一个好消息，从今年开始，长城电器集团成为《苏州杂志》协办单位。协议的第一条就是，《苏州杂志》不改变办刊宗旨，也不做广告，继续保持原有的格调。同时又透露一个信息——

> 为了解决办刊的经费，杂志社的同人也动足了脑筋。从去年开始，筹备成立了一个老苏州弘文有限公司，准备开一爿老苏州茶酒楼。在十全街上造一座苏州式的楼房，经营苏州传统的茶、酒、菜，一方面是为了保存与发展苏州传统的饮食文化，一方面也想赚几个钱来贴补《苏州杂志》。可是，要靠老苏州茶酒楼来为《苏州杂志》提供经费，还得看经营的情况，还有个还贷的过程，不可能立竿见影。不过，只要我们脚踏实地、勤勤恳恳地去做，自给自足的目的一定能够达到。

由此看到，《苏州杂志》最初五年，经营的最大问题就是经费困难。二十世纪九十年代，文化走向市场，纯粹的文化报刊步履维艰，《苏州杂志》坚持下来不容易。不过陆文夫相信："生活在洞天福地中的《苏州杂志》，一定会遇难成祥，逢凶化吉。"

《苏州杂志》十周年，陆文夫又写了一篇《十年树人》。他告诉关心爱护《苏州杂志》的广大读者——

> 十年来，《苏州杂志》的读者、作者遍及海内外，发行量不算太多，但都是被人读着，被人藏着。据废品收购者的反映，他们很少能收购到《苏

州杂志》。如果真是这样的话，那对一份刊物来说，就是最高的奖赏，莫大的荣誉。当然，《苏州杂志》十年来也多次获得江苏省和华东区双十佳、优秀期刊的称号，此种有形的奖赏，也是对无形奖励的一种体现。

《苏州杂志》为何能生存得如此体面？陆文夫说："那是因为各级领导，新闻单位，各大企业集团，各个金融机构，甚至个别的海外人士，都向《苏州杂志》伸出了援助之手，使得《苏州杂志》不虞冻馁。"

至于陆文夫自己做了多少事，他从来不张扬。读者心中有数，这份杂志能够办到今天，渡过重重难关，受到百姓喜爱，与陆文夫的努力分不开。所以，陆文夫逝世后，苏州人惦记他，怀念他，会通过各种途径表达思念之情。

评论家费振钟说："一份杂志的阅读吸引力，在于主编的品性与风范，如同从前刊物的主笔总是以个人风格影响读者一样。不用讳言，正因陆文夫，才是我阅读《苏州杂志》的最大理由。"

《苏州杂志》出版第150期时，苏州知名画家龚克平创作了一幅陆文夫肖像，捐给《苏州杂志》社。画长一百八十厘米，宽九十八厘米。画面上的陆文夫，双臂抱胸，一条腿跷在另一条腿上，正与他人谈笑风生，表现出平易近人的风采。陆文夫身后的背景，是书法家朱庚寿的题字，上面概括了陆文夫的生平和成就。整幅画充满文人气息，给人带来亲切感。

龚克平是江苏省美协会员、苏州国画院画师，以人物肖像知名。他求学时，经常阅读陆文夫作品，一直崇敬陆先生。为了构思和创作这幅画，前后花去半个月的时间。这可能不是陆文夫的第一张画像，却是迄今为止最生动的一张画像。

9. 朋友们

自从有了《苏州杂志》，青石弄五号就出名了。作者、读者经常光顾，文坛内外的朋友也成了常客。尹瘦石、叶至善、章克标、冯英子、章品镇等文人名流来过这里。有一个阶段很闹猛，编读往来非常频繁。编辑平燕曦回忆，他一年至少要给作者和读者，寄出上百封信。

评论家陈辽很好奇，陆文夫身为中国作协副主席，怎么会办一个杂志啊？文学界的重要会议，社会上的重要活动，都会邀请陆文夫；外国文坛的知名人物，中国作协的领导人，一到苏州也都找陆文夫。苏州有了陆文夫，就能提供许多方便，吃喝，旅游，交通，都没有问题。陆文夫分身无术，怎么忙得过来？陈辽就想来苏州，到青石弄一探究竟。

1991年4月22日，陈辽赴苏州参加"叶圣陶研讨会"，约叶至诚一起来青石弄看望陆文夫。谁知刚谈几句，陆文夫就诉了一通苦："你们想想，某某领导来，到什么地方游览，要我为他提供小车；某某某来，请我参加什么会议，我不能不去；外国作家谁谁谁来要我接待，我无法推脱……这样一来，我怎么能静下心来搞创作？"

叶至诚说："事情要一分为二说，假如你一直当作家，不当这个'官'，1985年以后正当盛年，完全可以写出超越自己以往水平的力作。但现在担任了中国作家协会副主席，虽然很忙，但也有了办事方便的条件，你说是不是？"

陆文夫说："这倒也是。创办了《苏州杂志》，我这个主编解决经费问题，人员问题，房子问题，多少要靠那个身份。"

忙归忙，朋友从远方来，陆文夫还是满心欢喜的。

1991年秋天，作家高缨来到青石弄。她刚从日本访问归来，先是住在上海作家菡子的家，再准备返川。菡子说："干吗早早回去啊，何不趁此机会看看江南景色？"

高缨说："即便看看江南，我也不想打扰沿途的文联和朋友。"便打起背包，体验了一把普通旅客的滋味，也没带介绍信，就独自上路了。

先是到的无锡，因食宿不便，劳顿不堪，又返回苏州。遇到打工潮，火车上拥挤，只能在车厢的过道里站着，双腿站得都麻木了。到苏州后，住进一家小客店。客房里没有窗户，令人窒息，想换房，店主冷漠回应："不行"。心想，只能去找陆文夫了。

去柜台找陆文夫的电话号码，店主的态度由冷变热，发生了一百八十度大转变，惊讶地说："哎哟，你认识陆文夫呀！好，好，我帮你找他的电话！"

高缨心想，这老陆，在苏州人气多旺呀！

话筒那头，传来陆文夫熟悉的声音："高缨，你什么时候到的？怎么事先不告诉我？"又说："你现在哪里？你等着，我等一会儿就来接你！"

不多时，陆文夫带着车过来了。二人上次见面，是在全国第四次作代会上，距今好几年了。高缨审视了一下陆文夫，还是老模样，虽显消瘦，但神色爽朗，衣着仍考究，炯炯双眼还是那么深沉。陆文夫笑说："你到苏州不来找我，真是大不该哪！你第一次来苏州，可看的名胜很多，你就住《苏州杂志》的小院里吧，比住我家更方便。"

之后安排高缨在青石弄五号住下了。

客房很整洁，室外幽静，花木葱茏，小巷口还有一条静静流淌的小河。陆文夫带高缨参观杂志社，逐一介绍每个编辑，还请一位退休老同志，专门照料她的饮食起居。

当晚在南园宾馆，陆文夫备下一桌苏式名肴，招待高缨和一位来访的法国翻译家。翻译家能说汉语，席间谈了法国文学的现状，也谈及翻译陆文夫小说的具体问题。陆文夫一面开怀畅饮，一面向高缨和法国朋友介绍"苏菜"的特点和烹饪方法。高缨看到，陆文夫和厨师、服务员都很熟悉，彼此很亲热。就暗想，这老陆啊，对普通人和生活细节这么留心，难怪他能写出耐人咀嚼的"苏味小说"！晚宴结束，酒饮半醉，高缨的劳累和烦恼顿然消失，可谓"出门万里客，中道逢佳友"。

第二天，陆文夫让编辑陆平陪着高缨，游览名胜古迹。他们逛了虎丘、寒山寺、西园寺、忠王府和民俗博物馆。晚上回到青石弄，在编辑部的小客厅里，陆文夫泡好"龙井"，和高缨闲聊起来。此时，朗月在天，秋虫低吟，清风入窗，二人交谈起来特别亲切。

高缨说："我这两年，心情抑郁，几近停笔。"

陆文夫笑问："是不是看社会的负面现象，看得太多了？"

高缨笑了笑。

陆文夫说："这很正常。但我们看形势，要从大处看，以发展生产力的观点看，就事论事，会使人迷惑。社会的负面现象，各个国家都有，只要主流是好的，都能逐渐克服。有些问题，比如民主法制的健全，惩治贪官腐败，得整整一代人来解决。"又说："我们观察生活，从事创作，不但要有激情，还要有理智，有时很需要冷静。"

谈到这里，陆文夫以苏州为例，来说明经济发展很乐观。他说这里已经成长出一批新型干部，既精明能干，又懂得经济管理。陆文夫建议高缨："你到苏州郊区的张庄去参观一下，或许可以改变一下观念。"

翌日一早，吴县作家钦志新来到青石弄，接高缨去了张庄村。村主任姚根林说："我们的农、渔、工的总产值，比改革前翻了四十倍，群众生活大幅度提高。"高缨看到村办工厂、学校和那些漂亮洋气的农民住宅，大开眼界，顿时眉飞色舞起来。

晚上回到青石弄，陆文夫见高缨很亢奋，便什么都明白了，也不多问，只是会心一笑。就像他设计好的一个方案，如今已圆满完成。高缨心想，这老陆对友人，可真是一片赤诚啊！

二十世纪九十年代某天，北京的文化学者徐城北来到青石弄。徐城北常给

《苏州杂志》写稿，和编辑们很熟。陆文夫将椅子搬到走廊，俩人坐着饮茶聊天。徐城北对青石弄五号很感兴趣，一直仔细端详。说："这院子很雅。真是难得的一个场所。"

陆文夫说："这是叶圣陶先生的赠物。"

徐城北问："叶先生的故居，怎么就成了你们编辑部？"

陆文夫说："我奉命编这本刊物的时候，苏州没地方。正巧去北京看望叶圣陶老人，和他说到这件事。老人就主动说，他在苏州还有这么一所房子，搁在那里也没人住。要不，你们就用它，弄个招待所，编编杂志。我也没说客气的话，就接受了叶老的馈赠。它真是解了我们的燃眉之急。"

陆文夫又说："叶老这所房子，是用稿费买的。当年，他与亲家夏老先生，合写了一本《文心》，也就七八万字，但对中学生影响很大。叶老就用一半的稿费，买下了这个院子。"

徐城北一听这房子还有一段典故，端详得更仔细了。北屋五间，西屋两三间，院里种植了许多花木。杂志社还专门留一间，刻意修饰一下，以备叶家的后辈来苏州，可以在此留宿。陆文夫说："你以后想到苏州小住，也可以住这一间。"

徐城北说："谢谢您的美意。我母亲也是苏州人，近年也总找机会回苏州走走看看。"

陆文夫说："你这个北京人，能从文化上亲近苏州，让我们很高兴。"

两人又聊到《美食家》。徐城北说："在您的小说中，我特别爱读《美食家》。说实话，我不把它当小说读。"

陆文夫说："此话怎讲？"

徐城北说："我觉得，您也不是把它当小说写的。因为，这个中篇的结构非常简单，就两个人物——朱自冶与'我'。七万多字的小说，几乎没有在谋篇布局上苦苦经营，似乎就向读者显现生活的原貌。"

陆文夫说："你说得对。写它的时候，脑子里出现的，的确不是小说元素，而是苏州该有的生活。"

徐城北合掌一拍："我明白了。所以你把人物设置得很简单，这样一来，笔锋的流转就会灵便起来，可以随着人物的眼睛，把苏州应该有的东西，畅快地行文于纸面。而这样的结构，对那些很想了解苏州的读者，又能最大限度地满足他们的阅读愿望。"

陆文夫一听就笑了："城北老弟，你是懂我的。"又说："喝茶。"

徐城北端起杯子，呷了一口茶："这就是碧螺春吧？"

陆文夫说："你有眼光，正宗的碧螺春。"

徐城北问："还有'不正宗'的？"

陆文夫说："有啊。你看全国各地都能买到碧螺春，是不是？其实碧螺春哪有这么高的产量。市场上的碧螺春，多数都不是真的。真正的碧螺春茶树，只有苏州的洞庭山有。"又说："真正的碧螺春，冲泡起来与其他茶叶不一样。它要先倒开水，再放茶叶。茶叶进入杯里，它会一根根竖起来。这是江南绿茶的一个奇观。"

徐城北想到有一年，他们在杭州参加楼外楼笔会，临别前，陆文夫带了一桶虎跑泉水。就问："那年你从杭州带一桶虎跑泉水。是不是用虎跑水冲泡碧螺春，才是最佳选择？"

陆文夫说："哪里！那几年苏州的饮水太差，沏不了茶。"

徐城北说："在我看来，生活在苏州还是很幸运的。别的不说，碧螺春，大闸蟹，水八仙，物产丰沛，四季不缺美食。"

陆文夫说："那个螃蟹，还是要少吃。"

徐城北说："我想起了，您在楼外楼吃饭，好像不吃螃蟹。"

陆文夫笑了笑："从小吃多了，吃够了。我也经常劝年纪大的作家少吃，螃蟹这东西胆固醇高，吃多了对身体不好。"

聊到最后，话题收回到青石弄。徐城北感慨："您能将《苏州杂志》办得那么有特色有影响，真是不容易！"

陆文夫说："不瞒你说，我这一生能够放开手脚做的一件事，就是办这个杂志。也唯有办杂志，大家才由衷欢迎，各方面都给予大力支持。"

徐城北说："所以，您将您的全部的热情与创造力，都放到这本杂志的编辑上了。"

陆文夫笑着点点头。

后来陆文夫逝世，徐城北也来过苏州，古吴轩出版社送给他一套《陆文夫文集》。徐城北说："我家里存着几位作家的全集，能让我经常不时找出来'翻翻'的作家，大抵只有汪曾祺与陆文夫两位。他们二位触动过我的灵魂。"这是后话。

有一年，陆文夫的几个老同学，到青石弄来聊天，向陆文夫提一个建议：我们正在变老，来日无多，要是每年春节能够聚一聚，叙叙旧，那该多好。陆文夫说："这个主意好。我们青石弄的杂志社，就是一个叙旧的理想场所。"

从1996年开始，每年春节正月初二这天，陆文夫和苏州中学的同班同学，都会在青石弄的杂志社聚会。接近年关的时候，陆文夫会吩咐副社长刘家昌：

"年初二你来一下，给我们做一做接待和服务工作。"刘家昌就去采买一些小糖、瓜子和水果。

这种聚会不吃饭，只喝茶，类似单位的春节团拜活动。老同学见了面，相互问好、拜年、祝福，气氛活跃，又很热闹。这个说："日脚真个快，又是一年哉，倷精神好得来！"那位说："恭喜，恭喜，倷看呐，俚是红光满面，健得来。"然后又有人说："大家健，大家好"……

会议桌上，几盆糖果，每人清茶一杯。因为全是老人，水果只买香蕉和橘子。糖果是松子软糖、南瓜子，还有一些陈皮梅和话梅。1999正月初二那次，老同学沈苏菲还带来一盒奶油蛋糕，请大家共享。

聚会限于"在苏"同学，来的人不是很多，少时十来人，多时二十来人。人多人少都很兴奋，所谈话题，大部分是二十世纪四十年代他们在苏州中学读高中的学习和生活状况。后几次聚会，已不限于同班同学，也有同年级的。有些人不仅同班，还有同宿舍、上下铺同学。

陆文夫与他们聊天的时间，刘家昌就在一旁闲听。大家讲述陆文夫的故事，他听起来最感兴趣。老同学夸陆文夫，当年学习如何刻苦用功，如何酷爱看书。说陆文夫每逢星期天，如果不去山塘街猪行河头的姨妈家，就会带着馒头，往中正路（护龙街）的一些书店跑，几乎一整天都在看书。

周盘明说："大家还记得阀？老陆上学的时候，就爱思考，很少言谈。同宿舍有七八位同学，大家朝夕相处，亲如手足。其中六位是宜兴人，老陆跟他们混熟了，三年后竟也会讲带着苏北口音的宜兴话！"

另一位同学说："当年，我们的家庭都不富裕，老陆就经常说，'我们都是吃阳春面的。'"

一位同学接着说："吃阳春面的并不输人。还记得教我们国文的沈荣龄老师吗？他是一位饱学之士，教课特别生动，老陆写的作文经常被他当作优秀作文，在全班'传阅'。"

"所以嘛，后来老陆在公选中，被选为年级大班长。"

吴椿说："我记忆最深的，是毕业纪念册上老陆给同学的题词。大意是：学问不一定是在学校中，也不是说就在社会上，而是在留心的观察、清楚的分析与勤恳的实践中。"

大家说："说得多好！二十岁说出去的话，老陆一生就是这么做的。令人敬佩。"

……

聚会的时间，选在上午九点半至十一点多。将近两个小时的时间内，自备相机的男同学老卢，会给大家照几张相，或随意组合，或在院子里合影留念。临走时，陆文夫叫刘家昌取几本新出的《苏州杂志》，发给每一位老同学留作纪念。聚会而不聚餐，但大家乐不可支。刘家昌觉得，这才叫"秀才人情纸半张"。

在聚会中，郊区的老同学邀请陆文夫在春暖花开的季节，到郊外走一走看一看。有一次他们相约，到西山的堂里村采摘新茶。堂里中学校长是周盘明的亲兄弟，由他接待陆文夫和各位老同学。大家去学校喝茶小憩，又到山上观赏茶树。

看到遍地盛开的白色野菊，陆文夫格外高兴，说："东西山的碧螺春，之所以具有独特的清香馥郁之味，跟这里得天独厚的自然环境有关，茶树吸渗了枇杷花和野菊花的花香，也就蕴积成了特有的茶香，这是别的地方找不到的。"

他对周盘明说："你兄弟这所学校，办在这个山腰里，真是一块福地。我日后要来这儿造间小屋住住，这里才是人间天堂呀！"

陆文夫到杂志社参加聚会，通常会骑自行车，后来体力不支，就乘汽车来了，再后来坐着轮椅参加聚会。让人难忘的是，2004年春节的年初二聚会，同学们都到了，陆文夫却发病卧床不起，委托老伴管毓柔来到杂志社，问候大家，讲明情况，表达他的歉意。之后，由于身体状况不允许，聚会便中止了，成为每个老同学的春节记忆。

2000年10月，来自成都的许心基，到青石弄五号探望陆文夫。陆文夫特别高兴。他们是苏州中学的同班同学，相识于1945年的秋天。许心基是苏州人，但在镇江长大，乡音与泰兴话很接近，二人交流就有了亲近感。上学的时候，陆文夫国文基础好，是班上的佼佼者，许心基遇到难题会向他讨教。1948年高中毕业，志同道合的他们一同奔向苏北解放区。翌年，许心基随刘邓大军进军大西南，陆文夫被分配到苏州来工作，二人从此失去联系。

陆文夫说："你知道吗？我有时会梦到你的。但我怎么也找不到你的消息，你就像失踪了。"

许心基说："我却知道你的消息。你是著名作家，哪儿都有你的作品。说实话，我经常阅读，爱不释手。"

陆文夫说："要不是1985年我们在北京相逢，可能这辈子都见不到面了。"

1985年，陆文夫在北京出席全国作代会，当选为中国作协副主席。他下榻京西宾馆，恰巧许心基也住在那里，二人不期而遇。时隔三十八年，可谓久别重逢，二人格外激动。陆文夫离京前夕，到许心基的房间畅谈到深夜。

在青石弄聊天时，陆文夫将小说《人之窝》和一本《苏州杂志十年选》送给了许心基。许心基夫人刘琨帮他们拍了不少照片。陆文夫说："老许，你来了就多住两天，到处走走。你是苏州人，好好欣赏一下家乡的古迹和景色。我有哮喘病，医生叮嘱我少活动，就不陪你参观了。"

第二天，许心基夫妇游览了虎丘。在虎丘南门前，许心基对老伴说："你看，这条河叫山塘河，陆文夫当年就是沿着这条山塘河进入苏州的。"夫人连忙拍了一张"山塘倒影"照片，留作纪念。

来青石弄做客的朋友，最多是本省作家。评论家费振钟说，他在南京与苏州之间，不知跑了多少趟，有时是陪同前辈来的，比如叶至诚；有时是来参加会议的。来到苏州就会看望陆文夫，或去带城桥陆文夫的家，或去青石弄五号的杂志社。

费振钟是兴化人，也是陆文夫老乡。他们在一起聊天没有客套，常常是一杯茶，一坐就是一个或几个小时，话题海阔天空，但最多的还是聊日常，有时候会聊到美食。有一次，费振钟坐在杂志社东屋的主编室，和陆文夫谈到饮食传统，也聊到传染病，比如禽流感。

陆文夫说："从前，农村常有瘟鸡，但鸡死了，农民舍不得扔，还是要吃的。哪像现在这样，到处追杀掩埋，就连天上飞来一只鸟，也要问问它是不是带着病毒。人类现在真是活在恐慌之中！"

这让他们想到了一个话题："人类到底怎么啦？"聊来聊去都弄不明白。但他们达成了共识：作为作家，必须学会追问！真正的文学家和真正的医学家一样，心中要有悲悯情怀，要关怀人类的生存和福祉。医学也罢，文学也罢，本质上同为人学。

费振钟突然想到，二十世纪九十年代以后，陆文夫的创作发生了巨大变化，他想请陆文夫谈谈这方面的体会。陆文夫说："现在不适合谈这个问题。有机会我们再约，静下心来聊一聊。"

过了一段时间，费振钟抽空专门到苏州聊这个话题，在杂志社一位员工的陪同下，来到陆文夫家中的书房。费振钟问："陆老师，听说你正在写一部新的长篇？"

陆文夫说："是的。但到现在，还只是写。"

费振钟说："是自传吧？好像写得很慢。"

陆文夫点点头，"想得多，写得少。这个长篇，与九十年代初的《人之窝》不太相同，我还得想想。"

费振钟说："陆老师，我觉得你们这些五十年代走过来的作家，经过前十年的写作，不少人进入九十年代后，都在重新确认自己，选择自己。一些人开始退场，这当中是不是也包括你？我觉得 1986 年以后，也就是创作《井》以后，你的中短篇小说创作已为数甚少。当然，当时在准备写长篇小说《人之窝》，这是一个漫长的过程，但给读者的感觉是，你已经开始退到新锐作家的后面。不过你的淡出，有这部长篇小说铺垫，只是显得比较自然。"

陆文夫说："你说得对，我是主动淡出的。淡出以后，才能有时间总结自己，反观自己。我只是想停下来，好好想一想。"

费振钟说："前几天，正巧读过你的《我不过是个写点东西的人》。你说这是从叶圣陶先生那儿受到的启发，说出了你的新的感受。"

陆文夫笑笑："那篇东西发在《人民文学》上。其实想通了，作家不过如此，没有什么了不得。"

聊着聊着，陆夫人管毓柔进来，将他们的茶重新沏过，又递来一把白果，刚在微波炉里烘熟。他们都是泰兴人，泰兴盛产银杏，大家都爱吃它。家乡出产的银杏，皮薄个大，剥出的肉是淡黄的，散发一种苦香。

尝了几颗银杏，话题顺着这小小的食品，就转向了回忆。陆文夫说起了家乡的白果树，又说起祖父和父亲："这两代人啊，差别太大！"

陆文夫的祖父，是个地地道道的农民，辛劳置家业。他的父亲是祖父的小儿子，一直在江南做生意。祖父的想法是买田造房，父亲的想法是投资扩大生意，这矛盾就不能沟通了。当然，新中国成立以后，时代一变，两代人的争执就没有意义了。

陆文夫说："我自己读书，走上了另一条写文章的路。如果祖父在世，会是什么态度呢？三代人必是三代观念。人生和历史，就是这样在差别中过来的。"

费振钟发现，这很像陆文夫自传体长篇小说的引子，一说起这些往事，分明带有"却顾所来径"的意味，陆文夫的表达也出人意料的流畅，完全不像平时那样矜持。费振钟说："陆老师，您一说起故乡的往事，与平时就完全不一样了！"

陪同的杂志社员工说："陆老师还是很能说的，只是需要合适的话题，合适的环境，合适的气氛。比如他在《苏州杂志》社，常常一说就是一两个小时。"

说到这里，大家一起笑起来。

朋友来到青石弄五号小院，最热闹的一次当数潘向黎到来。

2002 年春天，《苏州杂志》开展活动，会聚了国内的一帮作家和评论家。外地的，有李洁非、徐坤、吴俊、何向阳、潘向黎、费振钟等；苏州本地的，有范小青、荆歌、叶弥、陶文瑜等。

那天，潘向黎从上海赶来，一踏进青石弄五号小院，就感觉环境很清亮。

屋前的廊下，摆着清一色的藤椅，错落地排列着，陆文夫坐在中间的藤椅上，春风满面，神清气爽，那个环境和他一起形成了一个气场。潘向黎看过去，作家们一个个神情怡然，笑容可掬，真像一幅"大观园品茶图"。

对陆文夫来说，潘向黎是"老熟人"了。她的父亲潘旭澜是学者，文坛评论家，二十世纪八十年代经常和陆文夫一起开会，加上他们有几位共同的朋友，二人也成了朋友。潘旭澜很敬重陆文夫，对女儿说："陆先生是个有思想的人，而且，他受过很多苦。"对陆文夫受的苦，潘旭澜说得很凝重，很详细。但在潘向黎看来，陆文夫不像是受过苦，你看他写的《美食家》，从容闲适，略带奢靡，完全是一个"生活家"，一个"享受者"，怎么可能是"思想者"，是"受难者"呢？不管父女各有怎样的观点和理由，他们都喜欢他，敬重他。潘向黎觉得，这才是陆文夫了不起的地方。

那天在青石弄，大家一看潘向黎身怀六甲，就纷纷问道："你喜欢男孩，还是女孩？"

说着说着就争执起来，你说男孩好，我说女孩好，各抒己见，僵持不下。陆文夫对潘向黎说："听我的，女孩好，女孩好。"

潘向黎说："是的，我也喜欢女孩。如果是男孩，也是不错的。"

见潘向黎立场不坚定，陆文夫语重心长说："我自己有体会，真的女儿好。你要是不信，回去问你爸爸，他肯定也觉得女儿好。"

旁边有人就说："陆老师，你好萌啊。你好像做通了向黎的思想工作，她就真会生女儿。这个不科学嘛！"

大家就笑起来，陆文夫也笑了。口中还是说："女儿好，女儿好啊。"

在办公室喝茶的时候，陆文夫对潘向黎和何向阳说："我和你们的父亲，都是老朋友。"

何向阳的父亲，是著名作家南丁，曾任河南省文联主席，安徽蚌埠人。十几岁离家，之后一直生活在河南。陆文夫和他相识于1956年春天，他们一起参加全国青年文学创作者会议。之后便经历了二十余年的磨难。1979年秋天，他们在全国第四次文代会重逢，两位老友在西苑宾馆一见面，就紧紧拥抱，激动不已。陆文夫含泪告诉南丁，方之本来也要来参会的，临行前猝死，令人嘘唏和惋惜。

何向阳说："陆叔叔，爸爸让我带一本书给你。"随后递上南丁的散文集《水印》。

陆文夫说："代我向你父亲问好。你回去的时候，帮我带一本《人之窝》给他。"

何向阳说："好的。他在家里，经常提到你们过去的事。"

陆文夫说："我们的故事可多了。1980年，他和段荃法来我家，那天上午我家老太婆一打开门，就认出了你父亲，说，'这不就是写《拉车歌》的那个南丁吗？'《拉车歌》是一个短篇小说，你父亲1978年写的，发表在《河南文艺》上。他很惊讶，'毓柔是怎么看到这篇小说的？'因为小说发表时，我们还在苏北。"

何向阳说："特别羡慕你们老一代作家，可以保持历年不衰的感情和友谊。从风华正茂的青年时代，一直走到今天。"

看着潘向黎和何向阳的羡慕眼光，陆文夫说："你们知道吗，当年我和你们的父亲，可都是美男子。"

两位女作家一听，哈哈笑起来："真的吗？"

陆文夫一本正经说："向阳的父亲，当年在第一届青创会上，一身戎装，英姿勃勃，不要馋煞多少女孩子！有个女作家对他一见钟情，频频找机会去接近，吓得南丁直躲。"

潘向黎听入神了，追问："后来呢？"

陆文夫指了指何向阳："当然没追上喽，不然哪来的她！"

听到这里，女孩们又笑起来。

何向阳说："陆老师，你年轻的时候，一定也很帅。"

陆文夫说："我年轻时，也爱虚荣。有一次，我到南京的《雨花》编辑部去找章品镇，传达室的门卫打量我一下，跑进去说，'章主编，外面有个油头粉面的青年来找你'。"

两位女孩一听，又哈哈笑起来。

陆文夫接着说："我和向阳的爸爸比，可差远了。向阳的爸爸不只是英俊，还会唱歌，唱意大利美声《我的太阳》。你们想想，哪个女孩子能经受住这种诱惑？"

何向阳说："我倒是听爸爸唱过。"

沉静一会儿，陆文夫说："你们的爸爸，都是重感情的人。他们不管是对待家人，还是对待社会，始终保持真诚与善意。所以唱起歌来，写起文章来，都会倾注丰富的感情。这说明什么？说明我们这帮老家伙，即使吃了很多苦，即使有荣辱得失，也不会改变骨子里的书生本色。"

陆文夫的一席话，说得很轻松，分量却很重。

2005年陆文夫逝世。就在当年第五期《莽原》上，南丁、何向阳父女联名推荐了《小巷深处》。南丁点评，何向阳写了评论。

南丁说："品评尚未作完，就传来文夫辞世的噩耗。文夫兄，这也算是对你的一点纪念吧。《小巷深处》是文夫的成名作，我至今也不明白，这么一篇歌颂善良、歌颂美好、歌颂爱情、歌颂诚实的纯真文字，当年为何要遭到批判？"

何向阳的评论文章，题为《运河为枕》。结尾引用了陆文夫的文字："苏州，这古老的城市，现在是熟睡了，她安静地躺在运河的怀抱里，像银色河床中的一朵睡莲。"何向阳写道："能安静地躺在运河怀抱里，生前与一座城市共荣，身后化为河床中一朵睡莲的人，在这个世上并不很多。陆文夫，以他的德行，成为这不多人中的一个。"

十年后，潘向黎发表《梅花与才子不老》，说："许多人对陆老师的印象是'谦谦君子''其温如玉'，他当然当得起。可我总觉得他是更生动，更活泼，更有趣的。他是一株梅树，传统的枝丫上开满灵秀而俊俏的花朵。他是个真正的妙人、才子，一喝茶就拈花微笑，时有禅机；一喝酒就妙语连珠，天花纷纷。这样的人，姑苏城里也是几百年才出一个。"

10. 情满小院

客人们走了，青石弄五号恢复了往日宁静。

这里的忙碌，别人看不到，都是静悄悄进行的。编辑部看上去一点声息没有，只有编辑手中的键盘一直敲个不停。编稿，写稿，审稿，紧张而有序。喜欢热闹或无所事事的人，在杂志社待着会感到压抑。

《苏州杂志》创办之初，音乐人马忠涌也想加入。陆文夫就说："编杂志，你会牺牲不少搞音乐的时间，那是你的专业，不觉得可惜？"

马忠涌说："跟着你干，不可惜。"

马忠涌创作过《苏州为什么美好》等一批好歌曲，其中四首还获了奖。他觉得《苏州杂志》是文化刊物，苏州的表演艺术应在杂志有一席之地，这方面他是内行，一定可以大有作为。

进入杂志社，马忠涌先做编辑，不久担任副社长，分管行政和财务。按照陆文夫主编的要求，他精打细算，尽量让经费保持杂志社的正常运转。《苏州日报》报道说，《苏州杂志》用十六开纸做"请柬"，这是一种朴实无华、柬到意达、从简办事的精神。这里面有马忠涌的功劳。

刘家昌1996年调到《苏州杂志》，之前在文联办公室任职。市委宣传部领导让他去杂志社，协助陆文夫工作，这个"门外汉"还有些胆怯。没想到此后与陆文夫在一起，十分融洽地共事了十年。在苏州人心中，陆文夫是一座文化大山，刘家昌走近一看，却是一位待人随和，说话客气的前辈，他也就放心了。陆文夫一直喊他"老刘"。刘家昌担任副社长以后，陆文夫总是很放心地将社里大大小小的事交给他去办。

有一天，陆文夫说："老刘，还有一个事，需要你来做。"

刘家昌说："什么事？陆老师您说。"

陆文夫说："以后外面有会，有事出差，你就代劳一下。"

从此，需要杂志社出差，或上级通知开会，都由刘家昌去完成，事后回来传达一下就行了。忙了他一人，省了大家的事。

进社当年，陆文夫送给刘家昌一本《壶中日月》，说："这是我的新书，你没事翻翻。"刘家昌接过书，感觉很温暖。这是大作家的书，一定要认真读一读。后来就将全书的六十八篇文章，从头至尾读一遍，读完后对陆文夫有了新的认识。大部分作品并不深奥，只是写写苏州和寻常百姓的一些琐事，包括作者本人的一些往事，但它真实记录了一位作家的艰辛，曾经饱受的苦辣酸甜，成才路上的曲曲折折。刘家昌感觉自己与陆文夫更近了，也觉得更亲切了。

张澄国的心情，与刘家昌很相似。

张澄国原来不在文联，调到文联有些紧张。陆文夫说："我知道你要来了，很好。不要急，不要怕，好好干，没问题。"后经陆文夫推荐，张澄国进杂志社任副社长。平时有事，张澄国请教陆文夫，陆文夫就和他一起讨论解决办法。二人经常交谈，话题有时是时政，有时是对文联提建议，但多为杂志社的工作。个人的事，比如生活难题或待遇问题，陆文夫只字不提。商量杂志社事务的时候，张澄国会说："你是主编，你定好了"。陆文夫就说："《苏州杂志》是文联主办的，我们应该商量。"

后来陆文夫逝世，张澄国总会回忆这些往事："那时，每次和陆老师交谈，我都如坐春风，得益匪浅。"

市里创办《苏州杂志》，说起来人、财、稿三权都在陆文夫手里，实际上权力有限。全社只有少量几个编制，多为招聘的离退休人员，真正是一群自由职业者，是陆文夫的慧眼与影响，相同的志趣与友谊，才让大家走到一起。在杂志社工作，收入低，人清贫，大家却很超脱。几个写文章的编辑，有点小名气；不写文章的人，比如会计老曹、出纳老潘……一直默默无闻，坚守这块吴文化圣地，这与当时的大环境相比，显得超凡脱俗。

杂志社的工作不算忙。策划下一期内容时，陆文夫就来和大家聊一聊，确定了大概内容以后，大家也就各自去忙了，出刊的时候，又轮流到印刷厂校对胶片，不超过一天时间。算来，两个月出一期杂志，最多也就干十天的活儿，余下的时间可以做自己的事情。比如，谷家问写小说，朱红写掌故，朱衡写回忆，总之都是动动笔墨的事。社长、主编对大家做的这些事儿，都给予鼓励。在这种环境中，大家很好相处，彼此不称官职，年龄稍长就称"老"，陆文夫就是"老陆"。以文会友，以诚待人，仿佛是杂志社与生俱来的传统。

平淡无味的生活中，要想增添色彩和乐趣，女人往往是高手。

冷面无趣的陆文夫，有时会让编辑部的日子过得很寡淡。女同事们就想，能不能和陆老师开开玩笑，看他有什么反应。大家一直都对陆文夫的私生活很感兴趣。这天趁他不备，冷不防就问他："陆老师啊，你年轻的时候，有没有喜欢过的女孩子？"

没想到，陆文夫正色回答："你们阿无聊！"

陆文夫的这句话，对女孩子无效。叶弥就说："我们苏州的女作家，都想约个时间到你家里拜访。你看阿好？"

陆文夫说："有那个时间，不能多写点东西吗？"

女孩们就有点失望，觉得陆老师真是很无趣，又一想，也不是真无趣，他的有趣是可圈可点的，方方正正的，而不是随随便便、奇形怪状的。譬如，女孩子想看桃花，他就让刘家昌买一棵桃树回来，栽在青石弄的小院里。再比如，有一次大家簇拥着陆文夫，在杂志社的走廊说话，他突然站起来就走，说："天要下雨了，老太婆怕打雷，我要回去了。"大家一听就感动。要是这世上的男人都像陆老师这样，天下的妻子恐怕都怕打雷。想想这样的人间，该是多么美好，多么有趣！

外表冷淡的陆文夫，内心一直是热的，只有杂志社的同事才知道。

编辑陆平结婚时，借住在岳父家。盼房心切，就写了一些文字发牢骚。有一篇文章叫《东西南北风》，陆文夫看过后对他说："要不，你就住到我家来吧，我楼下有一间空着。"

陆文夫说这话，不是假客气。他结婚的时候，也是住房困难户。从苏北搬回苏州的时候，也是借住在岳母家。有时为了写作，会托朋友的关系，在园林里住几日，尝过寄人篱下的滋味。

当然，陆平怎敢去"占"陆文夫的屋子？但陆文夫这句话，给了他温暖，一直铭记在心。陆平后来说，此生接触的领导有很多，能有如此宽厚胸襟者，唯陆文夫一人。

在《苏州杂志》就职做事，其实不易，这陆文夫知道，权限之内，他会尽量呵护自己的员工，不让他们受到一点点伤害。有一次在南林饭店吃饭，有位上级领导说："薛亦然编的那篇文章，有个字好像不对，是不是校错了？"

餐桌上的薛亦然，显得很尴尬。陆文夫接话头说："这很正常，无错不成书嘛。当年我在苏州报工作的时候，连报头都印错了。"

那领导就将注意力转移走了："是吗？那是党报，还会出错啊？"

陆文夫说："可不是。当时叫《新苏州报》，工人把四块锌版的位置放错了，成了《苏州新报》，校对、编辑、值班总编，居然都没看出来。"

大家就开始议论此事，忘记了薛亦然的校对错误。领导又看到同桌的歌舞编导马家钦，就调头问道："最近有没有新作品啊？"马家钦就把另一桌的皇甫菊含叫出来，比画一段与刺绣有关的舞蹈，大家看了一齐叫好。

薛亦然就想，我们的陆老师可真护犊子啊。为此他一直很感激。

陆文夫自从挂帅《苏州杂志》，从心里解放了自己。他的长篇小说《人之窝》已经出版，创办的老苏州茶酒楼也已开张，就觉得剩下的人生没啥大事了。接下来唯一要做的事，就是这本杂志。主编心静了，编辑们也跟着轻松。

王稼句在《谈书小笺》后记里有一段文字，就是描述在《苏州杂志》当编辑的这段生活——

> 一阵风雨一阵寒，天渐渐冷了，坐在打字机前，心里很有点惘然。日子过得真快，似乎没有留下什么痕迹，时光就从窗外的树影里流了过去。我来到这个叶圣陶先生曾经居住过的地方工作已经半年了，来的时候正是初夏，小院里一片绿色，听着那雨打着芭蕉的声音，使我忘却了许多，平实淡然，或许正是人生的一种极致。满窗的亮丽，渐渐变得黯淡起来，炎夏也就进入了凉秋。秋色越来越浓重，我仿佛听到远远霜天里那大雁的哀鸣。

如果不是很清闲，道不出这种文人闲情。最后一句有点"天凉好个秋"的味道。既然事情不多，那就读书写作吧。王稼句就开始沉浸在故纸堆里，编起了《明清书画题跋选钞》和《吴郡闺阁丹青志》来。题目不大，却要查许多资料，读许多书。有时候兴起，休息天也到社里来。读书读累了，就到院子里散散心。小院很安静，能听到麻雀飞进檐下，发出扑棱扑棱的声音。

不紧不慢的日子，过着过着就到了年关。陆文夫说："要过年了，大家聚一聚吧，吃个年夜饭。"

员工们开始雀跃。大家以为美食家请客，笃定会到松鹤楼之类的名菜馆。没想到陆文夫笑眯眯说："这次吃年夜饭，就在杂志社，各人自带一只菜，相聚在一起，谈谈说说，多好！"

大家就说："杂志社就不能出一点钱，到个像样的饭店撮一顿啊？"

陆文夫说："钱嘛，不能说没有，但要花在刀刃上。"

之后再过年，陆文夫就改革了，把大家请到自己家里吃年夜饭，还取出多年珍藏的好酒，和大家一起分享。其中有一瓶酒，是平燕曦送给他的五粮液原浆，从宜宾弄来的，盖子一开，满屋飘香。陆文夫攥着酒瓶说："这是我喝过的最好的酒。"

吃过年夜饭，陆文夫开始琢磨一件事——他想在青石弄开一个小食堂。过年聚会，上班加餐，都需要有个地方吃饭。就把毕建民师傅聘来，做了小食堂的厨师，陆文夫爱吃的酱方肉，由此衍生的酱肉豆腐、酱肉菜心，毕建民都会做。杂志社的员工们吃得很开心。

后来"老苏州茶酒楼"开张，陆文夫又将毕建民调去当大厨，青石弄的食堂才取消。再后来陆文夫去世，"老苏州茶酒楼"易主，新任主编陶文瑜又将小食堂恢复。先是请一位老张师傅来弄菜，后来换成顾阿姨，陶文瑜夸她做的馄饨，外面的店里都吃不到，来自南京的叶兆言也给了很高评价："这个苏州阿姨，可不是等闲之辈，妙手能回春，点石即成金，经过她的精心烹饪，常见的猪肉，最普通的鸡蛋，剥了壳的虾仁，好吃得让人难以言表。"可作家荆歌说，与毕师傅比起来，还谈不上手艺。当然这有说笑的成分。此为后话。

杂志社有了食堂，比原先方便多了。再到过年的时候，杂志社就炒几个苏州菜，备几瓶黄酒，让大家先在青石弄五号聚一聚，热闹热闹，然后再回去和家人吃团年饭。每逢此时，陆文夫会走到两位老传达面前，举起酒杯说："老魏，老阎，你们辛苦了。我敬你们三杯酒！"

老魏头站起来捧着酒杯，手开始微微发颤，看着日渐消瘦的陆文夫，他的眼眶湿润了。他是大名人，如此礼贤下士，让人敬重。这两位老传达都不是普通人，他们曾是部队的团级干部，老魏头转业当过街道办事处的总支书，退休后自愿来看门。他说，杂志社的人缘好。除了看大门做传达，他还帮大家修修自行车。

陆文夫又走到朱衡面前："老朱，人生七十古来稀。今天，我们来祝福您寿辰愉快，健康长寿！"

朱衡很奇怪，自己的生日老陆怎么会知道？他自己早已置之度外。其实又岂止朱衡一人，杂志社每一个员工的生日，陆文夫都了解。逢生日那天，他都会略备薄礼，表示慰问。大家就说："陆老师啊，您真会送温暖！"

陆文夫带着醉意，笑说："我不过是学习叶圣老的办刊作风。叶圣老要是在天有灵，看到我们把杂志办得那么好，也会欣慰的。"

有了食堂，杂志社开展活动也方便。年关之前，社里要请编委吃顿饺子。吃饺子的时候，炒几个菜，饮几杯酒，聊聊开心事，大家的心情特别放松。

编委贺野当年与陆文夫为伴，一起跟着队伍下江南，现在一见面就会聊起往事。贺野说："老陆，你知道洪美现在在哪儿吗？"

陆文夫说："听说她在无锡。"

洪美也是渡江干部，当初和他们一起来到苏州。之后调到外地工作，彼此就不便往来了。

每逢这种热闹场合，大家最喜欢的话题，还是陆文夫的饮酒之道。有位编委说，他喝过一次茅台，那个味道啊，实在是难忘。陆文夫就说："茅台不如五粮液。"

这句话把大家说蒙了。谁都没有将这两种酒比较过。爱喝酒的贺野，也说不出所以然，他平时喝的酒，多为小店零拷的大曲，或调兑的葡萄酒。有一次招待吴冠中，也用这种酒。更早的时候，他只买"手榴弹"，就是苏州长期卖的一种廉价酒，一瓶五毛多。在陆文夫面前谈酒，他没有发言权。

和陆文夫聊天，编委们当然还是谨慎的。贺野相对随意一点，他经常给《苏州杂志》画插图。他写过一篇《画中莫邪路》，刊登在2004年第四期《苏州杂志》上，陆文夫读过很惊讶："一个画画的，文章居然能写这么好！"但在陆文夫面前，贺野很少谈绘画。他说——

> 我们不谈绘画，因为他申明反对裸体画，而我这个学油画的，在额头上似乎早有画裸体的印记。对于插画，他似乎反对文人画或现代画风，我过去何尝不如此。1957年7月发表在《萌芽》上我画鲁迅《药》的插图就可证明，后来总想搞味道，画了两幅插图，他似乎不喜欢，我也就从此不提了。

杂志社有了食堂，就餐很方便；有了大厨，饭菜也可口。可天天吃食堂，总会吃腻，过着过着，编辑部就悄悄开展了"劈硬柴"活动。凤凰街的饭店多，大家偶尔去聚一聚，开开心，实在是皆大欢喜。"劈硬柴"省钱省事，经费均摊，花销不多，菜也平常，诸如"红烧甩水""芙蓉鸡片"之类的，吃得也很可口。好烟好酒不用愁，朱衡、华群，或者徐顺中等，会额外做"贡献"，都是从家里带来的。

陆文夫发现后就说："这样的好事，怎么不喊上我？"有时也会来凑热闹。大家海阔天空，穷侃猛聊，好不自在。编辑陆平说，当年他是"贫穷阶层"，没有好烟好酒"贡献"，但饭钱从不赖账。有一回他在《苏州杂志》发了篇小说，署名"殷洁雯"（"应急之文"的谐音），被《小说月报》选载，稿费就充入了饭钱。

看到大家走出杂志社这么开心，陆文夫心想，那行啊，那就出去走走吧。从此，就有了编辑部全体出游的活动。常常是忙完一期稿子，陆文夫就说："这几天编改稿子，诸位辛苦了，今日天公助兴，我们一起到郊外野餐，效仿王右军兰亭集会。"

在郊外野餐的时候，陆文夫说："我们虽然没有曲水流觞之趣，但是少长咸集，也不失一大乐事！"

这时候，平时少言寡语的书生们，就会变得活泼起来。几位前辈也显得年轻了，说起人生往事和生活乐趣，常常禁不住大笑。

让大家记忆最深的，要数深秋季节，陆文夫带着杂志社同仁，到相城去吃大闸蟹。那是莲花岛正宗的阳澄湖大闸蟹，膏肥味美。最让大家遗憾的是，陆文夫自己不吃螃蟹，他也不吃端上餐桌的螺蛳。陆文夫说："你们爱吃就多吃点。这类食品，我们家乡是不吃的，都是'荒饭摊'货色，过去登不了大雅之堂。"

后来大家发现，陆文夫对吃相不雅的食品，基本上都拒绝。宁可看着别人狼吞虎咽，自己也不动心。陶文瑜就说："陆老师啊，你喝酒可是从来不挑剔的呀？"

陆文夫说："哎，这你们说对了。我不挑酒，喝酒也不克制。当年下放射阳农村，别的可以不带，大前门香烟带了一皮箱，还有黄酒，泥封的五十斤一大甏，随身带着走。"

陶文瑜说："陆老师哎，你不吃大闸蟹，实在是不划算。章太炎夫人不是说过，'不是阳澄湖蟹好，此生何必住苏州？'"

陆文夫说："我有美酒啊。"

说到美酒，陶文瑜不再吭声。这几年，陆文夫虽然还能喝酒，出于健康考虑，夫人管毓柔对他限量管理。这次出门前，管夫人就对陶文瑜说："小陶啊，你看着老陆一点。"陶文瑜寻思，这怎么"看"啊？

有一次吃饭，陆文夫喝了两小杯白酒，大家说："差不多了，差不多了。"陆文夫看到瓶子里还剩许多酒，也没说什么。这时候，同桌有一位有事先走了，服务员端了面条进来，一人一小碗。陶文瑜说："粮食浪费可惜的，"就把那碗多余的面条，端到自己面前。陶文瑜话音刚落，陆文夫眼明手快，将那人留下的半杯酒也拿到自己面前，说："老酒浪费也可惜的。"

对陆文夫饮酒，最有资格评头论足的应是朱红。他们是酒友。

朱红的酒瘾，不比陆文夫小，他也是烟酒茶俱全的仙人。只要有酒，就是花生米和炒鸡蛋，也能喝上半天。有一次，编辑陆平弄了一瓶洋酒，和朱红一起把它干掉了，洋酒有后劲，结果二人喝得找不着北，朱红骑自行车回家，一路骑成了S形。《人民日报》记者徐刚采访过朱红，二人在一起喝过酒。徐刚说："朱红非常喜欢酒，一看见酒，眼睛会闪亮，笑得很甜。喝酒也特别认真，每抿一口都得咂咂嘴，品味一番。"

相对朱红，陆文夫酒量要大一些。朱红说，老陆喝得再多，也不至于"一醉玉山颓"，喝再多也有几分清醒。不过回家路上如何，就难说了，有时是醉步晃荡，有时是骑车飘摇，这是编辑们多次见到的。即使这样，陆文夫不要人扶，不要人送。有一次，他和酒友从朱熙钧家喝过酒，歪歪斜斜骑车回家，从车上摔了下来，爬起来拍拍灰，再骑，跌掉了手表也不知道。途经市委书记家门口，已是深夜，感到口渴，便去敲门讨茶，喝了好久才想到，应该告辞了。

朱红坦言："我也爱喝酒，但同老陆相比，不在一个辈分上，更进不了他的老酒友的行列。"

在《苏州杂志》共事后，二人就多了对饮的机会。有时候，近午或近晚，朱红有事去陆家，陆文夫会让他坐下来，陪自己喝酒。这一阶段是陆文夫的饮酒管制期，医嘱要他少喝，夫人限制甚严，但有客人来，可以放宽政策。朱红便成了"放宽政策"的借口。

有一次，朱红去陆家，正巧他夫人管毓柔不在家，陆文夫在独酌，看到朱红便招呼他坐下，一起喝双沟大曲。没人管了，那就开怀畅饮吧，不一会儿，瓶空酒罄。可是兴犹未尽啊。陆文夫告诉朱红："楼梯底下，藏着一坛上好的黄酒，可以去舀来。不过，夫人做了记号，千万不要动掉。"

朱红遵嘱，就小心移开坛盖，把酒舀来喝了。

他们以为自己做得神不知鬼不觉。谁知第二天，管毓柔一见到朱红就大声说："好哇，昨天你们偷酒喝！"

朱红感到莫名其妙，管毓柔是怎么知道的？问陆文夫，陆文夫笑而不答。

后来陆文夫走了，青石弄五号的同事们仍感到他还在。只是看他的机会，一年就一次。陆文夫去世的头三个清明节，叶弥都去墓前送花。送到第三次，叶弥在墓前说："陆老师，我送了三次花了，可以了吧？路上过来不方便，以后不来了啊。"

第二次去扫墓，碰到《苏州杂志》的同事赵践。她俩已不在杂志社做事了，没想到会在陆文夫墓前相遇。赵践说："我父母的墓，就在这个墓区，所以每次给父母上过坟，就匀两枝花过来，放在陆老师坟前。"

叶弥送的，是一大捧花束；赵践的花，只有两枝康乃馨，小而朴素。

叶弥第三次去陆文夫的墓地，又看见两枝小花放在墓前。此情此景，她感觉小花比大花美，一枝比一束好。忽然又想起当年在杂志社的许多人，许多事，它们就像眼前的小花一样，瞬间开遍了她的记忆……

第十二章　梦断酒楼

1. 文人下海

1993 年春节，陆文夫大女儿陆绮一家三口，从北京回苏州过年。上次回来是五年前，那时，三十岁出头的绮绮刚动过手术，正在疗养期，五年过去，绮绮终于恢复健康，依旧性格开朗，快人快语。这也扫除了陆文夫心头的阴霾。

年初二上午，《苏州日报》记者凡晓旺采访陆文夫，在他家里看到，陆文夫父女正在共度美好时光。暖融融的阳光，照射进陆家天井，绮绮生病那年种下的两株广玉兰，现已枝繁叶茂。陆文夫坐在阳台的藤椅上，正与绮绮聊天。绮绮的话很多，陆文夫就那么静静地听着，偶尔插一两句话也是轻声慢语。这时候的陆文夫，显得开心而安详，给人感觉十分温馨。

是啊，《苏州杂志》办得顺风顺水，女儿身体又恢复了健康，陆文夫怎么能不高兴？

不久，陆文夫注册了一个公司，名叫"老苏州弘文有限公司"，亲自担任董事长；1995 年 8 月 8 日，又开了一个"老苏州茶酒楼"。这在当时，是一条引人瞩目的新闻。

二十世纪九十年代，文人下海经商并不稀奇。纯文学刊物的发行量连年下跌，评论家写出的著作无人问津；教授们的学术专著要贴钱自销。文人为了生存，只能下海赚钱。张贤亮、陆文夫、沙叶新等人成立了公司，自任董事长和总经理；刘恒、王朔、莫言等人涉足影视行业，名利双收；有的作家把作品送进了市场，深圳文稿拍卖，女作家霍达的《秦皇父子》开价百万，被深圳三洲集团买去；北京袁一强等三位作家刊登广告，叫卖剧本《洪顺大院 35 号》；作家周洪与中国青年出版社签订合同，出售他今后三年书稿的版权。

看到社会上大惊小怪，高晓声说："稿费太低，作家怎么办？三十元一千字，纯文学难发。作家搞报刊，上面同意才能办，文人只好去经商。如果几百元一千字，谁还去经商？发疯啦？"

但陆文夫经商，着实让人意外。他是一个优雅正直的文化名士，从不随波逐流，现在"为五斗米折腰"，叫人想不通。

其实在这之前，陆文夫表达过经商的意愿。1993年，他在《文学小道上的今昔》中说："文人下海缺乏经验，要有勇气，也很悲壮。也许他会输得精赤条条，无颜见江东父老；也许他会成为阔佬，那奔驰车再也无法驶进文学的小道；也许等到他腰缠千万贯的时候，突然想骑鹤下扬州，拿出点钱来赞助赞助文学事业。但总比那些专啃窝边草的人要好一点。"

他也不想急着下海，架不住市领导一见面就提醒他："你们不能老靠输血，要设法自己造血才对。"弦外之音，陆文夫一听就懂。他是一个要面子的人。他知道目前市里财政拮据，企业已经发展到部门承包，厂长、经理、政府领导想要批几个钱给你，并不那么容易，更何况年复一年要给你输血，这样的好事不可能永无了结！

他决定下海赚钱，要办一个类似饭店那样的实体。他想好了，就叫"老苏州茶酒楼"。但光靠陆文夫一人，势单力薄。怎么办？苏州杂志社有一些积蓄，他又找到地矿部南京物探研究所、南京中信银行、苏州市渔牧工商总公司，和他们商量共同投资兴办这个饭店。有三个人出了大力。

一是朱铉，地质矿产部南京石油物探研究所的副所长，计算机专家，老南大毕业生。"文化大革命"中也曾放逐到黄海之滨，和陆文夫下放的地方隔河相望。那几年，朱铉经常到陆文夫的三间茅屋去聊天，以此填补空虚。他们一谈就是一整天，遂成莫逆之交。陆文夫听说朱铉现在成了南京的计算机专家，正好自己的打印机驱动程序有问题，便去找他研究解决这个问题，顺便去看看他们小两口。在交谈中，他们谈到了经济大潮中的知识分子的困境。朱铉说，他也想让单位里的人处境好一些，心理平衡点，允许研究所的人搞有偿服务，但不敢投资，怕被骗个精光。陆文夫就提到了开饭店的想法，说现在苏州的饭店人满为患，倒不如大家合起来开一家有特色的饭店，此所谓"以商养文"。朱铉听了很感兴趣："这个方案可以，可以只赚不赔，更不会上当受骗。"他决定和陆文夫联手做生意。

第二个人是华维吾，苏州市渔牧工商总公司的总经理，手下有十多个企业，每年上缴百万元以上的利税。他在农村插队了三十多年，比陆文夫插队的时间还长。华维吾是陆文夫的粉丝，非常爱读陆文夫的小说散文。陆文夫说他是一个"脚踏实地、放眼世界的人"。听说陆文夫想开饭店，华维吾非常感兴趣，自告奋勇说："算我一个，我可以当饭店的副总经理。"

第三个人是叶其星，中信银行南京分行的总经理。听陆文夫说要开一个饭店，立刻答应入股："资金不成问题！"

后来又有一些老朋友加入进来，他们都有经营管理经验，有的刚刚离退休下来，愿意在文化事业上发挥余热，在晚年做一点有兴趣的事情。

资金有了，人凑齐了，于是就碰头开会成立董事会。会开完后，大家对董事长陆文夫说："你去当你的作家吧，这里没有大事绝不去找你。"陆文夫这才松了一口气。办完大事，他回家写了这样几句话："归去来兮，田园将芜。生平有五亩之宅，笔耕者三，还有两亩要在日落之前耕种完毕。噢，那太阳已经斜西！"

1994 年，扬州大学的曾华鹏教授打来电话，向陆文夫推荐《扬州日报》两位青年记者：王元华和武维春，说他们想采访他。之后，他们果然写了一篇《文学是不可替代的——陆文夫访谈录》，发表在同年第六期《雨花》杂志上。在访谈中，陆文夫谈到了文人下海的三个问题。

一是，文学需要生存。陆文夫说——

> 作家不是不食五谷杂粮的神仙，也要讲报酬，先吃饭后艺术。马克思说过，人只有解决吃、喝、住、穿，然后才能从事政治、艺术、道德、宗教等活动。三十年代有一批鼓吹"为艺术而艺术"的人，他们不少人就靠想出一些理论，当上了大学教授，每月几百块大洋，然后才可能鼓吹"为艺术而艺术"。搞文学艺术，古代和现在有区别。托尔斯泰是个贵族，有大庄园，可以什么都不管，一心一意搞艺术。巴尔扎克就不同了，为了赚钱而拼命写作。杜甫很穷，但也和一般人不同，是个有薄产的小地主。李白从四川出来，带了很多的钱，才能"一生好入名山游"。十七、十八世纪欧洲分工不明显，许多艺术家靠贵族供养着，衣食不愁以后，才能作一些唯美主义的追求。解放后，大部分作家受工资等各种限制，从事文学就不能不考虑谋生。当然，文学必须超脱一些。但超脱的前提，必须是无冻馁之忧，要是饥饿像钢牙啃着你的肠胃，寒冷像钢针刺着你的皮肤，你能悠闲自在地写作，欣赏文学作品吗？

二是，作家需要体验生活。陆文夫说——

> 现在作家下海，就像以前下乡下工厂，也是一种变相的体验生活，没有什么值得大惊小怪的。作家坐在书斋里，闭门造车是造不出来的。不深入生活，没有感受，怎么写？肖洛霍夫没有当兵打过仗，是写不出《静静

的顿河》的。二战时，许多苏联作家上过前线，后来写出了高质量的"战争文学"。市场经济是一种沸腾的社会生活，你置身其外与深入进去，感受不一样。作家下海也许捕不到"鱼"，却惹一身鱼腥味。这鱼腥味对作家来说十分宝贵，他可以用如花妙笔铺叙出来，让其他人也来品品鱼腥味。现在下海的作家，以后大部分会重新回到文学的道上来。如果有作家赚了钱后不再写作，也不是损失。这些人本来"道行"不深，不是当作家的料，却是赚钱的料，物尽其用，人尽其才，也是一件好事。

第三，赚钱与文学不是对立关系。陆文夫说——

事情的发展有阶段性，有盛有衰。文学要数八十年代前期最兴盛。现在，文学应有的地盘被别人抢占了。中国人穷怕了，以前不让赚钱，现在大家都忙着赚钱，一时顾不上文学，也很正常。赚钱与文学，不是鱼和熊掌的关系，是树根和树枝的关系。根深，枝叶才茂。只有经济发展了，文学才能有基础。我国现在经济还很落后，发展经济是头等重要的事，文学迟一点发展不要紧。经济发展到一定的时候，人们就会想到文学。活着不能没有钱，但活着不仅仅为了钱。

读一读陆文夫的文章和访谈，能感受到他的迫切心情。此时的老作家，就想到市场经济的浪潮中搏一搏。果然，访谈发表的第二年，陆文夫创办的老苏州茶酒楼就在苏州有名的十全街开张了。

看到陆文夫下海经商，媒体很感兴趣。一次会议间隙，《上海戏剧》记者王之平采访他："陆先生，读者最近很关心您开饭店的事。您是小说《美食家》的作者，这二者有没有联系？"

陆文夫一边翻看《上海戏剧》杂志，一边漫不经心说："开个餐馆嘛，是为了弥补我那个杂志的经费不足。"

王之平说："您主编的《苏州杂志》，是个历史、文化艺术的刊物，听说很受文化界关注。"

陆文夫说："影响是有一些。但它不是通俗的流行刊物，销量不行，印数比《上海戏剧》稍多，经费仍会短缺，所以就想开个餐馆，用它的收入来弥补这个缺口。"

王之平问："您是美食家，开饭馆难道只是为了赚钱？"

陆文夫说："当然还有其他目的，比如保存苏州的饮食文化。"

王之平说："读过《美食家》，就知道这方面您是内行。"

陆文夫说："饮食文化么，我过去有一些研究。现在，苏州一些有名的老饭店，已做不出地道的苏州风味，一批手艺高超的老师傅退休后，下一辈人没学到他们的本领，眼看技术要失传。我呢，就把这些退休的老师傅请来，希望他们的技艺能保留下来。"

记者又对老苏州茶酒楼进行了走访。酒楼副经理说，我们请来的烹饪顾问，都是松鹤楼饭店、南林饭店、萃华园退休的特一级厨师。聘用的四个中年厨师，也都是特一、二级厨师。

陆文夫温文尔雅，他开饭店确实超出了人们的想象。但了解陆文夫的人，却说也在情理之中。作家叶兆言说："在他这个年龄段的作家中，他是最能做成事情的一个。我打过一个比方，把他们同代的文学圈里的人锁起来，陆（文夫）叔叔一定是最早逃出来的一个。"王安忆也说："陆文夫有一种气质，既像汪曾祺，又比汪曾祺犀利。这种作风影响了整个江苏的作家。特殊的生活经历，使他能够介入现实，在现实里取一个态度。"

陆文夫说到做到，确实体现了一种态度。老苏州弘文有限公司成立时，《苏州杂志》社是股东之一，陆文夫一下子筹到了三百万元，可见他的社会活动能力非同一般。

二十世纪九十年代的苏州十全街，已是一片商业气息，多出一个老苏州茶酒楼并不稀奇，但它是陆文夫开办的，便又特别引人瞩目。高中生顾俊骑车路过这里时，都会多看它一两眼。顾俊读过陆文夫的小说《围墙》，喜欢陆文夫主编的《苏州杂志》，现在又看到陆文夫开办的酒楼，同样也有极大兴趣。

多年后，顾俊写道："当年门楼上有副对联：天涯客来茶当酒，一见如故酒当茶。秋风起时，十全街的法国梧桐，黄叶子落了一地。每次上学，缩着头颈踩着自行车路过，都会望几眼，只觉着亲切，有一股暖暖的人情味。清淡软糯的日常生活，原来也可以有酒的豪气。茶与酒际遇，或许给知味知趣的小说家平添了不少灵感。对一个从小听着吴侬软语，枕河人家长大的少年，那个年代的变化，乃至一切细微的见闻，都能带来无穷的遐想。"

多年以后，这位爱遐想的少年被陆文夫相中，成了《苏州杂志》的编辑。

老苏州茶酒楼在十全街矗立起来，记者文人对它的兴趣，远比一位中学生强烈。他们把它当成了寄托文化情感的场所，会在里面聚会聊天，饮酒喝茶，讨论创作，愤世嫉俗。有的人一直离不开它，比如诗人陶文瑜。自老苏州开办以来，一直到陶文瑜 2019 年离世，他都是老苏州茶酒楼的常客。曾经有几年时间，他上班的每天中午，都要在这里吃饭。

这个饮茶喝酒吃饭的小楼，到底是一副什么模样？先看看它的招牌。

老苏州茶酒楼约有六百平方米，是一座仿古建筑，位于苏州古城区东南角的十全街。开张之际,陆文夫写了一个广告:"小店一爿,呒啥花头。无豪华装修,有姑苏风情;无高级桌椅,有文化氛围。"门脸悬挂的大招牌有一丈多长,用银杏木制作。上面的字是杨在侯写的,他是章太炎的关门弟子。饭店大门有一副楹联:"天涯客来茶当酒,一见如故酒当茶"。茶酒二字,囊括了中国传统饮食的两个主要内容。书写者是朱大霖,画家吴湖帆先生的外甥。

苏州古城,地方很大,老苏州茶酒楼为何开在十全街?因为这里有很浓的文化氛围,遍布书坊画廊,常见文人墨客。叶圣陶旧居,也就是《苏州杂志》编辑部,就在酒店后面的青石弄小巷深处,往来更方便。

对十全街,陆文夫写过详细的文字。1998 年,夏宽主编的《苏州十全街》出版,陆文夫为之写了序言,这样说——

> 十全街位于苏州古城东南,东起葑门安利桥堍,西至人民路三元坊口,不足两公里,保存着"两路隔一河,河街相邻,水陆并行"的古城风貌。

> 对照南宋初年的《平江图》,十全街虽然历经一千多年的风云变幻,至今位置不变,难能可贵。古语说"十步之内,必有芳草",这一带人文荟萃,不乏名胜古迹。仅古色古香的石桥,即有十座之多,著名的乌鹊桥、砖桥就在十全河上。改革开放之后,根据"东园西区,古城居中,一体两翼"苏州开拓的整体规划,十全街作为重点工程,进行了"保护、改善、改造",展现了粉墙黛瓦、古朴幽雅、临街枕河、倒影如画的古城新格局。现在,十全街已经成为传统的商业文化区与涉外宾馆区,古貌新颜,既有深厚的历史文化内涵,又充满了时代的气息——苏州的一道独特的风景线。

> 我来到苏州已经五十多年,居住十全街之南,也有十多年了;而在十全街之侧青石弄的叶圣陶故居创办《苏州杂志》,也行将十年;为了解决办刊的经费,又开了一爿"老苏州茶酒楼",亲眼目睹了这条古老街道日新月异的变化。忧喜于斯,因此对于十全街有很深的感情。

陆文夫对苏州民间,有很深的感情,所以他开酒店,要让客人感受到浓郁而质朴的民间气息。老苏州茶酒楼的厅堂布局,也体现了民间特色。

进门就能看到,一个旧时的曲尺柜台迎面而立。一张"酒"字,搭角而贴。柜台上摆着老酒瓮和大茶壶,粉墙上贴着桃花坞木刻画。桌凳柜台,均为深色硬木。沿墙的架上,摆放着陶瓷工艺品。朝南有一排古式长窗,窗前可见绿荫花坛。一楼是厅堂,只设一间封闭"雅座",其余便是散座。客人进店,一般会选择临窗座位。看到客人进入,服务员姑娘会热情迎来送往。她们身穿水乡大襟纽襻花布衫,腰系青束裙。这些衣饰,都是江苏民间的白底蓝花的蜡染布做成。

二楼的装饰，像是一条苏州小巷，碎石铺路，两侧都是石库门，临"街"的窗口，有微微翘出的檐角。路边饰有花草小景。雅座隔墙，皆为粉墙黛瓦。包厢的名称分别是"陶醉""苏畅""灶屋"，寓意居家的客厅、书房和灶间。其中"苏畅"包间中，有文椅、茶几、博古架、紫砂壶等。"灶屋"最有特色，一派苏南农家的灶间布局。门上有陆游诗句："莫道农家腊酒浑，丰年留客足鸡豚。"进屋有一个三眼灶，上置一盏油灯，一张八仙桌，几只机排凳。墙边放着碗橱、盛饭木桶、木水桶、扁担。墙上挂着农家的笠帽、蓑衣、竹匾、碗罩。屋顶上的椽子，是用泥糊的，空中还悬挂一只饭箄箕。香港作家古剑说，老苏州给他留下的最大印象，就是"雅间墙上挂着蓑衣，墙边放些鱼篓渔网等寻常物，素朴无华，有股乡村风味"。陆文夫逝世后，这些包间的名称改成了传统评弹剧目："双珠凤""长生殿""珍珠塔"等。

老苏州还有一个特色，就是它的情调。陆文夫说——

> 我当时只想在十全街开一个茶馆，名字就叫"老苏州茶馆"。旧时苏州茶馆，有大有小，没北京那么考究，设备比较简陋，有四仙桌，也有八仙桌，但江南民间色彩浓厚，生意人都喜欢。我开的茶馆，要弄得考究一点，力求体现老苏州的特点。茶馆里，有茶，有点心，请名家说书，恢复老茶馆的社交场所、信息中心的功能。茶馆边上，还要有个"老苏州菜馆"，请苏州特级厨师来做地道的苏州菜。到时，挂上这样一副对联，"无川味，无广味，无洋味，地道苏州风味；有传统，有特色，有新意，绝不千篇一律。"

现在的老苏州茶酒楼，将茶楼和酒楼合二为一，意境和情调都不缺。

陆文夫将饭店建在十全街，就是因为这里水路并行，是一个幽雅环境。陆文夫解释："对于一个有文化的食客来说，吃喝应追求一种境界，或称为环境、气氛、心情、处境等等。只有环境幽雅，气氛浓郁，食客吃起来才会有兴致，吃得舒服开心"。

最能体现情调的，当数二楼深处的"三面厅"，这是老苏州茶酒楼最好的包厢，三面环窗。朝南临窗，可观十全街的街景，十全街是宾馆区街道，绿树成荫，环境优雅，虽车来人往，但不嘈杂。从东窗看出去，毗邻南林宾馆，可见大石桥和桥边的大门小巷。北窗外是一条小河，可观沿河小巷的河畔人家。"三面厅"临水而立，适合观景，将苏州的小桥流水尽收眼底。在这样的环境饮酒吃饭，一直是陆文夫的理想。陆文夫说，他很喜欢过去老酱园店里的"堂吃"，因为"堂吃"的桌子放在临河窗口。约上一二知己，沽点酒，买点酱鸭、熏鱼、兰花豆之类的下酒物，临河凭栏，小酌细谈，既可以避开酒店的喧闹，又看不到市井的乌烟瘴气。一人独饮更有趣，一边喝酒，一边看着窗下的小船，咿咿呀呀地从眼前摇过去……

三楼一层，就是一个大厅，可容纳六七十人聚会。它也是"三面厅"，但多了书卷气，是一个多功能厅。门上一副对联："好书下酒，妙笔生花"，点出了它的文化色彩。南首的宴席桌，可供用餐；北面的书橱，排列着众多书刊。也像一个书房，有仿红木的大画案，上置文房四宝，可以泼墨挥毫，写字作画。厅里还有一个台子，用来主持节目，演讲，唱歌，或表演苏州评弹。老苏州茶酒楼开张以来，这里已经接待众多中国文化艺术名人，留下不少墨宝。慕名而来的外国旅游者，更是不计其数。

2. 精兵强将

1995 年 8 月 8 日，老苏州茶酒楼在十全街开业。人们一边庆贺，一边有点担心，隔壁南林饭店的餐饮，在苏州属于顶级水平，老苏州和它竞争，会不会风险太大？

来到老苏州开业庆典的现场一看，大家才算放心。原来，老苏州请来了"四根一家"当顾问，这五位烹饪大师的技艺，在二十世纪七八十年代，代表了苏州烹饪界的最高水平。陆文夫说："能吃到他们亲自制作的菜点，是一种幸事。"几位大师特别注重苏帮菜的传承与发展，这也是老苏州的经营理念。

苏州的"四根一家"，各有强项，堪称一绝，有的善做冷菜，有的善做热炒，有的善做白案，配合起来天衣无缝。在江苏省首届"美食杯"烹饪技艺锦标赛上，他们夺金获银，曾刮起一股"四根一家"旋风。他们还经常受邀去上海、南京等地，交流苏州菜点，受到极大欢迎。市里宴请重要外宾，他们总会聚在一起，研制烹饪菜单。用华永根大师的话说，他们组合就是一个"天团"。

我们来认识一下——

张祖根，常州武进人，十六岁进松鹤楼当学徒，从事饮食已有五十余年。既能切配，又善烹调，对苏帮菜中的炖、焖、煨、焐，均有独到技法。制作的母油船鸭、扣三丝、蟹酿橙等，已载入苏州菜谱。五位大师他最有文化，能说能写。曾任苏州饮服公司副经理、苏州市商业技工学校校长，从事烹饪技术教育多年，堪称桃李满天下。领衔撰写的《中国苏州菜》，一直流传至今。

吴涌根，无锡人，从事烹饪四十余年，在苏州新安茶室、石家饭店，南京、上海等地的菜馆、饭店，任点心师。二十世纪五十年代，被聘为市交际处烹饪大师，后任南林饭店副总经理。擅做苏州传统茶点、船点，亦擅长苏式菜肴，中菜西餐兼长。追求创新，烹饪的菜品清新味美、咸甜适中、造型别致。制作的冠云峰船点、芙蓉莼菜、海鲜酥皮盅、南林香鸭、蒜香排骨等，已成为苏州的名点名菜。著有《新潮苏式菜点三百例》，被陆文夫称为"江南厨王"。1974年11月29日，在南园宾馆宴请美国国务卿基辛格博士和夫人，他做的蜜汁火方，给客人留下深刻印象，以后几次来苏，都指定要品尝此菜，又把它介绍到美国，被称为"基辛格蜜方"。

邵荣根，苏州人，十三岁学艺，刻苦钻研，被行业称作"巧师傅"。刀功厉害，善制冷盆，造型、刀法、色彩堪称一流。制作满园春色、鸳鸯戏水等冷盆作品，蝴蝶海参、千层鳜鱼等热菜，均已编入烹饪教材。曾在苏州烹饪技术培训班任教，后被派往日本东京使馆掌勺，回国后任苏州园外楼饭店主厨。

屈群根，泰兴人，十六岁进松鹤楼学艺，近五十年工龄。擅长白案中的发面、呆面、水面、油面四大面团制作，他的苏式小笼、鲜虾烧卖、藕粉饺、盒子油酥等，都成了苏州名点，"百花争春"苏式船点更是他的绝技。曾在苏州商业技工学校任烹饪指导老师，兼任萃华园顾问。

刘学家，盐城人，松鹤楼主厨，是一个有技艺、懂生活的烹饪大师。他制作的松鼠鳜鱼，被业内定为"刘式"。获全国"优秀厨师"称号。创制的桃园三结义、早红橘酪鸡、虹桥赠珠等名菜，被收入中国名菜谱、江苏省名菜大典。

除了烹饪名家来当顾问，老苏州的厨师也不容小觑。

主厨毕建民又矮又瘦，曾在新聚丰当厨。陆文夫爱吃传统苏帮菜，过去常去松鹤楼、得月楼、新聚丰、萃华园等菜馆，那里的主厨多为他的老朋友。到了新聚丰，会要求毕建民为他烧菜，最爱吃新聚丰的母油鸭、酱方、蟹粉豆腐。毕建民就用传统方法，烧出最正宗的苏帮风味，手艺征服了美食家陆文夫。后来被陆文夫招聘到苏州杂志社，在小食堂当厨。

毕建民厨艺高超。比如他烹制的"鲃肺汤"，用"冷肝热汤"做法，显得与众不同。在苏州烹饪协会举办的"品尝大师厨艺"活动中，毕建民奉献了两道精制菜品。第一道菜叫"红白双味鳗"，两种烧法，两种色泽。其中一种是黄焖河鳗，开片鳗段，色泽通红；另一种是生爆鳗球，雪白粉嫩，令人垂涎。第二道菜是"甲鱼鸽蛋"，甲鱼开背后，塞进了八宝——鸡丁、虾仁、干贝、笋丁、香菇、肚尖、肫肝等，外围是透亮的鸽蛋，入口实在是美味！

苏州文人，多为馋人，对菜肴多少懂一点。他们一到老苏州，都会指名道姓要毕建民烧一个葱烧海参，或是黄焖河鳗。大家也想见见大厨本尊。见面之后，又会感到意外。毕建民出场时，经常穿一件有点脏的白色工作服，很谦虚。大家表扬他了，他就眨眨眼睛，笑一笑，露出缺齿。大家对某个菜提出意见，他还是眨眨眼睛，但不笑了，就开始解释。当然都是客观原因，比如，他拿手的黄焖河鳗，之所以做得不太到位，是因为没有提前通知他。

毕建民说："这道菜，吃的就是时间，一定要有足够多的时间来焖。"

又说："什么叫焖？"

文人们答不上来，开始眨眼。毕建民说："焖，就是花时间，就是用小火，急了就不好吃了。"

大家知道，毕师傅文化不高，但很会抠字眼。也就知道他谦虚的外表下，其实有点骄傲。当然，毕建民有兴致的时候，还会教客人做做菜，比方葱烤鲫鱼。

文人们见过很多厨子，没见过像毕建民这么瘦的。一个厨师过于瘦削，会让人怀疑他的厨艺，就像一个保镖过于矮小，就会失去信任。后来才明白，不能以貌取人，毕建民的确是个好厨师。最后大家的结论是，毕建民大厨的瘦，可能是廉洁自律的结果。

毕建民还有一个地方，叫人刮目相看。他文化不高，却喜爱文化人，尊重文化人。他知道陆文夫在苏州是文化特别高的人，所以就格外地尊重。反过来，陆文夫对毕建民的厨艺，也是肯定和欣赏的，但有时也会严格要求。

有一次，陆文夫吃了毕建民烧的酱方肉，把他叫到了包厢："毕师傅，你今天烧的酱方，扔在额骨头上，额骨头都要扔破的！"陆文夫的意思，你没有把酱方烧烂。陆文夫的话有点夸张，毕建民可以据理争辩，但毕建民毕恭毕敬，站在一边不说话，没强调任何客观原因。看到老实巴交的毕师傅，大家顿生恻隐之心。

后来陆文夫去世，老苏州茶酒楼易主，毕建民就去了木渎的石家饭店。那个地方远离闹市，文人们很少再见到毕师傅。

作家荆歌说，他偶尔到石家饭店，还会将毕师傅请出来，让他做一道菜。毕建民还会像从前一样，在大家吃到一半的时候，就出来了。依然那么瘦，依然那么谦虚，也依然穿一件有点脏的白色工作服，工作服上还印着"老苏州"三个字。荆歌看到，不禁唏嘘，从这件衣裳能看出毕师傅的内心。人离开了老苏州，心还惦记着老苏州，仍以自己曾经是老苏州的人为荣。可见他对陆文夫，有很深的感情。

在老苏州茶酒楼的将帅中，除了大厨毕建民，精明能干的总经理陆锦，也不得不说一下。陆锦是陆文夫的小女儿，也是《苏州杂志》社员工。她代表大股东（杂志社）来管理酒店。过去在园林部门搞旅游，谙熟送往迎来的业务与礼数。陆文夫刻意对她进行培养，从小就灌输做人做事的道理。

有一年，陆文夫带女儿去乌镇参观。河西的昭明书室牌坊边上，弄堂口有一家小面店。陆文夫见有人在里面吃面条，走过去看了看。出来以后，就问女儿陆锦："你知道下面条的灶台边，为什么围着那么多吃客？"

陆锦反问："为什么？"

陆文夫说："这些吃面条的人，花两元钱买碗面，不放心师傅会烧出一碗什么样的面，所以不去坐着等，而愿意站在灶台边看。"

陆文夫又说："面店老板一看，敞开灶台竟能招徕生意，索性就让顾客看个够。这就是经营之道，做生意只要公开透明，价格合理，就能挣到钱。"

这些话，深深地印在陆锦的脑海里。

长大后的陆锦，社交能力很强。1984年初冬，评论家何镇邦来到苏州，陆文夫陪他游网师园。在网师园的茶楼里，他们品味碧螺春，听茶楼的服务员小姑娘称陆文夫为"锦锦她爸爸"，对他也特别关照，水续得勤。何镇邦很好奇。陆文夫解释说："锦锦是我小女儿，在园林部门搞旅游，公园里的人都认得她，并不认识我。所以她们一直称我'锦锦的爸爸'。可见，女儿的名气比我响。"

何镇邦笑说："这说明什么？说明她的交际能力比你强。"

岂止社交能力，陆锦的烹饪水平也不一般。何镇邦在陆文夫家，吃过不止一顿饭。当年陆家还在善家巷，陆文夫请何镇邦到家里小酌，吩咐锦锦做饭，结果，陆锦烧的叉烧肉，他们一口气吃了三斤多。何镇邦日后很长一段时间，都无法忘掉那顿叉烧肉。

何镇邦说："那叉烧肉的水平，真的相当高！"

听到他夸赞，陆锦就笑说："何叔叔，以后再吃，我可要收伙食费了！"

"收伙食费"是一句戏言。但陆锦自从管理老苏州以后，绝无"戏言"。老苏州是股份制企业，容不得空转，更不能做亏本买卖，所以陆锦规定，任何人消费都不能吃"霸王餐"，该收费的，一定要按价收费。

这件事说起来容易，做起来很难。陆文夫是董事长，熟人多，朋友多，想来"白吃"的人不是没有。陆锦铁面无私，严格管理，老苏州茶酒楼也就杜绝了这类现象。有一次，高晓声来吃饭，服务员照单收钱。高晓声就说："小姑娘，我是你们老板陆文夫的老朋友，你们也要收钱吗？"

服务员说："对不起先生，所有人吃饭，都要付钱的。"

高晓声就开始生闷气。后来常州举办文学活动，高晓声不知因为什么，就发起火来。有一次与王蒙共餐，回到家里气呼呼地开骂："北京人，就是噼里啪啦一张嘴，说什么好小说用的都是北方方言，他难道不知《红楼梦》是用南方方言写成的吗？"骂过王蒙，又说陆文夫："老陆开了个老苏州茶酒楼，我去吃饭还要收钱，太小气了……"

陆文夫后来知道此事，就笑了笑。他知道高晓声有朝一日会理解，他也知道，女儿管理饭店不容易。这生意要做下去，不严格管理绝对不行。有一天，作家汤雄来看望陆文夫，问起老苏州茶酒楼的经营情况。陆文夫就说："生意还不错，赚的铜钿，正好可以维持杂志的开支。这也是以商养文嘛。"

老苏州生意不错，严格管理是一方面，它的优质服务和精良菜点，也是制胜法宝。苏州人吃得精细，吃得讲究，全国闻名。《清稗类钞》说："苏州人以讲究饮食闻于时，凡中流以上之家、正餐小食，无不力求精美。"

苏州人早晨有孵茶馆的习惯，老苏州茶酒楼投其所好，成了市民吃早茶的好去处。客人来到这里，泡上一壶香茶，谈天说地，传播新闻，聊聊家事国事，自有一番惬意。早茶之后，还能吃到各式苏帮早点，汤包、小笼馒头、糯米烧卖、青团子、焐熟藕、方糕、酒酿圆子、粽子、馄饨、汤圆。还有常见的苏式面点，像焖肉面、爆鱼面、鳝丝面等等。

中晚两餐，老苏州茶酒楼主打本土经典名菜。最有影响的，当数清炒虾仁。香港作家古剑说，陆文夫请他到老苏州吃饭，有两个菜让他念念不忘。一是尝到了叶圣陶先生念念不忘的莼羹，满碗翠绿，嫩滑鲜美；还有，就是那盘鲜嫩的炒虾仁了，食之久久难忘。

古剑说到的清炒虾仁，是苏州菜的代表之一，它像一杆秤，能掂量出各个饭店的水平。老苏州茶酒楼的清炒虾仁，被列入"江苏省著名菜肴"。可见陆文夫开饭店，一上来便抓住了命脉。

老苏州茶酒楼的清炒虾仁好吃，与它的精心烧制有关。苏帮菜做工精细，清炒虾仁是代表。台湾学者逯耀东说，他在杭州吃过龙井虾仁，用发妥的龙井来炒虾仁，虾仁黏着茶叶，不如老苏州的碧螺虾仁清雅脱俗。碧螺虾仁之所以与众不同，是用缥缈峰下的新焙茶叶，取其二泡茶汁，与新鲜的虾仁同烹，并以碾碎的碧螺春粉末拌盘，必然口味独特。

苏州虾好吃，还因为它是"手剥虾仁"。这项工作，吴语称'出虾仁'，就是去头去尾，挤出虾仁来，然后挤干水，放盐，上浆，醒透，再下油锅拨炒而成。看似烹饪简单，实则一步不能马虎，要不然，虾仁脱壳、渗水，就会淡然无味。在苏州，这也是考验厨师基本功的一道菜。老苏州茶酒楼的清炒虾仁，能获"江苏省著名菜肴"称号，用的也是手剥虾仁。

作家范小青是老苏州的常客，她爱吃这里的松子虾仁，通体透明，吃在嘴里极富弹性。总经理陆锦告诉她，为了这盘菜，专门雇了两位老阿姨，坐在那里慢慢挤虾仁。她们每天从早晨就开始挤，仍供不应求。现剥的虾仁，口感鲜嫩。看着盘里的虾仁，范小青很感慨："真是粒粒皆辛苦，颗颗见功夫。"她还把这个感受，写进了《安得广厦千万间》。

为了提升老苏州菜肴的品质，陆文夫做足了功课。饭店经营初期，他经常光顾后厨，考察厨师的工作状态，也和他们探讨烹制技巧和口味改进的问题。有一次问厨师："你们'炒三虾'是怎么做的？"

大家一时不知怎样回答。陆文夫告诉他们："作为顾客，我吃炒三虾，会要求把虾脑四周的一层'衣'剥掉，裸露出一颗像玛瑙一样的虾脑来，这样做才叫精细。做出来的三虾，不仅好吃，而且好看。"

又问："你们炒三虾，虾籽是如何处理的？"

厨师们仍等他解释。陆文夫说："虾籽一定要过滤。里面的虾壳、虾脚，再小都要拣干净。这样炒出来的虾籽，才能清清爽爽。"

又说："不管是炒三虾，还是三虾豆腐，虾脑、虾籽、虾仁这三种原料，一定要新鲜，客人吃起来才有味道！"

看到大家点头领会了，陆文夫说："这些话，我和新聚丰的朱龙祥师傅也说过。朱师傅菜做得好，就是因为做得精细。他还经常钻研食品的加工和创新，我们老苏州要做出有品质的菜，就要向这些名师学习。"

在陆文夫的调教下，老苏州的菜肴一直保持着特色和品质。几位厨师兢兢业业，精烹细作，受到业内称赞。苏州烹饪协会会长华永根说，在陆文夫先生的带领下，在几位烹饪大师的指导下，老苏州茶酒楼成了苏帮菜的研发基地，生意十分红火，它也是苏州杂志社的一张"好吃"的名片。

3. 宾客盈门

旅游旺季的时候，有一天，老苏州茶酒楼来了三位游客。服务员热情招呼，送上茶水和菜单。几位客人发现，老苏州的店堂虽然朴素，菜单却很漂亮，棕色皮套，厚厚一本。打开首页，就有文字介绍陆文夫和饭店渊源。上面说，这位以小说《美食家》驰名中外的作家，创办了老苏州弘文有限公司和这家酒店，起因是《苏州杂志》经费不足。陆文夫要把老苏州茶酒楼办成"可吃的《苏州杂志》"，弘扬传统美食文化，体现他的美食理念——吃氛围，吃文化，吃境界。菜单上还说，老苏州多为老式菜肴，但用料讲究，食材新鲜，口味地道，烹饪精细，由苏帮菜特级厨师毕建民亲自制作，是地道的传统苏帮菜。尤其是，陆文夫对"手剥虾仁"提出了明确要求，决不用冷冻虾仁，一定要新鲜河虾，手工剥壳，精心上浆，保证这道菜的质量。

看完菜单，三位客人便点了手剥虾仁、田螺塞肉、蜜汁酱方、豆腐花四个招牌菜和一盘凉拌马兰头。不一会儿，几盘菜上桌，他们一边品味，一边认真研究起来。

他们看到，虽是周一中午，大堂座无虚席。不少人很像附近的居民，着装家常，交流随意。有两位老年妇女只叫了一个砂锅鱼头，相对坐下，边吃边聊，吃不完就倒进保温瓶，提回家了。几位客人一边吃着，一边看着，不由想到周作人笔下的吴苑茶室，那是抗战胜利后的苏州："茶食精洁，布置简易，没有洋派气味……而吃茶的人那么多，有的像是祖母老太太，带领家人妇子，围着方桌，悠悠地享用，看了很有意思。"

有一天，一位老将军从外地来苏州，指名要会会"小老弟"陆文夫。他年事虽高，但谈兴甚足，身为武将，说起当代文学头头是道，而且高论灼见迭出。和陆文夫聊着聊着，就到了中午十一点多。陆文夫说："老将军，时至中午，我们在老苏州茶酒楼用个便餐，边吃边聊怎么样？"

谁知他一口回绝："坚决不行！我回宾馆吃饭，不能给你们添麻烦。"

陆文夫说："不麻烦的。这是我们杂志社自己开的饭店，弄两个家常菜，既不是大摆宴席，又不搞山珍海味。"

老将军一听，午餐如此简单，这才答应留下吃个便饭。又正色明言："陆老弟，我可事先声明，本着节约原则，只许上两菜一汤。"

陆文夫说："您放心，不会违背原则。"

老将军的菜肴，由总经理陆锦安排。桌上只有两道菜，但吃光后又换两道。就这样，反复上了多道苏帮菜肴，而餐桌上始终只见两盘菜。

老将军开心地用餐，开心地聊天，根本无暇顾及菜肴的变化。餐毕才醒悟，桌上何止两道菜啊。笑着对陆锦说："你可是上了好几个'两道菜'啊！不过，这里的菜、茶和点心，确实很好吃。"

听到老将军这番话，陆锦放心了。"很好吃"这三字，对于老苏州茶酒楼而言，就是最高的评价！

老苏州的外国游客也不少。隔壁的南林饭店，就是涉外宾馆，它们的客人也成了老苏州的常客。也有旅游的背包客，其中法国人最多。陆文夫《美食家》译成法文后，法国读者都知道中国有个苏州，苏州有个陆文夫。法国人很浪漫，为了见到陆文夫，品尝到小说里写的美食，会飞到中国苏州，探访陆文夫所在的杂志社，到老苏州茶酒楼吃一顿饭。

这些外国人看到改革开放的中国，变化巨大，很是惊讶。品尝中国菜以后，那神情近乎崇拜，见到陆文夫就讲："你们什么都能改，就是吃别改。"巴黎出版商菲利普·毕基埃多次来苏州，也多次到老苏州茶酒楼品味美食。法文版《美食家》，就是这家出版社推出的。毕基埃与陆文夫以及江苏的作家们，已经建立了深厚友谊，彼此经常开展交流。

美食是有记忆的。最有感觉的乡情记忆，就是美食；文化记忆中最重要的部分，也是美食。有一年，北京最寒冷、雾霾最重的日子，《文艺报》记者胡殷红来常熟约稿。她还有一个目的：清肺，洗胃。住在常熟的时候，有时会爬一爬虞山，有时会尝一尝小馆美食，有时会品一品虞山林场的茗毫茶。无论怎样自在舒适，吃着喝着，满脑袋飘浮的，常常是陆文夫的《美食家》和老苏州茶酒楼。她觉得这种感觉真是奇特。

对老苏州感受最深的，莫过于《美食家》法文翻译陈丰。陆文夫访问法国的时候，和陈丰参加过国际美食节。陆文夫就说："如果给我这样的财力和支持，由我在苏州办一个美食节，保证更加丰富多彩！"

说者无心，听者有意。陈丰听说陆文夫也开了一家饭店，便令她神往起来。1993年，留学法国的陈丰，博士论文答辩后回国休假，陆文夫便邀请她和她母亲，到苏州来玩一玩，散散心。于是，陈丰母女到苏州来玩了三天。

这三天，陈丰感受到了陆文夫的魅力。在苏州这块地界，无论到哪家饭店，陆文夫都会遇见熟人，都会有人邀他入席，向他敬酒，或请他品茶。有一次，一位官员拉他们入席。陆文夫说："我来介绍一下，这位美丽的女士，就是我的小说《美食家》的法文翻译。"

官员肃然起敬，向陈丰举杯："感谢你把我们的陆主席推向世界！"

随后，这位官员再向别人介绍，都会说："这位美丽的女士，就是把陆主席推向世界的人。"弄得陈丰忍俊不禁。被称作"主席"的陆文夫，其实并不自在，私下悄悄对陈丰说，他其实很怕应酬这种场面。

最舒适、最自在的吃喝，要算在老苏州茶酒楼。陆文夫对陈丰母女说："我们哪里也不用去了，就在这里用餐。这里的大师傅是我调教出来的，不但菜烧得到家，而且懂得配菜。"

每到吃饭的时候，陆文夫只点两三样主菜，其余就由后厨的毕建民厨师自由搭配。精致鲜美的小菜，盛在玲珑的器皿里，逐一上桌。看上去，餐餐丰富，又有节制。陈丰做过统计，她在苏州的三天时间，基本上没吃过重样的菜，大约品尝了五十多种苏州菜。关键是，每顿饭都吃得舒心，没有一点浪费。

陈丰就说："陆先生，在您这里吃饭，真是舒心。饭菜非常可口，基本上都吃光了，一点都不浪费。"

陆文夫说："这叫'看人下菜碟'。宴请客人，得知道客人的性别、身份、教养和生活习惯，估计出人家的饭量和口味。没吃够，固然不好，可大鱼大肉吃撑了，倒胃口也不好。"

最有意思的是，第二天晚上，陆文夫决定，只给客人吃稀饭，就萝卜干等几碟咸菜。陆文夫说："为什么让你们尝一尝咸菜？首先，这是本土咸菜，口感不错。更主要的是，好东西不能连着吃。再好吃的东西，连续吃也没味道。所以，要调整一下肠胃和味觉，讲究饮食的节奏。"

陈丰觉得，那顿饭虽清淡，却吃得很舒心。

美食和美景，最宜搭配起来享受。客人们吃过苏帮菜，陆文夫又带她们逛苏州，转了好几条街道。真正的景点只去了几处——拙政园、网师园、虎丘、东村、明月湾。有意思的是，都是挑傍晚去的。夕阳西下，即将净园，这时候的园林或古村落，人少寂静，显得十分空旷。景点主人一看是陆文夫，并不着急关门，而是随他们自由漫步，边看边聊。

陈丰很享受这种时刻。每到此时，陆文夫都会讲一些老苏州的风俗民情和传统故事，也会评点一下园林，说说那是什么艺术，有什么内涵。在陆文夫那里，有掏不完的逸事和笑话，常常把母女俩说得发笑。

陈丰就想，这哪里是旅游啊，分明就是一次微型的苏州美食文化节。此前，她从未尽兴地体验过苏州景观和美食的魅力。她想，以后可能也不会再有了。

徐城北来到老苏州茶酒楼，感觉与陈丰不太相同。他是半个苏州人。

徐城北的母亲彭子冈，就出生在苏州。彭姓是苏州四大姓之一。《苏州名门望族》说，苏州彭姓家族在清末，有祖孙两人中状元，彭子冈是他们的第二十七代女孙，但到徐城北外祖父那里，家道中落，外祖父考取了公费留学生，去日本学习生物，归来后在北师大教书，又在教育部担任一份闲差，与鲁迅同事，因北京生活费用过高，回到毗邻苏州的松江，在那儿当了中学校长。彭子冈幼年时，随其父生活在北京，又随全家来到松江。中学参加县里统考，作文获第一。高中回苏州，就读振华女中。这是苏州当时最著名的女子中学。

徐城北九十年代第一次来苏州，拜访了母亲当年的五六个同班同学。她们一个个面色红润，说话吴侬软语，又低声细气，让徐城北颇感亲切。提起他的母亲彭子冈，她们无比羡慕，说她六十年前风华正茂。

徐城北与陆文夫相识，是在二十世纪九十年代初，他给《苏州杂志》投稿。

1997 年，中国作协"苏州枫桥文学创作基地"揭幕，徐城北在苏州待了一周，和陆文夫有了深入交往。苏州活动一结束，便邀请陆文夫到杭州，参加楼外楼主办的文学笔会。临别时，陆文夫说："城北，再到苏州来，我们就到老苏州茶酒楼来聚。"

徐城北没有爽约，之后每到苏州，就会来老苏州茶酒楼。陆文夫和他品尝着苏帮菜的美味，聊得很开心，许多话题涉及美食。徐城北说："读了您的《美食家》，我现在对美食文化也有兴趣了。"

陆文夫说："美食文化看似肤浅，实则博大精深。我也是研究了几十年，才摸出点门道来。"

徐城北说："饮食话题，我写过文章。写文章之前，我都是实地观察。我跑了不少名店老店，像北京的全聚德、仿膳，杭州的楼外楼等。不仅去听经理介绍，还要见堂头、主厨，了解做菜的工序，火候是文火还是武火。这里面太有讲究了。"

陆文夫说："我们的思路是相同的，研究美食不能依赖书本。"

徐城北说："我不排斥故纸堆，阁楼学术有它的意义。只是我更注重民间调查。美食古书也读了一些。可惜许多古菜，现在恢复起来就难了。"

陆文夫说："在恢复传统名菜方面，我也作过呼吁。苏州的餐饮业还好，正在一点点做这种事情，一点点恢复。相信不久会出成果。"

徐城北说："其他地方就不行。急着赚钱，怕麻烦，没有人沉下心来搞文化传承。这需要深远的眼光，太急功近利不行。用假古董唬人，只能眼睁睁看着传统文化的精华在消失。"

此时的徐城北，已出版几本写老字号和美食文化的书，后来阅读《汪曾祺文集》，他又想写一本《食话》，题签的人都想好了，就请汪曾祺和陆文夫，可惜汪曾祺不久去世。他打算 2005 年秋天向陆文夫求字，谁知这年夏天，苏州传来消息：陆文夫先生也溘然逝世。

徐城北后来写道："我当时真想对苏州大叫，陆先生啊，我从不敢麻烦您，可这是件很小却又相当重要的事，您怎么就不等一等呢？用老话说，这需要'忍死须臾'，可您居然一时也不等了。大概是想女儿想得过于心切了吧？陆先生，您可真是至人、至情、至性啊，要是世界上的人都这样就好了。"

香港作家古剑来到老苏州茶酒楼，也是和陆文夫约好的。

他不是第一次来苏州。有一年陆文夫来信，约他来苏州玩，要带他尝尝苏州小吃，但古剑在报馆任职，拿不到假期。后来确定了假期，写信告诉陆文夫行程，没想到陆文夫那段日子要带团出访。陆文夫就问："你能不能改期啊？若不能，我就委托高晓声代为招待了。"

后来，古剑如期北上。先是到上海的沙叶新处，之后，高晓声按陆文夫要求，又把古剑接到常州，在自己家里招待了他，第二天把他送到苏州，住在滚绣坊的青石弄五号。这是《苏州杂志》编辑部的招待所，虽无宾馆的完善和奢华，却很温馨。毕竟是叶圣陶故居，能感受不一样的文化气息。这一切，都是陆文夫临走前安排好的，让古剑感受了他的热诚和信义。

这一次到内地，古剑决定从南京开始，一路南下看望几位朋友。他先在南京看了中山陵和秦淮河，走了长长的城墙，然后来到苏州。本想安顿好酒店，再给陆文夫打电话，没想到内地放长假，苏州挤满了游客，酒店根本没有空房。古剑慌神了，连忙给陆文夫打电话，劈头就是一句——"我流落街头了!"

陆文夫的回话，不紧不慢："怎会流落街头呢?"

陆文夫让他乘坐出租车，先来老苏州茶酒楼。告诉他："这个酒店是我开的，你放心好了。"

"的哥"人也很好，一路安慰古剑："来到苏州，就一切 OK 啦，不用担心。"不一会儿，车子开到十全街的老苏州茶酒楼。见陆文夫还没到，古剑就在老苏州门口等他，"的哥"也一直陪着古剑说话。

没多久，陆文夫骑着破旧的自行车来了。他看到司机如此热情，邀请司机一道吃饭。司机礼貌地婉谢，继续做他的生意。古剑说："当我彷徨街头时，真正体会到了苏州的人情。"

在老苏州茶酒楼，陆文夫请古剑吃了一顿地道的苏州美食。两人边吃边聊，说了许多话。陆文夫说，香港回归前，他本想把香港两个作家组织拉在一起，合二为一，因一方不愿意，此事不了了之。古剑第一次听说此事，就觉得陆文夫是一个真性情的人。此事并不是大事，却是内部运作的事，能和他这个"外人"坦言，是对他的信任。

二人又谈起作家的现状，陆文夫说："我可能是我们这辈作家中，最早用电脑的人。"

古剑问："你用电脑写了哪些作品?"

陆文夫说："长篇小说《人之窝》，就是用电脑打出来的。"

又说："写这部小说，差点要了我的命。"

古剑这才注意到，这次见面，陆文夫比以前更消瘦，甚至有点憔悴。他又发现，陆文夫的香烟也戒了。陆文夫告诉他，如果身体还行，他还有一个计划，写一部自传体长篇小说。

但分别以后，古剑一直没有陆文夫的消息，也不知道那部长篇是否完成。

后来听说陆文夫逝世，才知道这是他们见的最后一面。陆文夫说话的样子，一直萦绕在他的脑海。许多年后，古剑写道："好人总是使人想念的。我要记下这些琐事，以寄托我对他远行的哀思。"

老苏州茶酒楼的一次盛会，也值得一说。

1998年12月18日，《苏州杂志》创刊十周年，在老苏州举办庆祝活动，来了上百位嘉宾，包括陆文夫的老友凡一、周治华，苏州文化艺术界的代表。市委书记梁保华发来贺信，肯定《苏州杂志》十年来的成绩。

《苏州杂志》发展十年，多次获得华东地区和江苏省"优秀期刊一等奖""十佳期刊"，主编陆文夫功不可没。大家特别想听陆文夫讲几句。

陆文夫说："该说的，都在新一期《苏州杂志》上的《十年树木》里说过了。那里的话，就是我们的工作总结，也是我们的真实想法和真实心情。刊物能取得一些成绩，名声在外，评价也不低，影响波及海内外，这是大家共同努力的结果，也是在座嘉宾和广大读者支持的结果，但《苏州杂志》真正达到理想，还有很长的路要走。今天听到各位领导的发言，对杂志给予充分肯定，对它的发展抱有信心，给了我们很大鼓舞。未来怎么办？我们只用一句话概括，不求轰动效应，只求支持下去。"

陆文夫话音刚落，掌声一片。

接下来，嘉宾们争先恐后表达了心情。《苏州年鉴》报道说："在《苏州杂志》十周年庆祝活动中，与会代表一致认为：《苏州杂志》坚持办刊方针，满腔热忱弘扬优秀文化传统，深入发掘苏州的历史文化蕴含，充分展示当代苏州的人文环境和精神风貌，形成了鲜明的地方特色和浓厚的时代气息，展示了苏州的文学、戏曲、书画、摄影、风土人情、社会文明等多方面的变化和发展，向苏州人和关心苏州的各界人士展开一幅意趣盎然、色彩斑斓的文化长卷，影响所及海内外。"

在老苏州茶酒楼经营过程中，最大的一次盛会，是中国文联、中国作协在这里举办的宴会。可谓高朋满座，云集了中国文联和中国作协的领导。

举办这次盛会，正值老苏州茶酒楼的鼎盛时期，技术力量雄厚，烹饪高手也多。陆文夫亲自设计菜单。冷菜是：兰花茭白、油爆虾、酱鸭、藕片、白鸡、雪菜蘑菇、熏鱼、酒菜；热菜是：清熘虾仁、雪花蟹斗、红菱鱼片、油润茄子、响油鳝糊、蜜汁火方、生煸菜心、天下第一菜；大菜是：清蒸鳜鱼、砂锅三件子；点心是：虾仁烧卖、苏式船点、枣泥拉糕、盒子油酥。菜点的绝大部分，都是苏帮经典。

开宴前，陆文夫以主人身份表示欢迎。说："在饮食方面，大家曾经沧海，也可以说是阅尽人间春色。所以，今天来到苏州，我们不搞高大上，摒弃奢华，回归本色，让大家尝一尝我们地方的土特产，正宗的苏帮菜。"

有人就说："陆主席啊，我们只知道吃，不懂得菜。您是美食家，就把今天的菜肴，为我们介绍一下吧。"

这是陆文夫很乐意做的事。他对苏帮菜了如指掌，如数家珍。便对今天的菜点，逐一作了介绍。大家注意到，陆文夫介绍菜肴时，专注而陶醉，就像他谈论自己的文学创作，便觉得餐前这堂美食普及课，真是上对了。陆文夫能写出《美食家》，果然实至名归。

4. 情真意切

很多人光临老苏州茶酒楼，不是来吃饭的，而是来寻梦的。不少人就是冲着陆文夫来的，甚至想在老苏州邂逅陆文夫。从某种程度说，老苏州成了一个旅游景点，尤其是文人，会经常来老苏州，聚会相识，切磋创作，交流思想。

《苏州杂志》创办早期，杂志社的年夜饭，有时会安排在老苏州茶酒楼。大家谈笑风生，其乐融融，好不热闹。那时，陆文夫的身体很好，遇到晴暖天气，还会骑着他那辆阿米尼自行车，在大街小巷四处闲逛。

社里有活动，也会安排在老苏州茶酒楼。作家程秋生说，二十世纪九十年代中期的一个夜晚，他在老苏州参加过一次活动，见到《苏州杂志》不少编辑、作者和读者。程秋生是苏州人，八十年代从天津退休回到苏州。受天津媒体委托，曾两次采访陆文夫，彼此留下了好感。活动当天，陆文夫在发言中没说多少话，但强调了苏州历史文化的重要性，以及办杂志的宗旨。程秋生这才知道，陆文夫办杂志，是为了传承苏州文化，同时也为苏州文人提供一块高雅的笔耕园地。程秋生后来写道："陆文夫的精神和品德令人景仰。"

文人们到老苏州吃饭，有时会遇到陆文夫。有一次，几个青年作家在楼上吃饭，就听有人说："陆老也在楼下呢！"大家就一起下楼，给陆文夫敬酒。朱文颖记得，陆文夫看到年轻人，总是笑呵呵地喝上一杯，有时还不止一杯。这样的事情遇多了，大家便有了错觉，仿佛一到老苏州茶酒楼，就能遇见陆文夫。他可能正在楼下的窗前，欣赏窗外的小河，或河里的一只船，那船上可能还载着茭白或菱藕……

大家的"错觉"，其实没错，陆文夫的确常来老苏州。找他的记者作家，实在太多，他只能在老苏州茶酒楼接待。有时候，陆文夫会接到范小青或王尧的电话，说某某作家、某某评论家来苏州了，想见见他，陆文夫就会让他们在老苏州订好座位，然后如约而至。有的作家到苏州，会自己联系陆文夫，说想会一会仰慕已久的陆先生。陆文夫一般也不拒绝。

1998 年 4 月，陆文夫在老苏州接待了李晓一行。李晓是巴金的小儿子，原名李小棠，他的短篇小说《继续操练》、中篇小说《天桥》，曾获全国优秀中（短）篇小说奖。那天，李晓带着一帮年轻作家，从南京笔会赶来苏州，想看看千年庭院和小桥流水，也想拜望一下陆文夫。来到苏州以后，早晨从睡梦中醒来，大家先去寻找《美食家》里写到的美食，逛逛巷陌里的美食老店。到了阳光明媚的午后，应邀同陆文夫一起喝茶，地点就是老苏州茶酒楼。

李晓他们跨进老苏州茶酒楼的时候，陆文夫已坐在茶楼的一张红木椅上，朝着他们微笑。看到陆文夫，李晓眼睛一亮。陆文夫上身穿一件淡蓝色的衬衫，外面套着咖啡色的无袖毛衣，穿戴极普通，就像一位在茶楼喝茶的苏州老伯。戴一副宽边眼镜，目光清亮，如同山泉；又很幽深，颇似古潭。他注意观察了一下，陆文夫嘴唇稍薄，颧骨有些凸出。在这个千年古城，他觉得陆文夫的模样，像是浮动在苏州城的扉页上，能够飘来油墨纸张的书香。

见到李晓的时候，陆文夫精神不错，开口就说："下午看到你们，我很高兴。我中午喝了一些米酒。"说话的时候，他的脸上有一层红晕。

陆文夫又说："你们到来之前，王蒙刚刚走。"

见陆文夫面含笑意，平易近人，小青年们原本有些紧张，现在也放松了。但一时不知说什么好。陆文夫像是猜到了大家的心事，笑说："你们觉得，苏州怎么样？"

于是大家七嘴八舌说起了苏州的好，苏州的古典园林，苏州的小桥流水……听着听着，陆文夫笑了："既然你们夸奖我这个城市，说苏州这样好，那样好，你们就长期住在苏州吧。我为你们免费提供苏州的绿茶。"

大家一听，欢快地笑起来。一个山东文友站起身说："陆老，您的《美食家》写得太好了！"

陆文夫摆摆手："那都是过去的事儿了。"

另一个文友说："陆老，您的人生经历太丰富了，也经历了那个特殊时代给你带来的苦难，您是不是要给我们说点什么？"

陆文夫喝口茶，咂了咂嘴唇，语气轻缓地说："其实，我的人生经历也很简单。我明白一个事理，就是无论怎样艰难，你要明白，只要还活着，一切都会过去的……"

这番话，说得语调淡定，让大家想到了陆文夫曾经的风雨人生。只是现在看上去，他平静得就像蓝天，眼神似乎望穿了世事的宽厚，内心却依然是赤子般的火热。有位小青年问："陆老，您就一直在苏州几十年，为什么不离开这里，到南京、北京去啊？"

陆文夫笑了："我女儿在北京安了家，去住过几天，还是觉得这里好，很快就回来了。苏童也是苏州长大的，他到南京安家了，常常劝我到南京去，我还是觉得苏州好。我在苏州几十年，我就是苏州的一只鸟儿……"

一下午时光，在绿茶的袅袅飘香里很快流走。陆文夫要去休息了，笑着和大家告辞。李晓注意到，陆文夫站起时，婉拒他人搀扶，出门挂着一根雕花拐杖。大家目送他远去，直到他单薄而修长的背影，渐渐融进夕阳的余晖中……

有一天，作家潘向黎从上海来了。在南园宾馆住下后，给陆文夫打了一个电话。陆文夫说："晚上到老苏州来，我给你接风。"当晚，潘向黎在几个苏州作家的陪同下，齐聚老苏州茶酒楼。

由于健康因素，陆文夫已被禁酒。在老苏州吃饭也不例外。陆文夫小女儿陆锦是这儿的总经理，这个风风火火、做事干练的女强人，绝不会丧失原则，纵容老爸饮酒。

大家坐定后，潘向黎很高兴："一到老苏州茶酒楼，我就觉得自己成了美食家。"

陆文夫摇摇头："今非昔比。苏州菜的高潮期，已经过去了。现在的食材，都是人工培植、人工圈养的，已经烧不出那种味道。"

潘向黎笑说："我觉得还可以呀。"

陆文夫说："食材沦落，烧出的菜不过如此。"

大家就附和说："那是因为陆老师是美食家，吃什么都是高标准。我们已经觉得，这是天下最好的美味了。"

潘向黎知道，陆文夫一向坚持原则，不会因为大家喜爱老苏州茶酒楼，便放弃他的立场。她在上海接待过陆文夫，知道他性格倔强。

1999年，《文汇报》举办第二届"笔会"评奖，"笔会"版主编萧关鸿请来了陆文夫等几位作家，让他们住在锦江饭店。潘向黎负责接待陆文夫。锦江饭店有北楼、南楼之分，评委住北楼，评审会在南楼，中间隔着一百米宽的草坪。开会的时候，大家要从北楼走到南楼。这种安排很周到。

没想到陆文夫很为难。他有肺气肿，走路很费力，一百米的距离走过去也不易。潘向黎一直伴随他左右。陆文夫说："我走不动。"眼睛在镜片后一闪一闪，有些郁闷，又有些气恼。

陆文夫生气，是有理由的。他从苏州带来了车，锦江饭店却不许开车，所以这一百米的距离，他只能步行前往。评审时间到了，潘向黎赶紧和前台商量，工作人员说，有运行李的电瓶车，可以送一送人。潘向黎便高兴起来："陆老师，这下好了，你可以搭电瓶车到南楼。"

没想到，陆文夫更生气："好什么好？那是什么车？我坐上去，不就成了行李了！"看到潘向黎为难，又小声说："我要是上车了，人家就会看见我像行李一样运过去……"

潘向黎脑子转得快："陆老师，我陪你坐！我们坐上去说说话，看看风景，多开心呀。这是给你特别的待遇！"

陆文夫这才有所缓和。他犹豫着，审视潘向黎一两秒钟。潘向黎笑笑，做出一个"机不可失，时不再来"的表情。陆文夫便说："两个人坐嘛，就没那么傻了。"于是就上了车。

潘向黎以为，陆文夫的心情已经变好。谁知车子一到南楼，陆文夫不等她搀扶，自己飞快下了车，马上和其他评委搭起话来，根本不睬身后的潘向黎，好像小潘这个馊主意，害他"斯文扫地"。潘向黎就想："这陆叔叔，果然是清高儒雅。但看看他的反应和表情，又像一个孩子，敏感而天真，真是可爱极了！"

会议安排评委们参观"新天地"，这是当时最时髦的综合商业体。陆文夫不想去，潘向黎就劝他去看看，这才跟了去。在新天地，潘向黎一直扶着他，两人走走停停，并不紧跟大队人马，累了，就坐下来歇歇。陆文夫一直在默默地看，没作任何评价。潘向黎问："您喜欢吗这里吗？"

陆文夫说："太新，太整齐了。"

潘向黎说："比起这种新地方，您还是喜欢老苏州，对吧？"

陆文夫笑起来，笑得很满足，说了三个字："没法比！"

从陆文夫的脸上，潘向黎感觉到了苏州人的自豪感。多次往来老苏州茶酒楼，她才知道这是苏州人与生俱来的普遍心态。在苏州人写的书籍、文章、诗文中，到处洋溢着对故土的赞美与自恋。

当然，在市场经济的大背景下，苏州文化传统，有一部分正在消失或转化，比如美食传统。陆文夫的担忧，正来自这里，但年轻人并不在意这些。

范小青说："怎么干坐着？大家开吃啊。"

大家便举起酒杯："来，喝酒，干杯！"

只有陆文夫，坐着一动不动。他也想饮酒，酒杯里却没有一滴酒。陆锦交代过，因健康原因，爸爸不能喝酒，你们谁也不准给他斟酒。大家就真的没有给陆文夫倒酒。后来陆锦再进包间，发现父亲面前有个空杯子，索性就将它端走。一瞬间，大家看到了陆文夫的失落，尽管不动声色，却已黯然销魂。

陆文夫是酒仙，对酒有着刻骨铭心的嗜好，只有范小青理解。酒过三巡，趁人不备，范小青突然把满满一杯酒，往陆文夫眼前一放。看到这杯天外来酒，陆文夫眼睛一亮，低着头，左右扫了一眼，动作很小地端起酒杯，一饮而尽，然后轻轻放下。

范小青热情地招呼大家："吃啊，趁热吃！"说话中，眼明手快地把陆文夫面前的杯子，端回自己面前。

陆锦又进来，观察一下父亲的表情。范小青大声说："没喝，陆老师没喝！你放心吧！"

没有说话的陆文夫，脸上掠过一缕笑意。看着两代人配合得如此默契，潘向黎就想，这样的事情肯定多次发生。这是一个爱酒人对另一爱酒人的体谅，也包含了对人的本性的理解和爱护。一个人上了年纪，还讲什么清规戒律啊？就应该多一点随心所欲。后来陆文夫逝世，潘向黎不止一次地想，还好，范小青"作弊"了，总算让陆老师多喝了几杯！

比起潘向黎，范小青对陆文夫的了解，当然更深一层。他们是一对忘年酒友。

二十世纪九十年代，范小青与陆文夫经常搭档到南京开会。那时，沪宁高速没有建成，汽车要走312国道，或者更狭窄、更颠簸的乡村公路。路上时间长，遇到拥挤或路况不好，可能会走六七个小时，午饭要在途中吃。他们吃饭的地点，通常在常州与镇江之间，312国道旁的路边小店。车子过了常州，中午十二点左右，陆文夫就会说："我饿了，走不动了，要吃饭了。"

到哪家吃饭，是很随意的。公路边有一排排小饭店，都是当地农民用住房改成的。饭店门口会站着年轻的女服务员，向过路车子招手。陆文夫他们看到哪家，就进哪家，并不讲究。陆文夫是驰名中外的美食家，平时吃喝很讲究，但在公路边，反倒马虎随便了，只要一两个土菜，一小碟花生米，就能喝起来。

离开了喧嚣的都市宴席，坐在这乡野小店里，安安静静地饮酒，陆文夫的惬意，一般人发现不了，但范小青饱览了这个风景，她说——

> 看陆老师喝酒，就像欣赏一幅意境深远的山水画，他慢慢地，咪一口，再咪一口，流水般从不间断，有人敬酒没人敬酒，于他是没有关系的，别人闹不闹酒，与他也是没有关系的，甚至身边有没有人也都一样，桌上有菜没菜也一样，你激将不了他，你也阻挡不了他，他与酒，是完全融为一体的。对别人喝酒呢，他也没有要求，你喝也好，不喝也好，他不来管你，

只要自己有的喝就好。所以，当年在公路边的小饭店陪陆老师喝酒的时候，我不是因为酒喝多了胃疼，就是因为人少不热闹，总是象征性地应付一下，这时候就看到陆老师不急不忙地抿着酒，抿着抿着，一杯酒就没有了，抿着抿着，酒瓶就浅下去了，陆老师虽不言语，但他好像在说，看看，姜还是老的辣呀。

陆文夫对酒的"占有欲"很强。他们从南京回来，路上喝的酒都是南京喝剩下的，一般不多。因为酒少，陆文夫就不情愿与范小青分享。没喝过瘾怎么办啊？偶尔，会趁着范小青不注意，将她的酒倒入自己杯中。范小青即使发现，也会装着不知道。

有一次回苏州，在南京喝剩的半瓶五粮液，被陆文夫带了上路。在路边小饭店，他让范小青一起喝，倒酒的时候，又有点舍不得。范小青犯胃病，当时不能喝酒，所以那杯酒基本没动。陆文夫举杯，她也举杯。陆文夫的酒越喝越少，范小青的酒还是那么多。喝到最后，范小青起身出去了一下，回来发现，她的酒一下子少了一大半。范小青就明白了，笑了一下，陆文夫也笑了一下。

爱酒的人不再喝酒，是一件很难受的事，但为了健康，陆文夫后来不再喝酒了。不过，年轻人饮酒聚会，他仍会出席。看着大家喝酒嬉闹，陆文夫此时的神情，是平静而安详的。范小青说："从喝酒到看酒，过来人的宽容、平和，对人类对世界的爱，安得广厦千万间的博大胸怀，尽在不言之中。陆老师的看酒，似乎比陆老师喝酒更丰富更有魅力。"

陆文夫心态平和，主要是因为他晚年的两大事业，《苏州杂志》和老苏州茶酒楼，都办得红红火火，声誉在外。能否喝酒已不重要。

尤其看到两个女儿，性格活跃，事业有成，精神得到了抚慰。对两个女儿，陆文夫寄托很深的感情。二十世纪五十年代末，他在作品中就多次写到她们。八十年代发表的中篇小说《毕业了》，写家庭改革，也把两个女儿写进去了。后来，大女儿陆绮考上大学，毕业后供职于中国政法大学；二女儿陆锦考大学虽不理想，但也成了一个出色的管理人才。担任老苏州茶酒楼总经理以后，她把这个餐饮实体，搞得井井有条，备受称赞。

可谁知，天有不测风云。2002 年，二女儿陆锦被医院查出重疾，陆文夫精神上受到了严重打击。从此，开始为女儿寻医问药。作家白桦说，那两年，陆文夫给他打电话、发邮件，几乎都是为小女儿陆锦探询药物的性能和采购。2002 年 6 月 30 日，陆文夫给《光明日报》记者韩小蕙写信，说的也是此事——

　　我女儿目前在化疗，两个疗程后要手术。现在的药物比以前要进步，效果不错。你可能也知道，我的在北京工作的大女儿也曾患肺癌，开刀至今已有十六年了，目前活蹦乱跳，在北京当律师。那一年为了大女儿的病，我在北京住了半年，大概有一年的时间我什么也没有写。近半个世纪以来，我的主要精力不在于写作，而是与天灾人祸作斗争。前三十年是人祸，后二十年是天灾，女儿生病，自己也是肺气肿。肺气肿不会致命，但也不会痊愈，实乃苟延残喘。

2002 年 7 月 30 日，陆文夫再次给韩小蕙写信说——

我的小女儿现在化疗，因为现在的化疗药有改进，副作用较小，医生便叫她照常上班，只是注意不要劳累。医生说这是一种健康疗法。这几年在治癌的方法上也有点改变，过去是先手术，后化疗。现在是先化疗，后手术，术后再化疗。我们想能免除手术，看来是办不到，化疗也不能完全消除病灶。叶楠做伽马刀，也是一种术后的辅助疗法。医生对伽马刀治肺癌都持否定的态度。不知叶楠做了效果如何。

2002 年 8 月 4 日，陆文夫又给韩小蕙写信说——

今年流年不利，小女儿生病，两个外孙女都考大学，使人心神不宁。现在的考大学、考重点高中，简直是一场灾难，一场全社会的骚动。我也考过高中和大学，好像也没有当作回事。大学考取了也没有去读，参加革命去了。现在不行了，如果没有一张大学文凭，简直就是低人一等，连当了官儿的人也要想方设法弄到一张文凭，使得你不得不为孩子们的前途担心。人老了对自己已无所求，只求孩子们活得好些。北京的孙女儿考得不错，可以进重点。苏州的孙女儿考得不好，看样子只能读大专了。也罢，正如你所说，一切都会过去的，人生也是一种过程。……我想在我的女儿手术后，再选择某些辅助治疗的方法，包括中医在内。

一年以后，陆锦还是辞世了。白发人送黑发人，陆文夫悲痛欲绝，但为了老伴，陆文夫很快从悲痛中走出来。2003 年 7 月 10 日，他给韩小蕙写信说——

我的小女儿在五月份不幸去世，这对我们全家都是一个沉重的打击。我简直不敢相信这是真的，好好的一个人怎么会突然消失，我的老伴更是悲痛不已，我还要控制着自己去抚慰她。我曾经经历过多种灾难，不过，那些灾难并没有能使我对生的希望破灭。见到老朋友我也没有提起，老朋友们知道了也不提，任何安慰都会引起伤悲。没有办法，人生都是以悲剧来收场的。几十年前我就明白到这一点。

韩小蕙读到这些信，为之心痛。她能做的事，只有宽慰老人家。她写信给陆文夫说："我有个观点，想请您夫人听听有无道理。走到天堂的人是幸福的，只有我们留在人间的人才是痛苦的，在这个意义上，生不如死，死胜于生。所以，请她不要过于悲伤。"

历经坎坷的陆文夫，比老伴坚强。小女儿五月间去世，正赶上《苏州杂志》审稿。副社长刘家昌说："陆老师，这次审稿要不要去你家里？这样你会更方便的。"陆文夫说："不用，一切照常，还是到社里审稿吧。"

《苏州杂志》还要正常办下去。那么老苏州茶酒楼呢？

陆文夫觉得，陆锦虽去世，但酒楼是杂志社的实业，绝对不能停。就将老苏州茶酒楼转包出去了。他熟悉苏州的人脉，此事办起来不难。难的是，如何将老苏州的特色坚持下去？所以，酒楼交接的时候，陆文夫一再对承包人强调，老苏州茶酒楼一定要走传统苏帮菜的路线。

当然，这只是陆文夫的夙愿。到了二十一世纪，苏帮菜其实已在变革，除了老苏州茶酒楼等几家传统的老字号，其余饭店难觅苏帮菜踪迹。大部分饭店，虽挂牌出售"正宗苏帮菜"，实际上并不地道。陆文夫在多篇文章中，讨论过苏帮菜变异的因素。食材质量的下降、烹饪过程的粗放、传统手艺的断层、大锅菜的兴盛、经营理念的异化，使苏帮菜难以发扬光大，所以，陆文夫常常会沉默无语，偶尔叹道："食材变了，不过如此。"

人生到了这个阶段，陆文夫明显感到力不从心。

小女儿去世，失去了精神支柱。加上旧病频发，体弱无力，迈腿走几步都会气喘吁吁，成了实实在在的病人。2004 年 5 月，省文联在苏州苏苑饭店三楼，召开范小青长篇新作《城市表情》研讨会。适逢停电，电梯不开。陆文夫去参加会议，爬楼困难，只能让人背到三楼的会议室。

许多人并不知道，陆文夫在为小女儿询医问药的时候，自己的身体也处在病骨支离的状态。他与外界的联系，常常围绕"医药"话题进行。从 2002 年开始，他和湖州文化学者张建智的通信中，会经常说到一些中医药方，张建智见到好方子也会告诉他，供他治病参考。比如——

2002 年 3 月 1 日来信：麻黄（配四味中药）。

2002 年 3 月 2 日来信：炙麻黄 15 克，桂枝 15 克，厚朴 12 克，光杏仁 12 克，鸬鹚涎丸。

2002 年 3 月 18 日来信：炙麻黄 18 克，射干 15 克，五味子 6 克，细辛 6 克，紫苑 12 克，制半夏 10 克，款冬花 12 克，炙甘草 6 克。

……

所有药物对陆文夫来说，其实都没有太大作用。多年积下的肺气肿，把陆文夫折磨得够呛，他几乎走两步就会大喘，外出开会旅行更不行。最后的两三年，陆文夫跟叶兆言常通电话，话题都由他的身体状况导入，通常说的都是，服用了什么药，效果如何。有时，陆文夫试用了某种进口药，会热心推荐给叶兆言的伯父叶至善，叶至善也是肺气肿。疾病在身的陆文夫，似乎也更关心小辈的健康了，他对叶兆言说："你不要不顾一切，犯不着为写作玩命。"

江南的冬天很难熬。没有暖气，南方就是真正的数九严寒，北风怒吼起来，陆文夫在室内很难受，呼吸也困难。有一次，陆文夫向叶兆言抱怨，空调里散发出来的热风，让他很不舒服。叶兆言性格木讷，不知道如何安慰，只能埋怨气候不好，如果住在北方就会缓解，北方的房间里有热水汀，真正的华南地区也行，干脆气温高一些。一来二去通电话，叶兆言就将陆文夫的病，经常挂在心上。

有一次，叶兆言去上海参加新概念作文大赛评奖，路经苏州，他想到卧病在床的陆文夫，想到空调散发的暖风会让他不爽，突然决定中途下车，直奔苏州的电器店，买了一个暖油汀，送到陆文夫家。陆文夫很吃惊，没想到叶兆言从天而降，会给他送来这个宝贝。事实证明，暖油汀使用起来要比空调舒服。叶兆言说："这是我与陆文夫的最后一次见面。"

许多人在这两年，都和陆文夫有过"最后一次见面"。

作家黄蓓佳说，2004年最热的时候，毕基埃先生（法国出版家）和陈丰（《美食家》法文翻译），想在苏州见一见陆文夫。她就帮他们联系，带他们去了陆文夫家。此时的陆文夫，极瘦，喘得厉害，从楼上缓缓走下来，举步维艰，但思维清晰，谈兴很浓。家中只两个老人，一个保姆阿姨。桌上是中午吃剩的饭菜，用纱罩盖着。楼前小花园里的树木花草，未经修剪，有一点芜杂。这一切，透着世事沉淀的苍凉，也有平凡家居的温暖。这两种感觉是矛盾的，那一天搅和在一起，给黄蓓佳留下了无法磨灭的印象。后来她写道："这是最后一次见到陆老师。"

评论家何镇邦说，2004年冬天，他与何西来一起到无锡，参加十位青年作家的研讨会，顺便到常熟、苏州讲课，听到了陆文夫卧病不起，便托范小青联系陆夫人管毓柔，要去他家探望，遭到管毓柔婉拒。但何镇邦和何西来隐隐感觉，现在不去探望，今后要后悔的，便不顾一切，带了一束鲜花和一些水果，直闯陆宅。他们来到陆文夫病榻前，看到他相当虚弱，但见到老朋友，陆文夫强打起精神，寒暄了近半个小时，才依依不舍作别。何镇邦后来写道："没想到这次见面，竟成了我们的诀别！"

作家白桦说，2003年11月7日，法国驻德国大使克劳德·马丁先生夫妇俩在上海滞留一天。他们打算约白桦一道，来苏州看望陆文夫，却遇上白桦阑尾炎开刀，耽误了行程。临别前，大使夫妇告诉白桦，他们最遗憾的一件事，就是没能和他一起去苏州看望陆文夫，要白桦代他们向陆文夫致意，并转告陆文夫，他的作品在法国有很大影响。

白桦住在上海，对陆文夫的了解比其他作家多。陆文夫迁入新居后，白桦曾来此参观，对陆文夫说："你在侧门外的小河边，系一小舟，闲时就可以双桨齐飞，驶入烟波浩渺的太湖了。"陆文夫说："哎，这的确是个可行的建议。"谁知道多年来，陆文夫从来没有做过，他太忙，又哮喘。白桦觉得，到了晚年，陆文夫进入了化境，一切事务都在深思熟虑中，宁静而恬淡，就像他家黯淡的客厅，充满了柔和的光亮。谈到人与事，陆文夫都会仔细听，却保持缄默。谈到创作，陆文夫好像在抱怨自己："我总是没完没了。"——没想到那次长谈，是他们的最后一次见面。

作家王蒙说，2004年的新年之前，他去苏州拜访陆文夫。陆文夫身体不好，又经历丧女之痛，与老两口交谈时，王蒙只觉得辛酸。陆文夫的待人热情丝毫未减，让王蒙受到了感染，但陆文夫的气色，依然令人担忧。从苏州回来后，王蒙听说陆文夫又住院了，就对作家们说："你们快去苏州，去看看陆文夫吧。"

从维熙说，2005年春节，他和陆文夫通过一次电话。陆文夫声音沙哑，却能听出很兴奋。从维熙说："文夫啊，你要保重身体。"陆文夫答道："我只是行路有些困难，这是哮喘的后遗症。你放心吧，能闯过风雨年代的人，都不是懦弱的人。"之后，还不忘规劝从维熙："你要少吸烟，少喝酒，更不要玩命地敲打电脑键盘了。"从维熙后来写道："不过半年光景，文夫沙哑的声音犹在耳边回荡之际，他竟然悄然而去了。"

美食家逯耀东说，2004年暑天，他与陆文夫见过一次面，这是他们第一次见面，也是最后一次。出生苏州世家的逯耀东，曾在香港、台湾高校任教，是历史学家，也是一位美食家。在台大教书时，开设过"中国饮食史""中国饮食与文学"等课程。退休后带着妻子，走遍中国大江南北，寻找饮食文化源头。旅居苏州时，他到老苏州茶酒楼吃饭，想见见陆文夫，却一直未果。不是时间仓促，就是陆文夫在病中。2004年夏天在陆文夫家中会面时，又赶上他哮喘复发。

那天，陆文夫手扶楼梯，从二楼缓缓走下。陪同的友人说："两岸著名的美食家终于见面了。"

逯耀东笑说："我不是美食家，是馋人。"

坐定后，逯耀东观察陆文夫，头发斑白，面容白净瘦削，说话缓慢斯文。再年轻一点，很像苏州弹词里的书生。聊到老苏州茶酒楼，陆文夫面色黯然。

说："这饭店，原来我小女儿经营。她两年前过世了。"谈到苏州菜，陆文夫一声叹息："世道变得太快，没有什么可吃了。"

中午时分，逯耀东告辞，陆文夫手扶廊壁，送客人出门。此时骄阳正毒，逯耀东回首看了看，陆文夫站在廊下的阴影里，正向他挥手，他觉得那身影，落寞而孤独，甚至有些苍凉。一瞬间，逯耀东想到《美食家》里朱自冶、孔碧霞的饮食生活，颇似没落后的山塘。顾我乐的绝句说："斟酌桥边旧酒楼，昔年曾此数光筹。重来已觉风情减，忍见飞花逐水流。"就是形容这种境况。

逯耀东说："陆文夫是风雅文人，这种风雅遗韵是数百年的文化积累，已经船过水无痕了。如果说周瘦鹃是苏州文人生活最后一人，那么，陆文夫的《美食家》为这种文人生活品位留下一幅夕阳残照。"

离开陆家大院的时候，逯耀东扫一眼墙边的树木，它们长得有些零乱，却还算茂盛。他当然不知道，陆文夫曾用这些树木，形容过人生——

> 樱花种下去了，桂花种下去了，蔷薇是前年插下的，今年也见了花蕾。樱花开在蔷薇的前面，我早晨下床就到窗前看樱花，就像儿时醒来看到了桃花似的。我突然感到，人生是走了一个大圆圈，桃花与樱花呼应，童年与老年碰头，等到两头相遇时，一个圆圈就画圆了，一个句号就形成了。等桃花与樱花见面时，他们会手拉着手向世界谢幕，并对人生作出总结：人呀，没有花的世界是痛苦而寂寞的。

5. 斯人远行

陆文夫又进了医院，时间是 2005 年 2 月。过去他经常住院，但这次不同，住进去再也没有出来。

1944 年，少年陆文夫刚踏进苏州这块土地，就是一个病人。他得了伤寒，是到苏州的姨妈家养病的。后来痊愈，肺病却又伴随他一生。少年时代，父亲不准他喝酒，却允许他抽烟，父亲没想到，抽烟会造成肺疾，甚至危害生命。

去年 10 月，陆文夫住过一次医院。因病毒性感冒，发了高烧，气急气喘，病情较重。经过一段时间的治疗，年底就回家疗养了。他的肺气肿和慢性支气管炎，严重时不能爬楼梯，一爬楼梯就喘得厉害。医生说，他没有其他什么毛病，就是呼吸功能太弱，肺已没有弹性，吸不透，呼不尽，一旦活动或气候不适，就会呼吸困难。

2005年春节，大年初四，陆文夫突发高烧，气喘不止，再次被送进市立医院。当时病情严重，一喘就要大半天，睡在床上不能翻动，一动就喘个不停。医院想了好多办法，病情仍未好转，打了激素才缓和一些，一旦减少剂量，马上反弹。每反复一次，病情就加重一分。陆文夫住院，杂志社的编辑们并不在意，知道他经常住院。陆文夫一住院，员工们就去陪护。陪护要熬夜，很疲惫，却能零距离接触陆文夫。平时见他一次不容易。

这一天，轮到编辑黄恽看护。状态稍好一些，陆文夫就和黄恽聊天。聊着聊着，陆文夫就说："我这个病，是看不好的。"

陆文夫神情黯然，黄恽不知说什么好。

他们也聊快乐的事。聊什么都没有延续性，有一搭没一搭。陆文夫说几句，黄恽会插话问几句。黄恽是个有心人，陆文夫的故事，他想知道更多的细节。陆文夫说故事，他也会作些评论。对故事中的人有兴趣，二人就评论几句。这种交流毫无目的，故事与故事之间也没有联系。有时，黄恽会问些历史上的事，比如二十世纪六十年代，茅盾对陆文夫的评论。陆文夫提到此事，会露出一点笑，发出轻微的"啊呵"声。在曾经的苦难中，茅盾的评价是一种精神支撑。医生来查房，故事就打断了。有时候陆文夫累了，就说："小黄，睡觉吧。"

多年以后，黄恽回忆说："大家轮流值班的日子很累，现在想起来却感觉很短暂，陆老师就这么轻易地走了。原本以为，这样的机会以后还会有很多，现在回过头来看看，却就那么几天。后来他的病愈发重了，他不想说话，整日躺着，然后就一去不回地走了。而我，还想多听他讲讲自己的故事。"

陆文夫住院，是有护工的。杂志社同事来陪护，只是陪他说说话。有熟人相伴，陆文夫心里更踏实。深夜一两点钟，陆文夫通常会醒来，护工为他热一杯牛奶，陪护的同事也会到街上，为他买一块蛋糕，陆文夫一边吃蛋糕，一边和同事聊天。蛋糕很普通，就是油光纸包起来的香草蛋糕，陆文夫吃得津津有味，同事就觉得，陆老师这个"美食家"，看来名不符实啊。黄恽就说："美食家有时是一遍一遍重复自己的喜爱直至自己不爱的孤独者，陆文夫先生就是这样。记得2004、2005年，他进医院后，我们有一阵陪在旁边，他吃的东西也就这些，水果是一只苹果或一只香蕉，晚点心是一块外面西点店里的蛋糕。日常三餐，不过是家里平常的粥饭，他一样吃得很开心，我就没见过他冒出什么美食的遐思，当然也许他是不想叫家属劳累奔忙。"

陆文夫夜里吃蛋糕，被夫人管毓柔知道后，就问："谁买的蛋糕?"

护工说："陆先生的同事。谁陪护谁买。"

管毓柔说："怎么可以花大家的钱？"

陆文夫说："吃点他们的，应该。"

陆文夫病重期间，都是管毓柔做饭。有时候，陆文夫吃不下饭，管毓柔就会很急，老问他："你怎么不吃啊，是不是觉得我做得不好吃呀？"然后回去就改菜谱了。

陆文夫住院后，有时候想给读者回信，管毓柔不想让老头子太累，就替他回信。管毓柔毕业于东吴大学，学历比陆文夫高，当过《苏州日报》编辑。她模仿陆文夫的笔迹，几乎一模一样，陆文夫写小说《毕业了》，里面就有管毓柔的影子。

有一天，轮到杂志社编辑顾俊陪护。半夜时分，陆文夫突然大声说梦话，在梦中拼命地挣扎。顾俊和护工连忙将他唤醒，陆文夫长长吁了一声："好久没做这样的梦了。"

顾俊问："梦到什么了？"

陆文夫说："梦到长江边上，我小时候，十来岁的样子。我一个人在江边上跑，不停地跑，见到了好多人。"

"回家了？"

"回家了，几十年没见过的人都看见了。奇怪。"

然后，陆文夫就坐起来，摇摇头，擦了把汗。吃蛋糕的时候，胃口不再那么好，只吃半个就停下，感到很疲倦。

陆文夫睡下后，顾俊就从病房，穿过一条狭长的走廊，走到外面的院子里。午夜闷热，走廊里日光灯的清辉，似乎弥漫着漂白粉的味道。没有一丝风，只有病人的呓语。隔壁病区，一个生了绝症的老人，一直在无助地哀号："我要回家。"看来，没有一个病人不想回家。

白天的时候，范小青来看望陆文夫。她准备了碧螺春。这茶叶本是她父亲要送来的，范小青坚持自己送，临行仓促，又忘记带在身上。坐在陆文夫床前，范小青说："陆老师，我忘了茶叶，下次给你带来。"

陆文夫笑了一下："不用了，我现在也不能喝茶了。"

范小青一听，觉得问题有点严重。陆文夫的病，以往都是通过烟酒茶来验证的。先是不能抽烟，后来不能饮酒，现在又不能喝茶，这说明，病情在一点点加重。她有些难过，又不想表现出来，就说："陆老师，你是大风大浪闯过来的人，多少大苦大难都经历了，这一次也会好转。茶叶我帮你收着，等你康复后，我再给你带去。"

四月份的时候，范小青和市文联秘书长岑新一道，又去探望陆文夫。她们发现，陆文夫精神好多了。苏州市第六次作代会下个月召开，范小青说："陆老师，我们五月份开会的时候，希望你能到会上来。文友们都想念你，想看看你，想听你说话。"

陆文夫笑说："可能不行了。"

岑新说："陆老师，你肯定行的，你一定能参加我们的会议。"

范小青说："陆老师，你还记得吗？有一次开研讨会，你是坐着轮椅到会的，因为上不了楼，苏童背你上的四楼？还有一次，四个作家帮你抬着轮椅进会场。你喷着止喘的药剂，还作了长篇发言。那次讲得可好了，情到深处，都刹不了车，完全忘记了自己的病。这次怎么就不行了？肯定行的！"

一旁的护工说："看这情况，五月一日能出院了。"

这天，评论家黄毓璜前来探望陆文夫。他和两位省作协的老领导，一道从南京赶来，在医院门口想买点水果，谁知车子刚停下，警察便走过来"开票"。黄毓璜顺口说了句："对不起，款照罚，我们急于去看病人陆文夫，请允许我们买好水果。"不料"陆文夫"三个字一出口，警察愣了一下，竟合上票本扬长而去。

在病房，黄毓璜将此事告诉陆文夫，陆文夫笑了："还有更有趣的。"便讲了一件冒充他家眷而让罚款的交警不了了之的事。

陆文夫聊天的时候，精神状态不错，但人已变形。他的脸本来很瘦，长期卧床，加上药物治疗，就有点虚肿，鼻子里还插着氧气管。看到这种情形，大家很难过，有一种不祥的预感。记者韩小蕙说："他的病况已经非常严重了，由于不得不大量使用激素，他的全身都已经水肿，本来瘦脸、细腿的他，此时已经肿得变了形；手、胳膊上的毛细血管扩张，也淤血凝成大片大片的紫色，令亲朋好友不忍端详，但当亲人们、文友们、领导们问他有什么困难，有什么要求时，他还是那么淡淡的几个字，'没什么，我挺好的，谢谢。'"在亲友面前，陆文夫一直努力表现出乐观、幽默和诙谐。

5月5日，市委书记王荣来医院看望他。在病床前，陆文夫显得信心满满："我没事，我是三次过江的人。"他说，第一次过江是1945年，从家乡泰兴过江，到苏州来读书，毕业后投身了革命；第二次是1949年，随军渡江到苏州，在新华社苏州支社当了记者；第三次是党的十一届三中全会以后，从下放所在地射阳再次过江，回到苏州从事文学创作。

王荣说："陆老师，你的经历很坎坷，你对国家的贡献也很大！"

聊着聊着，王荣发现陆文夫和其他人讲话，用了方言，就问："你会讲苏州话？"

一旁的刘家昌说:"陆老师会讲苏州话。"

王荣说:"你这个'陆苏州'果然名副其实!"

陆文夫同别人说话,虽强打精神,但他知道自己形容憔悴,所以到了最后,他拒绝别人探望,更拒绝拍摄照片。之前,摄影师祁金平上他家里,为他拍过不少照片。这天送照片到他家,准备再拍一些生活镜头,按响门铃后,满眼泪花的管夫人走出来,祁金平才知道陆文夫正在医院抢救,连忙赶往病房,想为陆文夫拍几张病榻上的照片,却被婉拒。祁金平瞬间明白了,陆文夫想给人们留下一个好形象。

陆文夫注重形象,是个性使然,作家叶兆言最清楚。陆文夫是他父亲叶至诚的挚友,交往数十年,老哥几个的性格脾气,叶兆言摸得一清二楚。叶兆言说:"陆文夫和父亲一样,表面上和和气气,其实是个很有架子的人,内心十分骄傲,一点都不愿意低调。《探求者》的作家们,眼光一个个都很高,都牛。"他说陆文夫:"即使是最落拓时,也仍不失为一个翩翩公子。高晓声和方之,还有我父亲,都属于那种不修边幅的人,就算是成功了,也仍然一副潦倒模样。陆文夫不是这样,用今天时髦的话说,他一直是位帅哥,一直相貌堂堂很有风度。"

有风度的人,当然不甘心黯然谢幕。

从2004年秋天开始,陆文夫就开始做一些后事。先是编好了自己的五卷文集,自备二十万元出版费。打电话喊来王稼句,说:"我的作品,就是这些了,江苏想出,上海也想出。散文集我答应给上海,就让上海出吧;《美食家》就给古吴轩。周晨设计得好,他设计的《蓝调江南》,真是漂亮。"

王稼句一听这话,心头掠过一丝阴云。陆老师不会给自己作总结吧?

陆文夫说:"《美食家》做成插图本吧,这样可以厚一点。"

王稼句问:"请谁来画,线描的似乎好一点?"

陆文夫说:"就让张晓飞来画吧,有点水墨的味道。"说罢,他拿出一张磁盘:"我校过一遍了,也不用植字了。"

陆文夫让张晓飞画插图,是因为二十世纪八十年代,张晓飞为他的小说《小贩世家》配过插图。那篇小说发在1980年第一期《雨花》上,两人因此结识。张晓飞接到《美食家》任务后,花了两个月时间,画成三十幅插图,陆文夫看后很满意。

然而,书出得很慢,陆文夫再进医院,两本书还没有面世。第二年开春,王稼句约上平燕曦,一起到医院探望陆文夫,进了病房,简直认不出他了,头发很长,面孔泛红,肿得厉害。王稼句说:"陆老师,对不起啊,书出得迟了。不过,也很快可以见到了。"

若按平常，陆文夫一定会说"不急不急"，但这次只是点点头，苦笑一下。离开病房，管毓柔跟出来，在走廊里伤心地说："老陆出不来了。"王稼句和平燕曦听了有些伤感，就到外面抽起了烟，沉默许久。

四月份，上海文艺出版社的《深巷里的琵琶声：陆文夫散文百篇》送到苏州。这本书参加了天津的全国书市。陆文夫躺在病床上，抚摸这部五十多万字的新书，一次又一次跟家人说，封面他喜欢，版式他喜欢，装帧风格他也喜欢。

这天，陶文瑜和小海来医院探望。两位年轻作家见陆文夫吸着氧，半躺在病床上，形销骨立，有气无力，就有点心疼。看到床边有一些文稿，陶文瑜说："陆老师，你不要再看稿子了。"

陆文夫摆摆手："不看了，不看了，看不动了。"

话是这么说，但他的脑子里，还在操心这本杂志。六月底，陆文夫请文联通知朱红，让他来一趟医院。已经退休的朱红，正在撰写《话本苏州简史》，爬梳历史，自得其乐，除了拿工资，杂志社也不去了，与陆文夫更是难得见面。陆文夫住院后，他想约几个文友去探望，听说陆文夫不能多说话，要静养，不宜见客，也就没有去。这次陆文夫点名让他来，正是看望他的好机会。

这天，刘家昌陪朱红一起来到医院，陆文夫示意朱红坐近，握住他的手说："我已无力看稿，但杂志不能停顿，希望你能代我终审。"

朱红一听是此事，没有立刻应下，就说："我手头的苏州史稿尚未完工。你看某某或者某某，都可以为你代看稿子。"

陆文夫说："他们是远水近火。你干过十年，熟门熟路。你忙，可以在家看稿。"

陆文夫说话时，显得很费力。由于不停地挂水，脸已浮肿变形。在这种情形下，依然考虑杂志的运转，让朱红一阵感动。朱红忘记病房不能喧哗，大声说："老陆你放心，我一定抽空代你看几期，等到你康复！"

陆文夫露出了高兴的神情："恐怕你要看下去了。你编好后，只要把目录念给我听听，就行了。"

次日，朱红来到杂志社编辑部，发现下期文稿的大部分，已由陆文夫签发，只是缺纪念抗战胜利六十周年的内容，就作了这方面的补充。

七月初的苏州，天很热，画家贺野的电话响了。妻子拿起话筒一听："是陆文夫！说你的文章很好，要发表。要你接电话。"

贺野接过电话，听到了低哑、短促、时断时续的喘息声，依稀夹着"文夫""苏州美术……"等句子。之后声音便断了，说什么也没听清。贺野后来明白，陆文夫和他谈的，是他年初寄给《苏州杂志》的一篇稿子，题目是《认识这佛罗伦萨》。他用欧洲文艺复兴的名城,来阐明苏州美术的历史地位,呼吁人们重视它。他和谢孝思生前约好,共同为此奋斗。没想到陆文夫在病中,还在认真审阅他的稿子。陆文夫过去夸过他的文笔:"一个画画的,文章居然能写得这样好!"贺野至今洋洋自得。

这篇稿子,后来发在 2006 年第一期《苏州杂志》。

7 月 7 日,朱红将下期杂志编完,打好目录拿到医院,向陆文夫报告,却遭到医生阻拦。医生说:"这几天老陆的情况不好,绝对不可打扰!"

7 月 8 日,古吴轩出版社的插图版《美食家》样书,送到了医院。下午四点,王稼句约张晓飞、周晨和《苏州日报》记者高琪,一起来到病房。此时,陆文夫侧卧在床上,嘴上套着呼吸机。

王稼句说:"陆老师,给你送书来了。"随即蹲在床边,取出书让他看。

陆文夫的眼睛,像过去一样炯炯有神,盯着书看,又盯着王稼句看,似乎想说些什么。王稼句抚摸着陆文夫红肿的手,又和他说了样书和版税的事。这天,周晨、高琪都带着相机,本想给陆文夫照张相,看他病成这样,就没忍心。

临走,王稼句说:"陆老师,过几天我再来看你。"

第二天上午,王稼句正在书店翻书,手机响了,周晨告诉他:"陆文夫先生走了,今晨六时许。"

王稼句不相信,问:"哪来的消息?"

周晨说:"报社。"

王稼句还是不敢相信,打电话给范小青,范小青确认了这个消息。顿时,王稼句心里空空荡荡。昨天一见,竟是诀别,真是做梦也没有想到。

13 日上午,大家冒着细雨,到殡仪馆送别陆文夫。在摆满的花圈上,看到了温家宝、李长春、刘云山、巴金……一连串名字。在现场还看到,上海作家陈村拄着拐杖,在王安忆搀扶下向陆文夫告别。陈村送的花圈,是他一个人扛着,佝偻着腰,从上海坐火车到苏州,亲自送到陆文夫灵堂的。花圈的幡纸上,一边写着"陆文夫老师千古",一边写着"晚辈陈村敬挽"。叶兆言在现场热泪盈眶,说:"四五个月前,我曾到苏州看望过陆老先生,那个时候他很瘦,可是今天再见到他,他的脸已经完全肿了……"

黄毓璜从南京赶来向陆文夫告别。他这样描述现场:"细雨淅沥,灵堂的里里外外挤满了人,不只有官员、生前友好,更有不少向记者自陈跟老陆素不相识的读者。联想之下,感慨系之,苏州警民对老陆关爱若此,说明的已经不只是文学的力量。老陆创造一生,临了终究未能如我们期盼过的那样,再创造一次属于他自己生命的奇迹,然而,他该是走得坦然的:他走之先已然留下了他生命的重量，留下了将长照并滋养后人的文格和人格的力量。"

陆文夫临终前，一直记挂着张成。省作协领导来医院，陆文夫就向他们打听张成。张成是省作协司机，爱好收藏作家手稿，遗体告别这天，他特意带着两份收藏的陆文夫手稿，来到灵前忍不住痛哭，悔恨自己没能见上陆先生最后一面。

张成说，多年前，他是通过叶兆言的父亲叶至诚，认识了陆文夫："那个时候，我应该算是杂志社里最小的人物了，负责开车、接待，陆老先生也是个美食家，平时特别爱喝酒，每次到南京来，都要来找我，每次我都控制着他的酒量，因为管阿姨交代过，不能让陆先生喝多，所以，一看情形不对，我就抢着替他喝了。常常是，他没醉，我先醉了。"

听陆家人说，陆文夫临终还记挂着他，张成落泪了："我真是后悔呀，没能去看他老人家最后一眼。"张成后来写道："我来了，他却走了，走得那么远，那么远，我站在他的遗体旁，深深地鞠了三个躬。"

告别陆文夫当天，外地朋友来苏看望王稼句。晚间吃酒的气氛很闷。喝着喝着，王稼句就醉了，呓语连连："苏州没有人啦，苏州没有人啦……"

听闻陆文夫逝世，贺野很震惊。两三天前，陆文夫还用微弱的声音，和他说稿子，那声音至今回响耳畔，怎么一眨眼人就没了？贺野觉得自己很荣幸，陆文夫已在死神怀抱挣扎，弥留之际还想着他的稿子，不仅体现了五十多年的友情，陆文夫也在用一种特殊方式和他永诀，是他面对死亡的生命呐喊。贺野后来写道："陆文夫不仅是'陆苏州'，更是一个伟大的战士和作家。"

范小青说："消息传到时，一阵酸楚袭来，我闷顿了很长时间，说不出一句话来。在这个炎热的夏天，心底深处升起一股冰冷的寒意：死神还是来了。陆老师和我们大家齐心协力，竭尽全力地抗拒它的到来，但它终究还是来了。"

陆文夫去世，老友范培松很难过。他说："2005 年的夏天，真热，热得有些令人窒息。就是在这窒息的炎热中，陆文夫走了。他长期为肺气肿折磨，我一直天真地想，这种呼吸系统的疾病，冬天应该是它的敌人。谁能料到，恰恰在这炎热的夏天，他悄然地走了。"之后，范培松痛彻心扉地说——"我恨今年那令人窒息的夏天！"

陆文夫逝世这天，作家叶文玲正在西藏采风。刚登上带有海拔标志的米拉山口，有一个藏族妇女向她出售雪莲花，正想掏钱，手机响了。她很惊异，这几天手机时有时断，信号极差，今天在这山口，却如此锐响！是一条短信，说陆文夫去世了！她惊呆了，手中的雪莲花颓然落地，转身再拨手机，想问个明白，可信号一点都没有。她茫然看着苍天，原本湛蓝如洗的米拉山口，这会儿天灰如铅，乱云飞渡。一团灰暗的云，仿佛霎时钻入心口。

叶文玲凝视着手中的两小束雪莲花，取出其中一支，面朝东方，艰难地弯腰拨土，插了了湿润的山冈上。放牧的藏女讶然望着她，笑容也凝固了。乘坐的汽车轰鸣开动了，叶文玲坐在车窗边，回望身后的山冈，只见头顶上云絮如飞，灰暗依旧……

听到陆文夫去世的消息，作家李国文想到一件往事。

有一年，他来到苏州，陆文夫陪他看风景。走累了，想喝茶，找到一个普通的茶摊，竹椅摇晃，茶碗粗砺，茶汤混浊，并不是一个理想的喝茶环境。旁边是大排档的锅碗瓢盆，小商贩的放肆叫卖；路上是过往行人的拥挤堵塞，手扶拖拉机的招摇过市。上山的善男信女，香烛纸马，一脸虔诚；下山的时髦青年，勾肩搭背，燕燕莺莺。这一切，很让李国文头大。陆文夫正相反，总有一份平常心，坦然、泰然、怡然，哪怕眼前是市声与尘嚣。在茶水升腾中，陆文夫似乎更关注天空的白云苍穹。李国文突然觉得，陆文夫这种通脱于物外的悟解，正是时下狷急文人所不能体味的。再饮茶时，就有了顿悟：夕阳西下，晚风徐来，茶虽粗，却有野香，水不佳，但系山泉。顿时把眼前的纷扰、混乱、喧嚣、嘈杂，统统置之脑后，在归林的鸦噪声中，竟生出"天凉好个秋"的快感。

李国文后来写道："茶这个东西，使人清心、沉静、安详、通悟。如果细细品味这八个字，似乎可以把握一点文夫的性格。茶能成为人最后的朋友，是由于它不近不远，不浓不淡，不即不离，不亲不疏。君子之交淡若水，所以说，茶者，君子也。如果，懂得了茶的性格，也就了解文夫一半。"

听闻陆文夫逝世，作家从维熙说："文夫是个有中国良心的作家，就像他在笔架山前的自白一样，他的一生中没有留下一丝蝇营狗苟之肮脏，在文坛的过去和人文分离成了时尚的今天，文夫都做到了无愧于心！因而他去的地方，是天穹之上的天堂。"

王蒙听到噩耗，泪水在眼里打转。近几年，老友接二连三离世，让他悲痛不已。现在陆文夫又走了，实在接受不了，提笔哭诉说："五十年代崭露头角的作家正在凋零，张弦早就走了，刘绍棠也没有了，还有老的，病的，不写了的……我曾经十分感叹一些文学老人的离去，现在轮到自己这一辈人了。我能说什么呢？陆文夫是个好人，好作家，好朋友，好兄长啊……"

陆文夫逝世的那几天，冯骥才一直不想出门，在家中不停地作画。不知不觉，一连画了三四幅水墨的江南水乡。妻子说："你这几幅江南水乡，意境很特别。静得出奇，却很灵动，似乎有一种绵绵的情味。"

冯骥才听了一怔。想了想，他明白了——

他想念陆文夫了。

参考文献

第一章　故乡童年

章品镇：《陆文夫与他那"锁着的箱子"》，《读书》1984 年第 9 期。

陆文夫：《花开花落》，《随笔》1992 年第 5 期。

顾俊：《回家》，《苏州杂志》2010 年第 4 期。

陆文夫：《绿色的梦》，《深巷里的琵琶声：陆文夫散文百篇》，上海文艺出版社 2005。

陆文夫：《故乡情》，《寻根》1997 年第 6 期。

陆文夫：《姑苏菜艺》，《中国烹饪》1988 年第 5 期。

陆文夫：《吸烟与时髦》，《深巷里的琵琶声：陆文夫散文百篇》，上海文艺出版社 2005。

陆文夫：《得壶记趣》，史俊棠等《紫砂春秋》，文汇出版社 1991。

陆文夫：《上黄山》，《深巷里的琵琶声：陆文夫散文百篇》，上海文艺出版社 2005。

陆文夫：《随笔之笔》，郑法清等《中外散文选萃（第二辑）》，百花文艺出版社 1991。

陆文夫：《奢谈读书》，《深巷里的琵琶声：陆文夫散文百篇》，上海文艺出版社 2005。

陆文夫：《乡曲儒生》，《人民教育》1987 年第 9 期（原题《我的塾师》）。

陆文夫：《要有点"戆"》，《曲艺》1990 年第 1 期（原题《搞艺术的人，要有点"戆"：评弹艺术漫话》）。

陆文夫：《难忘的靖江夹港》，《深巷里的琵琶声：陆文夫散文百篇》，上海文艺出版社 2005。

黄悻：《陆文夫先生的"好吃"》，天涯名博"黄悻的博客"2012-12-10。

陆文夫：《你吃过了吗?》，《深巷里的琵琶声：陆文夫散文百篇》，上海文艺出版社 2005。

陆文夫：《写在〈美食家〉之后》，《中篇小说选刊》1983 年第 4 期。

陆文夫：《吃喝之外》，《散文百家》2003 年第 22 期。

陆文夫：《壶中日月》，《壶中日月》，春风文艺出版社 1995。

吴强：《醉话》，吴祖光《解忧集》，中外文化出版公司 1988。

老烈：《三杯过后》，吴祖光《解忧集》，中外文化出版公司 1988。

陆文夫：《忆朱砚馨同学》，《深巷里的琵琶声：陆文夫散文百篇》，上海文艺出版社 2005。

石湾：《陆文夫与扬陌学塾》，《文艺报》2010 年 2 月 8 日。

金瑾同：《扬陌学塾往事摭拾》，印象泰兴网 2018-09-18。

第二章　爱上苏州

陆文夫：《微弱的光》，《钟山》1985 年第 5 期。

陆文夫：《姑苏之恋》，《北京文学·精彩阅读》2001 年第 10 期。

范培松：《陆文夫传》，徐采石《陆文夫作品研究》，中国文联出版公司 1987。

陆文夫：《梦中的天地》，《艺术世界》1981 年第 5 期（原题《深巷·小庭·人家》）。

陆文夫：《苏州漫步》，《中国青年报》1961 年 10 月 28 日。

陆文夫：《青菜与鸡》，《秋钓江南》，东方出版社 1998。

陆文夫：《深巷里的琵琶声》，《壶中日月》，春风文艺出版社 1995。

陆文夫：《门前的茶馆》，《秋钓江南》，东方出版社 1998。

二马：《故纸堆日志之十二》，《苏州杂志》2014 年第 6 期。

陆文夫：《道山亭畔忆旧事》，《苏中教育》1980 年第 1 期。

陆九如等：《一生——陆文夫先生逝世周年》，《苏州杂志》2006 年第 4 期。

陆文夫：《文化沧浪宜人居》，《人民日报》2004 年 2 月 6 日。

陆文夫：《多读书，多感受》，《语文教学通讯》1981 年第 2 期。

陆文夫：《鞋的记忆》，《初中生》2012 年第 23 期。

陆文夫：《致陈村的信》，《苏州杂志》2008 年第 4 期。

陆文夫：《美食家》，《收获》1983 年第 1 期。

陆文夫：《答〈中国文学〉》，《壶中日月》，春风文艺出版社 1995。

陆文夫：《由〈小贩世家〉等谈创作体会》，《苏州大学学报》1984 年第 3 期。

陆文夫：《深巷又闻卖米声》，《人民文学》1999 年第 2 期。

陆文夫：《一九七八年优秀短篇小说作者答本刊编者问（三）》，《语文教学通讯》1979 年第 6 期。

第三章　文学探求

陆文夫：《身上冷，腹中饥》，《秋钓江南》，东方出版社 1998。

范培松：《陆文夫传》，徐采石《陆文夫作品研究》，中国文联出版公司 1987。

陆文夫：《鞋的记忆》，《初中生》2012 年第 23 期。

陆文夫：《燕鹤之乡》，柯蓝等《当代中国散文擂台赛作品选》，漓江出版社 1991 年。

陆九如等：《一生——陆文夫先生逝世周年》，《苏州杂志》2006 年第 4 期。

陆文夫：《美食家》，《收获》1983 年第 1 期。

倪晓英：《不一样的是经历，一样的是精彩》，《苏州日报》2005 年 7 月 10 日。

朱红梅：《记忆连环画》，《苏州杂志》2008 年第 2 期。

黄恽：《往事有余悲》，天涯名博"黄恽的博客"2006-10-12。

刘放：《与苏州的"外来者"陆文夫聊天》，《解放日报》2019 年 8 月 8 日。

陆文夫：《我的记者生涯》，《陆文夫文集》（第五卷），古吴轩出版社 2006。

尤玉淇，石青：《当年》，《苏州杂志》2009 年第 2 期。

陆文夫：《寒窗梦不成——纪念费新我先生诞辰一百周年》，《书法世界》2003 年第 11 期。

阿坤：《百年苏纶》，苏州大学出版社 2016。

陆文夫：《回太仓》，《陆文夫文集》（第四卷），古吴轩出版社 2006。

陆文夫：《吃喝之外》，《散文百家》2003 年第 22 期。

陆文夫：《答〈中国文学〉》，《壶中日月》，春风文艺出版社 1995。

祁金平：《最后的拍摄》，《苏州杂志》2010 年第 4 期。

陆文夫：《姑苏之恋》，《北京文学·精彩阅读》2001 年第 10 期。

陆文夫：《〈小巷深处〉的回忆》，《萌芽》1983 年第 5 期。

陆文夫：《安居》，《人民日报》1997 年 3 月 6 日。

陆文夫：《曲终不见人》，《深巷里的琵琶声：陆文夫散文百篇》，上海文艺出版社 2005。

王世德：《评短篇小说〈荣誉〉》，《新华日报》1956 年 3 月 26 日。

陈安：《向方巧珍同志学习》，《新民报晚》1956 年 5 月 3 日。

巴金：《在建设社会主义文学的旗帜下胜利前进！——在中国作协上海分会第二次大会上的报告》，《文艺月报》1956 年第 6 期。

徐采石，金燕玉：《陆文夫的艺术世界》，四川文艺出版社 1988。

陆文夫：《荣誉》，新文艺出版社 1956 年 3 月。

陆文夫：《荣誉》，江苏人民出版社 1956 年 6 月。

王稼句：《花船遗韵》，《姑苏食话》古吴轩出版社 2014。

陆文夫：《微弱的光》，《钟山》1985 年第 5 期。

石湾：《陆文夫受茅盾先生赞赏前后》，《中华读书报》2012 年 6 月 27 日。

陆文夫：《风雨中的一枝花》，《雨花》1987 年第 3 期。

傅晓红：《穿红着绿》，敦煌文艺出版社 2014。

陆文夫：《心香一瓣祭程小青》，《江海学刊（文史哲版）》1985 年第 6 期。

刘郎：《苏园六纪》第四集《蕉窗听雨》（电视文化艺术片）。

陆文夫：《起步在上海》，《小说界》1998 年第 1 期。

陆文夫：《一代人的归来》，《深巷里的琵琶声：陆文夫散文百篇》，上海文艺出版社 2005。

章品镇：《陆文夫进出文坛记》，《书缘未了》，南京师范大学出版社 2008。

从维熙：《别了，江南秀士！》，《今晚报》2005 年 7 月 15 日。

叶至诚：《老陆的苦》，《至诚六种》，人民文学出版社 2011。

黄恽：《医院里的陆文夫》，《苏州杂志》2019 年第 1 期。

黄恽：《〈探求者〉的命运》，《文史精华》2002 年第 11 期。

陆文夫：《上黄山》，《深巷里的琵琶声：陆文夫散文百篇》，上海文艺出版社 2005。

凤章：《琐忆往事悼文夫》，王蒙等《永远的陆文夫》，上海远东出版社 2006。

陈椿年：《意见与希望》，《雨花》1957 年第 7 期。

陆文夫：《又送高晓声》，《收获》1999 年第 5 期。

叶至诚：《忆方之》，《至诚六种》，人民文学出版社 2011。

周根红：《"探求者"文学社团的酝酿：批判与平反过程》，《钟山风雨》2011 年第 6 期。

巴金：《悼方之同志》，《上海文学》1980 年第 1 期。

本刊记者：《文艺界两条路线斗争在深入进行中》，《雨花》1957 年第 11 期。

姚文元：《论"探求者"集团的反社会主义纲领》，《文艺月报》1957 年第 12 期。

姚蓬子：《姚蓬子脱离共产党宣言》，《中央日报》1934 年 5 月 14 日。

姚文元：《分清是非，划清界限》，《文艺报》1955 年第 1、2 期合刊。

姚文元：《教条和原则——和姚雪垠先生讨论》，《文汇报》1957 年 2 月 6 日。

姚雪垠：《惠泉吃茶记》，《新观察》1956 年第 17 期。

毛泽东：《这是为什么?》，《人民日报》1957 年 6 月 8 日。

石花：《资产阶级个人主义的赞美诗——评〈平原的颂歌〉》，《雨花》1958 年第 8 期。

邨夫：《从创作实践看"探求者"同人的反党面貌》，《雨花》1957 年第 11 期。

赵自：《从"探求"到被俘——揭发反党分子陆文夫二三事》，《萌芽》1957 年第 23 期。

陆文夫：《送鲍昌归去》，《文汇报》1989 年 3 月 23 日。

陆文夫：《壶中日月》，《壶中日月》，春风文艺出版社 1995。

范小青：《梅汝恺和我们》，《文学自由谈》1987 年第 1 期。

第四章　姑苏冷暖

陆文夫：《一滴何曾到九泉——悼凡一》，《苏州杂志》2000 年第 2 期。

李巨川：《探求，从底层重新开始——基层生活与陆文夫的创作》，徐采石《陆文夫作品研究》，中国文联出版公司 1987。

章品镇：《陆文夫进出文坛记》，《书缘未了》，南京师范大学出版社 2008。

贺沂沂、陈曦、王颖：《陆文夫在南京走出低谷》，《金陵晚报》2005 年 7 月 19 日。

陆文夫：《微弱的光》，《钟山》1985 年第 5 期。

梅汝恺：《〈葛师傅〉，念文夫》，王蒙等《永远的陆文夫》，上海远东出版社 2006。

范培松：《为"梦中的天地"辛勤耕耘的"文化志士"》，王蒙等《永远的陆文夫》，上海远东出版社 2006。

陆文夫：《壶中日月》，《壶中日月》，春风文艺出版社 1995。

宋词：《悲欢都在忧患里——与陆文夫的半生交》，《钟山》2011 年第 1 期。

范伯群：《感怀与文夫谈艺》，王蒙等《永远的陆文夫》，上海远东出版社 2006。

宋词：《怀文夫（八首）》，王蒙等《永远的陆文夫》，上海远东出版社 2006。

阿坤：《百年苏纶》，苏州大学出版社 2016。

二月：《苏州老宅》，《苏州杂志》2016 年第 1 期。

凤章：《琐忆往事悼文夫》，王蒙等《永远的陆文夫》，上海远东出版社 2006。

张永久：《断肠人在天涯——为范烟桥自定年谱〈驹光留影录〉补白》，《书屋》2010 年第 3 期。

张永久：《江南才子就这样走过一生》，《长江文艺》2013 年第 4 期。

陆文夫：《吃喝之道》，《深巷里的琵琶声：陆文夫散文百篇》，上海文艺出版社 2005。

骆昌芹：《凤尾虾仁》，《分忧》2012 年第 8 期。

陆文夫：《心香一瓣祭程小青》，《江海学刊（文史哲版）》1985 年第 6 期。

周允中：《程小青赠诗我父周楞伽》，《苏州杂志》2003 年第 4 期。

文佐：《在"茧庐"听程小青先生说侦探小说》，《苏州杂志》2014 年第 1 期。

华永根：《细说：细露蹄髈》，《苏州吃——老苏州的味道》，古吴轩出版社 2019。

章品镇：《花木丛中人常在——记周瘦鹃》，《花木丛中人常在》，三联书店 1997。

胡毓菁：《周瘦鹃的紫兰小筑》，中国江苏网 2017-06-22。

黄恽：《情哀周瘦鹃》，《文史精华》2005 年第 4 期。

王锡麒：《芝兰堂闲话六》，《苏州杂志》2016 年第 6 期。

周瘦鹃：《花木之癖》，《花前琐记》上海文化出版社 1956。

周瘦鹃：《记义士梅》，《花前琐记》上海文化出版社 1956。

施叔青：《陆文夫心中的园林》，《人民文学》1988 年第 3 期。

蔡登山：《周瘦鹃：一生低首紫罗兰》，《花前续记》，江苏人民出版社 1956。

包天笑：《钏影楼回忆录续编》，香港大华出版社 1973。

王染野：《响竹斋散墨》，百花文艺出版社 1999。

周瘦鹃：《寄亡友梅兰芳同志》，《戏剧报》1961 第 Z6 期。

刘铁群：《〈礼拜六〉作家群的生态与心态》，《广西师范大学学报（哲学社会科学版）》2006 年第 4 期。

周瘦鹃：《吃看并记（二）》，《上海画报》1927 年 11 月 18 日。

陆文夫：《得壶记趣》，《文学报》1999 年 8 月 26 日。

赵彦卫：《云麓漫钞》卷五（丛书集成初编本），商务印书馆 1936。

胡仔：《苕溪渔隐丛话后集》卷二十四，乾隆刻本。

李渔：《闲情偶寄》卷十二（影印康熙刻本），江苏广陵古籍刻印社 1991 年。

陶慕宁：《从"宋嫂鱼羹"到"花边月饼"——宋以来笔记所载饮食之文化情趣撷谈》，《文学与文化》2013 年第 2 期。

陈建华：《〈礼拜六的晚上〉序》，《礼拜放的晚上》，上海书店出版社 2011。

陆文夫：《有用与有趣》，《文汇报》1997 年 5 月 19 日。

刘振华、董尧、童笑瓴：《文夫兄，你走好！——沉痛悼念陆文夫先生》，《雨花》2005 年第 10 期。

陆文夫：《给〈文艺报〉编辑部的一封信——谈在工厂参加劳动的情况和体会》，《文艺报》1964 年第 6 期。

欧阳文彬：《葛师傅》，《文艺报》1961 年第 4 期。

茅盾：《读陆文夫的作品》，《文艺报》1964 年第 6 期。

施冠千：《陆文夫小说人物创造漫谈》，《雨花》1961 年第 11 期。

范伯群：《年轮——陆文夫今年发表的五个短篇》，《雨花》1961 年第 12 期。

陈辽：《看了陆文夫的近作想到的》，《雨花》1961 年第 12 期。

包文忠：《革命文艺是促进革命化的武器——读〈棋高一着〉和〈责任〉》，《雨花》1964 年第 5 期。

陈辽：《生动鲜明的工人阶级风貌——评陆文夫同志的几篇小说》，《新华日报》1962 年 7 月 8 日。

曾文渊：《永远保持工人阶级的本色——读〈二遇周泰〉》，《新华日报》

1963 年 3 月 29 日。

　　钟桂松：《茅盾与陆文夫》，《苏州杂志》2020 年第 2 期。

　　茅盾：《短篇创作三题——答青年作者问》，《人民文学》1963 年第 10 期。

　　石湾：《茅盾先生与陆文夫》，《文学报》2012 年 7 月 12 日。

　　黄珍平：《茹志鹃与〈百合花〉的风波》，《广西教育》2006 年第 Z3 期。

　　陆九如等：《一生——陆文夫先生逝世周年》，《苏州杂志》2006 年第 4 期。

　　申铁豹：《〈平原的颂歌〉唱的是什么歌》，《文汇报》1964 年 12 月 23 日。

　　关山苍：《这是什么样的对头星——评陆文夫短篇小说〈对头星〉》，《新华日报》1965 年 5 月 19 日。

　　林尽弘：《一个被严重歪曲了的工人形象——评陆文夫的短篇小说〈荣誉〉》，《新华日报》1965 年 3 月 22 日。

　　江文军：《错误的创作倾向和错误的道路——评陆文夫的几篇短篇小说》，《新华日报》1965 年 2 月 9 日。

　　叶至诚：《老陆的苦》，《至诚六种》，人民文学出版社 2011 。

　　宋词：《我的歌台文坛》，上海辞书出版社 2011。

　　黄恽：《往事有余悲》，天涯名博"黄恽的博客"2006-10-12。

　　陆文夫：《姑苏之恋》，《北京文学·精彩阅读》2001 年第 10 期。

　　李婷：《世界这么大，他只写苏州》，《姑苏晚报》2009 年 5 月 4 日。

　　朱熙钧：《酒·外国铜匠·陆文夫》，本社编《名人生活》，上海文化出版社 1992。

　　廖群：《范烟桥传略（上）》，《苏州杂志》2004 年第 2 期。

　　张兆星：《我记忆中的范烟桥先生》，《名人传记（上半月）》2011 年第 15 期。

　　黄恽：《关于周瘦鹃之死》，《万象》2005 年第 6 期。

　　黄恽：《谈周瘦鹃之死》，《古色异香》海豚出版社 2012。

　　阿坤：《陆文夫的一些雅号》，《人民日报·海外版》2005 年 11 月 3 日。

　　柳成荫：《陆文夫先生的"四好"》，中吴网"柳成荫的个人空间"。

　　陆文夫：《秋钓江南》，《秋钓江南》，东方出版社 1998。

　　陆咸：《五十五年的闪回》，陆九如等《一生——陆文夫先生逝世周年》，《苏州杂志》2006 年第 4 期。

　　沈文进：《难忘同舟过长江》，陆九如等《一生——陆文夫先生逝世周年》，《苏州杂志》2006 年第 4 期。

第五章　闲云野鹤

陆九如等：《一生——陆文夫先生逝世周年》，《苏州杂志》2006年第4期。

陆文夫：《花开花落》，《随笔》1992年第5期。

陆文夫：《身上冷，腹中饥》，《秋钓江南》，东方出版社1998。

魏列伟：《陆文夫先生在苏北》，《苏州杂志》2020年第4期。

章品镇：《陆文夫进出文坛记》，《书缘未了》，南京师范大学出版社2008。

李巨川：《探求，从底层重新开始——基层生活与陆文夫的创作》，徐采石《陆文夫作品研究》，中国文联出版公司1987。

宋词：《寄文夫》，《苏州杂志》2007年第4期。

鲁枢元：《寻找仓米巷》，《东方艺术》2011年第S2期。

宋词：《我的歌台文坛》，上海辞书出版社2011。

陆文夫：《壶中日月》，《壶中日月》，春风文艺出版社1995。

朱熙钧：《酒·外国铜匠·陆文夫》，本社编《名人生活》，上海文化出版社1992。

裴艺元：《陆文夫在射阳》，《射阳日报》2018年8月11日。

陆文夫等：《写写文章的人（上）》，《苏州杂志》2009年第4期。

陆文夫：《创作靠"两条腿"》，《文汇报》1984年9月3日。

陆文夫：《上黄山》，《深巷里的琵琶声：陆文夫散文百篇》，上海文艺出版社2005。

陆文夫：《后有来者——记青年演员王芳》，《人民日报》1995年3月29日。

陆文夫：《心香一瓣祭程小青》，《江海学刊（文史哲版）》1985年第6期。

张永久：《构筑迷宫的人》，《长江文艺》2013年第5期。

黄恽：《程小青探案》，《苏州杂志》2010年第5期。

余继堂：《陆文夫在盐城》，陆九如《一生——陆文夫先生逝世周年》，《苏州杂志》2006年第4期。

沈进：《难忘同舟过长江》，陆九如《一生——陆文夫先生逝世周年》，《苏州杂志》2006年第4期。

陆文夫：《微弱的光》，《钟山》1985年第5期。

陆文夫：《姑苏之恋》，《北京文学·精彩阅读》2001年第10期。

第六章　黄金岁月

范小青：《在路上——追忆陆文夫老师》，《人民文学》2005 年第 9 期。

叶至诚：《忆方之》，《至诚六种》，人民文学出版社 2010。

陆文夫：《青春常在》，《青春》1987 年第 1 期。

陆文夫：《哭方之》，《新华日报》1979 年 10 月 28 日。

叶兆言：《红沙发》，《红沙发——叶兆言散文精选》，山东人民出版社 2018 年。

吴野：《青春之歌——〈青春〉创刊三十年记事》，《青春》2009 年第 3 期。

韩东：《由〈内奸〉说起》，《北京文学·精彩阅读》2020 年第 7 期。

叶兆言：《对于〈雨花〉的一次回首》，《雨花》1998 年第 6 期。

程绍国：《天堂水寒——林斤澜和高晓声、叶至诚、林昭》，《当代》2005 年第 5 期。

高晓声：《酷刑》，《雨花》1987 年第 2 期。

林斤澜：《世说选粹》，《雨花》1994 年第 10 期。

叶至诚：《公共车站上的遐想》，《至诚六种》，人民文学出版社 2010。

章品镇：《二十年后，高晓声回来了！——记高晓声》，《花木丛中人常在》，三联书店 2003。

曹洁萍、毛定海：《高晓声年谱》，南京大学出版社 2017。

叶兆言：《纪念》，《叶兆言散文：纪念》，浙江文艺出版社 2014。

叶至诚：《老陆的苦》，《至诚六种》，人民文学出版社 2011。

刘震云：《忆北大中文系生活——在庆祝北京大学中国语言文学系建系 100 周年大会上的讲话实录》，微信公众号"天下中文系"2021-06-14。

陆文夫：《献身》，《人民文学》1978 年第 4 期。

施叔青：《陆文夫心中的园林》，《人民文学》1988 年第 3 期。

陆文夫：《几点体会》，《新文学论丛》1979 年第 1 期。

周治华：《怀念陆文夫》，《苏州杂志》2008 年第 4 期。

章品镇：《陆文夫与他那"锁着的箱子"》，《读书》1984 年第 9 期。

陆文夫：《创作过程中的看、想、写》，《陆文夫文集》（第五卷），古吴轩出版社 2006。

陆文夫：《小贩世家》，《雨花》1980 年第 1 期。

张晓飞：《一种缘分》，《苏州杂志》2017 年第 4 期。

陈辽：《占领文学创作的制高点》，《文学报》1986 年 1 月 9 日。

古剑：《远方的悼念》，天涯社区"闲闲书话"2005-08-10。

陆文夫：《有人敲门》，《钟山》1980 年第 1、2 期。

陆文夫：《往后的日子》，《雨花》1980 年第 8 期。

陆文夫：《春游》，《少年文艺》1980 年第 9 期。

陆文夫：《小巷深处》，上海文艺出版社 1980 年。

陆文夫：《打羊》，《莽原》1981 年第 1 期。

陆文夫：《秋风起》，《江南》1981 年创刊号。

陆文夫：《唐巧娣翻身》，《上海文学》1981 年第 2 期。

陆文夫：《不平者》，《花城》1981 年第 3 期。

陆文夫：《一路平安》，《人民文学》1981 年第 6 期。

陆文夫：《还债》，《雨花》1981 年第 8 期。

陆文夫：《无师而无不师》，《新港》1982 年第 1 期。

陆文夫：《漫话小说创作》，《鸭绿江》1982 年第 3 期。

陆文夫：《误会与巧合》，《钟山》1982 年第 3 期。

陆文夫：《对 1981 年"青春文学奖"获奖小说的技法分析》，《青春》1982 年第 5 期。

陆文夫：《穷而后工》，《长春》1982 年第 10 期。

陆文夫：《人与狗》，《青春》1982 年第 10 期。

陆文夫：《捕捉形象的能力》，《青春》1982 年第 11 期。

陆文夫：《向评弹学习》，中国评弹研究会《评弹艺术》（第一集），中国曲艺出版社 1982。

陆文夫：《陆文夫中篇小说选》，人民文学出版社 1982。

陆文夫：《特别法庭》，花城出版社 1982。

陆文夫：《小说门外谈》，花城出版社 1982。

陆文夫：《围墙》，《人民文学》1983 期第 2 期。

陆文夫等：《写写文章的人（上）》，《苏州杂志》2009 年第 4 期。

陆文夫：《创作靠"两条腿"》，《文汇报》1984 年 9 月 3 日。

王蒙：《读八三年一些短篇小说随想》，《文艺研究》1984 年第 3 期。

崔道怡：《方苹果》，作家出版社 2000。

金燕玉：《小巷文夫，东吴赤子》，王蒙等《永远的陆文夫》，上海远东出版社 2006。

林放：《忆高扬》，《秘书工作》2009年第8期。

白石的：《〈围墙〉读后》，《河北日报》1983年5月25日。

杜丽荣：《严师益友——河北省人大常委会原副主任白石谈高扬》，《领导之友》2013年第9期。

陆文夫：《围墙短语》，《陆文夫文集》（第五卷），古吴轩出版社2006。

王闰：《来自"天堂"的回音——访陆文夫》，《青年评论家》1985年9月10日。

陆文夫：《美食家》，《收获》1983年第1期。

林纯：《品格为灵魂质量是基础——全国百家重点期刊〈中篇小说选刊〉调研报告》，《福建论坛（文史哲版）》1998年第6期。

范伯群：《感怀与文夫谈艺》，王蒙等《永远的陆文夫》，上海远东出版社2006。

艾煊：《"陆苏州"》，徐采石编《陆文夫作品研究》中国文联出版公司1987。

吴昌泰：《读〈美食家〉》，《文艺报》1983年第5期。

吴越：《"宏观"着眼，"微观"落笔——评陆文夫的〈美食家〉》，《文学评论》1983年第6期。

逯耀东：《知味者——陆文夫》，王蒙等《永远的陆文夫》，上海远东出版社2006。

范培松：《陆文夫》，《钟山》2020年第5期。

章品镇：《陆文夫进出文坛记》，《书缘未了》，南京师范大学出版社2008。

陆文夫：《答〈中国文学〉》，《壶中日月》，春风文艺出版社1995。

小海：《人是江南文化创造的主体》，《苏州杂志》2021年第3期。

陆文夫：《吃喝之道》，《深巷里的琵琶声：陆文夫散文百篇》，上海文艺出版社2005。

黄毓璜：《怀念老陆》，《太湖》2005年第6期。

王尧：《人琴之戚》，《纸上的知识分子》，北京大学出版社2013。

金河：《小说之小》，《鸭绿江》2021年第7期。

李鸿声：《和高晓声在一起的琐事》，《太湖》2021年第6期。

陆文夫：《文学史也者》，《壶中日月》，春风文艺出版社1995。

陆文夫：《美食家》，《小说月报》1983年第7期。

陆文夫：《美食家》，《中篇小说选刊》1983年第4期。

陆文夫：《美食家》，《新华文摘》1983年第10期。

陆文夫：《美食家》，四川人民出版社1983。

陆文夫：《美食家》，《小巷人物志（第一集）》，中国文联出版公司1984。

陆文夫：《美食家》，《1983中篇小说选》，人民文学出版社1984。

陆文夫：《美食家》，《1983—1984全国优秀中篇小说评选获奖作品集（上）》，作家出版社1986。

陆文夫：《美食家》，《陆文夫集》，海峡文艺出版社1986。

陆文夫：《美食家》，李平《中国文学作品选（当代部分）4》，北京大学出版社1986。

陆文夫：《美食家》，《陆文夫代表作》，黄河文艺出版社1987。

陆文夫：《美食家》，河南大学中文系《中外文学名作提要（中国当代文学分册）》，河南大学出版社1987。

陆文夫：《美食家》，吴亮等《民族文化派小说》，时代文艺出版社1989。

陆文夫：《美食家》，徐采石、金燕玉《王蒙陆文夫小说欣赏》，广西教育出版社1990。

陆文夫：《美食家》，李复威等《中国当代小说名著一分钟》，学苑出版社1991。

陆文夫：《美食家》，《陆文夫》，人民文学出版社1991。

陆文夫：《美食家》，唐敏、姚承宪《新中国文学作品选评（上）》，陕西人民教育出版社1993。

陆文夫：《美食家》，蔡茂友《中外文学名著速读全书（中国卷）3》，华夏出版社1994。

陆文夫：《美食家》，蔡茂友《浮躁的红高粱》，今日中国出版社1994。

陆文夫：《美食家》，贺祥麟、凡尼《世界文学名著精缩本（现代卷）》，广西人民出版社1995。

陆文夫：《美食家》，谢冕、孟繁华《中国百年文学经典文库1949—1995中篇小说卷3》，海天出版社1996。

陆文夫：《美食家》，《美食家·陆文夫中短篇小说自选集》，上海文艺出版社1997。

陆文夫：《美食家》，《烟壶》，春风文艺出版社1997。

陆文夫：《美食家》，《中国当代文学作品选（中）第2版》，人民文学出版社1989。

陆文夫：《美食家》，《陆文夫小说选》，中国文学出版社1999。

陆文夫：《美食家》，陈建功《中国当代文学作品精选1949—1999中篇小说卷（中）》，北京十月文艺出版社 1999。

陆文夫：《美食家》，岑献青《中国现当代文学名篇佳作选·小说卷 4》，中国少儿出版社 2000。

陆文夫：《美食家》，陈国勇《中国现代小说（二）74》，长春儿童出版社 2003。

陆文夫：《美食家》，田中阳《中国当代文学作品选》，湖南师范大学出版社 1993。

陆文夫：《美食家》，中国社科院文学研究所《中国中篇小说百年精华》，人民文学出版社 2004。

陆文夫：《美食家》，李岫《20 世纪中国长篇小说经典》，北京师范大学出版社 2004。

陆文夫：《美食家·经典珍藏本》，古吴轩出版社 2005。

陆文夫：《美食家》，《众声喧哗的文学花园：现代文学知识精华（小说·戏剧）》，雅书堂文化出版社 2005。

陆文夫：《美食家》，人民文学出版社 2006。

陆文夫：《美食家》，乔正康等《餐饮旅游文学作品选读》，中国金融出版社 2006。

陆文夫：《美食家》，《陆文夫小说选》，江苏文艺出版社 2009。

陆文夫：《美食家》，牛玉秋《新中国六十年文学大系·中篇小说精选（上）》，长江文艺出版社 2009。

陆文夫：《美食家》，《陆文夫文集（第 2 卷）》，古吴轩出版社 2009。

陆文夫：《美食家》，孙颙《中国新文学大系 1976—2000（第 9 集）中篇小说卷 1》，上海文艺出版社 2009。

陆文夫：《美食家》，人民文学出版社编辑部《1976—1984：丰盈的激情（上）》，人民文学出版社 2009。

陆文夫：《美食家》，秦兆基《文学苏州》，江苏教育出版社 2009。

陆文夫：《美食家》，花城出版社 2010。

陆文夫：《美食家》，《小说月报 30 年·卷 1（1980—1984）》，百花文艺出版社 2010。

陆文夫：《美食家》，王庆生等《中国当代文学作品选 2（1976—1999）·上》，华中师范大学出版社 2011。

陆文夫：《美食家》，《美食家·陆文夫中篇小说选》，人民文学出版社 2014。

陆文夫：《美食家》，《美食家·陆文夫中篇小说选》，浙江文艺出版社 2016。

陆文夫：《美食家》，《烟壶·美食家》，人民文学出版社 2017。

陆文夫：《美食家》，吴义勤《中国当代文学经典必读·1983 中篇小说卷》，百花洲文艺出版社 2017。

陆文夫：《美食家》，《美食家·陆文夫小说散文选》，江苏凤凰文艺出版社 2018。

陆文夫：《美食家》，孟繁华《百年百部·中篇正典》，春风文艺出版社 2018。

陆文夫：《美食家》，《美食家·陆文夫中篇小说选》，河南文艺出版社 2018。

陆文夫：《美食家》，陈晓明《寻根文学》，作家出版社 2018。

陆文夫：《美食家》，万月玲《新编大学语文》，中国政法大学出版社 2018。

陆文夫：《美食家·精绘水墨插图珍藏本》，凤凰文艺出版社 2018。

陆文夫：《美食家》，《美食家·陆文夫中篇小说选》，台海出版社 2019。

陆文夫：《美食家》，梁鸿鹰《新中国 70 年优秀文学作品文库（中篇小说卷）第 2 卷》，中国言实出版社 2019。

中国作家网：《"改革开放四十周年最有影响力小说"在青岛发布》，中国作家网 2018-09-28。

汤雄：《陆文夫的黑色幽默》，《钟山风雨》2016 年第 1 期。

刘衍文、艾以：《现代作家书信集珍》，汉语大词典出版社 1999。

陆文夫：《梦中的天地》，《艺术世界》1981 年第 5 期（原题《深巷·小庭·人家》）。

陆文夫：《美食家》（英文版），《中国文学》1984 年"春季号"。

陆文夫《美食家》（英文版），中国文学出版社 1986。

陆文夫：《美食家》（日文版），松籁社 1987。

陆文夫：《美食家》（法文版），中国文学出版社 1988。

陆文夫：《美食家》（法文版），比基埃出版社 1988。

陆文夫：《美食家》（繁体字），台湾新地文学出版社 1988。

陆文夫：《美食家》（英文精装版），Readers Intl 1988。

陆文夫：《美食家》（日文版），东京德间书店 1990。

陆文夫：《美食家》（德文版），Diogenes 出版社 1992。

陆文夫：《美食家》（德文版），第欧根尼出版社 1993。

陆文夫：《美食家》（芬兰语），（据李颖《芬兰的中国文化翻译研究》，译者为玛利亚·派乐托马 Marja Peltomaa，1994 出版，1995 年再版。出版者不详）。

陆文夫：《美食家》（俄文版），《正在起飞的凤凰（中国当代小说选）》，莫斯科大学出版社 1995。

陆文夫：《美食家》（法文袖珍版），比基埃出版社 1996。

陆文夫：《美食家》（英汉对照版），《陆文夫小说选》，中国文学出版社与外语教学与研究出版社 1999。

陆文夫：《美食家》（俄文版），《中国二十世纪诗歌与小说：谈过去看未来》，莫斯科 Centerpoligraph 出版社 2002。

陆文夫：《美食家》（俄文版），《命若琴弦：中国当代中短篇小说选集》，莫斯科 AST 出版社与圣彼得堡 Astrel-SPb 出版社 2007。

陆文夫：《美食家》（英文版），《美食家——陆文夫作品选》，外文出版社 2009。

陆文夫：《美食家》（阿拉伯文），《陆文夫小说选》，北京师范大学出版社（集团）有限公司 2017。

陆文夫：《美食家》（波斯文），五洲传播出版社 2018。

陆文夫：《美食家》（阿拉伯文），五洲传播出版社 2019。

裘克安：《联合国教科文组织各国代表作品丛书简介》，《中国翻译》1991年第 2 期。

宋健飞：《高立希先生对中国当代文学的译介》，《国际汉学》2021 年第4 期。

陶文瑜：《每一个苏州人，心里面都有一个属于自己的网师园》，《文汇报》2018 年 7 月 28 日。

华永根：《苏州松鹤楼菜馆史考》，《苏州吃》，古吴轩出版社 2019。

范培松：《为"梦中的天地"辛勤耕耘的"文化志士"》，王蒙等《永远的陆文夫》，上海远东出版社 2006。

石湾：《陆文夫掘井》，中国作家网 2005-03-05。

王安忆、张新颖：《文学谈话录（四）：前辈》，《西部华语文学》2007 年第5 期。

何镇邦：《我所认识的陆文夫——送文夫兄》，王蒙等《永远的陆文夫》，上海远东出版社 2006。

陆文夫：《清高》，《人民文学》1987 年第 5 期。

陆文夫：《万元户》，《人民文学》1983 年第 4 期。

陆文夫：《门铃》，《人民文学》1984 年第 10 期。

陆文夫：《天时地利》，《雨花》1984 年第 11 期。

陆文夫：《临街的窗》，《小说家》1985 年第 1 期。

陆文夫：《井》，《中国作家》1985 年第 3 期。

陆文夫：《毕业了》，《钟山》1985 年第 5 期。

水天戈：《在那清高的背后——读陆文夫的〈清高〉》，《小说评论》1987 年第 5 期。

林伟平：《拉拉杂杂话〈清高〉》，《文学报》1987 年 7 月 23 日。

程德培：《一个陈旧的故事》，《文汇读书周报》1987 年 7 月 18 日。

徐采石、金燕玉：《生活·文化·哲理——谈〈清高〉》，《文学报》1987 年 7 月 23 日。

胡平：《一个不算陈旧的故事——与程德培同志商榷》，《文艺争鸣》1987 年第 6 期。

陆文夫：《清高与名利》，《秋钓江南》，东方出版社 1998。

陆文夫：《安居》，《人民日报》1997 年 3 月 6 日。

谷苇：《夜访陆文夫》，《文学报》1987 年 12 月 24 日。

包明廉：《在陆文夫新居做客》，《文学报》1986 年 6 月 2 日。

夏一鸣：《陆文夫笔下的苏州和民间社会——兼评长篇小说〈人之窝〉》，《当代文坛》1995 年第 6 期。

黄恽：《半篇日记》，《舞文詅痴》，东方出版社 2017。

傅小平：《"文学不会从我内心隐退"——访新任江苏省作协主席范小青》，《文学报》2010 年 2 月 4 日。

陈辽：《我所认知的陆文夫》，王蒙等《永远的陆文夫》，上海远东出版社 2006。

凡晓旺：《文学，正面临科学的挑战——与新任江苏省作协主席陆文夫一席谈》，《纸醉笔迷》，古吴轩出版社 2009。

曾文渊：《〈人之窝〉与精品意识》，《书屋》1996 年第 6 期。

黄恽：《人之窝》，新浪博客"黄恽的博客"2010-08-30。

张一凡：《长中篇小说优秀作品大奖揭晓》，陈至立《上海年鉴 1997》，上海人民出版社 1997。

江苏省作家协会：《江苏省首届紫金山文学奖评选结果公告》，江苏作家网 2017-08-30。

张德林：《为普通人、小人物"立传"——评陆文夫长篇小说〈人之窝〉》，《当代作家评论》1996 年第 2 期。

陆文夫：《美食家》，《新华文摘》1983 年第 10 期。

陆文夫：《围墙》，《新华文摘》1983 年第 4 期。

陆文夫：《临街的窗》，《新华文摘》1985 年第 7 期。

陆文夫：《井》，《新华文摘》1985 年第 10 期。

陆文夫：《一路平安》，《新华文摘》1986 年第 8 期。

陆文夫：《清高》，《新华文摘》1987 年第 7 期。

陆文夫：《吃喝之道》，《新华文摘》2003 年第 2 期。

曹季军、潘承凡：《陆文夫与高晓声比较谈》，《新华文摘》1987 年第 4 期。

田仁云：《1980 年代〈新华文摘〉文学作品与评论研究》，山东师范大学硕士论文 2015。

王蒙：《想念文夫》，《光明日报》2005 年 8 月 19 日。

周治华：《怀念陆文夫》，《苏州杂志》2008 年第 4 期。

王蒙：《大块文章——王蒙自传第二部》，北京联合出版公司 2017。

本报讯：《第二届茅盾文学奖评委会组成》、《文艺报》1985 年 7 月 6 日。

应红：《第四次中美作家会议在乐山举行》，《文艺报》1988 年 4 月 16 日。

本报北京讯：《党和国家领导人会见文学家》，《文学报》1986 年 11 月 20 日。

江迅：《耀邦，人民心里有你——首都作家深切悼念胡耀邦同志》，《文学报》1989 年 4 月 27 日。

本报讯：《陆文夫代表中国作协和巴金向大会致词》，《文艺报》1987 年 6 月 13 日。

吴泰昌：《可敬可亲的陆文夫》，王蒙等《永远的陆文夫》，上海远东出版社 2006。

从维熙：《别了，江南秀士》，《今晚报》2005 年 7 月 15 日。

从维熙：《文学与人生：创作的个体经验》，《名作欣赏》2011 年第 16 期。

姜滇：《送别陆文夫老师》，王蒙等《永远的陆文夫》，上海远东出版社 2006。

一叶：《陆文夫生活点滴》，《作家生活报》1985 年 9 月 1 日。

陆文夫：《微弱的光》，《钟山》1985 年第 5 期。

陆文夫：《快乐的死亡》，《文艺报》1985 年 4 月 20 日。

第七章　影视之旅

黄恽：《〈探求者〉的命运》，《文史精华》2002 年第 11 期。

陆文夫：《有人敲门》，《钟山》1980 年第 1、2 期。

陆文夫：《万元户》，《人民文学》1983 年 4 期。

毕嘉琪、王昕桐：《用镜头讲述"春天的故事"》，《南方日报》2020 年 9 月 29 日。

陆文夫：《万元户》（上下集），《江苏戏剧》1984 年第 1 期。

贺寿光：《孙万山哪里去了?》，《人民文学》1983 年第 8 期。

中央电视台：《话说运河》，中国青年出版社 1990。

宋家玲：《一座电视"工程"的构筑》，北京广播学院电视系《开掘——〈话说运河〉评论集》，北京广播学院出版社 1987。

石屹：《一撇一捺——陈汉元访谈》，上海人民出版社 2008。

徐强：《汪曾祺说淮安——从一篇"触电"写作说起》，《光明日报》2020 年 5 月 8 日。

仲呈祥：《思想的艺术化与艺术的思想化——观电视艺术专题片〈苏园六纪〉》，《中国电视》2000 年第 8 期。

陆文夫等：《写写文章的人（上）》，《苏州杂志》2009 年第 4 期。

董亚军：《苦海中孕育的喜剧——记上影女导演卢萍》，《电影评介》1991 年第 7 期。

梁昭：《观众的口味与电影的情味》，《电影新作》1984 年第 4 期。

陈化南：《关于电影的苏州往事》，《苏州杂志》2006 年第 6 期。

林志刚：《他演了一辈子"坏蛋"》，《电影评介》1998 年第 3 期。

徐如中：《1985 年电影表演点评》，《电影艺术》1986 年第 4 期。

祁金平：《最后的拍摄》，《苏州杂志》2010 年第 4 期。

李章：《艺术情侣王诗槐张晓明》，《大舞台》1994 年第 4 期。

代琇：《她没有被压倒——詹萍萍速写（之五）》，《电影评介》1986 年第 11 期。

吴泰昌：《可敬可亲的陆文夫》，王蒙等《永远的陆文夫》，上海远东出版社 2006。

王蒙：《大块文章——王蒙自传第二部》，北京联合出版公司 2017。

孙自强：《电影〈美食家〉观后随想》，《电影新作》1986 年第 5 期。

何凡：《〈美食家〉得失谈》，《电影评介》1986 年第 8 期。

沈维琼：《隐喻的"文本"：电影中的美食》，《浙江传媒学院学报》2013 年第 2 期。

徐昌霖：《一席糖醋带辣的丰宴——〈美食家〉导演阐述》，《电影新作》1986 年第 1 期。

徐昌霖：《论电影喜剧蒙太奇》，《电影艺术》1961 年第 5 期。

徐昌霖：《夸张而不失其实——三朵滑稽新花引起的遐想》，《上海戏剧》1983 年第 1 期。

叶至诚：《老陆的"苦"》，《至诚六种》，人民文学出版社 2010。

於可训：《主持人的话》，《小说评论》2010 年第 5 期。

何镇邦：《我所认识的陆文夫——送文夫兄》，王蒙等《永远的陆文夫》，上海远东出版社 2006。

张弦：《我对陆文夫的理解——在陆文夫作品学术讨论会上的发言》，《当代作家评论》1984 年第 4 期。

王尧：《人琴之戚》，《纸上的知识分子》，北京大学出版社 2013。

任殷：《张弦的小说、电影世界》，《当代电影》1989 年第 5 期。

张守仁：《我和张弦一家人》，《星火》2018 年第 5 期。

张子芳：《回忆老钟》，《电影艺术》2007 年第 3 期。

钱建平：《联姻、小说与银幕——与张弦对话》，《电影新作》1988 年第 1 期。

星星：《首部专为潘虹写的剧——与〈独身女人〉编剧张弦一席谈》，《电影评介》1991 年第 11 期。

杨海波：《悲剧的诞生——谈影片〈井〉的改编》，《文艺评论》1988 年第 2 期。

崔道怡：《小说评奖琐忆》，《方苹果》，作家出版社 2000。

王树明：《和病魔抢时间——李亚林和他的〈井〉》，《电影评介》1987 年第 8 期。

章小龙：《陆文夫名作〈井〉搬上银幕》，《文艺报》1987 年 9 月 19 日。

施叔青：《陆文夫心中的园林》，《人民文学》1988 年第 3 期。

康岩：《马原：放胆写下这个世界的流离》，《人民日报》2017 年 11 月 24 日。

陆文夫：《致陈村的信》，《苏州杂志》2008 年第 4 期。

李梅：《陆文夫评说〈苏园六纪〉》，《文艺报》2000 年 6 月 29 日。

刘郎：《老屋的意象——电视系列片〈江南〉编导阐述》，《秋泊江南》，中国摄影出版社 2001。

刘郎：《一位作家与一座城市——电视系列〈江南〉之二》，《秋泊江南》，中国摄影出版社 2001。

刘郎：《〈秋泊江南〉代后记》，《秋泊江南》，中国摄影出版社 2001。

陆文夫：《解读苏州园林的一本书》，《光明日报》2000 年 6 月 1 日。

钟桂松：《堂堂正正人 睿智深刻文——读〈陆文夫文集〉漫忆》，《悦读》2007 年第 4 期。

钟桂松：《怀念陆文夫先生》，王蒙等《永远的陆文夫》，上海远东出版社 2006。

刘郎：《园林学术的电视艺术化——电视片〈苏园六纪〉编导记》，《电视研究》2000 年第 7 期。

顾强、钱锡生：《立足地方文化，提高电视品格——电视艺术片〈苏园六纪〉创作过程的回顾》，《视听界》2000 年第 5 期。

刘郎：《从〈浮生六记〉到〈苏园六纪〉》，《苏州日报》2021 年 1 月 12 日。

包兰：《刘郎：用镜头建构文化遗产的光影长廊》，《光明日报》2008 年 10 月 29 日。

倪祥保：《刘郎与"苏州系列"电视片》，《苏州杂志》2008 年第 2 期。

郭建强：《著名纪录片导演刘郎访谈录》，新浪博客"曹谁的博客"2016-08-16。

秋末：《陆文夫的两面与苏州文化》，《苏州日报》2006 年 3 月 23、28 日

向兵：《诗情哲理汇成〈苏州水〉》，《人民日报》2002 年 9 月 13 日。

苏州电视台：《苏州水》第一集《以水为邻》（文化艺术片）。

仲呈祥：《生气灌注、诗意盎然——5 集电视文化片〈苏州水〉感言》，《中国电视》2002 年第 11 期。

第八章　旧梦重圆

杨开民：《烹调苏式菜点的名师——吴涌根》，《光明日报》1983 年 5 月 22 日。

陆文夫：《姑苏菜艺》，《中国烹饪》1988 年第 5 期。

华永根、李俊生、田建华、朱龙祥口述，张七月整理：《旧雨新知之陆焕兴和吴涌根》，《苏州杂志》2019 年第 1 期。

汤雄：《"江南厨王"吴涌根》，《钟山风雨》2012 年第 1 期。

陆文夫：《江南厨王》，吴涌根《新潮苏式菜点三百例》，香港亚洲企业家出版社 1992。

华永根：《刘学家与松鼠鳜鱼》，《苏州杂志》2013 年第 2 期。

华永根：《青鱼的记忆》，《苏州杂志》2013 年第 1 期。

陶文瑜：《江湖吃客》，《上海青年报》2006 年 6 月 22 日。

张越：《美食大师下江南》，《雨花》1997 年第 3 期。

陶文瑜：《年夜饭》，《苏州杂志》2009 年第 1 期。

华永根：《手艺与道义》，《苏州杂志》2019 年第 5 期。

常新：《龙祥的功夫》，《苏州杂志》2019 年第 5 期。

朱龙祥口述，霜木整理：《饭店与吃客》，《苏州杂志》2008 年第 3 期。

陆文夫：《吃喝之道》，《深巷里的琵琶声：陆文夫散文百篇》，上海文艺出版社 2005。

何兵：《百年菜馆：历久弥新的苏州味道》，《姑苏晚报》2017 年 5 月 12 日。

蒋洪：《盗关子》，《寻找美食家》，上海书店出版社 2018。

叶正亭：《品尝大师厨艺》，《江苏地方志》2014 年第 2 期。

华永根：《陆文夫与苏州菜》，《食鲜录》，古吴轩出版社 2015。

陆文夫：《永不凋零的艺术——吃》，《秋钓江南》，东方出版社 1998。

佚名：《吴中第一宴》，《美食》2010 年第 6 期。

马有坦：《中国烹饪苏州专辑》，《苏州年鉴1989》，上海人民出版社 1990。

张祖根、孟金松、王光武、陈秋生、胡建国：《苏州教学菜谱》，天津科学技术出版社 1990。

陆文夫：《〈中国苏州菜〉序》，张祖根、朱进苏、江鑫原、王光武《中国苏州菜》，轻工业出版社 1991。

陆文夫：《不平常的家常菜点》，苏州市烹饪协会、苏州市商业技工学校、苏州市饮服总公司《苏州家常菜点》，古吴轩出版社 1999。

陆文夫：《吃喝之外》，《散文百家》2003 年第 22 期。

陆文夫：《吃空气》，周涛《时间漫笔》，时代文艺出版社 1994。

陆文夫：《青菜与鸡》，《秋钓江南》，东方出版社 1998。

陆文夫：《人之于味》，《人民日报》1998 年 6 月 26 日。

陆文夫：《你吃过了吗?》，《深巷里的琵琶声：陆文夫散文百篇》，上海文艺出版社 2005。

第九章　朋友之间

葛维屏：《陆文夫巧对对联》，百度"文学私密"2019-09-16。

海笑：《追念文夫》，王蒙等《永远的陆文夫》，上海远东出版社 2006。

周桐淦：《吝啬美食家》，王蒙等《永远的陆文夫》，上海远东出版社 2006。

黄毓璜：《怀念老陆》，《太湖》2005 年第 6 期。

黄毓璜：《我和作家的往事》，《北方文学》2014 年第 3 期。

黄毓璜：《〈雨花〉人之三》，《雨花》2014 年第 3 期。

陆文夫：《微弱的光》，《钟山》1985 年第 5 期。

王蒙：《大块文章——王蒙自传第二部》，北京联合出版公司 2017。

王蒙：《文联、文坛、文友》，《武汉文史资料》2013 年第 3 期。

王蒙：《想念文夫》，《光明日报》2005 年 8 月 19 日。

陆文夫：《送鲍昌归去》，《文汇报》1989 年 3 月 23 日。

吴泰昌：《可敬可亲的陆文夫》，王蒙等《永远的陆文夫》，上海远东出版社 2006。

何镇邦：《我所认识的陆文夫——送文夫兄》，王蒙等《永远的陆文夫》，上海远东出版社 2006。

徐红：《作家的家》，《文学报》1989 年 10 月 19 日。

陆文夫：《酒仙汪曾祺》，《深巷里的琵琶声：陆文夫散文百篇》，上海文艺出版社 2005。

汪曾祺：《〈吃的自由〉序》，符中士《吃的自由》，人民文学出版社 2001。

汪曾祺：《寻常茶话》，袁鹰《清风集》，华夏出版社 1997。

王道：《汪曾祺的苏州味道》，《北京晚报》2020 年 3 月 20 日。

汪曾祺：《食道旧寻——〈学人谈吃〉序》，聿君《学人谈吃》，中国商业出版社 1991。

张成：《忆陆文夫老师》，王蒙等《永远的陆文夫》，上海远东出版社 2006。

陆文夫：《姑苏菜艺》，《中国烹饪》1988 年第 5 期。

陆文夫：《人之于味》，《人民日报》1998 年 6 月 26 日。

华永根：《今日宜吃面》，《苏州吃》，古吴轩出版社2019。

叶至诚：《吃河豚》，《雨花》1990年第1期。

叶至诚：《着肉搔痒》，《至诚六种》，人民文学出版社2010。

陆文夫：《老叶，你慢慢地走啊！》，《雨花》1992年第11期。

叶兆言：《纪念》，《名与身随》，时代文艺出版社2013。

叶兆言：《对于〈雨花〉的一次回首》，《雨花》1998年第6期。

陈克平：《两位大驾光临——记高晓声携陆文夫来寒舍小聚》，高晓声文学研究会《高晓声研究·生平卷》，江苏文艺出版社2014。

章辰霄：《高晓声卖画》，《雨花》2014年第1期。

沙叶新：《我喜欢高晓声》，《常州日报》1999年7月19日。

金燕玉：《小巷文夫 东吴赤子》，王蒙等《永远的陆文夫》，上海远东出版社2006。

程绍国：《天堂水寒——林斤澜和高晓声、叶至诚、林昭》，《当代》2005年第5期。

费振钟：《我要想一想——与陆文夫闲谈》，《北京文学·精彩阅读》2001年第10期。

高晓声：《高晓声文集》（四卷），作家出版社2001。

陆文夫：《碰不得》，《雨花》1959年第8期。

陆文夫：《准备》，《雨花》1960年第5期。

陆文夫：《遍考古今编新书——记〈中药学大辞典〉的编写》，《雨花》1960年第11期。

陆文夫：《金钥匙》，《雨花》1961年第2、3期合刊。

陆文夫：《龙》，《雨花》1961年第7期。

章品镇：《伤逝之余》，王蒙等《永远的陆文夫》，上海远东出版社2006。

章品镇：《陆文夫进出文坛记》，《书缘未了》，南京师范大学出版社2008。

章品镇：《陆文夫与他那"锁着的箱子"》，《读书》1984年第9期。

马宏敏：《文学，别在炒作中迷失方向》，《中国文化报》2002年9月25日。

言青：《陆文夫苏州数落刘晓庆：不能只要钱，不要脸》，《江南时报》2002年8月7日。

华西：《无遮拦评价文坛前辈 九丹又惹麻烦》，《武汉晨报》2002年9月1日。

陆文夫：《致鲁书妮》，《深巷里的琵琶声：陆文夫散文百篇》，上海文艺出版社 2005。

邓友梅:《漫忆汪曾祺》,《文学自由谈》1997 年第 5 期。

李超:《酒香酝〈风雷〉——著名作家陈登科与古井贡酒的故事》,中安在线"新徽商"2012-07-02。

李准:《黄山借笔》,《清明》1980 年第 4 期。

陆文夫:《上黄山》,《深巷里的琵琶声:陆文夫散文百篇》,上海文艺出版社 2005。

陆文夫:《一滴何曾到九泉——悼凡一》,《苏州杂志》2000 年第 2 期。

何镇邦:《精心营造小说艺术的"苏州园林"——陆文夫近作漫评》,《当代作家评论》1986 年第 3 期。

何镇邦:《艺术辩证法的创造性运用——略论陆文夫的小说理论和小说创作》,《艺谭》1985 年第 4 期。

陆文夫:《艺海入潜记》,上海文艺出版社 1986。

何镇邦:《我的几次喝酒经历》,何镇邦《边走边吃》,鹭江出版社 2007。

何镇邦:《怀念一位纯粹的文人》,《中华读书报》2007 年 5 月 16 日。

林金洪、霜木:《小小得月楼》,《苏州杂志》2008 年第 5 期。

冯骥才:《天津卫的"俗世奇人"》,《河北日报》2016 年 3 月 11 日。

冯骥才:《怀念老陆》,《北京青年报》2005 年 8 月 12 日。

第十章　环球凉热

陈文芬、马悦然、补白:《邱家河山》,《上海文学》2015 年第 7 期。

陆文夫:《北欧人的衣食住行》,《陆文夫文集》(第四卷),古吴轩出版社 2006。

张贤亮:《飞越欧罗巴——"维京"的后代》,《朔方》1984 年第 10 期。

张贤亮:《飞越欧罗巴——东方、西方》,《朔方》1985 年第 4 期。

张贤亮:《飞越欧罗巴——北欧的汉学家》,《朔方》1985 年第 2 期。

张贤亮:《飞越欧罗巴——北欧的福利和"大锅饭"》,《朔方》1985 年第 3 期。

张贤亮:《天涯若比邻——北欧的同行》,《飞越欧罗巴》,百花文艺出版社 1986。

陆文夫:《酒话》,《快乐阅读》2012 年第 17 期。

王蒙：《大块文章——王蒙自传第二部》，北京联合出版公司 2017。

王蒙：《海外游记》，华文出版社 1995。

陆文夫：《打开匣子——1986 年 1 月在纽约国际笔会上的讲话》，《深巷里的琵琶声：陆文夫散文百篇》，上海文艺出版社 2005。

佚名：《陆文夫妙语答美国作家》，《文学报》1986 年 2 月 13 日。

金坚范：《群星闪烁的世界文坛盛会——国际笔会四十八届大会见闻》，《文学报》1986 年 2 月 27 日。

谭旭东：《黄庆云：了不起的儿童文学先行者》，《文艺报》2018 年 10 月 19 日。

佚名：《再见，英国文学"老祖母"》，《中国民航报》2013 年 11 月 21 日。

黄恽：《往事有余悲》，天涯名博"黄恽的博客"2006-10-12。

王蒙：《文学是必要的吗？——在汕头大学的演讲》，《汕头大学学报（人文社会科学版）》2002 年第 18 卷。

刘再复：《想念您，樊骏好兄长》，《新文学史料》2011 年第 2 期。

高琪：《文学上的"陆苏州"》，《苏州日报》2005 年 7 月 10 日。

陈丰：《〈美食家〉在法国》，《苏州杂志》2008 年第 6 期。

陈丰：《中国文学正融入世界文学体系——以法国翻译出版中国当代文学为例》，《文汇报》2017 年 9 月 18 日。

白桦：《我将一直猜度着……——送别陆文夫》，王蒙等《永远的陆文夫》，上海远东出版社 2006。

杨胜伟：《巴黎友丰书店》，《中国图书评论》1991 年第 4 期。

胡殷红：《吃遍天下，还是回家》，《文艺报》2001 年 1 月 20 日。

何碧玉、毕飞宇：《中国文学走向世界的路还很长》，《经济观察报》2011 年 5 月 23 日。

杨波：《口腹之欲与文化选择——康有为海外游记中的饮食书写》，《河南大学学报（社会科学版）》2013 年第 1 期。

孙中山：《建国方略》，辽宁人民出版社 1994 年。

宋祖荫：《古镇邂逅白桦》，金太仓博客 2011-09-08。

韩少功：《陆苏州》，《韩少功散文》，浙江文艺出版社 2010。

康有为：《康有为遗稿：列国游记》，上海人民出版社 1995。

高方、韩少功：《"只有差异、多样、竞争乃至对抗才是生命力之源"——作家韩少功访谈录》，《中国翻译》2016 年第 2 期。

韩少功：《安妮之道》，《夜行者梦语——韩少功散文》，知识出版社 1994。

石青：《尼古拉的天堂之旅》，《苏州杂志》2011 年第 1 期。

陆文夫：《美文可译》，《壶中日月》，春风文艺出版社 1995。

贺沂沂、陈曦：《陆文夫在南京走出低谷》，《金陵晚报》2005 年 7 月 19 日。

本报讯：《韩少功获"法国骑士文艺奖"》，《北京日报》2002 年 6 月 30 日。

裘克安：《联合国教科文组织各国代表作品丛书简介》，《中国翻译》1991 年第 2 期。

法国美食家协会：《什么人算美食家？》，《中国对外服务》1998 年第 1 期。

胡喜盈等：《陆文夫：玩家 吃家 作家 美食家》，《中国文化报》2005 年 7 月 13 日。

李巍：《法国人眼中的江苏作家》，《长江丛刊·理论研究》2016 年第 7 期。

黄蓓佳：《榴梿的滋味》，《生命激荡的印痕》，上海人民出版社 1995。

王蒙：《榴梿》，《海外游记》，华文出版社 1995。

黄蓓佳：《人这一辈子》，王蒙等《永远的陆文夫》，上海远东出版社 2006。

黄蓓佳：《人在新加坡》，《生命激荡的印痕》，上海人民出版社 1995。

王蒙：《一辈子的活法：自得其乐（3）》，新浪读书 2011-06-08。

黄蓓佳：《演员与看客》，《生命激荡的印痕》，上海人民出版社 1995。

本报讯：《黄蓓佳〈我要做好孩子〉畅销法国》，《金陵晚报》2009 年 12 月 2 日。

陈美华：《略谈王蒙作品的国际影响》，"2003 王蒙文学创作国际学术研讨会"论文。

第十一章 《苏州杂志》

朱红：《陆文夫办杂志》，王蒙等《永远的陆文夫》，上海远东出版社 2006。

宁志珍：《陆文夫〈故事法〉的故事》，《鸭绿江》2021 年第 25 期。

赵海洲：《姑苏巷深——陆文夫和他的〈苏州杂志〉》，《赵海洲人物散文选》，湖南文艺出版社 2013。

周治华：《怀念陆文夫》，《苏州杂志》2008 年第 4 期。

黄悸：《〈苏州杂志〉的前世今生》，天涯名博"黄悸的博客"2008-08-07。

薛春泉：《生命的留痕》，《苏州杂志》2008 年第 4 期。

朱红：《烟、酒、杂志与陆文夫》，《时代文学》1998年第1期。

范培松：《陆文夫"填海"》，《苏州杂志》2022年第1期。

陶文瑜：《〈旧事〉和〈故人〉》，《〈苏州杂志〉文选》，文汇出版社2016。

亦然：《旧时月色》，《苏州杂志》2018年第6期。

雨辰：《〈苏州杂志〉创刊》，叶万忠主编《苏州年鉴1989》，中国大百科全书出版社上海分社1989。

陆文夫：《发刊辞》，《人民日报》1988年12月14日（原题《话说〈苏州杂志〉》）。

陆平：《在苏州杂志社的日子》，《苏州杂志》2008年第6期。

范小青：《点点滴滴在心头》，《苏州杂志》2018年第6期。

张晓飞：《一种缘分》，《苏州杂志》2017年第4期。

陆文夫：《十年树木》，《深巷里的琵琶声：陆文夫散文百篇》，上海文艺出版社2005。

陆华：《陆文夫与〈苏州杂志〉》，《文学报》1989年7月6日。

顾俊：《光阴的故事》，《苏州杂志》2008年第6期。

俞菁：《镌刻在老屋旧园中的文化符号》，《中国档案报》2015年4月24日。

王稼句：《青石弄的记忆》，《苏州杂志》2022年第1期。

朱红梅：《青石弄五号》，《翠苑》2012年第1期。

佚名：《青石弄——苏州百巷（129）》，360图书馆"吴越尽说"2020-10-10。

叶圣陶：《渝沪通信（第五号）》，《收获》1982年第6期。

叶圣陶：《渝沪通信（第十号）》，《收获》1982年第6期。

叶圣陶：《渝沪通信（第十七号）》，《收获》1982年第6期。

叶圣陶：《嘉沪通信（第二十号）》，《收获》1982年第6期。

叶梓：《青石弄五号的荷花》，《苏州杂志》2013年第1期。

黄恽：《青石弄叶宅故事》，《苏州杂志》2011年第5期。

陆文夫：《写写文章的人》，《人民文学》2000年第10期。

叶兆言：《珍惜》，《苏州杂志》2022年第1期。

李凌俊：《"天堂"痛失"陆苏州"》，《文学报》2005年7月16日。

平燕曦：《归来仍是少年》，《苏州杂志》2018年第6期。

黄恽：《陆文夫谈话随札》，天涯名博"黄恽的博客"2014-07-06。

平燕曦：《青石弄记忆》，《苏州杂志》2008年第6期。

陆文夫：《随笔之笔》，郑法清等《中外散文选萃（第二辑）》，百花文艺出版社 1991。

陆文夫：《致陈村的信》，《苏州杂志》2008 年第 4 期。

凡晓旺：《定格在人生最美好的一天——怀念亲爱的陆文夫叔叔》，《纸醉笔迷》，古吴轩出版社 2009。

张澄国：《不倒的旗帜》，王蒙等《永远的陆文夫》，上海远东出版社 2006。

刘家昌：《人离尘世 业绩长青——纪念陆文夫老师逝世 5 周年》，《苏州杂志》2010 年第 4 期。

郁乃尧：《陆文夫的人生追求》，《人民日报·海外版》2005 年 7 月 21 日。

陆九如等：《一生——陆文夫先生逝世周年》，《苏州杂志》2006 年第 4 期。

顾俊：《茶人茶事》，《苏州杂志》2012 年第 2 期。

刘晓平：《萦绕"苏州情结"，创办〈苏州杂志〉》，《苏州日报》2005 年 7 月 10 日。

黄恽：《答卷》，《苏州杂志》2018 年第 6 期。

李婷：《世界这么大 他只写苏州》，《姑苏晚报》2009 年 5 月 4 日。

二马：《故纸堆日志之十二》，《苏州杂志》2014 年第 6 期。

朱红：《初中的日子》，《苏州杂志》2008 年第 5 期。

朱红：《忆〈新苏州报〉》，《苏州杂志》2008 年第 2 期。

徐刚：《一个影子的三个侧面——"囚徒""诗人""流浪者"朱红传》，《中国作家》1986 年第 4 期。

陆文夫等：《写写文章的人（下）》，《苏州杂志》2009 年第 5 期。

朱红：《〈话本苏州简史〉后记》，古吴轩出版社 2006。

朱红：《焦尾琴之歌——悼老友朱衡》，《苏州杂志》2004 年第 2 期。

刘家昌：《默默耕耘无所求——纪念华群同志》，《苏州杂志》2006 年第 5 期。

陶文瑜：《看图说话》，《苏州杂志》2013 年第 1 期。

黄恽：《人之窝》，天涯名博"黄恽的博客"2010-08-30。

平燕曦：《两段未了情》，《苏州杂志》2014 年第 4 期。

王稼句：《文夫先生二三事》，《文汇读书周报》2005 年 7 月 22 日。

王稼句：《青石弄的那个院落》，《苏州杂志》2008 年第 6 期。

顾燕龙：《新年第一次淘书，捡到小漏》，新浪博客"顾燕龙的博客"2011-02-21。

沈伟东：《漫忆王西野的文人交往》，《苏州杂志》2007 年第 6 期。

叶弥：《忆陆文夫先生》，《文汇报》2016年5月16日。

周新民：《我崇尚朴素喜爱自然——对话叶弥》，《芳草》2018年第1期。

施晓平：《叶弥：用小说修复我们的精神家园》，《苏州日报》2014年9月5日。

叶弥：《聚散青石弄》，《苏州杂志》2022年第1期。

陈曦：《叶弥：数风流还看今朝》，《现代快报》2018年12月24日。

范培松：《为"梦中的天地"辛勤耕耘的"文化志士"》，王蒙等《永远的陆文夫》，上海远东出版社2006。

朱红梅：《以社为家》，《苏州杂志》2018年第6期。

朱红梅：《浅析陆文夫的编辑思想与实践》，《中国科技信息》2011年第6期。

朱红梅：《日常生活与市民文化——论〈苏州杂志〉的"古城春秋"栏目》，《编辑之友》2011年第S2期。

顾俊：《站台》，《苏州杂志》2018年第6期。

顾俊：《光阴的故事》，《苏州杂志》2008年第6期。

顾俊：《说说苏州话》，《苏州杂志》2021年第3期。

顾俊：《围墙外的思绪》，《苏州杂志》2006年第6期。

顾俊：《回家》，《苏州杂志》2010年第4期。

黄恽：《我到杂志社之前》，天涯名博"黄恽的博客"2007-12-09。

黄恽：《往事有余悲》，天涯名博"黄恽的博客"2006-10-12。

黄恽：《离去的与留下的》，天涯名博"黄恽的博客"2008-07-12。

曹正文：《苏州才子陶文瑜》，《新民晚报》2019年12月4日。

季海跃：《和文瑜一起的日子》，《苏州杂志》2020年第6期。

小海：《朋友人陶文瑜》，《苏州杂志》2020年第6期。

姜浩峰：《江南，是在他们骨子里的》，《文汇报》2020年3月6日。

陶文瑜：《日记摘抄》，《苏州杂志》2017年第5期。

陶文瑜：《我所记得的陆文夫先生》，《文汇报》2017年4月2日。

陶文瑜：《随风》，江苏凤凰文艺出版社2009。

朱栋霖：《太湖的抒情——评电视文化片〈烟波太湖〉》，《文艺争鸣》2007年第3期。

林舟：《他只是走远，没有离开》，《苏州杂志》2020年第6期。

小海：《苏州：一个人的诗歌地理》，《诗歌月刊》2020年第11期。

陶文瑜：《老陆》，《苏式滋味》，上海远东出版社2009。

沈佳音：《"无赖食客"陶文瑜》，《看天下》2014 年第 13 期。

毛十六：《青石弄》，《苏州杂志》2012 年第 2 期。

陶文瑜：《周红的边走边唱》，《新民晚报》2012 年 9 月 11 日。

陶文瑜：《年夜饭》，《苏州杂志》2009 年第 1 期。

周菊坤：《诗如野草，在风中哭泣》，《苏州杂志》2020 年第 6 期。

华永根：《美馔的呼唤》，《苏州杂志》2017 年第 5 期。

陆文夫：《美食家》（精绘水墨插图珍藏版），凤凰文艺出版社 2019 年。

徐雁：《文夫合当姑苏住》，《苏州杂志》2007 年第 4 期。

凡一：《杂议盆景》，《苏州杂志》1989 年第 4 期。

陆文夫：《一滴何曾到九泉——悼凡一》，《苏州杂志》，2000 年第 2 期。

张建林：《大部长与小盆景》，新浪博客"江南黄叶村人的博客"。

陈益：《陆文夫说"不"》，《解放日报》2006 年 9 月 9 日。

汤雄：《陆文夫的黑色幽默》，《钟山风雨》2016 年第 1 期。

顾俊：《俞中权先生》，《苏州杂志》2019 年第 3 期。

汤海山：《与陆文夫先生有关的往事》，《苏州杂志》2010 年第 4 期。

张建智：《文学，还是写真善美——悼陆文夫先生》，王蒙等《永远的陆文夫》，上海远东出版社 2006。

张寄寒：《陆文夫的周庄之行》，《苏州杂志》2021 年第 3 期。

艾雯：《老家苏州》，《苏州杂志》2008 年第 5 期。

秋末：《陆文夫的两面与苏州文化》，《苏州日报》2006 年 3 月 23、28 日。

徐雁：《走进"吴苑深处"》，《苏州杂志》1998 年第 6 期。

钱正：《恩耶？仇耶？——千古恩仇说吴越》，《苏州杂志》2002 年第 5 期。

吉利：《对"蛇门"城额去向的一点补充》，《苏州杂志》2001 年第 6 期。

陆文夫：《谢吴中父老》，《陆文夫文集》（第五卷），古吴轩出版社 2006。

费振钟：《郁郁乎文：作为典章的〈苏州杂志〉》《苏州杂志》2022 年第 1 期。

施晓平：《陆文夫画像捐赠〈苏州杂志〉社》，《苏州日报》2013 年 11 月 21 日。

陈辽：《我所认知的陆文夫》，王蒙等《永远的陆文夫》，上海远东出版社 2006。

高缨：《青石小院忆文夫》，《四川文学》2005 年第 10 期。

徐城北：《秋钓江南忆文夫》，《解放日报》2005 年 7 月 18 日。

徐城北：《灿烂双星汪与陆》，《谁是美食家》，中华书局 2013。

刘家昌：《年初二的"聚会"》，《苏州杂志》2011年第6期。

费振钟：《1641年的瘟疫》，《苏州杂志》2006年第3期。

费振钟：《我要想一想——与陆文夫闲谈》，《北京文学》2001年第10期。

潘向黎：《梅花与才子不老——陆文夫先生印象》，《苏州杂志》2015年第2期。

南丁：《想起陆文夫》，《苏州杂志》2015年第2期。

凡晓旺：《为弘扬吴文化做点基础工作——陆文夫主编〈苏州杂志〉创刊周年记》，《纸醉笔迷》，古吴轩出版社2009。

华永根：《陆文夫与苏州菜》，《食鲜录》古吴轩出版社2015。

叶兆言：《纪念陶文瑜》，《苏州杂志》2020年第6期。

荆歌：《因吃想高士》，《上海文学》2017年第12期。

贺野：《贺野：宜苏楼随笔之二——解放前后忆文夫》，《苏州杂志》2012年第4期。

黄恽：《陆文夫的"好吃"》，新浪博客"黄恽的博客"2012-08-21。

第十二章　梦断酒楼

凡晓旺：《定格在人生最美好的一天》，《纸醉笔迷》，古吴轩出版社2009。

嵇元：《陆文夫办"老苏州"茶酒楼》，《苏州年鉴1996》，江苏年鉴杂志社1996。

屠茂芹：《文人角色的转变》，《走向世界》1994年第2期。

李盛昌：《文坛"农夫"——高晓声印象》，《理论与创作》1997年第1期。

陆文夫：《文学小道上的今昔》，《深巷里的琵琶声：陆文夫散文百篇》，上海文艺出版社2005。

王元华、武维春：《文学是不可替代的——陆文夫访谈录》，《雨花》1994年第6期。

王之平：《陆文夫和"老苏州茶酒楼"》，《上海戏剧》1997年第1期。

甘丹等：《陆文夫告别姑苏 天堂续做美食家》，《新京报》2005年7月11日。

王安忆、张新颖：《文学谈话录（四）：前辈》，《西部华语文学》2007年第5期。

佚名：《作家陆文夫开"老苏州茶馆"》，《农业考古》1993年第2期。

顾俊：《站台》，《苏州杂志》2018 年第 6 期。

陆文夫：《〈苏州十全街〉序》，夏宽《苏州十全街》，古吴轩出版社 1998。

陆平：《陆文夫开茶馆》，《旅游》1999 年第 7 期。

古剑：《远方的悼念》，天涯社区"闲闲书话"2005-08-10。

纯上：《老苏州茶酒楼》，大公网"报纸新闻"2013-08-12。

程明：《要命也要酒的陆文夫》，《中国食品》1997 年第 7 期。

陆文夫：《屋后的酒店》，《语文教学与研究》2013 年第 30 期。

华永根：《苏州"五绝"大厨华山论剑》，《姑苏晚报》2019 年 10 月 4 日。

华永根：《陆文夫与苏州菜》，《食鲜录》古吴轩出版社 2015。

叶正亭：《品赏大师厨艺》，《江苏地方志》2014 年第 2 期。

荆歌：《为陆文夫掌勺的毕师傅》，《现代快报》2007 年 4 月 16 日。

荆歌：《因吃想高士》，《上海文学》2017 年第 12 期。

陶文瑜：《江湖吃客》，《上海青年报》2006 年 6 月 22 日。

钟桂松：《怀念陆文夫先生》，王蒙等《永远的陆文夫》，上海远东出版社 2006。

何镇邦：《我所认识的陆文夫——送文夫兄》，王蒙等《永远的陆文夫》，上海远东出版社 2006。

钱旭东：《笔下沧桑，都是情思绕——十忆恩师高晓声》，高晓声文学研究会《高晓声研究（生平卷）》，江苏文艺出版社 2014。

汤雄：《陆文夫的黑色幽默》，《钟山风雨》2016 年第 1 期。

蒋洪：《盗关子》，《寻找美食家》，上海书店出版社 2018。

逯耀东：《多谢石家》，《肚大能容——中国饮食文化散记》，三联书店 2002。

华永根：《苏州人吃虾》，《苏州杂志》2013 年第 4 期。

范小青：《安得广厦千万间》，《当代作家评论》1996 年第 2 期。

朱龙祥、霜木：《饭店与吃客》，《苏州杂志》2008 年第 3 期。

胡殷红：《吃遍天下 还是回家》，《文艺报》2001 年 1 月 20 日。

祝一舒：《翻译场中的出版者——毕基埃出版社与中国文学在法国的传播》，《小说评论》2014 年第 2 期。

胡殷红：《常熟人家里的菜》，《苏州杂志》2016 年第 1 期。

陈丰：《〈美食家〉在法国》，《苏州杂志》2008 年第 6 期。

张学群：《苏州名门望族》，广陵书社 2006。

徐城北：《病房缅想"人之初"》，《谁是美食家》，中华书局 2013。

祝勇：《与徐城北对话》，《鸭绿江》2002 年第 1 期。

徐城北：《秋钓江南忆文夫》，《解放日报》2005 年 7 月 18 日。

陆德健：《〈苏州杂志〉举办创刊十周年庆典》，《苏州年鉴 2009》，上海社会科学出版社 2009。

平燕曦：《归来仍是少年》，《苏州杂志》2018 年第 6 期。

程秋生：《我和陆文夫的三次会面》，360 个人图书馆"苏迷"2013-07-14。

王尧：《记陆文夫》，《苏州杂志》2019 年第 3 期。

李晓：《与陆文夫喝茶》，《重庆晚报》2011 年 9 月 20 日。

潘向黎：《梅花与才子不老——陆文夫先生印象》，《苏州杂志》2015 年第 2 期。

范小青：《在路上——追忆陆文夫老师》，《人民文学》2005 年第 9 期。

范小青：《陆文夫二三事》，《时代文学》1998 年第 1 期。

韩小蕙：《与陆文夫先生的通信》，《北京纪事》2005 年第 6 期。

韩小蕙：《陆文夫晚年给〈光明日报〉的五封来信》，《光明日报》2011 年 9 月 26 日。

贺沂沂：《陆文夫，一路走好》，《金陵晚报》2005 年 7 月 14 日。

杨艳：《游苏园，惊食梦——消失于苏园里的那些饕餮》，《中华民居（上旬版）》2013 年第 5 期。

张建智：《文学，还是写真善美——悼陆文夫先生》，《文汇读书周报》2005 年 8 月 5 日。

叶兆言：《万事翻覆如浮云》，《中华活页文选（高一年级）》2013 年第 1 期。

黄蓓佳：《人这一辈子》，王蒙等《永远的陆文夫》，上海远东出版社 2006。

白桦：《我将一直猜度着……——送别陆文夫》，王蒙等《永远的陆文夫》，上海远东出版社 2006。

王蒙：《想念文夫》，《光明日报》2005 年 8 月 19 日。

从维熙：《别了，江南秀士》，《今晚报》2005 年 7 月 15 日。

王瑞伶、陈宛茜：《史学家逯耀东病逝 享年 74》，《联合报》2006 年 2 月 14 日。

逯耀东：《知味者陆文夫》，王蒙等《永远的陆文夫》，上海远东出版社 2006。

陆文夫：《花开花落》，《随笔》1992 年第 5 期。

范培松：《陆文夫传》，徐采石《陆文夫作品研究》，中国文联出版公司 1987。

黄恽：《往事有余悲》，天涯名博"黄恽的博客"2006-10-12。

黄恽：《医院里的陆文夫》，《苏州杂志》2019年第1期。

顾俊：《回家》，《苏州杂志》2010年第4期。

黄恽：《陆文夫先生的"好吃"》，天涯名博"黄恽的博客"2012-12-10。

范小青：《给陆文夫老师送茶》，江苏作家网，2009-06-22。

范小青：《永不离去》，《苏州日报》2005年7月10日。

黄毓璜：《怀念老陆》，《太湖》2005年第6期。

刘放：《与苏州的"外来者"陆文夫聊天》，《解放日报》2019年8月8日。

佚名：《赵本夫回忆陆文夫：半个月前的看望竟成了诀别》，龙虎网2005-07-10。

韩小蕙：《小巷深处，依然琵琶声声……》，《光明日报》2005年7月10日。

刘家昌：《人离尘世 业绩长青——纪念陆文夫老师逝世5周年》，《苏州杂志》2010年第4期。

祁金平：《最后的拍摄》，《苏州杂志》2010年第4期。

王稼句：《文夫先生二三事》，《文汇读书周报》2005年7月22日。

高琪：《陆文夫指定张晓飞插图》，《苏州日报》2005年7月9日。

小海：《办好一份苏州的杂志》，《苏州杂志》2022年第1期。

朱红：《陆文夫办杂志》，王蒙等《永远的陆文夫》，上海远东出版社2006。

贺野：《宜苏楼随笔之二——解放前后忆文夫》，《苏州杂志》2012年第4期。

高琪 顾维华：《烟雨苏州痛别"陆苏州"》，《东方早报》2005年7月13日。

黄毓璜：《我和作家的往事》，《北方文学》2014年第3期。

张成：《忆陆文夫老师》，王蒙等《永远的陆文夫》，上海远东出版社2006。

范培松：《为"梦中的天地"辛勤耕耘的"文化志士"》，王蒙等《永远的陆文夫》，上海远东出版社2006。

叶文玲：《迟送一朵雪莲花》，《浙江工人日报》2006年4月7日。

李国文：《文夫与茶》，《时代文学》1998年第1期。

冯骥才：《怀念老陆》，《北京青年报》2005年8月12日。